U0571971

北京理工大学“双一流”建设精品出版工程

Marketing
(2nd Edition)

市场营销学
（第2版）

杜向荣 王月辉 冯 艳 ◎ 编著

北京理工大学出版社
BEIJING INSTITUTE OF TECHNOLOGY PRESS

版权专有　侵权必究

图书在版编目(CIP)数据

市场营销学 / 杜向荣, 王月辉, 冯艳编著. —2 版. --北京:北京理工大学出版社, 2024.3
ISBN 978-7-5763-3769-3

Ⅰ. ①市… Ⅱ. ①杜…②王…③冯… Ⅲ. ①市场营销学 Ⅳ. ①F713.50

中国国家版本馆 CIP 数据核字(2024)第 069177 号

责任编辑：申玉琴　　文案编辑：申玉琴
责任校对：刘亚男　　责任印制：李志强

出版发行 / 北京理工大学出版社有限责任公司
社　　址 / 北京市丰台区四合庄路 6 号
邮　　编 / 100070
电　　话 / (010) 68944439 (学术售后服务热线)
网　　址 / http://www.bitpress.com.cn

版 印 次 / 2024 年 3 月第 2 版第 1 次印刷
印　　刷 / 三河市华骏印务包装有限公司
开　　本 / 787 mm × 1092 mm　1/16
印　　张 / 24.75
字　　数 / 577 千字
定　　价 / 58.00 元

图书出现印装质量问题，请拨打售后服务热线，负责调换

PREFACE 前言

本书在上一版的基础上进行了内容的全新修订和扩充。市场营销是一个创造、传递和传播顾客价值并实现顾客满意和管理顾客关系的过程。本书围绕企业价值识别、价值选择、价值组合设计以及价值实现与拓展四个维度展开，包括市场营销概论、营销环境识别与分析、市场购买行为、营销调研、营销战略规划、产品决策、价格决策、渠道管理、整合营销沟通、服务营销、全球市场营销、客户关系管理12章内容，系统介绍了现代营销理论体系和核心知识。

本书在修订过程中始终坚持正确的政治方向，以习近平新时代中国特色社会主义思想为指导，“促进数字经济和实体经济深度融合”思想与市场营销的规律和特点相结合，进行了比较深入的挖掘和探讨。具体体现为：呈现相关领域创新研究成果，贯彻党和国家对高等教育的基本要求，落实立德树人根本任务；融入营销领域中所蕴含的思政元素，最大程度展现中华优秀传统文化中的经营哲学；立足中国实践，展现新时代中国企业营销的成功案例。

本书吸收了市场营销学科理论与实践发展的最新成果，并结合编者多年的教学实践和经验积累，围绕企业营销实现向顾客创造、传递和传播价值这一核心功能开展，在系统介绍和反映现代市场营销理论体系和核心知识的同时突出了数字经济大背景下市场营销理论体系的变迁与创新。

本书沿用了原书丰富多样化的编写体例，开篇模块包括“学习目标”“关键术语”“知识结构”“先思后学”四个子模块。其中“学习目标”指出了学习每章后能够达到的基本目标和获得的成果；“关键术语”提供了每章关键专业知识点；“知识结构”通过图示清晰呈现每章的核心知识要点相互之间的逻辑关系；“先思后学”从案例或热点现象描述与点评中引出每章的学习内容，激发学习兴趣。正文模块包括“观点透视”“知识拓展”“营销实践”“案例启迪”“营销新视野”等子模块。其中“观点透视”针对营销理论体系中的代表性观点进行介绍和讨论；“知识拓展”提炼营销理论和实践中的最新发展动态，传播新时代中国企业营销新成就，引领学生坚定文化自信，倡导正能量推动；“营销实践”与“案例启迪”针对经典案例的成败展开分析，激发学生观点碰撞，培养批判思维能力；“营销新视野”针对营销理论的研究与发展前沿进行知识点导入，并突出介绍数字经济时代的营销创新研究及应用。章尾模块设有“本章小结”“复习思考题”“营销体验”“案例讨论”“推荐阅读”“在线测试”等子模块。其中“本章小结”根据学习目标对主要知识点进行总结和提炼，帮助学生梳理和重温各章节中的主要知识；“复习思考题”是本章要求重点掌握和领会的内容；“营销体验”设计实践方案，培养学生小组学习和团队合作能力；“案例讨论”要求学生阅读提供的案例，然后完成后面的讨论题；“推荐阅读”向学生推荐相关领域的有代表性的研究成果，可进一步拓展学生的视野；“在线测试”让学生按照练习题的形式进行知识点的回顾与强化。

本书穿插了大量传统典型案例与当下数字营销案例，突出体现理论与实际相结合及市场营销紧随时代的实践应用性特点。同时，本书将力求体现由“结构式”教学向“参与式、体验式”教学的转变，注重培养学生灵活运用所学知识分析和解决实际问题的能力。各章子模块的设计能更好地实行参与和体验性互动教学，实现以数字营销实践为导向的应用能力培养目标。

目前，关于市场营销和数字营销的书籍基本上都是相互独立的体系。市场营销教材基本上都是单纯按照菲利普·科特勒的理论框架体系展开，而数字营销书籍绝大部分是以网络营销体系为基础结合了若干新技术在营销领域的应用，重点停留在方法层面。本书将传统营销理论与当前数字营销理论体系的最新研究成果深度融合，意在填补当前营销书籍的空白。

本书从三个方面拓展，更加方便学生学习和使用。一是专题内容在线测试。学生可通过扫描二维码完成每章配备的针对基本知识点的单项选择测试习题，进一步巩固相关知识点。二是营销原理内容文字阅读和在线扫码阅读相结合。书中穿插配有扫码阅读的相关知识点、营销前沿研究成果、经典案例及实践应用，学生扫描二维码即可在线获取阅读并结合教材内容完成学习。三是课后扩展学习和阅读推荐。本书创新性地设计了“推荐阅读”在线资源模块，面向学生推介理论、人物与文献等内容，介绍相关领域研究的主要观点和思想等有代表性的文献资料。此外，学生可以通过每章的“营销体验”模块，以小组形式完成一次营销理论与实践结合的应用体验，进一步培养灵活运用基本理论分析和解决实际问题的能力。

本书新增了碳中和背景下的营销、消费者画像和客户旅程图、营销调研中的顾客隐私保护、基于大数据的营销调研、新零售与全渠道创新、营销传播中的伦理规范、服务营销与服务质量管理、客户关系管理等内容，将原书的内容体系进一步充实，便于学生全面理解掌握现代营销体系的知识点和应用方法。

本书是团队智慧和力量的结晶。其中，杜向荣和王月辉设计了全书的体系架构和编写体例；王月辉承担了第1章、第8章、第9章的编写工作；杜向荣承担了第2章、第6章、第10章的编写工作；马宝龙承担了

第12章的编写工作；孙淑英承担了第4章的编写工作；刘瑞红承担了第5章的编写工作；毕圣承担了第3章的编写工作；王晓亮承担了第7章的编写工作；冯艳承担了第11章的编写工作；作者团队最后集体进行了统稿、讨论修改并定稿。

在本书编写过程中，编著者参考了大量国内外学者的有关论著和研究成果，相关案例企业官方网站、微信公众号以及媒体的报道等，并尽可能在参考文献中予以注明，在此一并致以诚挚的谢意！

由于编著者的水平有限，本书难免存在疏漏和不足，敬请各位专家、学者、企业界朋友以及广大读者批评指正！

编著者

目　录
CONTENTS

第 1 章
市场营销概论

学习目标

◎ 理解市场营销的内涵及其相关概念；
◎ 熟悉市场营销的历史演变及其特点；
◎ 理解营销管理过程与价值实现的关系；
◎ 熟悉市场营销领域的新变化及其发展趋势。

关键术语

◎ 市场（Market）
◎ 市场营销（Marketing）
◎ 市场营销管理（Marketing Management）
◎ 市场营销观念（Marketing Concept）
◎ 社会市场营销观念（Social Marketing Concept）
◎ 市场营销组合（Marketing Mix）
◎ 顾客满意（Customer Satisfaction）
◎ 顾客忠诚（Customer Loyalty）
◎ 数字营销（Digital Marketing）
◎ 全球营销（Global Marketing）
◎ 服务营销（Service Marketing）
◎ 关系营销（Relationship Marketing）
◎ 客户关系管理（Customer Relationship Management）
◎ 社会责任营销（Social Responsible Marketing）
◎ 可持续营销（Sustainable Marketing）
◎ 绿色营销（Green Marketing）
◎ 营销道德（Marketing Ethics）

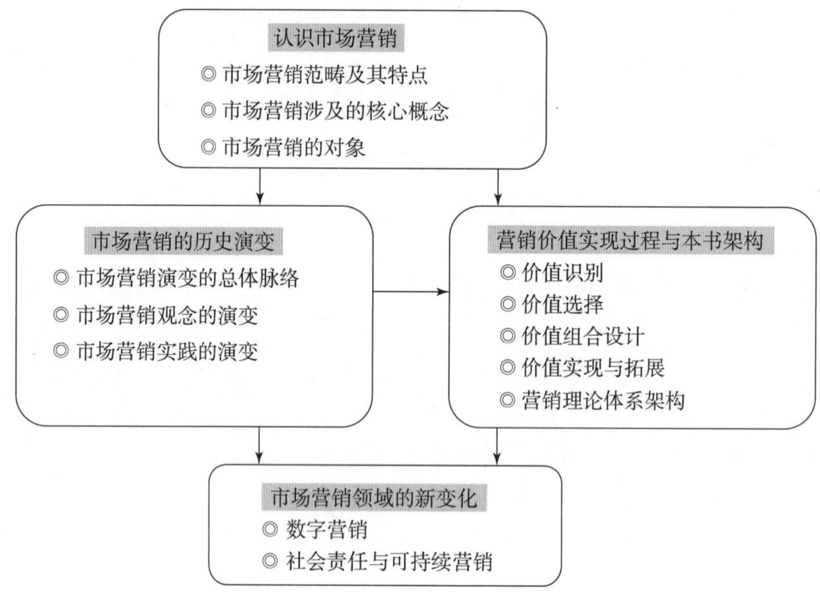

【先思后学】 富士胶片公司为何能成功跨界成为新行业领导者？

众所周知，数码影像技术的崛起摧毁了胶卷巨头柯达公司，但同样以胶卷起家的富士胶片公司不仅没有衰亡，反而迎来事业发展的第二春，成为年营业收入超过200亿美元的创新者。20世纪90年代，富士胶片在中国占据了60%的市场份额，大街小巷的照相馆、冲印店随处可见，以至于现在很多人对这家企业的认知还停留在胶片相机时代。但富士胶片现在已经悄然转型，成为医疗和影像领域的解决方案提供者，也是全球领先的生物制药外包研发生产服务商。其业务线覆盖医疗生命科学、印刷、数码影像、光学元器件、高性能材料、文件处理六大业务领域。其中，治疗阿尔茨海默病的药物、抗病毒药、医用内窥镜、彩超机、防晒霜等医疗相关产品，已经成为富士胶片的中坚力量。

管理大师彼得·德鲁克（Peter F. Drucker）曾经说过：企业有且只有两项最基本的职能——营销和创新。可以说，富士胶片的成功转型，证明了营销不只是关于传播和销售的学问，更是帮助企业洞察市场、把握机会、实现可持续发展的有效工具。本章阐述作为企业核心职能的市场营销的基本内涵及其相关概念；梳理近百年中市场营销的历史演变脉络及其特点；阐述市场营销管理过程与企业价值实现的关系，描述营销理论体系的基本架构；透视当今时代市场营销领域新变化和新趋势。

1.1 认识市场营销

在人类社会的经济活动和我们的日常生活中，各种类型的组织包括个人，往往都在从事着各种营销活动，可以说营销无处不在。市场营销既是一门科学，又是一门艺术。在当今时代，任何营销者都要努力应对动荡变化的营销环境，不断为应对这种环境提出具有创造性的营销管理方案。

1.1.1　市场营销范畴及其特点

市场营销在企业组织的生存与发展以及人们的社会生活中都扮演着十分重要的角色。对于企业来说，在市场中的盈利水平和财务业绩往往取决于其营销能力的大小，因为有效的产品需求或服务需求是产生利润的前提，而发现和满足需求是市场营销的基本职能。

在社会生活中，新产品的投放和得到顾客的认可，都离不开市场营销活动。市场营销可以把社会需要和个人需要转变为商机。营销者创造性地提升自己的产品在市场中的地位的过程，也有助于改进和更新现有的产品。成功的营销可以创造对产品或者服务的需求，进而创造出新的就业机会。

有人认为，市场营销就是推销产品和做广告。确实，我们在日常生活中，几乎每天都会接触到大量的促销产品和广告，但是，这并不是营销活动的全部，推销产品和做广告仅仅是营销“冰山的一角”而已。管理大师彼得·德鲁克说过：“市场营销的目的在于使推销变得多余。”因为，开发出真正符合消费者需求的产品，恰恰是营销的真正目的；而真正符合消费者需求的产品，往往不需要推销就会有好的销路。也就是说，市场营销的目的在于深刻地认识和了解顾客，从而使产品和服务完全适合特定顾客的需要，从而实现产品的自我销售。因此，理想的市场营销应该可以自动生成想要购买特定产品或服务的顾客，而剩下的工作就是如何使顾客可以购买到这些产品或者服务。

从广义上来说，市场营销是一种通过创造与他人交换价值实现个人和组织的需要和欲望的社会和管理过程。在狭义的商业环境中，市场营销涉及与顾客建立价值导向的交换关系。

美国市场营销协会（AMA）认为，市场营销是一项有组织的活动，它包括创造、传播和传递顾客价值和管理顾客关系的一系列过程，从而使利益相关者和企业都从中受益。这一定义，揭示了市场营销活动的本质特征和最终目标。菲利普·科特勒（Philip Kotler）在《营销管理》第 16 版（中译本，中信出版集团 2022. 9 出版）中指出：“市场营销是指以与组织目标相一致的方式识别并满足人类与社会的需求；营销管理是选择目标市场并通过创造、传递和沟通卓越的顾客价值，来获取、维持和发展顾客的艺术与科学。”

具体而言，可以从管理和社会两个不同的视角来理解市场营销的内涵。首先，从管理角度来看，进行创造、传播及传递顾客价值的交换活动，往往需要开展很多工作并具备相应的技能。当供给方考虑通过各种方式促使需求方做出预期的反应，比如购买行为时，就产生了营销管理。因此，我们可以把营销管理看作是一个科学和艺术结合的过程，即营销管理是选择目标市场，并通过创造、传播和传递优质的顾客价值来获得顾客、挽留顾客和提升顾客的科学与艺术。其次，从社会角度来看，要注意市场营销活动在社会中所扮演的角色。有营销者认为，市场营销的作用就是为别人创造出高标准的生活。例如，麦当劳推出“我就喜欢”的广告口号，努力使自己成为全球顾客最喜欢的就餐场所；沃尔玛则一直在努力履行对消费者提出的“省钱，生活更美好”的承诺。因此，从社会角度来说，市场营销就是个人和集体通过创造、提供、出售、与别人自由交换产品和服务的方式获得自己所需要的产品或服务的社会过程。许多公司在市场上推出新产品并能够立刻获得来自市场的大量订单，是因为这些企业都在从事了大量的市场营销研究基础上成功地设计出了这些适销对路的产品。

1.1.2 市场营销涉及的核心概念

（1）需要、欲望和需求。

需要是人类最基本的要求，如人类需要空气、食物、水、衣服和住所。人类同样具有娱乐、交往、接受教育等需要。当被引向特定的、可能满足需要的物体时，需要就变成了欲望。我们对于食物的欲望，往往受特定的社会条件的制约。一个经济发达地区的消费者需要的可能会是一份上好的牛排和一杯香喷喷的咖啡；而在一个贫穷地区的消费者所需要的可能就是一个馒头和一盘炒熟的青菜以填饱肚子。不同的社会创造出不同的欲望。需求是指有支付能力购买具体的商品来满足的欲望。许多人都想要奔驰汽车，但是具有支付能力的人是有限的。对于市场营销者来说，不仅应该知道有多少人需要这些产品，更重要的是要测算出有多少人实际上能够买得起。

要了解顾客的需要和欲望，需要进行深入细致的调研工作。有些顾客并不知道自己真正需要什么，或者说他们根本不能描述出自己的需要。当顾客说自己需要一台高性能的汽车或者一家休闲旅馆时，他们到底是什么意思，营销者必须深入研究。

一种新产品上市，企业需要向顾客进行宣传和引导，使顾客深度认识自己的需要。当手机产品刚刚投放到市场的时候，消费者了解的手机方面的知识还相对较少。这时，一些手机生产企业竭力使消费者了解自己的产品，并对其品牌形成一定的感知。可以说，简单地向顾客提供他们所想要的东西已经远远不够。要想保证具有竞争力，企业需要帮助顾客学习，使顾客认识到自己真正的需求。

（2）营销者和潜在顾客。

营销者是指从潜在顾客中寻求响应的人，如寻求潜在顾客的关注、购买、投票、捐赠等。如果双方都在积极寻求把自己的产品或服务卖给对方，那么我们就把他们都称作营销者。

社会大众的需求由于受到各种内外部因素的影响而表现出复杂性。这时候对于营销者来说，要对需求管理承担责任，营销者需要努力分析潜在顾客的需求特点和规模等，采取针对性手段和方法，影响市场需求水平、时机和方向等，以便使其符合组织的经营目标。

【知识拓展】 八种需求形态与营销者的任务

负需求（Negative Demand）。消费者对某个产品感到厌恶，这时营销者要进行扭转性营销。

无需求（Nonexistent Demand）。消费者对某个产品不了解或不感兴趣，这时营销者要进行刺激性营销。

潜在需求（Latent Demand）。消费者可能对某个产品产生了强烈的需求，而现有产品又不能满足其需求，这时营销者要进行开发性营销。

下降需求（Declining Demand）。消费者逐渐减少或停止购买某种产品，这时营销者要进行恢复性营销。

不规则需求（Irregular Demand）。消费者的购买行为可能每个季节、每个月、每周，甚至每个小时都在发生变化，这时营销者要进行同步性营销。

充分需求（Full Demand）。消费者恰如其分地在市场上购买自己所需数量的商品，这时营销者要进行维护性营销。

过度需求（Overfull Demand）。消费者想要购买的数量超过了市场供应的数量，这时营销者要进行限制性营销。

不健康需求（Unwholesome Demand）。产品可能吸引消费者，但却会对社会产生不良后果，这时营销者要进行抵制性营销。

对于上述的每一种情况，营销者都必须分析每种潜在需求的基本原因，然后制定出促使该种需求朝着自己所期望的需求类型转化的行动方案。

（3）市场。

传统解释认为市场是一种交易的场所，即认为市场是买方和卖方聚集在一起进行交换的实地场所。随着经济的发展，对市场的理解和解释也在发展。经济学家认为市场是“对某一特定产品或一类产品进行交易的买方与卖方的集合”，这一解释认为市场是买卖双方供求关系的总和。下面介绍消费者市场、组织市场、全球市场、非营利组织和政府市场。

①消费者市场。消费者市场购买的主体是个人和家庭，这是一个规模庞大的市场，也是产品的终极市场。对于提供大众消费商品与服务的企业而言，往往需要花费很多时间来建立优势品牌形象。品牌优势的建立需要高质量的产品性能，同时也依靠持续的传播和优质服务来提供支撑。

【案例启迪】　国潮品牌的营销创新

元气森林作为国潮代表品牌，站在巴黎气泡水、健怡可乐、东方树叶等“无糖巨人”的肩膀上，找到低热、健康兼具甜味口感的赤藓糖醇，提炼出“0 糖 0 卡 0 脂肪”概念，成功定位为第一无糖饮料，开辟了功能饮料新时代的蓝海。自嗨锅、莫小仙、小龙坎等品牌深挖都市年轻人一人食中式快餐需求，通过热门内容曝光、社交口碑推荐等方式，开辟了堂食、外卖平台之外的方便食品餐饮新路径。完美日记定位“平价代替欧美大牌”，花西子打造“以花养妆”健康国风彩妆，线上崛起、线下布局，塑造品质美妆。李宁、波司登产品设计换新，提升档次与时尚感，引领国际时装潮流。Keep“2021 赘肉换年货”活动巧妙地将运动与年货联系起来，用户组队燃脂，减肥成果可视化，获得了健身成就感，增强了春节期间的人际交流互动，吸引了不同年龄层的用户，扩大了平台的受众面。随着中国市场消费升级和圈层文化的发展，国潮品牌准确研判市场趋势，创新产品和市场推广手段，赢得了更多中国市场的年轻消费群体。

②组织市场。销售组织产品和服务的企业经常会遇到受过良好训练、信息灵通的专业购买者，而且这些购买者对给出有竞争力的报价也很内行。组织购买者购买产品的目的是再销售并获得利润。因此，在组织市场上，卖方必须尽可能地展示出自己是如何帮助组织购买者获得更多收入或减少成本的。在此过程中，广告可能会起到一定的作用，但销售队伍、价格和企业在可靠性和质量方面的声誉可能发挥着更大的作用。

③全球市场。在全球市场上销售产品和服务的企业往往面临复杂的营销环境带来的更多的抉择和挑战，需要进行的营销决策也更为复杂，如要决定应该进入哪个国家或地区的市场，如何进入该市场，如何使产品和服务更好地适应该国市场，如何在不同的市场为产品定价，如何使自己的营销传播更好地适应不同市场的具体情况等。进行这些决策，往往需要充分考虑购买者、谈判者及财产拥有与处置者的不同要求，而且也要兼顾不同国家的政治、经济、文化、语言、法律体系以及汇率的变动等复杂因素。因此，全球化背景下的营销运作和管理决策的挑战性更强，风险也更大。

④非营利组织和政府市场。把产品营销给非营利组织和政府机构时，企业需要注意一些特殊的因素。如定价策略、产品质量保证、公关策略等。较低的价格可能会影响卖方所提供商品的特性和质量，但过高的价格又会使营销者失去产品订单。政府采购更多是以招标的形式进行，定价、产品质量、营销者的声誉等都会成为采购者关注的因素。

1.1.3 市场营销的对象

在当今时代，可以说市场营销活动已经渗透到各类组织、各个行业以及各种场所之中。市场营销的对象十分广泛，包括产品、服务、事件、体验、人物、场所、产权、组织、信息、创意等多种形态的事物。

（1）产品。实体的有形产品是营销的主要对象，这些产品充斥在我们的日常购买和消费生活中，包括衣食住行用的方方面面，满足了我们的基本生活需求。越是经济发达的国家和地区，实体产品的营销活动就越丰富和多样化。社会营销的历史，就是产品营销活动日益丰富和多样化的历史。

（2）服务。随着经济发展和产业结构的转型，服务逐渐成为经济活动中的主导力量，社会越来越关注各类服务的生产，包括生产服务、生活服务，如航空服务、餐饮服务、汽车租赁服务、保养维修服务、各类咨询服务等。而且，许多市场都是产品与服务的组合体。例如，在快餐店中，顾客既享用食品，又接受服务。

（3）事件。营销者可以就一些事件进行宣传，如选举、商业展览、体育竞赛、艺术表演、组织庆典等。一些全球性活动，如奥林匹克运动会、世界杯比赛等，影响面广，宣传报道的力度大，关注度高，是不可多得的营销平台。即使实力并不雄厚的中小型甚至微型企业，利用好一些特殊的事件，如周年纪念日、行业内特殊事件等进行组织或产品的宣传，也会在提高认知度和良好形象等方面获得成效。

（4）体验。通过合理地把不同的产品和服务组合起来，企业往往能够创造和展示各种营销体验。例如迪士尼乐园的梦幻王国，就向大众提供了难得的体验。人们可以拜访童话王国、登上海盗船或走进鬼屋猎奇。如今，提供体验的项目和服务越来越多，或惊险刺激，或娱乐欢快，通过体验者的五官、心理、身体等感受，产生不同的营销效果。

（5）人物。人本身也可以成为营销的对象。当然，我们在社会生活中，见到最多的是各类社会名流，如政治家、艺术家、音乐家、企业家等，他们频繁的社交和社会活动，吸引了媒体和社会公众的广泛关注。在时代舞台上活跃的各类社会名流，他们不仅是很善于建立自我品牌的人，而且也会通过个人品牌的良好声誉，为所在组织带来良好的美誉度。其实，在社会舞台和日常生活中，我们每个人都可以通过努力使自己的个人品牌拥有更好的声誉。

（6）场所。当今时代，一个大城市、一个地区乃至整个国家，都在通过各种路径、采取各种方法致力于吸引游客、居民、工厂和公司总部。场所营销者包括旅游公司、房地产开发商、商业银行、地方性商业协会、各种广告代理商等。

（7）产权。产权是所有者的无形权利，包括不动产，如房地产和金融资产，如股票或债券。产权可以买卖，这就需要市场营销。房地产代理商或者为产权所有者或出售者工作，或者为自己购买并销售住房或商业房产。投资公司和银行则面向商业机构或个人投资者营销有价证券。

（8）组织。社会中的各类组织，包括营利性组织和非营利性组织都需要积极致力于在人们心目中建立起良好的组织形象。随着中国经济的快速发展，腾讯、阿里巴巴、百度等互联网公司，在中国市场迅速崛起，实现了快速发展，建立了良好的口碑，拥有了高知名度和美誉度，这对公司的进一步发展具有重要意义。现在，越来越多的公益事业性机构，如医院、学校、养老院等，也都积极通过各种途径和方式，进行组织和业务的营销，以求得更好的发展。

（9）信息。信息的生产、包装、分销都是十分重要的活动。图书、研究报告、发布会等，营销的对象就是各类信息。当然，这些信息的需求主体是不同的。西门子医疗系统公司的一位首席执行官曾经这样描述公司的业务："我们的产品不是X射线或核磁共振（MRI），而是信息。我们的业务是保健信息科技，我们的最终产品是病人的电子记录，既有声控信息，又有有关实验测试、病理和药物的信息。"随着信息技术和互联网的快速发展，我们获取信息的途径和方式也在发生革命性变革。

（10）创意。产品和服务是重要的市场供应物，它们给大众带来了物质或精神利益的满足。它们都是开发者创意的结晶和成果。有化妆品制造商公司宣称：我们提供给顾客的既是化妆品，也是美丽和希望；也有汽车制造商宣称：我们提供给顾客的不是汽车，而是驾驶的乐趣。具有创意的产品和具有创意的广告诉求，不仅可以改变消费者的物质生活，更会引导顾客的消费理念和生活方式。

【营销新视野】公司各部门如何做到顾客导向

1.2　市场营销的历史演变

1.2.1　市场营销演变的总体脉络

市场营销学（Marketing）是一门年轻的学科，其历史不超过150年，但是市场（Market）本身已经有数万年的历史了。当人们有了盈余的货物想要卖出去的时候，就出现了市场。销售（Selling）只是市场营销的一部分。销售是非常简单的，因为产品已经存在了，只是需要找到客户。而市场营销是更重要的，要决定是不是要生产这个产品，要生产怎样的产品，擅长什么，市场需要的是什么，是不是可以满足市场的需求。一旦生产了这个产品，企业就需要通过定价、广告及销售人员等将产品销售出去。

市场营销是一门不断变化的学科，总是有新的想法、新的理念出现，使得市场营销的理论体系不断地得到丰富和发展，基本上每10年都有一些巨大的变化。

（1）市场营销进化的路径。

菲利普·科特勒对20世纪50年代以来演变的历史脉络，通过“营销的进化”（Evolution of Marketing）进行描述，总结归纳了不同历史时期的时代特征和主要进化成果。

①战后时期（20世纪50年代）。这一时期的主要成果有：营销组合、产品生命周期、品牌联想、市场细分、营销概念、营销审计等。

②高速增长期（20世纪60年代）。这一时期的代表性进展是：4P理论、营销近视症、生活方式营销、营销概念扩大等。

③市场动荡期（20世纪70年代）。这一时期的代表性成果是：目标市场选择、市场定位、策略营销、服务营销、社会营销、宏观营销等。

④市场混沌期（20世纪80年代）。这一时期的代表性成果有：营销战、全球营销、本土化营销、混合营销、直复营销、客户关系营销、内部营销等。

⑤个性化时期（20世纪90年代）。这一时期的代表性进展是：情感营销、体验营销、互联网及电子商务营销、赞助营销、营销伦理等。

⑥价值驱动时期（21世纪第1个10年）。这一时期的标志性成果有：营销投资回报率、品牌资产营销、社会责任营销、消费者增权、价值共创营销等。

⑦价值观与大数据时期（21世纪第2个10年）。这一时期的标志性进展是社会化营销、大数据营销、社群营销、人工智能营销等。

（2）市场营销进化的特点。

①营销所具有的战略功能越来越明显。营销逐渐发展成为企业发展战略中最重要和最核心的一环，企业通过制定市场竞争战略，可以建立持续的客户基础，形成差异化的竞争优势，并实现盈利。

②营销发展的过程也是将客户逐渐前移的过程。客户从过往被作为价值捕捉、实现销售收入与利润的对象，逐渐变成最重要的资产，和企业共创价值，形成交互型的品牌，并进一步将资产数据化，企业与消费者、客户之间变成一个共生的整体。

③营销与科技、数据连接得越来越紧密。企业中营销技术官、数字营销官这些岗位的设置，使得相对应的人才炙手可热，这些管理者要既懂营销，又要懂如何处理数据、应用数据以及洞察数据，并了解如何应用新兴科技将传统营销升级。

1.2.2 市场营销观念的演变

（1）生产观念。

生产观念是商业领域最早产生的营销观念之一。这种营销观念在经济不发达、产品供不应求的卖方市场条件下比较盛行。生产观念认为，消费者喜欢那些随处能够购买到的、价格低廉的产品。生产导向型的企业管理层总是致力于提高生产效率、实现低成本和大众分销。在中国经济快速发展时期，在家电、电脑等行业中，一些大家熟悉的企业如联想、海尔、格兰仕等，利用国内庞大而廉价的劳动力资源快速扩张，迅速崛起，成为国内市场的强势企业。一般来说，如果产品受到消费者的欢迎，企业想要扩大市场占有率时，可以采用这种观念。

（2）产品观念。

产品观念认为，消费者喜欢购买那些具有最高质量、性能水平或富有创新特色的产品。在这种价值导向的企业中，注重生产优质产品，并不断地加以完善。有时这类价值导向型的企业会迷恋上自己的产品，过度关注消费者在产品性价比方面的需求，而忽视消费者需求的多样性和动态变化性，认为只要产品性能好而完美无缺，就不愁没有销路。但实际上，对于一种新产品或改进的产品而言，如果没有相应的营销手段相配合进行市场推广，未必能够获得成功。

（3）推销观念。

推销观念认为，如果不采取促销手段刺激消费者、激发其购买欲望的话，消费者是不会主动购买所需要的产品的。因此，对于企业而言，必须主动推销并积极促销。在那些非渴求产品的销售中，如在保险、墓地等的销售中，营销者会最大限度地运用推销手段进行产品营销。然而，建立在强化推销基础上的市场营销隐藏着风险。它关注的是达成销售交易，而非获得忠诚客户和建立企业与客户的良好关系。其目的常常是销售公司制造的产品，而不是制造市场所需要的产品。它假设被劝说而购买的顾客会喜欢上购买的产品；即使不喜欢，也不会对公司有什么不利的影响。

（4）市场营销观念。

市场营销观念是在 20 世纪 50 年代中期出现的，强调“以顾客为中心”，认为顾客是企业营销活动的起点和终点。这种观念导向型企业的营销特点是，不再是为自己的产品找到合适的顾客，而是为顾客设计适合的产品。

推销观念和市场营销观念是两种根本不同的观念，如图 1－1 所示。推销观念注重卖方的需要，而营销观念则注重买方的需要；推销观念以卖方的需要为出发点，考虑的是如何把产品变成销售额；而营销观念考虑的则是如何通过产品以及与创造、交付产品有关的所有环节来满足顾客的需要。例如，海尔公司曾提出“客户的难题就是我们的课题”的营销理念，针对不同地区客户对家电产品的个性化需求，为客户定制设计和生产个性化的家电产品。无数企业的实践都证明，奉行营销观念可以取得更好的业绩。

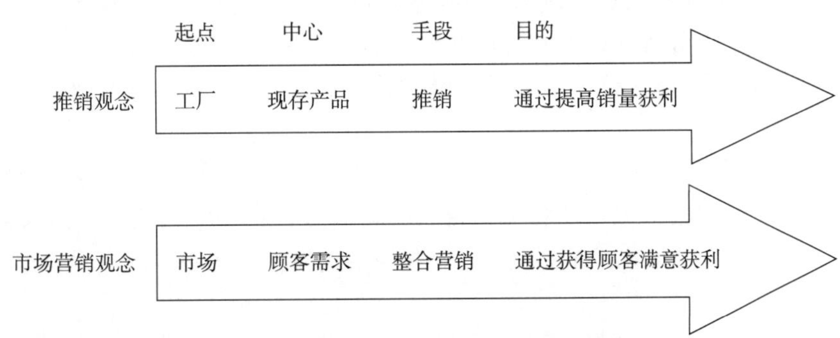

图 1－1　推销观念和市场营销观念的比较

（5）社会市场营销观念。

社会市场营销观念强调社会责任营销，认为市场营销的影响不仅仅涉及企业和顾客，也涉及社会。营销者必须从广义的视角认识和理解自己在道德、环境、法律及社会中的角色和责任。企业组织的任务是确定目标市场的需要、愿望和兴趣，并要比竞争对手更高效、更高质地满足目标市场，但同时还要保持或提高消费者和社会的长期福利。社会市场营销观念的基本要素如图1－2所示。

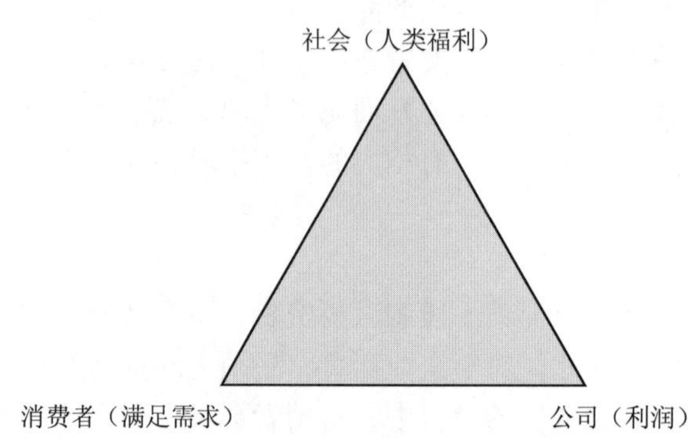

图1－2　社会市场营销观念的基本要素

社会市场营销观念兼顾消费者的眼前利益和长远利益，并将企业、个人及社会利益有机地结合起来。如今，一个企业是否能够自觉履行社会责任，在环保产品研发、废旧产品回收、资源的有效再利用等方面是否积极行动，已经成为公众对企业产品和组织形象评价的重要考虑指标。

1.2.3　企业营销实践的演变

从企业营销实践演变的时代特征来看，菲利普·科特勒提出了从营销1.0到营销6.0演化脉络的总结和概括。

（1）从营销1.0到营销4.0的演变。

1.0时代是产品中心营销的时代。在工业革命的推动下，企业营销的目标是销售产品，满足消费大众物质层面的需求。价值主张强调产品的功能化，企业与消费者的沟通表现为一对多的互动交易模式。

2.0时代是消费者定位营销时代。信息技术的崛起，为企业提供差异化的产品提供了更好的技术基础。企业的营销目标是满足消费者并维护与消费者的交易关系。消费者的选择性更强，企业的价值主张强调产品的功能化和情感化。一对一的沟通与交流改变了传统的一对多模式。

3.0时代是价值驱动营销时代。新一轮的科技进步与应用浪潮席卷全球，消费者的需求表现出更具独立思想和精神追求的特点，企业的营销方针更加强调使命、愿景与价值的引领，价值主张表现出将功能化、情感化与精神化融合的特点，多对多的多元合作与交流成为重要沟通模式。

4.0时代是共创导向营销时代。在新兴价值观、连接技术、大数据、社群发展、新一代分析技术等的共同推动下，营销的目标更加强调帮助消费者实现自我价值，企业营销更加重视全面的数字技术、社群构建能力，价值主张更加强调共创价值以及自我价值的实现，沟通与传播表现出全面实现网络化、互动化、线上与线下融合与整合的特征。

从营销1.0到营销4.0的演变，在目标、推动力、企业看待市场方式、主要营销概念、企业营销方针、价值主张与消费者互动情况，以及与客户关系等方面的比较如表 1－1 所示。在这种演变中，企业与客户的关系也在发生变化。企业与客户的关系经历了从被动满足、吸引、迎合客户，到主动帮助客户实现自我价值的演变。

表 1－1　营销 1.0 到营销 4.0 演变的比较

比较项	1.0 时代 产品中心营销	2.0 时代 消费者定位营销	3.0 时代 价值驱动营销	4.0 时代 共创导向营销
目标	销售产品	满足并维护消费者	让世界变得美好	自我价值实现
推动力	工业革命	信息技术	新科技浪潮	新兴价值观、连接技术、大数据、社群发展、新一代分析技术
企业看待市场方式	具有生理需要的大众买方	有思想和选择能力的聪明消费者	据有独立思想、心灵和精神的完整个体	消费者和客户是企业参与的主体
主要营销概念	产品开发	差异化	价值	社群、大数据
企业营销方针	产品细化	企业和产品定位	企业使命、愿景和价值观	全面的数字技术、社群构建能力
价值主张	功能化	功能化和情感化	功能、情感和精神	共创、自我价值实现
与消费者互动情况	一对多交易	一对一关系	多对多合作	网络型参与和整合
与客户关系	满足客户需求	吸引客户内心	迎合客户心智	帮助客户实现自我价值

（2）营销 5.0 和营销 6.0 时代。

营销 5.0 时代是智能化营销时代。菲利普·科特勒提出：“营销 5.0 从定义上讲是在整个顾客购买流程应用模仿人类的技术，来创造、沟通、交付和提升价值。”“营销 5.0 的关键主题之一就是我们所说的下一代技术，它是一组只在模仿营销人员能力的技术，它包括了 AI、NLP（自然语言处理）、传感器、机器人，增强现实、虚拟现实、IOT 和区块链技术。这些技术组合是营销 5.0 的推动力量。”应用营销 5.0 的公司“从一开始就必须是数据驱动的”，“构建数据生态系统是实施营销 5.0 模式的前提”。

营销 6.0 是创业营销与企业家精神。菲利普·科特勒认为，营销的下一个进化阶段将更加需要企业家精神。营销人员必须超越传统营销，将更具企业家精神的心态带入行业中。营销人员将不得不负责开发新的想法和策略，通过创业思维使自己保持领先地位。

【营销新视野】营销 5.0 的五个元素

1.3　营销价值实现过程与本书架构

任何企业的任务都是向顾客交付价值并从中获取相应的利润。在超强竞争的市场经济中，随着理性顾客数量变得越来越多，企业面临越来越多的选择。因此，只有对价值交付过程进行调整，并选择、提供和传播优异的价值，企业才能取胜。

从价值的角度分析，市场营销的实质就是对价值探索、价值创造和价值交付过程进行整合，目的是与利益相关者建立起令人满意的长期互动关系。从价值实现的过程来看，营销的成功运用往往需要对交付优质产品、服务和速度的价值链进行管理。通过扩大顾客份额、建立顾客忠诚度来获取顾客终身价值。企业营销就是一个帮助企业实现价值的过程。这一过程强调以下关键的环节，即价值识别、价值选择、价值组合设计以及价值实现与拓展。

1.3.1 价值识别

企业需要通过监控营销环境和评估购买者的需求与行为以及进行实际与潜在市场的调研，判断组织内外正在发生的变化，以发现新的价值机会。

（1）市场营销环境。

市场营销环境是企业营销活动面临的既定力量，是一种客观性存在。营销环境的各种因素既可以按外部环境因素和内部环境因素划分，也可以按宏观环境、行业环境及微观环境进行划分。当今时代，新的机遇不断涌现，通过深入的环境分析，可以帮助企业及时把握环境机会，避免环境的威胁。在复杂多变的环境分析中洞察和识别商业机会与价值创造机会，需要正确的营销思维和分析方法。在中国推行碳达峰和碳中和国家战略的历史进程中，企业如何适应这一重大国家战略的要求，承担起社会责任，是值得关注的重要现实问题。（见第 2 章）

（2）市场购买行为。

企业面对的市场可分为消费者市场和组织市场。市场营销的目的是影响购买者的想法和行动。为了影响购买者，营销者就必须研究他们为什么买、何时买、买什么、买多少以及怎样买等问题。这就需要认识和把握购买者的心理、购买行为及决策的特点和规律。

在网络化、数字化时代，消费者的购买行为发生了新的变化。基于现代信息技术和数字技术手段与方法获得消费者画像描绘客户旅程图，对企业开展精准营销、个性化营销，提高客户服务质量和客户满意度，具有重要意义和价值。同时，在中国大力发展绿色经济，推动绿色消费的时代背景下，培育和引导绿色购买习惯和行为，是贯彻新发展理念和实现可持续发展的必然要求。（见第 3 章）

（3）营销调研。

企业面临的各种环境因素，不仅具有复杂多样性，而且时刻都处在动荡的变化和发展之中。如果企业建立一个可靠的信息管理系统，就有利于清晰地监视营销环境的变化。营销调研系统就是企业信息管理系统最重要的组成部分。

监测、获取和分析各种环境变化信息，依赖有效的市场调研方法。观察法、实验法、访问法以及依托大数据和人工智能的调研、数据分析方法，是企业进行营销决策的重要依据。在巨量数据产生的时代，在营销调研中充分尊重消费者的权益，重视对消费者隐私的保护，是基本的伦理要求。（见第 4 章）

1.3.2 价值选择

营销者面对庞大的市场，必须做好营销战略规划，才能适应激烈的市场竞争。营销者往往很难满足市场上每个人的需要，因为并不是所有人都希望获得或消费同样的产品或服务。因此，营销者的第一项工作，就是对市场进行细分。通过分析顾客的人口统计信息、心理特征信息和行为差异信息，往往可以识别出具有不同产品与服务需求的不同顾客群体。在进行市场细分之后，营销者还必须分析判断哪个细分市场存在最大的市场机会，即选择自己的目标市场。然后，企业需要针对自己所选择的每个细分市场开发特定的市场供应物，并通过市场定位使目标市场认可该供应物能够为其带来某些核心利益。(见第 5 章)

1.3.3　价值组合设计

企业要考虑如何更有效地提供更有前途、更有吸引力的新价值产品或服务，如何使用自己的能力和基础设施更有效地交付新价值产品或服务。营销者必须确定特定产品的特性、价格和分销以及如何传播价值。

（1）产品决策。

企业往往需要通过提出某种价值主张用来满足顾客需要的一组利益诉求并满足顾客的需要。虽然价值主张是无形的，但它最终却可以通过实际的提供物来具体体现。这里所说的提供物可以是品牌、产品、服务、信息和体验的某种组合。

价值设计的核心是产品，即企业向市场提供的有形供应物，包括产品质量、设计、特性和包装。为了获取竞争优势，所有企业都在努力建立一种独特的具有鲜明个性的品牌形象。(见第 6 章)

（2）价格决策。

价格决策在营销决策中的地位举足轻重，因为只有通过这一决策，才能回收营销成本，同时使企业获得利润。企业对产品的定价受到内外部多种因素的影响和制约，企业必须确定批发价、零售价、折扣条件等。在市场竞争中，还必须保持对价格的动态监控和调整。在价格竞争中，各方主体都要遵循公平、公正、诚信的伦理要求，避免发生虚假宣传和欺诈等违法行为。(见第 7 章)

（3）渠道决策。

企业要决定如何向目标市场交付产品和服务的价值，就涉及营销渠道。渠道活动主要包括企业旨在确定顾客能够获取它的产品并提供便利而采取的所有活动。同时，企业还要识别、使用并综合运用各种营销手段，以便把产品和服务有效地交付给目标顾客。基于消费者全渠道购物时代的到来，企业进行全渠道分销模式的创新，依托新零售技术，实现快速、便捷的终端销售并保证产品物流全过程的绿色化已经成为必然趋势。(见第 8 章)

（4）整合营销沟通。

在进行市场营销活动时，企业必须面向目标顾客，充分地传播体现在其产品与服务中的价值。此时，需要制订一套整合营销沟通计划，以实现每种传播活动贡献的最大化和综合效果的最优化。传统的传播沟通是以广告、营业推广、公共关系、人员销售为主要手段，而新兴传播方式主要包括网络营销、社交媒体营销、移动营销、直复营销等方式。在传播沟通极为便利的当今时代，各类主体如何充分履行营销传播与沟通中应该承担的责任，并遵守传播道德，成为企业和媒体等参与者必须重视的问题。(见第 9 章)

1.3.4　价值实现与拓展

企业价值的实现是一个动态和无限扩展的创新过程。企业要从长期发展的角度考虑业务领域的拓展、转型以及保证可持续的利润来源。除实体产品的营销外，企业还需要关注服务产业提供的发展机遇及其营销运作规律；除本国市场的营销外，在这个已经是万物跨区连接的时代，还需要放眼全球市场，在多变的新科技和全球性营销环境中更好地应对机会与挑战。

（1）服务营销。

在中国深化供给侧改革的重要历史时期，国家大力培育服务业新产业、新业态、新模式，加快发展现代服务业，着力提高服务效率和服务品质的环境，为企业在服务业领域的业务拓展或转型，提供了大量商业机遇。企业所采用的服务营销组合策略要基于营销环境、需求水平、服务对象、服务提供的时间等因素动态进行设计；同时要做好服务质量的管理和服务过程的控制。（见第 10 章）

（2）全球营销。

几乎所有企业，无论规模大小，都遇到各种国际营销的问题。全球化的快速推进意味着所有企业都要考虑以下问题：在全球市场中如何定位？谁是企业在全球市场的竞争者？企业参与国际竞争的营销战略和资源优势是什么？企业应该以怎样的战略规划有序推进国际市场的营销进程，实现在全球范围的价值创造与传递？此外，在中国推行“一带一路”倡议进程中，针对特定的国际目标顾客群体，实现营销模式的创新和变革，是时代赋予当代中国企业的使命和责任。（见第 11 章）

（3）客户关系管理。

当今时代的企业正面临前所未有的激烈竞争，如果企业能从产品导向和销售导向转向顾客导向的营销，就能有效地应对竞争。顾客导向的基石就是拥有牢固的顾客关系。营销者要尽可能通过告知、关注、激励顾客等活动与顾客保持良好关系。以顾客为中心的企业并非只是制造产品，更需要构建顾客关系。与顾客建立一种长期的、牢不可破的关系是每个企业追求的目标，也是企业长期营销成功的关键所在。（见第 12 章）

【知识拓展】全方位营销理念

1.3.5 营销理论体系架构

综上所述，依据企业营销管理与价值实现过程的基本规律，系统揭示和阐述这一过程遵循的基本原理和方法，形成了本书内容体系架构，如图 1－3 所示。

综合来看，本书的体系架构及其涉及的具体章节内容具有以下特色：

（1）揭示企业价值传递的实现过程。按照价值创造和向终端消费者传递价值的过程要求，揭示出在价值识别、价值选择、价值组合设计以及价值实现与拓展四个阶段营销涉及的主要管理活动以及决策要求。

（2）揭示企业营销管理的动态过程。结合企业营销管理实践的特点，阐述按照市场机会洞察、营销战略制定、营销组合策略设计、客户关系建立与市场回报的动态实践过程，阐述每一阶段的营销原理和方法。

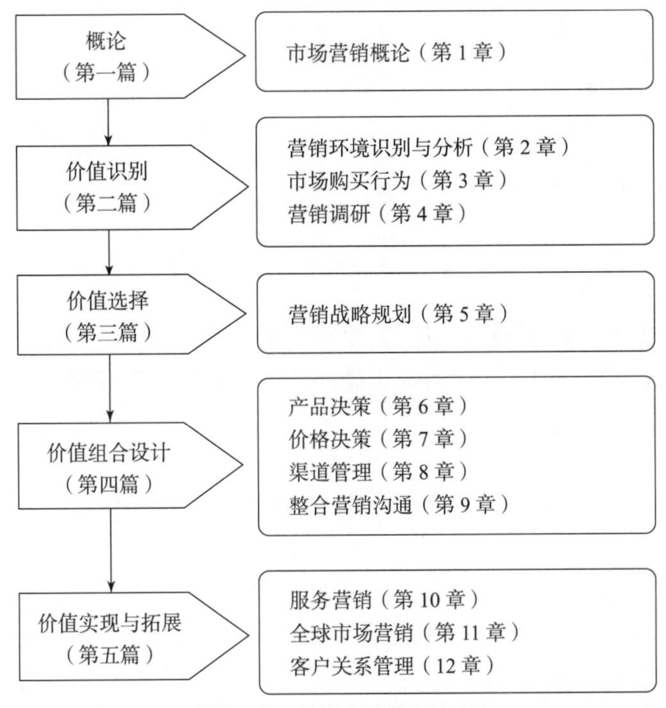

图 1 – 3　本书内容体系架构

（3）体现传统营销与数字营销的有机融合。菲利普·科特勒指出，如今我们生活在一个“双倍速”的世界：一个是实体世界，一个是虚拟的数字世界；这是一个“数字变化大于理论变化的时代”。由此可见，现代企业的营销实际需要在两个世界中同时推进与开展。为此，本书每章在阐述传统营销核心原理的基础上，尽可能阐述和反映数字营销理论研究的最新成果，具体包括对数字营销、数字经济环境、数智化消费者行为、基于大数据和人工智能技术的市场调研、基于互联网顾客参与的产品研发模式、全渠道营销与新零售、数字与社交媒体传播、基于互联网的顾客服务、数字化客户关系管理等内容，以拓宽学生的视野，助力学生了解和把握市场营销运作和发展的新趋势和新要求。

（4）体现并重视课程思政元素的提炼和教育。本书在修订过程中始终坚持正确的政治方向，以习近平新时代中国特色社会主义思想为指导，“促进数字经济和实体经济深度融合”思想与市场营销的规律和特点相结合，进行了比较深入的挖掘和探讨。具体体现为：呈现相关领域创新研究成果，贯彻党和国家对高等教育的基本要求，落实立德树人根本任务；融入营销领域中所蕴含的思政元素，最大程度展现中华优秀传统文化中的经营哲学；立足中国实践，展现新时代中国企业营销的成功案例。

综上所述，本书在理论架构上的创新性思路如图 1 – 4 所示。

传统市场营销理论是基于现实实体世界交换活动与行为中的企业营销运作形成的理论，它源于对企业营销实践规律的总结和概括，又反过来指导企业的营销运作与实践。现代数字营销理论是基于网络虚拟市场交换活动与行为的特点，对企业数字化营销运作实践规律的总结和提炼，同时，也对企业数字营销的运作与实践具有指导作用。两个世界相互交融与渗透，改变了当今时代人们的生活和企业的经营与营销活动；两种理论也相互融合与互补，构

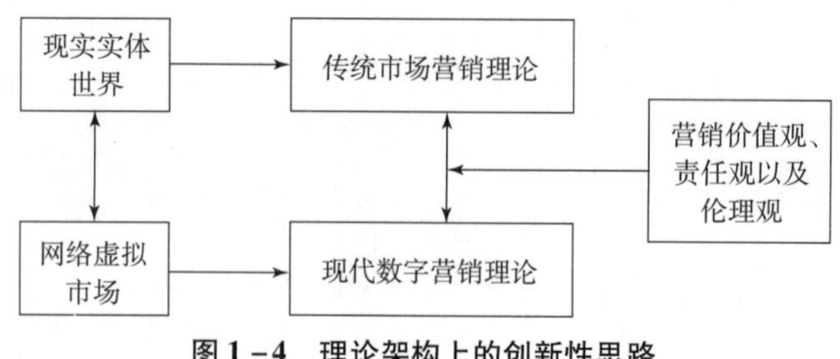

图1-4　理论架构上的创新性思路

成了现代市场营销理论体系的丰富图景。需要特别关注的是，无论是在营销的实践活动中还是在理论体系的形成与发展中，如何树立正确的营销价值观、责任观以及伦理观，都是必须引起高度重视的问题。

1.4　市场营销领域的新变化

近年来，企业营销面临的营销环境一直在发生着巨大的变化。营销环境变化的速度如此之快，以至于应对变化的能力可以说已经成为一种竞争优势。在当今时代，作为营销管理者，必须关注市场营销领域带来深刻变革和挑战营销战略的主要趋势和力量。数字营销、社会责任营销及可持续营销是市场营销领域的重要变化和趋势。

1.4.1　数字营销

数字技术的迅猛发展彻底改变了我们的生活方式，消费者对数字和移动技术的热爱和追逐为营销者吸引顾客参与提供了可能。互联网、数字技术和社交媒体的进步，带来了营销领域改天换地的变化。美国市场营销协会指出：数字营销是使用数字营销技术来营销产品和服务，包含了很多互联网营销中的技术与实践，但它的范围要更加广泛，还涉及手机及数字展示广告等各种数字媒体。英国研究数字营销的专家戴夫·查菲（Dave Chaffey）在《数字营销战略、实施与实践》（第7版）一书中指出："数字营销可以简单地定义为：通过数字媒体、数据和技术实现营销目标。"

数字营销要运用数字营销工具，包括网站、社交媒体、移动广告和应用、网络视频、电子邮件、博客和其他数字平台，随时随地吸引消费者借助他们的电脑、智能手机、平板电脑、网络电视和数字设备参与和投入。数字营销的任务包括管理不同的在线公司形象，如公司网站、移动应用程序和企业的社交媒体页面，需要将搜索引擎营销、社交媒体营销、网络广告、邮件营销及与其他网站协作等营销方式进行整合；这些营销工具以获取新用户为目标，通过顾客关系管理为现有顾客提供服务，帮助企业发展与顾客的关系。当然数字营销要获得成功，也不能脱离传统的营销方式或工具，如印刷媒体、电视、直接邮寄、销售人员等，要将现代数字营销工具与传统营销工具协同运用。

1.4.2　社会责任与可持续营销

企业社会责任一般是指企业在创造利润、对股东承担法律责任的同时，还要承担对员工、消费者、社区和环境的责任。企业的社会责任要求企业必须超越把利润作为唯一目标的传统理念，强调在生产过程中对人的价值的关注，强调对消费者、对环境、对社会的贡献。

可持续性举措成为企业实现增长的必备举措，可持续性是一种非常重要的理念，要求企业制定的商业模式必须对环境、经济和社会具有可持续性。这些问题对满足市场、监管机构和政府要求越来越重要，同时也是消费者关注的核心问题。

近年来，ESG 营销被广泛重视。ESG 是 E－Environment（环境），S－Social（社会）和 G－Governance（公司治理）三个名词的缩写，是一种非财务绩效投资理念和企业评价标准，也是衡量一家优质企业的重要指标。ESG 营销可以理解为企业 ESG 战略的营销落地实践，旨在通过企业的社会责任和可持续发展来提高企业形象和市场竞争力。在当今社会，越来越多的消费者开始关注企业的 ESG 表现，这也促使越来越多的企业开始采用 ESG 营销策略来提高企业价值和市场份额。例如，苹果公司在其 ESG 报告中强调了其透明度，以及其在数据隐私和人权方面的承诺。这些努力不仅有助于提高苹果公司的品牌形象和市场竞争力，还有助于保护消费者的权益和促进公司的可持续发展。

公司治理是 ESG 的第三个重要组成部分，企业需要关注自身的公司治理表现，包括透明度、道德和合规性等。营销道德是指企业在营销活动及其过程中，为了调整企业与消费者、企业与所有利益相关者之间关系而用来判断企业的营销行为是否符合道德标准和规范，是否给社会和消费者、利益相关者带来利益的一系列道德标准和行为规范的总和。

【知识拓展】　伦理与道德的区别

“伦理”是指事物的条理，也是指人们心目中认可的人与人以及人与自然的关系和处理这些关系的行为规范，人们也往往把伦理看作是对道德标准的寻求。营销伦理是对营销决策、行为进行道德评判的标准，从指导思想角度来规范一个企业的营销活动，关注营销者在特定的社会背景下，从策略制定到实施的各个阶段，其行为是否符合社会道德的要求。一般而言，伦理与道德之间的区分在于道德是占实际支配地位的现存规范，而伦理则是指对这种道德规范严密的方法性思考。按这种区分，伦理是对道德的科学性思考，是高于道德的哲学，而道德则是伦理在实践中的规范。

当今企业要努力成为可持续发展的公司。可持续发展的公司是那些以承担社会、环境和道德责任的行为为顾客创造价值的公司。营销不仅关注当今顾客的需要和欲望，还要关心未来的顾客，确保企业、股东、员工以及所有人赖以生活的地球的存续和发展。

【观点透视】　菲利普·科特勒：为了可持续发展，营销是否需要做减法?

菲利普·科特勒先生再一次呼吁“绿色营销”这一观点，这是他多年以来一直在呼吁并且重视的理念，以下是菲利普·科特勒的观点。

营销的常规作用在于帮助公司增加销售额。可口可乐的营销人员努力说服客户购买和消费更多的可口可乐。波音公司的营销人员努力说服航空公司购买更多的飞机。这些“增长营销人员”将根据他们的业绩增长而受到评判和奖励。

问题在于，生产和销售更多的可口可乐或波音飞机会产生温室气体，从而使地球变暖，导致洪水、干旱、森林火灾和其他灾害，造成全球气候危机。

我们不能限制这些公司或他们的营销人员追求业绩增长，这将打击市场经济的核心。全球各地的公司都被迫于商业竞争和取胜，而不是为了公共利益而放慢脚步。

为了拯救地球，有没有方法可以实现经济增长中的合理降速？最终的解决方法是来自消费者、企业和政府的适当改变。以下三方可以做出改变：

第一，对于消费者来说，他们必须要重视全球气候灾难。他们能否饮用过滤干净的自来水来代替可口可乐？他们能否在家中自己制作像可口可乐的饮料？通过这些措施，从而减少工厂因生产饮料而产生的塑料瓶。

第二，对于企业来说，他们需要重新思考开展业务的方式。经常需要坐飞机出差会见客户的业务人员是否可以通过电话或视频来处理业务？世界能否出现新技术以帮助企业以环保的方式满足商务需求？

第三，对于政府来说，通过法律并制定税收，促使消费者和企业采取更多的脱碳行为。例如，政府可以通过一项法律，禁止使用塑料制品和包装。此外，政府可以资助研发寻找一种高效安全的材料来替代塑料。

上述的三方可以在保护环境、低碳环保中做得很好，但是他们可能仍然会维持现状，除非他们产生新的心态或者实现在技术组织下的改革。

本章小结

市场营销的概念和对象

市场营销是一项有组织的活动，包括创造、传播和传递顾客价值和管理顾客关系的一系列过程，从而使利益相关者和企业都从中受益。营销管理是科学和艺术的统一。在经济和社会生活中，产品、服务、事件、体验、人物、场所、产权、组织、信息、创意等都可以成为组织营销的对象。

市场营销的历史演变

总体演变：20 世纪 50 年代以来，在历史发展的不同时期，以 10 年为一个周期，营销的发展表现出不同的时代特征并产生了相应的标志性成果。

营销观念演变：营销观念是企业营销活动的指导思想，决定企业在特定时期营销活动的价值取向。生产观念、产品观念、推销观念、市场营销观念、社会营销观念是企业营销观念的主要表现形态。

营销实践演变：企业的营销实践经历了从营销 1.0 到营销 6.0 的演变进程，分别对应产品中心营销、消费者定位营销、价值驱动营销、共创导向营销、智能营销以及创业营销与企业家精神 6 个战略重心的演变。

营销过程与价值实现

从动态的过程来看，营销的过程就是企业实现价值的过程，这一过程包括价值识别、价值选择、价值组合设计以及价值实现与拓展。在各个环节中，营销的内容、涉及的要素及其任务是不同的。

营销领域的新变化

数字营销是使用数字营销技术来营销产品和服务，运用各种数字营销工具，随时随地吸引消费者参与和投入营销活动并达成交易。

社会责任营销要求企业在营销活动中承担和履行社会责任，积极开展绿色营销、可持续营销和坚守营销伦理与道德。

复习思考题

1. 如何理解市场营销的概念及特点？
2. 在经济活动和社会生活中，市场营销的对象有哪些？
3. 企业的营销观念经历了哪些历史形态的演变？每种形态的主要观点是什么？
4. 企业营销实践的历史演变过程是怎样的？有哪些主要特点？
5. 企业价值实现过程包括的主要环节有哪些？各环节营销的主要任务是什么？
6. 谈谈你对当今时代市场营销领域新变化和新趋势的理解。

营销体验

1. 小组交流：需求形态与营销任务。

市场需求有 8 种典型形态，由此决定了 8 种不同的营销任务。它们分别是：

负需求——扭转性营销；无需求——刺激性营销；潜在需求——开发性营销；下降需求——恢复性营销；不规则需求——同步性营销；充分需求——维护性营销；过度需求——限制性营销；不健康需求——抵制性营销。通过分享和分析不同形态下的实例，加深对各种需求形态与营销任务的理解。

2. 小组交流：中国不同行业企业营销观念演变的特点。

生产观念、产品观念、推销观念、市场营销观念、社会市场营销观念是企业营销观念的主要表现形态。选取 1 ~2 个你熟悉的行业和企业，分析一下其现行营销观念所处阶段及其特点。

3. 小组交流：企业营销实践演变的现状及其特点。

企业营销实践的演变表现出从营销 1.0 到营销 6.0 的不同阶段性。结合你熟悉的企业，分析一下其营销实践演变目前所处的阶段及其特点。

案例讨论

推荐阅读

在线测试

第 2 章

营销环境识别与分析

学习目标

◎ 知悉营销环境的构成要素；
◎ 理解营销环境的影响；
◎ 具备营销环境识别能力；
◎ 掌握营销环境分析方法；
◎ 识别碳中和带来的机遇与挑战。

关键术语

◎ 市场营销环境（Marketing Environment）
◎ 环境机会（Environment Opportunities）
◎ 环境威胁（Environment Threats）
◎ 宏观环境（Macro Environment）
◎ 微观环境（Micro Environment）
◎ 碳达峰（Carbon Peak）
◎ 碳中和（Carbon Neutrality）
◎ 五力模型（Five Force Model）
◎ PEST 分析（PEST Analysis）
◎ SWOT 分析（SWOT Analysis）

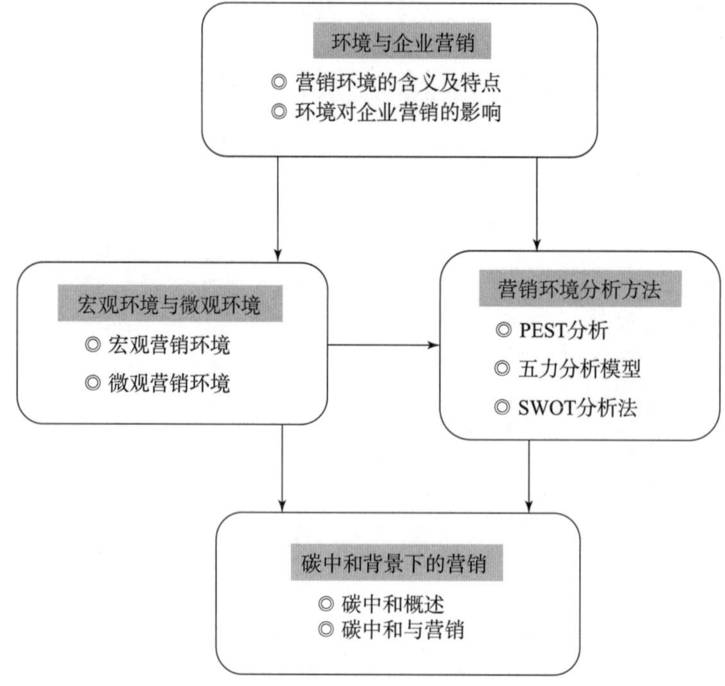

【先思后学】 Costco能在中国成功吗？

在中国传统零售行业面临互联网新势力冲击的环境下，好市多（Costco）却在全球电商的入侵中逆势而起，它的崛起甚至让沃尔玛“慌了”。Costco是美国最大的连锁会员制仓储量贩店，是会员制仓储批发俱乐部的创始者，主要在城市相对偏远位置设立门店。自诞生以来一直致力于以最低的价格提供给会员高品质的品牌商品，并以其风格独特的卖场和独特的会员服务，使会员充分享受购物的乐趣。超市的主要盈利也基本来自会员费。多年来，Costco从诞生地美国一路扩张至全球71个国家和地区。但因为消费习惯、采买模式等原因，大部分扎根在了美国老家，而加拿大则是它最大的国外市场，主要扎根在首都渥太华附近，可以称为第二个家了。Costco在日本和韩国则分别开了25家店和12家店。

早在1999年，Costco就在北京设立了办公室。营销中介也给Costco帮了不少大忙。2014年，阿里巴巴赴美上市期间，Costco方面与阿里巴巴达成了战略合作协议并于当年10月登录天猫国际，以海外旗舰店的形式试水中国跨境电商。首家跨境旗舰店开业3天仅坚果一项销售量就超过3吨。在线上起步且取得了不俗的战绩，以闪电般的速度把脉了“中国零售业”的线上环境后，2016年1月23日，Costco授权店登陆武汉，试水线下零售。2017年9月8日，Costco正式宣布首家实体店入沪，明确了来华扎根的态度。

在北美乃至世界其他市场，Costco的商品是当地同等产品中质量最好且价格最低的。Costco用包销协议、极度诱人的大订单作为筹码进而疯狂压低全球各地的供应商与合作品牌方给出的批发价格。大规模采购可以显著压低进货价和周转费用，而节省费用的途径之一就是在当地采买。Costco 经过多年的经营，早已与所在地的供应商们建立了良好的合作关系，大部分商品可以在当地采买。

Costco 的特征之一在于它是仓储式商店，也就意味着它售卖的商品都是大容量包装的，可以做到“囤货式”购买。而这一特征也刚好符合北美人的需求特点和消费模式，完全匹配了北美居住区那种独立别墅所具备的家庭仓储空间。

在北美乃至全世界其他各大市场，Costco 的主要利润来源仅限于其会费，而其货品利润仅仅用于维持日常运营。每个消费者需要持有会员卡或者同伴持有会员卡，会员每年需要交纳 120 美元的费用。在产品的高质量、低价格的驱动下，Costco 会员有超高的忠诚度。会员的续订率达到了 90%，每年都能为 Costco 贡献一笔稳定的利润。

要进入中国，对供应商环境和顾客行为环境进行分析是必不可少的。对 Costco 来说，中国的零售生态环境并非完美，现实异常艰难。

市场营销环境对企业营销带来双重影响作用。营销环境中会出现许多不利于企业营销活动的因素，由此形成挑战。如果企业不采取相应的规避风险的措施，这些因素会导致企业营销的困难。为保证企业营销活动的正常运行，企业应注重对环境进行分析，及时预见环境威胁，将危机减少到最低程度。营销环境也会滋生出对企业具有吸引力的领域，带来营销的机会。对企业来讲，环境机会是开拓营销新局面的重要基础。为此，企业应加强对环境的分析，在环境机会出现的时候善于捕捉和把握，以求得企业的发展。本章将从环境识别、环境分析和碳中和背景下的营销等方面阐述企业如何针对营销环境变化而决策。

2.1　环境与企业营销

2.1.1　营销环境的含义及特点

学者菲利普·科特勒认为，营销环境是影响企业营销活动不可控制的参与者和影响力。具体来说，就是影响企业营销管理能力，决定其能否卓有成效地发展和维持与其目标顾客交易及关系的参与者和影响力。所以，营销环境可以理解为与企业营销活动有潜在关系的所有内部和外部力量相关因素的集合，它是影响企业生存和发展的各种条件，通常可以从内外部视角划分为外部环境和内部环境，也可以从宏观、微观的视角划分为宏观环境及微观环境。

宏观营销环境是指企业无法直接控制的因素，是通过影响微观环境来影响企业营销能力和效率的一系列巨大的社会力量，包括人口、经济、政治、法律、科学技术、社会文化及自然生态等因素。由于这些环境因素是相对大尺度的因素，主要以微观营销环境为媒介间接影响和制约企业的市场营销活动，所以又称为间接营销环境。微观营销环境是指与企业紧密相连、直接影响企业营销能力和效率的各种力量和因素的总和，主要包括供应商、营销中介、消费者、竞争者及社会公众和企业内部环境。微观环境因素对企业的营销活动有着直接的影响，所以又称为直接营销环境。

各种环境因素之间不是并列关系，而是主从关系。微观营销环境受制于宏观营销环境，微观营销环境中的所有因素均受到宏观营销环境中的各种力量和因素的影响。通常来说，营销环境具有以下特点：

（1）客观性。

企业总是在客观的社会经济和其他外界环境条件下生存、发展的。企业只要从事市场营销活动，就不可能不面对着这样或那样的环境条件，也不可能不受到各种各样环境因素的影响和制约。企业决策者必须清醒地认识到这一点，要及早做好充分的思想准备，随时应付企业面临的各种环境变化带来的挑战。

（2）差异性。

营销环境的差异性不仅表现在不同的企业受不同环境的影响，而且同样一种环境因素的变化对不同企业的影响也不相同。例如，不同的国家、民族、地区之间在人口、经济、社会文化、政治、法律、自然地理等各方面存在着广泛的差异性。这些差异性对企业营销活动的影响显然是大不相同的。外界环境因素的差异性，决定了企业营销战略和策略的差异性。

（3）相关性。

营销环境是一个系统，在系统中，各个影响因素是相互依存、相互作用和相互制约的。这是由于社会经济现象的出现，往往不是由某一单一的因素所能决定的，而是受到一系列相关因素影响的结果。例如，企业开发新产品时，不仅要受到经济因素的影响和制约，更要受到社会文化因素的影响和制约。再如，价格不仅受市场供求关系的影响，而且受到科技进步及财政政策的影响。因此，要充分注意各种因素之间的相互作用。

（4）动态性。

营销环境是企业营销活动的基础和条件，这并不意味着营销环境是一成不变的、静止的。恰恰相反，营销环境总是处在一个不断变化的过程中，它是一个动态的概念。当然，营销环境的变化是有快慢大小之分的，有的变化快一些，有的则变化慢一些；有的变化大一些，有的则变化小一些。例如，科技、经济等因素的变化相对快而大，因而对企业营销活动的影响相对短且跳跃性大；而人口、社会文化、自然因素等相对变化较慢较小，对企业营销活动的影响相对长而稳定。因此，企业的营销活动必须适应环境的变化。

（5）相对不可控。

影响市场营销环境的因素是多方面的，也是复杂的，特别是宏观环境，企业对其是不可控的。例如，一个国家的政治法律制度、人口增长以及一些社会文化习俗等，企业不可能随意改变。当然，企业在不可控制的环境面前并不是完全被动的，环境中许多因素的变化对企业构成的影响是可以通过企业的努力得到改变的。如公众对企业的评价和看法、竞争对手对企业构成的威胁等，都可以通过企业自身的努力得到改变。

2.1.2 环境对企业营销的影响

企业总是在一定的外界环境条件下开展市场营销活动，因此营销环境对企业的生存和发展具有重要意义。营销环境与企业营销的关系及企业营销如何面对不断变化的动态环境，需要注意以下层面的问题。

（1）环境给企业带来机会也带来威胁。

环境对企业营销的影响主要体现在两个方面：第一，可能为企业提供新的市场机会。例如，随着消费者环境保护意识的增强，绿色产品、低碳节能型产品的市场规模不断扩大。第二，社会、经济、政治、法律等方面环境的变化也会给企业造成不利的影响甚至是威胁，如能源价格的飙升使得很多企业产品成本增加、价格上涨等。

（2）企业营销要适应环境。

现代营销学认为，企业经营成败的关键因素之一就在于企业能否适应不断变化着的营销环境。“适者生存”既是自然界演化的法则，也是企业营销活动的法则，如果企业不能很好地适应外界环境的变化，则很可能在竞争中失败，从而被市场所淘汰。虽然营销环境具有相对不可控性，但企业可以采取积极的措施去适应环境，根据环境的变化，寻找和充分利用能够发挥企业优势的市场机会，识别和规避可能发生的风险与威胁。

（3）发挥能动性影响和改变环境。

强调企业对所处环境的适应，并不意味着企业对于环境是无能为力或束手无策的，只能消极地、被动地改变自己以适应环境。企业应从积极主动的角度出发，能动地去适应营销环境。企业可以通过对内部环境要素的调整与控制，来对外部环境施加一定的影响，最终促使某些环境要素向预期的方向转化，为企业创造一个更有利的活动空间，从而使营销活动与营销环境取得有效的适应。

2.2　宏观环境与微观环境

2.2.1　宏观营销环境

宏观营销环境主要包括社会、人口、文化、经济、自然、科学技术、政治、法律等因素，每一因素又有其具体的构成要素和发展变化趋势。企业必须重视对宏观营销环境的分析和研究，并根据环境的变化制定有效的营销战略和策略，扬长避短，趋利避害，适应变化，抓住机会，从而实现企业营销目标。

1. 人口环境

人口是构成宏观营销环境的重要因素。因为人口的多少直接决定市场的潜在容量，人口越多，市场规模就越大。而人口的年龄结构、地理分布、婚姻状况、出生率、死亡率、人口密度、人口流动性及其文化教育等特性，都会对市场格局产生深刻影响，并直接影响企业的营销策略制定。企业必须重视对人口环境的研究，密切注视人口特性及其发展动向，不失时机地抓住市场机会，当出现威胁时，应及时、果断地调整营销策略以适应人口环境的变化。

（1）人口数量。

人口数量是决定市场规模和潜量的一个基本要素。因此，按人口数目可大略推算出市场规模。中国人口众多，无疑是一个巨大的市场。例如，随着人口的增加，人均耕地减少，这就可能对农业产生重要影响；随着人口的增长，能源供需矛盾将进一步扩大，因此，研制节能产品和技术是企业必须认真考虑的问题；人口增长将使住宅需求加大，这就给建筑业及建材业的发展带来机会。2021 年 5 月 11 日，第七次全国人口普查结果公布，全国人口共 141 178 万人，与 2010 年的 133 972 万人相比，增加了 7 206 万人，增长 5. 38%；年平均增长率为 0. 53%，比 2000—2010 年的年平均增长率 0. 57% 下降 0. 04 个百分点，人口 10 年来继续保持低速增长态势。而根据最新公布的数据，截至 2022 年年底，当年全国出生人口 956 万人，人口出生率为 6. 77‰；死亡人口 1 041 万人，人口死亡率为 7. 37‰；人口自然增长率为 -0. 60‰，意味着中国出现了人口负增长。

（2）人口结构。

人口结构主要包括人口的年龄结构、性别结构、家庭结构及民族结构。2022年《政府工作报告》提出："积极应对人口老龄化，优化城乡养老服务供给，推动老龄事业和产业高质量发展。"应对人口老龄化已上升为国家战略。"十四五"时期的人口老龄化压力比"十三五"时期要大。预计2033年左右中国将进入老龄人口占比超过20%的超级老龄化社会，之后老龄人口占比将持续快速升至2060年的35%。人口老龄化已成为全球普遍现象，但中国人口老龄化规模大、程度深、速度快。面对老龄化形势，如何建设多层次养老保障体系，在顶层设计、部门协调、区域协调、激发市场主体积极性方面还有很多工作。人口结构的衡量维度如表2－1所示。

表2－1　人口结构的衡量维度

维度	内容
年龄结构	不同年龄的消费者对商品的需求不一样。老年人、中年人、青年人与儿童等的需要是大不相同的。进入人口老龄化阶段，意味着保健品、营养品、老年人生活必需品等市场将会兴旺
性别结构	性别结构反映到市场上就会出现男性用品市场和女性用品市场。男性与女性在消费心理与行为、购买商品类别、购买决策等方面有很大的不同。例如中国女性通常购买自己的用品、杂货、衣服，男性则通常购买大件物品等
家庭结构	家庭是购买、消费的基本单位。中国家庭近年来规模趋于小型化；非家庭住户也在迅速增加，包括未婚、分居、丧偶、离婚者，这种住户需要较小的公寓房间、较小的食品包装等；小型化家庭可能需要租赁家具和陈设品
民族结构	中国是个多民族的国家，各民族分布的特点是：大杂居、小聚居、相互交错居住。汉族地区有少数民族聚居，少数民族地区有汉族居住。少数民族人口虽少，但分布很广。民族结构在很大程度上决定着消费结构和消费模式

（3）人口地理分布。

地理分布指人口在不同地区的密集程度。人口的这种地理分布表现在市场上，就是人口的集中程度不同，则市场大小不同；消费习惯不同，则市场需求特性不同。在发达国家，除了国家之间、地区之间、城市之间的人口流动外，还有一个突出的现象就是城市人口向农村流动。另外，经商、观光旅游、学习等使人口流动加速。对于人口流入较多的地方而言，一方面由于劳动力增多，就业问题突出，从而加剧行业竞争；另一方面，人口增多也使当地基本需求量增加，消费结构也发生一定的变化，继而给当地企业带来较多的市场份额和市场机会。

在中国，从区域人口分布看，东部沿海地区经济发达，人口密度大；中西部地区经济相对落后，人口密度小。随着户籍制度与用工制度不断变革，以及因城乡经济、区域经济发展不平衡而产生的利益驱动机制的作用，城乡之间、地区之间人口在数量和质量上都呈现出强势流动，这必将引发许多新需求及新的市场机会。当前，我国由农村人口向城市流动显著。企业营销应关注城市尤其是一线城市，这些城市消费需求不仅在量上有所增加，在消费结构上也会发生一定的变化，应该提供更多适销对路的产品满足这些流动人口的需求。

（4）受教育程度。

人们所受的教育不同，就会对市场需求表现出不同的倾向。随着高等教育规模的扩大，人口受教育程度普遍提高，收入水平也逐步增加。一般受教育程度越高的人群，对生活品质的要求会越高，对精神生活的追求也会比较强烈。另外，在我国，教育的发达程度也表现出一定的区域差异性。这对企业的产品营销决策都会产生影响。

2. 经济环境

经济环境是企业营销活动的外部社会经济条件，包括消费者收入水平、消费者支出模式和消费结构、消费者储蓄和信贷、经济发展水平、地区和行业发展状况、城市化程度等多种因素。市场规模的大小，不仅取决于人口数量，更取决于有效的购买力，而购买力的大小要受到经济环境中各种因素的综合影响。

（1）消费者收入水平。

消费者收入是指消费者个人从各种来源中所得的全部收入，包括消费者个人的工资、退休金、红利、租金、补贴等收入。分析收入水平一般考虑的因素如表 2－2 所示。

表 2－2　与消费者收入水平有关的因素

因素	内容
国民生产总值	国民生产总值是衡量一个国家（地区）经济实力与购买力的重要指标，从国民生产总值的增长幅度，可以了解一个国家经济发展的状况和速度。一般来说，工业品的营销与这个指标有关，而消费品的营销则与此关系不大。国民生产总值增长越快，对工业品的需求和购买力就越大
人均国民收入	人均国民收入是用国民收入总量除以总人口的比值。这个指标大体反映了一个国家（地区）人民生活水平的高低，也在一定程度上决定商品需求的构成。人均收入增长，对消费品的需求和购买力就大，反之就小
个人可支配收入	个人可支配收入是在个人收入中扣除税款和非税性负担后所得余额，它是个人收入中可以用于消费支出或储蓄的部分，它构成实际的购买力
个人可任意支配收入	个人可任意支配收入是在个人可支配收入中减去用于维持个人与家庭生存不可缺少的费用（如房租、水电、食物、燃料、衣着等项开支）后剩余的部分。这部分收入是消费需求变化中最活跃的因素，也是企业开展营销活动时所要考虑的主要对象。因为这部分收入主要用于满足人们基本生活需要之外的开支，一般用于购买高档耐用消费品、旅游、投资等，它是影响非生活必需品和服务营销的主要因素
家庭收入	很多产品是以家庭为基本消费单位的，如冰箱、汽车、空调等。因此，家庭收入的高低会影响很多产品的市场需求

（2）消费者支出模式和消费结构。

随着消费者收入的变化，消费者支出模式也会发生相应变化，继而使一个国家或地区的消费结构也发生变化。消费结构是指消费过程中人们所消耗的各种消费资料（包括服务）的构成，即各种消费支出占总支出的比例关系。西方经济学家常用恩格尔系数来反映这种变化。恩格尔系数表明，在一定的条件下，当家庭个人收入增加时，收入中用于食物开支部分的增长速度要小于用于教育、医疗、享受等方面的开支增长速度。食物开支占总消费量的比重越大，恩格尔系数越高，生活水平越低；反之，食物开支所占比重越小，恩格尔系数越小，生活水平越高。

优化的消费结构是优化产业结构和产品结构的客观依据，也是企业开展营销活动的基本立足点。随着中国经济的发展，人们的消费模式和消费结构都在发生明显变化。企业要重视这些变化，尤其应掌握拟进入的目标市场中支出模式和消费结构的情况，提供适销对路的产品和服务，以满足消费者不断变化的需求。

（3）消费者储蓄和信贷。

消费者的购买力还要受储蓄和信贷的直接影响。消费者储蓄是一种推迟了的、潜在的购买力。当收入一定时，储蓄越多，现实消费量就越小，但潜在消费量越大；反之，储蓄越少，现实消费量就越大，但潜在消费量越小。中国居民有勤俭持家的传统，长期以来养成了储蓄习惯。消费者信贷，就是消费者凭信用先取得商品使用权，然后按期归还贷款，以购买商品。这实际上就是消费者提前支取未来的收入。信贷消费允许人们购买超过自己现实购买力的商品，从而创造了更多的就业机会、更多的收入以及更多的需求；同时，消费者信贷还是一种经济杠杆，它可以调节积累与消费、供给与需求的矛盾。当市场供大于求时，可以发放消费信贷，刺激需求；当市场供不应求时，必须收缩信贷，适当抑制、减少需求。消费信贷能够使资金投向需要发展的产业，刺激这些产业的生产，带动相关产业的发展。

（4）经济发展水平。

企业的市场营销活动受到一个国家或地区的整个经济发展水平的制约。经济发展阶段不同，居民的收入不同，顾客对产品和服务的需求也不一样，从而会在一定程度上影响企业的营销。例如，以消费者市场来说，经济发展水平比较高的地区，企业在市场营销方面更强调产品创新、性能及特色，品质竞争多于价格竞争。而在经济发展水平低的地区，则较侧重于产品的功能及实用性，价格因素比产品品质更为重要。

（5）地区和行业发展状况。

中国地区经济发展很不平衡，逐步形成了东部、中部、西部三大地带和东高西低的发展格局。同时，在各个地区的不同省市，还呈现出多极化发展趋势。这种地区经济发展的不平衡，对企业的投资方向、目标市场以及营销策略的制定等都会带来巨大影响。

（6）城市化程度。

城市化程度是指城市人口占全国总人口的百分比，它是一个国家或地区经济活动的重要特征之一。城市化是影响营销的环境因素之一，因为城乡居民之间存在着某种程度的经济和文化上的差别，进而导致不同的消费行为。企业在开展营销活动时，要充分注意到这些消费行为方面的城乡差别，相应地调整营销策略。

3. 自然环境

自然环境是人类最基本的活动空间和物质来源，主要包括地理位置、自然资源及气候等方面。人类发展的历史就是人与自然关系发展的历史，自然环境的变化与人类活动休戚相关，自然环境也是对企业营销产生重要影响的环境要素之一。

自然环境也处于发展变化之中，当代自然环境最主要的变化趋势有以下几方面：

（1）自然资源日益短缺。

传统上，人们将地球上的自然资源分成三大类：取之不尽、用之不竭的资源，如空气、水等；有限但可再生的资源，如森林、粮食等；有限又不能再生的资源，如石油、煤及各种矿物。由于现代工业文明对自然资源无限度地索取和利用，导致矿产、森林、能源、耕地等日益枯竭，甚至连以前认为永不枯竭的水也在某些地区出现短缺。目前，自然资源的短缺已经成为各国经济进一步发展的制约力。

(2) 环境保护意识逐步增强。

工业化、城镇化的发展对自然环境造成了很大的影响，尤其是环境污染问题日趋严重，许多地区的污染已经严重影响到人们的身体健康和自然生态平衡。环境污染问题已引起各国政府和公众的密切关注，这对企业的发展是一种压力和约束，要求企业为治理环境污染付出一定的代价，但同时也为企业提供了新的营销机会。企业研究控制污染技术进行绿色营销将成为主流。

【知识拓展】 树牢“绿水青山就是金山银山”理念

绿水青山和金山银山，是对生态环境保护和经济发展的形象化表达，这两者绝不是对立的，而是辩证统一的。习近平总书记强调：“我们既要绿水青山，也要金山银山。宁要绿水青山，不要金山银山，而且绿水青山就是金山银山。”这一理念深刻揭示了保护生态环境就是保护生产力、改善生态环境就是发展生产力。马克思主义认为，“人靠自然界生活”，自然不仅给人类提供了生活资料来源，而且给人类提供了生产资料来源。绿水青山就是金山银山，深化了马克思主义关于人与自然、生产和生态的辩证统一关系的认识。保护生态环境，加快发展方式绿色转型，可以激发更大的创新动能和更广阔的市场空间，提升可持续生产力，对于科技发展和绿色消费具有极大的推动作用。

“绿水青山就是金山银山”的理念深刻诠释了保护生态环境就是改善民生。环境就是民生，青山就是美丽，蓝天也是幸福。习近平总书记指出，绿水青山可带来金山银山，但金山银山却买不到绿水青山。山峦层林尽染，平原蓝绿交融，城乡鸟语花香，这样的自然美景带给人们美的享受，这种生态优势是金子换不来的。绿水青山是人民群众健康的重要保障，是人民群众的共有财富，要让人民群众在绿水青山中共享自然之美、生命之美、生活之美。

(3) 企业经营成本的增加。

自然环境变化对企业经营成本增加的影响主要通过两个方面表现出来。一方面，经济发展对自然资源严重依赖是传统经济发展模式的主要特征之一。自然资源日趋枯竭和开采成本的提高，必然导致生产成本提高。另一方面，环境污染造成的人类生存危机，使得人们对环境的观念发生改变，环保日益成为社会主流意识。昔日粗放模式下的生产方式必须进行彻底改变，企业不仅要担负治理污染的责任，还必须对现有可能产生污染的生产技术和所使用的原材料进行技术改造，而这不可避免地加大了企业生产成本。

(4) 新兴产业市场机会增加。

环境变化也给企业带来新的市场机会。比如，为了应对环境变化，企业必须寻找替代的能源以及各种原材料，替代能源及材料生产企业面临大量的市场机会。

(5) 政府干预不断加强。

自然资源短缺和环境污染加重的问题，使各国政府加强了对环境保护的干预，颁布了一系列有关环保的政策法规，这将制约一些企业的营销活动。虽然有些企业由于治理污染需要投资，影响扩大再生产，但企业必须以大局为重，要对社会负责，对子孙后代负责，加强环保意识，在营销过程中自觉遵守环保要求，担负起环境保护的社会责任。

4. 科技环境

科学技术是社会生产力中最活跃的因素，作为营销环境的一部分，科技环境不仅直接影响企业内部的生产和经营，还与其他环境因素互相依赖、相互作用，与经济环境、文化环境的关系更紧密。新技术革命，既给企业营销带来了机会，又带来了威胁。通常认为科技环境首先带来的可能是企业产品或服务的革命性变化，比如物联网技术、新能源技术的出现基本上颠覆了很多的传统行业。其次，新技术对于企业营销管理有着明显的推动作用，非常明显的例子就是近年来企业营销活动的数字化转型升级。最后，新技术对于消费者的影响更加明显，特别是对购买习惯、购买方式、购买频率、支付方式、信息搜寻及购买决策产生了巨大的影响。

【知识拓展】 中国式现代化必将引领科技革命

习近平总书记在党的二十大报告中强调，从现在起，中国共产党的中心任务就是团结带领全国各族人民全面建成社会主义现代化强国、实现第二个百年奋斗目标，以中国式现代化全面推进中华民族伟大复兴。总的战略安排是分两步走：从 2020 年到 2035 年基本实现社会主义现代化；从 2035 年到本世纪中叶把我国建成富强、民主、文明、和谐、美丽的社会主义现代化强国。

2035 年，我国发展的总体目标是：经济实力、科技实力、综合国力大幅跃升，人均国内生产总值迈上新的大台阶，达到中等发达国家水平；实现高水平科技自立自强，进入创新型国家前列；建成现代化经济体系，形成新发展格局，基本实现新型工业化、信息化、城镇化、农业现代化；基本实现国家治理体系和治理能力现代化，全过程人民民主制度更加健全，基本建成法治国家、法治政府、法治社会；建成教育强国、科技强国、人才强国、文化强国、体育强国、健康中国，国家文化软实力显著增强；人民生活更加幸福美好，居民人均可支配收入再上新台阶，中等收入群体比重明显提高，基本公共服务实现均等化，农村基本具备现代生活条件，社会保持长期稳定，人的全面发展、全体人民共同富裕取得更为明显的实质性进展；广泛形成绿色生产生活方式，碳排放达峰后稳中有降，生态环境根本好转，美丽中国目标基本实现；国家安全体系和能力全面加强，基本实现国防和军队现代化。

党的二十大擘画了中国式现代化的宏伟蓝图，在踏上第二个百年征程中，以中国式现代化全面推进中华民族伟大复兴。在党的二十大报告中，科技强国被提高到了前所未有的高度，强调加快实现高水平科技自立自强是实现中国式现代化、保障国家发展安全的战略需要。我们有足够理由相信，在中国式现代化的宏伟目标引领下，必将带来科技环境的重大变革。

5. 政治与法律环境

政治与法律是影响企业营销的重要宏观环境因素。政治因素就像一只有形的手，调节着企业营销活动的方向；法律则是企业营业活动的行为准则。政治与法律相互联系，共同对企业的市场营销活动发挥影响。

（1）政治环境。

政治环境指企业市场营销活动的外部政治形势、国家方针政策及其变化。安定团结的政治局面不仅有利于经济的发展和人们收入的增加，而且影响到人们的心理状况，导致市场需求发生变化。政府的方针、政策，规定了国民经济的发展方向和速度，也直接关系到社会购买力的提高和市场消费需求的增长变化。

对国际政治环境的分析，应了解政治权力与政治冲突对企业市场营销活动的影响。政治权力对企业营销活动的影响主要表现在有关国家政府通过采取某种措施限制外来企业及产品的进入，如进口限制、外汇控制、劳工限制、进入壁垒，等等。政治冲突则指的是国际上发生的重大事件和突发性事件，这类冲突即使在以和平和发展为主流的时代也从未绝迹过。这种冲突对企业的市场营销工作的影响或大或小，或意味着机会或产生巨大的威胁。

（2）法律环境。

法律环境是指国家或地区颁布的各项法规、法令、条例等。法律环境对企业的营销活动以及对市场消费需求的形成和实现都具有一定的调节作用。企业研究并熟悉法律环境，不仅可以保证自身严格依法经营和运用法律手段保障自身权益，还可通过法律条文的变化对市场需求及其走势进行预测。

6. 社会文化环境

社会文化广义上是指人类在社会发展过程中所创造的物质财富和精神财富的总和，具体是指一个国家或地区的价值观念、生活方式、风俗习惯、宗教信仰、教育状况、审美观念等要素的总和。文化对企业营销的影响是多层次、全方位的，并具有很强的渗透性。企业的市场营销人员应分析、研究和了解社会文化环境，以针对不同的文化环境制定不同的营销策略。

（1）价值观念。

价值观念就是人们对社会生活中各种事物的态度和看法。不同的文化背景下，人们的价值观念相差很大，消费者对商品的需求和购买行为深受价值观念的影响。对于不同的价值观念，企业的营销人员应该采取不同的策略。一种新产品的推出可能会引起社会观念的变革。而对于一些注重传统、喜欢沿袭传统消费方式的消费者，企业在制定促销策略时应注意把产品与目标市场的文化传统联系起来。

（2）消费习俗。

消费习俗是人类各种习俗中的重要习俗之一，是人们历代传递下来的一种消费方式，也可以说是人们在长期经济与社会活动中所形成的一种消费风俗习惯。不同的消费习俗，具有不同的商品需要。研究消费习俗，不但有利于营销策略的制定，而且有利于正确、主动地引导健康的消费。了解目标市场消费者的禁忌、习俗、避讳、信仰、伦理等是企业进行市场营销的重要前提。

（3）审美观念。

人们在市场上挑选、购买商品的过程，实际上是一次审美活动。近年来，中国消费者的审美观念随着物质水平的提高，发生了明显的变化。追求健康的美、追求强烈的时代感、追求环境美等现象在购买活动中表现得最为明显。营销人员应注意消费者审美观念的变化，使商品的艺术功能与消费场景的美化效果融为一体，以更好地满足消费者的审美要求。

（4）宗教信仰。

宗教信仰及宗教组织在消费者购买决策中有重要影响。一种新产品出现，宗教组织可能会提出限制或禁止使用，认为该商品与宗教信仰相冲突。所以企业在营销活动中也要针对宗教特点制定营销策略，以避免由于矛盾和冲突给企业营销活动带来的损失。

在研究社会文化环境时，还要重视亚文化群对消费需求的影响。每一种社会文化的内部都包含若干亚文化群。因此，企业市场营销人员在进行社会和文化环境分析时，可以把每一个亚文化群视为一个细分市场，生产经营适销对路的产品，满足顾客需求。

2.2.2 微观营销环境

企业的微观营销环境包括供应商、竞争者、社会公众、营销中介、顾客以及企业内部环境等。如图2－1所示。

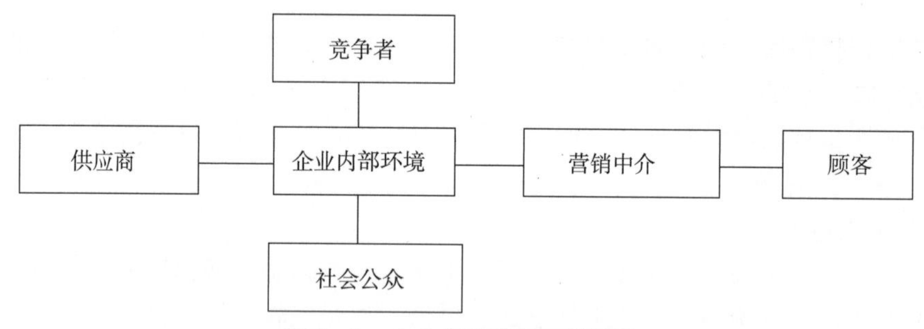

图2－1　企业微观营销环境因素

图2－1中，供应商、企业内部环境、营销中介、顾客这一链条构成企业的核心营销系统。企业市场营销活动的成败，还直接受到另外两个群体的影响，即竞争者和社会公众。

直接影响企业营销能力的各种参与者，事实上都是企业营销部门的利益共同体。企业内部其他部门与营销部门利益的一致是毋庸置疑的。按市场营销的双赢原则，企业营销活动的成功，应为顾客、供应商和营销中介带来利益，并造福于社会公众。即使是竞争者，也可以相互学习、相互促进，建立既竞争又合作的关系。

1. 供应商

供应商环境是指那些向企业提供开展市场营销活动所需资源的企业状况。企业的营销活动，包括供、产、销各个不同环节，都需要大量的物资与资金作保证，因而需要许多部门或企业为之服务，为之供应所需的一切。企业所用的物资来自许多供应商，但各企业供应商的数量是不同的，所供物资在企业生产销售中的地位也不同，通常运用ABC分析法对供应企业进行分类。按所供应物资在企业经营活动中的地位将其划分为A，B，C三类：A类企业是提供必需物资的极少数企业，它们能否保质保量按时供应，直接关系到企业的经营活动能否正常进行，是供应企业中必保的重点；B类企业提供一般物资，数量较多，对其也应引起重视；C类企业提供一些附属性的物资，企业比较容易找到替代者。

2. 竞争者

一个行业只有一个企业，或者说一个企业能够控制一个行业的完全垄断的情况在现实中很难见到。因此与同行的竞争是不可避免的。通常将企业的竞争对手分为四个层次。

（1）品牌竞争者。

品牌竞争者是指品牌不同，但满足需要的功能、形式相同的产品生产者之间的竞争。如新能源轿车中的“比亚迪”“特斯拉”“理想”等品牌之间的竞争，这是企业最直接而明显的竞争对手。这类竞争者的产品内在功能和外在形式基本相同，但因出于不同厂家而品牌不同。企业往往通过在消费者和用户中培植品牌偏好而展开市场竞争。

（2）产品形式竞争者。

产品形式竞争者指各个竞争者产品的基本功能相同，但形式、规格和性能或档次不同。如自行车既有普通轻便车，又有性能更优良的山地车，厂家通过在顾客中发掘和培养某种偏好，来展开市场竞争。

（3）平行竞争者。

平行竞争者也称为替代品竞争者，这是潜伏程度更深的竞争者，这些竞争者所生产的产品种类不同，但所满足的需要相同。如汽车、摩托车、电动自行车、普通自行车都能满足消费者对交通工具的需要，消费者可能只会择其中一种，这属于较大范围的行业内部竞争。

（4）愿望竞争者。

愿望竞争者是潜伏程度最深的竞争者，不同竞争者分属不同的产业，相互之间为争夺潜在需求而展开竞争。如房地产公司与汽车制造商为争夺顾客而展开的竞争。顾客现有的钱如用于汽车购买则不能用于房子购买，汽车制造商与房地产公司实际是针对购买者当前所要满足的各种愿望展开争夺。

在上述四个层次的竞争对手中，品牌竞争者是最常见、最外在的，其他层次的竞争者则相对比较隐蔽。所以在许多行业里，企业的注意力总是集中在品牌竞争因素上。

3. 社会公众

社会公众是指对企业实现营销目标的能力具有实际或潜在利害关系和影响力的团体或个人。公众对企业的认知及与企业的关系对企业的市场营销活动有着很大的影响。所有的企业都必须采取积极措施，保持和主要公众之间的良好关系。通常企业周围社会公众的类别如表 2 –3 所示。

表 2 –3　社会公众的类别

金融公众	对企业融资能力有重要影响，主要包括银行、投资公司、证券公司等
媒介公众	指那些刊载和发布各类信息的机构，包括报纸、杂志、电台、电视台等传统媒体机构，也包括微博、微信、社交网站等新兴媒体机构。主要通过社会舆论来影响公众对企业的态度。特别是主流媒体的报道，对企业影响极大，甚至可以达到影响企业生存的地步。企业对待媒介公众要慎之又慎
政府公众	企业在制订营销计划时，必须认真研究与考虑政府政策与措施的发展变化
公民团体公众	一个企业的营销决策可能会受到消费者组织、环境保护组织、少数民族团体等的质疑。公司的公共关系部门应保持与消费者和民间团体的接触和沟通
地方公众	一般每个企业都要同当地的公众团体，如邻里居民和社区组织保持联系
一般公众	企业需要关注一般公众对其产品及行为的态度。虽然一般公众并不是有组织地对企业采取行动，但一般公众对企业的印象会影响消费者对该企业及其产品的看法

4. 营销中介

营销中介协助企业促销和分销其产品给最终购买者，包括中间商（批发商、代理商、零售商）、物流配送公司（运输、仓储）、营销服务机构（广告、咨询、调研）以及财务中介机构（银行、信托、保险、投行）等。这些组织都是营销所不可缺少的中间环节，大多数企业的营销活动都需要他们的协助才能顺利进行。市场经济越发达，社会分工越细，中介机构的作用就越大。如随着生产规模的增加，降低产品的配送成本就显得越来越重要，于是适应这种需求的生产性服务行业就得到了发展。企业在营销过程中，必须处理好同这些中介机构的合作关系。

5. 顾客

顾客是企业服务的对象，同时，也是产品销售的市场和企业利润的来源。理所当然是营销活动的极其重要的营销环境因素。企业要投入很多的精力去研究顾客的真实需求情况，在产品营销的方方面面都要充分考虑到他们的要求，并尽可能去满足他们的需求，否则企业的营销活动就会陷入被动局面。企业营销活动本质上就是围绕顾客需求而展开的。

根据购买者及其购买目的划分，顾客可分为以下几个重要市场：

（1）消费者市场：购买商品和服务供自己消费的个人和家庭；

（2）生产者市场：购买商品及服务投入生产经营活动过程以赚取利润的组织；

（3）中间商市场：为转卖、获取利润而购买商品和服务的组织；

（4）政府市场：为了履行政府职责而购买的政府机构所构成的市场；

（5）全球市场：国家或地区以外的消费者、生产者、中间商、政府等构成的市场。

6. 企业内部环境

所有从内部影响公司的因素都称为内部环境。内部环境可以归纳为企业人力资源、财务能力、拥有的设备、原料来源、R&D 能力、企业文化、企业形象等方面。对于应对市场变化而言，内部环境和外部环境同样重要。另外，企业为开展营销活动，必须设立市场营销部门，而且营销部门不是孤立存在的，它还面对着财务、采购、制造、研究与开发等一系列职能部门。一方面，市场营销部门与这些部门在最高管理层的领导下，为实现企业目标共同努力着。另一方面，企业市场营销部门与这些部门之间既有多方面的合作，也存在争取资源方面的矛盾。例如，在产品品质方面，营销部门从顾客需求出发，会对产品品质提出更高的要求；而生产部门从成本的角度出发，可能会降低对品质的要求。再如，对营销费用的核定，营销部门与财务部门往往会不一致。因此这些部门的业务状况如何，它们与营销部门的合作以及它们之间是否协调发展，对营销决策的制定与实施影响极大。营销部门在制定和实施营销目标与计划时，要充分考虑企业内部环境力量，争取高层管理部门和其他职能部门的理解和支持。

2.3 营销环境分析方法

企业需要对市场营销环境进行综合分析，辨析环境中的机会与威胁，以便对营销环境做出总体评价，为营销战略和策略的制定提供可靠的决策依据。

2.3.1 PEST 分析

PEST 分析法是战略环境分析的基本工具，它从政治（Politics）、经济（Economy）、社会（Society）以及技术（Technology）角度进行综合分析，以帮助公司从总体上把握宏观环境的变化及其特点，并评价这些因素对企业战略目标和战略制定的影响。PEST 模型由美国学者 Johnson G. 与 Scholes K. 于 1999 年提出，该模型的缺点是只针对四个要素进行分析，在很多情况下不能完全涵盖企业面临的宏观环境。通过在该模型的基础上增加自然环境因素（Natural Environmental Factors）和法律因素（Legal Factors），学者又提出了 PESTEL 分析模型。近年来又增加了人口统计因素（Demographic Factors），该模型又扩展成 PEST－LED 模型。

（1）政治要素。

政治要素指对组织经营活动具有实际与潜在影响的政治力量和有关的法律、法规等因素。对企业战略有重要意义的政治和法律变量有：政府管制、特种关税、专利数量、政府采购规模和政策、进出口限制、税法的修改、专利法的修改、劳动保护法的修改、公司法和合同法的修改等。

（2）经济要素。

经济要素指目前的经济制度、经济结构、产业布局、资源状况、经济发展水平以及未来的经济走势等。企业应重视的经济变量如下：经济形态、可支配收入水平、利率规模经济、消费模式、政府预算赤字、劳动生产率水平、股票市场趋势、地区之间的收入和消费习惯差别、劳动力及资本输出、财政政策、贷款的难易程度、居民的消费倾向、通货膨胀率、货币市场模式、国民生产总值变化趋势、就业状况、汇率、价格变动、税率、货币政策等。

（3）社会要素。

社会要素指企业所在社会中成员的民族特征、文化传统、价值观念、人口规模、种族结构、消费结构和水平、人口流动性等。值得企业注意的社会因素包括对政府的信任程度、社会责任感、对经商的态度、对售后服务的态度、生活方式、公众道德观念、对环境污染的态度、收入差距、购买习惯、对休闲的态度等。

（4）技术要素。

技术要素不仅仅包括那些引起革命性变化的发明，还包括与企业生产有关的新技术、新工艺、新材料的出现和发展趋势以及应用前景。在过去的半个世纪里，最迅速的变化就发生在技术领域，许多高技术公司的崛起改变着世界和人类的生活方式。

2.3.2　五力分析模型

五力分析模型是由迈克尔·波特（Michael Porter）于 20 世纪 80 年代提出的理论，是企业战略制定的基础性工具。五力分析模型将大量的不同因素汇集到一个简单的模型中，以此分析一个行业的基本竞争态势和吸引力。这一理论认为，企业的竞争态势可以通过五种竞争力来具体分析，分别是：现有竞争者之间的对抗力量、供应商的议价能力、购买方的议价能力、替代产品或服务生产者的威胁、潜在进入者的威胁，如图 2－2 所示。这五大竞争力驱动和共同作用，决定了企业的盈利能力和产业的竞争强度和利润水平。

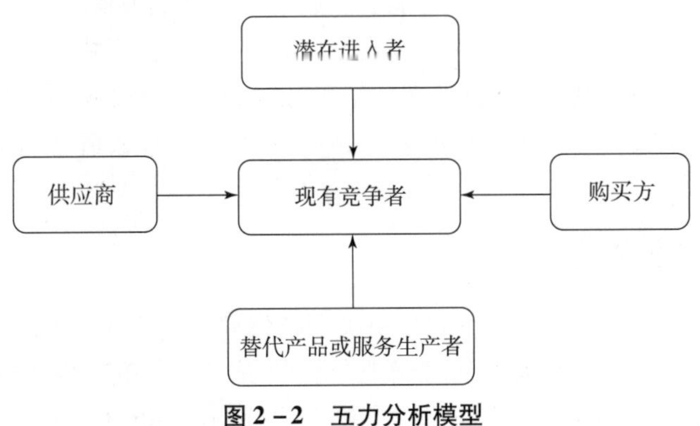

图 2－2　五力分析模型

（1）现有竞争者之间的对抗力量。

同一行业中，生产相同或相似产品的企业之间，通常既有竞争又有合作，但为市场占有率而进行的竞争多于合作。企业常常为了获取更大的市场份额从而获得更丰厚的利润，一般会在产品、价格、渠道、售后服务等方面与竞争对手展开激烈的竞争。不同行业的竞争激烈程度不同，这与行业所处的发展阶段相关。对手之间的竞争程度取决于以下因素：竞争厂商的数量及规模、行业市场的增长速度、产品的同质程度、顾客转换成本的大小以及退出壁垒的难度高低等。

（2）供应商的议价能力。

在某个产业的企业看来，供应商的议价能力体现在以下两个方面：一是威胁采购方涨价；二是威胁降低之前所购产品和服务的质量。基于如下情况，供应商具有较强的议价能力：供应商团体被少数几家公司把持，而且集中度高；除了供应商团体外没有其他的替代品；对于供应商来讲，当前的产业不是举足轻重的；对购买方来讲，供应商的产品是必需品的等。一般认为，供应商是产业外的企业。不过，企业也要把劳动力视为一种供应商，并且在许多产业中，劳动力拥有强大的议价能力。决定供应商议价能力的条件比较容易变化，而且通常不被产业内的企业所掌控。

（3）购买方的议价能力。

购买方与本产业竞争的方式往往表现为：压低产品价格；索要更高的质量或服务；挑起鹬蚌之争，坐收渔翁之利。购买方任何一次的竞争胜利，都是以牺牲本企业的利润水平为代价的。购买方的议价能力取决于如下两方面的因素：第一，自身的市场地位；第二，对于本企业购买总量的重要性。以下情况购买方具有强大的议价能力：购买方集中度较高并且购买量较大；在买方的成本和外购中，从本企业购买的产品占据重要的份额；购买方购得的产品是标准化的，不具有差异化；买方没有转换成本；买方盈利不高等。

（4）替代品或服务生产者的威胁。

在某个产业中，几乎所有的企业都会与生产替代品的企业展开竞争。正是由于替代品的存在，该产业的企业才不能随意提高产品价格。在本产业中要力压替代品，往往需要全行业的集体行动。如果替代产品有如下特点，那么本产业必须予以高度关注：相对于本产业的产品，替代品的性价比有提高的趋势；替代产品生产者所处的产业获利丰厚。

（5）潜在进入者的威胁。

潜在进入本产业的生产商会给本产业带来新的生产能力，但是在其扩张的背后，隐藏着攫取市场份额的欲望。潜在进入者进入可能会引起本产业产品或服务价格下降，同时，激烈的竞争又可能使本产业成本上涨，产业利润水平降低。本产业面临进入的威胁有多大，不仅取决于当前的进入壁垒，也取决于当前竞争者预见进入行动的开始所采取的应对措施。如果进入壁垒很难跨越，或者潜在进入者能够被预判到，那么潜在进入者的威胁可能不会太大。

2.3.3 SWOT 分析法

SWOT 分析法又称为态势分析法，它是由美国哈佛商学院学者安德鲁斯于 20 世纪 60 年代首先提出来的，是一种能够较客观而准确地分析和研究一个单位现实情况的方法。SWOT 分析法是一种对外部环境的威胁（Threats）、机会（Opportunities）进行分析辨别，同时评估组织内部的劣势（Weaknesses）与优势（Strengths），明确有效发展方向的方法，如表 2－4 所示。利用这一方法可以从中找出对自己有利的、值得发扬的因素，以及对自己不利的、要避开的因素，发现存在的问题，找出解决办法，并明确以后的发展方向。

表 2－4　SWOT 分析

内因 / 外因	优势（S）	劣势（W）
机会（O）	SO：增长型发展	WO：扭转型发展
威胁（T）	ST：多样化发展	WT：防御型发展

1. 明确企业优劣势

（1）优势，是指一个企业超越其竞争对手的能力，或者指公司所独有的能提高公司竞争力的因素。如在技术技能、有形资产、无形资产、人力资源、组织体系、竞争能力等方面表现出来的优势。

（2）劣势，是指公司做得不好或缺少的因素，或指某种会使公司处于不利的条件。如缺乏具有竞争意义的核心技术，缺乏有竞争力的有形资产、无形资产、人力资源、组织结构，关键领域里的竞争能力正在丧失等。

2. 发现机会与威胁

（1）机会，是指影响公司战略的重大外部因素，如客户群扩大、市场需求增长强劲以及出现向其他地理区域扩张扩大市场份额的机会等，具体包括新产品、新市场、新需求、市场壁垒的解除、竞争对手失误带来的机会等。

（2）威胁，是指公司的外部环境中存在着的某些对公司的盈利能力和市场地位构成威胁的因素，如出现将进入市场的强大新竞争对手、替代品抢占公司市场份额、主要产品市场增长率下降、汇率和贸易政策的不利变动、社会消费方式的不利变动、市场需求减少等。

可以将调查得出的各种因素根据轻重缓急或影响程度等进行排序，将那些对公司发展有直接、重要、迫切及久远影响的因素优先排列出来，而将那些间接、次要、不急及短暂的影响因素排列在后面。

3. 选择发展方向

在完成对环境因素的 SWOT 分析后，便可以制订出相应的行动计划。制订计划的基本思路是：发挥优势因素，克服劣势因素，利用机会因素，化解威胁因素；考虑过去，立足当前，着眼未来。运用系统的综合分析方法，将排列与考虑的各种环境因素相互匹配起来加以组合，得出一系列公司未来可选择的发展方向。

通过 SWOT 方格分析法可以形成以下四种可以选择的发展方向：

（1）SO（优势＋机会）。

依靠内部优势，利用外部机会。这一情景被称为增长型发展。这将对企业产生杠杆效应，杠杆效应产生于内部优势与外部机会相互一致和适应时。在这种情形下，企业可以用自身内部资源优势和外部机会，使机会与优势充分结合并发挥出来。然而，机会往往是稍纵即逝的，因此企业必须敏锐地捕捉机会、把握时机，以寻求更大的发展。

（2）WO（劣势＋机会）。

利用外部机会，弥补内部劣势。这一情景被称为扭转型发展。此时可以对企业面临的威胁采取影响与控制的措施，以阻止或减小它对企业产生不良后果。当环境提供的机会与企业内部资源优势不相适合或者不能相互叠合时，企业的优势再大也得不到发挥。在这种情形下，企业就需要提供和追加某种资源，以促进内部资源劣势向优势方面转化，从而迎合或利用外部机会。

（3）ST（优势+威胁）。

利用内部优势，规避外部威胁。这一情景被称为多样化发展。当环境状况对公司优势构成威胁时，优势得不到充分发挥，出现优势不优的脆弱局面。在这种情形下，企业必须克服威胁，以发挥优势。

（4）WT（劣势+威胁）。

减小内部劣势，规避外部威胁。这一情景被称为防御型发展。当企业内部劣势与企业外部威胁相遇时，企业面临着严峻挑战，如果处理不当，就可能直接威胁到企业的生存。

环境提供的机会能否被企业利用，环境变化产生的威胁能否被有效化解，将取决于企业对市场变化反应的灵敏程度和实力。市场机会为企业带来收益的多寡，不利因素给企业造成的负面影响的程度，一方面取决于这一环境因素本身性质，另一方面取决于与企业优势、劣势的结合状况。最理想的市场机会是那些与企业优势达到高度匹配的机会，而那些与企业劣势结合的不利因素将不可避免地消耗企业大量资源。

2.4 碳中和背景下的营销

2.4.1 碳中和概述

1. 碳中和概念溯源与意义

碳中和（Carbon Netrality）概念始于1997年，由来自英国伦敦的未来森林公司（后更名为碳中和公司）首次提出，指家庭或个人以环保为目的，通过购买经过认证的碳信用来抵消自身的碳排放，该公司亦为这些用户提供植树造林等减碳服务。随着碳中和概念的推广，广义上的碳中和概念扩展为通过植树造林、生物固碳、节能环保等方式抵消一段时间内国家或企业产生的二氧化碳或温室气体排放量，使之实现相对“净零排放”，并根据所遵循的国际计算标准将碳足迹降至零。1999年，苏·霍尔（Sue Hall）在俄勒冈州创立了名为“碳中和网络”的非营利组织，旨在呼吁企业通过碳中和的方式实现潜在的成本节约和环境可持续发展，并与美国环境保护署、自然保护协会等共同开发“碳中和认证”和“气候降温”品牌。

碳中和概念的物理意义在于保持大气中温室气体含量稳定。种种证据和研究显示，自工业革命以来，人类工业化进程中以二氧化碳为主的温室气体排放造成了全球气候变暖以及附带的一系列极端天气、自然灾害、军事冲突等恶果，严重影响未来人类文明的存续。据世界气象组织数据显示，2011—2020年全球陆地表面平均气温是全球有史以来最高的10年，超过20世纪平均水平0.82摄氏度。2021年，澳大利亚洪水、德国巴伐利亚暴雨、中国河南水灾等“千年一遇”的极端天气频发，令世界重新审视气候变化带来的灾害与危机。因此，降低温室气体的排放量已成为各国的共同义务和责任，但是要完全实现降至零排放并不现实，多余的部分将通过生物固碳、CCUS（碳捕集与封存）等方式进行抵消，通过碳中和的方式实现大气中的温室气体含量相对稳定。

碳中和概念的社会经济意义则在于改善全球气候。全球气候变化议题已经从环境保护和资源利用问题进一步提升到了经济发展模式和质量的层次。过去，污染排放的外部成本没有得到充分重视，致使世界各国都要面对气候变化带来的损失。应对气候变化在本质上需要应对工业化进程中落后的生产方式，只有提高资源利用效率和生产效率、降低污染量和排放量，才能从根本上改善全球气候环境问题。

【观点透视】 大国担当：碳中和的中国责任

2007年7月20日，中国绿化基金会中国绿色碳基金成立，该基金旨在积极实施以增加森林储能为目的的造林护林等林业碳汇项目，缓解气候变化带来的影响，这是碳中和概念首次在中国官方层面得到呈现。2015年6月30日，时任国务院总理李克强在法国访问期间，宣布了中国的减排承诺，中国政府已向《联合国气候变化框架公约》秘书处提交了文件，描述中国2030年的行动目标：二氧化碳排放2030年左右达到峰值并争取尽早达峰，单位国内生产总值二氧化碳排放比2005年下降60%~65%。中国2030年碳达峰承诺标志着中国的减排进程跨出了阶段性的历史步伐。2020年9月22日，国家主席习近平在第七十五届联合国大会一般性辩论上提出中国将在2060年前实现碳中和，并于2020年12月召开的气候雄心峰会上进一步提出了降低化石能源比重、提高森林蓄积量、提高风电和太阳能装机量等四项2030年自主贡献目标。两项目标提出后，碳中和正式成为国家承诺，向世界展示了中国的减排责任与大国担当。

2021年和2022年政府报告与“十四五”规划中均指出，中国将制定2030年前碳排放达峰行动方案，碳减排的相关工作和举措将加快进入实行阶段。中国已正式将碳中和理念纳入生态文明建设布局，相比其他国家而言彰显出了强大的政策效率和执行力度，时间目标更为清晰和明确。

碳中和目标提出并已经纳入顶层设计，中国正开启一场以政府与市场结合、生产与消费结合、实体经济与金融体系结合等为主的全方位绿色低碳转型升级。

2. 碳中和与全球气候治理的演进

在碳中和概念兴起之前，国际气候治理议题以降低温室气体排放为主题。1972年6月，首届联合国人类环境会议在瑞典斯德哥尔摩举行，各国政府首次共同讨论环境问题，并提议重视工业温室气体过度排放造成的环境问题。1988年，政府间气候变化专门委员会（IPCC）由世界气象组织和联合国环境署合作成立，于1990年首次发布《气候变迁评估报告》并指出工业化时期二氧化碳和温室气体排放带来的气候变暖问题。1992年6月，联合国环境与发展会议在巴西里约热内卢召开，达成《联合国气候变化框架公约》，该公约要求各成员国以“共同但有区别的责任”为原则自主开展温室气体排放控制。1997年，IPCC协助各国在日本京都草拟了《京都议定书》，目标为2010年全球温室气体排放量比1990年减少5.2%。

但《京都议定书》并没有达到理想的效果，“共同而有区别的责任”原则也没有发挥出应有的约束作用。虽然欧盟成员国普遍在1990年左右达到温室气体排放峰值，但到2010年全球总排放量不仅没有减少，反而比1990年增长了近46%。2015年12月12日，联合国气候峰会通过了《巴黎协定》，取代《京都议定书》，敦促各成员国努力将全球平均气温上升控制在较工业化前不超过2摄氏度、争取在1.5摄氏度之内，并在2050—2100年实现全球碳中和目标。自此，碳中和作为一项国家层面的发展理念，在世界范围内得到广泛接纳。但《巴黎协定》的执行力度亦没有达到预期，部分国家没有切实践行减排承诺或所制定的减排方案无法满足既定的气温控制目标，未能朝正确方向前进。为此在2020气候雄心峰会上，联合国秘书长古特雷斯呼吁全球各国领导人“宣布进入气候紧急状态，直到本国实现碳中和为止”，并采取更激进的减排措施把可持续发展目标写入具体政策且加以落实。碳中和呼吁得到全球上百个国家的响应，其影响力范围和规模进一步扩大。

【知识拓展】 碳中和的全球形势

根据2020年古特雷斯在气候雄心峰会上的讲话，至2020年年末全球有110多个国家做出了碳中和相关承诺，其时间普遍为2050年前后，古特雷斯亦呼吁各国采取更有效和更积极的减排行动以兑现各自的承诺。截至2021年上半年，做出承诺的国家扩展至130多个。现有国家中，不丹和苏里南已实现碳中和乃至负碳，而约有超过80%的国家以2050年作为碳中和目标节点，例如，欧盟除波兰以外各成员国均同意欧盟官方承诺的2050年碳中和计划。日本、韩国等多个国家已从政府层面率先开始制定并执行一系列减排措施，推动本国环境保护、清洁能源等绿色产业的发展；欧盟、南非等已经向联合国提交了以碳中和为目标的减排计划书。

全球气候治理形势以21世纪20年代各国做出碳中和承诺以及美国重返《巴黎协定》为标志，再度开启新格局。联合国2020年排放差距报告统计显示，2019年全球温室气体排放量约为524亿吨二氧化碳当量（各温室气体按温室效应大小统一折算为二氧化碳），中国以约140亿吨当量占据了27%。二氧化碳为温室气体的主要成分，其排放量按排放效应计算约占温室气体排放总当量的65%～80%（各国家和地区存在差异），中国在2019年的二氧化碳排放量约为108亿吨。

各国碳排放情况差异较大，为直观地分析国际碳中和形势，按照碳排放重点国家和地区以2019年各国人均GDP（美元统计值）为横轴、2019年人均二氧化碳排放量（部分国家为综合预估值，仅计算二氧化碳，不含其他温室气体）为纵轴，建立主要国家碳中和形势图（碳排放量较低或人口较低的国家和地区不计入；英国不计入欧盟），散点颜色用以区别该国近期所宣布的实现碳中和目标的时间节点（包含立法确立或官方承诺，不包含仅透露意向），散点面积大小用以描述该国人口数量，如图1所示。

碳排放总量并不能客观地反映一国的排放水平，尤其是对于人口总量居世界第一的中国而言，缺乏对发展中国家的公平性。因此，应将人均碳排放量也纳入评价标准之中。通过联合国提供的相关数据计算，2020年全球人均碳排放水平约为4.35吨左右，受疫情影响略有降低。同时，考虑到各国经济发展水平存在差距，也应以碳排放强度（单位GDP消耗的二氧化碳排放量）作为分析各国经济发展和碳排放之间关系的重要参考指标。图1中各国与原点连线的斜率反映了其每单位GDP的二氧化碳排放水平。

综合人均排放量与碳排放强度两项重要指标，目前北欧国家的碳排放强度较低、人均GDP较高，而以美国为代表的北美地区的人均碳排放显著高于其他国家。欧盟国家人均碳

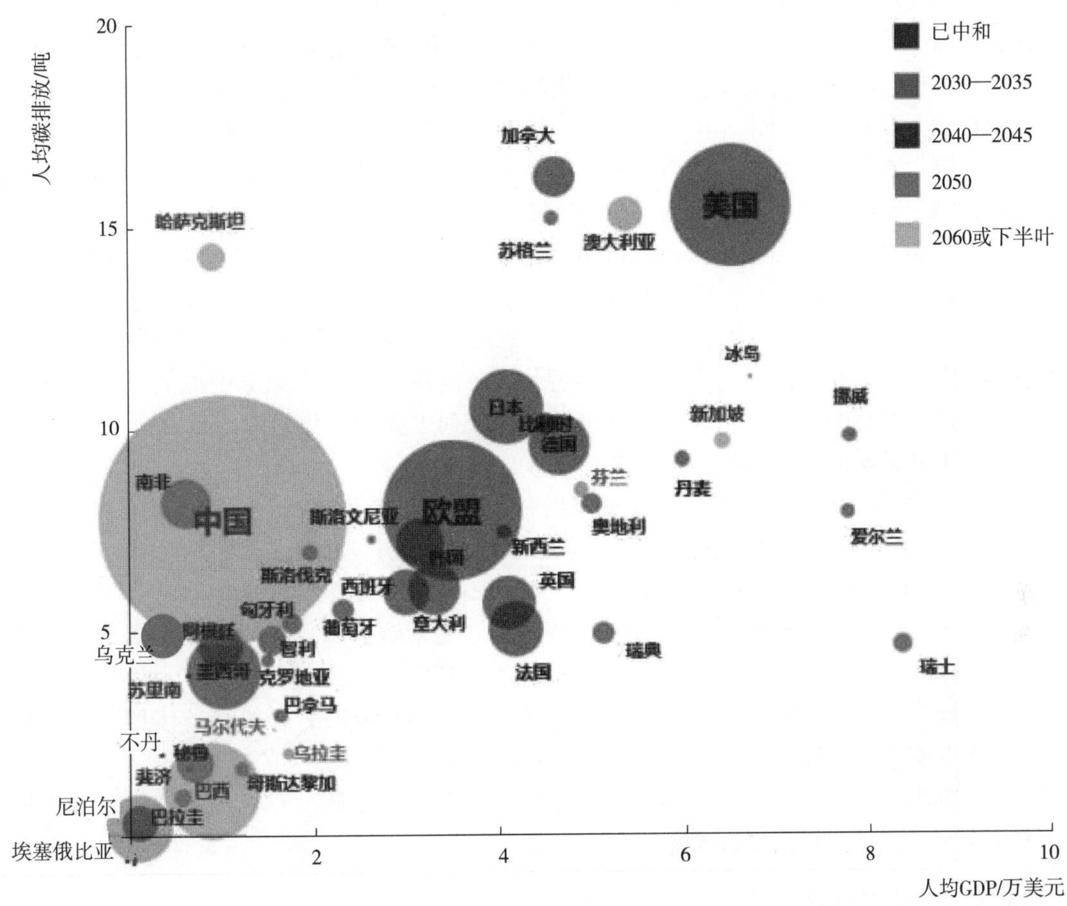

图 1　重点碳排放国家和地区碳中和综合形势

排放高于世界平均水平，且在较长时间以来未有明显改善，在一定程度上显现出自《巴黎协定》以来气候治理能力上的衰落。中国目前人均碳排放量约为 7.76 吨，碳排放强度约为 7.69 吨每万美元 GDP，虽然中国在人均碳排放上并未与世界平均水平拉开太大差距，也远低于美国、加拿大、澳大利亚等发达国家，但是中国作为发展中国家，较高碳排放强度反映出经济发展的质量亟须提升，未来更将面临更为严峻的碳减排形势，即面对经济增长与环境治理之间的发展中国家特色减排矛盾与困境。

从另一个角度，图 1 还反映了碳排放强度和人均排放量水平与该国制订碳中和计划的时间节点基本契合。而在达峰与中和的过渡期上，英国、德国等欧洲国家已于 20 世纪 70—80 年代实现碳排放达峰，美国也于 2007 年达峰，中国以 2030 年作为碳达峰目标年份以及 2060 年作为碳中和目标年份，无疑带来了更大的减排压力。

3. 碳中和的中国设计

（1）碳中和纳入顶层设计。

自 2020 年 12 月中央经济工作会议首度将“做好碳达峰、碳中和工作”作为重点任务起，中央高度重视新阶段的生态文明建设工作，包含政府工作报告、“十四五”规划在内的一系列顶层指导均强调了如期实现碳达峰、碳中和目标的重要性和必要性，将“双碳”目标融入了新发展理念之中，真正做到了站在人与自然和谐共生的新高度来谋划中国未来的经济社会发展。“双碳”目标纳入顶层设计，意味着党和国家已将生态文明建设摆在了全局工作的突出位置，确立为实现社会主义现代化的重要目标，并深切关系到推动全球可持续发展与共同构建人类命运共同体。在中央顶层指导下，各部委与各级政府明确并担负起了生态文明建设的重大责任，采取了一系列措施确保中央关于生态文明建设各项决策部署落地见效，力求碳达峰、碳中和目标顺利进行与如期完成。

（2）各部委相继出台碳中和重点政策。

综合碳中和的国际形势，中国虽然在碳减排工作上取得了一定的进展，但在碳中和相关产业升级转型领域尚处于初期路径探索阶段，地区发展和资源禀赋存在不均衡，各产业减排难度亦具有差异。在碳中和目标提出一年后，国务院各部委积极响应中央关于“双碳”目标的顶层设计与战略部署，先后制定并出台了一系列以碳中和为导向的重点政策，“双碳”目标推动不同领域的减排工作有序开展。

（3）各省市积极布局地方“双碳”规划。

从2021年上半年开始，各省级行政区相继出台了地方国民经济和社会发展第十四个五年规划和2035年远景目标纲要，“十四五”时期不仅是中国全面建成小康社会后开启全面建设社会主义现代化国家新征程的历史性转折点，更是碳中和“3060”目标提出后的历史性关键时期，直接决定了2030年碳排放达峰能否如期完成以及2060年碳中和路径规划设计能否科学建立。为此，各省市积极响应国家“双碳”目标号召，纷纷在“十四五”规划中确立了做好碳达峰、碳中和工作以及制定实施碳排放达峰行动方案的整体目标，并在多个领域中分别推出重点行业碳排放达峰行动路径的重要对策。“双碳”目标成为“十四五”期间地方生态文明建设的最重要组成部分。

2.4.2 碳中和与营销

1. 企业必须积极主动开展低碳营销

在国家碳中和政策布局的指导和推动下，中国各行业部门已经开始根据其碳排放占比情况以及2060年碳中和基准减排情形，以“双碳”目标为导向积极探索各自的特色减排路径，如表2－5所示。各行业部门碳排放占比及减排路径市场预期可基本反映中国低碳减排的行业进展现状。

表2－5 “双碳”目标下中国各行业部门碳排放构成与减排路径

行业	排放占比	基准情形下的主要减排路径		对策建议
电力部门	40%～45%	发电部门	在发电侧提高光伏、风电等清洁能源装机量，确保2030年碳达峰前非化石能源占一次能源消费比重以每年1个百分比提升	2060年清洁能源供应占比应提升至80%，剩余部分通过碳捕捉等方式实现中和
		电网输送	在输电侧构建智能电网与能源互联网，加快清洁能源同步并网	
		用电部门	在用电侧加快工业用电取代煤、油、气，提升清洁能源消费并稳定降低电价	

续表

行业	排放占比	基准情形下的主要减排路径		对策建议
工业与制造业	25% ~35%	设备升级	开展具备低碳高效特征的生产设备升级置换，改革折旧规则	争取 2025 年前钢铁碳排放达峰与 2022 年前石化行业达峰，2060 年实现工业碳排放较 2020 年降低 70% ~80%
		生产加工	提高生产过程中电能消费占比，开发绿色工业园区以加强绿色产业链、供应链联系	
		金属冶炼	以钢铁为主，去产能以实现粗钢产量达峰，推广电炉冶炼设备，推广氢能冶炼技术	
		石油化工	行业联合开展石油产品上下游产业链低碳化，同步推广碳捕集、利用与封存项目	
交通运输业	7% ~9%	公共交通	达峰前各市提升城镇公共汽电车覆盖率至 90% ~95%	推动汽车与交通行业 2028 年提前达峰，2060 年实现核心城区新能源汽车与配套设施全覆盖
		家用车	提升新能源乘用车市场份额，占比年增 0.5 ~1 个百分点，创新电池技术，降低平均耗电，重新优化城市新能源充电桩布局	
		物流运输	新能源运输车逐步替代燃油运输，提高快递业绿色循环包装覆盖率	
建筑业与部门	10% ~15%	建筑耗材	完善绿色建材标准与分类，建设标识管理系统	争取 2060 年碳中和时期城镇商业绿色建筑覆盖率达 70% ~90%
		建筑建造	确保达峰前新增绿色建筑面积占比达 70% ~90%，有序推进存量建筑开展低碳改造	
		建筑使用	推广光伏设备在商用建筑中的应用，引入建筑节能低碳循环系统	
农业	3% ~7%	农业生产	降低化肥施用，提升土壤固碳水平，提高清洁能源农业机械装机量，发展绿色农业生产	在碳中和时期提供自然碳汇贡献，开展碳汇市场化
		林业碳汇	确保达峰前森林蓄积量年均增长 1 亿立方米以上，持续开展经营型碳汇和造林型碳汇	

中国应对气候变化目标任务将会在“十四五”期间进入实操阶段，推动钢铁、建材、石油化工等重点排放行业综合各自的产业结构、绿色低碳创新技术、碳排放交易模式等方面，尽快制定重点行业碳达峰路线图，形成能在企业之中大范围应用和推广的重点排放行业减排高新技术，并在不同规模的企业中成本可控、效益可观。在这种背景下，企业应当主动树立社会营销理念，积极开展低碳营销。

2. 抓住产业升级重大机遇调整营销战略

随着碳中和理念的国际深化，碳中和不再局限于降低温室气体排放，更升级为经济发展问题与国际政治议题。纵观近代至今的产业革命，均存在改变生产方式、提高生产效率的共性，并且每一次工业革命中具备领先优势的国家均通过产业革命走入世界前列。而碳中和有望成为又一次产业革命，并成为人类发展史上的重要转折点。对中国企业而言，碳中和不仅是一次全面经济转型，更是一次观念、思想与生活方式的革命。若中国把握住碳中和绿色革命，将使中国这个后发、新兴的发展中国家获得与发达国家同台竞争的优势，将中国式现代化建设进行更新升级，从生态文明和发展质量的角度使社会主义的建设目标得到扩充。

首先，企业营销战略以绿色发展为导向；其次，企业应创新营销绩效评价方法；最后，碳交易市场将成为目标市场的组成。

3. 积极推动营销理念升级与营销策略变革

（1）树立低碳营销观念。

企业需要树立低碳绿色的营销观念，并融入企业文化建设中；全员意识到绿色营销及节能减排的重要性，并形成相应的行动。企业在营销过程中应充分将产品与绿色环保相融合，积极适应和引导顾客改变消费习惯、接受低碳产品，最终让顾客树立起绿色消费的观念。消费者导向是企业营销的出发点与最终归宿，“双碳”目标大背景下，企业应以消费者低碳需求为原点，以消费者低碳价值的满足与最大化为终点。

（2）企业内部低碳转型升级。

在碳达峰、碳中和背景下，为实现社会效益与资源环境效益的均衡，企业通过引进与创新绿色设备及技术，实现传统工艺技术向绿色环保型技术的转型。利用先进技术设计绿色生产工艺，研发新型环保生产线；采用可再生的清洁能源，从生产源头上减少污染的排放；开发资源循环与回收利用技术，降低能源消耗，减少废气等污染物的排放；传统企业将绿色技术与数字化技术进行深度融合，结合数据共享及实时监测等功能，为碳达峰碳中和提供技术及数据支持，实现绿色生产的在线监控；构建高科技含量、低消耗、少污染的绿色生产方式，建立完善的低碳循环绿色制造体系；通过引入先进设备及技术，提高企业的硬件能力；管理者组织协调各部门的节能减碳工作，构建绿色环保的监管、评估与反馈体系。

（3）研究低碳消费行为。

消费者行为研究在低碳营销中具有举足轻重的地位。而消费者行为不仅受到企业营销活动的影响，同时，还受其个体差异，尤其是复杂的心理因素的影响，这种消费者心理的“黑箱”令企业对低碳消费行为的理解更加困难。现有的研究已经证明，低碳诉求对消费者的购买决策具有实质影响；消费者行为低碳化对企业营销与全球气候变化存在实质影响；低碳消费者具有鲜明的群体性特征。低碳营销的目标之一就是通过创新的低碳营销传播策略与方法影响消费者的购买决策，引导其逐步接纳和养成可持续的低碳消费行为模式。

（4）制订低碳产品发展规划。

具有远见的创新型企业开始制订自己的低碳产品发展规划，科学的、符合市场实际的产品策略，通过产品属性创新为消费者创造和让渡更优异的低碳价值是低碳产品实现市场接受与创新扩散的必要保障。

新产品的开发正朝着绿色化方向发展，企业需要培养高效率制造人才，带领团队研发设计出符合市场化需求的环境友好型产品，增加产品的可循环使用率。随着消费观的改变，消费者更倾向于购买低碳甚至零碳的产品，因此企业在设计产品时不仅要考虑到产品原材料的环保性，还要考虑所设计的产品在使用过程中的碳排放量及对环境的影响程度。同时，产品应尽可能地选择可降解或可循环使用的原材料，企业将产品设计外包或者引进高技术人员以及先进设备进行产品的自主研发，避免出现产能过剩等问题。

（5）建立前瞻性的低碳营销传播管理体系。

低碳营销传播无疑是企业可持续发展征途中足以影响其核心竞争力及其环境适应性的管

理革命。越来越多的企业开始建立内部团队负责调查、管理和监控自己的气候变化应对状况，并寻求各种方法减少供应链的温室气体排放，激励员工与客户参与节能排放。

首先，通过碳披露在透明化的社会公民形塑中打造可持续的企业品牌声誉，具有社会责任感的企业行为会影响到消费者的购买行为。其次，利用碳标签（Carbon Label）赋予产品差异化的低碳身份符号。碳标签是为了缓解气候变化、减少温室气体排放、推广低碳排放技术，把商品在生产过程中所排放的温室气体排放量在产品标签上用量化的指数标示出来，以标签的形式告知消费者产品的碳信息。最后，通过建立低碳供应链打造价值共创的利益共同体。企业低碳营销传播的成功实践有赖于建立具有竞争力的低碳供应链体系，从供应链的全流程着手制定有效降低环境足迹的目标与行动路线，通过企业间的合纵连横打造价值共创的利益共同体。

传统企业的绿色发展转型是碳达峰、碳中和目标下的必然选择与发展趋势，经济社会正在不断变革，各行业的规则正向碳中和目标演变，企业的低碳因素和低碳指标变得逐渐重要起来，以制造加工为主的传统企业应实现绿色模式转型，以此作为自身竞争力，实现高质量发展。企业目前存在的问题或违背经济效益与绿色效益并行的原则会使企业失去竞争优势，企业绿色转型刻不容缓。

本章小结

认识市场营销环境

市场营销环境是指影响企业营销活动不可控制的参与者和影响力，具有客观性、差异性、相关性、动态性、相对不可控性等特点。环境为企业营销带来机会和威胁，企业在适应环境的同时，还可以能动地影响和改变环境。

碳中和将影响企业营销

碳达峰、碳中和是国家战略目标，事关中华民族永续发展和构建人类命运共同体，是一项持久战，将对企业发展模式产生重大影响。

宏观营销环境

宏观营销环境包括人口环境、经济环境、自然环境、科技环境、政治法律环境和社会文化环境等因素。每一种环境因素都有其具体的构成要素，在不同的国家和地区，会表现出巨大的差异性和动荡的变化性。

微观营销环境

微观营销环境对于一个企业为其顾客创造和传递价值的能力有着更为直接的影响，包括供应商、竞争者、社会公众、营销中介、顾客以及企业的内部环境等因素。

环境分析方法

PEST 分析法的特点是从政治、经济、社会和技术四个方面把握宏观环境因素的变化及对企业战略的影响。企业需要对市场营销环境中的机会、威胁进行综合分析，为营销战略的制定提供可靠的依据。

五力分析模型强调从现有竞争者、供应商、购买方、潜在进入者以及替代产品或服务生产者的威胁五个方面把握行业竞争的态势和吸引力。

SWOT 分析法强调要将外部机会与威胁、内部优势与劣势进行组合，选择可使企业发挥优势、克服劣势，有效利用外部机会、减小外部威胁的战略方案。

复习思考题

1. 什么是市场营销环境？它有哪些主要特点？
2. 如何理解环境与企业营销的关系？
3. 宏观营销环境各因素有何特点？它们如何影响企业的营销活动？
4. 微观环境各要素有何特点？它们对企业的营销活动有怎样的影响？
5. 进行营销环境分析的主要方法有哪些？每种方法的要点是什么？
6. 你认为“双碳”政策对我们的生活会有哪些影响？

营销体验

1. 小组讨论和交流：碳达峰、碳中和对企业营销的影响。

在“双碳”目标大背景下，以某一个具体企业为例，分析该企业面临的营销环境正在发生哪些变化？这些变化的具体表现是什么？企业应该如何应对这些变化？

2. 小组作业和交流：某企业营销环境的 SWOT 分析。

选取你感兴趣或熟悉的一家企业，收集最新的相关资料，运用 SWOT 分析法，对这家企业面临的机会、威胁、优势、劣势进行分析，得出分析结论，然后在小组中进行交流。

案例讨论

推荐阅读

在线测试

第3章
市场购买行为

学习目标

◎ 理解消费者的特点、行为模式、类型及其影响因素；
◎ 掌握揭示消费者购买决策过程的理论、模型及其思想；
◎ 理解消费者画像的概念，了解其数据维度及其构建步骤；
◎ 理解客户旅程地图的概念，了解其创建步骤；
◎ 理解绿色消费的内涵、特点、意义及其行为涉及主要领域；
◎ 掌握组织市场的构成及其特点；
◎ 熟悉组织市场的特点和行为类型，了解行为影响因素及决策过程。

关键术语

◎ 消费者市场（Consumer Market）
◎ 消费者购买行为（Consumer Behavior）
◎ 消费者购买决策（Consumer Buying Decision）
◎ 购买行为模式（Buying Behavior Patterns）
◎ AIDMA 模型（AIDMA Model）
◎ AISAS 模型（AISAS Model）
◎ SICAS 模型（SICAS Model）
◎ 消费者画像（Consumer Portrait）
◎ 客户旅程图（Customer Journey Map）
◎ 绿色消费（Green Consumption）
◎ 组织市场（Organization Market）
◎ 中间商市场（Market Intermediaries）
◎ 非营利组织市场（Nonprofit Organizations Market）
◎ 政府市场（Government Market）
◎ 组织购买者行为（Organizational Buyer Behavior）
◎ 组织购买决策过程（Organizational Buying Decision Process）

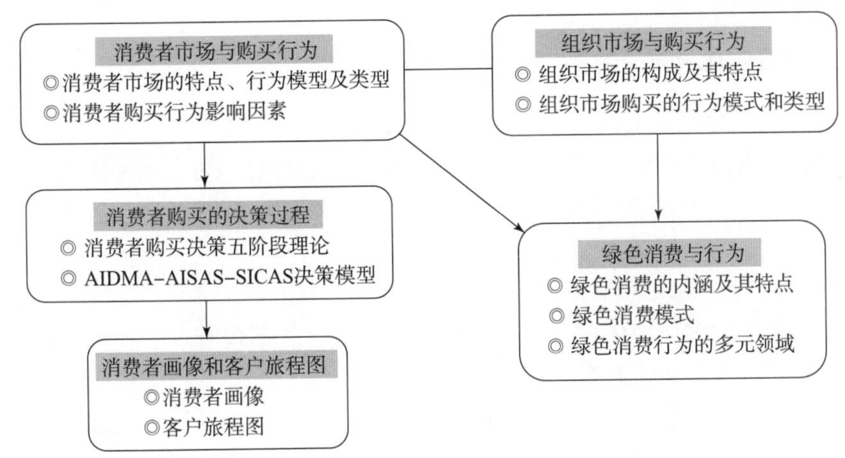

【先思后学】　哈雷－戴维森的成功

哈雷－戴维森是一个被认为少有的能激发出顾客发自内心忠诚的品牌。它的顾客将哈雷－戴维森的品牌标志文在自己身上，甚至有成千上万的人驱车上路，汇集于美国的密尔沃基——哈雷－戴维森诞生之地，参加公司110周年庆祝活动。媒体这样报道了活动开幕式的壮观场面："当7 000名骑手从密尔沃基驶过，哈雷－戴维森的轰鸣声如此令人震撼，堪称美国最伟大的奇迹……。"在3天的狂欢中，来自美国各地的骑手在各自心爱的哈雷－戴维森上，分享着彼此的经历和故事，他们身上的T恤印着这样的宣言："发动，让我们跑起来。""我宁愿推着哈雷－戴维森也不要推着雅马哈。"凭借顾客对品牌的浓烈感情，哈雷－戴维森在美国摩托车市场长期居于主导地位，占据美国重型摩托车市场一半多份额，且销售额和利润也保持稳步增长。多年来，哈雷－戴维森注重运用多种调查方法，以更好理解顾客的深层动机。调研发现，其品牌的持久魅力在于：自由、独立、力量和真实。在顾客心中，哈雷－戴维森不仅仅是一辆摩托车，它为顾客提供自我表达、生活方式、激情和梦想。在哈雷－戴维森的世界，最流行的一句话是："按下拇指启动哈雷－戴维森可不只是点燃发动机，你同时点燃了你的想象。"顾客认同其一则广告所言："哈雷－戴维森上的世界不同凡响。"

哈雷－戴维森案例启示我们，成功从理解购买者的情感和动机开始。对任何企业来说，充分满足购买者的需求是企业营销活动的最终目的，而购买者的需求和购买行为具有多样性和复杂性，因此，如何认识和把握购买者的购买心理、行为及决策的特点和规律，对于企业的营销活动具有重要意义。企业面对的市场可分为消费者市场和组织市场。本章将阐述消费者市场和组织市场购买行为的基本理论，包括购买行为的特点、模式、影响因素、行为类型以及购买决策过程；同时也对数字时代的消费者画像、客户旅程图的创建以及绿色消费与行为理论进行概要介绍与阐述。

3.1 消费者市场与购买行为

3.1.1 消费者市场的特点、行为模型及类型

1. 消费者市场的概念及其特点

消费者市场是指为满足生活消费需要而购买货物或服务的一切个人和家庭。消费者市场是一切市场的基础，是最终起决定作用的市场。具体而言，消费者市场的需求具有以下特征：

（1）多样性。

首先，消费需求的多样性体现了人类需要的全面性。人不仅有衣食住行等方面的物质消费需要，还具有高层次的文化教育、艺术欣赏、娱乐消遣、社会交往、旅游休闲、体育竞赛等精神消费需求。其次，消费需求的多样性体现了人们需求的差异性。众多的消费者，其收入水平、文化素质、职业、年龄、性格、民族、生活习惯等各不相同，他们在消费需求上表现出各种各样不同的兴趣和偏好。最后，消费需求的多样性还表现为消费者对同一商品的需求往往有多个方面的要求。比如，既要求性能优越，又要求外观新颖漂亮、操作简单、维修方便、经济实惠等。

（2）层次性。

人们的需求是有层次的。一般来说，人的消费需求总是由低层次向高层次逐渐发展和延伸的，即低层的、最基本的生活需要满足以后，就会产生高层次的精神需要，追求人格的自我完善和发展。但是消费者的收入水平、文化修养、信仰观念、生活习惯等方面还存在着差异，因此，不同的消费者消费层次的发展因人而异。另外，在同一类商品的消费需求中，消费者的购买次序会因家庭、个人而有所不同。

（3）从众性。

从心理学上讲，群众中的意见领袖或群体中大部分人的行为和态度，将对群体中的个人产生心理上的压力，在这种心理压力下，个体的行为和状态往往或自动或被动地与群体保持一致。表现在消费者的消费活动中，就呈现一种从众的特征，即在某一特定时空范围内，消费者对某些商品或服务的需求趋向一致。

（4）周期性。

人的消费是一个无止境的活动过程。一些消费需求在获得满足后，在一定时期内不再产生，但随着时间的推移还会重新出现，并具有周期性。也就是说，消费者的需求在形式上总是不断翻新、重复出现的，也只有这样，需求的内容才会丰富、发展。例如，女性头巾，多年来总是在长方形、正方形、三角形的式样之间变化；皮鞋也总在方头、圆头、尖头之间翻来覆去地变花样。消费需求的周期性主要由人的生理机制运行引起，并受到自然环境变化周期、商品生命周期和社会时尚变化周期的影响。

（5）发展性。

人永远是有所需要的，旧的需要被满足，又会不断地产生新的需要。随着社会经济的发展和人民生活水平的不断提高，人们对商品和服务的需求无论是从数量上还是从质量上、品种上或审美情趣等方面都在不断发展，总的趋势是由低级向高级发展，由简单向复杂发展，

由单纯追求数量上的满足向追求质量和数量的全面充实而发展。

2. 消费者购买的行为模式

行为心理学的创始人约翰·沃森（John B. Watson）提出的“刺激—反应”理论认为，人类的复杂行为可以被分解为两部分：刺激和反应。人的行为是受到刺激后的反应。刺激来自两方面：身体内部的刺激和体外环境的刺激，而反应总是随着刺激而呈现的。消费者购买行为的发生，是一个“刺激—反应”的过程。也就是说，消费者个体接受刺激，经过心理活动，最后产生反应。消费者购买的行为模式如图3－1所示。

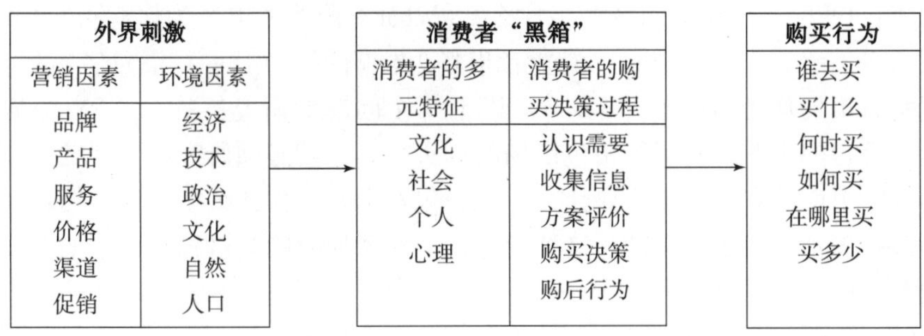

图3－1 消费者购买的行为模式

对消费者购买行为的刺激既包括来自外界政治、经济、科技、地理、文化等企业不可控因素的刺激，也包括来自企业的品牌、产品、服务、定价、渠道、促销等可控因素的刺激。这些刺激会引起消费者复杂的心理活动过程，这一过程要受到消费者自身来自文化、社会、心理以及个体等多元视角表现出的特征的影响，是消费者起始于需要驱动的购买决策过程，心理学家称之为“暗箱”或“黑箱”。最终产生市场上的购买行为，包括购买主体、购买对象、购买时机、购买方式、购买地点及购买数量等。

消费者购买行为的一般模式，是营销部门制订营销计划、扩大商品销售的依据。它能帮助营销部门认真研究和把握购买者的个体特征，认识消费者的购买行为规律，并根据本企业的特点，向消费者进行有效的“刺激”，使外在的刺激因素与消费者的个体特征发生整合作用，以便促成购买决策，采取购买行动，实现满足需要、扩大销售的目的。

【知识拓展】 购买行为模式理论

除了具有普遍指导意义、得到广泛认可的刺激—反应模式（S－R模式），比较有代表性的购买行为模式理论还有恩格尔—科拉特—布莱克威尔模式（Engel－Kollat－Blackwell，EKB模式）、霍华德—谢思模式（Howard－Sheth）。

EKB模式描述了一次完整的消费者购买行为过程：在外界刺激物、社会压力等有形及无形因素的作用下，使某种商品暴露，引起消费者的知觉、注意、记忆，并形成信息及经验储存起来，由此构成消费者对商品的初步认知。在动机、个性及生活方式的参与下，消费者对问题的认识逐渐明朗化，并开始寻找符合自己愿望的购买对象。这种寻找在评价标准、信念、态度及购买意向的支持下向购买结果迈进。经过产品品牌评价，进入备选方案评价阶段，消费者在选择评价的基础上做出决策，进而实施购买并得到输出结果，即商品和服务。最后对购后结果进行体验，得出满意与否的结论，并开始下一次消费活动过程。

霍华德—谢思模式与EKB模式有许多相似之处，但也有诸多不同点。两种模式的主要差异在于强调的重点不同。EKB模式强调的是态度的形成与产生购买意向之间的过程，认为信息的收集与评价是非常重要的方面；而霍华德—谢思模式更加强调购买过程的早期情况：知觉过程、学习过程及态度的形成。同时，也指出了影响消费者购买行为的各种因素之间的联系错综复杂，只有把握多种因素之间的相互关系及联结方式，才能揭示出消费者购买行为的一般规律。

也有学者用以下7个主要问题来刻画消费者的购买行为，即模式中的“反应”：消费者市场由谁构成？（Who）消费者市场购买什么？（What）消费者市场为何购买？（Why）消费者市场购买活动有谁参与？（Who）消费者市场怎样购买？（How）消费者市场何时购买？（When）消费者市场何地购买？（Where）以上7个问题的研究被称为“7W”研究法。例如，一家生产箱包的企业，要了解箱包市场的购买行为，就必须研究以下问题：箱包的市场由哪些人构成？目前消费者市场需要什么样的箱包？消费者为什么购买这种箱包？哪些人会参与箱包购买行为？消费者怎样购买这种箱包？消费者何时购买这种箱包？消费者在何处购买这种箱包？

3. 消费者市场购买行为类型

消费者在实际购买活动中产生各种各样的购买行为，其中一些带有普遍性的行为就成为消费者的购买行为类型。

（1）根据介入度和品牌差异度划分。

根据购买者的介入度和品牌差异度，消费者的购买行为可划分为如图3－2所示的四种类型。

	高介入	低介入
品牌间差异大	复杂的购买行为	寻求多样化的购买行为
品牌间差异小	减少失调感的购买行为	习惯性的购买行为

图3－2　四种购买行为类型

①习惯性的购买行为。

习惯性的购买行为是指消费者并未深入收集信息和评估品牌，只是习惯于购买自己熟悉的品牌，在购买后可能评价也可能不评价产品。

对于习惯性的购买行为的主要营销策略是：利用价格与销售促进、吸引消费者试用，开展大量重复性广告，加深消费者印象，增加购买参与程度和品牌差异。

②减少失调感的购买行为。

减少失调感的购买行为是指消费者并不广泛收集产品信息，并不精心挑选品牌，购买决策过程迅速而简单，但是在购买以后会认为自己所买产品具有某些缺陷或其他同类产品有更多的优点，进而产生失调感，怀疑原先购买决策的正确性。

对于这类购买行为，营销者要提供完善的售后服务，通过各种途径经常提供有利于本企业的产品的信息，使顾客相信自己的购买决定是正确的。

③寻求多样化的购买行为。

寻求多样化的购买行为指消费者购买产品有很大的随意性，并不深入收集信息和评估比较就决定购买某一品牌，在消费时才加以评估，但是在下次购买时又转换其他品牌。转换的原因是厌倦原口味或想试试新口味，是寻求产品的多样性而不一定有不满意之处。

对于寻求多样性的购买行为，市场领导者和挑战者的营销策略是不同的。市场领导者通过占有货架、避免脱销和提醒购买的广告来鼓励消费者形成习惯性购买行为。而挑战者则以较低的价格、折扣、赠券、免费赠送样品和强调试用新品牌的广告来鼓励消费者改变原习惯性的购买行为。

④复杂的购买行为。

如果消费者属于高度参与，并且了解现有各品牌、品种和规格之间具有的显著差异，则会产生复杂的购买行为。复杂的购买行为指消费者购买决策过程完整，要经历大量的信息收集、全面的产品评估、慎重的购买决策和认真的购后评价等各个阶段。

对于复杂的购买行为，营销者应制定策略帮助购买者掌握产品知识，运用各种途径宣传本品牌的优点，影响最终购买决定，简化购买决策过程。

（2）按消费者购买特征划分。

①习惯型购买行为。

有些消费者通常根据自己过去的使用习惯和爱好购买商品，或总是到自己熟悉的地点去购买商品，这种购买行为被称为习惯型购买行为。这类消费者一般比较忠于自己熟悉的商品、商标和经销商，选择商品和购买地点时具有定向性、重复性。因此，他们在购买商品时目标明确，见到自己惯用的商品就果断采取购买行动，不需要进行反复推敲和比较，成交速度较快。这是一种简单的购买行为，接待属于该类的消费者比较省时、省事，但是，应使他们感到服务热情、周到、购买便利，以此来强化他们的习惯型购买行为。

②理智型购买行为。

有些消费者习惯在反复考虑、认真分析、选择的基础上采取购买行为。他们购买商品时比较慎重、有主见，不轻易受广告宣传、商品外观以及其他人购买行为的影响，而是对商品质量、性能、价格和服务等认真分析，细心比较。理智型购买行为的消费者实际购买时间比较长，接待这类顾客要实事求是、耐心地介绍商品，努力促成交易。尽管比较费时、费事，但是，他们一旦决定购买，也比较果断，并且对商品很满意。

③价格型购买行为。

价格型购买行为以商品价格作为选择商品的主要条件。具有这种购买行为的消费者对商品价格比较敏感。其中有些人总喜欢购买廉价商品，甚至在没有购买意向的情况下，见到廉价商品也会采取购买行动。企业经营者可以以廉价商品来吸引这类顾客，但要注意如实介绍商品，促使消费者作理智思考。还有些价格型消费者特别信任高价商品，认为这类商品用料上乘、质量可靠，即所谓“一分钱、一分货”，所以常乐于购买高价商品，认为这样可以使自己的需求得到更好的满足。

④冲动型购买行为。

属于冲动型购买行为的消费者，经常在广告、商品陈列、使用示范和商品包装等因素刺激下购买商品。他们在挑选商品时主要凭直观感受，而很少做理智性思考，不大讲究商品的实际效用和价格等，因喜爱或因他人争相购买，就会迅速购买。生动的广告、美观的商品包装、引人注目的商品陈列等，对于吸引这类消费者效果十分显著。

⑤想象型购买行为。

有些消费者往往根据自己对商品的想象、评价或联想选购商品。该类消费者在购买商品时，比较重视商品名称、造型、图案、色彩，选择那些含义符合自己意愿、向往的商品，这是一种比较复杂的购买行为。他们不仅希望通过购买得到商品的使用价值，而且希望得到某些象征价值，如绿色的商品使人感到生机勃勃、精美的造型给人带来某种美好的联想等。具有这种购买行为的消费者通常对商品有很高的鉴赏力，想象丰富、评价深刻，他们的选择对相关群体影响比较大。因此，企业不仅要关注商品质量、价格等，还要重视商品外观设计、名称和图案选择丰富动人、刻意求新，吸引想象型的购买者，满足消费者更高层次的需求。

⑥随意型购买行为。

有些消费者对商品没有固定的偏好，不讲究商品的商标和外观等，往往是随机地购买商品，这类行为被称为随意型购买行为。这种购买行为往往有两种表现：一种是不愿为购买商品多费精力，需要时遇到什么就买什么，图方便和省事；另一种是购买者缺乏主见或经验，不知道怎样选择，乐于效仿他人行为，卖方的建议对其影响也很大。

在现实生活中，人们的购买行为模式如何，与产品特性有直接联系。人们在购买不同类别的商品时，往往会采取不同的行为模式。例如，在购买一般生活用品时，往往表现为随意型、习惯型行为；对于高档耐用消费品，多数人可能采取理智型行为；而对于服装、礼品等，则可能属于冲动型或价格型购买行为。

3.1.2 消费者购买行为影响因素

1. 心理因素

（1）需要。

人类为了生存与发展，必然产生各种各样的需要，如产生对食品、衣物、住房、工具等方面的需要，当需要被激发到足够的强度时，就发展为动机，动机是激励人们行为的原因。

马斯洛（A. H. Maslow）于1943年提出了著名的需要层次论（Need Hierarchy Theory）。他认为人的需要按轻重缓急可分为五个层次。其中最基本的需要是生理需要，包括衣、食、住等方面的需要。如果生理的需要得到较充分的满足，就会出现安全的需要，包括就业、人身和财产安全的需要等。当人们的生理和安全需要得到相当充分的满足之后，就发生社交的需要。在这种需要得到满足以后，又会出现尊重的需要，包括名誉、地位等方面的需要。在上述四个层次的需要得到满足以后，人们又会产生自我实现的需要，包括对自我开发和成就的需要。一般而言，人们的需要是由低级向高级发展的，当然在一定条件下也会发生跳跃性发展。

（2）动机。

购买动机是推动消费者进行购买活动的愿望和设想。消费者的购买行为总是由一定的购买动机所引起的。引起动机有内外两方面条件：内在条件是需要，外在条件是诱因。需要经唤醒会产生驱动力，驱动有机体去追求需要的满足。既然如此，为什么不需要直接解释人的行为后的动因，而是在需要概念之外引入动机这一概念呢？首先，需要只有处于唤醒状态，才会驱使个体采取行动，而需要的唤醒，既可能源于内部刺激，亦可能源于外部刺激。换句话说，仅仅有需要还不一定能导致个体的行动。其次，需要只为行为指明大致的或总的方向，而不规定具体的行动线路。满足同一需要的方式或途径很多，消费者为什么选择这一方式而不选择另外的方式，对此，需要并不能提供充分的解释。

（3）认知。

认知指消费者接受外界刺激所引起的反应或印象。对于各类企业的产品、价格、广告等，消费者可以通过视觉、听觉、嗅觉、味觉、触觉产生某种感受，这种感受直接影响人们的购买行为，而消费者的感受具有选择性。首先，人们不可能注意和输入一切外部刺激，而是有选择地注意和输入与个人动机和经验有关的刺激，消费者一般总是看其想看的，听其想听的，触其想用的。因此，企业营销人员就要注意向企业的潜在用户发出促销信息，提高信息的接收率。同时，对于一个完全相同的外部激励，接收者的感受却可能各不相同，因为人们的主观需要、价值观、经验和所处环境不同，每个人常以自己的方式来注意和解释信息。为此，企业营销人员要注意消费者对各种产品广告、价格、服务等方面的认知，努力提高输出信息的适应性和质量，尽可能使广大消费者产生良好的印象和有利的反应。经营者可在一定程度上引导买方的感受。例如，在定价方面，奇妙的非整数价格策略，常常会使消费者产生价格较低的感觉。

【观点透视】　为何打折反而推走消费者?

很多消费行业都爆发了价格战，包括食杂零售、电信、航空公司，甚至交易所交易基金。一直以来，这些公司出于各种原因斥巨资进行降价，有时是为了吸引新客户，有时是为了让老客户购买更多产品，有时是为了维护自身市场份额，避免被主打折扣牌的新竞争对手蚕食。但让人感到震惊的是：很多公司并未从降价投资中获得很多回报。贝恩公司开展的一项调查解释了这一现象背后的原因。

贝恩携手 ROI Consultancy Services 公司对2 200 名购物者展开了调研，旨在了解他们对8家销售食杂商品的连锁零售店价格的认知情况。调研结果发现，消费者对零售商的认知价格通常都低于或高于实际货架价格。换言之，零售公司的实际价格通常与消费者认知的价格并不一致。这一发现有助于解释为何消费者对降价和折扣的响应往往不如预期显著：他们通常并未意识到降价的幅度有多大或者他们甚至没有注意到商家在降价。陷入这种窘境的公司往往会蒙受巨大的收入损失。而另外一些公司却在消费者心里被贴上低价标签，尽管事实截然相反。一家平均价格比主要竞争对手高出5%的公司很乐于看到其产品在消费者心目中属于平价品类。

导致这些现象出现的原因是，在当下，定价认知比以往任何时候都显得更为重要。聚合类网站和比价网站提高了价格的透明度，简化了住宿、旅行、金融服务和其他消费市场的产品比较。消费者能够更加方便地使用不同的服务提供商，分散消费。贝恩的食杂市场调查发现，购物者在常去商店的消费额接近月度总消费的一半，很多购物者在三家或更多家商店内购物。

（4）学习。

消费者在行动的时候，同时也在学习。学习是指消费者从经验和各种信息中得到新的知识的过程。学习同样影响消费者购买行为。例如，有时人们会持续地购买某种牌子的商品，往往因为通过学习过程了解到这种牌子的商品最能使自己满意。消费者总是自觉或不自觉地进行学习，并引起消费者购买行为的改变。

个人的学习过程是由动因、刺激、诱因、反应与强化互相作用而进行的。动因是一种强大的内在刺激，它促使人们采取行动，当动因遇到某种相应的外部刺激物时（如某种新产品），就引起人们的购买愿望。人们对刺激物的反应如何，又受各种具体诱因的影响，例如，商品紧缺、积压、货币升值或贬值都会使人们做出不同购买时间的决策。消费者对所购商品感到满意时，他对这种商品的反应则得到加强，以后遇到相同的诱因就会产生相同的反应；若对所购商品感到不满意，以后遇到相同的诱因就不会产生相同的反应。例如，削价是一种诱因，使某消费者产生立即购买的反应，但在使用过程中他认为得不偿失时，以后再遇到削价情况就不会立即购买。对于市场营销者来说，不仅要提供引人注目的商品和广告信息等刺激人们进行购买，还要使商品货真价实，真正使消费者满意，而且要注意传播良好的使用反应，使消费者的购买选择得到增强，发展为对本企业产品和品牌的偏好，引起重复购买，争取更多的用户。

（5）态度。

态度是指一个人对某些事物、事件和情境所持有的看法或行动倾向。人们几乎对各种事物都有自己的态度，例如对家教、娱乐、服装、饮食等。了解消费者的态度是十分重要的，因为态度形成人们对商品的喜好或反感，从而影响消费者行为。

消费者的态度往往受多种因素影响而形成。态度可以由个人直接经验引起，也可以由信息间接引起，并与接收信息的种类和数量有关。态度的形成与消费者自己的需求特点有关，例如消费者对恰好满足自己需求的产品总是持满意态度。消费者的文化素养、生活方式、生活经历等都影响消费者的态度。态度的形成也与消费者的亲友及所在集体有关。

态度与消费者行为有密切关系。了解大多数消费者对企业及其产品的态度和形成原因，及时发现不满情绪，有助于企业赢得消费者的友好态度。营销人员应当注意到，要改变消费者的不满态度往往是很困难的。因此，人们通常宁愿推出新产品而创造满意态度。当然，在有些条件下人们的态度也是可以改变的，这要靠企业采取切实有效的措施。例如，聘用有威望、可信赖的信息传输者，开展公共关系等，关键是要分析那些不满意的用户不满意的原因，对症下药方能奏效。

【营销新视野】文化自信与国货品牌消费的崛起

2. 文化因素

文化有广义与狭义之分。广义文化是指人类创造的一切物质财富和精神财富的总和；狭义文化是指人类精神活动所创造的成果，如哲学、宗教、科学、艺术、道德等。每一个消费者都生活在一定的社会文化环境之中，虽然人们不一定能意识到它的存在，但却深受其影响。学习和遵循不同文化的人，就会接受不同的价值观、信仰、风俗习惯及行为准则等。因此，他们对于各类不同的产品和各种促销活动都会有不同的认识和评价，这种不同的认识和评价会指导和调节消费者行为。

（1）核心价值观。

每一社会或群体的人们所共同持有的某些基本价值观念即核心价值观，具有较强的稳定性，在相当长的历史时期不会改变。这些价值观念是社会或群体所共有的，即使这一群体的成员不断更新，它们也会被延续下去，并且具有较强的抵制变革惯性。核心价值观往往会通过家庭、学校、宗教机构或其他社会组织得以强化。例如，大多数中国人恪守的“仁爱孝悌”“精忠爱国”“见利思义”“诚信知报”等信念，绵延数千年，迄今仍未发生多大变化。对于这些核心价值观和信念，任何企业都无法或很难改变，合理的策略选择应是努力去适应，并在其经营理念中有所折射和反映，保持企业理念与社会核心价值观念的一致。否则，失败将是难免的。

一个社会或群体的文化中居于从属、次要地位的价值观，则是相对容易改变的。例如，随着人们收入和消费水平的提高，消费者将越来越注重购买和消费过程中的情感满足，并越来越追求消费的个性化，伴随这种变化的实际上是人们价值观的多元化。对于这些变化，企业就必须密切关注并随时做出适应性的反应。

（2）亚文化。

每一种社会文化内部又可分为若干亚文化群，包括：

①种族亚文化群，例如世界上有白种人、黑种人、黄种人、棕种人四个种族；

②宗教亚文化群，例如佛教、伊斯兰教、基督教等；

③民族亚文化群，例如我国的汉族、壮族、蒙古族、藏族、维吾尔族等；

④地理亚文化群，例如我国的东北地区、华北地区、西北地区等。

亚文化群共同遵守较大范围的文化，但又各有不同的风俗习惯、生活方式、爱好和禁忌等，这使不同的亚文化群在选购商品、购买方式、对促销信息的反应等方面表现不同，这也是不同地区、不同民族和宗教信仰的消费者行为差别的根本原因。

社会文化方面的影响也不是一成不变的，因为社会文化本身是随着时间的推移及各种不同文化的相互影响而不断发展变化的，这势必引起消费者行为的相应改变，从而给企业带来成功的机会或失败的威胁。在现实生活中，多数人都乐于学习和遵循自己的文化，因此，熟悉一种文化，有助于我们更好地研究消费者行为。

【营销新视野】 二次元文化在中国的发展

作为新时代亚文化的重要表达方式，近年来二次元文化不断崛起，并成为当下年轻人重要的表达与生活方式。“二次元”一词，最早源于日本。第二次世界大战后，随着日本经济的飞速发展，出现了前所未有的文化需求，并刺激了相关漫画产业的发展，众多漫画爱好者聚集在一起，形成了最早一批二次元群体。具体定义而言，二次元是在以 ACGN 为主要载体的平面世界中，由二次元群体所形成的独特价值观与理念。ACGN，即英文 Animation（动画）、Comic（漫画）、Game（游戏）、Novel（小说）的缩写。二次元文化从引入中国至今，已经经历了萌芽期、培育期、成长期与高速发展期四个阶段。

2000 年以前是萌芽期。受限于二次元早期产品题材单一、技术落后的问题，当时二次元文化行业在我国正缓慢起步，且产品数量较少，直到 20 世纪 80—90 年代，随着美、日漫画的兴盛与引进，才在我国培养了第一批真正的二次元受众。

2000—2010 年是培育期。随着我国经济的飞速发展，这个时期互联网普及与移动应用兴起，在国家文化产业发展政策的引导下，国内的动漫、动画等二次元相关产业开始发展，二次元开始进行进一步的文化传播。

2011—2013 年是成长期。随着《“十二五”时期国家动漫产业发展规划》的发布，“80后”群体的崛起，人们将更多的眼光投注到了二次元文化产业的建设，二次元的细分领域也开始受到社会的关注，进入了成长期。

2014 年至今是高速发展期。随着二次元队伍的壮大，市场商业模式的不断确立，二次元这一概念更为清晰地进入了人们的视野当中，并且不再受限于“小众”“非主流”“边缘化”等刻板标签，取而代之的是“年轻化”“新消费群体”“Z 世代风向标”等标签，成为谈论当下消费潮流不可或缺的一部分。近年来，国内二次元更是呈现出高速、爆发式增长的形态，各种二次元 IP 纷纷进入受众视野，并引发了新一轮的产业变革与发展。

二次元文化的爆发式增长，更引起了国内外品牌广告主的注意，二次元营销逐渐成为品牌主的优质之选。

3. 社会因素

（1）社会阶层。

社会阶层是社会学家根据职业、收入来源、教育水平、价值观和居住区域对人们进行的一种社会分类，是按层次排列的、具有同质性和持久性的社会群体。社会阶层具有以下特点：

①同一阶层的成员具有类似的价值观、兴趣和行为，在消费行为上相互影响并趋于一致；

②人们以自己所处的社会阶层来判断各自在社会中占有的地位高低；

③一个人的社会阶层归属不仅仅由某一变量决定，而是受到职业、收入、教育、价值观和居住区域等多种因素的制约；

④人们能够在一生中改变自己的社会阶层归属，既可以迈向高阶层，也可以跌至低阶层。

对于某些产品，社会阶层提供了一种合适的细分依据或细分基础。依据社会阶层制定市场营销战略要注意考虑以下步骤。第一步是决定企业的产品及其消费过程在哪些方面受社会地位的影响，然后将相关的地位变量与产品消费联系起来。为此，除了运用相关变量对社会分层以外，还要收集消费者在产品使用、购买动机、产品的社会含义等方面的数据。第二步是确定应以哪一社会阶层的消费者为目标市场。这既要考虑不同社会阶层作为市场的吸引力，也要考虑企业自身的优势和特点。第三步是根据目标消费者的需要与特点，为产品定位。最后是制定市场营销组合策略，以达成定位目的。

（2）家庭。

家庭作为一个特殊群体，对消费者行为的影响最为深刻，因为家庭对一个人的教育和影响是长期的、直接的、广泛的。家庭的规模、收入、结构、生命周期、成员间的关系等都会影响个体的购买行为。

①家庭生命周期与消费。家庭生命周期一般划分为单身、新婚、满巢、空巢、解体五个阶段，不同阶段的消费特点如图 3 – 3 所示。

②家庭购买决策。在购买决策过程中，家庭成员经常扮演不同的角色。这些角色包括发起者（第一个提出建议）、影响者（以某些建议影响决策者）、决策者（做出买与不买、何

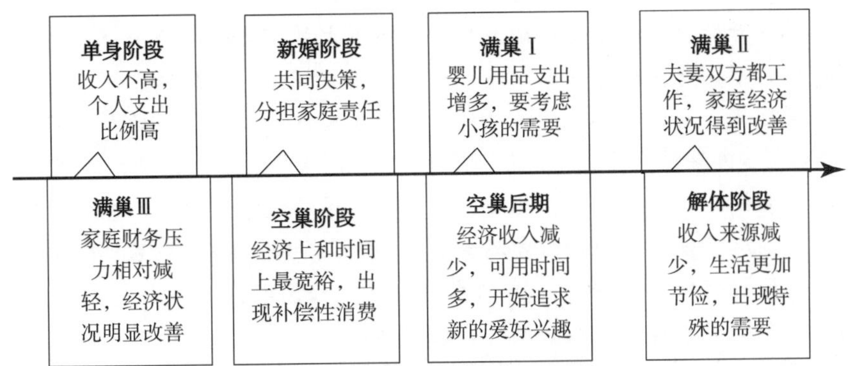

图 3－3　家庭生命周期与消费特点

时买、怎样购买的决策）、购买者（实际购买人）、使用者（实际使用所购买商品的人）。

企业营销人员要注意分析在本企业产品的购买决策中，家庭中每个成员一般担任什么角色，以便有的放矢地开展促销活动。

（3）相关群体。

每一个人都生活在各种各样的相关群体之中，并深受群体习惯、观念及群体中民意领袖的影响。因此，相关群体是指那些影响个人的思想、态度和行为的群体，其存在形式包括亲属、同学、同乡、同事、邻居、社团、社群等。相关群体对消费行为的影响主要表现在以下两方面：

第一，信息来源。相关群体是人们获取信息的主要来源。其中作用显著的信息是民意领袖发出的建议。每一个群体中都有民意领袖，这些人在群体中被公认为某个方面的专家，他们的行为和见解是其他成员最乐于学习和接受的信息。

第二，从众及群体压力。从众（Conformity）指个人的观念与行为由于受群体的引导或压力，而趋向于与大多数人相一致的现象。骚乱时不明真相的人跟着起哄，表决时跟着大多数人举手，都属于从众。实际的群体压力可以导致从众，想象的群体优势也会对人的行为造成压力。例如，我们在家里可以试穿新买的奇异服装，但在决定是否把它穿出去时，则要考虑大多数人的反应。一个人只有在更多方面与社会主流取得一致，才能适应其赖以生存的社会，否则会困难重重。任何一个人，不论多么聪明、多么富有知识，都不可能熟悉和了解每一种生活情境，因此需要采用从众方式最大限度地适应未知世界。

【营销实践】　乐高品牌的社群营销

建设微信端公众号与小程序：乐高建立微信公众号，固定公众号推文发送周期，每周发送一篇优质内容，维持公众号活力，稳定用户关注度，强化用户忠诚，维护关系营销。“LEGO 乐高”公众号发布的推文由公司专业人员制作，要求内容符合品牌调性，传播品牌产品的相关信息，并且以故事性的趣味内容作为推广核心。比如 2021 年春节期间的推文“是春节客厅 C 位没错了”，以充满年味的图文排版来展现乐高玩具的视觉魅力，同时推广新产品。为了扩大公众号影响力，公众号推文可以采取“转发到朋友圈发放奖励”的方式，来通过微信用户的个人社交圈进行滚雪球式的推广。另外，公众号中的链接可以跳转到乐高小程序，进入小程序之后又分为不同的页面进入选项，用户可以根据自己的喜好选择与公众号进一步互动，来了解品牌故事或进行消费等。

保持微博端在开放社区的活力：微博作为中国最大的陌生人社交平台，共同话题、共同地域等超话空间为不同身份地位、不同地区环境的用户提供社交新区。用户通过对同一话题的讨论建立社交联系，通过对其他博主微博内容的了解找到兴趣相投的人。官方微博@乐高中国，至少有74万粉丝量。其微博粉丝量全民公开，微博话题保持活跃，官博保持与粉丝的互动，保持消费活力。乐高认为，边缘消费群体出于从众心理特点，也会被庞大的粉丝数影响而关注自己品牌；保持微博活力才不会有“假粉”“僵尸粉”等无效粉丝。因此，品牌粉丝越多，越要重视保持社交平台优质内容的生产，与消费者形成信息联系与沟通话题通道，形成用户口碑与品牌建设互相扶助的良性循环。

4. 个人因素

（1）年龄。

年龄对消费者行为有显著的影响。这不仅表现在对商品的需求和偏好方面，也表现在人们的购买习惯和方式等方面。处在同一年龄阶段的人总有一些规律性的行为。例如，多数老年人偏好他们熟悉的传统商品，重视商品的实用性和耐久性等；中年人选择商品时比较慎重，注意推敲；而青年人则喜欢款式新颖的商品，容易冲动购买。

（2）性别。

由于性别的不同，消费者对商品往往有不同的要求，其购买行为也会有差异。例如，女性消费者对挑选商品有耐心，注意细节，喜欢流行式样；而男性消费者购买商品时往往比较果断，选择时间也比较短。

（3）收入。

消费者的收入情况，包括收入水平、收入来源和时间等，都直接影响人们的需求结构和购买行为。例如，当人们收入水平较低时，最关心生活必需品，选购商品重视实用性；当人们收入水平较高时，则对娱乐性商品、高档消费品等感兴趣。当人们收入稳定时，会乐于购买分期付款的商品；而当人们收入不稳定时，花钱就比较慎重。收入水平直接决定着人们现实的购买力，显然这对于企业制定产品价格等策略是十分重要的。

（4）职业。

职业影响着人们的需求结构、选购商品时追求的利益、生活习惯和购买习惯等。所以，一个工人和一个运动员、一个医生和一个农民，虽然收入可能相同，但是有不同的购买行为。从国内外情况看，职业影响的一个突出情况就是近年来妇女就业数量的增加和范围的扩大，引起了整个女性消费者行为的显著变化。

（5）自我概念。

自我概念是个体对自身一切的知觉、了解和感受的总和，它是个体自身体验和外部环境综合作用的结果。一般认为，消费者将选择那些与其自我概念相一致的产品与服务，避免选择与其自我概念相抵触的产品和服务。

在很多情况下，消费者购买产品不仅仅是为了获得产品所提供的功能效用，而是要获得产品所代表的象征价值。某些拥有物不仅是自我概念的外在显示，也是自我身份的有机组成部分。从某种意义上说，消费者是什么样的人是由其使用的产品来界定的。如果丧失了某些关键拥有物，那么，他或她就成了不同于现在的个体。

（6）生活方式。

生活方式就是人如何生活。具体地说，它是个体在成长过程中，在与社会诸因素交互作用下表现出来的活动、兴趣和态度模式。研究消费者生活方式通常有两种途径：一种途径是研究人们一般的生活方式模式；另一种途径是将生活方式分析运用于具体的消费领域，如户外活动，或与公司所提供的产品、服务最为相关的方面。在现实生活中，消费者很少明确地意识到生活方式在其购买决策中所起的作用。例如，在购买登山鞋、野营帐篷等产品时，很少有消费者想到这是为了保持其生活方式。然而，追求户外活动和刺激生活方式的人可能不需多加考虑就购买这些产品，因为这类产品所提供的利益与其活动和兴趣相吻合。

【案例启迪】从中美消费者行为的差别看优步何以败走中国

3.2 消费者购买的决策过程

3.2.1 消费者购买决策五阶段理论

消费者实际购买活动的过程，一般包括认识需要、收集信息、分析评价、实施购买和购后行为五个阶段，如图3－4所示。消费者购买活动早在实际购买行为发生之前就已经开始了，而且会持续到购买到商品以后。因此，市场营销人员不仅要关注交钱取货这一实际购买行为，还要研究消费者整个购买活动过程，根据消费者在购买过程中的各个阶段的心理和行为特征，采取相应的营销策略，更好地满足消费者的需要，有效地影响消费者采取有利于本企业的购买决策和行为。

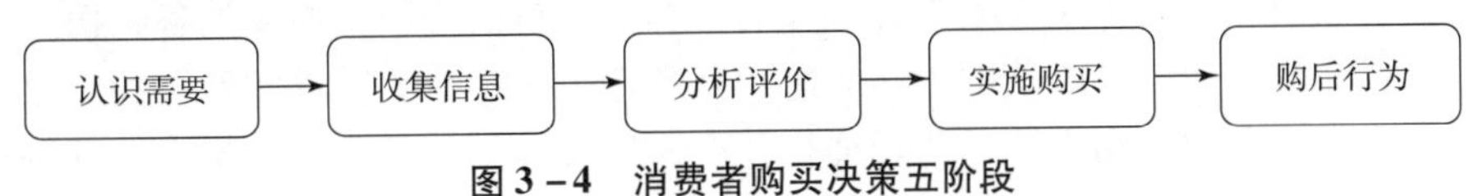

图3－4 消费者购买决策五阶段

1. 认识需要

需要是购买过程的起点。当消费者发现现实状况与其所想达到的状况之间有一定的差距时，就会产生解决问题的要求。需要可能由人体内在机能的感受引起，如口渴驱使人寻找饮料；也可能由特定的外部环境刺激所引发，如看到别人吃东西而引起食欲。

一般而言，以下因素会促使消费者产生购买需要：

①物品的短缺。当某些物品即将用完或失去效用时，会使消费者产生购买需要。

②收入的变化。收入的增加或减少，均会使消费者对需要的认识发生变化。

③消费的潮流和时尚。消费者生活的时代或地区的消费时尚或潮流，会刺激或影响消费者对所需要产品的选购。

④促销的力度。企业的各种促销活动能强有力地影响消费者的欲望和购买行为。

在这一阶段，企业营销的任务是通过造就特定的外部环境，刺激消费者对需要的感受。可通过市场调研，了解消费者产生的是哪些需要，这些需要为何产生，然后要考虑如何通过对这些需要的刺激和引导，把消费者引向特定产品的购买上。营销人员要发掘与本企业及其产品有关的驱使力，有效地规划刺激、强化需要驱使力的刺激物和提示物，如商品的展示、促销的广告，从而顺利引发和深化消费者对需要的认识。

2. 收集信息

消费者认知需要后，一般会进一步收集满足需要所需商品的有关信息。消费者收集信息的积极性会因需要的强度有所不同。对需要感到十分迫切的消费者，会主动去寻找信息；需要强度较低的消费者，不一定会积极主动去寻找信息，但会对有关的信息保持高度警觉而又反应灵敏的状态。消费者所需信息的范围和数量。一方面取决于购买所需的类型，一般初次购买所需的信息要多，范围较广，而重复购买所需信息则较少。另一方面取决于消费者的风险感。价格越高、使用时间越长的商品，消费者风险感越大，越会努力搜寻更多的信息。

消费者的信息来源主要有相关群体、广告、销售人员的介绍、经销商的推荐、展销会、新闻媒体及消费者个人的经验等。

在这一阶段，企业要设计和安排恰当的信息传播途径和沟通方式，采用对目标顾客群影响最大、效果最好的信息传播组合方式，向消费者传达更多的本企业商品信息，激发消费者的兴趣和注意，进一步引导购买行为。

3. 分析评价

消费者在收集信息的基础上，会进一步通过对信息的选择和评价来识别最适合自己需要的品牌。

（1）备选品牌。

选择是消费者对其购买对象不断缩小范围、有关概念不断清晰的过程。如消费者要购买某一品牌的产品，在选择的过程中，通过比较和判断，会将对某类品牌的知晓范围进一步缩小到考虑范围，再进一步缩小到备选范围，经过反复比较，权衡得失，最后决定购买某一品牌。

在这个过程中，企业不仅要力求通过补充消费者进行购买决策所需的各种信息，使自己的产品进入其知晓范围、考虑范围，进而进入其备选范围，成为其决定购买的对象；还要分析消费者在这个过程中，用于选择的标准是什么，以及他如何建立这一标准，即进行评价。

（2）品牌评价。

假定消费者是在有意识和理性的基础上对产品进行判断，那么消费者的评价过程包括：

①建立产品属性概念。一种产品在消费者的心目中，首先表现为一系列基本属性的集合。消费者对各种产品的关心程度因个人重视程度不同而异。消费者十分注意那些与其需要相关的属性。如照相机：照片清晰度、速度、体积大小、价格；电脑：信息存储量、图像显示能力、外形、重量；牙膏：洁齿、防治牙病、香型等。

②建立品牌形象概念。消费者可能会因对不同品牌所具属性及其他特质评价的不同，形成不同的品牌形象认知。这种认知表征了其对某个品牌的信念。

③建立理想产品概念。消费者在购买之前，会根据期望从产品中得到的满足，而形成头脑中一个理想产品的概念。市场上实际出售的产品，未必完全符合消费者的理想。消费者只能在理想产品概念的前提下，做某些修正，考虑最接近理想的产品。

在这一阶段，企业营销可采取以下措施，提高产品的选择率：

①修正产品的某些属性，使之接近消费者的理想产品；

②改变消费者对品牌的信念，通过广告和宣传报道努力消除其不符合实际的偏见；

③引导消费者注意被忽略的属性，设法提高消费者对自己产品优势性能的注意；

④改变消费者心目中的理想产品形象，引导消费者建立更符合实际的选择标准；

⑤改变消费者对竞争品牌的信念，可运用比较广告等促销手段，改变消费者对竞争品牌有关属性或地位的认知。

【案例启迪】 飞利浦公司将用户转变为品牌大使

几年前，飞利浦公司推出了首款晨起灯。这是一款模仿自然日出的床头照明系统，帮助人们更自然和快乐地起床迎接新的一天。飞利浦公司发动了一场“唤醒小镇”运动，向北极圈内最北端的小镇——挪威朗伊尔城的200位居民提供公司的这款产品，因为这个镇的2 000位居民每年要经历11周全天黑暗的日子。飞利浦公司要求使用产品的消费者在企业的互动网站、博客布告栏、脸书网页上如实分享自己的体验，公司还在网站上安排了媒体访谈，发布了微型纪录片视频。3个月后，对200位居民的调查表明：有87%的人醒来感觉更加精神焕发、敏捷，对新的一天充满期待；98%的人表示会继续使用晨起灯。瑞典的使用人数增长了17%，挪威的使用人数增长了45%，目标市场整体需求量增加了29%。

4. 实施购买

通过选择评价，消费者会形成购买意向，做出购买决策，并采取购买行动。

这一阶段消费者除了要对购买的商品品牌、价格、产品属性等核心内容做出决策外，还要考虑以下问题：

（1）何时购买。消费者购买商品的时间受到消费地区、商品性质、季节、节假日和忙闲的影响，商品的性质不同，购买的时间也不一样。市场营销者必须研究和掌握消费者购买商品的时间、习惯，以便在适当的时间将产品推向市场。

（2）何处购买。消费者在何处做出购买决定，同商品类别有密切联系。有些商品，如一般日用消费品和食品，一般是在购买现场做出决定，现场购买；而对另一些商品，如家用电器、成套家具、高档服装等，在实际购买前，往往先做出决策，然后再去购买。企业在拟定促销计划时，应考虑这两种情况。如果是属于现场决定购买的商品，应注重包装、陈列，加强现场广告，以促进消费者现场决定购买。如果是属于在事先做出决定的商品，则应通过各种传播媒介来介绍产品性能、特点和服务措施等，来影响消费者做出对本企业有利的购买决定。

（3）如何购买。消费者购买的方式涉及零售企业的经营方式和服务方式，不同的消费者对不同商品的购买有不同的要求。如有些消费者愿在超级市场自选，有些愿就近购买或通过电话、电商在家购物；有些消费者愿一次付清货款，有些则需要分期付款等。此外，对不同种类的商品，购买方式也有所不同。企业可根据消费者购买行为的不同特点来确定商品的分销途径。

（4）由谁购买。消费通常是以家庭为单位进行的，但购买决策者一般是家庭中的某一个或几个成员。究竟谁是决策者，要依不同商品而定。有些商品在家庭中的发起者、决策者、使用者和实际购买者往往是不一致的，营销者必须了解谁是决策者、谁是影响者、谁参与购买过程，从而有针对性地开展促销活动，才能取得最佳效果。

5. 购后行为

买到产品后，消费者在产品使用过程中感受如何，对购买到的产品是否满意，产品在丧失其使用价值之后消费者如何对其进行处理，这些均属于购后行为。

消费者购买商品以后，会通过使用或消费检验自己的购买决策，重新衡量购买是否正确，确认满意程度，以便作为今后类似购买活动的决策参考。对于企业来说，分析消费者的买后感受是十分重要的，因为消费者的买后感受、使用经验等，对企业的声誉和今后业务的发展有很大影响。消费者对某种商品的买后感受如何，不仅直接决定着他是否重复购买，而且往往还会把感受告诉周围的亲朋好友，从而影响其他人的购买决策。获得消费者满意的感受就是最好的广告，满意的消费者能帮助企业扩大市场，提高企业的信誉；反之，就会使顾客减少、信誉受损。

【知识拓展】 对顾客满意的两种解释

如果用经济学和心理学两种不同科学理论来分析顾客满意，会有不同的解释。

经济学一般用效用、消费者剩余等理论来分析顾客满意。效用是指个体从产品或服务中获得的好处和满足，是人的心理感受。效用理论说明了消费者对产品的评价标准是效用的大小。消费者剩余是指消费者基于产品评价所决定的愿意支付的价格与实际价格的差额。消费者剩余理论揭示了消费者剩余越大，消费者对产品越满意。

用心理学来解释顾客满意的主要代表理论是认知失调理论。这种理论认为消费者的行为是以一系列的预期、判断、选择，并朝着一定目标的认知为基础的。消费者如果在两个认知因素之间出现了失调，就会主动驱使自身去减少这种矛盾，力求恢复平衡。如果把消费者购买前的预期与购买后的体验看成是两个认知因素，就不难获得消费者对购买结果是否满意的解释。

企业一方面要真正从消费者需要出发，设计和生产符合消费者需要的产品，提供良好的服务，争取得到购买者的满意评价。另一方面，要认真了解消费者的买后感受，一旦发现消费者的不满意感，要及时采取措施，帮助解决消费者使用中的问题，从中发现企业的不足并进一步加以改进。

综上所述，消费者的购买决策是一个复杂的过程，在每一阶段，消费者都可能改变主意，影响购买的实现。因此，企业必须善于根据各个阶段的不同情况，拟定有效的市场营销策略，影响和引导消费者的购买决策向着有利于企业的方向发展，保证企业实现市场营销的目标。

3.2.2 AIDMA - AISAS - SICAS 决策模型

（1）AIDMA 模型。

1958 年，欧洲营销学者海英兹·姆·戈得曼（Heinz M. Goldmann）提出 AIDA 模型，他认为消费行为一般要经历注意（Attention）、兴趣（Interest）、购买欲望（Desire）、行为（Action）四个阶段。美国广告专家路易斯（Louis）于1998年在AIDA模型基础上增加了记忆（Memory）阶段，从而构建了AIDMA消费者行为模型。

AIDMA模型反映了传统媒体环境下的营销关系。电视、广播、报纸、杂志等大众媒体声色并茂地为人们提供大量的新闻、娱乐、消费信息，这些信息经过统一编辑后，被迅速地传递到千家万户；而作为信息的接受者，人们并没有便捷、畅通的反馈渠道，这使得人们一方面需要从这里获得自己需要的消费信息，另一方面，丰富的个性化意见和需求被简化成了"看与不看""听与不听"。这种集权式的传播技术，造就了消费者对于营销信息的AIDMA反应模式，从而形成了以"媒体"为核心，以"引起注意（Attention）"为首要任务的营销策略。这种策略在对媒体的使用上具有内容刺激性强、传播范围广、多次重复的特征。

AIDMA模型体现出一种完全由卖方主导的营销，企业主利用大众媒体，一步一步引导观众的心理情绪，从引起消费者的注意，使其产生兴趣和欲望，一直到让消费者记住产品，最终形成购买。在互联网开始改变人们的生活方式之前，AIDMA营销法则一直在指导着有效的广告创意和营销策划。

（2）AISAS模型。

AISAS模型由国际4A广告公司日本电通广告集团在2005年提出，揭示出在互联网时代，人们的购买行为要经过注意（Attention）、兴趣（Interest）、搜索（Search）、行动（Action）和分享（Share）五个阶段。

这个新模型的提出有一个特殊的背景，2005年，日本广告市场出现了与以往不同的形态：四大传统广告媒体形式的投入金额与前一年相比出现微小的下降，与此同时，网络广告的投入却暴涨了54.8%。这个变化标志着互联网对生活和产业的影响力已经初具规模。在这个背景下，日本电通广告集团率先修改了传统的AIDMA模型，提出了AISAS模型，用以解释新媒体环境人们购买行为过程的新特征。

与AIDMA模型相比，AISAS模型反映出基于互联网的两个典型行为，即搜索（Search）和分享（Share）。这揭示了Web2.0时代消费者购买行为发生的重要变化。首先，搜索引擎技术赋予人们使用信息的权利，人们可以通过网络主动、精准地获取自己想要的信息。于是，消费者在进行购买决策的过程中，常常会通过互联网搜索产品信息，并与相关产品进行对比，再决定其购买行为。其次，BBS、博客、SNS等技术平台的普及，还赋予了人们发布信息的权利，于是，在消费者进行消费的过程中，还可以作为发布信息的主体，与更多的消费者分享信息，为其他消费者的决策提供依据。

（3）SICAS模型。

随着智能手机的普及，移动互联网突破了PC互联网时代的地理限制，即时分享的开放共享型行为成为新的消费特点。根据这一新的消费变革，2011年，中国互联网络信息中心（CNNIC）提出了SICAS模型，即感知（Sense）、兴趣及互动（Interest & Interactive）、联系与沟通（Connect & Communication）、行动（Action）和分享（Share）。

其中，感知是通过推送、订阅、共享等多元化方式在消费者与商品之间建立交互式"接触"，让消费者在比较自然的社交情境下有意或无意地关注商品；兴趣与互动则是基于感知、关注基础上更深层次的共鸣，消费者开始表达自己的偏好和态度；联系与沟通体现了消费者的高参与度，通过主动搜索、社群内互相推荐、与商家沟通等方法获取更为充分的商品信息，强化购买动机，形成购买意向；行动是具体购买行为的执行过程，包括商品选择、支付、物流配送等；分享是消费者即时、多渠道的购后评价、体验共享等，通过去中心化平台拓展原有的感知网络，开启新的、更广泛的消费者行为网络。

这一模型突出了基于移动互联网科技的全渠道感知网络，强化了消费者之间的互动，构建了可循环的消费者行为网络框架，是适应移动互联网时代的数字化消费模型。

消费者行为模型的演变过程如图 3 –5 所示。

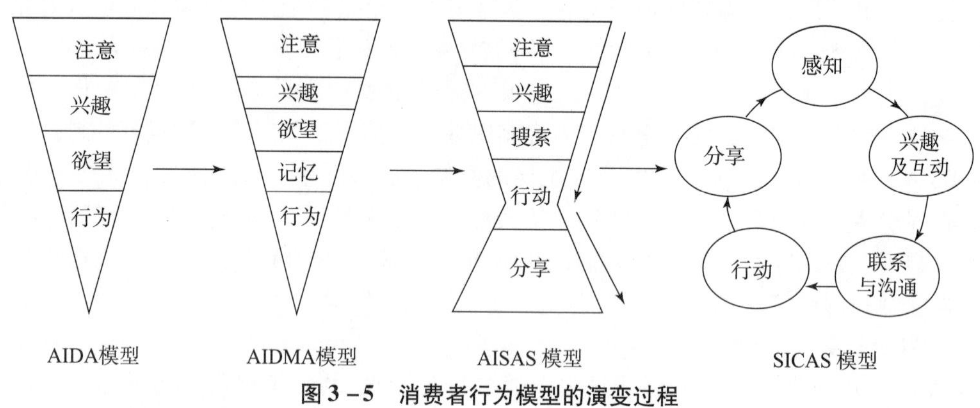

图 3 –5　消费者行为模型的演变过程

3.3　消费者画像和客户旅程图

3.3.1　消费者画像

（1）消费者画像的概念及其特点。

如何更好地了解客户以实现可持续销售、维护品牌的长久存在，一直以来都是营销者孜孜不倦追求的目标。消费者画像便是这种追求下的产物，无论传统营销还是数字营销，消费者画像都是战略规划的基础。处于数字化时代，所有的消费者行为都可以被记录并跟踪。基于对社会化媒体海量大数据的挖掘分析，我们可以对消费者做更细致入微的洞察。

消费者画像是指企业通过收集、聚合、分析个人信息，从一个或多个维度对客户特征，如职业、健康、经济、教育、个人喜好、行为等进行描述的过程，简单来说，就是将用户特征标签化。利用消费者画像可以将消费者划分成不同的群体，每个群体内都有相同的价值观与偏好，具有相同或相似的购买行为，对同一产品或服务表现出相似的态度，所以消费者画像描述的是不同消费群体的特征。大数据时代下的消费者画像具有以下特点：

①全样本。样本范围广、层次多、数据量大，消费者画像是呈现真实用户抽象后的全貌。

②事实性。消费者画像是基于企业实际市场调研或已有客户的真实行为数据，而不是由编造或预测的数据绘制形成的。

③方便性。获取数据的方式可以不需要实地调研，通过互联网即可拿到真实数据。

④动态性。大数据时代下的消费者画像是动态的，可以实时收集用户数据。

⑤预测性。大数据时代的消费者画像重要性不仅仅在于定位顾客群，更在于通过现有的

画像，预测未来的需求及产品发展方向。

（2）消费者画像的数据维度。

为了得到准确、完整的用户画像，企业需要从大量庞杂的数据中进行分析判断，找到能够反映消费者行为动机的数据，据此描绘出消费者真实的心理活动，构建出用户画像。消费者画像数据维度一般可分为以下五个方面：

①人口学特征。人口学是研究人口发展，人口与社会、经济、生态环境等相互关系的规律性和数量关系及其应用的科学总称。人口学特征包括年龄、性别、教育程度、职业、收入、家庭状况等指标。

②生活方式特征。生活方式是指个人及其家庭的日常生活的活动方式，包括衣、食、住、行以及闲暇时间的利用等。消费者的生活方式特征数据主要包括消费状况、消费习惯、购买力、消费地点偏好、饮食偏好特征、设备使用偏好等。

③线上行为特征。线上行为特征是指消费者在网络上的行为举止所体现出的特征，包括网站浏览行为特征、邮件使用、搜索行为、App类型选择和使用特征等。

④线下行为特征。与线上行为相反，线下行为特征指消费者在日常生活中的行为表现所体现出的特征，如出行规律、商圈级别、差旅习惯以及旅行目的地、酒店选择偏好等。

⑤社交行为特征。社会交往指的是人在生产及其他社会活动中发生的相互联系、交流和交换，包括社交人群、社交习惯、关注明星/KOL、关注影视等。

（3）消费者画像的构建。

构建用户画像需要通过用户画像数据采集与处理、用户信息标签化以及建立用户画像模型这三个阶段的工作完成。

①用户画像数据采集与处理。

构建用户画像模型需要大量的数据，覆盖用户的各个维度，例如人口统计学数据、用户行为数据、用户偏好数据等。数据越多，画像越丰满，人物特征表现越丰富，这样的画像能够更好地帮助企业理解用户需求，准确把握用户偏好特征，从而在对其进行营销活动时，可以有针对性地进行相应的产品推荐。

大数据环境下，用户画像数据主要分为静态数据和动态数据两大类。静态数据主要指的是人口统计学数据，例如性别、职业、年龄、位置等数据，这些可以通过用户的注册信息收集到；动态数据是指用户不断变化的一些行为数据，例如浏览数据、点击数据、观看数据、搜索数据等，动态数据不具有显式特征，需要通过数据分析与数据挖掘技术从用户日志系统、App后台等进行提取。

随着互联网的发展，海量数据充斥着人们的世界，现有的数据类型已不仅仅是结构化数据，还有大量的半结构化数据、非结构化数据，用户画像模型的构建需要各种类型的数据。要想准确提取各种类型数据所携带的价值，企业需要对收集的数据进行清洗，然后利用计算机技术，将各种各样的数据加工成用户画像建模所需要的数据集。

②用户信息标签化。

用户画像通俗而言就是为用户贴标签，因此，用户信息标签化是构建用户画像的核心工作。准确的标签体系，可以将用户特征呈现在企业面前，为企业决策提供辅助借鉴。用户画像数据标签是通过对用户信息分析而来的高度精练的特征标识，如性别、年龄、地域、用户习惯、用户偏好等，最后将所有标签综合起来，就可以勾勒出该用户的画像。标签具有语义化特征，可以帮助企业理解每个标签的含义，准确判断用户的偏好特征，从而实现精准营销。

③用户画像模型。

用户画像建模就是将收集并处理好的用户信息与数据进行标签化处理之后，实现的用户“可视化”构建。用户画像构建可大致分为三个层次：用户数据收集层、用户数据处理层、用户数据分析及标签层。其中，用户数据收集层主要是负责静态数据与动态数据的收集；用户数据处理层则是把收集到的数据进行清洗、过滤、去重等操作，移交给用户数据分析及标签层；用户数据分析及标签层则是利用数据挖掘技术对处理后的数据进行分析，并在此基础上对数据进行标签化工作，最终构建起用户画像模型。值得注意的是，由于用户每时每刻都在产生新的数据，用户画像模型也需要具备动态性特征，只有这样，才能及时发现用户需求偏好的改变，进而调整企业的营销策略，提高用户的满意度与忠诚度。

【营销实践】 烟草行业的用户画像

烟草行业的消费者用户画像就是通过收集与分析零售客户和消费者的基础信息、行为偏好等主要信息，将所有标签综合起来，勾勒出零售客户和消费者的整体特征与轮廓，形成综合特征画像。烟草行业用户画像的构建分四个步骤完成：第一步，通过销售管理系统、卷烟销售分析系统等获取零售客户和消费者的原始数据；第二步，对原始数据进行统计分析，得到事实标签及指数；第三步，对事实标签进行建模分析，获得用户属性、产品购买偏好和用户关联关系等模型标签；第四步，进行模型预测，得到预测标签。

用户画像在卷烟精准营销中的应用实践可以分为市场营销、品牌营销和服务营销三个维度。在市场营销中，企业可以利用构建的用户画像模型进行市场细分，准确把握市场要求，提高市场预测准确率；通过分析历史销售数据、目标客户细分情况，可以做到针对不同经营能力的客户制定个性化投放策略。在品牌营销中，烟草企业依托各个数据平台收集品牌的销量、销售增长率等数据，通过分析存销比、上柜率、动销率等二级指标划分出品牌的发展阶段并形成精准的卷烟品牌“画像”，为开展差异化的品牌营销策略提供数据支持。在服务营销中，根据形成的零售客户和消费者画像分析客户的性格偏好，可以帮助客户经理更好地开展精细化的客户服务，增强客我沟通，改善客我关系，提高客户满意度。

3.3.2 客户旅程图

（1）客户旅程图的概念及其管理。

客户旅程图是指客户从首次接触产品或服务直到最后享用产品或服务期间与企业互动的全过程，这些互动环节被称为接触点，比如广告招牌、电视广告、社交媒体、传单、消费过程以及电话的客服等，所以从第一个接触点一直到最后一个接触点串在一起时，就成了客户旅程图。客户旅程可能会持续数小时或数天。

管理客户旅程要注意以下环节：

第一，客户旅程的目标操作是支付、订购或查询；

第二，接触点是客户和企业之间的任何接触点，从传统广告到在线营销活动，再到朋友的意见或评论网站上的信息；

第三，可用的渠道，如电话、网络、分支机构、营销传播和服务交互；

第四，客户旅程分析通过结合定量和定性、主观和客观数据，对贯穿全触点、全周期的客户行为和动机进行分析，并对客户的未来行为进行预测，以优化交互，提升价值。

总之，客户旅程管理强调“以客户为中心”，不断改造与重塑客户体验，优化与客户的交互方式，持续为客户提供高质量的产品和高价值的服务。

客户旅程图是一项非常有用的技术。它可以帮助企业理解是什么激发了客户——他们的需求、犹豫和担忧。尽管大多数组织相当擅长收集关于客户的数据，但仅凭数据无法传达客户所经历的挫折和体验。客户旅程图的目的是了解客户经历了什么，并提高客户体验的质量，从而确保在所有接触点和所有渠道上的一致性和无缝体验。

【营销实践】　中国工商银行私人银行部建立客户全旅程管理

中国工商银行私人银行部积极研究私银客户由新客到熟客的经营规律，围绕客户资产增长建立“两提一稳两挽回”机制，开展全周期、全链条、全配套的客户经营。自2022年4月份该机制落地以来，全行通过手机银行直营精准触达超12万人次，共提升超过3 300余名临界及时点客户成为同业口径私银客户，推动3 600余名缓降和降级客户资产重新达到月日均600万元以上。

“两提一稳两挽回”机制聚焦客户月日均资产变化，提升临界、时点两类客户，稳定月日均客户，挽回缓降、降级两类客户。针对五大客群分类营销，第一步精准识别客户状态，进行动态的名单制管理；第二步紧扣客户旅程中各个关键时点，及时开展事件式营销和精细化经营，让高端客户获得充分的被重视感和陪伴感，持续提升和稳定客户资产、严防客户降级。

具体运作上，私人银行部充分借助科技赋能，通过总行统一部署、分行按月推进、基层具体实施，多级联动并全面落地“获客、维客、黏客、留客”。一是总行每月月初统一调取客户清单下发分行，统一制定针对不同状态客户的基础维护方案；二是通过智慧大脑、全流程任务向理财经理、财富顾问等下达营销Q&A话术赋能；三是统一开展事件式营销，向目标客户直营发送弹窗、短信等内容，提供客户基础情感维护；四是形成机制配套的《客户发展质量月报》，统计督导各行提升率、稳定率、挽回率。中国工商银行私人银行部始终坚持以客户为中心，加强与个人金融、远程银行中心等部门的协同，摸清摸透客户发展规律，通过大数据和场景化的有机结合，用心做好客户陪伴，实现私银客户经营的标准化、智能化、精细化与高效化。

（2）如何创建客户旅程图。

通过网站分析、营销平台、客户关系管理（Customer Relationship Management，CRM）系统、销售数据和其他来源收集了数据，了解了如何与在线和离线的潜在客户和客户进行交互，要将这些数据和分析结果放入易于理解的图形表示形式中，以便与团队共享。

①定义角色。

角色和旅程图都是重要的战略工具，有助于深入了解客户是谁，他们需要什么，以及他们如何跨越所有接触点与企业互动。但更重要的是在整个组织中共享对客户的见解。创建旅程图的许多信息来自角色的要求，例如，他们的目标、动机、他们想要完成的关键任务以及当前的痛点等，这就是最好先创建角色的原因。

②定义客户阶段。

旅程图通常按客户阶段（有时称为时期）组织。每个阶段都代表了客户在整个过程中试图达到的一个主要目标。企业应该构建一个客户旅程图，其中的各个阶段代表客户的目标导向旅程，而不是企业的内部流程步骤。

购买产品或服务的过程中，从考虑需要什么开始过程，确定他们如何、何时、何地发现产品、品牌或企业，为何研究你的产品或服务而不是竞争对手的，为什么从企业那里购买，并与企业保持关系。

③描述交互接触点。

客户接触点是与企业的品牌从头到尾的客户联系点。例如，客户可能在网上或广告中发现公司的业务，查看评分和评论，访问公司的网站，在公司的零售商店购物或与公司的客户服务联系。这似乎是一个很长的列表，但这些只是接触点的一部分。确定企业的接触点是创建客户旅程图并确保客户满意的重要一步。

④研究与分析。

虽然企业可能需要为参与提供一些激励，但如果客户相信企业真的对他们的体验感兴趣，并且会利用他们的反馈来改善这种体验，大多数客户会很乐意帮助企业。对于旅程的每个阶段，试着确定：他们的目标是什么？他们想实现什么？他们希望这个过程是什么样的？他们用来完成这个阶段的步骤和接触点是哪些？在每个接触点的体验中，他们的情感感受如何？他们在旅程中的其他想法是什么？完成它花了多长时间？

⑤确定摩擦点。

一旦理解了角色的目标并记录了他们的接触点，就该看看大局了——他们在企业的全部经历。每一家企业对其客户角色的看法都是不同的。与团队一起浏览旅程图的每个阶段将帮助你识别客户体验中的任何摩擦点。然而，每个企业都是不同的，企业需要更好地了解客户：在这些特定的接触点上，哪里会出现摩擦？他们会因此放弃购买吗？客户是否不知道公司已经提供的这个解决方案？如果不知道的话，为什么不知道呢？

⑥解决问题。

旅程图并不仅仅是为了说明问题。一个典型的运动应该能找到一些快速的解决方法，包括增加乐趣和改善旅程的机会。当然，大多数公司发现这个过程有助于推动更广泛的客户体验改善，因为客户的需求得到了更好的理解和满足。简而言之，绘制旅程图应该有助于引导具体的行动，从而改善体验并推动投资回报率（Return On Investment，ROI）。要把公司的旅程图当作一个活动文档，定期回顾和更新，并与任何利益相关者共享。

⑦持续改进。

不要忘记，客户对公司品牌的期望和感觉一直在变化，客户旅程图不是一成不变的。要重视投资于收集新数据以定期微调公司的客户旅程图：当公司推出新产品或服务、更改购买流程或发起新的营销活动时，请重新访问旅程图；每当公司在任何接触点上进行重大更改时，都要求提供反馈；不断收集和分析数据，使公司保持持续改进的状态。

3.4 绿色消费与行为

习近平总书记在2019年中央经济工作会议上的讲话中指出：“必须更加突出发展理念，

坚定不移贯彻创新、协调、绿色、开放、共享的新发展理念，推动高质量发展。”习近平总书记在党的二十大报告中再次强调，要“坚持绿水青山就是金山银山的理念”，坚持实施“绿色、循环、低碳发展”，“推动经济社会发展绿色化、低碳化是实现高质量发展的关键环节”“倡导绿色消费，推动形成绿色低碳的生产方式和生活方式”。因此，大力发展绿色经济、推动绿色消费、培育和引导绿色购买习惯和行为，是贯彻新发展理念和实现可持续发展的必然要求。

3.4.1　绿色消费的内涵及其特点

（1）绿色消费的内涵。

1972 年，联合国第一次人类环境会议在瑞典召开，各国政府共同讨论当代环境问题，探讨保护全球环境战略。“绿色消费”就是国际社会在反对环境污染和生态破坏的“绿色运动”中提出来的合理消费的概念，希望以“绿色消费”来实现满足自身欲望与生态环境之间的平衡关系。

英国 1987 年出版的《绿色消费者指南》一书以一系列消费者应该避免的商品消费行为来定义绿色消费，即不使用危害消费者和他人健康的商品；不使用在生产、使用和丢弃时，造成大量资源消耗的商品；不使用因过度包装，超过商品本身价值或过短的生命周期而造成不必要消费的商品；不使用出自稀有动物或自然资源的商品；不使用含有对动物残酷或不必要的剥夺而产生的商品；不使用对其他国家尤其是发展中国家有不利影响的商品。

1994 年，联合国环境规划署（UNEP）的报告《可持续消费的政策因素》中，绿色消费被认为“能够提供服务以及相关产品以满足人类的基本需求，提高生活质量，同时使自然资源和有毒材料的使用量减少，使服务或产品的生命周期中所产生的废物和污染物最少，从而不危及后代的需求”。

国际环保专家将绿色消费总结为 5R 原则，即节约资源、减少污染（Reduce），绿色生活、环保选购（Reevaluate），重复使用、多次利用（Reuse），分类回收、再循环（Recycle），保护自然、万物共存（Rescue）。

中国消费者协会 2001 年度的主题就是绿色消费，认为绿色消费具有三层含义：在消费内容上，倡导消费者在消费时选择未被污染或有助于公众健康的绿色产品；在消费过程中，注重对废弃物的收集与处置，尽量减少环境的污染；在消费观念上，引导人们在追求生活方便、舒适的同时，注重环保，节约资源和能源，实现可持续消费。

2016 年 2 月，国家发展和改革委员会、中央宣传部、科学技术部等十部门联合出台的《关于促进绿色消费的指导意见》中指出：“绿色消费，是指以节约资源和保护环境为特征的消费行为，主要表现为崇尚勤俭节约，减少损失浪费，选择高效、环保的产品和服务，降低消费过程中的资源消耗和污染排放。”

综合来看，绿色消费行为是以公众即广大普通消费者为对象，以保证资源可持续利用和社会可持续发展为目标，将生态文明行为融入产品从购买使用到处理的全过程的生态消费模式，也是对符合人的健康和环境保护标准的各种消费行为和消费方式的统称。

【知识拓展】可持续消费、生态消费及低碳消费的区别与联系

（2）绿色消费的特点。

绿色消费作为一种全新的消费观念和生活方式，与传统的常规消费相比，具有如下特征：

①可持续性和环保性。绿色消费考虑到自然生态的稀缺程度和承载力，试图通过调节消费对自然的破坏力与自然生态本身的恢复能力二者之间的矛盾，提倡人们在消费时遵循自然规律，崇尚节约资源，保护生态环境，实现人与自然的相互协调与共荣共生。

②公平性和共享性。绿色消费从人类的长远利益出发，兼顾代内消费公平和代际消费公平，不仅要满足当代人的消费需要，还要使当代人及其子孙后代都能共同享有丰富的自然资源、优美的生态环境，给予人类长久的消费红利。

③安全性和健康性。绿色消费重点在消费品的绿色问题，即绿色消费要从消费者自身的利益和健康出发，在消费过程中确保消费者的身心健康和财产安全。

④道德性和人文性。绿色消费使消费者在满足自身需求的同时也兼顾了他人和社会的利益，可以降低人对于道德失调引发的自责感和内疚感。绿色消费不仅是绿色的物质消费、生态消费，还有绿色精神消费等，提倡健康满足人的精神需求。

⑤适度性和合理性。绿色消费的适度性体现在既不奢侈又不吝啬，是在满足人们基本消费需要的基础上，提倡适度消费，认为消费要与经济发展水平和资源生态禀赋相适应。

过度消费既增加了资源和环境的压力，又助长了享乐主义和消费主义的不正之风，对人、社会、资源、生态都会造成不利影响。而过于提倡节俭消费在一定程度上又不利于扩大内需，影响社会经济发展和中国式现代化的早日实现。因此，绿色消费内在要求经济社会发展与生态保护的协同并进，体现了它的适度性和合理性。

3.4.2 绿色消费模式

绿色消费可以归纳为以下三种模式：

①消费替代模式。即通过消费替代实现物质消耗强度与污染物总量的减少，如购买生态食品替代生产过程中使用化肥农药的食品、使用节能节水家电及新能源汽车等。

②产品全生命周期绿色消费模式。即在产品购买、使用、处置过程中都遵循资源节约和环境保护的模式，推动再利用过程，如旧货消费、减少水和能源使用量、减少餐饮浪费（如“光盘行动”）和进行垃圾分类等。

绿色消费是经济转型的必然动力，也是消费结构升级的必然趋势，更是构建人与自然生命共同体中的必然要求。

【知识拓展】 生态标签

生态标签指政府或第三方机构以特定的环境标准，对符合要求的产品或服务进行认证，向消费者展示与环境相关的产品信息的标志。作为一种环境政策工具，它可以通过引导公众消费和企业生产行为，助力健全绿色低碳循环发展的经济体系。从概念外延来看，天然、有机、绿色、生态友好等标签都属于生态标签的范畴。综合文献及国际标准化组织（ISO）的划分，共有三种生态标签：

①环境标志：根据特定标准和程序经第三方机构认证，如绿色食品、十环标志等；

②自我环境声明：制造商或企业自我宣称的声明，如产品60%由可回收材料制造；

③环境产品声明：用于对供应商提供商品的生态性能进行标识。

③消费流程绿色再造模式。即利用新技术或新的社会倡议减少消费过程的污染和排放，如共享出行、自愿减少食物摄取中肉食消费比重和实现“城市农夫”式的部分食品自给等。

三类绿色消费模式既有可持续性发展的内在逻辑一致性，同时，也呈现出外在的特殊性。三类绿色消费模式贯穿整个绿色消费理念的发展时期：消费替代模式研究出现在绿色消费概念产生初期，产品全生命周期绿色消费模式涌现于21世纪初期，而消费流程绿色再造模式是数字经济与大数据技术深入发展后提出的，相关研究集中于2010年后。从消费导向的环境属性看，消费替代模式通常部分减少消费行为对环境的损害，而产品全生命周期绿色消费模式和消费流程绿色再造模式致力于完全抵消消费行为对环境的负面影响，推进绿色消费的稳定转型，是一种颠覆消费范式的革命性发展模式。

3.4.3 绿色消费行为的多元领域

从人们的日常生活需要出发，可将绿色消费行为进行具体分类和规定。绿色消费行为涉及绿色穿衣、绿色饮食、绿色建筑、绿色交通、绿色家用、绿色旅游等多个领域。

（1）绿色穿衣。

绿色穿衣就是提倡购买无毒、无害、安全、无刺激、无污染的生态环保服装（生产过程无污染、材料可循环利用、旧衣可回收）；抵制珍稀动物皮毛制品，保护野生生物；避免购买过多衣物，减少能源消耗和降低环境污染；提倡旧衣翻新改造、重复使用。

（2）绿色饮食。

绿色饮食提倡购买和食用按特定生产方式生产，并经权威机构认定使用专门标志的无污染、无公害、安全营养的“绿色食品”，反对消费含有激素，化肥、农药、添加剂超标，被微生物和工业废弃物等污染的有害食品，保证人的生命健康安全；不购买和食用野生动物，保护生物多样性，维护生态平衡；减少一次性餐具的使用，拒绝购买过度包装的食品，节约自然资源；提倡科学就餐、适度点餐、餐后打包，反对暴饮暴食和食物浪费；婚丧嫁娶等红白喜事用餐从简操办。

（3）绿色建筑。

绿色建筑是符合“集约、智能、绿色、低碳”要求的全方位、系统性工程。绿色建筑是具有节地、节水、节能、节材、改善生态环境、减少环境污染、垃圾分类处理、延长建筑寿命等优点的新型建筑。绿色建筑提倡使用绿色建材，拒绝使用非环保材料；倡导绿色、环保、简约、实用的装修理念，抵制奢华装修，鼓励适度装修；提倡购买节能家电和无毒家具，利于节约资源。

（4）绿色交通。

绿色交通倡导一种全新的理念，强调的是交通的“绿色性”，即减轻交通拥挤，减少环境污染，以最小的社会成本实现最大的交通效率，以满足人们的交通需求，体现出“通达有序、安全舒适、低能耗、低污染”的特征。绿色交通提倡使用购买绿色交通工具，包括各种低污染车辆，如天然气汽车、电动汽车、氢气动力车、太阳能汽车等；鼓励步行、自行车和公共交通等低碳出行方式。

（5）绿色家用。

绿色家用包括绿色家具、绿色家电和绿色日用品等。鼓励消费者选用具有环保标志的节能家电、绿色建材、绿色家具、新能源汽车等；提倡使用可重复使用、可循环利用的产品，减少使用一次性用品；购买有机原料制成的日用品，少用化学清洁剂、杀虫剂等对水源、人体造成损害的产品；鼓励再利用闲置资源，提倡对废旧物品进行捐赠、置换或售卖；不购买过度包装的商品。

（6）绿色旅游。

绿色旅游作为一种生态旅游，既有积极的休闲作用，又有助于净化心灵、愉悦精神，促进人的健康发展。绿色旅游倡导文明出游，在旅游过程中尊重民族风俗，不破坏文物古迹，不乱丢垃圾，保护生态环境等；提倡去自然风景区、乡村旅游，既利于身心放松，又能促进农村经济发展；禁止在自然保护区内开展旅游活动，保护野生动植物的生存环境，维护生态的平衡。

3.5 组织市场与购买行为

3.5.1 组织市场的构成及其特点

1. 组织市场的概念和构成

组织市场是企业面对的重要市场，企业进行组织市场的营销活动，要认识组织市场的类型、购买行为特征、影响组织购买的因素及决策过程等。组织市场指工商企业为从事生产、销售等业务活动以及政府部门和非营利性组织为履行职责而购买产品和服务所构成的市场。组织市场和消费者市场相对应，消费者市场是个人市场，组织市场是法人市场。组织市场可以分为以下类型：

（1）生产者市场。

生产者市场是指购买产品或服务用于制造其他产品或服务，然后销售或租赁给他人以获取利润的单位和个人。主要由以下产业构成：农、林、渔、牧业；采矿业；制造业；建筑业；运输业；通信业；公用事业；银行、金融、保险业；服务业。生产者市场又称生产资料市场、工业品市场或产业市场。

（2）中间商市场。

中间商市场是指购买产品用于转售或租赁以获取利润的单位和个人，包括批发和零售环节涉及的组织和个人。中间商市场又称转卖者市场。

（3）非营利组织市场。

非营利组织市场主要指具有稳定的组织形式和固定成员，不以获利为目的，而以推进社会公益为宗旨的机关团体及事业单位。

（4）政府市场。

政府市场是指为了执行政府职能而购买或租用产品的各级政府部门。政府通过税收、财政预算掌握相当部分的国民收入，形成了潜力巨大的政府采购市场。政府市场是一种特殊性的非营利组织市场。

2. 组织市场购买行为的特点

与消费者市场相比，组织市场购买行为具有以下特征：

（1）购买者少。

一般来说，在组织市场，营销人员面对的客户比消费者市场营销人员面对的顾客要少得多。消费者个体作为购买者分散且数量庞大，而组织客户在地理分布上相对集中且数量有限。

（2）购买量大。

组织市场的顾客每次购买数量都比较大。有时一位买主就能买下一个企业一定时期内的全部产品，往往一张订单的金额就能达到数千万元甚至数亿元。企业组织的生产规模越大，其业务采购的批量也就越大。

（3）供需双方关系密切。

组织市场由于购买量大，对买卖双方都有重要意义。在产品的花色品种、技术规格、质量、交货期等方面需要双方更密切地配合。由于组织市场购买人数较少，企业能够发展与组织客户的密切关系。

在所有购买阶段，B2B 市场营销者都需要投入地与客户紧密合作。从短期来看，满足购买者当前产品和服务需求的供应商会赢得销售。但从长期来看，B2B 市场营销者更应该通过满足客户当前需求，并与客户建立伙伴关系来帮助其解决面临的问题，进而保持对客户的销售和创造客户价值。

（4）衍生需求。

组织购买商品是为了给自己的服务对象提供他们所需要的商品或服务，因此组织市场的需求是在其服务对象的需求基础上衍生出的。衍生需求往往是多层次的，形成一环扣一环的链条。消费者的消费是最终消费，消费者的需求是原生需求，是这个链条的起点。如消费者对酒的需求衍生出酒厂对粮食、酒瓶和酿酒设备的需求，连带地派生出有关企业对化肥、玻璃、钢材等产品的需求。对业务用品的需求最终取决于对消费品的需求。

（5）专业采购。

组织市场的采购大多是由受过专门训练的专业人员或通过采购代理商来执行的，他们必须熟知组织的采购政策、结构和要求等。通常，在采购重要产品时，技术专家和高层管理者会共同组成采购小组。不仅如此，B2B 市场营销者现在正面对更高水平、更加训练有素的供应链管理者带来的挑战。所以，企业必须有训练有素的市场营销和销售人员来应对这些专业而精明的买者。

（6）决策过程复杂。

大多数的组织购买决策是由技术专家和高级管理人员及使用人员等共同做出的，影响组织购买决策的人数比影响消费者购买决策的人数多得多。组织购买常常涉及大量的资金、复杂的技术和经济条件，以及买方组织中不同层次的多个人员的互动。大规模的组织购买常常要求详细的产品说明、书面的购买单据、细致的供应商筛选和正式的审批。

3.5.2　组织市场购买的行为模式和类型

1. 组织市场购买的行为模式和参与者

（1）刺激—反应模式。

组织市场的购买也是一个“刺激—反应”的过程，如图3－6所示。

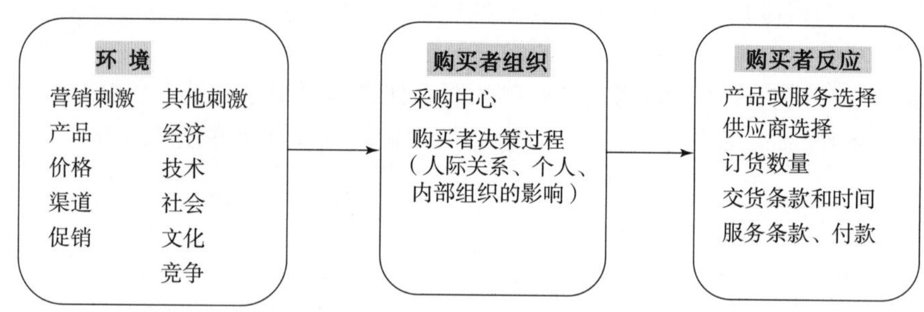

图3－6　组织购买者行为模式

由图3－6可见，由营销和其他刺激因素影响购买者组织进而引起购买者反应。各种因素的刺激是购买者组织决策的前导因素，B2B市场营销者需要重视研究采用哪些有效的刺激措施，能够引起对营销者有利的购买反应。

在购买者组织中，购买行为取决于两个因素：一是采购中心，二是采购决策过程。这两个因素既受到内部组织、人际关系、个人因素的影响，也受到外部因素的影响。

（2）组织市场购买的参与者。

买方组织的决策机构一般称为采购中心。采购中心成员作为组织购买行为的参与者，主要承担以下几种角色：

①使用者。使用者是将要使用该产品或服务的组织成员。在许多情况下，他们发起采购建议，并帮助提出产品的具体要求。

②影响者。组织中的各方面人员通过提出建议或评价方案等都可能成为影响者。

③购买者。购买者是负责实施采购的组织成员。他们有权力选择供应商，对采购具体过程进行安排。

④决策者。决策者是拥有权力批准采购合同的管理者。在常规采购中，购买者常常就是决策者，或至少是审批者。

⑤信息提供者。信息提供者是能够控制信息流向采购中心的组织成员，如市场调研人员、检验人员、科技人员等。

在组织内部，采购中心的规模和组成因不同的产品和采购类型而有所不同。对一些常规购买，可能一位采购经理就能胜任所有的角色，完成采购任务；而对于复杂的采购，可能就涉及来自更多部门的人员，需要大家共同合作完成采购任务。

2. 组织购买行为类型

（1）直接重购。

直接重购指按部就班地重复以往的购买决策，通常由采购部门按常规完成即可。对于特定组织来说，由于组织活动的连续性和相对稳定性，对采购品的需求在一定时期内是持续和相对不变的。因此，一个组织一旦选择某些商品，并对购买决策感到满意，就会定期定量地进行直接再购买。这种惯例化的购买行为手续简单，洽谈时间短，合同条款与以前基本一致。直接重购对于被选中的供应商是十分有利的，他们往往会努力维持产品和服务质量。这种购买有利于买卖双方建立良好稳定的合作关系，并形成对其他竞争者加入的壁垒。

（2）调整的重购。

调整的重购指购买者调整对产品的要求、价格、交易条件或供应商的购买行为。这种调整的购买行为，视调整的内容和手续等的变化，往往需要经过一定的时间才能完成。它对原来比较稳定的买卖关系来说是一种威胁，要求供应商适应用户新的要求。一般现有的供应商会竭力表现，以保护已有的地位；而其他的供应商则会很看重重购的调整机会，并努力争取获得新的订单。

（3）新购。

新购是组织为满足特定的需要而进行的首次购买。这种购买行为中，成本越高或风险越大，决策参与者就越多，收集信息的工作量也就越大。对市场营销者来说，买方新购是最好的机会，也是最大的挑战。由于买方行动谨慎，选择面广泛，要达到交易绝非易事。需要营销者尽可能多地接触购买决策的关键影响者，积极提供尽可能多的帮助和信息。

【知识拓展】 系统采购和系统销售

许多企业市场采购者越来越喜欢从一个卖家处购买整体解决方案。这种系统采购（Systems Buying）的做法源于政府对重要武器和通信系统的采购。政府向主承包商进行招标，中标的主承包商将负责向二级承包商进行招标并组装系统的零组件。因此，主承包商提供了一种“交钥匙解决方案”，也就是说采购者只需要转动一把钥匙即可完成所有工作。

系统销售（Systems Selling）目前已经成为许多供应商采取的一种营销工具。惠普、IBM、甲骨文、戴尔等科技公司都在由专业技术公司转型为竞争性的一站式商店，以便为企业转向云计算提供所需的技术。

系统承包（Systems Contracting）作为系统销售的一种形式，是由单一供应商满足买家所有保养、维修和运营的要求。在合同期内，供应商还要管理客户库存。壳牌石油管理其许多客户的石油库存，并知道何时需要补货。客户受益于采购和管理成本的降低以及合同期内的价格保护；而供应商则得益于需求的稳定和文书工作的减少，降低了运营成本。

在大型工业项目的投标中，系统销售是关键的工业营销策略。工程企业必须在价格、质量、可靠性和其他属性上进行竞争，以赢得合同。

3.5.3 组织购买行为影响因素和决策过程

1. 组织购买行为影响因素

同消费者购买行为一样，组织的购买行为也同样会受到各种因素的影响，主要包括环境因素、组织因素、人际因素和个人因素。

（1）环境因素。

环境因素包括政治、经济、科技、自然及人口等因素。诸多因素中，经济环境是主要的。一般地，当经济不景气或前景不佳时，组织就会减少购买数量。环境因素可以刺激组织购买的需求，也可抑制购买行为发生。营销者要密切注意这些环境因素的变化，力争把握机遇。

（2）组织因素。

每个组织都会有自己的目标、政策、工作程序和组织结构。组织市场营销者应明确采购部门在组织中处于什么地位，是一般的参谋部门还是专业职能部门；购买决策权是集中决定还是分散决定；在决定购买的过程中，哪些人参与最后的决策等。只有对这些问题做到心中有数，才能使自己的营销有的放矢。

（3）人际因素。

组织购买决策，往往是由不同部门和不同层次的人员组成的采购中心做出的。这些成员的地位不同、权力有异，说服力有区别，他们之间的关系亦有所不同，而且对采购决定所起的作用也不同，因而在购买决定上呈现较纷繁复杂的人际关系。组织市场营销人员必须了解购买决策的主要人员、他们的决策方式和评价标准、决策中心成员间相互影响的程度等，以便采取有效的营销措施，促进组织购买行为的发生。

（4）个人因素。

组织市场的购买行为虽然由专业机构承担，但参加采购决策的仍然是具体的人，而每个人在做出决定和采取行动时，都不可避免地受其年龄、收入、所受教育、职位和个人特性以及对风险态度的影响。因此，市场营销人员应了解采购员的个人情况，以便因人而异地采取营销措施。

2. 组织购买的决策过程

组织购买过程一般要经过八个阶段。在新购情况下，购买者通常要经过购买过程的所有阶段，而调整的重购或直接重购时，购买者可能会略过其中的某些阶段。

（1）确认需要。在内外部因素的刺激下，公司会产生采购需要。从内部来看，可能是推出某种新的产品或服务需要购置原材料、新设备等；也可能是组织对当前供应商的产品质量、服务、价格等不满意，或原有设备陈旧，需要进行更换等。从外部来说，展销会的推介、供应商在网上或上门的推介以及竞争的需要等，都可能促使组织产生采购的需要。

（2）描述基本需求。对所需产品的要求进行描述，如质量、能力、价格等。标准产品项目的描述比较容易，但对复杂产品项目需要会同相关部门的人员研究确定要求的细节。可能需要对可靠性、耐久性等重要属性的要求进行排序。B2B 市场营销者要善于识别客户的准确需要，争取主动，获得订单。

（3）产品说明。将采购需求具体化，并做出文字说明。这需要工程师团队帮助进行价值分析，以降低采购成本。工程师团队通过仔细研究和分析，帮助确定最佳的产品特征并做出详细说明，以此作为采购的依据。

（4）寻找供应商。通过互联网搜索、电话征询相关机构等，确定合格的供应商名单。互联网平台为众多较小的供应商提供了与规模较大的供应商同等竞争的机会。采购项目的数量越大、要求越高越复杂，寻找的过程和所用时间就会越长。B2B 市场的营销者要努力让采购方考虑自己的公司。

（5）征询方案。购买者要求通过资格审核的供应商提交详细的书面方案并进行正式的展示。营销者要充分利用好这一机会，提出引人注目的建议方案，表现出对客户的关心和负责精神，努力引起客户的兴趣，并赢得信任。

（6）选择供应商。企业客户一般会综合考虑供应商的产品和服务质量、声誉、价格、及时交货、合作的积极性等，通过深度沟通、谈判、打分等，确定最终合作的供应商。很多企业乐于同时选择几个供应商，以避免对某个供应商的完全依赖，同时能在几个供应商之间进行价格和绩效的比较。

（7）说明订货程序。一般买卖以双方正式签订合同的方式完成，在合同中明确规定技术要求、所需数量、交货时间、付款方式、提供服务、退货政策等。买卖双方可以通过签订“一揽子”合同缔结一种长期合作关系。

（8）业绩评价。通过检查卖方履行合同情况，对使用者及相关人员进行满意度调查等，对供应商的业绩进行评价。基于评价结果，供应商会做出下一轮合作内容的具体决策。对于供应方来说，信守合同、兑现承诺、赢得客户信任和满意，是获得持续合作的基本条件。

本章小结

消费者市场购买行为

特点：消费者市场购买行为是指为满足生活消费需要而购买货物或服务的一切个人和家庭，是一切市场的基础；具有多样性、层次性、从众性、周期性、发展性等特点。

行为模式：消费者购买行为是一个刺激—反应的过程。企业可控和不可控因素的刺激，作用于消费者“黑箱”（个体特征、决策过程），产生购买反应。

影响因素：消费者心理因素、文化因素、社会因素、个人因素对消费者行为产生重要影响，企业营销应根据消费者个体特征采取相应的营销对策。

行为类型：根据介入度与产品差异性划分为复杂型、习惯型、寻求多样化以及减少失调感的购买行为；根据消费者特征划分为习惯型、理智型、价格型、冲动型、想象型、随意型等类型。企业要根据不同类型购买行为的特点采取适应性营销策略。

购买决策五阶段理论：包括认识需要、收集信息、分析评价、实施购买、购后行为五个阶段。

AIDMA 模型：注意（Attention）、兴趣（Interest）、购买欲望（Desire）、行为（Action）、记忆（Memory），揭示了大众媒体阶段的购买决策规律。

AISAS 模型：注意（Attention）、兴趣（Interest）、搜索（Search）、行动（Action）、分享（Share），揭示了互联网时代购买过程的特征。

SICAS 模型：感知（Sense）、兴趣及互动（Interest & Interactive）、联系与沟通（Connect & Communication）、行动（Action）和分享（Share），解释了移动互联网时代的消费行为过程。

消费者画像：通过收集、聚合、分析个人信息，从一个或多个维度对客户特征进行描述，将用户特征标签化；数据维度涉及人口学、生活方式、线上行为、线下行为、社交行为等方面特征；可通过数据采集与处理、用户信息标签化以及建立用户画像模型，构建消费者画像。

客户旅程图：指客户从首次接触产品或服务直到最后享用产品或服务期间与企业互动的全过程，将作为互动环节的接触点串连起来，就形成客户旅程图。创建客户旅程图需要经过定义角色和客户阶段、描述交互接触点、研究与分析、确定摩擦点、解决问题、持续改进等多个阶段的工作。

绿色消费行为：绿色消费是以节约资源和保护环境为特征的消费行为，是将生态文明行为融入产品从购买使用到处理的全过程的生态消费模式；绿色消费行为涉及绿色穿衣、绿色饮食、绿色建筑、绿色交通、绿色家用、绿色旅游等多元领域。

组织市场购买行为

特点：组织市场购买行为指工商企业为从事生产、销售等业务活动以及政府部门和非营利性组织为履行职责而购买产品和服务所构成的市场，具有购买者少、购买量大、供需双方关系密切、衍生需求、专业采购、决策过程复杂等特点。

市场类型：生产者市场、中间商市场、非营利组织市场、政府市场是主要类型，它们既有组织市场的共性特点，又具有各自的不同之处。

购买行为模式："刺激—反应"模式，营销和其他刺激因素影响购买者组织，进而引起购买者反应。B2B市场营销者要注意采取有效刺激措施，以引发有利的购买反应。

参与者：组织购买参与者的角色包括使用者、影响者、购买者、决策者、信息提供者等，需要营销者采取不同的说服策略。

影响因素：环境、组织、人际关系及个人因素，影响组织的每一次购买决策。

购买类型：直接重购、调整的重购及新购是三种典型购买类型。

决策过程：一般要经过确认需要、描述基本需求、产品说明、寻找供应商、征询方案、选择供应商、说明订货程序、业绩评价八个阶段。营销者要尽可能对各阶段施加影响。

复习思考题

1. 如何理解消费者市场的特点及其购买行为模式？
2. 消费者购买行为的类型有哪些？各自有何特点？
3. 如何理解影响消费者购买行为的主要因素？
4. 揭示消费者购买决策过程的理论和模型有哪些？各自的主要思想是什么？
5. 如何理解消费者画像的概念、数据维度及其构建步骤？
6. 如何理解客户旅程图的概念及其构建步骤？
7. 什么是绿色消费？其特点是什么？
8. 如何理解组织市场的构成及其特点？
9. 组织市场购买的行为类型及其影响因素有哪些？
10. 组织市场购买的决策过程要经过哪些阶段？

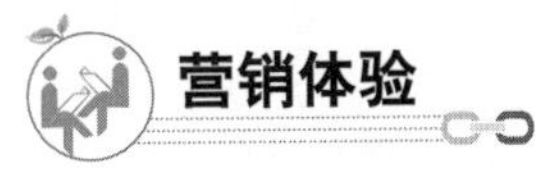

营销体验

1. 小组交流：以你的家庭最近一年中发生的最大一笔购买支出为例，总结其购买决策的过程以及购买决策各阶段的特点，并分析商家采取的营销策略对购买过程产生了怎样的影响。

2. 小组讨论与交流：什么是亚文化？什么是相关群体？你所属的亚文化和相关群体主要有哪些？它们对你的消费行为产生了哪些影响？

3. 小组讨论与交流：随着互联网技术在商品交易领域中的广泛应用，在 B2B、B2C 领域中，商品的交易行为发生了哪些重大变化？

案例讨论

推荐阅读

在线测试

第 4 章
营销调研

学习目标

◎ 了解营销信息系统；
◎ 熟悉营销调研的步骤；
◎ 掌握营销调研方法；
◎ 熟悉大数据下的营销调研特点与方法；
◎ 能够熟练设计调研问卷，独立完成一项专题调研。

关键术语

◎ 市场营销调研（Marketing Research）
◎ 市场营销信息系统（Marketing Information System，MIS）
◎ 探测性调研（Exploratory Research）
◎ 描述性调研（Description Research）
◎ 因果性调研（Causal Research）
◎ 预测性调研（Predictive Research）
◎ 深度访问法（Depth Interviews）
◎ 焦点小组法（Focus Group Method）
◎ 投射技术法（Projection）
◎ 问卷调查法（Questionnaires Research）
◎ 观察法（Observation）
◎ 实验法（Experimental Research）
◎ 调研报告（Marketing Research Report）
◎ 基于大数据的调研（Big Data Based Research）

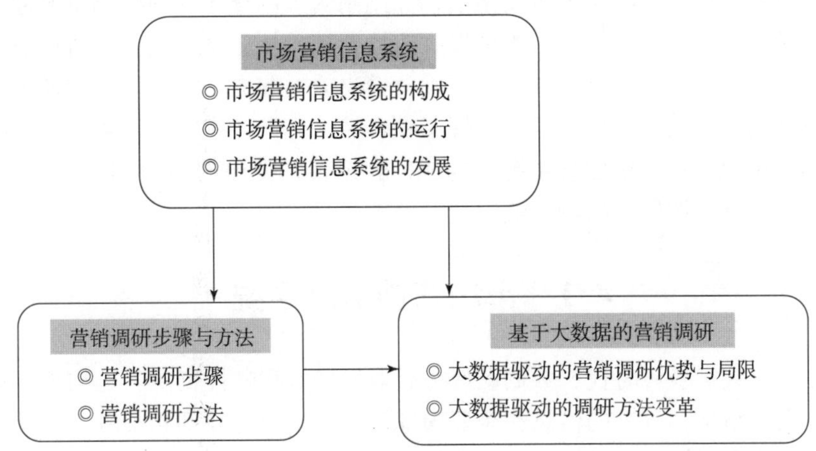

【先思后学】 雷神笔记本——数据中洞察商机

曾供职于海尔集团的“三李”——李艳兵、李欣和李宁 2014 年组建雷神团队、开启做游戏笔记本电脑的创业旅程之初，就遵从“以用户需求倒逼产品创新”的产品开发理念，在电商渠道中顾客的评价中找突破口。他们在电商网站上收集了关于各类型游戏本的 3 万余条差评，把它们一一记录下来然后进行归类，最终归纳提炼出散热慢、易死机、蓝屏、键长短等 13 条问题，就此团队确立了“做高性能的游戏笔记本电脑”以解决这些用户痛点的营销战略。公司随后在百度贴吧设立了专门的互动贴吧——雷神吧，将游戏笔记本电脑配置各个子项的规格和条目，以及游戏笔记本的性能、形状、颜色等创意想法发布到雷神吧，让用户发表意见，针对其最关注的问题进行选择和投票，不断基于用户的反馈完善产品的设计。例如，有用户提出游戏屏幕上偶有亮点即白色瑕疵点的问题，尽管团队给用户解释说这符合国家行业标准，所有的品牌都难免，但用户表示宁愿多花 300 元，也不愿意要一个亮点。团队认为：“这就给我们提出了一个挑战，给你买单的是你的用户，让用户满意的质量标准才是标准，所以我们要做用户的标准，而不是行业的标准。”因此，为 12 个用户免费更换了无亮点的屏，并且承诺以后的产品都没有亮点。这次被雷神称为“亮点的救赎”的事件，在业界造成了很大的轰动，提高了更多的用户对雷神品牌的信赖度。还有的用户提出希望笔记本电脑更炫，更凸显游戏本的个性。“但什么是更炫的游戏笔记本，用户也不能明确地说清楚，我们所做的是在平台上不断与用户讨论笔记本的颜色和形状。”李艳兵说，“经过上百次的尝试，我们确定了橘黄色为雷神笔记本的颜色以及 17 英寸的笔记本规格。”……通过与用户反复交互的方式开发出的“为游戏而生”的雷神笔记本电脑一炮而红，一代产品 911 在京东平台上市后 1 秒内就售出 500 台，21 分钟售罄 3 000 台……当年创收 2.5 亿元。2017 年雷神在新三板挂牌上市。

调查研究是我们党的传家宝，党的十八大以来，以习近平同志为核心的党中央高度重视调查研究工作，习近平总书记强调指出，调查研究是谋事之基、成事之道，没有调查就没有发言权，没有调查就没有决策权；正确的决策离不开调查研究，正确的贯彻落实同样也离不开调查研究；调查研究是获得真知灼见的源头活水，是做好工作的基本功；要在全党大兴调查研究之风。习近平总书记的这些重要指示，深刻阐明了调查研究的极端重要性，为全党大兴调查研究、做好各项工作提供了根本遵循。市场营销的核心是为顾客创造价值，而通过调研进行顾客洞察是一切营销活动的开始和正确营销决策的前提。雷神笔记本通过大量的调查和不断与用户互动，明确了目标人群，把握了顾客需求，最终做出了恰当的营销决策而大获成功。本章阐述企业市场营销信息系统的构成，介绍营销调研的步骤和方法，阐释大数据、人工智能等技术对营销调研的深刻影响。

4.1 市场营销信息系统

世界正在进入数字经济时代，数据已成为企业发展的战略性资源，建构数智化的市场营销信息系统，实现精确、可靠的信息在企业内部及其与用户等外部相关者之间及时、畅通地交流与互动，成为企业洞察和适应环境变化的关键。

4.1.1 市场营销信息系统的构成

市场营销信息系统是指有计划、有规则地采集、分析、挖掘、处理、存储与传递信息的程序和方法，为企业营销决策者提供制定营销规划和营销策略所需信息的，由人员、设备和软件所构成的一种相互作用的有机系统。市场营销信息系统受营销决策信息需求的驱动，完成相关数据和资料的收集与加工，最后提交有用的信息帮助营销管理者做出科学的决策。企业市场营销信息系统一般由四个子系统构成，如图4－1所示。

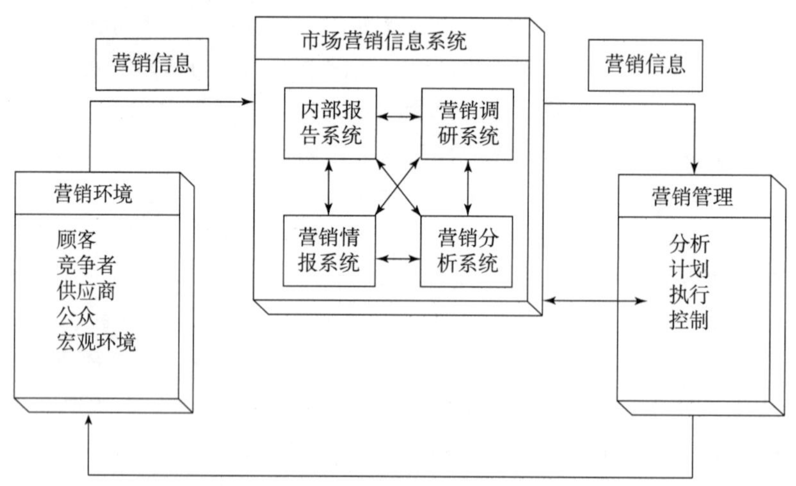

图4－1 企业市场营销信息系统的构成

（1）内部报告系统。

内部报告系统提供与企业营销活动相关的库存、订货、生产进度、销售、客户反馈、成本、现金流量、应收应付账款及盈亏等方面的数据，这些数据来自企业物流、生产、营销、财务等各职能部门的定期报告。企业营销管理人员通过分析这些信息，比较各种指标的计划和实际执行情况，可以及时发现企业的市场机会和存在的问题。为此，内部报告系统要不断提高自身运行效率，确保能够迅速、准确、可靠地为营销决策者提供各种有用的信息。

（2）营销情报系统。

营销情报系统主要提供消费者、供应商、竞争对手和市场发展趋势等外部因素的动态信息，据此洞察顾客需求、评估竞争动向、识别机会和威胁，助力营销管理者更好地做出决策。系统要求采取正规合法的程序，从多种途径提高情报的质量和数量，包括鼓励企业全员积极收集情报，与客户和供应商、中间商等合作者互动交流，共享情报，参加各种贸易展览会获取竞争情报，以及购买第三方提供的情报等。随着网络化、数字化进程的加速，互联网搜索、舆情监测以及持续追踪和分析线上消费者行为与竞争者动态等成为重要的情报来源。

当然，互联网渠道所披露的信息可以将顾客的体验或评价传播给其他潜在购买者，也可以传播给寻求关于消费者和竞争对手信息的营销人员。营销人员通常有五种主要的在线方式了解消费者态度和研究竞争对手的产品的优势与劣势：

①独立的顾客产品与服务评价论坛；

②分销商和销售代理商的意见反馈网站；

③顾客评论和专家意见组合网站；

④顾客投诉网站；

⑤微博平台、微信及其他平台等。

（3）营销调研系统。

内部报告系统和营销情报系统通常提供一般性的消费者、竞争对手和市场动态等营销情报信息，营销调研系统则提供针对特定市场营销决策问题所收集、分析和报告的信息资料，并基于调研结果提出意见和建议供决策者参考，以减少其因主观判断可能造成的决策失误。现实中企业常常为解决具体问题或识别机会而进行一些营销调研，这些工作可以由企业内部营销调研部门来实施，也可以委托他人或机构来协助完成。

【营销实践】　宝洁的营销调研系统

宝洁于 1923 年成立市场研究部，每年在超过 60 个国家和地区研究 500 万名以上的消费者，开展 15 000 多个调研项目，花费数亿美元用于市场调研，以此来全面了解消费者，为消费者提供更好的服务。如今宝洁中国市场研究团队的人数已超过 100 人，创立了包括消费者研究和调查访问的质量标准。

除了建立市场研究部，宝洁还建立了“消费者村”来研究消费者的购物习惯。宝洁根据实验得出商店和家庭是研究消费者最好的场所，因此，根据这一思路在美国俄亥俄州辛辛那提市郊工业区建造一个超市，作为研究消费者的场所，这个超市被称为“消费者村”。宝洁“消费者村”的面积不大，内部的货架上只简单摆放一些宝洁的产品，商品的种类也不多，只是一些肥皂、洗发水、护发素、洗衣粉及牙膏等日用品。“消费者村”没有导购员、收银台，只有一辆超市购物车停靠在一个角落，供消费者使用，宝洁借以研究消费者的购物习惯与消费心理，研究成果为公司产品和服务方面的创新提供重要的参考依据。2010 年，宝洁在中国北京的顺义斥巨资建造了全球最大的创新中心，专门设立名为“消费者之家”的特殊区域，内部的许多测试产品都是 5 ~ 10 年后才上市的新品。宝洁管理人员认为，要了解和理解消费者，仅仅掌握研究技巧和做好研究工作是远远不够的，公司还必须将消费者置于整个公司及其品牌战略的中心位置。

宝洁同时保持着传统的家访式调研，并用大数据积极探索与分析。宝洁在家访调研过程中发现，仅通过与消费者的简单谈话很少能获得真实有用的信息。因此，为了深入了解消费者的需求，宝洁的研发人员会与消费者实际相处一段时间，观察其每一个生活细节，包括家庭主妇们怎样做家务、家庭的生活习惯和消费习惯等，从而对消费者所面临的问题和实际需求掌握得更加透彻清晰。宝洁与百度共同成立联合实验室，致力于研究消费者的数据和行为。在双方的合作中，百度根据消费者最真实的消费行为数据，运用多维度研究工具帮助宝洁探索消费者画像，并找到消费者在地域、兴趣爱好等背后的关联信息。

宝洁还通过举办活动让消费者参与产品创新来获取数据。2007 年，宝洁创办“联系与发展”英文版网站，将消费者需要解决的问题放在网站中，寻找相应的合作伙伴。中文版网站相继开通后，宝洁不仅在网站中寻找合作伙伴，而且也向消费者征集创新方案。截至 2019 年年底，宝洁中国区已有超过一半的研发项目是以上述方式完成的。其中，还有一些创新产品在一些线上平台销售，宝洁通过网络收集数据信息，在与消费者联系后，进行更精准的调研。

（4）营销分析系统。

营销分析系统是借助分析市场资料和解决复杂市场问题的技术和技巧为营销决策提供辅助的系统，也因此被视为营销决策支持系统。营销分析系统通常包括统计库和模型库两个部分，统计库的功能在于利用各种统计方法对所输入的市场营销信息进行分析，模型库则用于协助营销决策者选择更适当的市场营销策略。总之，营销分析系统的核心是深入挖掘信息以获得洞见和明晰可能的商业逻辑，帮助营销者更好地做出营销决策，降低企业凭借直觉和经验进行决策的失误。

【案例启迪】 ZARA 的数据收集与运用

ZARA 在 72 小时内可以推出一件新的服装品种，365 天内可以推出 1.2 万款时装，这些令人震惊的数字，皆因 ZARA 对大量数据的收集。公司通过对全球市场反馈的即时数据信息，比如产品售价、部门、时段、客户等做出决策，显然这一决策能够符合消费者的喜好。

ZARA 对数据的收集无处不在。在线下营销过程中，ZARA 店内的每个角落都装有高清摄像机，门店经理随身带着掌上电脑记录客户的反馈信息。如果客户看中了一件衣服，说“这件衣服的颜色很好”或“我讨厌衣服上的动物图案”等，掌上电脑会在一分钟内将声音信息传递到门店经理、公司、总部、设计人员那里。如果同一信息的频率一天超过两次，工厂就会立刻收到改变产品样式的指令，这时设计人员会根据客户要求马上做出产品的改进。下班前，店内的销售人员会把今天的销售情况进行汇总，包括客户购买量、退货量、营收、每小时的销售数据以及客户的反馈意见等。全球几千家商店同时汇总，就产生了一个十分庞大的数据仓库，通过这些数据决定接下来的生产数量和设计样式等。正是这一行为，使得 ZARA 的存货率极低。对于热销款式，ZARA 还会设计出一系列相近的款式，以最大限度地满足客户的需求。

为了获得更多的数据，ZARA 于 2010 年在欧洲六个国家成立了网络商店，增加了网络巨量资料的联动，随后又在美国、日本推出了这一网络平台。该平台与其他网络平台展示性功能不同，它更加注重数据的采集与分析，例如，通过双向搜索引擎对客户的信息进行收集，这样决策者能够快速、准确地找到最适合消费者的品种。仅此一项改变，让公司在营收方面提高了 10%。

另外，ZARA 还将从网络上收集到的海量资料看作是实体门店的前测指标。因为很多在服饰的喜好方面更前卫、对资讯掌握方面更超前、催生潮流能力更强的消费者会在网上搜寻时尚资讯，而且在网络上关注 ZARA 资讯的消费者进实体店面消费的比率也很高。ZARA 迎合网民偏好推出的产品使得实体店面的销售成绩更加亮眼。

除了通过实体店、网络收集客户的意见外，ZARA 还组织大量的客户意见调查活动，目的是获得数据的渠道更全面、得出的数据结论更合理。对于 ZARA 来说，用户数据才是公司的核心竞争力。

这些珍贵的客户资料，除了应用在生产端，还被整个 ZARA 所属的 Inditex 集团各部门运用，包含客服中心、行销部、设计团队、生产线和通路等，根据这些巨量资料，形成各部门的 KPI，完成 ZARA 内部的垂直整合主轴。

ZARA 这一收集客户资料的策略，获得了空前的成功，后来被应用到 ZARA 所属的 Inditex 集团底下的八个品牌。此外，线上商店除了进行交易行为，也是活动产品上市前的营销试金石。ZARA 通常先在网络上举办客户意见调查，再从网络回馈中撷取客户意见，以此改善实际出货的产品。

4.1.2 市场营销信息系统的运行

企业营销信息系统的核心功能是提供营销决策所需的信息和给出科学、有效的分析报告，使营销决策者能够及时地分析与判断市场环境的变化与趋势、洞察商机和满足顾客需求。为此，市场营销信息系统必须是一个分布式的实时系统，能够围绕企业营销决策需要持续地、有计划地收集、存储相关数据和资料，随时或需要时把数据和资料加工成有效信息并及时传递信息给营销管理者，帮助其决策和执行。市场营销信息系统的功能与运行机制如图 4－2 所示。

在大多数企业面临的营销环境日益动荡、复杂的形势下，企业市场营销信息系统的运行必须反应敏捷和高效，能够及时提供当下营销决策所需的信息，还要持续扫描和监测企业内外部环境变化和趋势的早期信号，辨析其中的含义并据此做出科学的评估和预测，准确判断环境变化或趋势对企业营销造成影响的时间点和重要程度，并以用户友好的方式主动传递信息给相关的决策者，使企业可以对市场变化以及顾客的产品或服务需求做出快速响应。所以整个信息系统要提高“数智化”水平，同时要加强以下几点：

（1）信息系统人员与营销人员通力合作，从营销视角收集和分析数据，以营销人员可以理解的形式呈现调研结果；

（2）为当前业务问题呈现分析结果，为关键业务分析提供支持，以帮助营销人员识别和解决业务问题；

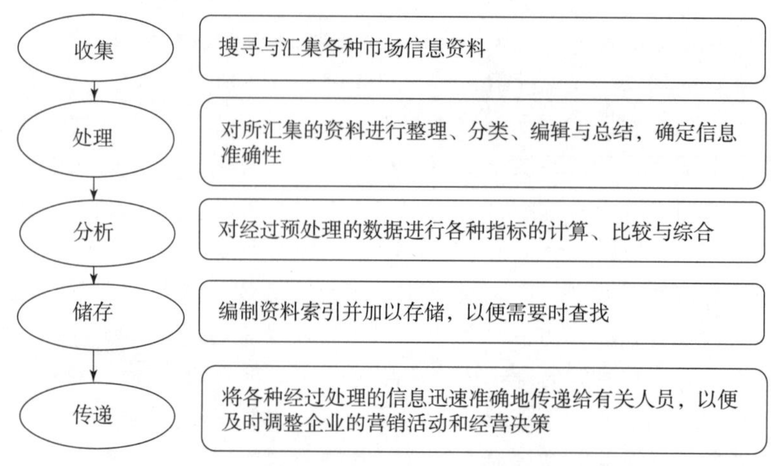

图4－2　市场营销信息系统的功能与运行机制

（3）强化市场营销信息系统的环境监测和知识发现功能，通过不断反复的交互式学习过程以及对初始结果的反复修正，提高其准确性。

4.1.3　市场营销信息系统的发展

在快速发展的人工智能、物联网、大数据、云计算等技术的推动下，世界正在变成一个全感知、全连接、全场景、全智能的数字世界，这就要求市场营销信息系统能够更加便捷地获取和存储大量的数据，利用机器学习等人工智能技术挖掘和分析这些数据，以更好地、快速地理解用户需求和辨识环境变化。高效的企业市场营销信息系统正在向更加网络化、智能化、虚拟化和集成化的趋势发展。

（1）网络化。

随着Web技术在人们生活工作中的迅速普及，计算机和信息技术持续地更新换代，加速了市场营销信息系统网络化发展进程，未来市场营销信息系统将更多地在互联网环境中完成对数据信息的收集、处理、分析及传递等工作，最终实现企业价值网范围内计算机信息数据的可靠交换和共享，为营销管理者及相关用户提供更强大的服务，达到多方共赢的目的。

（2）智能化。

营销决策涉及的变量和数据的增长速度越来越快，这就要求企业能够即时收集和处理海量信息，根据历史数据构造近似模型逼近真实情况，运用计算量和数据量优化模型预测水平，实现数据驱动方法的智能化信息处理。为此，企业要充分考虑大数据信息的复杂程度，对信息系统进行智能化升级，以大规模、分布式计算机作为载体，以网络神经元作为构建基础，不断增强系统的自动学习与组织水平，使整个系统能够根据用户的层次化需求快速地提供信息。

（3）虚拟化。

伴随数字化进程的加速和海量信息的实时涌现，需要借助云计算与网络虚拟运算技术对多样化数据信息进行有效处理。虚拟技术与信息系统融合是大势所趋，以增强系统的灵活性和发挥更好的扩展效果。通过互联网接受各种云计算服务，企业无须自行设计独立的系统就可以更便宜、更快速和更有效地收集、存储和使用数据。

（4）集成化。

计算机网络和数据库技术的快速发展推动企业信息系统向集成化方向发展，市场营销信息系统内部以及与企业各业务系统之间建立有效连接，包括动态系统、多元化技术、复杂结构的连接，以及各组件经过统一标准的 API 数据接口直接通过 Web 调用功能获取所需信息资源的数据库集成，最终实现信息共享和企业全员、全系统协同。

总之，数智化时代市场营销信息系统要即时呈现数字世界对物理世界的精准映射，将数据作为企业发展和运营的核心，让企业的数据更加透明、可知、易用，为多环节营销业务创新和决策提供帮助。

4.2 营销调研步骤与方法

营销调研是指运用科学的方法与技术系统地、客观地辨识、收集、分析和传递有关市场营销活动的各方面信息，为企业制定有效的营销决策提供依据的过程。营销调研的核心功能是通过信息将消费者、顾客和公众与营销者连接起来，以帮助企业识别和确定营销机会与问题，提出、修正和评估营销行动，监测营销绩效，增进对营销过程的理解，是企业一切营销活动的基础。

4.2.1 营销调研步骤

市场营销调研是一项涉及因素较多、需要精心筹划和科学组织的系统工程，一般分为五个步骤，如图 4－3 所示。

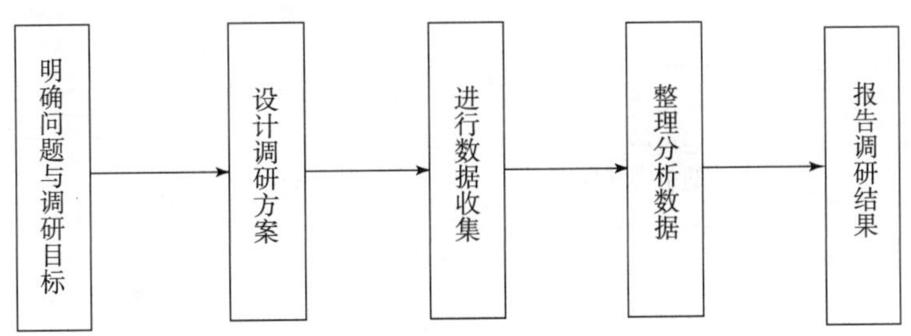

图 4－3 营销调研步骤

（1）明确问题与调研目标。

营销调研的第一步是明确问题与调研目标，也就是要弄清楚企业为什么要进行调研和通过调研具体要获得哪些信息。为此，需要与决策者讨论、进行专家访谈和二手数据分析，了解企业所处的环境和营销活动中出现的新情况或新问题，找出企业寻找信息的根本原因，以准确地界定调研主题和提出可能的调研项目，在权衡信息的必要性、获取可能性与付出的代价的基础上确定调研目标，以确保调研有实际意义和可操作性。

（2）设计调研方案。

调研方案是开展营销调研的总体计划和行动纲领，决定要如何进行数据的收集、分析和结果展示。

首先，要根据调研目标和问题的性质确定调研的类型，分为探测性调研、描述性调研、因果性调研和预测性调研。不同类型的营销调研的特点如表4-1所示。

表4-1 不同类型的营销调研的特点

探测性调研	描述性调研	因果性调研	预测性调研
探测性调研属于非正式调研，用于探询企业所要研究的问题的一般性质，了解市场的基本情况，或证实调研方案，或用于调研中收集资料工具的试用，为后续开展深入调研做好准备，通常发生在大型营销调研的最初阶段。 探测性调研重在指出“问题在哪？”	描述性调研是对所研究的市场现象的实际情况进行数据的收集、整理和分析，以反映现象的客观表现。这类调研的目的就是客观地描述调研对象的实际情况，试图回答诸如谁、什么、何时、何地和怎样等问题。 描述性调研重在说明“是什么？”	因果性调研是为了揭示市场现象与影响因素之间客观存在的因果关系，通过收集可能影响市场现象的各个因素的数据，分析数据的分布特征，阐释引发某种市场现象或结果的原因。 因果性调研重在揭示“为什么？”	预测性调研是指企业为推断和测量市场的未来变化而进行的一种调研，在说明调研对象的状况及变量之间关系的基础上，对各种市场情况的过去和当前表现进行数据的收集和分析，运用恰当的预测方法做出趋势推断。 预测性调研重在阐释“将来怎样？”

其次，根据调研类型确定数据来源、调研方法、调研工具、抽样方案以及调研费用与进度安排等。

①数据来源。根据来源不同，数据分为原始数据（或称一手数据）和二手数据两大类，两种数据的具体来源如图4-4所示。

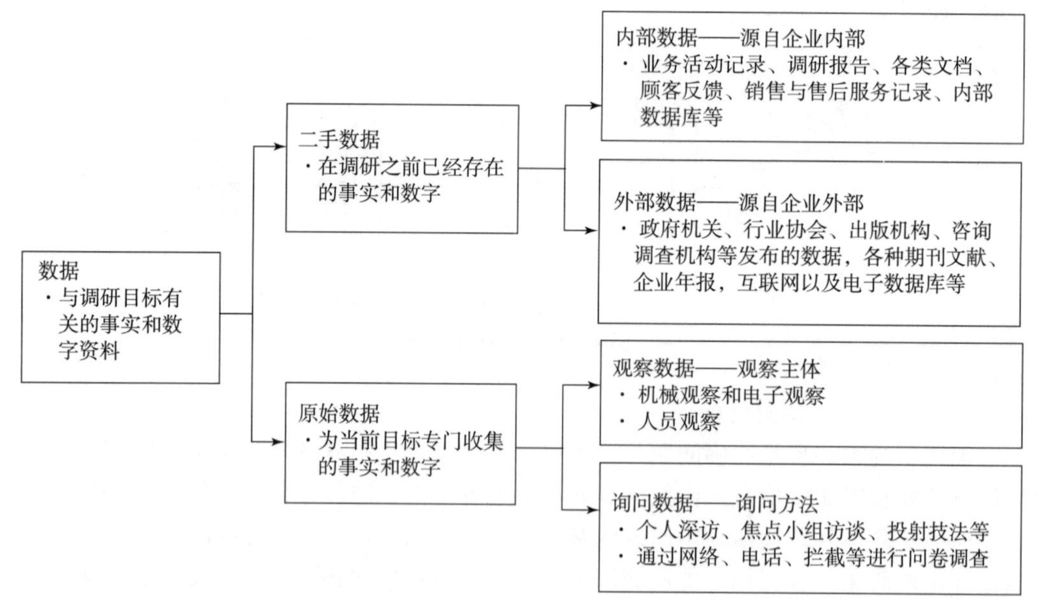

图4-4 营销调研的数据来源

②调研方法。一般分为定性调研和定量调研两大类。定性调研是基于小样本的、非结构化的探索性研究，通常没有经过量化的测量与分析，主要提供有关问题背景的见解和理解，常用于考察研究对象的态度、感觉和动机等。定量调研则通过标准化程序、结构化工具进行数据的大规模收集和量化分析，旨在阐明事实与证实变量之间的关系。

两种调研方法在调研目标、问题类型、数据测量与分析、调研条件要求等方面存在很大差异，各有利弊。两种调研方法的具体比较如表 4－2 所示。现实中两种调研方法往往交叉使用、互为补充。例如，餐饮企业永和大王通常从全国各重点城市展开调查，先进行焦点小组访谈，每个城市依据性别、年龄、职业和收入等维度划分四类细分人群，据此在每个抽选城市进行四场客户座谈，收集客户对早、中、晚餐的态度和行为特征，对永和大王及竞品的满意点和缺憾点，对永和大王拓展饭菜套餐概念的接受度以及具体产品和价格的预期等。然后在这些城市进行千份以上的问卷调查，将焦点小组访谈中发现的问题进行结构化设计，通过大样本调查揭示客户对各类问题回答的占比，例如接受套餐百分比、对各个套餐价格区间认同的占比等，为永和大王的营销决策提供依据。

表 4－2　定性调研与定量调研的比较

比较维度	定性调研	定量调研
调研目标	揭示一般看法和深入“理解”市场现象	阐明事实和“确定”变量之间的关系
样本特点	少量、没有代表性	大量、有代表性
数据收集	非结构化或半结构化方法	结构化方法
数据分析	主观性、解释性的	统计性、摘要性的
执行人员要求	需要特殊的技巧	不需要太多特殊的技巧
硬件条件	录音/录像设备、讨论指南等	调查问卷、计算机等
相关知识要求	心理学、社会学、消费行为学等	统计学、决策模型、统计软件
研究类型	探测性的	描述性的、因果性的

③调研工具。调研工具主要包括调查问卷、定性测量和测量仪器。其中问卷是为了达到调研目的和收集必要数据而精心设计的一系列问题，用来测量被调查者的行为、态度、动机和社会特征等，是最常用的收集原始数据的工具。调研人员要根据调研目标、调查方法、应答者特征以及数据处理需要等进行问卷设计，包括：确定问题的应答形式是开放式问题还是封闭式问题，具体问题类型如表 4－3 所示；认真推敲每个题项的措辞，用词必须清晰明了和避免诱导性，并充分考虑应答者回答问题的能力和意愿；确定问卷流程和编排，精心安排问题的顺序以及合理使用必要的跳问等；问卷发布前要进行评估和确认，必要时要通过预调研对问卷进行测试。调查问卷的基本结构一般是：开头部分，包括调查主题、介绍语、填表说明和过程记录项目等；甄别部分，用以筛选掉不合格的被调查者；主体部分，是问卷的核心内容，包括所要调查的全部问题及其备选答案；背景部分，通常放在问卷的最后，主要是有关被调查者的个人信息。

表 4－3　问卷问题类型

问题类型	描述	例子
A. 封闭式问题：需要受访者从一系列应答项中做出选择的问题类型。		
是否式判断题	只有两种答案的问题	您在网购前是否会先查看产品的在线评论信息？ 是　否

续表

问题类型	描述	例子
多项选择题	有三个或者三个以上答案的问题	您在网上购物时优先考虑哪些因素？ □商品价格 □购物评价 □商家服务态度 □商家规模及等级 □物流速度 □是否包邮
李克特量表	请受访者对于某些描述表示其同意与不同意的程度。	我认为平台评价是真实可靠的。 非常同意 同意 一般 不同意 非常不同意 1 2 3 4 5
语义差别量表	在两个极端语义之间赋予尺度，请受访者根据自己的感受选择适当位置	我认为×××电商平台是 规模巨大 规模较小 品类丰富的 品类单调的 质量上乘 质量较差
重要性量表	衡量某属性的重要程度	平台评价对我的购买决策而言 很重要 重要 一般 不重要 很不重要 1 2 3 4 5
评分量表	对某项属性给予评级，一般是从“差”到“极好”	×××电商平台的物流服务 极好 很好 好 普通 差 1 2 3 4 5
购买意向量表	描述受访者购买意愿的量表	如果电商平台提供“当日达”的会员服务，您将 一定买 可能买 不确定 可能不买 一定不买 1 2 3 4 5
B. 开放式问题：不进行任何限制而由应答者自由地用自己的语言来回答的问题类型。		
完全无结构	受访者的回答几乎完全不受限制的问题	您对×××电商平台有什么看法？
词语联想	向受访者提供几个词汇请其给出看到这些词汇后首先联想到的词汇	当您听到下列事物时，您最先想到的词是 购物： 下单：
句子完成	请受访者将一个未完成的句子写完	当我选择购物网站时，我最先考虑的因素是____________
故事补充	请受访者将一个未完成的故事继续补充完整	“几天前我登录到×××电商平台时，注意到新添了拼单的选项，我感到……”请补充完

从表4－3可以看出，开放式问题的主要优点是允许应答者充分发表自己的意见，所得的资料丰富生动，还可能得到一些意外的收获，特别适用于探索性研究；缺点是资料不易编码和统计分析，要求应答者具有较高的知识水平和语言表达能力，需要花费较多的时间和精力。封闭式问题的优点是填答问题很方便，省时省力，资料集中，并且便于编码和统计分析；缺点是资料失去了自发性和表现力，回答中的各种偏误难以发现。在大规模正式调查中所用的问卷通常以封闭式问题为主，开放式问题常常用在小规模的、探索性调查的问卷中。表4－3中的不同问题表述形式也各有其优点和缺点，要根据研究的目的、任务和被调查者的特点选择使用，调研人员通常多种形式并用。

定性测量是用在访谈调查等定性研究中以收集消费者看法的调研工具，通过相对间接和非结构化的提问方式，使受访者能够放下戒备，围绕主题自由表达真实的意见和想法，调研人员据此进行归纳总结和形成洞见。这种测量工具对于调研人员的沟通力和创造力有较高的要求。表4－3中的开放式问题都是常用的定性测量工具，其中词语联想、句子完成和故事补充等问题形式采用了投射技术，可以让受访者在毫无防范的情况下吐露真情实感。

测量仪器是指通过各类传感器、扫描仪等仪器测量被试者的生理反应来获取信息的调研工具。例如，利用核磁共振造影等神经科学技术监测大脑活动，绘制脑电图以揭示被试者对特定广告或物品的反应，数据结果成为判断广告效果或进行品牌推广的依据。有学者因此提出了神经营销学概念，即研究脑科学对营销刺激的反应，认为相比问卷调查的理性回答，脑电波反应与行为的关联性更强。另外一个常用的测量工具是眼动追踪仪，通过追踪消费者视线识别引起其注意的营销刺激来获取数据。人类90%左右的信息是通过眼睛获取的，眼动信息反映了个体认知加工的心理机制，利用眼动追踪技术探求人类在不同情境下的信息加工机制成为营销调研的重要内容。眼动追踪技术能够捕捉不容易被研究参与者所控制或被研究人员观察到的行为，但无法回答包括行动、认可度、对于结果的理解程度和记忆等研究问题，这些答案往往来自观察参与者做了什么或者听他们说了什么，因而眼动追踪技术需要与其他研究方法结合使用。

【知识拓展】　眼动追踪技术的发展

眼动追踪技术起源于阅读研究。19世纪后期，研究人员意识到，人们的眼睛并非像以前假设的那样平滑地浏览文字。这种非正式的、自主的观察促使研究人员开发出测量眼部运动的技术，以便更好地理解人们如何阅读。

第一台眼动追踪装置出现在20世纪初。这些眼动仪器具有侵入性，因为它们依赖安装在眼周皮肤上的电极，或者是研究参与者不得不佩戴大型的、让人不舒服的隐形眼镜。此后不久，非侵入式眼动追踪技术开始出现，它们可以记录反射在眼睛上的光或直接拍摄眼睛。自那时以来，眼动追踪技术的进展就集中于减少眼动仪对研究参与者的约束，同时提高这些装置的精度和准确性，并且简化数据分析。同时，眼动追踪研究也有助于研究者进一步理解眼动不同方面与人类认知过程之间的关系。

眼动追踪技术早期用于研究用户体验，首次应用可以追溯到1947年，当时保罗·菲茨（Paul Fitts）和同事研究了飞行员如何使用驾驶舱内的仪器提供的信息操作飞机的降落。然而，当时仍然主要由学术界和医学研究者使用眼动追踪技术。得益于成本的降低和可用性的提高，到20世纪末和21世纪初，眼动追踪技术开始在营销从业者中广泛应用，用来帮助评估和改进开发周期（从网站到产品包装）中各个阶段的设计。

【营销实践】　OTA旅游广告的眼动实验

互联网背景下在线旅行社（OTA）成为旅游目的地营销新的媒介，OTA旅游广告逐渐取代传统的旅游宣传画册，但二者在广告内容与组成要素方面并未发生本质变化，只是广告浏览环境发生了改变，广告商需要了解这一点是否影响了潜在购买者的旅游广告认知，进而探究如何设计与投放OTA旅游广告。以往对旅游广告设计与投放效果的研究主要依赖调查问卷，通过参与者对旅游广告浏览后的记忆与感知进行判别评价，具有较强的主观性，结果受外部因素影响较为严重。为减少由事后主观性带来的误差以及真实性缺失等问题，学者们开始利用物理实验的方法，使用眼动仪跟踪旅游广告（图片）浏览者眼动的轨迹，以比较不同旅游广告形式的眼动差异。

张子昂等借助 Hi – Speed 型眼动仪及记忆量表，从 OTA 旅游广告的文字、图片、价格三要素入手，设计眼动实验组，探索不同性别、任务导向下的群体对 OTA 旅游目的地营销广告的眼动特征差异，剖析 OTA 旅游广告三要素间的客观眼动规律，对比客观心理实验与主观感知测量结果间的交互差异。研究发现：女性对旅游文字、旅游价格要素组合的 OTA 旅游广告更加关注；任务导向下男性比女性的有效信息搜寻能力更强；旅游图片信息能够增加 OTA 旅游广告的整体注视效果；以旅游文字、图片要素组合为基础的广告形式记忆程度最高，旅游价格要素的记忆最模糊，可为以低价竞争为主要营销策略的旅游公司提供借鉴……作者同时进行了记忆量表测试，结果显示，客观眼动实验对网络浏览者细节方面的测量更加精确，能够发现不同浏览者在更多细节方面产生的差异。

④抽样方案。因调研对象特点和预算、时间限制等原因，营销调研主要以抽样调查为主，为确保样本的代表性需要遵循严格的抽样步骤。

第一，精确定义总体，即按照人口统计特征、地域、购买或使用行为等清晰地描述所要调研的目标群体；

第二，获取抽样框，即调研对象总体中的单位目录或清单，从中可以抽取样本单位；

第三，确定抽样方法，包括概率抽样和非概率抽样两大类，前者确保总体中每个单位都具有同等可能被抽中的机会，后者则依据调研人员的个人判断按非随机原则选择个体；

第四，确定样本量，也就是抽取的样本单位的数量，这主要取决于调研性质、预算、抽选规则以及数据收集和分析的专业性等；

第五，执行抽样过程，完成抽样。

营销调研需要大量的人力、财力、物力投入，因而调研方案的设计需要权衡调研成本和决策信息质量。

【知识拓展】 抽样方法分类（见下表）

抽样类型	抽样方法	方法释义
概率抽样	简单随机抽样	总体中任一个体有相等的被选中机会的抽样方法
	系统抽样	选择一个随机起点，然后从抽样框中以一个确定间隔为基础连续选出不同个体组成样本的抽样方法
	分层抽样	把总体分成多个相互独立的组，再从各组中采取随机程序（主要是简单随机抽样程序）选择个体的抽样方法
	整群抽样	总体被分为相互独立的较小子集，而后随机抽选子集构成样本的抽样方法

续表

抽样类型	抽样方法	方法释义
非概率抽样	便利抽样	调研人员本着便利原则获取样本个体的抽样方法
	判断抽样	基于调研人员的判断来选择总体中的个体的抽样方法
	配额抽样	首先对总体分层或分类后，从各层或各类中主观地选取一定比例的个体的抽样方法
	滚雪球抽样	先随机选择一些被调查者，然后通过初始被调查者的推荐来挑选同属目标总体的其他被调查者的抽样方法

（3）进行数据收集。

这个阶段主要是实施调研方案、进行数据的实际收集工作。营销决策需要的大部分信息可以通过二手数据获得，企业可以从外部供应商那里购买二手数据，也可以利用搜索引擎或数据爬取技术获取网络上大量的免费资料，或者通过参加各种交易交流会和参观访问的方式获取资料。与一手数据收集相比，二手数据收集的速度更快、成本更低。因此，开展营销调研活动时，通常先进行二手数据的收集与分析。但调研人员通常很难从二手数据中获得所需要的全部信息，二手数据还存在时效性差、相关性不足等问题。这就需要进行一手数据的收集，要与调研对象直接接触，以获得更具针对性和更丰富的信息。由于不同的调研对象的配合程度、知识水平不同，要求调研人员要有耐心、有策略地赢得被调研者的合作，通过精心设计、浅显易懂的问卷，诚挚的谢意、精心的赠礼甚至适当的酬金回报被调查者在时间和精力上的付出，提高被调查者参与调研的积极性。

【案例启迪】 挖掘网络数据洞察商机

对网络上实时生成的海量数据进行监测、挖掘和分析，日益成为企业获取和利用二手数据的重要信息战略。IBM利用文本分析工具COBRA，在10.5亿条博客、论坛和讨论版的内容中抓取了47.9万条关于卡夫公司产品Vegemite的讨论信息，通过对这些非结构化数据进行深层原因分析，挖掘互联网上这些海量信息的内涵。结果出乎卡夫意料：大家谈论的热点并不是口味和包装，而是不同的吃法、国外怎么买到产品。语义分析显示，绝大部分消费者表达了喜爱之情，Vegemite俨然是澳大利亚民族情结的一种象征。消费者普遍关心三个趋势：健康、素食主义和食品安全，在关于健康的讨论中，一种学名为叶酸的维生素B复合体被频繁提到，叶酸为人体代谢所需，对孕妇尤其重要。这个信息对于卡夫公司调整Vegemite的营销策略有很大的启示，为卡夫公司进一步打开孕妇消费者市场提供了依据。

（4）整理分析数据。

调研人员需要对收集的资料进行鉴别、分类、编码、录入和统计分析，确定所收集信息的完整性和准确性，确保数据是按照既定调研方案收集的，使数据转化为易读取和可分析形式，并对数据进行加工和分析，得出重要的信息和发现。常用的数据统计分析方法包括描述分析、推断分析、差别分析、聚类分析、联合分析等。数智化时代，文本分析、数据挖掘等大数据分析技术日益大行其道。

描述分析旨在用平均数、众数、标准差等概括形式反映出大规模数据资料所包含的基本信息，包括数据的集中趋势分析和离散趋势分析等。

推断分析意在从抽样调研的结果中归纳出总体特征，也就是利用从样本中得到的数据资料来推断总体的情况，包括区间估计和假设检验等。

差别分析旨在确定两组或两组以上的数据是否存在差异，常用于判断总体分布是否存在真实差异，例如男性和女性来便利店购买的频次是否不同。

聚类分析是根据两个或多个分类变量将具有某种相似特征的对象归为一类的方法。同类的成员在某些方面具有高度的相似性，不同类别之间的成员具有较高的差异性。聚类分析进行的分类不是事先给定的而是根据数据的特征确定的，是在没有先验知识的情况下，将一批样本数据或变量按照其在性质上的亲疏程度自动进行分类。聚类分析常被用于进行市场细分，帮助营销管理者发现研究对象的不同类别特征。

联合分析是用于估计不同属性对消费者的相对重要性，以及不同属性水平给消费者带来的效用的统计分析方法，是一种用于衡量潜在消费者如何根据每种产品或服务的不同特性对不同产品和服务进行权衡的技术，以分析消费者对商品或服务属性的偏好结构。

文本分析是从词和解释中抽取相关信息，挖掘结构化信息以揭示文档中和文档之间的模式、情感和关系。

数据挖掘是从大量的、模糊的、随机的数据中提取隐含在其中、人们事先不知道但又是潜在有用的信息和知识的过程，目的是发现潜藏在数据表面下的规律以及对未来进行预测。

（5）报告调研结果。

营销调研的最后一步是向管理者报告调研结果，要将基于所收集数据得出的对营销决策有用的重要结论和发现清晰、精炼地呈现出来。营销调研报告分为口头报告和书面报告两种。通常书面调研报告是必不可少的，内容主要包括摘要、正文、结论和附件四大部分。口头报告则是有益的补充，以提升书面调研报告的效果。在报告过程中要充分考虑调研需求者的需要与偏好，以恰当的语言、图表和合理运用可视化技术，直观、形象、有针对性地展现调研结果和结论。此时并不意味着调研工作的真正结束，必要时调研人员还要指导调研结果使用者的营销实践，追踪调查结论与实际营销活动结果是否相吻合，评估提出的营销建议能否有效地指导营销实践。

4.2.2 营销调研方法

常见的营销调研方法包括深度访谈法、焦点小组访谈法、投射技法、观察法、调查法、实验法等。伴随互联网和大数据的快速发展，营销调研方法也发生了巨大的改变。

（1）深度访谈法。

深度访谈法是不依据事先设计的访谈提纲和固定程序，而是围绕一个主题或范围，由访谈员与受访者进行相对无限制的交谈来获取信息。深度访谈通常由受过严格训练的访谈员对单个受访者进行无结构的、一对一的面谈，整个访谈过程松散而且随意，访谈员可以适时地进行插话和追问，以彻底探究每一个问题，并根据受访者的回答调整访谈的走向。深度访谈因消除了群体压力、易达成融洽关系和较长的受访时间，往往能获得更丰富和深入的信息，常用于对态度、意见、情感、动机、价值等方面的研究。

深度访谈研究要求访谈员知道自己在做什么，为什么这样做，这样做的意义是什么，同时还要具有广博的知识、较强的理解和概括能力、敏锐的思维，有更加高超熟练的访谈技巧和更加成熟完善的人格，能够与被访者建立坦诚的工作关系。

（2）焦点小组访谈法。

焦点小组访谈法是由一名组织者邀请一些人针对某一主题进行自然和无约束的讨论，以发现和归纳在常规提问调研中所不能获得的意见、感受、经历。焦点小组访谈的主要目的是理解顾客的语言及其对一种产品、观念、想法或组织的看法，洞察隐藏的消费者动机和感觉，了解所调研的事物与他们的生活的契合程度以及在感情上的融合程度，通过触发群体动力和头脑风暴产生一些新想法、新创意。焦点小组访谈法也可用来测试广告脚本或市场促销活动、定位产品或服务、测试新概念、测试产品的可用性。焦点小组访谈法是一种探索性调研方法，一般用以辅助定量调研，作为大规模调研的事先调查，帮助确定调研范围，产生调研假设，为结构式访问发现有用的信息。

作为定性调研方法，焦点小组访谈法具有易执行、互动性强、信息获取快捷等显著优点，但也存在样本小、主观性强、群体压力下受访者可能隐藏真实想法等局限，需要在组织实施过程中精心设计和准备以尽可能减少误差。组织与实施焦点小组访谈的关键环节包括：

①选择焦点小组访谈环境。焦点小组访谈一般安排在装有单向镜和录摄仪器的会议室进行，以便观察、记录和拍摄访谈全过程，整个访谈的氛围要轻松、环境要舒适。为使参与者更为放松、观察员更为自如，亦可选择在居室进行小组访谈、不用单向镜而通过视频设备直接播送到观察室。更便捷的形式是通过网络进行交流，通过一套在线焦点小组访谈系统，使用网络摄像头和语音通信功能同时连线主持人和小组成员进行讨论，而观察员亦可实施观察、给主持人发送消息。如今在线焦点小组访谈因突破了地域和场所限制而日益流行。

②招募参与者。调研人员需要根据讨论主题制定资格标准和招募参与者。典型的焦点小组访谈通常由8～12个人组成，人数过少难以产生必要的互动，人数过多则可能导致讨论不充分和失去控制。小组成员应互不相识但具有接近的背景特征、相似的购买或使用经历等，彼此素昧平生但拥有共同语言，有利于平等、热烈地讨论。参与者应具备与讨论主题有关的认知和经验，可以提供有价值的信息。调研人员需要用过滤性访问来决定人选，以避免出现重复性参与者重复已有的讨论或影响其他人的发挥；更要筛掉“职业”性参与者，他们通常不具有代表性，也不会给予坦率真实的回答。

③选择主持人。除了合格的参与者之外，优秀的主持人也是焦点小组访谈法成功的关键因素。主持人要求具备良好的商务技巧、高超的人际交流和现场组织能力，需要充分了解问题背景、访谈主题和调研目标，并能够根据参与者特征营造和谐融洽的讨论氛围，引导小组成员围绕研究主题充分表达、互相交谈和积极互动，从而深入挖掘参与者的信念、感受、想法、态度和观点等。

④准备讨论指南。成功的焦点小组访谈还需要一份精心编制的讨论指南。讨论指南是焦点小组访谈中所要讨论的话题概要，通常由主持人根据调研目标和客户要求进行设计，一般包括开场白和讨论规则、将要深入探讨的问题、必须进行的解释等。焦点小组访谈时长一般为1.5～3小时，这取决于问题的数量和讨论的深度，因此调研人员需要考虑讨论指南的题量。

⑤实施小组访谈。小组访谈的执行主要分为三个阶段：首先，建立融洽的气氛。在讨论会开始之前，主持人与小组成员进行自我介绍和相互认识，说明讨论主题和解释活动规则。

其次，主持人引导小组成员一起热烈讨论。这个过程中，主持人要掌握讨论内容以防止跑题，鼓励小组成员畅所欲言以避免冷场，促进小组成员相互讨论和交流以激发群体动力，控制成员的发言次数和整体讨论的节奏以实现每个人都充分发表看法和达成调研的目标。最后是小结，当所有的问题都讨论过后，主持人可简要地做个总结，并对参与者表示谢意，发放礼金或礼品。

⑥编写小组访谈报告。小组访谈完成后主持人会做一个总结汇报，这也被称为即时分析。即时分析为观看小组访谈的营销专家和主持人提供了一个讨论的机会，可以使营销专家马上获得主持人脑中的主要印象和鲜活感觉并做出反应，在头脑风暴的情形下可能产生新的思想和看法。即时分析的不足在于可能存在主持人偏见、观点未经深思熟虑或有遗漏等。后续调研人员会根据客户的信息需要和会议记录撰写正式的报告，详细说明调研目标、访谈过程、讨论的问题、各方观点以及研究发现和建议。

当前增长迅速的趋势是使用在线焦点小组和营销调研在线社区以获得深度洞察。营销调研在线社区（Marketing Research Online Community）也称在线固定样本组，成员经过分组后在网上进行互动、提供意见和想法并完成任务。网络社区小组访谈是精心挑选对话题感兴趣的消费者进入社区与某个公司进行持续的对话，在6～12月内社区成员以对话方式回答公司定期发布的问题，成员之间也会相互讨论，公司可以从这些回答和讨论中发现有价值的见解。在线社区调研既便宜、便捷又灵活，可以收集包括帖子、照片和视频等各种数据，还可以完成很多任务，包括回答开放式问题、提供产品或广告反馈、记录日志以及进行投票等，特别适合针对经常上网人群的调查。三种焦点小组访谈方法各有利弊，如表4-4所示。

表4-4　传统焦点小组、在线焦点小组和营销调研在线社区的比较

比较项	传统焦点小组	在线焦点小组	营销调研在线社区
受访者之间的互动	√	√	√
客户可实时观察	√	√	√
高品质视觉体验	√		
全方位观察肢体语言、面部表情	√		
参与者身份认定	√		
外部刺激物展示	√		
降低差旅、交通成本		√	√
受访者的区域多样化		√	√
允许纵向研究			√
可随时随地分享意见与想法			√
多个细分市场同时展示并比较			√
时间弹性			√

资料来源：Goon E. Need Research? Won't Travel. Quirk's Marketing［J］. Research Review，2001，25（5）：22-28.

（3）投射技法。

投射技法是通过给调研对象一种无限制、模糊的情境并要求其做出反应，使调研对象因不直接谈论自己而绕过其心理防御机制，从而探测其真实的情感和态度的调研方法。投射技法的目的是探究隐藏在调研对象表面反应下的真实心理，以获知其真实的情感、意图和动机。现实中人们经常难以、不能或不愿说出自己内心深处的感觉，或者受心理防御机制影响而感受不到那些情感。投射技法通过无结构的、非直接的询问，提供意义不明显的模糊场景并要求其做出反应等形式，引导调研对象将其所关心问题的潜在动机、信念、态度或情感投射出来。因为调研对象不直接谈论自己而是谈论其他人或其他事情，所以就绕过了心理防御机制，透露了自己的真实想法和内在情感。

投射技法的基本操作流程通常包括五个步骤，如图 4－5 所示。

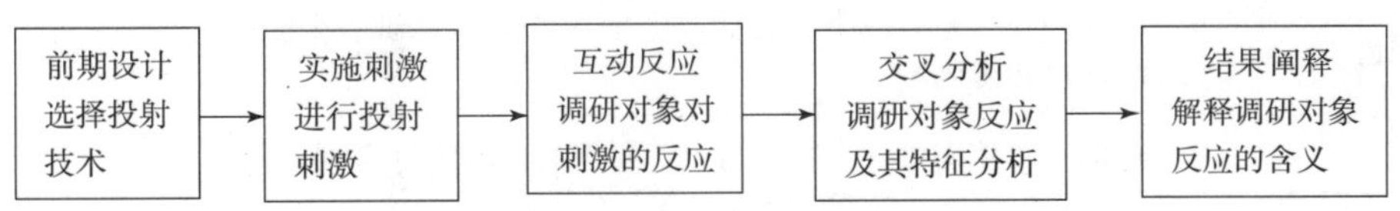

图 4－5　投射技法的基本操作流程

①前期设计。调研人员要根据研究目的、调研对象的基本人格特征或背景情况，选择合适的投射技术，比如受教育程度较低的调研对象可能联想能力比较弱，就不适合用一些太抽象的刺激物，而一些投射技术会让资深的专业人士感觉受到了愚弄。所以在进行投射测试之前，必须选择恰当的投射技术，为了确保投射结果的准确性，有时候需要使用不止一种投射技术来了解调研对象的想法。

②实施刺激。在调研过程中针对具体的询问内容，比如态度、动机、品牌、产品、服务等，向调研对象出示一些经过精心设计和挑选的刺激内容，一般是含义宽泛或者寓意丰富的材料，或者为他们营造一个能自由想象的刺激环境，然后要求调研对象根据他们的想象和理解表达自己的想法。

③互动反应。调研对象在合适的刺激环境和刺激物面前，会愿意表达出他们的想法。这种反应是无约束的、发自内心的、发散的，同时也是和调研人员互动的。整个过程中调研人员要根据研究目的保持对调研对象的刺激，进一步激发他们的想法，而且还要把握他们反应的发展方向，避免使调研对象产生很多不相干的想法。优秀的定性调研人员能使调研对象产生很强的投入感，从而给出更多有价值的信息。

④交叉分析。通常把调研对象对刺激的反应和表达的内容与他们的背景特征进行交叉分析。因为人们对于外界刺激的反应都是有其原因的，不是偶然发生的；人们的行为都能从他们的人格特征和生活背景中找到联系；人们对于投射技术的反应固然取决于当时的刺激或者情境，但是调研对象当时的心理状况、过去的经验、对将来的期望，对当时的知觉和反应都会产生很大的影响；人的性格特征和与情感有关的内容大部分处于潜意识中，他们无法凭借其意识说明自己，而当他们面对一种不明确的刺激情境时，却常常可以使隐藏在潜意识中的欲望、需求、动机等表现出来。

⑤结果阐释。使用投射技法的目的绝不是使一项研究更有趣或者内容更丰富，而是更好地达到研究目的。如果研究目的是要诊断一个产品营销目前面临哪些问题，就要从价格、渠道、品牌形象、包装、服务、消费者需求、满意度等多方面进行诊断，这其中会使用到一些投射技术，但最终得出的结论不应该仅仅是对投射技术的分析以及一些消费者对刺激反应的

原因，而是应该回到研究目的本身，给出一个全面、客观、合理的解释。

【知识拓展】 常用的投射技法（见下表）

投射技术	方法描述
词语联想法	提供一种刺激例如字词、照片、实物、录像片段等，要求受访者说出脑海里最先浮现的联想，该联想可以反映调查对象对某一主题的内在感受
完成法	给出一个不完整的情景，要求受访者来完成。常用的完成法包括句子完成法和故事完成法
构造法	要求调查对象以故事、对话或者描述的形式提供一个完整的答案，常用的有图片测试法和漫画测试法
表达法	给调查对象提供一个特定情景，要求其将该情景与别人的感受和态度联系起来。常用的有绘画法、角色扮演法和第三人称法

（4）观察法。

观察法是指调研人员利用自身的感官或借助仪器设备观察相关的人员、行为和情景等来收集数据的方法。观察调研过程中主要通过系统地记录人或事件发展状况、行为模式而不是通过提问或交流来获取信息，例如，观察消费者在商店或超市的行走路线、挑选商品和决定购买过程，观察交通流量、街区环境和店铺布局等，所获数据用于优化产品包装、货架摆放、新店选址等决策。调研人员可以从九个维度进行观察，如表4－5所示。

表4－5 观察的维度

观察维度	描述
空间	物理场所或其他类型的场所
行动者	卷入行动的人
活动	人们开展的一组相关行动
对象	出现的物理事物
行动	人们采取的单一行动
事件	人们执行的一组相关活动
时间	行动发生的时间顺序
目标	人们试图实现的事务
感受	感知到或表达出来的情感

观察法常用于探寻那些难以通过询问获得的消费者洞察，例如针对儿童的调查。乐高公司在评估为2～5岁年龄段的孩子开发的火车系列玩具时，在观察孩子们如何玩耍的过程中发现，火车产品里的很多元件都是不必要的，比如为火车掉头设计的一个齿轮结构就非常多余，因为孩子们想让火车调头时，他们只需要把火车拿起来转一下就行了，这才是3岁小孩的逻辑！这些重要的发现让新设计的火车系列大获成功并节约了一半的生产成本。

观察法调研不仅关注消费者在做什么，也关注消费者说了什么。越来越多的公司采取了人种学研究，即由训练有素的调研人员或公司经理在自然状态下观察顾客并与其互动。这些观察者常常深入超市、酒吧、餐厅甚至社区，围绕调研主题与各类消费者或居民闲聊，获得其如何购买、饮酒、就餐和社交的真实洞察。

【知识拓展】 人种学研究

人种学研究（Ethnographic Research）是一种特殊的观察研究方法，研究人员通过使用人类学和其他社会学领域中的一些概念和工具，以便对人们的生活方式与工作方式获得深层次的了解。这种方法的目的是研究人员通过深入消费者的生活，以揭示用其他研究方法所不能清楚表示的消费者无法言传的需要。一些著名公司，如富士通、IBM、英特尔、施乐公司等都曾经使用过人种学研究方法开发出了一些具有突破性的产品。

美国银行利用人种学研究方法对婴儿潮时期出生的妇女的购买行为进行研究，获得亮点发现：一是出于方便，这类消费群只关心每次交易数额的整数；二是有小孩的这部分消费群体不容易保持积蓄。这样的研究结果导致银行推出了名为“Keep the Change”（找零代存）的金融产品。这是一个借记卡业务，当客户用美国银行的信用卡消费时，消费金额向上取整，差额将被支付到持卡人的储蓄账户中去。自这项业务推出以来，已有250 万客户申请了“Keep the Change” 业务，超过 80 万客户在美国银行开立了支票账户，并有 300 万客户开立了储蓄账户。

根据观察主体、信息来源等的不同可以将观察调研方法分为很多类型，如表 4 -6 所示。观察法中应用最为广泛的是神秘顾客法，即由训练有素的观察者装作顾客到自己公司或竞争对手处收集顾客—员工互动和诸如价格、陈设、布局等营销变量信息。神秘顾客主要有四种访问形式，包括拨打客服电话、现场采购、造访企业并与销售代表或员工交谈、以专门话题与相关人员深度交流等。如今越来越多的调研人员会在网站、论坛、博客和社交媒体上“倾听”顾客的交谈，观察这些自然产生的反馈可以获得采用结构性和正式的调研方法无法获得的信息。而通过在线行为追踪和大数据分析则可以获得关于谁在买、买什么、什么时候买和在哪里买的消费者洞察。

表 4 -6 观察调研法的类型

分类标准	观察方法	方法描述
观察主体	人员观察	由调研人员观察真实发生的行为，如单向镜观察、神秘顾客
	机器观察	由仪器设备记录观察到的现象，如脑电图、眼动仪、扫描仪等
信息来源	直接观察	观察目前正在发生的行为或现象
	间接观察	观察行为所产生的效果或结果，如档案记录、实物追踪等
知情与否	公开观察	观察者在被观察者知情的情况下进行观察
	掩饰观察	观察者在被观察者不知情的情况下进行观察，如神秘顾客
干预与否	自然的观察	观察者在自然环境中进行观察，对所观察的行为没有任何干预，被观察者也没意识到自己正在被观察
	设计的观察	观察者在人为设计的环境中进行观察，通常会指导被观察者实施一些特定的行为

续表

分类标准	观察方法	方法描述
活动形式	结构性观察	按照事先设计的观察项目和记录标准进行相对程式化的观察
	非结构性观察	根据现场情形确定观察项目和记录形式的相对灵活的观察
参与程度	参与观察	观察者与被观察者一起活动，在密切的互相接触中观察其言行，如人种志调研
	非参与观察	观察者不直接进入被观察者的日常生活或消费决策活动，而是作为旁观者了解事情的发展动态

【案例启迪】 基于观察的便利店创新

对于便利店而言，是否有能够吸引消费者不断复购的高频刚需商品是竞争成败的关键。某连锁便利店决定进行一项市场调研以了解哪些商品是消费者的刚需，没有采取常规的问卷调研，而是要求便利店的店长们每天在固定的几个人流较多的时间，如上班时间、早上十点多、午餐午休时间、下午茶时间、晚餐时间等，观察经过自己门店但没有进店的消费者手里都拿着什么，他们拿着的东西，就是他们在这个时间场景下的刚需。几天后，产品开发团队汇总了店长们收集的数据。令人惊讶的是，排在前三位的竟然是咖啡、生菜沙拉、盒饭。实际上该连锁便利店售卖一种三合一咖啡，平均每袋不到一元钱，但消费者从门店经过却没有进来购买这种便宜、方便又能放很久的咖啡，而是去买那种不能久放、价格高几十倍的现打现煮咖啡。为什么呢？进一步观察后发现，这些消费者大都是上班族，显然，现打现煮咖啡才符合上班族消费群体的需求。该便利店决定售卖现打现煮咖啡，采购一批咖啡机，对店长们进行专门的培训，先在几个门店进行试点售卖现打现煮咖啡，发现效果出奇的好，便在所有的门店进行复制推广，一段时间后门店每天卖出120～150杯咖啡。一般便利店的毛利率为25%左右，咖啡的毛利率却高达80%，因而仅咖啡毛利就超过了原来全店的毛利。咖啡销售稳定后，该便利店又决定卖生菜沙拉和盒饭，产品创新后开始观察消费者在什么场景下消费新商品。发现消费者买了盒饭后喜欢在店内加热并用餐，就在店里增加了简约的用餐桌椅，设计了灯光柔和、素雅的北欧风格，调整了门店格局，将具有压迫感的排列密集的高货架调整到正常人站立时的视线水平，并拉开货架间距留出足够的通行空间，大大提升了消费者的店内体验。因盒饭的毛利率能达到70%以上，生菜沙拉的更高，加上咖啡，新商品的加入让这家便利店的综合毛利几乎达到同行的一倍，也因此开创了一种集杂货店与餐厅于一体的“餐饮化便利店”模式，构成了一个刚需、高频、高毛利的崭新业态。正如该便利店负责人所言，问卷调研往往难以带来产品的创新，只有依靠深刻的观察和敏锐的洞察才有机会创造出新产品。

观察法具有很多优点：①调研的直观性和真实性。可以通过观察自然状态下的人和现象直接获取信息。②数据的即时性和丰富性。能够捕捉到正在发生的现象和记录完整的过程。

③参与者的低要求。不需要被观察者具有较高的回答意愿和能力。④实施的便利性。很多情况下可随时随地进行调查。观察调研法也存在一些局限：①只能观察到行为与活动的表面现象，无法了解被观察者的内在动机、意图和现象背后的原因；②只能观察到公开的行为和活动，无法观察私下的行为和活动等；③适用小范围的微观市场调查，难以进行大范围的观察。

【营销实践】美的"用户共创"式洞察

（5）调查法。

调查法是最常用的一手数据收集方法，主要利用调查问卷，通过直接或间接的问答方式来收集市场信息。按照调研人员与被调查者接触方式的不同，调查法可分为面谈调研法、电话调研法、邮寄调研法、网络调研法等。其中，面谈调研法是指调研人员直接同被调查者面对面交谈，询问相关问题，从而收集数据和信息，包括入户面谈和定点拦截面谈。电话调研法是指通过电话向被调查者询问，以了解相关信息和数据，包括传统电话调研和电脑辅助电话调研。邮寄调研法是以邮件的方式将设计好的问卷寄给被调查者，再由被调查者根据要求填写问卷后寄回来收集数据和信息的调研方法，包括普通邮件调研和固定样本组邮件调研。网络调研法是指通过电子邮件或者网络链接发布问卷，被调查者根据要求自行在线填答问卷以获取数据和信息的方法。上述调研方法各有利弊，如表 4－7 所示。

表 4－7　各种调查法的比较

比较项目	面谈调研法	电话调研法	邮寄调研法	网络调研法
调查范围	较窄	较窄	广泛	广泛
样本控制	高	高	低	中
问题多样性和灵活度	高	较低	一般	中～高
获取敏感信息	低	中	中～高	高
收集数据数量	多	少	中	中
刺激物的采用	高	低	中	中
应答率	高	中	低	低
被调查者自我控制度	低	低	高	中～高
数据采集速度	中	快	慢	快
平均费用	高	中	低	低

调查法最主要的优点是灵活性强，可以在各种不同的情况下获得所需要的信息，几乎适用于任何营销问题或决策。无论是表面的行为、活动还是内在的态度、偏好、意图和动机，无论是过去的情形还是现在的状况，都可以通过询问消费者发现这些信息。利用问卷进行调

研的另一个突出优点是标准化程度高、收效快，能在短时间内调查很多研究对象，取得大量的资料，能对资料进行定量化处理。当然，调查法也存在一些局限，有时被调查者不情愿甚至拒绝回答调查问题，可能的原因包括：不记得或从来没想过要做什么和为什么做；不愿意回答陌生人的问题和讨论他们认为私密的话题；不愿意暴露自己的隐私；太忙而不愿意花费时间等。另外，被调查者还有可能因为自我防卫、理解和记忆错误以及为了显示自己的见多识广或顺从调研人员的意图而提供不真实的信息。

（6）实验法。

实验法是一种用于收集反映因果关系的信息的研究方法，即研究人员改变或处理一些因素（即自变量或实验变量），观察这些因素的变化对其他因素（即因变量）有什么影响。营销实验中的自变量主要是能够直接控制的营销组合变量，例如价格、包装、分销、促销等；因变量则是不能被直接控制的变量，例如销售量、客户满意度等。典型的营销实验中，研究人员选择配对的实验组，在控制了无关的因素的情况下，分别给予他们不同的处理（如不同的价格），从而考察不同组间被试的反应有何不同（如购买行为差异），据此解释变量之间的因果关系（如价格是引起购买差异的原因）。

实验法中应用最广泛的是市场测试，目的是协助营销经理对新产品做出更好的决策，或对现有产品或营销战略进行调整。被美国《绅士季刊》称作“眼镜业的奈飞”的沃比帕克公司，其创立的初衷就是认为眼镜完全可以以更低的价格制作、设计并出售。最初公司打算将通常要卖500美元的眼镜以45美元售出。一位营销专家对此提出了忠告，告诉他们这样的做法会使成本增加，而且价格被顾客视为质量的标志，价格太低也会带来负面影响。接受这一忠告之后，他们投放出一批模型产品进行调查，随机分配给客户不同的价格。结果发现，当价格在100美元左右时，购买的可能性达到峰值，随着价位升高，购买的可能性下降。最终公司把价格定在了95美元，大获成功。

营销实验可以在实验室或现场环境中进行。实验室实验的优点是能够控制所有变量而不单单是自变量，从而确保可观察到的因变量变化是由自变量的变化引起的，其局限性在于实验室实验中的发现有时在真实的市场条件下并不能成立。现场实验是指在真实市场环境中进行的实验，其优点是能解决环境的真实性问题，缺点在于难以控制可能影响因变量的所有外生变量如竞争者活动、政策变化等。互联网为在线实测提供了便利。亚马逊在其网站上持续不断地测试新的设计方案，包括整个网站的布局、字体大小、颜色、按钮以及其他所有的设计，然后观察真实的点击和销量的变化，从而找出促成转化率最高的方案。

常用的实验法包括以下四种：

①事前事后对比实验。即只选择一组被试，实验前在正常的情况下进行测量和收集必要的数据，然后进行实验。经过一定的实验时间以后，再测量收集试验过程中或事后的资料数据；最后通过事前事后对比来了解实验变量的影响效果。

②控制组同实验组对比实验。即选择一组被试作为实验组，改变实验条件，同时选择另一组被试作为控制组，保持实验条件不变。在同一实验期内观察、记录两组的结果数据，通过对比了解实验变量的影响效果。

③有控制组的事前事后对比实验。将控制组事前事后实验结果同实验组事前事后实验结果进行对比，以了解实验变量影响效果。

④随机对比实验。随机对比实验是按随机抽样法选定被试所进行的实验调查。当实验单

位很多、市场情况十分复杂时，采用随机抽样法选定被试，使众多的实验单位都有被选中的可能性，可以保证实验结果的准确性。

【知识拓展】 AB 实验设计

AB 实验又称为受控实验或者对照实验，源自生物医学的双盲测试，即病人被随机分成两组，在不知情的情况下分别给予安慰剂和测试用药，经过一段时间的实验后，比较这两组病人的表现是否具有显著的差异，从而确定测试用药是否有效。2000 年，Google 工程师将这一方法应用在互联网产品测试中，此后 AB 实验逐渐成为互联网产品运营迭代科学化、数据驱动增长的重要手段，应用场景主要是大规模的在线测试，所以也被称作在线 AB 实验或者在线对照实验。常见的在线 AB 实验中，用户被随机、均匀地分为不同的组，同一组内的用户在实验期间使用相同的策略，不同组的用户使用相同或不同的策略。同时，日志系统根据实验系统为用户打标记，用于记录用户的行为，然后数据计算系统根据带有实验标记的日志计算用户的各种实验数据指标。实验者通过这些指标去理解和分析不同的策略对用户起了什么样的作用，是否符合实验预先的假设。

字节跳动非常重视 AB 实验，其实验平台每天新增约 1 500 个实验，服务 400 多项业务，已累计做了 70 多万次实验。从产品命名到交互设计，从改变字体、弹窗效果、界面大小到推荐算法、广告优化、用户增长，抖音把 AB 实验应用到了每一个业务和每一项决策中。其旗下短视频社交软件“抖音”的名字就源自 AB 实验的结果。当年字节跳动做短视频产品时，将产品原型起成不同的名字、使用不同的 Logo，在应用商店做 AB 实验，在预算、位置等条件保持一致的情况下，测算用户对产品名字的关注度、下载转化率等指标表现。AB 实验帮助字节得到了名字的排名，当时“抖音”排到了第一。后来结合其更符合长期认知、更能体现 Logo 形态的特点，“抖音”之名就此确定。

充分地进行 AB 实验，是一个能够在很大程度上补充信息的过程，能够消除很多偏见，反映客观的事实。进入抖音 App 时，可以看到三个视频推荐流，一个是基于位置的“同城”标签栏，一个是基于关注关系的“关注”标签栏，还有一个是基于兴趣推荐的“推荐”标签栏。把哪个标签栏作为用户进入时的默认内容，会让用户体验更好、产品的核心指标表现更好呢？通过 AB 实验的方式，对照组用户默认进入“关注”，实验组 1 的用户默认进入“同城”，实验组 2 的用户默认进入“推荐”，最后对比各组的实验数据，选出用户在哪个组的指标表现更好。通过实验结果发现，有一些用户喜欢默认关注，有一些用户喜欢默认推荐，有一些用户喜欢同城推荐，如何才能达到最优效果呢？这个问题也可以通过 AB 实验的方式进行验证。实验可以这样设计，首先根据用户的特征以及历史偏好，分别计算出进入“关注”和“推荐”这两个标签栏的权重值，比如有的用户的关注量比较大，关注的内容也比较丰富，历史数据表明他们也更喜欢观看自己关注过的内容，这个情况下，“关注”标签栏就会获得较高的权重，成为默认的标签栏。如果用户关注的对象比较少，更愿意通过平台推荐发现一些新鲜的事物，这种情况下，“推荐”标签栏就会获得较高的权重。实验可以设计为如下几组：

①实验组 1：默认进入“推荐”标签栏。

②实验组 2：默认进入“同城”标签栏。

③实验组 3：根据用户各个标签栏的权重决定进入策略。

④对照组 4：默认进入“关注”标签栏。

4.3 基于大数据的营销调研

国际数据公司（IDC）发布的《数据时代2025》显示，全球产生的数据将从2020年的64ZB增长到2025年的180ZB。伴随海量数据的涌现，对数据分析与挖掘的需要推动了机器学习等人工智能技术的快速发展和广泛应用，世界正在进入数智化时代。

【案例启迪】 斯普林特公司从大数据中获利

美国第三大移动运营商斯普林特公司（Sprint）拥有庞大的用户数据，该公司成立了一家子公司Pinsight Media，以期充分利用这些数据并为广告决策提供信息。Pinsight的首席技术和数据官贾森·戴克尔（Jason Delker）认为移动网络数据拥有独特的价值，因为它可以直接关联到真实的付费客户（在开立账户时，可以通过信用记录等核查他们的可信度）。公司将位置数据与付费过程中获取的经过验证的人口统计数据关联起来，根据对特定订阅用户掌握的信息，更好地判断应投放哪些类型的广告。除位置数据之外，Pinsight还利用其网络技术和基础设施来验证人口统计数据及顾客行为数据。例如，公司可以知道用户正在其设备上使用哪些服务（如脸书或Twitter等）以及使用时长（其内容或使用该服务的方式始终保持加密状态），这显然有助于它们更多地了解用户行为。而对于这种详细和私密的个人数据，隐私是非常重要的。考虑到这一点，Sprint和Pinsight决定，所有项目均取决于用户的选择，戴克尔说："对我们来说，最重要的一件事就是对数据的选择性接受或者选择性排除，美国四大无线运营商中，Sprint是唯一默认选择性排除所有人的公司……在未经授权的情况下，我们不会使用用户的行为数据向其投放有针对性的广告。我们会尽力说服用户，而且这始终不难做到。如果用户真的让我们使用这些数据，我们就会向他们发送更有意义的东西，这样，广告就不再是麻烦，更多地成为一种服务，因为消费者会很理智地看待这个事实：这种类型的服务有利于运营商核心服务的资金运营，能有效地降低成本。"可见，无须试图欺骗用户放弃其个人数据即可收集大量数据。如果企业能够公开其如何使用这些数据，以及用户为放弃个人数据可以得到什么回报，那么，企业最终会因此而得到更多有价值的数据。自Pinsight成立以来的三年时间，这家公司每月的广告播放次数已从0增长到60亿次。

大数据是指难以在一定时间范围内用常规软件工具进行收集和处理的巨量资料集合，主要具备五个典型特征（即5V）：

①规模大（Volume）。大数据的起始计量单位至少是PB甚至ZB级。

②种类多（Variety）。数据源于传感器、移动设备、固定设备等多种来源，呈现为日志文件、图片、语音、视频、点击流等多种类型，涵盖了情绪、行为、事件、现象、交易等所有可能的维度。

③生成速度快（Velocity）。数据正以每秒数十GB的量生成、更新和高速传播。

④真实性（Veracity）。大数据中的内容与现实世界中发生的事件息息相关，因而可以利

用大数据分析来解释结果和预测未来，但这依赖数据的准确性和可信度，为此需要进行数据清理和去伪存真。

⑤价值性（Value）。数据正成为像石油一样的战略资源，但信息密度低，对大数据的价值提取水平和速度成为企业制胜的关键。

巨量的数据推动了存储、分析技术的大发展，机器学习、深度学习等人工智能技术已经可以捕捉、存储和处理从电子表格到图片、录音、视频、文本和传感器数据等各类数据。这些都推动着商业逐步走向数据智能，从大数据中挖掘价值、获得市场与顾客洞察，成为企业实现精准营销、应对未来竞争的重要路径。近年来崛起的元气森林就是通过小红书、抖音等新兴平台的大数据快速生成用户画像，利用人工智能技术在不同渠道和场景迅速展开营销活动，同时，在全国投放大量的智能冰柜实时收集线下销售数据，从而精准触达目标用户群体，持续优化产品结构和销售策略。

4.3.1　大数据驱动的营销调研优势与局限

大数据时代，“利用技术手段追踪”正日益取代“向客户提问”成为市场洞察的重要数据收集方式。通过软件代码追踪技术可以全程了解客户的行程，包括最初从哪个媒体、哪条链接进入的，直至最后完成的购买，同时数据更精准、收集更及时、可被收集的数据类型更丰富，且这些数据是实时、悄然、自动发生的，这都显示出大数据调研优越于传统调研的特点。

（1）数据的丰富性、自主性和动态性。

数字经济时代大量的人类经济社会活动与行为轨迹都以数字化的形式记录下来，形成了包含着大量互相关联的微观经济主体行为动态信息的各种形式的大数据，其中很多是传统数据所没有的丰富信息。例如社会化媒体数据就包含了消费者的购买习惯、品牌偏好以及满意度等丰富的情绪、情感类心理信息，且都是消费者主动生成、自愿表述、未经过滤的真实想法，这都是传统营销调研想方设法询问却难以获得的信息。而高频的行为大数据则提供了大量互相关联的个人、群体及其相互之间的互动关系如何随时间演变的信息，类似于一次性快照的传统调研数据通常不包含这些动态信息。

（2）自下而上的调研逻辑。

传统的营销调研首先要明确研究的问题或提出要测试的假设，然后设计问卷、收集和利用数据进行验证，这个过程中可能存在未知的方面或遗漏了可能对营销决策至关重要的因素，而一旦发现有遗漏或者产生了一些新的问题就要从头来过，导致巨大的时间和成本损失。基于大数据的营销调研则是数据驱动的，采用机器学习的方法而不假设具体的模型或变量关系，让丰富的数据本身告诉真实的模型或变量关系是什么，通过各种蛛丝马迹洞悉和识别事物之间所有潜在的、可能的联系，发掘埋藏在数据中的各类知识和获得意外的洞察，所完成的初步分析可以为后期进一步调研指明方向，提高模型的精度，最大限度地避免事后出现新的需要调查的问题而被迫进行重复作业。

（3）调研实施与数据回收的即时性。

传统营销调研从实施到回收数据，以及利用调研结果进行营销决策往往需要一个较长的过程。如今用户在互联网上的行为都会被实时记录下来，通过电商平台、公司官网或社会化媒体构建的大数据，营销人员能够快速地发起营销活动，即时测试营销新方法的效果，第一时间追踪和理解消费者的反应，所产生的洞察可以即刻用以指导营销决策。

（4）全数据分析代替抽样分析。

大数据来自任何使用手机、电脑等智能设备以及互联网的用户，突破了时空和技术的限制，使得理论上可以获得全样本数据，看到所有的个体、部分和一切的事件、交易等，从而获得更广的视野和更深的洞察。而运用云计算等高级机器分析方法可以直接对整体数据进行分析，避免了传统调研因选择的样本可能不能完全代表总体、抽样分析可能导致片面性的问题。足够体量、多维的大数据让企业能够真正客观、真实、深刻、全面地理解周遭的环境和事物的本原。

（5）调研更便捷、成本更低。

传统的营销调研方式往往需要投入大量的人力、物力和时间，费工费时。大数据是由互联网技术低成本、全方位地自动记录下来的，使用正确的调研产品和方法便可以对消费者群体的习惯和反馈进行透彻分析，运用社会化媒体监测软件就能够在线倾听消费者意见、获取并评估其见解，因而实施起来更加便捷和节省费用。

如今越来越多的企业依靠大数据提供及时、丰富的信息。对于传统调研而言，事先利用大数据进行洞察，有助于掌握问题全貌，明确需要进一步研究的问题和研究重点。基于大数据的营销调研日益成为企业展开调研必不可少的关键环节。

【营销实践】 迪士尼的大数据追踪

迪斯尼投资30亿美金打造了大数据追踪系统MyMagic，这套系统能追踪迪斯尼乐园游客的分布、轨迹、如何进行消费、什么时候用餐以及最后购买了什么，所有消费者在迪斯尼内留下的行为最后都发生了“比特化”。MyMagic的核心产品是腕带MagicBand。MagicBand中嵌入了无线射频识别芯片，并能与遍布迪斯尼乐园的无线射频扫描设备保持信息连接。每当游客戴上MagicBand后，其游览信息可以被遍布游乐园的数据读取器接收到。MyMagic的大数据被迪斯尼规划为未来的核心增长产品之一。对游客而言，MagicBand帮助他们更方便地完成园内体验，可以通过这一智能手环打开园内酒店房间房门，进入主题乐园，完成吃饭、游玩、交通的所有支付，因而游客非常乐意使用这一便利的设备。对迪斯尼而言，MagicBand则成为用户数据的采集源。

尽管存在诸多好处，但仅仅基于大数据进行营销调研也存在局限性，传统的营销调研依然不可或缺，其原因包括：

（1）大数据尚未实现全覆盖。

大数据的形成与收集依赖信息技术和网络应用，而如今仍有很多区域互联网设施不完善、很多人不上网或不使用社交媒体、很多产品没有在网络上受到人们的关注，甚至一些对隐私关切的人刻意避免被网络技术捕捉到，因而大数据集仍然存在着无法周全的问题。广泛存在的现金交易、易货贸易也意味着当今世界尚未实现“数据全覆盖”，人类社会并不会同步进入大数据时代。

（2）大数据的使用存在壁垒。

目前，大数据主要在电商、社交媒体平台以及一些关系国计民生的重要行业如电力、交通等领域得到了广泛的应用，但对于绝大多数中小企业、初创公司而言，利用大数据的门槛依然很高。尽管科技在飞速发展，但也无法将世界上所有的数据都尽数收集、储存和加工，能收集和处理的数据只是世界上极其微小的一部分。另外，大数据的开放在不同国家和地区的实现程度也大不相同，类似欧盟的“通用数据保护”等措施以及用户对隐私的日益关注都阻止了大数据被任意爬取。既然无法获得完美的信息，据此做出的判断和预测本身就不一定可靠，大数据也只能提供参考答案。

（3）数据分析存在局限。

大数据并不意味着必然导致精确的判断或预测，“让数据自己说话”的同时，数据中的“信号”与“噪音”仍需要人来认知和判断，数据模型也不一定精确。尽管“消费者观察”正被数据化研究和分析替代，但清晰、准确地洞察数据背后消费者的核心需求仍需调研人员的同理心、智慧和想象力。大数据的世界中创意、直觉、知识野心等人类特性依然很重要。大数据作为一种资源、一种工具，告知信息但不解释信息，需要从消费者需求出发解读数据，而数据挖掘与分析技术虽能够剖析需求冰山表面上的浅层次需求，但那些深藏冰山之下的模糊、隐性的潜在需求，仍需要人去用心洞察，需要调研人员去深刻感受顾客的生活、情感和期望。线上大数据调研可以快速地解决“是什么”方面的相关问题，但几乎无法获知“为什么是这样”相关方面的问题。

（4）大数据研究有时也“力不能及”。

对于那些数字化程度较低、调研对象与地域范围较小、新产品或新业务尚不为人知的领域，以及需要深入调研的主题，大数据技术可能失去用武之地，传统的抽样调研反而更有优势。

随着万物互联、移动互联、大数据和智能化技术的深化，产品日益成数据智能和用户实时互动的端口，商家可以获得与用户相关的全本实时的数据，并借此利用敏捷迭代的算法引擎得以精确地满足客户的需求，大数据驱动的营销调研未来将发挥更大的价值。尽管如此，大数据调研也无法完全替代传统营销调研，二者更可能的关系是互为补充、彼此成就。就像美国索伦森公司（Sorensen Associates）做的一项研究：调研人员在超市手推车上安装了 RPID 电子标签，它们每隔 5 秒就发射无线电波，统计推车人以什么价格买了什么商品。结果发现，呈逆时针方向逛完商店的顾客购物花费更豪爽，平均而言比顺时针逛商店的人多花 2 美元。大数据无法告知这背后的原因，但有人发挥想象力进行了推测：北美人把购物车看成是“汽车”，要靠公路右侧行驶，因此，货架放在右侧时习惯用右手的人便更容易冲动购物。索伦森的这项研究结果已经得到广泛应用，很多超市将主要入口设在店面右边，鼓励消费者沿逆时针方向购物。

【观点透视】　如何尊重调研参与者的基本权利？

企业为了提供更好的产品或服务而获取和分析消费者数据的同时，也引发了消费者的数据安全和隐私保护问题。企业在获取和使用信息过程中，需要遵守基本的商业道德准则，保障所有潜在参与者的知情、选择、安全和隐私等各项权利。

（1）知情权。所有的潜在参与者都有知晓调研工作各方面信息的权利，包括调研基本内容、调研所需时间、要参与完成的任务清单、参与调研的回报和数据的用途等，以便其充分考虑是否参加该调研项目。

（2）选择权。所有的人都有决定是否参加和退出一项调研的权利。事实上，参与者是否心甘情愿地参与完成营销调研的全部项目，在很大程度上会影响调研的质量。即便应允参加了一项调研项目，如果参与者中途拒绝继续合作、打算退出，调研人员也要体谅并尊重对方的决定。任何强迫都可能导致不负责任的回答或错误数据。

（3）安全权。调研参与者具有免受身心损害的安全的权利。一些需要参与者试用产品或服务的调研项目，有可能会对参与者的身体造成损害，例如：食用导致参与者过敏的食物；在难以答出给定问题或敏感问题、在给定时限内无法完成具体任务时，可能会让参与者感受到压力，使其心理上受到损害。调研人员必须事先做好预案，避免此类事件发生。

（4）隐私权。所有的消费者都有隐私不被侵犯的权利。无论是消费者主动参与了调研还是被动被收集了数据（例如网络爬取消费者的社交网络数据），消费者隐私都应得到保密和保护，包括事先应获得消费者的许可，对呈现个人特征的数据不做收集或模糊处理等。未经消费者的同意，企业的调研人员不得随意采集和使用消费者数据。

4.3.2 大数据驱动的调研方法变革

基于大数据的营销调研是根据研究目的需要，针对一定范围内所有结构化、半结构化和非结构化数据进行搜索和采集，并对这些数据进行处理，从中分析和挖掘出有价值的信息的过程。相对传统调研而言，大数据由于体量巨大、类型复杂，需要借助大数据与人工智能等专业化技术进行收集、处理与分析。

（1）数据的收集。

常用的大数据收集方法包括：

①传感器采集。即利用传感器将探测到的数据通过网络进行数据回传的方法。伴随传感器移动化、可穿戴设备的普及，汽车、家电等几乎所有产品都在物联网化（IoT）。例如海尔公司强调其产品要具有平台功能，所有的电器都必须变成网络电器；截至 2022 年 3 月底，小米公司在全球范围内的消费级智能物联网（AioT）连接设备数已达 4.78 亿（不包括智能手机、平板及笔记本电脑）。无处不在的传感器源源不断地采集和传回数据。

②日志文件采集。日志文件是由数据源系统或平台产生、以特定格式组织而成的文本文件，记录系统的运行活动。通过对日志文件信息的采集与分析，可以获得系统或平台业务里的潜在属性或价值，用以提高企业决策和服务水平。常用于网页点击行为分析、社交平台的流量监控和管理、系统平台的监控和运营情况分析等。

③网络数据收集。即利用网络爬虫技术或网站公开应用程序编程接口（API）等方式来提取数据，获取网站访问方面的信息。广泛用于互联网搜索、购物平台商品与交易信息、人员地理空间分布信息的收集。

【观点透视】 ChatGPT 能否用来收集数据

2022 年 11 月，ChatGPT 正式推出，作为一种具有大规模参数和复杂网络结构的大语言模型，它可以根据文本提示实现文本、图像、音频、视频，甚至新知识的生成和广义的艺术创造，迅速受到前所未有的关注，引发席卷全球的讨论，也将极大地改变信息获取与处理方式。

有人测试了 ChatGPT 的综合调研功能，通过 ChatGPT，调研人员无须再阅读那些网页，甚至都不用搜索和点击——GPT 就会替你完成所有调研工作，然后生成你所需要的信息，最后返回给你最终的研究结果。例如，让 GPT 去浏览某个网站或者博客，看看当天发布了什么重要新闻，GPT 就会去点击若干网页，阅读之后，把新闻总结成文字返回给你。

GPT 目前的局限是不能精确处理比较繁杂的数学计算，同时作为一个语言模型，其训练语料是有截止日期的，例如：GPT-4 的语料截至 2021 年 9 月，这就使得它没有在此之后的新知识；因为语料是有限的，所以 GPT 不具备所有的知识，有时候爱胡编乱造。这些问题需要通过调取外部信息的方式加以解决。近期 OpenAI 宣布了 ChatGPT 的几项重大更新：一是可以上网的 GPT，解决实时获取最新知识和信息的问题；二是可以直接演练编程的 GPT，可以自行编译和运行程序；三是推出安装第三方插件的功能，ChatGPT 成为一个统一的入口，通往各种应用，你只需对它下指令，它即可自主运行插件。挑战是因预训练过程中可能侵犯数据隐私和知识产权，ChatGPT 发布的虚假信息可能给使用者带来损害等。AI 将面临越来越严格的监管。

大数据收集需要投入资金购置设备和技术，实力雄厚的企业可以按照需要自行收集个性化数据，预算有限的中小企业可以委托收集定制化数据，或者调用、购买第三方标准化数据。不同来源的大数据类型比较如表 4-8 所示。

表 4-8 不同来源的大数据类型比较

类型	描述	特点
第一方数据（自建平台数据）	也称私域数据，在企业官网、直营门店、App 等自有平台上收集的用户行为、评价以及与企业产生互动的信息	企业自主决定采集数据的广度和深度，数据可信度相对高，实施便捷。但很难收集客户交易之外的数据（需实名登记的银行、电信运营商等除外），如客户的年龄、收入、性别等，虽可通过用传统调研和客户会员登记等手段进行收集，但是数据完备度和准确率比较低
第二方数据（企业合作的外部平台数据）	也称公域数据，在外部平台上收集的企业相关数据，主要是社交媒体和电商数据。社交媒体提供的 API 接口数据包括用户在企业所属账号上的行为数据以及用户的 ID、性别、注册地、发言等各种数据；电商数据主要是客户订单数据，包括发货单上客户联系方式及购买商品价格和品类等	客户在社交媒体上的言行、在电商平台上的购买行为等数据的真实性很高；可实时采集各类营销数据。但收集的数据类型取决于外部平台的开放程度，一旦无法从外部平台获取数据，企业据此建设的数据设施和营销模式会立刻失效。而外部平台可能会连同数据一起建立封闭的营销生态圈（如淘宝的“直通车”和“钻石展位”等引流体系、微信的“广点通”）或在企业数据连通环节上设置一些障碍，影响企业数据的共享
第三方数据	指外部供应商提供的数据，企业通过购买、交换、租赁等方式使用这些数据，如企业名录等	可以立刻获取丰富的各类数据，但有时费用昂贵，另外要注意数据的合规性
公开数据	互联网上丰富、不断更新的公开数据，例如各种网站信息、政府数据、机构文献报告等	数据丰富和获取成本低，利用电脑、爬虫工具即可将这些信息爬取下来，但开放数据的选择相对较少，还可能陷入数据归属的法律风险

（2）数据处理与分析。

通过多种渠道获取的大数据其类型与结构往往十分复杂，需要进行辨析、抽取与清洗，将数据转换为便于处理的结构并去除数据中的重复、干扰和冗余项，最后对数据进行归并整理和存储。体量巨大的大数据需要超大的存储空间和超强的运算能力才能对其进行分析和管理，采用诸如 Hadoop 这样的分布式系统成为重要选项，以便让用户轻松地开发和运行处理海量数据。

进一步的数据挖掘与分析意在将数据转化为有价值的洞见。依托云计算的分布式处理、分布式数据库和云存储、虚拟化技术进行数据挖掘，通过机器学习和深度学习等人工智能技术进行大数据的聚类分析、关联分析、预测和文本挖掘等，进而从看似杂乱无章、浩如烟海的数据中提取有用的信息和知识，发掘数据背后潜藏的巨大价值。对于大数据的科学、准确的解释是做出更明智、更理性营销决策的前提。

（3）数据应用与可视化。

大数据收集和分析的目的是产生一系列可以支持决策的结果，理解数据并从中提取关键性洞见的过程越便捷，依据数据制定决策并采取行动的过程就会变得越容易。为此，需要利用数据的可视化技术，通过特定软件工具以图表、立体化图案、地图、动画或任何使内容更易理解的图形方式来直观地呈现数据，便于人们发现数据所蕴含的信息和知识。所谓“一图胜千言”，人们在阅读可视化图表或者观察可视化数据图案时，能够清晰地感受到数据之间的差异，快速锚定数据中需要的内容，在直观的分析过程中理解数据内容以及数据之间的关系，识别数据中的模式与趋势，实现快速运用数据分析结果。

本章小结

市场营销信息系统

营销调研是指运用科学的方法与技术系统地、客观地识别、收集、分析和传递有关市场营销活动的各方面信息，为企业制定有效的市场营销决策提供重要依据的过程。

市场营销信息系统是指有计划、有规则地采集、分析、挖掘、处理、存储与传递信息的程序和方法，为企业营销决策者提供制定营销规划和营销策略所需信息的，由人员、设备和软件所构成的一种相互作用的有机系统。该系统一般由内部报告系统、营销情报系统、营销调研系统和营销分析系统组成。企业市场营销信息系统正向更加网络化、智能化、虚拟化和集成化的趋势发展。

营销调研步骤与方法

营销调研的基本步骤是：明确问题与调研目标、设计调研方案、进行数据收集、整理分析数据和报告调研结果。

营销调研按其性质和目的可以划分为探测性调研、描述性调研、因果关系调研、预测性调研。

营销调研方法一般分为定性调研和定量调研两大类，二者在调研目标、问题类型、数据测量与分析、调研条件要求等方面存在很大差异。

常见的营销调研方法包括深度访谈法、焦点小组访谈法、投射技法、观察法、调查法、实验法等。

调研工具包括调查问卷、定性测量和测量仪器。

抽样方法分概率抽样和非概率抽样两大类，其中，概率抽样包括简单随机抽样、系统抽样、分层抽样和整群抽样；非概率抽样方法包括便利抽样、判断抽样、配额抽样和滚雪球抽样。

基于大数据的营销调研

大数据是指难以在一定时间范围内用常规软件工具进行收集和处理的巨量资料集合，具有规模大、种类多、生成速度快、真实性和价值性五个典型特征。

基于大数据的营销调研优势包括：数据的丰富性、自主性和动态性；调研逻辑自下而上拓宽了探索的领域和提高了发现的可能性；调研实施与数据回收的即时性；全数据分析代替抽样分析；调研便捷和成本低。

基于大数据的营销调研局限包括：大数据尚未实现全覆盖；大数据的使用存在壁垒；大数据的分析存在局限；大数据研究有时也“力不能及”。

大数据极大地改变了营销调研的数据收集、分析与报告方式。大数据的收集方法主要是传感器采集、日志文件采集和网络数据收集；大数据的处理与分析需要依托云计算、机器学习、文本挖掘等；大数据调研结果主要通过可视化技术呈现。

复习思考题

1. 企业市场营销信息系统的构成是怎样的？
2. 如何理解探测性调研、描述性调研、因果关系调研及预测性调研？
3. 营销调研的一般过程是怎样的？各阶段有哪些主要任务？
4. 什么是深度访谈？
5. 什么是焦点小组法？如何实施？
6. 什么是投射技法？操作流程是怎样的？
7. 什么是观察法？有何特点？
8. 各种询问调研方法的特点是什么？
9. 什么是实验法？有几种常见的实施模式？
10. 基于大数据的调研有哪些优势和局限？
11. 大数据驱动的调研带来了哪些方法上的变革？

营销体验

1. 小组辩论：“利用技术手段追踪”还是“向客户提问”？

伴随人们行为的日益线上化，越来越多的调研倾向于“利用技术手段追踪”用户的线上痕迹来获取数据，但依然有很多研究采取了传统的“向客户提问”的方式获取信息。

正方观点：营销调研通过技术手段追踪用户信息即可

反方观点：营销调研应通过“向客户提问”获取答案

2. 小组作业：“大学校园网购配送平台”项目调研。

为了能够为大学生网络购物提供更快捷、优质的配送服务，某物流公司计划联合某高校搭建一个专门服务大学校园的配送平台，目的是确保大学生所购的商品能够及时、准确、安全地送达。该公司想了解有关目前大学生网购物流配送市场的现状以及需求特点，特别委托某高校大学生进行前期的市场调研，以便为日后的决策提供依据。

作业要求：

（1）将所学的营销调研技术运用于营销实践，为该项目的市场开发进行调研，提供决策依据。

（2）以小组为单位，通过讨论，拟定本小组调研方案。

（3）设计调查问卷和访谈提纲，实施调研。

（4）完成一份小组调研报告。

案例讨论

推荐阅读

在线测试

第 5 章

营销战略规划

学习目标

◎ 了解公司营销战略和战术的关系；
◎ 熟悉市场营销计划的要求及其内容；
◎ 掌握市场细分常用变量和方法，理解细分的有效性标准；
◎ 掌握目标市场的评估及选择范围；
◎ 理解市场定位的含义，掌握市场定位的过程和方法；
◎ 了解基本竞争战略，能够进行竞争战略选择。

关键术语

◎ 战略规划（Strategic Planning）
◎ 营销战略（Marketing Strategy）
◎ 价值主张（Value Proposition）
◎ 市场供应品（Market Offering）
◎ 营销计划（Marketing Plan）
◎ 市场细分（Market Segmentation）
◎ 细分变量（Segmentation Variables）
◎ 地理细分（Geographic Segmentation）
◎ 人口细分（Demographic Segmentation）
◎ 年龄细分（Age Segmentation）
◎ 行为细分（Behavioral Segmentation）
◎ 利益细分（Benefit Segmentation）
◎ 目标市场（Target Market）
◎ 市场定位（Market Positioning）
◎ 市场主导者（Market Leader）
◎ 市场挑战者（Market Challenger）
◎ 市场跟随者（Market Follower）
◎ 市场利基者（Market Nicher）

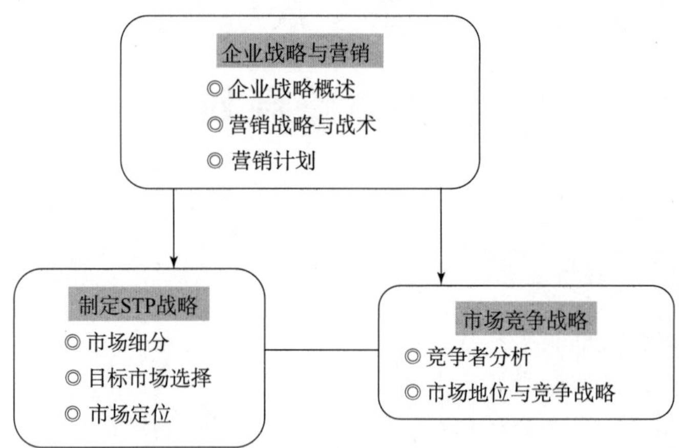

【先思后学】 “青春小酒”江小白

白酒给人的感觉就像它的味道一样，有一种久久无法散去的历史厚重感，它似乎是成年人特别是中老年人交际的必需品，传统白酒的主力消费场景集中在高端宴请以及商务应酬领域，而名酒更是一种身份和阶层的象征。这些都让人很难将其与现代追求主流时尚的年轻人关联起来。

但是，创立于2012年的年轻品牌江小白却以“年轻人第一口酒”的概念横空出世，开始对这个行业重新定位，它告诉消费者，白酒也可以是年轻的、个性的、时尚的。江小白将它的目标市场定位于年轻一代，选择了20～40岁的男性以及25～35岁的女性这一对新时代白酒有认同感、年轻化的群体，这让它很快避开强敌，在众多老牌白酒的包围中成功脱颖而出。作为一个新创五年的白酒品牌，2017年，江小白营收超过10亿元，此后连续三年保持10亿元增长，到了2019年营收已经高达30亿元，成为第一代网红品牌。

“我是江小白，生活很简单”成为江小白标志性和流传度最广泛的一句语录，此外，“青春不朽，喝杯小酒”“快乐喝小酒，寂寞唱老歌”，这些有趣的语录也吸引了年轻人的关注，直戳他们的内心，产生共鸣。同时针对目标顾客，江小白推出了口感清爽恬淡、入口顺滑的小瓶白酒，布局小酒馆小饭店等渠道终端，再加上包装简单、价格亲民，受到众多年轻人的青睐。江小白酒的亲民销售模式改变了人们对传统白酒的认知，也因此使江小白成了“80后”和“90后”的“青春小酒”。

由上述案例可见，基于市场细分的目标市场选择和市场定位对企业来说是十分重要的，它是营销管理者进行战略决策的核心内容，可以在战略层面上决定企业营销的成败。本章阐述企业战略规划与营销职能的关系，包括战略规划过程、营销计划的内容和制定方法；阐述市场细分、目标市场选择、市场定位的运作与管理，以及竞争者分析步骤和基于市场地位的竞争战略选择等。

5.1　企业战略与营销

5.1.1　企业战略概述

（1）企业战略相关概念和层次划分。

企业战略管理理论产生于西方工业革命之后，社会生产力极大发展、产品由匮乏走向丰富、企业之间竞争日趋激烈的时代。战略管理涉及一个组织长期的发展方向和业务范围，是组织根据环境变化动态配置资源，不断满足利益相关者的期望，构筑组织持续竞争优势的过程。组织要制定和执行战略，应该明确界定战略的基本要素。对与战略相关的愿景、使命、总体目标、具体目标、核心能力的解释如表 5－1 所示。

表 5－1　与战略相关的基本概念

基本概念	概要解释
愿景	对组织未来状态的期望
使命	统率全部利益相关者价值和期望的最高准则
总体目标	目的和意图的总体表述
具体目标	对总体目标的更精确表述以及在尽可能具体的情况下的定量描述
核心能力	提供竞争优势的独特资源、知识、技能及其组合

对于较大规模的企业，其经营活动中的战略通常有三个层次，即总体战略、经营单元战略与职能战略。总体战略又称公司战略，是指组织对整体发展方向和业务范围的谋划，以满足客户/消费者、股东、员工和其他相关者的需要或期望，其关键任务是决定企业应选择哪些业务，进入哪些领域。经营单元战略是关于如何在特定市场上竞争并取得成功的战略，通常发生在事业部或业务层次上，重点强调公司产品或服务在某个产业或细分市场中竞争地位的提高，其关键任务涉及如何在选定的领域内与对手展开有效的竞争。职能战略是关于组织中各部门如何根据各自的资源、流程、人员和技能，有效地实现公司或事业部的战略目标，其关键任务是解决好如何使企业不同职能部门（如人力、营销、财务、研究开发、生产等）更好地为各级战略服务，以及提高整个公司运作效率的问题。职能战略可以使职能部门的管理人员更加明确本职能部门在实施企业总体战略与经营单元战略中的责任和要求，把注意力集中在当前需要进行的工作上，以支撑经营单元战略与企业总体目标的实现。

（2）企业战略规划的步骤。

企业战略规划是企业在组织目标和能力与不断变化的市场机会之间建立和维持战略匹配的过程。其核心是为企业在特定的情境、机会、目标和资源下谋求长期生存和增长找到最合适的路径。

在公司层面，战略规划的制订过程始于对整体目标和使命的确定。使命随即被转化为详细的目标以指导整个公司的发展。然后，总部决定什么业务组合和产品最适合公司，以及给予每种业务或产品多少支持。相应地，每种业务和产品都要制订详细的市场营销计划以及其他职能部门的计划，以支持公司层面的总体计划。也就是说，市场营销规划是在业务单位、产品和市场层面展开的。它针对特定市场营销机会制订更详细的计划，有力地支持公司整体的战略规划。

具体而言，企业战略规划分为四个步骤，分别是定义公司使命、设定公司目标、设计业务组合以及规划营销和其他职能战略，如图5-1所示。

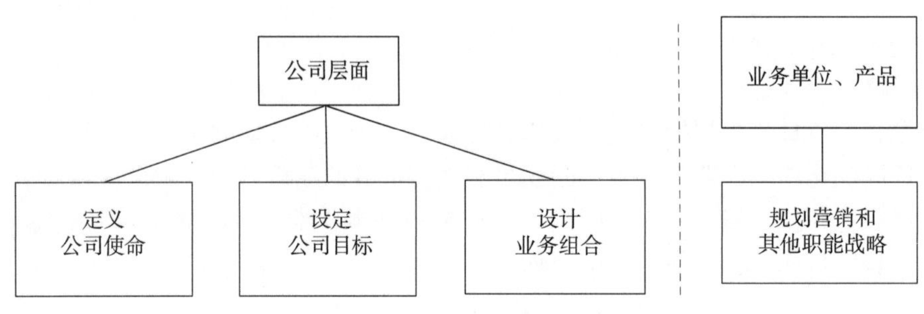

图5-1　企业战略规划的步骤

①定义公司使命。

建立完善的使命应该从以下问题入手：我们的业务是什么？我们的顾客是谁？顾客看重的是什么？我们的业务应该是什么？成功的公司不断提出这些问题并认真地做出解答。

使命宣言是组织对要在大环境下完成的目标的一个陈述，使命宣言应该是市场导向的。从满足顾客基本需求进行定义，产品和技术最终都会过时，但基本的市场需求可能永远持续下去。同时，使命宣言应该是具体的、有意义的，并且具有激励作用。

②设定公司目标。

目标应该细化到各个管理层，每个管理层都应该有目标并负责实现它们。公司使命不能太宽泛，太宽泛会导致目标层次太多。同时营销战略和计划必须能够支持营销目标的实现。

③设计业务组合。

在使命宣言和目标的指导下，管理层必须规划其业务组合——构成公司的业务和产品组合。最好的业务组合能完美地将公司的优势和劣势与环境中的机会匹配。

业务组合规划包括两个步骤：首先，必须分析目前的业务组合，并确定哪些业务应该加大投资，哪些应该减少投资，哪些应该撤资；其次，根据业务增减制定战略，打造未来的投资组合。

④规划营销和其他职能战略。

战略规划明确了公司将经营何种业务以及每种业务要达到的目标。接着，必须为各个业务单位制订更加周详的计划。每个业务单位内的主要职能部门——市场营销、财务、会计、采购、运营、信息系统、人力资源等必须紧密合作，齐心协力实现战略目标。

在进行战略制定的过程中，市场营销在许多方面发挥着重要作用。首先，营销规划提供一种指导哲学——市场营销理念，即公司的战略应该围绕与主要顾客群建立有价值的顾客关系展开。其次，营销规划通过帮助识别有吸引力的市场机会和评价公司利用这些机会的潜力，为战略规划者提供依据。最后，在单个业务单位中，营销规划为了实现企业目标而设计营销战略。战略业务单位的目标一旦确定，市场营销的任务就是以有利可图的方式实现目标。

【营销新视野】新经济对企业市场营销战略的影响

5.1.2　营销战略与战术

为了给目标顾客、合作者和公司利益相关者创造价值，公司有必要清晰地识别它将要竞争的目标市场，并设计一种向目标顾客传递一系列价值的产品。这些活动包括公司制定营销战略和设计营销组合。

（1）营销战略与战术的关系。

理解企业的营销管理可以从营销战略和营销战术两个层次展开。

营销战略（Strategy）包括选择一个明确的市场并确定其定位，公司将在其中参与竞争，并决定其试图在这个市场创造的价值。营销战术（Tactics）涉及营销组合策略，使营销战略变得具象化：它们定义了为在特定市场创造价值而开发的供应品的关键要素。这些战术在逻辑上源于公司的战略，反映了公司将这一战略变为市场现实的方式，从产品的收益和成本到目标顾客了解和购买产品的方式，战术塑造了一切。

战略和战术从根本上是相互缠绕在一起的。公司的战略详细说明了目标市场的范围、定位以及公司计划在所选定市场所要创造的价值，而战术则详细说明了将在所选市场中创造价值的供应品的实际属性。如果不理解目标市场的需要和为满足这些需要而存在的竞争选项，就不可能确定供应品的具体战术，如特征、品牌形象和定价，以及促销、沟通和分销供应品的手段等。

（2）制定营销战略。

营销战略包含两个关键组成部分：选择公司将在其中竞争的目标市场以及针对相关市场主体的价值主张。精心选择目标市场和精心设计价值主张奠定了营销战略的基础并成为制定营销战术的原则。

①识别目标市场。

识别目标市场需要明确五个因素：公司试图满足其需要的目标顾客（Customer），满足相同目标顾客同样需要的竞争者（Competitor），帮助公司满足目标顾客需要的合作者（Collaborator），开发和管理产品或服务的公司（Company），以及将影响公司如何开发和管理产品或服务的环境（Context）。这五个市场因素通常被称为“5C”模型。

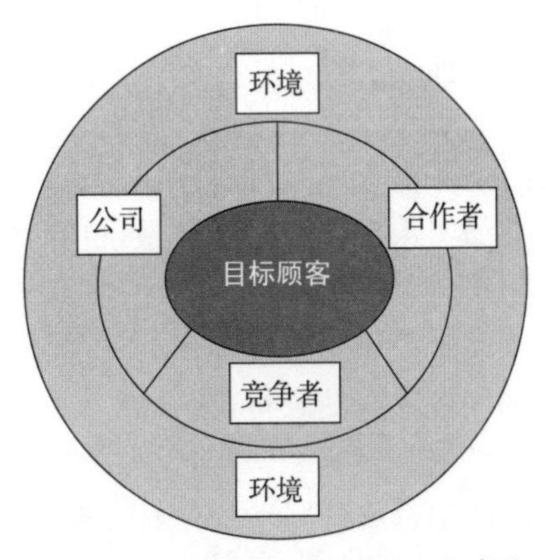

图 5－2　识别目标市场的“5C”框架

在“5C”框架中，这五个市场因素可以被直观地表示为一组同心圆：目标顾客在中心，合作者、竞争者和公司在中间，环境在最外圈，如图 5－2 所示。目标顾客在“5C”框架的中心反映了他们在市场中的决定性作用，其他三个市场主体——公司、合作者和竞争者，致力于为目标顾客创造价值；"5C"框架的外层是市场背景，它决定了顾客所处的公司、合作者和竞争者运营的环境。

②提炼价值主张。

成功的产品应该不仅为目标顾客而且也为公司及其合作者创造卓越的价值。因此，在为市场交易中的相关主体开发产品时，公司需要考虑以下三种类型的价值：顾客价值、合作者价值和公司价值。

顾客价值是向顾客提供的产品或服务的价值，这取决于顾客对产品满足其需要程度的评估。产品为顾客创造的价值基于三个主要因素：目标顾客的需要、顾客获得的利益和他们在购买公司产品时产生的成本，以及目标顾客可以用来满足其需要的替代手段——竞争性产品的利益和成本。因此，顾客价值主张应该解释为什么目标顾客会选择公司的产品而不是现有的替代品。

合作者价值是指产品对公司合作者的价值。它总结了产品为合作者创造的所有收益和成本，并反映了产品对合作者的吸引力。合作者的价值主张应该解释为什么合作者会选择公司的产品而不是竞争品来实现他们的目标。

公司价值是指产品对公司的价值。产品的价值是由与之相关的所有收益和成本、它与公司目标的密切关系以及公司可以追去的其他机会的价值来界定的。公司的价值主张决定了公司为什么会选择这个产品而不是选择替代方案。

市场价值原则被称为"3V"原则，因为它强调了为三大关键市场主体——目标顾客、合作者和公司本身创造价值的重要性。管理这三大市场主体的价值引出了优先考虑哪个价值的问题。这就要求创建一个最优价值主张（Optimal Value Proposition，OPV），以平衡顾客、合作者和公司的价值。这里的最优价值是指供应品的价值在三个主体之间相互关联，从而为目标顾客和合作者创造价值，使公司能够实现其战略目标。

（3）设计营销战术。

市场供应品（Market Offering）是公司为满足特定顾客需要而部署的商品。与体现公司战略的目标市场和价值主张不同，产品体现了公司的战术，即公司在其竞争的市场中创造价值的具体方式，这种战术通常被称为营销组合（Marketing Mix）。

营销管理者在应对开发创造市场供应品时有七种战术：产品、服务、品牌、价格、激励、沟通和分销。这七个属性代表了将市场产品战略转变为现实所需的活动的组合，通常被称为"7T"（Tactic），如图5-3所示。

产品是一种适销对路的商品，旨在为目标顾客创造价值。产品可以是有形的，如食品和服装，也可以是无形的，如音乐和软件。购买产品将赋予顾客对所购产品的所有权。例如，通过购买汽车或软件程序，所有者被赋予所购产品的所有权。

服务也旨在为顾客创造价值，但并没有赋予顾客所有权。服务的例子包括设备维修、影片租赁、就医流程和报税服务等。

品牌是识别公司提供的产品和服务，并将其与竞争品区分开来，在此过程中创造超越产品和服务本身的独特价值。

价格是顾客和合作者为获得公司产品提供的利益而产生的货币费用。

激励是有针对性的工具，旨在通过降低成本或增加收益来提高产品的价值，激励通常以批量折扣、降价、优惠券、现金返还、赠品、奖金、竞赛，以及货币与表彰奖励的形式提

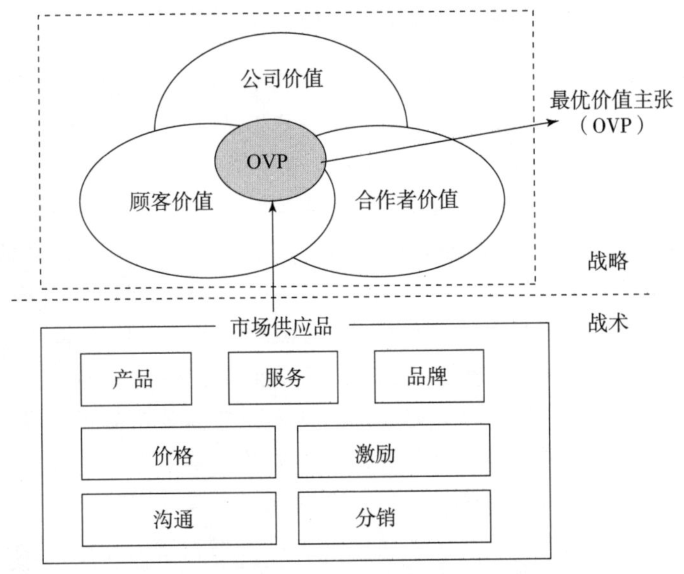

图 5－3 营销战术：定义市场产品的“7T”

供。激励可以直接面向消费者，也可以面向渠道合作伙伴等公司的合作者。

沟通是向目标顾客、合作者和公司利益相关者告知产品的细节以及产品的获取途径。

分销涉及用于向目标顾客和公司合作者提供产品的渠道。

这七种营销战术可以被视为设计、沟通和传递顾客价值的过程，如图 5－4 所示。产品的设计价值包括产品、服务、品牌、价格和激励，而沟通和分销则分别形成这一过程中的沟通价值和传递价值。因此，企业通常都会在三个维度上优化顾客价值。

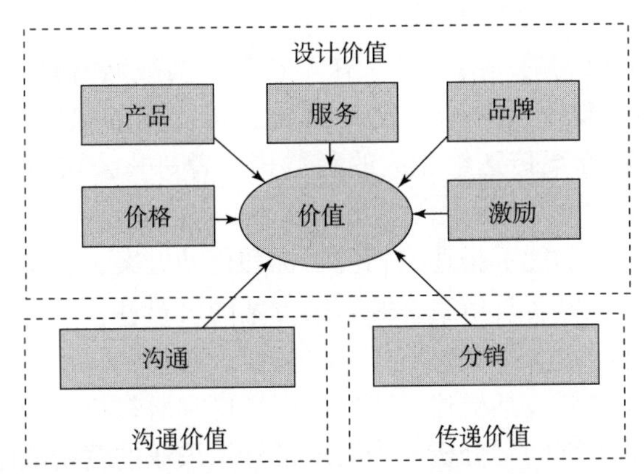

图 5－4 营销战术作为设计、沟通和传递顾客价值的过程

价值创造过程可以从公司和顾客这两个角度来考虑，公司将价值创造视为设计、沟通和传递价值的过程，而顾客会从不同的角度——产品的吸引力、知名度和可获得性来看待价值创造过程。吸引力反映了目标顾客与产品、服务、品牌、价格和激励相关的收益和成本。知名度突出了目标顾客了解产品细节的方法。可获得性包括目标顾客获得产品的各种方式。

【观点透视】 “4P”与“7T”

在设计营销战术时，对于营销组合，主要有两种不同的观点。一种是被广泛应用的“4P”框架；另一种则是将营销战术视为定义市场产品的7个关键属性的过程的观点。

1960年，美国密歇根州立大学的杰罗姆·麦卡锡教授在其《基础营销》一书中指出了管理者在设计市场产品时必须做出4项关键决策，即产品（Product）及其特性、价格（Price）、渠道（Place）、促销（Promotion）。1967年，菲利普·科特勒在其畅销书《营销管理：分析、规划与控制》第一版进一步确认了以“4P”为核心的营销组合方法。

菲利普·科特勒在《营销管理》（第16版，2022年9月出版中译本）中指出，由于简单、直观、易记，“4P”框架广受欢迎，然而，正是由于这种极简性，“4P”框架与当代商业环境的相关性明显不足。它的局限之一是它无法区分产品是产品还是服务，这在当今服务导向的商业环境中是一个主要缺陷。它的另一个重要局限是，它将品牌视为产品的一部分而非独立的属性。事实上，产品和品牌是市场产品的两个不同方面，每一个都可以独立存在。第三个不足在于它对促销一词的界定。促销是一个广泛的概念，包括两类不同的促销活动：一是激励，包括价格促销、优惠券和贸易促销；二是沟通，包括广告、公共关系、社交媒体和个人销售。

菲利普·科特勒指出，用7个关键属性而不是4项关键决策来看待市场产品，可以避免“4P”框架的局限性。“4P”可以很容易地映射到“7T”框架的7个关键属性上：第一个P（产品）包括产品、服务和品牌；价格仍然是第二个P；第三个P（促销）与激励和沟通匹配；而分销则取代了第四个P（地点）。因此，“7T”营销组合是“4P”框架更为精细的版本，为设计公司的市场产品提供了更准确和更可行的方法。

5.1.3 营销计划

营销计划指导和协调公司的所有营销工作。它是公司战略管理过程的具体成果，概括了公司的最终目标及其实现手段。为了达到指导公司行动的最终目的，营销计划必须有效地将公司的目标和行动方案传达给相应的利益相关者——公司员工、合作者、股东和投资者。

营销计划具有三个主要功能：描述公司的目标和行动方案，告知利益相关者公司的目标和行动方案，并说服相关决策者理解目标和行动方案的可行性。

（1）营销计划的内容。

一般来说，营销计划主要包括概述、当前营销环境和潜在机会与威胁分析、拟实现的营销目标和可能影响目标的关键问题分析、为实现目标拟采取的营销战略、将战略转化为具体行动的计划、支持性营销预算以及监控进展的控制措施。具体如表5-2所示。

表5-2 营销计划内容

内容	目的
概述	对计划的主要目标和要点简要总结，便于管理层评价计划，帮助高层管理者尽快发现计划的要点。概述之后应该跟有目录

续表

内容	目的
当前的营销环境	市场描述：界定市场和主要的细分市场，进而评价营销环境中可能影响顾客购买行为的需求和其他因素 产品评价：显示产品线中主要产品的销售额、价格和毛利 竞争评价：确定公司主要竞争对手，并评估其市场定位以及为产品质量、定价、分销和促销所制定的策略 渠道评价：评价近期的销售趋势和主要分销渠道的动态
威胁和机会分析	评价产品可能会面临的主要威胁和机会，帮助管理层预测对公司及其战略可能产生影响的各种动态
目标和问题	陈述公司在计划期间要实现的营销目标，讨论可能影响目标实现的关键问题
市场营销战略	简述业务单位为实现营销目标所依据的总体营销思维逻辑，以及市场细分、目标市场选择、定位和营销费用水平的具体情况。阐释营销组合各个要素的具体内容，并解释每项决策如何应对计划中已经指出的威胁、机会和关键问题
行动计划	清晰地说明营销战略如何转化为行动计划，能够回答下列问题：做什么？何时做？谁对此负责？费用是多少？等等
预算	详细说明支持性的营销预算，预算列明预期收益（预测的销售量和平均定价）与预期成本（生产和营销费用）
控制	简要说明用于监控进展的控制措施，使高层管理者能够评估实施结果。包括测量市场营销投资回报

（2）制订营销计划的方法。

营销成功通常源于勤勉的市场分析、计划和管理，制订营销计划的过程可以被概括为 G - STIC 框架，也被称为 G - STIC 行动计划方法。包括目标（Goal）、战略（Strategy）、战术（Tactics）、执行（Implementation）和控制（Control）。它阐明公司的目标并制定实现该目标的行动方案。行动计划流程如图 5 - 5 所示。

G - STIC 营销计划和管理方法的各个组成部分如下：

目标描述了公司成功的最终标准，它规定了公司计划实现的最终结果。目标的两个组成部分是重点，它定义了用于量化公司行动的预期结果的指标，以及表明朝着目标前进并定义实现目标的预期时间的绩效基准。

战略通过描绘公司的目标市场并描述市场产品在该市场的价值主张，为公司的商业模式提供了基础。

战术通过定义公司创造价值的关键属性来执行战略。这七种战术——产品、服务、品牌、价格、激励、沟通以及分销，是用于在公司所选的市场中创造价值的工具。

执行指公司出售产品的准备过程，包含开发产品以及在目标市场部署产品。

控制通过监测公司在时间维度上的绩效和公司经营所在市场环境的变化来衡量公司活动的成功与否。

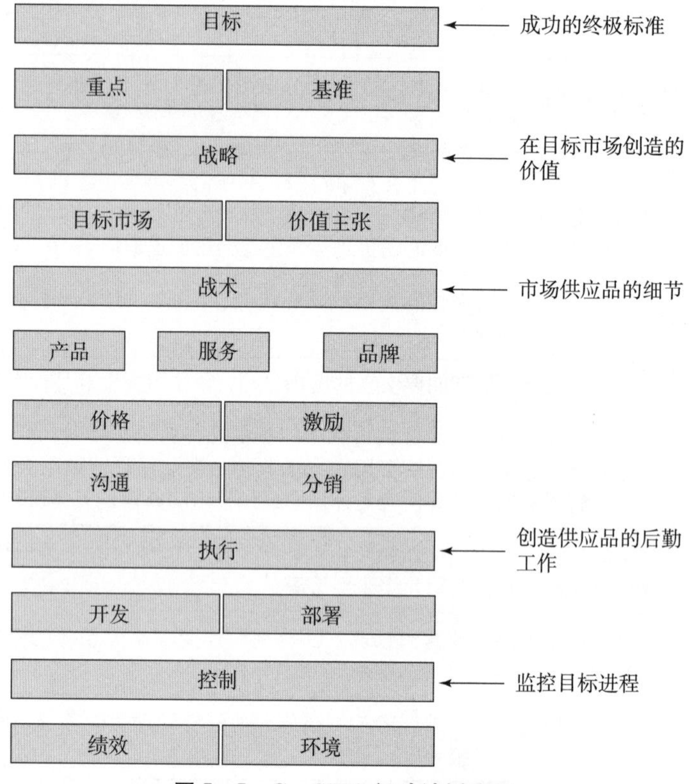

图 5－5　G－STIC 行动计划流程

5.2　制定 STP 战略

STP 是市场细分（Segmenting）、目标市场（Targeting）、市场定位（Positioning）的英文单词缩写。进行 STP 战略分析是制定营销战略的核心内容，也是制定营销战略的有效工具。

5.2.1　市场细分

1. 市场细分的内涵

市场细分是指根据构成总体市场消费需求及购买行为的差异性，将整体市场划分为若干个相类似的消费者群体。在细分后的若干细分市场中，同一细分市场具有共性需求，不同细分市场具有差异化需求。通过细分有助于企业更好地认识市场需求的共性和差异性，为目标市场选择和市场定位奠定基础。

通过细分可以划分出不同的子市场，通过对各细分市场需求满足度评估，从中识别那些需求尚未得到满足或低满足度的子市场，这便是最好的市场机会，因为市场机会就是未满足或未完全满足的市场需求。

基于市场细分，不仅可以掌握细分市场的需求满足度，而且可以把握各细分市场的需求特点，然后企业可以将自己的资源与细分市场进行最佳匹配和最佳组合，实现企业资源的合理配置。

在市场细分基础上，企业对各子市场需求的认识和把握更加清楚、准确，有利于提供更有针对性的产品、服务和设计适合的营销组合策略。

【案例启迪】 市场细分助力比亚迪市场拓展

鉴于初始阶段人们对新能源汽车的接受度不高，产品技术水平也不够成熟，比亚迪新能源汽车首先进入的是中低层消费市场，产品主要面对收入较低的人群进行推销，这类人群购车的主要追求是性价比，比亚迪新能源汽车在这方面具有较强的竞争优势，其购买价格、售后成本相对低，实用性较高。这一方式帮助其打开了初期的新能源汽车市场，让其在国内新能源汽车领域占据较大市场份额。

但是，随着需求的不断提升，市场拓展格局也逐渐发生变化。为开拓市场、提升自主创新能力、走在新能源汽车技术前沿，需不断加大技术研发投入，低价格策略与其日益增长的研发投入和生产成本开始不匹配，于是比亚迪开始着眼中档消费市场布局，抓住刚刚工作的年轻人、白领、刚开始创业的小老板的消费需求和购买心态，在满足汽车使用用途的基础上，研发、生产具有科技、动感、时尚等因素的新产品。近两年新上市的车型中，汉、秦、宋、唐等王朝系列就是面对中档消费者的“网红”车型，这些车型价格又比其他中档车型便宜，能够满足目标客户外观洋气、价格实惠、保养不贵的购买需求。

2. 细分变量

（1）消费者市场细分。

细分变量就是指影响需求差异的那些变量。细分变量往往具有层次性，依据何种变量进行的细分就相应叫做这种变量细分，如依据地理变量进行的细分就叫做地理细分。消费者市场常用细分变量如表5-3所示。

表5-3 消费者市场常用细分变量

细分变量	举例
地理细分	• 国家：欧美、中亚、东亚、东南亚、中东、拉美、非洲、西亚、北亚等/发达国家、发展中国家 • 地区：南方、北方或西北、华北、华东、华南等 • 城市规模：超大城市、特大城市、大城市、中等城市、小城市等 • 人口密度：人口密集区、中等区、稀少区、极稀区 • 气候：寒带、温带、热带／海洋性、大陆性 • 地形地貌：平原、高原、盆地、山地、丘陵
人口细分	• 年龄：学龄前、小学生、中学生、青年、中年、老年 • 性别：男性、女性 • 家庭规模：单身、二人世界、三口之家、四口之家、家族 • 家庭生命周期：单身、新婚期、满巢期、空巢期与解体 • 民族：汉族、五十五个少数民族 • 籍贯：中国大陆、中国台湾、中国香港、中国澳门、海外华侨、外籍在华

续表

细分变量	举例
人口细分	• 宗教信仰：佛教、道教、天主教、基督教、伊斯兰教 • 受教育程度：文盲、小学、初中、高中、大学本科、硕士、博士等 • 经济收入（月收入：元）：1 500 以下、1 501 ~ 3 000、3 001 ~ 5 000、5 001 ~ 8 000、>8 000 • 职业：国家机关、党群组织、企业、事业单位人员，商业、服务业人员，农、林、牧、渔、水利业生产人员，生产、运输设备操作人员及有关人员，军人，不便分类的其他从业人员等
心理细分	• 生活方式：传统型、新潮型、节俭型、奢华型、严肃性、活泼型、乐于社交型、爱好家庭生活型等 • 个性：活泼好动型、沉默寡言型、传统保守型、优雅型、追逐潮流型、放荡不羁型等 • 购买动机：求异心理、求实心理、攀比心理、求新心理、炫耀心理、求美心理等 • 价值取向：理性型、追求完美型、服务型、无私奉献型、利益至上型、信仰至上型、追求权力地位型等 • 商品供求形势：供过于求、供不应求、供求平衡 • 销售方式的感应程度：敏感型、迟钝型、理智型、排斥型 • 阶层：目前中国已形成十大社会阶层，包括国家与社会管理者阶层，经理人员，私营业主，专业技术人员，办事人员，个体工商户阶层，商业服务人员阶层，产业工人，农业劳动者，城乡无业、失业、半失业者
行为细分	• 消费者进入市场的程度：经常购买者、初次购买者、潜在购买者 • 消费的数量：大量客户、中量客户、少量客户 • 对品牌的忠诚度：忠诚者、转变者、多变者 • 品牌偏好：单一品牌忠诚者、多品牌忠诚者、无品牌偏好者 • 购买或使用产品的时机：普通时机、特殊时机（节假日） • 使用率：经常使用、偶尔使用、从未使用 • 对产品的态度：相当热情、无所谓、厌恶反感
利益细分	• 化妆品：美白、祛斑、保湿、防晒 • 牙膏：美白、防蛀牙、口气清新、全面护理、经济实惠 • 服装：舒服、实惠、个性、大方 • 汽车：安全、省油、贵族、时尚、实惠 • 食品：包装抢眼、营养、美味、独特等

①地理细分变量。

不同地理环境下，人们的需求是有差异的。地理细分变量包括国家、地区、城市、乡村、人口密度、气候、地形地貌等。地理细分变量直观，容易识别，也容易让人取得认识上的一致，但这类细分变量是静态变量，同一地理区域的消费者对同一类产品的需求还会受其他因素诸如年龄、性别、收入、受教育程度等影响，因而还有必要依据其他因素作进一步细分。

②人口细分变量。

常用的人口细分变量包括年龄、性别、收入、教育、职业、家庭生命周期等，是细分消费者市场最常使用的变量之一。

③心理细分变量。

心理细分变量具体包括个性、生活方式、社会阶层、购买动机、价值观等。个性影响着人们的消费观念和消费行为，人们希望借助所消费的产品来突显自己的个性，因而倾向于选择能反映自己个性的、与自己个性相吻合的商品。生活方式不同的消费者的需求存在差异，因而可以依据生活方式来细分市场，但生活方式细分变量有时不容易识别，也不易取得统一认识。社会阶层是指全体社会成员按照一定等级标准划分为彼此地位相互区别的社会集团。同一社会阶层成员之间态度、行为模式和价值观等方面具有相似性，不同阶层成员存在差异性。

④行为细分变量。

行为细分变量具体包括追求利益、购买时机、使用数量、消费者与市场的密切程度等。消费某种商品时想从中得到的功能和效用，即追求的利益，直接决定着消费动机和购买行为。对于购买时机，一方面根据是否节假日购买细分，另一方面根据是否经常购买细分。

按消费者对商品的使用数量，可细分为大量使用者市场、中量使用者市场和少量使用者市场。依据消费者与市场的密切程度，可以细分为常规消费者、初次消费者和潜在消费者市场。这种细分的意义更多地体现在对企业营销策略的作用上，如企业尽量维持常规顾客的同时，吸引初次顾客并逐渐使之转化为常规顾客；刺激潜在顾客的购买欲望，并使之成为初次购买者，进而转化为常规顾客。

⑤利益细分变量。

利益细分方法是建立在人们在消费某种特定产品时所欲获得利益的基础上的一种方法。一般来说，运用利益细分法首先必须了解消费者购买某种产品所寻找的主要利益是什么；其次要了解寻求某种利益的消费者是哪些人；再次要调查市场上的竞争品牌各适合哪些利益，以及哪些利益还没有得到满足。通过分析，企业能更明确市场竞争格局，挖掘新的市场机会。

【案例启迪】　星巴克的市场细分

星巴克于 1971 年成立于美国的西雅图市，是全球规模最大的连锁式咖啡店，旗下零售产品众多，足迹遍布北美、南美、亚欧多个大洲的 37 个国家，员工人数近 12 万人。其公司理念是将其建设成为顶尖的咖啡连锁店。星巴克的名字源于麦尔维尔的作品《白鲸》。麦尔维尔是一位相对小众的作家，虽然在文坛有非常高的地位，但他的读者群集中于受过较高文化教育的小部分人群。从星巴克名称的来源，可以窥知其对于公司以及目标市场的定位：面向的不是广泛的大众，而是受过良好教育、追求生活品质、富有艺术品位和生活情调、注重享受的以城市白领为代表的人群。星巴克的理念是：星巴克卖的不仅是咖啡，更是以咖啡为载体的一种生活格调。

地理细分：星巴克所选取的目标市场以城市中产阶级为主要代表，鉴于这个定位，星巴克在进入中国市场时首先锁定一线城市的一线商圈，打开市场赢得口碑之后，再呈辐射状向周边城镇进军。

人口细分：从受教育程度来划分，分为受过良好教育的人群和受教育水平较低的人群；从性别上来说，女性比男性更加追求生活品质、心灵感性层次的享受以及生活情调；从年龄上划分，20~40岁这个阶段的人群更加注重休闲享受，并且有能力为此支付。

心理细分：按照心理因素分为两类，一类是追求品质生活的位于社会上等阶层的人群，他们注重享受，对咖啡品牌的象征意义更加看重，并愿意为独特的咖啡文化支付；另一类是社会中的中层阶层，他们不受传统约束，追求时尚和自由，愿意尝试新鲜事物，消费水平足够。

行为细分：按照行为因素大致分为咖啡爱好者、随机消费者、咖啡厌恶者三类。咖啡爱好者，此类人群嗜好咖啡，对咖啡的种类、口味、文化有较多了解，更加注重咖啡的品质与口味；随机消费者，他们对咖啡品质和种类不太了解，对咖啡的消费多是出于对生活品质的追求；咖啡厌恶者，此类人群排斥咖啡，不适宜作为目标人群。

（2）组织市场细分。

组织市场的细分变量往往与消费者市场不同。常用的组织市场细分变量有以下几种：

①统计学变量：包括行业、用户规模、投资者关系、客户地理位置等。

②用户运营变量：客户的技术水平、技术能力、生产工艺水平、生产能力、设备现状、管理水平和管理模式、资金状况、企业价值观、产品采购与使用历史等。

③用户购买行为变量：指采购部门的组织结构、权力结构、买卖关系性质、采购标准、采购方式等。

④环境因素变量：如订单的紧迫程度、产品使用环境、订单大小、对服务的依赖程度、用户产品的最终使用者的需求等。

⑤购买者的个性变量：主要指购买者个人的价值观。

3. 市场细分的方法

选择了合适的细分变量，为市场细分提供了细分依据，还需要进一步确定采用什么样的细分方法。依据细分变量的多少及细分思路的不同，细分方法分为以下几种：

（1）单因素法。

只选用一个细分变量作一次细分就能够将整个市场细分为若干顾客群体，并且同一群体内的需求保持相似。这种方法细分工作量少，但是由于在现实中消费者的需求是复杂的，要受多种因素的影响，因而这种细分方法在现实中很少用，主要适用于需求差异简单的组织市场。

（2）综合多因素法。

消费者的需求受多种因素影响，差异性强，需要综合考虑多个细分变量进行细分。尽管这种细分方法涉及两个以上因素，细分工作量大，但可以使企业对需求差异复杂的市场有更清晰的认识，是实践中常用的方法。

（3）系列因素法。

当细分市场所涉及的因素是多项的，并且各因素是按一定的顺序逐步进行，可由粗到细、由浅入深逐步进行细分，这种方法称为系列因素细分法。运用这种方法，目标市场将会变得越来越具体。这种细分方法工作量明显减少，针对性却增强，因而在实践中被广泛应用。

【案例启迪】市场细分的典范：宝洁公司

【观点透视】　市场细分越细越好吗？

市场细分理论在指导企业的过程中，自身也吸收实践经验得以完善和发展，逐渐向两个方向衍化，分别是超市场细分理论以及反市场细分理论。

超市场细分理论是近些年来，在互联网技术高速发展的背景下，在美国诞生并受到推崇的新的市场细分理论，由于互联网技术的成熟以及在生产生活中的广泛应用，使得超市场细分理论所提出的观点有了更多实际的意义。超市场细分理论提出：现有的细分市场可以再度细分，实现一对一为顾客提供服务。这种做法无疑会提高顾客对于品牌的忠诚度，但过度追求极致的个性化，会给企业带来沉重的负担。超市场细分模式主要有以下几个要素：①维系顾客忠诚。通过对顾客个性化需求的偏好分析，并加以满足，从而提升顾客对品牌的忠诚度。②寻求价值客户。企业提供一对一的个性化服务，就必须寻找能给企业带来最大价值的客户。③建立动态数据库。超市场细分仰赖于顾客数据库的分析结果，所以数据应当及时、有效、无误，要审慎地建立数据库，并时常加以更新和检查。④设计个性化的服务。企业应当收集顾客的购买记录以及顾客的反馈建议等，从中分析顾客的需求偏好，不仅是显性的，更应当包括隐性的，从而更好地服务每一个顾客，为其提供量身定做的个性化服务。

超市场细分理论追求的营销模式使得很多市场被过度细分，产品价格因此不断攀升，对销量和企业利润产生影响，尤其当一对一的个性化定制服务在实践过程中受到阻碍之后，人们才意识到，市场细分不一定是要分得越细越好。在这种情况下，反市场细分理论被提出来了。反市场细分理论的观点并不是反对市场的细分，而是在总结归纳并满足多数消费群体的共同需求的前提下，合并一些过于细分的市场，这样就可以利用规模营销优势降低成本，实现以较低的价格为较大的市场提供消费服务。反市场细分模式在实践过程中主要有两种方式：第一种是合并一些过度细分的市场，形成较大的市场，利用规模营销优势来获得利润；第二种是缩减现有的产品线，从而减少对应的细分市场，规避不必要的营销支出。

5.2.2　目标市场选择

目标市场就是企业在市场细分的基础上，综合考虑细分市场的竞争状况、市场规模和发展潜力，以及企业自身资源与发展目标等因素的前提下，所选择的企业能为之有效地提供产品或服务的一个或几个细分市场。

1. 评估细分市场

由于企业资源有限，面对经过市场细分活动划分出的细分市场，企业必须要学会理智地判断，有所为而有所不为，将有限的资源用在那些最有吸引力、企业又有能力为之服务的细分市场上。细分市场的评估主要从市场吸引力和企业目标与资源能力两个方面展开。

（1）市场吸引力。

决定市场吸引力的主要因素有：市场规模大小、市场成长性、市场竞争结构、市场进入难度、市场透明度、市场生命周期、市场经验曲线、关键经营因素与本企业优势的相关性，以及企业保持差异化优势的能力等。其中前三个因素对市场吸引力的作用最大，因而往往更被大多数企业所关注。

①市场规模与市场成长性。

市场规模对市场吸引力的影响主要体现在它带给企业的规模效应上。市场规模越大，企业运作空间越大，越容易形成规模经济，降低产品成本，企业获利的可能性和程度也越强。但规模大的市场也越容易被更多的企业所关注，所以仅仅根据市场规模评估市场吸引力是远远不够的。市场成长性为企业进入该市场后持续发展提供了市场空间保障。市场成长性可以通过对历史和当前的市场销量数据的收集和统计分析而初步获得。市场增长率越高、越持久，则其成长性越好，在选择目标市场时应当考虑。

②市场竞争结构。

任何企业在制定营销策略时都必须考虑竞争状况。规模大、成长性好的市场吸引力大，但竞争可能往往也剧烈，这在一定程度上降低了其吸引力，所以评估细分市场的吸引力时，市场竞争状况不得不予以考虑。关于评估市场竞争结构，美国著名的竞争战略专家迈克尔·波特认为一个行业的竞争力量来自五个方面：市场中现有竞争者、潜在竞争者、替代品、供应方讨价还价能力、买方讨价还价能力，这五种力量相互作用决定了行业市场的竞争强度。五种力量模型将大量不同的因素汇集在一个简便的模型中，以此分析一个行业的基本竞争态势。（详见第2章相关内容）

供应商影响一个行业竞争者的主要方式是提高价格，以此榨取买方的盈利；购买者的讨价还价能力也能够对行业盈利性造成威胁，购买者能够强行压低价格，或要求更高的质量或更多的服务；潜在竞争者的威胁表现在带来大量的资源和额外的生产能力，并且要求获得市场份额；替代品的威胁是指那些与客户产品具有相同功能的或类似功能的产品的提供方带来的影响；行业内现有竞争者的竞争常常表现在价格、广告、售后服务等方面，其竞争强度与许多因素有关。

③其他因素。

市场吸引力还受市场透明度、市场生命周期、市场经验曲线、关键经营因素与本企业优势的相关性，以及企业保持差异化优势的能力等影响。

（2）企业目标与资源能力。

吸引力大的市场是企业目标市场选择的备选对象，但仅有吸引力还不够，还必须考虑企业能否驾驭这些市场为目标顾客提供相适应的产品，能否符合企业既定的发展目标。企业资源能力分析可以从战略资源、产品技术资源、产品原材料资源、营销渠道资源、品牌资源等方面进行。

2. 目标市场选择的范围

（1）密集单一市场。

公司选择一个细分市场集中营销，可能是具备了在该细分市场获胜必需的条件，或者企业可能资源有限，只能在一个细分市场经营，又或者这个细分市场中可能没有竞争对手。通过密集营销，更加了解本细分市场的需要并树立特别的声誉，便可在该细分市场建立巩固的市场地位。但是密集营销相对而言风险更大，个别细分市场可能出现一蹶不振的情况，或者某个竞争者决定进入同一个细分市场。所以许多公司宁愿在若干个细分市场分散营销。

（2）选择专门化。

选择若干个细分市场，其中每个细分市场在客观上都有吸引力，并且符合公司的目标和资源。但在各细分市场之间很少有或者根本没有任何联系，然而每个细分市场都有可能赢利。这种多细分市场优于单细分市场，因为这样可以分散风险，即使某个细分市场失去吸引力，仍可继续在其他细分市场获取利润。

（3）产品专门化。

集中生产一种产品，向各类顾客销售这种产品。通过这种选择，在某个产品方面树立起很高的声誉。但是如果产品被替代品代替，就会发生危机。

（4）市场专门化。

专门为满足某个顾客群体的各种需要而服务，通过为特定的顾客群体服务，获得良好的声誉，并成为这个顾客群体所需各种新产品的代理商。但如果该顾客预算削减，就会减少从这个代理商购买产品的数量。

（5）完全覆盖。

用各种产品满足各种顾客群体的需求。通常是公司发展到一定程度才能采用完全市场覆盖战略，例如小米公司的生态链。

目标市场模式选择示意如图 5－6 所示，其中：M 表示市场，P 表示产品或服务。

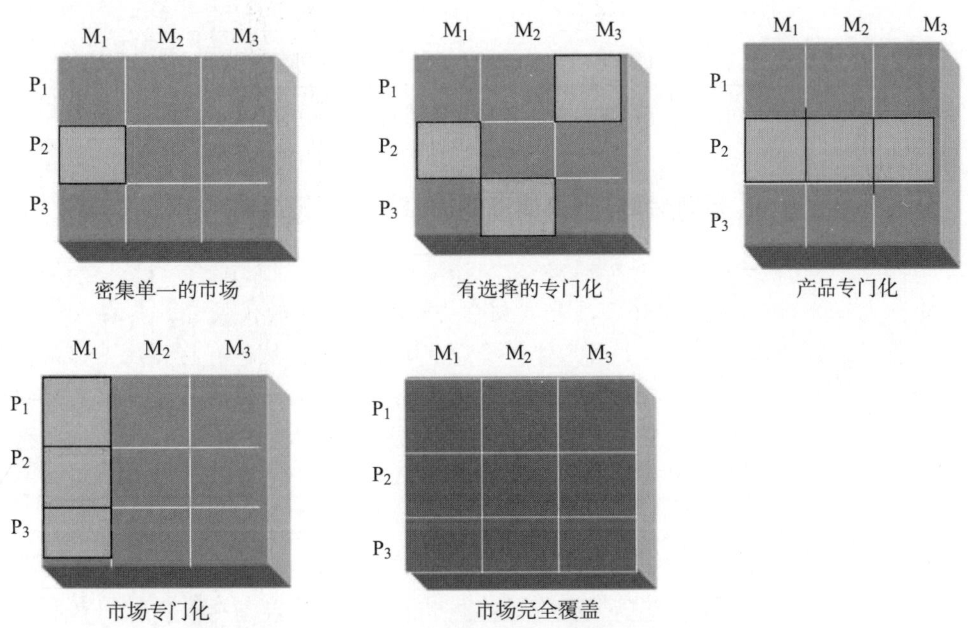

图 5－6　目标市场模式选择示意

3. 目标市场营销战略

选择目标市场以后就明确了企业应为哪一类用户服务，并满足他们的哪一种需求。也就是要确定目标市场的营销活动如何组织和开展。目标市场营销战略有三种类型，即无差异营销战略、差异化营销战略和集中化营销战略。

（1）无差异营销战略。

无差异营销战略就是企业把整个市场作为自己的目标市场，只考虑市场需求的共性，而不考虑其差异，如图5－7所示。这时企业对整个市场只采取一种营销组合策略，它是建立在顾客需求的共性十分明显，甚至就是同质市场的假设前提下的。随着市场发展，需求差异程度提高，无差异营销战略受到了越来越严重的挑战。

图5－7　无差异营销战略

（2）差异化营销战略。

差异化营销战略是在将整个市场细分为若干子市场的基础上，针对不同的子市场，设计不同的营销组合策略，以满足不同的消费需求，如图5－8所示。这种战略考虑了细分市场的需求差异化，能很好地满足细分市场的不同需求，有利于提高顾客忠诚，扩大销售并抵御竞争者进入。

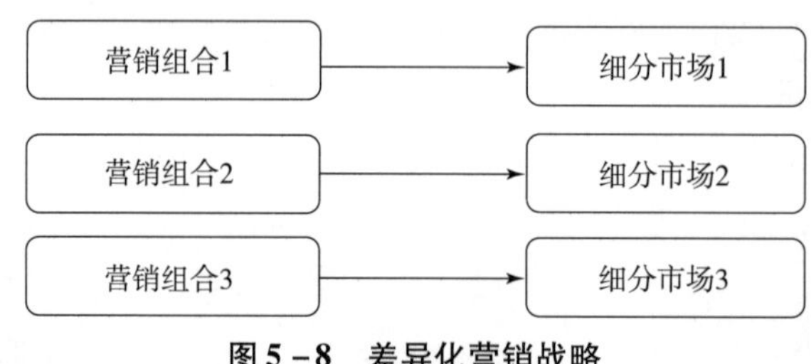

图5－8　差异化营销战略

【案例启迪】　小熊电器的差异化营销战略

小熊电器公司创办于2006年，是“创意小家电”行业的佼佼者，其在企业中很好地运用了大数据技术，主打小众品牌，将细节做到极致，把所有的关注点都放在创意性研究，产品设计、生产以及销售上，尽可能地将小家电产品的独特优势发挥到最大程度。与此同时，又提出了“萌家电”这一想法，企业携手电商平台，积极打开销售渠道，由此，建成“创意小家电＋互联网”品牌。

（1）品牌差异化。小熊电器核心品牌为“小熊”，这是一个自主建立的品牌，注入品牌“萌”的元素，推动生活向“萌”发展，用户、家电和生活在“小熊”产品中被巧妙联系起来。小熊电器在推广品牌时采用了多种手段，如在有热度的电商平台播出广告、植入电视广告、参与直播或短视频等、邀约明星为品牌代言等，这些都可以起到有效的品牌推广作用。小熊品牌的关注点在青年人群，尽最大努力去和青年一代沟通接触，打造出品牌在青年消费者中的知名度，这是支撑企业未来持续发展的动力。青年消费人群成为忠实的品牌粉丝后，很快就能在其他消费者中树立起小熊品牌的知名度，企业可以得到更好的名誉和口碑，同时企业形象也得以塑造。

(2) 销售渠道差异化。小熊电器除了在天猫、京东、苏宁等热门电商渠道进行线上销售，还在努力推进与其他新兴起的电商的合作，如拼多多、小红书等，积极开拓线上销售线路，和合作方保持一种长期稳定关系。在互联网大数据技术的帮助下，小熊电器迅速提高了线上销售量。独属于小熊电器的消费群体是其他品牌所没有的，企业专门以社群运营的方式为小熊品牌的粉丝设立了一个名为“熊粉窝”的地方，他们可以在这里进行沟通和交流，成员之间可以分享自己在美食上的收获，大家的资源共同分享，反映出消费者的真实诉求，推动改进产品功能。小熊电器与粉丝亲密无间的关系，不断激励着企业的创新和发展。

(3) 产品差异化。小熊电器持续加大科研方面的投入，改进产品体验感，实现消费者需求，提升研发团队的创新能力。设计产品时，将用户体验、生活方式、匠心精神三者结合考虑，使新产品满足消费者喜好和行为习惯。加快产品的更新换代，生产出的产品在市场要具有竞争力，就要使“萌”的特点不仅体现在形式上，也要体现在其体验感和视觉感上，这样产品才能越发火爆。企业生产的样品多种多样，不同类型的产品之间实现了良性交流，激发消费者对各类产品的购买欲。小熊电器研究生产了400多种不同型号产品，包括酸奶机、煮蛋器等。在线上销售渠道，许多产品受到了用户一致好评，多达上万条这样的评价抓住了大量青年群体的眼球，其中女性用户更加喜爱小熊品牌产品。

(3) 集中化营销战略。

集中化营销就是在细分后的市场上，选择单一或少数几个经过缜密定义的细分市场作为目标市场，实行专业化生产和销售，如图5-9所示。采用这种战略的企业对目标市场有较深的了解，这也是大部分中小型企业在初期应当采用的战略。

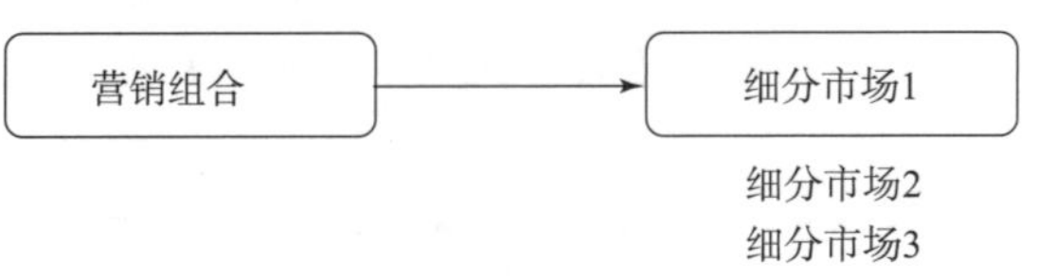

图5-9 集中化营销战略

以上三种目标市场战略各有利弊，选择目标市场时，必须考虑企业面临的各种因素，如细分市场的市场规模和发展潜力、竞争结构、企业自身资源和目标等。

【观点透视】 低成本与差异化能否兼得?

波特在《竞争战略》中对三种通用战略实施的要求进行了详细的分析。波特认为，三种战略是每一个公司都必须明确的，因为徘徊其间的公司将处于极其糟糕的战略地位。这样的公司缺少市场占有率，缺少资本投资，从而削弱了“打低成本牌”的资本。全产业范围的差别化的必要条件是放弃对低成本的努力。而采用专一化战略，在更加有限的范围内建立起差别化或低成本优势，更会有同样的问题。徘徊其间的公司几乎注定是低利润的，所以它必须做出一种根本性战略决策，向三种通用战略靠拢。一旦公司处于徘徊状况，摆脱这种令人不快的状态往往要花费时间并经过一段持续的努力；而相继采用三个战略，波特认为注定会失败，因为它们要求的条件是不一致的。同时波特也认为，采用专一化战略的结果是，公司要么可以通过满足特定群体的需求而实现差异化，要么可以在为特定群体提供服务时降低成本，或者可以二者兼得。这样，企业的盈利潜力会超过行业的平均盈利水平，企业也可以借此抵御各种竞争力量的威胁。但是，专一化战略常常意味着企业难以在整体市场上获得更大的市场份额，该战略包含着利润率与销售额之间互以对方为代价这一层含义。波特的竞争战略研究开创了企业经营战略的崭新领域，对全球企业发展和管理理论研究的进步都做出了重要的贡献。

【营销新视野】大数据时代个性化定制快速发展

5.2.3 市场定位

市场定位就是根据竞争者现有产品在市场上所处的位置，针对消费者对该产品某种特征或属性重要程度的认知，强有力地塑造出本企业产品与众不同的、给人印象鲜明的个性或形象，并把这种形象生动地传递给消费者，从而使该产品在市场上确定适当的位置。市场定位是企业全面战略计划中的一个重要组成部分。市场定位绝不是一蹴而就的，它必须综合考虑企业竞争者、消费需求、企业自身经营条件等，按照一定的步骤进行。

【知识拓展】 营销大师论定位

艾·里斯和杰克·特劳特于20世纪60年代末70年代初创立了定位理论，提出：营销的竞争是一场关于心智的竞争；营销竞争的终极战场不是工厂也不是市场而是心智；心智决定市场，也决定营销的成败。

艾·里斯和杰克·特劳特指出："定位从产品开始，可以是一件商品、一项服务、一家公司、一个机构，甚至是一个人，也许就是你自己。""但定位不是围绕产品进行的，而是围绕潜在顾客的心智进行的。也就是说，将产品定位于潜在顾客的心智中。""定位最新的定义是：如何让你在潜在顾客的心智中与众不同。"

杰克·特劳特指出："《韦氏词典》对战略的定义是针对敌人（竞争对手）确立最具优势的位置，这正好是定位要做的工作。"杰克·特劳特提出了定位"四部曲"，即行业环境、区隔概念、支持理由、对外传播。

20世纪90年代，里斯进一步指出，聚焦对定位来说是至关重要的。里斯以简单的自然现象进行比喻：太阳的能量为激光的数十万倍，但由于分散，变成了人类的皮肤也可以享受的温暖阳光；而激光则通过聚焦获得力量，轻松切割坚硬的钻石和钢铁。为此，里斯指出："企业和品牌要获得竞争力，唯有聚焦。""除非通过聚焦，对企业和品牌的各个部分进行取舍并集中资源，否则，定位往往会沦为一个传播概念。""大部分公司都不愿意聚焦，而是想要吸引每个消费者，最终他们选择延伸产品线。""建议你的品牌保持狭窄的聚焦；如果有其他的机会出现，那么推出第二个甚至第三个品牌。”

菲利普·科特勒认为：“定位是勾画企业的形象和所提供的价值的行为，它需要向顾客说明本企业的产品与现有的竞争者和潜在的竞争者的产品有什么区别。”他指出，进行定位时，要明确潜在竞争优势，选择竞争优势，明示竞争优势。近年来，科特勒又强调了顾客驱动战略中差异化理念对定位的重要性。可以说，通过差异化，才能区隔同质化产品或服务，区隔竞争对手，赢得新用户并获得新的增长空间。

1. 市场定位过程

市场定位的实质是竞争定位，要能够塑造出独特的、能在顾客心目中留下鲜明印象的产品或服务的市场形象，即追求差异性，而差异性的塑造必须了解竞争者的产品特征、竞争优势与劣势，充分发挥本企业的竞争优势，同时又能够与消费者追求的价值相一致，能更好地满足消费需求。

（1）识别可能的竞争优势。

消费者一般会选择那些给他们带来最大价值的产品和服务。因此赢得和保持顾客的关键是比竞争者更好地理解顾客的需要和购买过程，以及向他们提供更多的价值。常见差异化的实现途径如图5-10所示。

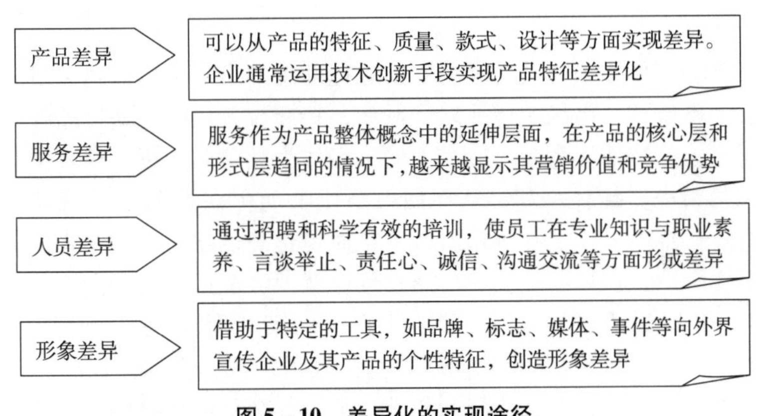

图5-10 差异化的实现途径

（2）选择合适的竞争优势。

假定企业已很幸运地发现了若干个潜在的竞争优势，企业就必须选择其中若干竞争优势，据以进行准确的市场定位。企业在定位时应该尽量避免以下常犯错误：

①定位不足。

差异化设计与沟通不足，消费者对企业产品难以形成清晰的印象和独特的感受，认为与其他产品相比没有什么独到之处，甚至不容易被消费者识别和记住。

②定位过分。

定位过分指企业将自己的产品定位过于狭窄，或者过分强调甚至夸大某一方面的差异。定位过分限制了消费者对企业及其产品的了解，同样不利于企业实现营销目标。

③定位模糊。

定位模糊指由于企业设计和宣传的差异化主题太多或定位变换太频繁，致使消费者对产品的印象模糊不清。混乱的定位无法在消费者心目中确立产品鲜明、稳定的位置，这样的定位必定失败。

并非所有的产品差异化都是有意义的或者是有价值的，也不是每一种差异都是一个差异化手段。所以公司必须谨慎选择能使其与竞争者相区别的途径。有效的差异化应该能够为产品创造一个独特的“卖点”，即给消费者一个鲜明的购买理由。有效的差异化必须遵循以下基本原则，如表5－4所示。

表5－4　有效差异化的原则

原则	含义
重要性	该差异化能使目标顾客感受让渡价值较高带来的利益
独特性	该差异化竞争者并不提供，或者企业以一种与众不同的方式提供
优越性	该差异化明显优于通过其他途径而获得的相似利益
可传播性	该差异化能被看到、理解并传播
排他性	竞争者难以模仿该差异化
可承担性	购买者有能力为该差异化付款
盈利性	企业将通过该差异化获得利润

（3）传播市场定位。

一旦选择好市场定位，企业就必须采取措施把理想的市场定位传达给目标市场。企业的市场营销组合必须支持这一市场定位战略。例如，特斯拉公司的特斯拉品牌以美国著名的科学家、发明家尼古拉·特斯拉命名。以名人的名字作为品牌名，可以很直接地让特斯拉汽车与伟人发明创造的精神连接在一起，从而使特斯拉电动车在人们心目中留下良好的第一印象。特斯拉没有将目标客户锁定在寻常百姓家，而是走高端路线。这些客户更愿意尝试新鲜事物，对价格不太敏感，而且有社会责任感及环保意识。但这些成功人士对于品质的要求又是非常严格的，比如时尚的外观及具有科技感的驾乘体验等。所以特斯拉以“Tesla Roadster”打开市场、积累口碑是非常合理的。在汽车领域，说到操控，会想到宝马；说到灯厂，会想到奥迪；说到肌肉车，会想到福特“野马”；说到老板车，会想到奔驰；说到超跑，会想到红色的法拉利、黄色的兰博基尼；说到电动车，会想到特斯拉；说到汽车的未来，也会想到特斯拉。这就是特斯拉不寻常的品牌定位。

2. 市场定位方式

（1）避强定位。

避强定位是企业避免与强有力的竞争对手发生直接竞争，而将自己的产品定位于另一市场的区域内，使自己的产品在某些特征或属性方面与强势对手有明显的区别。这种方式可使自己迅速在市场上站稳脚跟，并在消费者心中树立起一定形象。由于这种做法风险较小，成功率较高，常为多数企业所采用。

（2）迎头定位。

迎头定位是企业根据自身的实力，为占据较佳的市场位置，不惜与市场上占支配地位、实力最强或较强的竞争对手发生正面竞争，从而使自己的产品进入与对手相同的市场位置。由于竞争对手强大，这一竞争过程往往相当引人注目，企业及其产品能较快地被消费者了解，达到树立市场形象的目的。这种方式可能引发激烈的市场竞争，具有较大的风险。因此企业必须知己知彼，了解市场容量，正确判定凭自己的资源和能力可以达到的目的。

（3）重新定位。

重新定位是企业对销路少、市场反应差的产品进行的二次定位。初次定位后，如果顾客的需求偏好发生转移，市场对本企业产品的需求减少，或者由于新的竞争者进入市场，选择与本企业相近的市场位置，这时企业就需要对其产品进行重新定位。一般来说，重新定位是企业摆脱经营困境、寻求新的活力的有效途径。

5.3　市场竞争战略

5.3.1　竞争者分析

为了制定有效的竞争战略，企业需要尽可能多地了解有关竞争者的情况。如果一个企业不知道在产业中与谁竞争，不知道竞争对手营销行动的意义何在，那么也就无法制定与之相应的竞争策略，所以竞争者分析非常重要。

要深入地了解竞争对手，需要了解的主要方面包括：谁是我们的竞争者？他们的战略和目标是什么？他们的优势和劣势是什么？他们应对竞争的反应模式是怎样的？唯有这样做，企业才能够发现自己具有潜在竞争优势和劣势的领域。分析竞争者的步骤包括识别企业竞争、评估竞争者和选择攻击竞争还是回避竞争。关于企业识别竞争者的相关内容，在教材第 2 章中有过学习，本节重点学习后面两项内容。

（1）评估竞争者。

在识别主要竞争者之后，营销管理者要解决的问题是了解各个竞争者在市场中追求的目标是什么、竞争战略是什么、优势和劣势是什么、它们会如何应对企业采取的行动。

①明确竞争者的目标。

每个竞争者都有一组目标。企业需要知道竞争者对当前盈利性、市场份额、现金流、技术领先性、服务领先性和其他目标的相对重视程度。尽管竞争者的最终目标都是追求利润最大化，并以此为出发点采取各种行动。但是，在企业经营的不同状况下，不同的企业对长期利益与短期利益各有侧重。有些竞争者追求最大利润，也有竞争者更趋向于获得满意的利润。

了解了竞争者的目标组合，就能够解释竞争者对当前状况是否满意，以及对于不同的竞争行为将做出什么反应。例如，一个追求成本领先的企业，将对竞争者在削减成本的生产技术上取得的突破而不是其广告费用的增加反应更为强烈。

企业还必须关注其竞争者在不同细分市场的目标。如果企业发现某些竞争者开拓了一个新的细分市场，可能会找到新的市场机会。如果发现竞争者正计划进军目前由本企业提供服务的细分市场，这意味着企业将面临新的竞争与挑战。对于这些市场竞争动态，企业如果能了如指掌，就可以争取主动，有备无患。竞争者的目标由多种因素确定，包括企业的规模、历史、经营管理状况、经济状况等。

②判定竞争者的战略。

战略的差别表现在产品线、目标市场、产品档次、性能、技术水平、价格、服务、销售范围等方面。战略群体是指在某特定行业内推行相同战略的一组公司。公司最直接的竞争对手是那些处于同一行业同一战略群体的公司。

区分战略群体有助于认识以下三个问题：不同战略群体的进入与流动障碍不同；同一战略群体内的竞争最为激烈；不同战略群体之间存在现实或潜在的竞争。同时需要认识到，不同战略群体的顾客会有交叉；每个战略群体都试图扩大自己的市场，涉足其他战略群体的领地，在企业实力相当和流动障碍小的情况下尤其如此。公司必须不断地跟踪竞争者的战略动态，以便调整自己的应对战略。

③评价竞争者的实力。

竞争者能否执行和实现战略目标，取决于其拥有的资源和能力。因此，在市场竞争中，企业需要分析竞争者的优势与劣势，做到知己知彼，才能有针对性地制定正确的市场竞争战略，以避其锋芒、攻其弱点、出其不意，利用竞争者的劣势来争取市场竞争的优势，从而来实行企业营销目标。

企业一般可以通过对顾客、供应商和经销商进行调研来收集竞争对手的相关信息，也可以在网络和社交网站上对竞争者进行了解，从而分析竞争者的优势和劣势。

④评估竞争者的反应。

企业间的行为是相互影响的，因此在制定相关的竞争行为之前，企业还需要预测竞争者可能对本企业推出的降价、促销以及新产品推介等活动会产生怎样的反应。竞争对手的反应既可能受到它的经营思想、企业文化和某些起主导作用的信念的影响，还可能受到其心理状态的影响。

每个竞争者的反应模式都不相同，有些企业不会对竞争者的行动做出迅速、有力的反应，这可能是因为其行动迟缓，也可能是缺乏资金或者认为顾客忠诚度很高。而另一些竞争者则可能反应会很快。还有些竞争者只会对某种类型的竞争行为做出反应，对其他活动则不予理会。

（2）选择攻击或回避竞争者。

企业在完成STP战略和制定营销组合之后，就已经在很大程度上确定了主要的竞争者。这些决策界定了企业所属的战略集团，管理层可以根据对竞争对手分析的结果决定谁是最重要的竞争对手并展开竞争。竞争者一般可以分为几种：强竞争者或弱竞争者，“好”竞争者或“坏”竞争者等。值得注意的是，与其和现有的竞争者激烈地竞争，不如在无竞争的市场上寻找尚未被占领的空间（蓝海战略），利用自己在行业中的优势、目标、机会和资源，制定最合理的竞争战略。

①强竞争者与弱竞争者。

企业通常会把注意力集中在某类竞争者。它们多数把目标瞄准较软弱的竞争者，这样取得市场份额的每个百分点所需的财力、人力、物力较少。但这可能对其提高能力帮助不大。强势竞争对手意味着比企业自身拥有更独特的资源优势，瞄准强势竞争对手也意味着更大的市场投入和风险。但强竞争者也可能有弱点，攻击强竞争者既可以提高自身的经营能力和水平，同时有可能获取丰厚的回报。

②“好”的竞争者与“坏”的竞争者。

企业需要竞争者，因为能够从市场竞争中受益。竞争者的存在会带来一些战略利益，如竞争者可以分担市场和产品开发成本，并促使技术规范化。竞争者也可以服务吸引力较小的细分市场或带来产品差异化水平的提高。此外，竞争者的存在还有助于总需求的增加。

但是，并不是所有的竞争者都是有益的，一个产业通常包含“好”的竞争者和“坏”的竞争者。“好”的竞争者遵守行业规则，而“坏”的竞争者则相反，总是违反行业规则，打破行业平衡。它们竭力收买而不是赢得市场份额，总是冒着高风险按照它们自己的规则行事。公司一般会与“好”的竞争者竞争，也会联合“好”的竞争者支持对抗“坏的”竞争者。

③发现未被占领的市场空间。

相比于与现有竞争者正面交锋，许多企业都在搜寻那些尚未开发的市场空白，试图提供不存在直接竞争者的产品和服务。所谓的“蓝海战略”，目标就在于避免竞争。红海代表当前业已存在的所有行业，这是一个已知的市场空间；蓝海代表当前尚不存在的所有行业，即未知的市场空间。在红海中，产业边界是明晰和确定的，游戏的竞争规则是已知的；与之相反，蓝海则意味着未开垦的市场空间、需求的创造以及利润高速增长的机会。

【营销新视野】探寻蓝海的六条路径

5.3.2　市场地位与竞争战略

（1）竞争性市场地位与角色。

企业会依据自身在行业中所处的地位，为实施竞争战略和适应竞争形势而采取具体行动。根据企业所占市场份额的不同，企业在市场中的竞争地位可具体分为市场领导者、市场挑战者、市场跟随者和市场补缺者四种类型。表 5－5 列出了市场领导者、挑战者、跟随者和补缺者各自可能采用的具体竞争手段。但是这些分类通常不适用于整个企业，而仅适用于企业在特定行业中的位置。

表 5－5　市场领导者、挑战者、跟随者及补缺者的选择

市场领导者	市场挑战者	市场跟随者	市场补缺者
扩大市场总需求 保护市场份额 扩大市场份额	全面正面进攻 间接进攻	紧密跟随 距离跟随	根据顾客、市场、质量、价格和服务补缺 多重补缺

（2）市场领导者战略。

大多数行业存在一个公认的市场领导者，这个领导者拥有最大的市场份额，经常在价格调整、新产品引入、渠道覆盖和促销花费上引导其他企业。领导者可能会受到其他企业的认可与尊敬，也可能不会，但其他企业都承认其主导地位。竞争者会把领导者视作其挑战、模仿或回避的对象。市场领导者在竞争中以维护霸主地位为主要目的，其竞争战略主要有以下几种选择：

①扩大市场总需求。

当一种产品的市场总需求扩大，收益最大的往往是处于领导者地位的企业。所以促进产品总需求量不断增长、扩大整个市场容量，是领导者企业维护竞争优势的积极措施。市场领导者企业可以有三个途径达到扩大市场需求总量的目的：寻求新的消费对象、开辟产品新的用途以及刺激增加使用量。

a）寻求新的消费对象。每一种产品都有吸引消费者的潜力。如果消费者不想买它，是因为不知道产品益处，或者因为产品价格不当或缺乏某些特点等，企业就要针对这些原因进行营销。

b）开辟产品新的用途。通过发现并推广产品的新用途来扩大市场，如手机最初是用来通话的，后来相继开发出收发信息、上网、看视频等功能，使得消费者不断更新手机，从而扩大了市场需求量。

c）刺激增加使用量。通过刺激原有的消费群体增加每次使用量或使用频率等方法，来达到扩大市场需求总量的目标。

②保护市场份额。

在设法扩大总体市场规模的同时，领先企业也必须保护自己现有的业务不受竞争者的袭击。为了保护自己的市场地位，市场领导者通常采取两种方式。

a）它必须避免或弥补自己的劣势，以防竞争者找到可乘之机。根据竞争的实际情况，在企业现有阵地周围建立不同防线。如构筑在企业目前的市场和产品上的防线；构筑不仅能防御企业目前的阵地，而且还扩展到新的市场阵地，作为企业未来新的防御和进攻中心的防线。为此，它必须严格履行价值承诺，为用户提供独特的差异化价值，同时使价格符合顾客从品牌中感受到的价值。还要时刻注意市场动态，及时“填补漏洞”，以免竞争者闯入。

b）对竞争者最好的防御是发起有效的进攻，应对竞争最好的方法是持续的创新。市场领导者需要在降低成本、提高销售收益、产品创新、提升服务水平等方面争取能始终处于行业领先地位，同时针对竞争对手的薄弱环节主动出击。

③扩大市场份额。

市场份额与投资回报率存在一定关系。一般情况下，如果单位产品价格不降低而且经营成本不增加，企业利润会随着市场占有率的扩大而提高。提高市场占有率能否增加利润，应考虑以下三个因素：

a）经营成本。许多产品存在以下现象：当市场占有率持续增加而未超过某一限度的时候，企业利润会随着市场占有率的提高而提高；当市场份额超过某一限度而继续增加时，经营成本的增加速度就大于利润增加的速度，企业利润会随着市场占有率的提高而下降，主要原因是用于提高市场占有率的费用增加。如果出现这种情况，则市场占有率应该保持在该限度之内，市场领导者的战略目标应是扩大总需求而不是提高市场占有率。

b）营销组合。如果企业实行了错位的营销组合策略，比如过度降价，过高支出广告费、渠道拓展费用、促销费用，承诺过多的服务项目而导致服务费增加等，则市场占有率的提高反而会造成利润下降。

c）反垄断法。为了保护自由竞争，防止出现市场垄断，许多国家和地区法律规定，当某一公司的市场占有率超过某一限度时，就会触犯反垄断法，受到强制分拆等规制措施的影响。

【案例启迪】专精特新“小巨人”司南导航：行业发展赋能者

（3）市场挑战者战略。

市场挑战者是指在行业中仅次于市场领导者的一些企业，拥有较高的市场占有率。它们同样具有较强的竞争优势，往往有能力、有欲望向市场领导者发起挑战。

一般而言，市场挑战者有以下几种选择：

①正面进攻。正面进攻是指集中全力向对手的主要市场阵地发动进攻，即进攻对手的强项而不是弱项。这种方式适合人、财、物都较为充足且有实力的公司，企业可以在产品、广告、价格等方面大大超过对手，也可以投入大量研发经费，使产品成本降低。

②侧翼进攻。侧翼进攻是指集中优势力量攻击对手的弱点。这种方式适合资源较少的攻击者。企业可以分析各类细分市场，寻找领先企业尚未占据的市场，在这些市场上迅速填补空缺。

③包围进攻。包围进攻是一种全方位、大规模的进攻。这种方式适合细分市场不易找到，与对方相比有绝对的资源优势，确信围堵计划足以打垮对手，可以向市场提供比竞争对手更加优质低廉的产品和服务或者进行大规模的促销等情形。

④迂回进攻。迂回进攻是最间接的进攻战略，完全避开对手的现有阵地而迂回进攻。具体方法有三种：一是发展无关的产品，实现产品多角化；二是以现有产品进入新地区的市场，实行市场多角化；三是发展新技术、新产品，取代现有产品。实现技术飞跃是最有效的迂回进攻战略。

【案例启迪】　三一重工在竞争中崛起的历程

三一重工创建于1994年，成立之初国内工程机械市场几乎全被“洋品牌”所占据，国外品牌占领市场90%以上的份额。如今，三一重工从一家小小的焊接材料厂逐步发展成为智能制造行业的标杆企业，并于2021年入选《福布斯》全球500强，成为中国第一、世界第二工程机械企业。三一重工的创新赶超经过了以下三个阶段。

第一阶段，跟跑：自动化制造（2007—2011年）。该阶段内，三一重工紧跟小松等龙头企业自动化转型步伐，作为学习和模仿者的角色，开启全面自动化升级之路，将信息化扩展到生产制造方面，以核心生产环节优化为主导，应用企业控制中心（Enterprise Control Center，ECC）等自动化技术和制造执行系统（Manufacturing Execution System，MES）等信息技术对核心装备和业务活动进行自动化改造升级，将自动化贯穿整个生产过程的各个工序流程。

第二阶段，并跑：网络化和数字化智能制造（2012—2018年）。新一代网络化和数字技术的兴起成为企业脱颖而出的新契机，三一重工果断与小松等龙头企业同时步入网络化和数字化转型轨道，通过网络化和数字化建设进行“两横一纵”战略部署，通过工业互联网平台（IIP）等技术实现机器、物料、物流、产品等生产要素的横向互联，客户到客户的企业内部核心业务集成以及客户订单到智能设备制造过程的纵向打通。

第三阶段，领跑：智慧化智能制造（2019—2021年）。三一重工将第五代移动通信技术（5th Generation Mobile Communication Technology，5G）等新兴技术与实际业务场景进行深度融合，将机加车间变身为真正看不见工人的“黑灯工厂”，实现生产过程的自感知、自学习、自适应和自执行，率先走进智慧化智能制造的“无人区”，成为全球工程机械智能制造的领跑者。

（4）市场跟随者战略。

并不是所有的亚军企业都想挑战市场领导者。如果挑战者的诱饵是更低的价格、改进的服务或者新增的产品特性，领导者可以快速地做出与之相应的行动以削减其攻势。在争夺顾客的残酷争斗中，领导者可能拥有更持久的力量。因此，很多企业倾向于成为市场跟随者而不是挑战领导者。

市场跟随者的成功之处在于注重盈利性而非市场份额。市场跟随者的主要特征是安于次要地位，在和平共处的状态下求得尽可能多的收益。在资本密集的同质产品行业中，如钢铁、石油和化工行业，市场追随战略是大多数企业的选择，这主要是由行业和产品的特点所决定的。在这些行业往往产品和服务的同质程度高，消费者对价格比较敏感。

市场跟随者通常有如下几种选择：

①紧密跟随，突出“仿效”和“低调”。追随企业在各个细分市场尽可能效仿领先者，以至于有时会让人感到这种跟随者像是挑战者，但是它从不冒犯领先者的领地，保持低调，避免与领先者发生直接冲突，有些跟随者甚至被看成是靠拾取主导者的残余谋生的寄生者。

②距离跟随，突出“合适地保持距离”。跟随企业在目标市场、产品创新与开发、价格水平和分销渠道等方面都跟随领先者，但仍与领先者保持若干差异，以形成明显的距离。对领先者既不构成威胁，又因跟随者各自占有很小的市场份额而使领先者免受独占的指责。采取距离跟随策略的企业，可以通过兼并同行业中的一些小企业来发展自己的实力。

③选择跟随，突出“跟随和创新并举”。跟随者在某些方面紧跟领先者，在另一些方面又别出心裁。这类企业不是盲目跟随，而是择优跟随，在对自己有利时跟随领先者，在跟随的同时不断发挥自己的创造性，但一般不与领先者直接竞争。在这类跟随者中，有些可能发展成为挑战者。

跟随并不等同于消极或完全照搬领导者的做法。市场跟随者必须知道如何保持现有顾客并赢得恰当的新顾客。它必须把握一种巧妙的平衡，既保证紧紧跟随市场领导者赢得顾客，又要保证跟随的距离不要太近，以免遭到报复。每个跟随者都试图努力给目标市场带来鲜明独特的优势。

（5）市场补缺者战略。

几乎每个行业都有一些专门服务于缝隙市场的企业。它们不去追求整个市场或者大规模的细分市场，而瞄准“子细分市场”。市场补缺者是指选择某一特定的较小市场为目标，提供专业化的服务的企业。行业中的小企业关注被大企业忽略的某些细分市场，通过专业化经营来获得最大收益，这种有利的市场位置被称为“利基”，占据这种位置的企业就是市场补缺者。市场补缺者虽然在整体市场上仅占很少的份额，但较之其他公司更充分地了解某一细分市场的需求，能够通过提供高附加值得到高利润和快速增长。

理想的利基市场具有以下特征：具备一定的规模和购买力，能够盈利；具备发展潜力；强大的公司对这一市场一般不感兴趣。而补缺者可以在利基市场盈利的主要原因是市场补缺者非常了解目标顾客群，所以它们具备向这一市场提供优质产品和服务的资源和能力；同时，补缺者在顾客中建立了良好的声誉，能够抵御竞争者入侵。因为能够提供更大的附加价值，补缺者可以制定更高的价格。大众营销者得到的是高销售量，而补缺者得到的是高利润率。

市场补缺者的关键因素是专业化，通过专业化来体现集中化。可供市场补缺者选择的专业化定位有垂直专业化、顾客规模专业化、地理市场专业化、产品或产品线专业化等。

市场补缺之所以能够给企业带来巨大收益，根本原因在于进行市场补缺的企业已经充分了解目标顾客群，因而能够比其他公司更好地满足消费者的需求。而且，市场补缺者可以依据其提供的附加价值得到更多的利润。总之，市场补缺者获得的是高边际收益，从而在市场中获得一席之地。

本章小结

企业战略与营销计划

企业战略规划：战略规划是企业在组织的目标和能力与不断变化的市场机会之间建立和维持战略匹配的过程，包括定义公司使命、设定公司目标、设计业务组合以及规划营销和其他职能战略四个基本步骤。

营销战略与战术：营销战略（Strategy）包括选择一个明确的市场，公司将在其中竞争，并决定其试图在这个市场创造的价值。战术（Tactics）也称为营销组合，使公司的战略变得具象。

营销计划：营销计划是公司战略计划过程的具体成果，概括了公司的最终目标及其实现手段。制订营销计划可采用 G－STIC 行动计划方法，其框架包括目标、战略、战术、执行和控制五项活动。

STP 战略

市场细分：是指采用恰当的细分变量将整体市场划分为若干能相互区分的子市场。同一细分市场具有类似需求，不同细分市场具有相异需求。常见细分变量包括地理、人口、心理、行为等。细分方法有单因素细分、综合多因素细分及系列因素细分。

目标市场选择：目标市场范围的选择包括密集单一市场、有选择的专门化、产品专门化、市场专门化以及完全市场覆盖等。目标市场营销战略的类型包括无差异营销战略、差异化营销战略以及集中化营销战略。

市场定位：就是塑造本企业产品鲜明的个性和独特的形象，并通过适当的传播手段传递给消费者，从而确立该产品在市场中的相对位置。识别可能的竞争优势、选择独特的竞争优势并进行定位的传播是定位的基本过程。避强定位、迎头定位、重新定位是常见的定位方式。

市场竞争战略

竞争者分析：进行竞争者分析包括识别本企业竞争对手，评估竞争者的目标、战略、优劣势及其反应模式，以及选择攻击或回避竞争者三个关键步骤。

市场地位与竞争战略：按照行业竞争地位的不同，可以划分为市场领导者、市场挑战者、市场跟随者及市场补缺者四种类型。领导者可以采取扩大总需求、保护市场份额、扩大市场份额等战略；挑战者针对目标企业可以采取正面进攻、侧翼进攻、包围进攻、迂回进攻等战略；紧密跟随、距离跟随以及选择跟随则是市场跟随者的战略选择；市场补缺者可通过垂直专业化、顾客规模专业化、地理市场专业化、产品或产品线专业化等战略建立竞争优势。

复习思考题

1. 如何理解企业营销战略与战术的关系？
2. 什么是营销计划？营销计划的内容有哪些？
3. 如何进行市场细分？
4. 如何选择目标市场？
5. 如何理解目标市场营销战略的类型及其含义？
6. 什么是市场定位？如何进行市场定位？
7. 分析竞争者的基本内容是什么？
8. 不同市场地位的企业如何选择竞争战略？

营销体验

1. 小组辩论：大众营销过时了吗？

由于互联网和定制营销的发展，企业正在逐步采用更为精细化的细分方案，一些人称大众化营销已经死亡；另一些人则提出，企业针对大众化市场制定营销方案时，仍存在客观的营销空间。

正方观点：大众化营销已经过时

反方观点：大众化营销仍是建立盈利品牌的可行做法

2. 小组交流：某品牌 STP 分析。

选取一个你熟悉的品牌：（1）对其在中国市场的市场细分—目标市场选择与市场定位进行分析，明确其目前 STP 战略的特点；（2）根据你细分出来的市场结构，分析其今后是否还有可以进入的目标市场，以及如何进行准确的定位；（3）在小组中交流你的品牌分析方案。

3. 小组调研与交流：行业竞争地位及其战略选择。

分小组，每个小组各选择一个行业，通过调研，识别出行业中处于四种市场地位的代表性企业，对代表性企业各自采取的市场竞争战略进行调研、分析和归纳，形成有特色的小组调研报告，然后全班进行交流和讨论。

案例讨论

推荐阅读

在线测试

第6章

产品决策

学习目标

◎ 理解产品整体概念和品类管理的意义;
◎ 理解产品组合相关概念及产品组合决策内容;
◎ 掌握产品生命周期各阶段的特点及营销策略;
◎ 熟悉产品升级与新产品开发管理;
◎ 掌握品牌资产管理的方法。

关键术语

◎ 产品整体概念（Total Product Concept）
◎ 品类（Category）
◎ 产品组合（Product Mix）
◎ 产品线（Product Line）
◎ 产品项目（Product Project）
◎ 波士顿矩阵（Boston Matrix）
◎ 包装（Packaging）
◎ 标签（Label）
◎ 服务（Service）
◎ 产品生命周期（Product Life Cycle）
◎ 新产品开发（New Product Development）
◎ 商标（Trademark）
◎ 品牌资产（Brand Equity）
◎ 品牌延伸（Brand Extension）
◎ 品牌归属（Brand Ownership）
◎ 品牌开发（Brand Development）

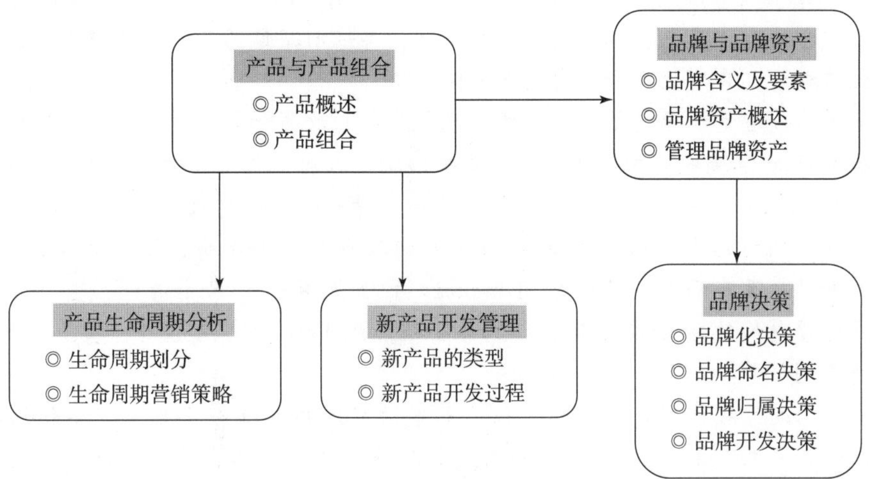

【先思后学】　一款包的诞生

瑞士有两兄弟用卡车篷布做成包袋，创立了名为 Freitag 的包袋品牌，地摊货摇身一变成了炙手可热的潮牌，甚至刷爆了 Instagram。这个包的制作材料是用得很旧的卡车篷布、废旧的自行车内胎，背带是报废汽车安全带。在官网上，一个包轻轻松松卖到 300 瑞士法郎左右，约合人民币 2 000 元！如今，这个品牌的包俨然已经风靡全世界，成为绿色时尚的代名词。每年大约有 350 000 个包被售到全世界，而且每个包价值不菲。

1993 年的一个雨天，苏黎世的平面设计师兄弟 Markus 和 Daniel Freitag 一如寻常地骑着自行车奔驰在街头，当骑到公寓楼下锁车时发现背包已经湿透了。Markus 和 Daniel Freitag 都是设计专业的学生，上课需要带很多制作东西的材料，他们一直想制作一款轻便又实用的防水包——那时候瑞士还没有这种东西，只有纽约、伦敦这样的地方能买到，但都不是他们想要的款式。Markus 有一次在厨房做饭时看到窗外的公路上驶过一辆盖着篷布的卡车，激发了他对于材料的灵感，那鲜艳的防水布一下就抓住了 Freitag 兄弟的眼球。“为什么不试试卡车防水布呢？图案迷人，防水性好。而且这帮大块头每年不知要扔掉多少防水布。去废品回收站肯定能找到不少好货色。”就这样，在雨中 Freitag 兄弟找到了他们自己的防水包的概念雏形。说干就干，兄弟俩从废品回收站买来防水布，清洗干净，开始尝试制作自己的防水包。二人仔细研究了包袋的制作工艺，规划防水布的构图。他们还现学了缝纫技术亲自上阵，经过几次修改，第一款“F13”包问世了。这只“始祖”已经被纽约 MOMA 博物馆收藏，亲戚朋友们看到此包后，对这个“低调”的包完全没有抵抗力，纷纷要求他们也为自己做一个。Freitag 兄弟索性建了工厂进行生产，甚至为这个包取了个名字，非常响亮，就叫——Freitag！Freitag 包虽然看起来粗糙，但是别以为做一个 Freitag 包很容易。瑞士人的严谨在包的制作过程中体现得淋漓尽致。Freitag 兄弟在通往苏黎世的公路上挂出“回收废旧卡车篷布”的告示，将回收的防雨布清洗消毒，根据材料设计构图方式，设计师进行设计，将备好的料缝制起来。如今，瑞士街头随处可见背着一个脏脏旧旧的 Freitag 包的行人，Freitag 在瑞士的地位就像 Uniqlo 之于日本、Longchamp 之于法国，是瑞士人人手一个的国民包。至今 Freitag 在全世界有 460 个零售商，在欧洲拥有 10 间实体店面，Freitag 也成为流行文化的代表。即使有许多包包都看起来非常老旧，却依旧减低不了它们的魅力，有许多人就是刻意要挑这种看起来有故事和历史的帆布购买！

Freitag 兄弟知道单纯卖包是行不通的，包包背后的故事和环保理念更加值钱。如果想大卖，必须将 Freitag 打造成一种生活态度。要知道瑞士人对环保和实用的追求可是深入骨髓。低调、耐用的 Freitag 完完全全戳中了他们的痛点。稀缺感或独特性是一个包可以卖到 2 000 元的关键因素，因为每个 Freitag 包的材料都是回收再利用而制成，配色和花纹独一无二。简单点说，世界上没有两个一模一样的 Freitag。你如果有一个 Freitag 包，整个地球上绝对都没有人跟你撞包！比限量版还要牛！你甚至还能到 Freitag 官网选定一块喜欢的防水布，享受专属的定制服务。

Freitag 开店的方式也不走寻常路。位于苏黎世市区的 Freitag 旗舰店，不使用华丽奢靡的装潢，取而代之的是 17 个集装箱组合而成的品牌旗舰店，非常具有特色之外也让人印象深刻。Freitag 旗舰店“大楼”楼高 26 米，充满创意，成为苏黎世当地重要的地标之一。除了瑞士人之外，也有许多外来观光客特地来朝圣和购买。每个包都有独一无二号码并放在纸盒抽屉中，顾客来到这里可以自行挑选喜欢的颜色和款式。

瑞士是一个注重专业和实务的国家，在生活方面，瑞士人对于产品的实用性有较高的要求，所以大部分人会宁可选择实用性高的商品，而不选择外表漂亮却不实用的装饰品。Freitag 兄弟就是典型代表。如何让包坚固耐用呢？Freitag 包的布面是废旧的卡车防水布，那么其他材料也要和它搭配才行，布面的滚边是自行车的废旧内胎，背带直接用上了汽车的废旧安全带，耐用程度非常高，据说用一辈子也没有问题。反正，一般伤害都不能损它半分。为此 Freitag 兄弟还专门制作了一个视频展示 Freitag 包的坚韧程度。视频展示了吊车吊着包可以把背着包的人吊起来，将包用叉车来回碾压毫发无损，甚至他们的包还可以经受“五马分尸”的酷刑。

Freitag 包的每一个包款，外表看似粗犷，但内部的夹层都可以让你妥善放置心爱的物品，处处可以看到瑞士的精密。因为使用货柜帆布材质，Freitag 包能防水又耐热，耐磨不容易损坏，这和瑞士人重视实务和实用的精神息息相关。他们非常擅长将一个昂贵的设计做得不留痕迹。如今，旧物回收利用已经成为一个普遍的观念，Freitag 开始风靡世界。除了包以外，Freitag 还尝试了用可循环利用的材料制作服装，开启新的里程。

有人这样评价 Freitag：商业历史上，有 1 000 种把产品做到极致的方式，但 Freitag 选择的是另外一种，那就是把环保做到了极致。

资料来源：https://www.sohu.com/a/130788070_640191

科学的产品策略对企业营销至关重要，任何企业的产品策略都是企业发展的基础，制定科学正确的产品策略是基于企业战略高度的决策。本章从产品整体概念、产品组合、新产品开发和品牌决策等方面阐述产品决策的方法。

6.1　产品与产品组合

6.1.1　产品概述

1. 整体产品

（1）产品、服务和体验。

产品是指能够提供给市场，被人们使用和消费，并能满足人们某种需求的任何东西，包括有形的产品、无形的服务，或它们的组合。服务是产品的一种形式，包括为售卖所提供的动作、利益和满足，本质上是无形的，并同所有权无关。

今天产品与服务变得越来越便利舒适，许多公司开始向为顾客创造价值这一新的层次进发。为了区别产品与服务的提供，它们设计并传递全面的顾客体验。产品是有形的，服务是无形的，而体验是可记忆的。产品和服务是从外部得来的，体验是个人的，并发生在个人消费者的思想中。许多公司意识到顾客确实买到了比产品和服务更多的东西，他们购买到产品与服务给他们带来的好处，同时得到购买和消费这些产品与服务时所获得的体验。

体验是全新的产品理念，区别于传统的产品与服务的概念，强调客户参与产品设计与开发的体验，以便企业能通过直接与客户接触而改善和提升产品质量。融入客户体验内容后，企业会更多地从客户的角度出发，而不是从企业目前所能够提供的产品和服务的角度出发，在真正理解客户更深层次需求的基础上，围绕产品或服务将带给顾客什么样的感觉、什么样的情感联系，以及产品或服务将如何帮助客户进行多种体验，是对客户各种体验的全面考虑。

（2）产品层次。

在现代营销学中，产品概念具有宽广的外延和丰富的内涵。产品在市场上包括实体商品、服务、体验、事件、人、地点、财产、组织、信息和创意等。产品整体概念描述了产品所包含的层次，指人们向市场提供的能够满足消费者或用户某种需求的任何有形物品和无形服务的总和。产品层次包括五个：核心产品、形式产品、期望产品、附加产品、潜在产品，如图6－1所示。产品的每个层次都增加了更多的顾客价值，它们构成顾客价值层级。

五层次结构理论能完整地解释消费者购买和消费产品的全部心理过程，即如何从“核心产品”向“潜在产品”逐层扩展。具体而言，消费者购买产品首先必须有能够满足其自身需要的使用价值，即产品的核心利益。其次才是寻求具备这些使用价值的实物形态，这就是所谓的形式产品。再次，在寻找和选购过程中，逐步形成了对该产品属性和功能的认知和心理要求，这就是所谓的期望产品。这也可以理解为对“核心利益”和“一般产品”的感知和要求，如产品属性要求、价格要求、使用性要求和保质期要求等。通常如果消费者感知到实际产品高于期望产品就产生满意，反之则产生抱怨；但是在现代产品设计日趋完善的趋势下，消费者在寻求和购买产品的过程中，还会发现产品还带有超出自身期望的附加利益，这就是所谓的附加产品或延伸产品。如在商店和经销商那里购买产品，发现可能还会有价格折扣、礼品包装和会员服务等。最后，在购买并消费已选定产品时，还会发现具有买卖双方未曾发现的效用和使用价值，这就是所谓的潜在产品。

营销学根据产品的含义和各种特征，将产品分为各种不同类型。通常根据产品耐用性不

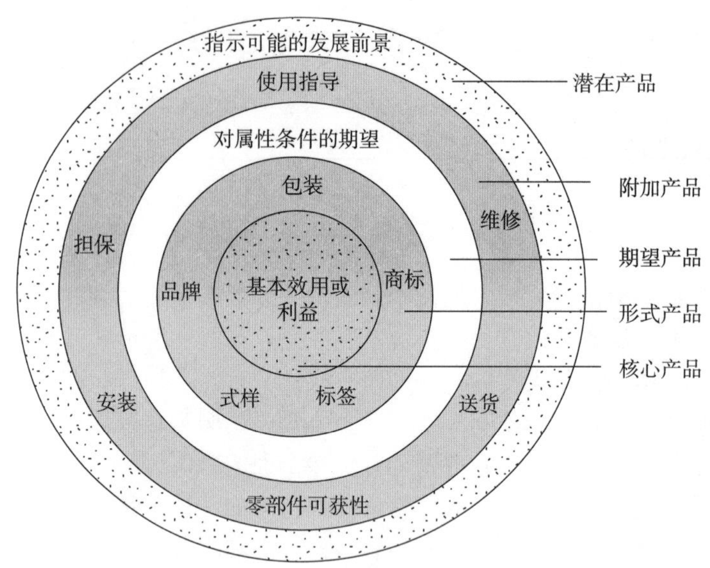

图 6-1　产品的五个层次

同，可把产品分为三大类：非耐用品、耐用品及服务。根据购买者和购买目的，可以分为消费品和工业品。消费品是指那些由最终消费者购买并用于个人消费的产品，又可分为四类：便利品、选购品、特殊品和非渴求品；工业品指那些进一步用于企业生产而购买的产品，一般包括原材料和零部件、设备、物资和服务。

2. 个别产品决策

个别产品的管理涉及几项重要决策，包括决定产品属性、建立品牌、包装决策、标签设计和产品担保决策。

（1）决定产品属性。

开发一个产品或服务涉及定义它将要提供的利益。这些利益由诸如质量、特色、风格和设计等传达出来。产品属性决策首先需要决定产品质量，产品质量有两个维度——质量级别和质量一致性。在发展一种产品时，消费者必须首先选择在目标市场上支持产品定位的一个质量级别。除了质量级别，高质量同样意味着高水平的质量一致性，意思是不同时期生产的产品质量与预期的要求和设计相吻合。其次是决定产品特色，企业应识别新的特性并决定将哪种特性添加到产品中，因为这是将企业产品或服务与竞争者区别开来的一组竞争工具。企业应该定期调查已经使用产品的购买者，询问哪些是消费者看重的特征，对于顾客评估较弱的可以考虑舍弃，而添加顾客价值比较高的东西。最后要明确产品的风格和设计，这也是一个增加顾客价值的方法，风格可能更多的是给人感官的刺激，而设计可以直接切入产品的核心。优秀的设计不仅使产品外观好看，还能提高产品的价值。

（2）建立品牌。

品牌是一个名称、名词、符号或设计，或者是它们的组合，其目的是识别某个企业或该企业的产品或服务，并使之同竞争对手的产品和服务区别开来。品牌是人们对一个企业及其产品、服务和文化价值的一种评价和认知，也是一种信任。

（3）包装决策。

包装是指为在流通过程中保护产品、方便储运、促进销售，按一定的技术方法所用的容器、材料和辅助物等的总体名称；也指为达到上述目的在采用容器、材料和辅助物的过程中施加一定技术方法等的操作活动。包装可能包括三个层次的材料。例如，香水先被装在一个瓶子里（主要包装），然后被装在一个纸盒里（次要包装），最后被装在一个瓦楞纸箱里（运送包装），每箱装六个纸盒装香水。

包装决策的要素包括包装物大小、形状、材料、色彩、文字说明、品牌标记等。包装的不同要素之间必须相互协调。包装要素的选择必须与价格决策、广告决策以及其他营销因素相互匹配。近年来，很多因素使包装成为一种重要的促销工具，包装需要和企业的定位相适应，创新的包装可以为企业提供高于对手的优势。常用的包装策略主要有：

①类似包装策略。

类似包装策略指企业生产的产品都采用相同或相似的形状、图案、色彩和特征等。这种包装策略的优点是：既可以节省包装设计的成本，又可以扩大企业及产品的影响，扩大推销效果，有利于新产品迅速进入市场。但如果企业产品相互之间的差异太大，则不宜采用这种策略。

②多种包装策略。

多种包装策略指企业依据人们消费的习惯，把使用时有关联的多种产品配套装入一个包装物中，同时出售。这种包装策略的优点是：一物带多物，既方便了消费者购买，又扩大了销路。

③再使用包装策略。

再使用包装策略指包装物在产品用完后，还可以做其他用途。这样可以利用消费者一物多用的心理，诱发消费者的购买行为，即使顾客得到额外的使用价值；同时包装物在再使用过程中，又能发挥广告宣传作用。

④附赠品包装策略。

附赠品包装策略指在产品包装物上或包装内附赠物品或奖券，吸引消费者购买。在儿童商品中附赠玩具是很多企业最常见的做法。这种策略可以增加购买者的兴趣，吸引顾客重复购买。但赠品要注意制作精良，不可粗制滥造，否则不但起不到促销的作用，还会影响产品或企业的形象。

⑤等级包装策略。

等级包装策略指企业把所有产品按品种和等级不同采用不同等级的包装，例如分为精品包装和普通包装。其优点是能突出商品的特点，与商品的质量和价值协调一致，并满足了不同购买水平的消费者的需求。

⑥改变包装策略。

改变包装策略指企业对产品原包装进行改进或改换，达到扩大销售的目的。改变包装包括包装材料的改变、包装形式和图案设计的变化、包装技术的改进等。当原产品声誉受损，销量下降时，可通过改变包装，制止销量下降。

【案例启迪】　价值 600 万美元的玻璃瓶

说起可口可乐的玻璃瓶包装，至今仍为人们所称道。1898 年，鲁特玻璃公司一位年轻的工人亚历山大·山姆森在同女友约会中，发现女友穿着一套筒型连衣裙，显得臀部突出，腰部和腿部纤细，非常好看。约会结束后，他突发灵感，根据女友穿着这套裙子的形象设计出一个玻璃瓶。

经过反复的修改，亚历山大·山姆森不仅将瓶子设计得非常美观，很像一位亭亭玉立的少女，他还把瓶子的容量设计成刚好一杯水大小。瓶子试制出来之后，获得大众交口称赞。有经营意识的亚历山大·山姆森立即到专利局申请专利。

当时可口可乐的决策者坎德勒在市场上看到了亚历山大·山姆森设计的玻璃瓶后，认为非常适合作为可口可乐的包装。于是他主动向亚历山大·山姆森提出购买这个瓶子的专利。经过一番讨价还价，最后可口可乐公司以600万美元的天价买下此专利。要知道，在100多年前，600万美元可是天文数字。然而实践证明可口可乐公司这一决策是非常成功的。

亚历山大·山姆森设计的瓶子不仅美观，而且使用非常安全，易握不易滑落。更令人叫绝的是，其瓶型的中下部是扭纹型的，如同少女所穿的条纹裙子；而瓶子的中段则圆满丰硕，如同少女的臀部。此外，由于瓶子的结构是中大下小，当它盛装可口可乐时，给人的感觉是分量很多的。采用亚历山大·山姆森设计的玻璃瓶作为可口可乐的包装以后，可口可乐的销量飞速增长，在两年的时间内，销量翻了一倍。从此采用山姆森玻璃瓶作为包装的可口可乐开始畅销美国，并迅速风靡世界。600万美元的投入，为可口可乐公司带来了数以亿计的回报。

（4）标签设计。

标签是指附着或系挂在产品销售包装上的文字、图形、雕刻及印制的说明。标签可以是附着在产品上的简易签条，也可以是精心设计的作为包装的一部分的图案。标签可能仅标有品名，也可能载有许多信息，能用来识别、检验内装产品，同时也可以起到促销作用。通常标签内容包括制造者或销售者的名称和地址、产品名称、商标、成分、品质特点、包装内产品数量、使用方法及用量、编号、贮藏应注意的事项、质检号、生产日期和有效期等。值得提及的是，印有彩色图案或实物照片的标签有明显的促销功效。

（5）产品担保决策。

客户服务是产品战略的另一个组成元素。企业应当定期通过调查顾客来评估目前服务的价值，并获得关于提供新服务的观点。在实际应用中，产品支持和服务可以结合担保来完成。担保是制造商做出的关于产品预期性能的正式陈述。有担保的产品能够退还给制造商，或送到维修中心进行修理、更换或退款。无论是明示还是暗示，担保都具有法律效力。

3. 产品品类

（1）对品类的理解。

品类（Category），是指目标顾客购买某种产品的单一利益点（Single Benefit Point，SBP）。每个单一利益点都由物质利益（功能利益）和情感利益双面构成。还有一种理解是品类即商品种类。一个品类是指在顾客眼中一组相关联的或可相互替代的商品或服务。

比如，关于“碗碟”的分类，按照传统的商品属性分类，“陶碗碟”“瓷碗碟”放在众多的陶瓷制品中，“密胺碗碟”放在密胺制品中，“玻璃碗碟”放在玻璃制品中，“不锈钢碗碟”放在不锈钢制品中，“木制碗碟”放在木制制品中；而在陈列方面，这些碗碟分别陈列在商场的不同区域，顾客如要购买碗碟，非常不方便。但在超市的分类中，“碗碟”被定义为“消费者通常用于盛放食物的器皿”，所以它在小分类中是先分为“碗碟”，再细分为“陶碗碟”“瓷碗碟”“密胺碗碟”“玻璃碗碟”“不锈钢碗碟”“木制碗碟”等，集中陈列，方便消费者选购。

在营销实践中往往从另外一个角度来理解，即将消费者心智对信息的归类称为“品类”。形象地说，品类就是消费者心智中储存不同类别信息的空间。比如市场中的浓缩果汁与非浓缩果汁属于一个类别，但在消费者心智中，它们属于不同品类。既然是空间就具有有限和无限的区分。消费者的心智有限性指的是心智存储的空间有限；心智的无限性指的是由于人们有喜新厌旧的心态，以及新生事物有天然的吸引力，这就增加了消费者对新事物、新品牌的关注度。心智的有限性决定了一个品类如果品牌数量太多，很多品牌就没有发展空间；而心智的无限性则为企业另辟蹊径提供了新的发展思路——品类创新。

（2）品牌与品类。

企业通常根据产品品类来进行产品或品牌管理。例如，高露洁从品牌管理（高露洁牙膏）转变为品类管理（牙膏产品），最终到达一个新的阶段——顾客需求管理（口腔护理）。

人们很容易把品类和品牌混淆起来。按照艾・里斯（Al Ries）的观点，品类就是一座冰山，冰山的大小和深度决定了品牌的价值。消费者去餐厅消费，服务生问：“想喝什么?”顾客会想：“我是喝啤酒、鸡尾酒、红酒还是软饮料?”想了一会儿，顾客也许会说：“我要一杯可口可乐。”品类用品牌来表述，但是顾客的第一决定往往是对品类的选择，品牌是其后的选项。消费者用品类来思考，再用品牌来表达品类的选择。品类和品牌是联系在一起的，如果品类这座冰山融化了，品牌也就消亡了。所以营销管理应先关注品类，其次是品牌。

主导一个品类才是一项营销策划真正的目标，一个无法主导品类的品牌通常是一个弱势品牌。红牛主导了能量饮料的品类，星巴克主导了高端咖啡店品类，谷歌主导了搜索引擎品类，邦迪主导了创可贴品类，茅台主导了酱香型白酒细分品类，足力健老人鞋不但创造了一个品类而且主导了该品类。

（3）品类创新。

品类创新被视为新一轮风口，在百货商店时代，品牌主要依靠“位置”获取竞争优势，到电商时代可以依靠“流量”发展，而在新零售时代，“品类创新”将会成为新一轮竞争入口。定位理论认为，随着老品类的竞争越来越激烈，如果企业无法在某一品类中占据数一数二的位置，那么最聪明的做法是打侧翼战——开创一个新品类，也就是进行品类的创新。这样做的好处是，率先进入竞争空白的领域，企业将有机会独享开创新品类的心智红利。品类创新的途径有以下三个：

①品类创新要通过拓宽消费者的心智空间来实现。因为消费者心智是有限的，如果能在认知上实现效率更高，那么品牌在消费者的心智中的地位就会更高，当然也就能提升市场份额。比如，当老板品牌聚焦油烟机品类时导入了大吸力的定位，之后广告传播让大吸力和老板油烟机产生了强的连接，企业所有的营销活动都围绕大吸力展开，使大吸力在潜在的顾客心智里建立起了深刻的印象，产生的效果就是越来越多的消费者买油烟机的时候优先考虑大吸力，自然而然地优先考虑老板品牌。

②品类创新还可以从扩大市场端来实现。扩大市场包括：区域的扩张，比如从全国到全球；市场层级的扩张，比如从一二线城市到三四线城市再到四五线城市；渠道的扩张，比如从核心渠道到创新渠道。这些途径的扩张整体上会推动销售的增长。例如，恰恰瓜子业绩成长的动力主要来自扩大市场，一方面，洽洽瓜子在国内扩大市场，包括在全国范围内市场下沉，从一二三线城市下沉到四五线城市薄弱的市场进行扩张；另一方面，洽洽瓜子在全球扩大市场，在北美、东南亚等市场进行拓展，也带来了销量的增长。

③品类创新一定要有新品类布局。当企业建立一个品类之后，需要提前布局第二个品类、第三个品类，形成持续增长曲线。很多企业的品类或者产品扩张，通常是在原来的品牌下做同质化的品类，效果往往不理想，无法实现企业结构性的增长目标。品类布局一定是不断地布局新品类和新品牌，培育持续增长的动力。例如，近几年增长最快的一个酸奶企业——君乐宝，其高增长的秘诀正是在于它不断地发现新品类的机会，及时推出新品牌，占据新品类。君乐宝率先定义了芝士酸奶品类，推出了“涨芝士啦”；率先推出了首个零添加蔗糖的酸奶品牌——简醇，推出了无添加酸奶——纯享。依靠这些新品类的成长，推动了整个企业的成长。

当然，企业的品类创新途径应该是把这三个方面结合起来，而不是靠某一个单一的方面。可能在某一个阶段，企业的增长主要是来自扩市场，某一个阶段主要来自增品类，某一个阶段主要来自提心智，将这三种方式结合起来企业就可以通过品类创新实现内部增长，从而真正实现企业的可持续增长。

6.1.2 产品组合

1. 理解产品组合

产品组合是指一个企业生产或经营的全部产品线、产品项目的组合方式。

产品线是指能够满足同类需要，在功能、使用和销售等方面具有类似性的一组产品。产品线内一般有许多不同的产品项目。

产品项目是指产品大类或产品线中各种不同的品种、规格、质量的特定产品，一般认为在企业网站中列出的每一种产品就是一个产品项目。根据不同的功能标准，如功能相似性、分销渠道相似性可以将密切联系的产品项目归为一个产品线。

产品组合通常用四个指标来衡量：产品组合的宽度、产品组合的长度、产品组合的深度和产品组合的关联度。

产品组合的宽度是指产品组合中所拥有的产品线的数目。

产品组合的长度是指产品组合中所有产品线的产品项目总数。每一条产品线内的产品项目数量，称为该产品线的长度。如果具有多条产品线，可将所有产品线的长度加起来，得到产品组合的总长度，除以产品组合的宽度，则得到平均产品线的长度。

产品组合的深度是指产品线中每种产品有多少花色、品种、规格。

表6－1所显示的产品组合的宽度为4，产品组合总长度为18，每条产品线的平均长度为18÷4＝4.5。产品组合的深度需要根据每个产品项目所包含的规格、型号来具体计算。

表6－1　产品组合的长度和宽度举例

服装	皮鞋	帽子	针织品
男西装	男凉鞋	制服帽	床单
女西装	女凉鞋	鸭舌帽	被罩
男中山服	男皮鞋	礼　帽	枕巾
女中山服	女皮鞋	女　帽	—
风雨衣	—	童　帽	—
儿童服装	—	—	—

产品组合的关联度是指各条产品线在最终用途、生产条件、分销渠道或其他方面相互关联的程度，实行多元化经营的企业，其产品组合的关联度有时候会很小。

2. 分析产品组合

产品组合状况直接关系到企业销售额和利润水平，企业必须对现行产品组合做出系统的分析和评价，并决定是否加强或剔除某些产品线或产品项目。分析产品组合的过程，通常就是评价和调整现行产品组合的过程。

（1）销售额和利润分析。

这种方法是指分析、评价现行产品线上不同产品项目所提供的销售额和利润水平。在一条产品线上，如果销售额和盈利高度集中在少数产品项目上，则意味着产品线比较脆弱。企业必须细心地加以保护，并努力发展具有良好前景的产品项目。如无发展前景，可以剔除。举例如表6－2所示。

表6－2　销售额和利润比重

比重和类型	A品种	B品种	C品种	D品种	E品种
销售额比重	52%	20%	16%	6%	6%
利润比重	47%	22%	18%	10%	3%

根据表6－2所示，A品种销售额占总销售额的52%，利润额占总利润额的47%。B品种销售额占总销售额的20%，利润额占总利润额的22%。这两个品种项目的销售额共占总销售额的72%，利润额共占总利润额的69%。所以这两个品种项目是企业的工作重心，如果这两个品种遇到激烈的竞争，造成销售收入减少、利润下降，将会给企业带来严重的困难，甚至使企业陷入困境。企业必须采取切实措施巩固A，B品种的市场地位，同时加强C，D品种的营销管理，以增加销售收入，提高利润，扩大市场占有率。对于E品种，如果没有市场前景可考虑放弃。这样通过销售额和利润额的分析，可以使企业对每个产品的策略有明确的选择。

（2）波士顿矩阵法。

波士顿矩阵法是从产品的市场占有率和销售增长率的对比关系来描绘企业各种产品的特点和前景。一般来说，企业都会有一个或几个产品或服务，统称为业务。如何对这些业务进行投资决策是企业管理者在战略制定时要重点考虑的问题。波士顿矩阵又叫市场增长率—市场占有率矩阵，它是美国波士顿咨询公司（BCG）提出的一种产品组合结构分析的方法。这种方法是把企业生产经营的全部产品或服务组合作为一个整体进行分析，常常用来分析企业相关经营业务之间现金流量的平衡问题，如图6－2所示。

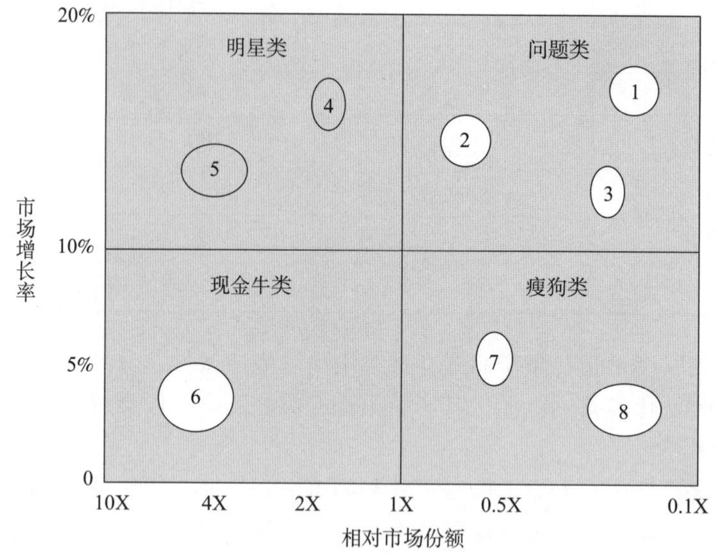

图6－2　波士顿矩阵分析企业产品组合

图6－2中，纵坐标市场增长率表示该业务的销售量或销售额的年增长率，用数字0～20%表示，并认为市场增长率超过10%就是高速增长。横坐标相对市场份额表示该业务相对于最大竞争对手的市场份额，用于衡量企业在相关市场上的实力。用数字0.1（该企业销售量是最大竞争对手销售量的10%）～10（该企业销售量是最大竞争对手销售量的10倍）表示，并以相对市场份额为1.0为分界线。需要注意的是，这些数字范围应当在运用中根据实际情况的不同进行修改。应用中用相对市场份额指数（Relative Share of Market Index，RSOM指数）来描述，该指数也可以用来分析产品层次或细分层次竞争结构中各个品牌的市场地位。在定义该指数时，将竞争结构中市场占有率处于第一名的品牌称为领导品牌，其他品牌称为跟随品牌。其计算公式如下：

$$\text{领导品牌的 RSOM 指数} = \frac{\text{领导品牌的市场占有率}}{\text{第二品牌的市场占有率}}$$

$$\text{跟随品牌的 RSOM 指数} = \frac{\text{跟随品牌的市场占有率}}{\text{领导品牌的市场占有率}}$$

通过计算竞争结构中各品牌的RSOM指数，就可以分析它们在市场中的相对地位。从数字上来说，哪一个品牌的RSOM指数大于1，它就接近领导品牌，但波士顿公司提出只有RSOM指数大于1.5的品牌，才算是真正的领导品牌。图6－2中的八个圆圈代表公司的八个业务单位，它们的位置表示这个业务的市场增长率和相对市场份额的高低；面积的大小表示各业务的销售额大小。

波士顿矩阵法将一个公司的业务分成四种类型：问题、明星、现金牛和瘦狗。

①问题业务：高市场增长率、低相对市场份额的业务。这可能是一个公司的新业务。为了发展和优化问题业务，公司必须继续投资，增加设备和人员，以便跟上迅速发展的市场并超过竞争对手。这些意味着大量的资金投入。“问题”一词非常贴切地描述了公司对待这类业务的态度，因为这时公司必须慎重回答“是否继续投资发展该业务”这个问题。只有那

些符合企业发展长远目标、企业具有资源优势、能够增强企业核心竞争能力的业务才能得到肯定的回答。图 6－2 中所示的公司有三项问题业务，不可能全部投资发展，只能选择其中的一项或两项，集中投资发展。

②明星业务：高市场增长率、高相对市场份额的业务。这可能是由问题业务继续投资发展起来的，可以视为高速成长市场中的领导者，它将成为公司未来的现金牛业务。但这并不意味着明星业务一定可以给企业带来滚滚财源，因为市场还在高速成长，企业必须继续投资，以保持与市场同步增长，并击退竞争对手。企业没有明星业务，就失去了希望，但群星闪烁也可能会耀花了企业高层管理者的眼睛，导致做出错误的决策。这时必须具备识别行星和恒星的能力，将企业有限的资源投入在能够发展成为现金牛的恒星上。

③现金牛业务：低市场增长率、高相对市场份额的业务。这是成熟市场中的领导者，它是企业现金的来源。由于市场已经成熟，企业不必大量投资来扩展市场规模，同时作为市场中的领导者，该业务享有规模经济和高边际利润的优势，因而给企业带大量财源。企业往往用现金牛业务来支付账款并支持其他三种需大量现金的业务。图 6－2 中所示的公司只有一个现金牛业务，说明它的财务状况是很脆弱的。因为如果市场环境一旦变化导致这项业务的市场份额下降，公司就不得不从其他业务单位中抽回现金来维持现金牛的领导地位，否则这个强壮的现金牛可能就会变弱，甚至成为瘦狗。

④瘦狗业务：低市场增长率、低相对市场份额的业务。一般情况下，这类业务常常是微利甚至是亏损的。瘦狗业务存在更多是由于感情上的因素，虽然一直微利经营，就像人对养了多年的狗一样恋恋不舍而不忍放弃。其实，瘦狗业务通常要占用很多资源，如资金、管理部门的时间等，多数时候是得不偿失的。图 6－2 中的公司有两项瘦狗业务，可能会是沉重的负担。

在实践中，企业要确定各业务的市场增长率和相对市场份额是困难的。波士顿矩阵按照市场增长率和相对市场份额，把企业的市场业务分为四种类型，相对来说有些过于简单。实际上市场中还存在着很难确切归入某象限中的业务。波士顿矩阵中市场地位和获利之间的关系会因为行业和细分市场的不同而发生变化。在有些行业里，企业的市场份额大，会在单位成本上形成优势；而有些行业则不然，过于庞大的市场份额可能会导致企业成本的增加。实际上市场占有率小的企业，如果采用创新和产品差异化的策略，仍然能获得很高的利润。企业要对自己一系列的经营业务进行战略评价，仅依靠市场增长率和相对市场份额是不够的，还需要行业的技术等其他指标。

基于波士顿矩阵分析通常面临的四种决策为：发展、维持、收获及放弃，如表 6－3 所示。

表 6－3　波士顿矩阵分析通常面临的四种决策

决策	内容
发展	继续大量投资，目的是扩大战略业务单位的市场份额。主要针对有发展前途的问题业务和明星中的恒星业务
维持	投资维持现状，目标是保持业务单位现有的市场份额。主要针对强大稳定的现金牛业务
收获	实质上是榨取，目标是在短期内尽可能得到最大限度的现金收入。主要针对处境不佳的现金牛业务及没有发展前途的问题业务和瘦狗业务
放弃	目标在于出售和清理某些业务，将资源转移到更有利的领域。这种目标适用于无利可图的瘦狗业务和问题业务

3. 产品组合决策

企业对产品线和产品项目进行分析后，应根据不同的情况进行调整和优化，一般有以下几种策略：

（1）扩大产品组合。

这种决策包括开拓产品组合的宽度和增加产品组合的长度或深度，前者指在原产品组合中增加产品线，扩大经营范围，后者指在原有产品线内增加新的产品项目或增加某个产品项目的规格或型号类型。当企业预测现有产品线的销售额和盈利率在未来可能下降时，就须考虑在现有产品组合中增加新的产品线，或加强其中有发展潜力的产品线。

（2）缩减产品组合。

市场繁荣时期，较长较宽的产品组合会为企业带来更多的盈利机会。但是在市场不景气或原料、能源供应紧张时期，缩减产品线反而能使总利润上升，因为剔除那些获利小甚至亏损的产品线或产品项目，企业可集中力量发展获利多的产品线和产品项目。因此产品经理必须定期检查自己的产品项目，研究产品线是否需要缩减的问题。

缩减有两种情况：一种情况是当产品线中含有影响利润的滞销产品时，可以通过销售—成本分析，把疲软的产品项目区分开来并作为缩减的对象。另一种情况是当企业的生产能力缺乏、不能按量生产所有的产品项目时，产品经理应检查一下各种产品的获利幅度，集中生产那些盈利高的产品项目，把利润低或亏损的产品项目从产品线中缩减下来。

（3）产品拓展。

每一企业的产品都有特定的市场定位。产品拓展策略指全部或部分地改变原有产品的市场定位，具有向下拓展、向上拓展和双向拓展三种实现方式，如表 6 – 4 所示。

表 6 – 4　产品拓展方式

向下拓展	①利用高档产品的声誉吸引购买力水平较低的顾客购买产品线中的廉价产品 ②高档产品销售增长缓慢，企业的资源、设备没有得到充分利用，为赢得更多的顾客，将产品线向下拓展 ③企业最初进入高档产品市场的目的是建立声誉，然后再进入中、低档市场，以扩大市场占有率和销售增长率 ④补充企业的产品线空白
向上拓展	在原有的产品线内增加高端产品项目。实行这一策略的主要目的是：高档产品市场具有较大的潜在增长率和较高利润率的吸引；企业的技术、设备和营销能力已具备加入高档产品市场的条件；企业要重新进行产品线定位
双向拓展	即原处于中端产品市场的企业掌握了市场优势以后，向产品线的上下两个方向拓展，做出同时向上并向下扩展产品线的决定

（4）产品线现代化。

有时企业的产品组合的长度、宽度和深度都较为合适，但产品技术含量或式样可能过时了，这不利于同产品线现代化的竞争对手进行竞争，这样就必须采用新的技术和制造工艺，改变产品面貌，使产品线现代化。产品线现代化应根据市场状况和企业自身条件，采用一步到位方式或者逐渐更新的方式。

逐渐更新的方法可以让公司了解到顾客和经销商是如何对这些新款式做出反应的，也可以少消耗一些公司的现金流。但是这种方式让竞争对手觉察到了变化，并且可以重新设计自己的产品线。在快速变化的产品市场中，现代化应该是持续不断的。

（5）产品线特色。

产品线特色指在公司众多的产品线中，选择一个或数个产品项目作为号召性的产品去吸引消费者。企业通常会将这一策略与促销策略一起实施。将产品线上一些有明显特点或较低级的产品，作为“大宗生意促成者”来制造销售声势。数字经济时代的“爆款”“爆品”等就是类似做法。

【知识拓展】　产品—市场增长模型

安索夫矩阵于 1957 年提出，也往往被称作产品市场扩张方格、成长矢量矩阵。安索夫矩阵以产品和市场作为两大基本面向，区别出四种产品/市场组合和相对应的营销策略，是应用最广泛的营销分析工具之一，如下图所示。

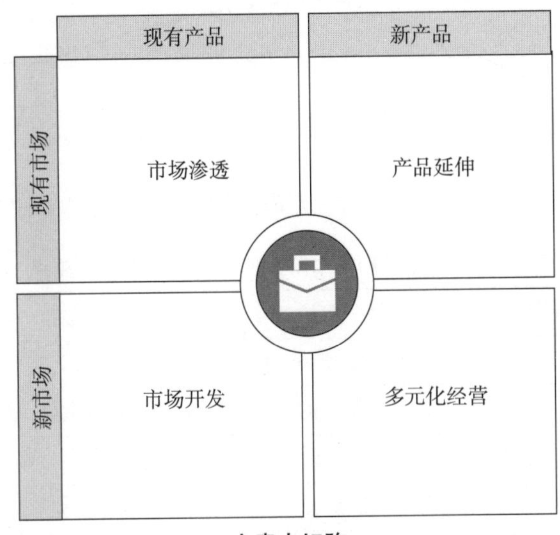

安索夫矩阵

（1）市场渗透：以现有的产品面对现有的顾客，以产品市场组合为发展焦点，力求增大产品的市场占有率。采取市场渗透的策略，借由促销或是提升服务品质等方式来说服消费者改用不同品牌的产品，或是说服消费者改变使用习惯、增加购买量等。

（2）市场开发：提供现有产品开拓新市场，企业必须在不同的市场上找到具有相同产品需求的使用者顾客，其中，往往产品定位和销售方法会有所调整，但产品本身的核心技术则不必改变。

（3）产品延伸：推出新产品给现有顾客，采取产品延伸的策略，利用现有的顾客关系来借力使力。通常是以扩大现有产品的深度和广度，推出新一代或是相关的产品给现有的顾客，提高该厂商在现有顾客中的占有率。

（4）多元化经营：提供新产品给新市场，此处由于企业的既有专业知识能力可能派不上用场，因此是最冒险的多元化策略。其中，成功的企业多半能在销售、通路或产品技术等核心知识上取得某种优势，否则多元化的失败概率很高。

6.2 产品生命周期分析

6.2.1 生命周期划分

产品的生命周期是指产品从开发成功，经过批量生产投放市场，到市场饱和，直至最后被市场淘汰的全部变化过程。产品的生命周期一般可分为四个阶段：导入期（介绍期）、成长期、成熟期及衰退期，如图6－3所示。各个周期阶段的特点和营销组合重点如表6－5所示。

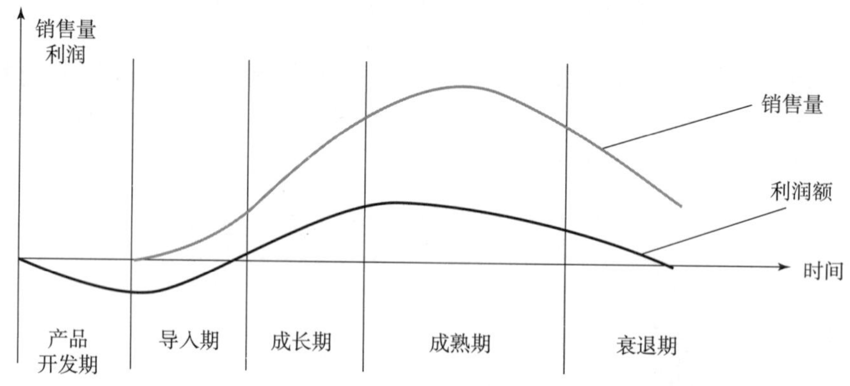

图6－3 产品生命周期

表6－5 生命周期各个阶段的特点和营销组合重点

分期	导入期	成长期	成熟期	衰退期
各阶段特征				
销售额	低	迅速增长	达到顶峰	下降
单位成本	成本高	成本一般	成本低	成本低
利润	利润为负	利润增长	利润最高	利润下降
客户	创新者	早期采用者	主流客户	落伍者
竞争者	几乎没有	数量增加	数量较大	数量下降
营销目标	获得产品认知度和客户试用	市场份额最大化	利润最大化，同时捍卫市场份额	减少支出，收割市场
营销组合重点				
产品	提供基本产品	改进产品和开发产品线，延伸产品	产品供应多元化	逐步淘汰弱势产品
定价	成本加成定价	市场渗透定价	匹配或击败竞争者定价	降价
分销	采用选择性分销	采用密集性分销	采用更加密集的分销	逐步淘汰不盈利的分销网点
沟通	在早期采用者和经销商中获取产品认知度和客户试用（试销）	在大众市场中建立认知度和兴趣	强调品牌差异及其利益，并鼓励品牌转换	减少到保留客户的最低水平

6.2.2 生命周期营销策略

（1）产品的导入期。

这个阶段的主要任务是介绍产品，在吸引消费者试用的同时建立完善的分销渠道。若仅考虑价格和促销因素，则有四种组合策略：快速撇脂、缓慢撇脂、快速渗透及缓慢渗透，具体特点如表6－6所示。

表6－6 导入期基于“价格—促销”组合策略

组合类型	快速撇脂	缓慢撇脂	快速渗透	缓慢渗透
特点	高价格、高促销	高价格、低促销	低价格、高促销	低价格、低促销
最终目的	扩大销售量，取得高市场占有率	追求更多利润	更快打入市场，取得尽可能高的市占率	取得较高的市占率，保证一定的利润率
适用背景	消费者不了解新产品，部分愿高价购买，面临潜在竞争威胁	已熟悉产品，购买者愿出高价，潜在竞争威胁不大	市场容量很大，价格敏感度大，潜在竞争激烈，规模效应明显	市场容量很大，价格敏感度大，存在潜在竞争

（2）产品的成长期。

针对成长期市场特点，企业为维持其市场占有率，使获得最大利益的时间延长，可以采取改善产品品质、寻找新的子市场、塑造产品形象、择机降价等营销策略，如表6－7所示。

表6－7 成长期营销策略

改善产品品质	如增加新功能、改变产品款式等。对产品加以改进，可以增强产品的竞争力，满足消费者广泛的需求，吸引更多的顾客
寻找新的子市场	通过市场细分，找到新的尚未满足的子市场，迅速进入这一新市场
塑造产品形象	把广告宣传的重点从介绍产品转到建立产品形象上来，树立产品名牌，维系老顾客，吸引新顾客，使产品形象深入人心
择机降价和密集分销	在适当的时机，可以采取降价策略，吸引那些对价格比较敏感的消费者产生购买动机和采取购买行动。此时应当拓宽销售渠道，采取密集分销策略

（3）产品的成熟期。

当销售增速放缓，产品会进入一个相对成熟的阶段。大多数产品都处于生命周期的成熟阶段，该阶段通常比前几个阶段持续时间更长。成熟阶段可分为三个时期：增长期、稳定期和成熟度衰减期。第一个时期，销售增长开始放缓，有新的分销渠道来填补，市场出现新的竞争力量。第二个时期，由于市场饱和，人均销售额趋于平稳。大多数潜在消费者已经尝试过该产品，未来的销售量取决于人口增长和替代需求。第三个时期，成熟度衰减，绝对销售额水平开始下降，同时客户开始转向其他产品。

第三阶段带来的挑战最大。销售额下降导致行业产能过剩，从而又加剧了竞争。实力弱小的竞争者退出，少数巨头占据主导地位——可能是质量领先者、服务领先者和成本领先者，它们主要通过高销量和低成本获利。针对成熟期市场特点，该时期营销总目标是延长成熟期，使产品生命周期出现再循环，相应的策略包括调整市场策略、调整产品策略，如表6－8所示。

表6－8　成熟期营销策略

调整市场	一是扩展用户：转化非用户或者吸引竞争对手的顾客；二是提高使用率：增加产品使用场合、增加每种场合的消费量、创造新的使用场合
调整产品	质量改进、特性改进、风格改进

（4）产品的衰退期。

面对处于衰退期的产品，企业需要进行认真的研究分析，决定采取什么策略、在什么时间退出市场。通常可供选择的营销策略如表6－9所示。

表6－9　衰退期营销策略

收割和剥离	收割要求在维持销售额的同时逐步降低产品或业务的成本。要削减研发成本以及工厂和设备投资。公司也可能降低产品质量、缩减销售团队规模、减少附加服务和广告支出。理想的情况是不要让消费者、竞争对手和员工知道正在发生什么。收割是很难实施的，但许多成熟产品有必要采用这种战略，而且它可以大幅提高公司当前的现金流
	剥离产品很可能是将其卖给另家公司。有些公司专注于收购和重新激活那些大公司想要出售或已经遭遇破产的“孤儿”或“幽灵”品牌，公司如果找不到买家，就必须决定是快速还是暂缓清算该品牌，还要决定为过去的客户保留多少库存和服务
淘汰弱势产品	除了无利可图，弱势产品还耗费了管理层大量的时间，需要频繁地调整价格和库存，并且承担小批量生产的昂贵运行费用，分散广告和销售人员的注意力——这些注意力原本可以更好地让健康的产品获得更多的利润——并且给公司形象造成负面影响。保留这些弱势产品意味着会推迟对替代产品的积极探求，进而产生不平衡的产品组合，即过时的产品线太长而面向未来的产品线过短。停用著名品牌总是一个艰难的决定，因为公司基本上是在放弃多年甚至几十年的品牌建设努力。因此，淘汰表现不佳产品的决策绝不能掉以轻心，它涉及对公司短期和长期的影响

6.3　新产品开发管理

6.3.1　新产品的类型

营销学中的新产品含义与科技开发中的新产品含义不尽相同，其内容要广泛得多。市场上出现的前所未有的崭新的产品当然是新产品，如汽车、飞机、电脑及互联网的发明创造。但这种新产品并不是经常出现的，往往这些产品在功能、材料、结构等方面略作改变，人们习惯上也把它们称作新产品。新产品的含义是相对的，可以相对于老产品，相对于企业，也可以相对于市场。只要是产品整体概念中任何一部分的创新、变革或变动，都可以理解为一种新产品。它能够给顾客带来某种新的价值。新产品一般包括全新产品、换代新产品、改进新产品及仿制新产品等类型。

(1) 全新产品。

全新产品也就是新发明产品，是指企业首次采用新原理、新技术、新材料、新工艺制成的前所未有的产品。这是绝对的新产品，与现有产品毫无雷同之处，如汽车、电脑、飞机、尼龙、互联网等产品和服务的问世，在当时都是全新产品。这种新产品依赖科学技术的进步或者重大发明，它的使用会改变消费者和产业用户的生产方式和生活方式，一般的企业是不易提供的，因为它既需要技术、资金的保证，又要承担巨大的投资风险。

(2) 换代新产品。

换代新产品是指在原有产品的基础上，部分采用新技术、新材料、新工艺，使产品的性能有显著提高的产品。换代新产品的技术含量在原有产品的基础上提高较大，它是新产品开发的重要形式。

(3) 改进新产品。

改进新产品是指对现有产品在结构、材料、性能、款式、包装等方面进行改变，由基本型派生出来的改进型产品。改进新产品技术含量低或不需要新技术，是企业依靠自己的力量最容易开发的新产品。改进新产品进入市场后，比较容易被消费者接受，但竞争者也极易仿制，所以竞争比较激烈。

(4) 仿制新产品。

仿制新产品是指企业对市场上已有的某种畅销产品进行仿制，可能只是新品牌产品或者是市场上已有而本企业第一次模仿制造的产品。如市场上经常出现的新牌子的香烟、啤酒、化妆品、数码产品等。这类新产品开发成本较低，风险也较小，只要有市场需求又有生产能力，就可以借鉴现成的样品和技术来开发本企业的新产品。此类产品容易陷入知识产权纠纷的陷阱。

【营销实践】 戴森吸尘器的领跑行业

戴森吸尘器自成立伊始，它的每一次创新对行业而言都具有颠覆性意义。这家公司的诞生，就源于一位“用户”的不满足。20世纪七八十年代的英国，一位胡佛牌真空吸尘器用户发现，他的吸尘器在经过一段时间使用之后，总是出现吸力不足的情况。拆开吸尘器后，他确信导致吸力减弱的源头就是被灰尘堵塞的气道。这是一个自吸尘器诞生以来，与使用体验息息相关却因技术难题和市场利益被频频搁置的问题。然而，这位毕业于皇家艺术学院家居与室内设计的用户却不打算放过它，“如果我真的很在意集尘袋和吸力减弱的问题，一定也有其他用户这么想”。他决定尝试解决这个问题。而这一试就是整整五年、5 127个模型。这位用户就是无集尘袋式双气旋真空吸尘器的发明者，詹姆斯·戴森。从第5 128个模型开始，世界上第一个无尘袋式吸尘器诞生了。1993年，伴随着戴森“双气旋”技术的问世，采用双气旋分离技术的戴森DC01在英国上市，到1994年，这款吸尘器已成为当时最受欢迎的款式之一。从此，吸尘器走进了“无尘袋”时代，整个行业依托这一新技术向前迈进了一大步。

这家来自英国的电器品牌，目前已经从主营吸尘器延伸到干手器、风扇、吹风机、耳机等产品。

6.3.2 新产品开发过程

新产品的开发是一项高风险的工作，必须慎之又慎。为了减少开发成本，提高成功率，必须按照科学的程序来进行。一般开发新产品的过程可以分为五个阶段，如图6－4所示。

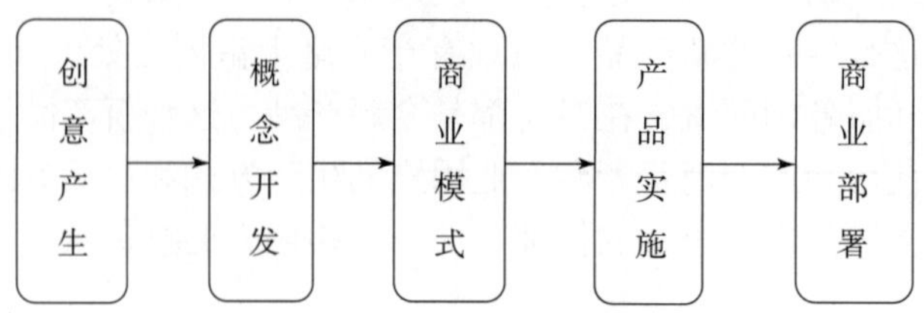

图6－4　新产品开发过程

（1）创意产生。

开发新产品的起点是发现未被满足的顾客需要，并提出比现有方案更好地满足这一需要的想法。创意产生是创造性思维，即对新产品进行设想的过程。缺乏好的创意已成为许多行业新产品开发的瓶颈。一个好的创意是新产品开发成功的关键。创意产生的方法有两种，一种是市场驱动（自上而下），另一种是发明驱动（自下而上），如表6－10所示。

表6－10　新产品创意产生方式

市场驱动（自上而下）	发明驱动（自下而上）
自上而下的创意产生始于识别市场机会，然后开发专门用于应对这一机会的产品。市场机会必须解决潜在客户所面临的一个重要问题，且它可以比现有的替代品更好地解决这个问题。因此，自上而下的创意产生也是始于市场分析，旨在确定公司能够以优于竞争对手的方式满足重要且未被满足的需要。 许多成功的产品都源于自上而下的创意。硬件制造商Motiv意识到，许多消费者发现健身追踪手环和其他可穿戴设备过于笨重和不舒服，更不用说缺乏风格了。因此，它将计步器、心率监测器和睡眠追踪器整合在一个小巧时尚的戒指中。这枚戒指不仅外观漂亮，能防水，还可经受住各种恶劣天气的考验	自下而上的创意产生与自上而下的产生相反：它从一项发明开始，然后寻求未被满足的市场需要。在自下而上的创意产生中，发明是由技术创新驱动的，而不是由确定的市场需要驱动的。因为植根于技术，自下而上的方法更有可能被负责研究的科学家采用，而不是营销管理者。而且，技术创新的市场应用很多时候是偶然发现的。 通过自下而上的创意产生方式发明的技术创新产品包括Evista。它作为避孕药失败了，但后来变成了价值数十亿美元的治疗骨质疏松症的药物。Strattera最初是一种不成功的抗抑郁药，后来成为最畅销的治疗注意缺陷多动障碍（ADHD）的药物

为了开发出最终能在市场上取得成功的产品，自下而上的创意产生必须抓住可行的市场机会。创新技术本身并不是开发新产品的好理由。当然，新技术可以为市场成功做出贡献，但公司将这项技术转化为有效满足未被满足的市场需要的产品的能力，才是驱动成功的关键因素。

例如，iPod是第一款可以存储大量歌曲的硬盘式的MP3播放器。此类设备在iPod之前就已在市场上销售，其中许多售价更低。然而，只有当苹果公司推出iPod时，整个基于硬盘的便携式音乐播放器类别才爆发。要将技术发明转变为可行的商业创意，公司必须确定该发明可以比竞争对手更好地满足未被满足的客户需要。因此，尽管成功的产品也可以源于技术发明，但自上而下的创新才是产生创意的更可取的方法。产品的最终成功取决于其提供价值的能力，因此，公司可以通过一开始就识别市场中的价值创造机会，从而提高其生产注定会成功的产品的概率。

【知识拓展】 创意产生与验证研究工具

用于创意产生与验证的常见市场研究工具包括以下几种：

(1) 观察消费者。观察消费者在自然环境中的行为可能是深入了解顾客需要并确定如何最好地满足这些需要的有效方法，包括线上和线下的行为。通常可采用评估、购买和消费他们使用的产品或服务的方式，了解他们使用的网站、关注的内容以及线上共享的信息的方式。

(2) 采访消费者。通过询问客户来发现他们未被满足的需要，并收集关于满足这些需要的新方法的见解，这是开始寻找新创意的一个合乎逻辑的方式。毕竟，消费者接受度是新产品成功的关键因素。然而，尽管消费者是产生新创意的重要来源，他们并不总是能够清楚地表达他们的需要并提出可行的新产品。正如亨利·福特的名言："如果我问人们他们想要什么，他们会说想要一匹更快的马。"过度关注那些可能不知道自己想要什么或什么有可能实现的消费者，可能会导致短视的产品开发，并错过潜在的突破。这就是包括苹果和宜家在内的一些公司倾向于对消费者的意见持保留态度的原因之一，因为他们相信，关注客户当前的需要只能带来渐进式而非突破性的创新。

(3) 采访员工。员工可以成为开发新产品或服务的灵感来源。丰田公司报告称其员工每年提交200万个创意（人均35条），其中85%以上得到实施；领英推出了一个内部孵化器，允许员工组织团队并向一群高管推销项目。该公司还创建了"黑客日"——每月的一个星期五，允许员工从事其创意项目。

(4) 采访专家。在开放式创新运动的鼓舞下，许多公司突破了自己的边界，从外部挖掘新想法的来源，包括科学家、工程师、专利代理律师、大学和商业实验室、行业顾问和出版物、渠道成员、营销和广告机构，甚至竞争对手。

(5) 分析竞争情况。公司可以通过研究其他公司的产品和服务，发现客户喜欢和不喜欢这些产品的原因，从而找到好的创意。此外，它们可以收购竞争对手的产品，对其进行逆向工程，并设计出更好的产品。了解竞争对手的优势和劣势可以帮助公司为新产品确定最佳的品牌定位以及准确的相同点和差异点。

(6) 众包。传统的公司驱动的产品创新方法正在逐步转化为公司众包以产生新创意，并与消费者共同创造产品。众包（Crowdsourcing）让公司能够以丰富而有意义的方式让外部人员参与新产品的开发过程，并获得独特的专业知识或原本可能会被忽视的对问题的不同看法。例如，芭斯罗缤（Baskin – Robbins）曾举办线上竞赛以挑选其下一个口味，当时有4万名消费者参与其中。最终获奖作品结合了巧克力、坚果和焦糖，并以太妃山核桃脆饼的形式推出。

由于不同的方法各有优缺点，公司经常使用组合方法来产生新的创意。例如，宝洁公司曾寻求创造一种"足够智能"的洗洁精，它可以显示添加到装满脏盘子的水槽中的洗洁精是否已够量。宝洁向囊括了众多专业人士、退休科学家和学生的全球小发明志愿者网络发起了求助。碰巧的是，一位在家庭实验室工作的意大利化学家开发了一种新型染料，当添加一定量的洗洁精时，这种染料会将洗碗水变成蓝色。最终，宝洁公司用3万美元的奖金获得了一个解决方案。

资料来源：菲利普·科特勒，凯文·莱恩·凯勒，亚历山大·切尔内夫.营销管理［M］.16版.北京：中信出版集团，2022.

（2）概念开发。

概念开发通过创建公司产品的初始版本或原型来体现有潜在商业生命力的想法。原型是产品的工作模型，旨在充实原始想法，并在创建实际产品之前消除潜在问题。概念开发通过评估消费者对产品核心利益的反应来提高市场成功的机会，从而创造出具有最大市场潜力的产品。

①原型制作。

概念开发通常从对产品核心功能的描述演变为按比例缩小的原型，将产品的核心概念介绍给目标消费者。原型不一定是功能性的，相反，它们可能只是粗糙的模型，用于初步了解设想中的产品将如何满足已确定的市场需求，公司将它们放在一起，只是用来衡量潜在客户的反应。因此，原型仅体现可能具有商业生命力的产品或服务的最重要方面。

不同原型的复杂性可以有很大的不同。原型可以是产品基本概念的简单表示，例如，说明产品如何运作的图表，概述产品整体外观和观感的绘图，或者是一个只包含了可上市模型中一些核心功能的模型。其他原型可能更先进，有时甚至可能接近产品的最终版本。

原型的复杂程度通常与新产品开发过程的各个阶段相匹配。在产品的创意产生和概念开发阶段，更加简单和基本的原型通常就足够了。而产品开发的更高级阶段通常需要更精细的原型。当经过验证的产品概念几乎已经可以转化为可上市的产品时，情况尤为如此。

公司对原型进行严格测试，以了解它们在不同应用中的表现，并确保最终产品在市场上广受欢迎。原型测试有两种类型：一种是阿尔法测试（Alpha Testing），是在公司内部对产品进行评估；另一种是贝塔测试（Beta Testing），是指与客户一起测试产品。

例如，Vibram公司为不同类型的运动（包括滑板、自行车和攀岩）所需的运动鞋生产鞋底，它聘请了一个专家团队对其产品进行阿尔法测试。公司会在极端条件下测试产品，并采取直接的实地测试以及一系列程序测试。一位Vibram高管描述了他们测试产品的方式：

假设我们的化学家发明了一种针对公路赛跑的新的合成物，我们首先会通过一系列的实验测试来了解该合成物的物理性质。接下来，我们会在实验室里模拟自然环境和路面，计算相关信息。最后鞋子会被分配到测试组，由测试组测量不同条件下的数据，如天气/温度、距离、位置、跑步路面等。同时，他们会就鞋底的抓力差异发表意见。在这之后，我们将汇集测试结果并做出验证结果的决定。

贝塔测试可将客户带到实验室，或提供给客户样品供他们在家中使用。宝洁公司有一些现场实验室，如尿布测试中心，数十名父母受邀带着他们的孩子来到这里测试。为了研发封面女郎全天恒效唇彩，宝洁公司邀请了500名女性每天早上来实验室使用唇彩，记录她们的活动，然后让她们在8小时后返回实验室，测量唇部剩余的唇彩。最终，宝洁研发出一款附带一支光泽感强的保湿润唇膏的唇彩产品，客户可以不用照镜子，仅通过产品表面的光泽来使用产品。微软有一个“内幕计划”，可以提前几个月向对Windows操作系统迭代感兴趣的客户和开发人员推出新产品版本。

商业产品也可以从市场测试中受益，昂贵的工业产品和新技术通常会进行阿尔法测试和贝塔测试。在贝塔测试中，公司的技术人员会观察客户如何使用产品，而这种做法经常会暴露出意想不到的安全和服务问题，以提醒公司注意客户培训和服务要求。公司还可以观察设备为客户的运营增加了多少价值，以此作为后续定价的参考。

②概念验证。

概念验证通常通过解决产品的技术可行性和目标客户对其吸引力的看法来评估所提议产品的核心概念的合理性。因此，为了验证某个概念，管理者应该回答两个关键问题：是否可以构建功能原型以及随后的完整功能版本的产品？它是否能比其他选择更好地满足已经确定的顾客需要？

公司为测试其生产的原型而开展实验性研究，并以此为概念开发和验证提供指导。为此，一项研究可能涉及改变原型的一个或多个方面，并观察这些变化对客户反应的影响，这一过程也称为A/B测试。根据实验结果，公司要么继续为产品开发商业模式，要么回到绘图板上制定新的创意和概念，并将从测试中获得的知识融入其中。另一种常用的方法是联合分析，它要求受访者评估产品属性的一系列不同组合，以确定消费者对该产品特定属性的价值评估。

（3）商业模式。

产品不能仅以描述、图纸或原型的形式存在，下一步代表着投资的飞跃，它要求公司确定创意是否可以转化为有商业生命力的产品。概念开发聚焦于产品的技术可行性和吸引力，商业模式设计还要考虑产品的商业生命力，即它的价值创造能力。如果商业模式得到验证，这个概念就可以进入开发阶段；如果商业模式分析表明，产品不可能为公司及其客户创造市场价值，那么产品概念（有时是基本创意）就必须进行修改和重新评估。

①设计商业模式。

设计商业模式涉及三个关键组成部分：识别目标市场、阐明产品在该市场中的价值主张以及描述产品的关键属性。

目标市场指公司选择其产品创造价值的市场。广义的目标市场包括公司已确定为产品潜在购买者的目标客户、争夺目标客户的竞争者、帮助公司分销产品并为目标客户服务的合作者、公司本身，以及公司经营所在的市场环境。

价值主张详细说明了公司计划为其目标客户和市场合作者创造的价值类型，以及公司计划为自己获取部分价值的方式。

产品描述了公司将如何为其目标客户、合作者和公司利益相关者创造、沟通和交付价值。这涉及公司的产品、服务、品牌、价格、激励、沟通和分销方面。

创造市场价值是商业模式的终极目标。相应地，产品的成功与否取决于它为目标客户、合作者和公司创造价值的程度。因此，新产品的商业模式设计以三个关键问题为指导：产品是否为目标客户创造价值？产品是否为公司合作者创造价值？产品是否为公司创造价值？

②商业模式验证。

商业模式验证旨在评估产品在三个关键方面创造市场价值的能力：吸引力、技术可行性和商业生命力。

吸引力指目标客户认为产品吸引自己的程度。产品的吸引力取决于其以合理的价钱、时间和精力支出提供客户所寻求的利益的能力。无法实现收益和成本的最佳平衡可能会阻碍产品的吸引力。例如水晶百事可乐（Crystal Pepsi），它是普通可乐的一种不含咖啡因的透明替代品。尽管进行了大规模的促销活动，但该产品未能在市场上获得吸引力，因为消费者并不觉得透明可乐的概念吸引自己。

技术可行性指公司可以在多大程度上创建提供客户所需功能的产品。可行性取决于当前技术以及公司在使用这些技术方面的专业知识。例如，一台在没有能源的情况下无限运行的永动机就不是一个可行的概念。

商业生命力指产品可以为公司创造价值的程度。对大多数公司来说，有商业生命力的产品是指能够产生利润的产品。因此，产品的生存能力通常是一个预期收入和产品成本结构的函数，无法平衡收入和成本往往预示着市场即将失灵。如果一个公司的大部分销售都亏本，因此尽管其知名度很高，宣传活动也备受瞩目，最终还是无法继续经营下去。

由于公司的成功取决于其产品的吸引力、技术可行性和商业生命力，所以要创建可持续的商业模式，管理者必须回答三个问题：目标客户是否认为产品有吸引力，且产品是否为这些客户创造了价值？按计划构建产品是否在技术上可行？产品是否具有商业生命力，也就是说，能否为公司及其合作者创造价值？

产品的吸引力、技术可行性和商业生命力是相互关联的。客户不喜欢的产品可能也不具备商业生命力，因为它不会创造足够的客户需求来为公司创造价值。技术上不可行的产品可能会被证明是不具备吸引力的，因为它无法满足客户的需要。

总的来说，验证公司商业模式，特别是产品的商业生命力的一个重要方面，是确保产品满足客户的重要需要，并足以为公司创造价值。在这种情况下，需求预测（包括确定公司产品潜在市场规模的过程）是开发新产品的一个不可或缺的方面。

需求预测建立在以下三个信息基础中的一个之上：人们说什么，人们做什么，人们曾经做过什么。想要利用人们所说的信息，就要调查客户的意图、销售人员的意见和专家的意见；根据人们做什么进行预测，意味着将产品投入测试市场以衡量客户的反应；关于人们曾经做过什么的研究，公司可以分析客户过去购买行为的记录或使用时间序列分析和统计需求分析。

（4）产品实施。

产品实施将概念变为现实。它涉及两个关键方面：开发必要的资源；将商业模式付诸实践，开发市场需要的产品。

①开发核心资源。

为了取得成功，公司必须获得必要的资源来实施其商业模式。通常，在开发产品概念并设计其商业模式时，公司并没有创建和推出市场产品所需的所有资源。因此，在设计了商业模式之后合乎逻辑的下一步是通过构建、外包或收购来开发必要的资源。

推出新产品所需的资源涉及全方位因素，包括商业设施，例如采购和准备生产设备，创建呼叫中心以服务客户，以及开发信息技术基础设施；获得创造产品所需材料的供应渠道；将产品交付目标客户的分销渠道；能够贡献所需技术、运营和业务专业知识的熟练员工；能够获得资金以确保商业模式顺利实施所需的金融资源。为了获得成功推出新产品所需的资源，公司可能会采用两种不同的策略：其一，公司可以通过内部开发其资产和能力或从第三方获取必要的资源来建立自己的资源；其二，公司可能会选择与拥有帮助开发、制造、分销和推广产品所需资源的其他实体合作，利用这些资源而不获得这些资源的所有权。

②开发产品。

开发产品涉及将原型转变为可上市的商品。这不仅包括创造最终产品和服务，还包括建立品牌、设定零售和批发价格、确定要使用的促销方式，以及制订计划以有效地沟通产品的优点，并将其提供给目标客户。

产品的开发通常涉及先进的原型设计和市场测试，以确保产品能够成功创造市场价值。

所需的原型设计和测试过程受多种因素的影响，例如产品的新颖性、产品的复杂性以及在产品推出后修改产品所需的投资。与只涉及微小改变的现有产品相比，新产品需要更多的市场测试。更复杂的产品比简单的产品更有可能从市场测试中受益。与推出后相对容易修改的产品相比，那些在产品推出后需要大量投资进行修改的产品（如更换生产车间的工具以修改汽车的设计）更需要先进的原型设计和市场测试。

市场测试中涉及的一个重要决策是确定产品应该在哪些市场和哪些客户中进行测试。做出这个决策涉及许多考虑因素。欧莱雅、飞利浦和尼康等许多大型的全球消费品制造商都喜欢在韩国进行测试，因为韩国的消费者要求很高但态度公正，而且其完善的营销基础设施有助于确保产品在进入全球其他市场时有足够好的状态。古驰在中国测试了许多奢侈品，因为这里的消费者偏好预示着奢侈品市场的发展方向。

尽管测试营销有好处，但许多公司都跳过了测试营销，而是依赖更快、更经济的测试方法。星巴克经常在产品被认为"完美"之前就推出产品，这是基于首席数字官亚当·布罗特曼的理念："我们并不认为事物不完美是可以接受的，但我们愿意创新，而且我们拥有很快的产品上市速度，以保证产品在未来会变得百分之百完美。"该公司的移动支付应用程序在推出后的前六个月存在许多需要纠正的缺陷，但它现在每周产生 300 万次移动交易。通用磨坊更愿意在全国 25% 的地区推出新产品，这个范围很大，以致竞争对手很难对其进行破坏。经理们会查看零售监测数据，这些数据会在数天之内告诉他们产品的运行情况以及需要进行哪些纠正性的微调。

在开发新产品时，公司可以在产品投放市场之前创造一个功能齐全的完整版本。或者，公司也可能会开发一个简化版本，该版本仅包含满足客户需要所必需的功能。产品的简化版本（又称最小可行性产品）的开发使公司能够在继续全面开发产品之前测试产品的市场表现。

（5）商业部署。

产品的上市版本随后会进入商业部署阶段，这意味着它被传达并提供给目标客户。由于大规模推出会带来更大的不确定性和更高的成本，商业部署通常从在选定市场推出产品开始，然后将产品提供给整个目标市场。商业部署伴随着持续的市场测试和产品优化，以更好地满足目标客户的需要，响应市场环境的变化，并充分利用底层技术、专有技术和业务流程中可能发生的任何变化。

①选择性市场部署。

商业化过程中的一个关键决策，是公司应该面向其商业模式中描述的所有目标客户推出新产品，还是仅在最初选定的市场部署其产品，然后逐步扩大市场直到产品充分发挥其市场潜力。选择性市场部署方法，使得公司能够在自然环境中进行测试并观察目标客户、竞争对手和公司合作者对产品的反应。

选择性市场部署的规模较小，这为公司提供了更大的灵活性来调整产品的各种特性，以最大限度地扩大其在市场上的影响。除了提高灵活性，选择性市场部署需要更少的公司资源来推出产品并有潜力带来收入，以帮助支付后续市场扩张的成本。

最初提供产品的目标客户的子集被称为初级目标。初级目标通常涉及最有可能购买公司产品的客户，以及那些将帮助公司改进产品并产生初始收入的客户。有些产品能迅速走红（如旱冰鞋），而有些产品则需要经过很长时间才会被接受（如柴油发动机汽车）。

②市场扩张。

将市场扩大到所有客户，并为其创造价值，是公司产品在其主要目标市场成功推出后的下一个合乎逻辑的步骤。

市场扩张通常涉及三项关键活动：增加产品生产所需的设施；向所有目标客户推广产品；确保产品可用于整个目标市场。在市场扩张期间，公司通常会沿着阻力最小的路径和资源最少的路径向上游移动，以吸引更难触达且不太可能认识到公司产品价值的客户。因此，与初始市场部署相比，公司在市场扩张期间可能会花费更多的时间、精力和资源。更广泛的市场通常涉及更广泛的客户，这往往需要引入产品的变体来适应所有目标客户的共同需求和偏好。因此，一家公司在进入市场时，可能会以单一产品吸引其最有可能的采用者，后在扩张的目标市场中引入变体，以迎合更广泛的客户需要。与市场扩张相关的公司产品种类的增加反过来又需要额外的资源，以确保这些产品在市场上取得成功。

6.4 品牌与品牌资产

6.4.1 品牌含义及要素

1. 品牌的含义

在日常生活中，消费者视品牌为产品的一个重要组成部分，因此建立品牌需要通过各种营销手段创造、维持、保护、传播及提升企业产品和服务的价值。美国营销学会将品牌定义为“由名称、术语、标记、符号、设计或它们的组合构成，用于识别某个或某群销售者的产品或服务，使之与竞争对手的产品和服务相区别”。因此品牌是通过某些方式将自己与满足同样需求的其他产品或服务区分开的一种产品或服务。从品牌的产品性能角度看，差异可以是功能的、理性的或有形的；从品牌表达信息的角度看，差异也可能更符号化、感性和无形。营销管理要做出许多与品牌有关的决策，其中包括确定品牌名称、品牌标志和商号名称等。

品牌名称是品牌中能够用语言来表达的那部分，包括字母、单词和数字等，如“京东”“三只松鼠”“bilibili（哔哩哔哩）”“360”等。品牌名称通常是某产品最具区别性的特征。没有品牌名称，一家企业就无法将自己的产品与竞争者的产品区别开来。对消费者而言，品牌名称和产品本身一样重要。

构成品牌的元素中有一部分并不是由文字组成，通常为某种符号或设计，这部分元素称为品牌标志。如麦当劳的“金色拱门”标志、苹果公司极具特色的“苹果”标志等。

商标是一种法定的名称，表示拥有者对品牌或品牌中的一部分享有专有权，并从法律上禁止他人使用。

商号名称是一个组织合法的全称，而不是某个产品的全称，如长安汽车公司。

建立品牌对企业来说已经变得越来越重要，以至于几乎没有无品牌的产品。品牌名称帮助消费者找到可能有利于他们的产品，还为消费者提供产品质量信息。经常购买同一种品牌的消费者知道他们每次都会买到具有相同特点、质量及利益的产品。建立品牌也给销售者带来许多优势。品牌名称成为展示产品特殊质量的符号，品牌名称和商标还为独有的产品特色提供法律保护，否则就有可能被竞争者仿制。

2. 品牌的构成要素

品牌作为一个集合概念，包括六个方面的要素。

（1）属性。品牌代表特定的商品或服务属性，这也是品牌能满足消费者物质需求的客观基础。例如，奔驰轿车代表着工艺精湛、制造精良、昂贵、耐用、行驶速度快等高档轿车的属性，多年来其广告一直强调奔驰轿车是“全世界无可比拟的工艺精良的汽车”。

（2）利益。品牌还代表着特定的利益，商品的属性实际是通过转化为功能性利益或情感性利益来最终满足消费者的物质或精神方面的需求。例如，奔驰轿车“耐用”的属性可以转化为功能性利益，即消费者可以几年不买车了；“昂贵”的属性可以转化为情感性利益，即让消费者感到自己很重要并令别人羡慕。

（3）价值。品牌体现了生产者的某种价值感，如奔驰体现高性能、安全、声望等。品牌的价值感客观要求企业的营销人员能分辨出对这些价值感兴趣的购买者群体。

（4）文化。品牌还附着着特定的文化，如奔驰轿车体现了有组织、高效率和高品质的德国文化。

（5）个性。品牌代表了一定的个性，不同的品牌往往使人们产生不同的品牌个性联想。如奔驰会使人联想到一位有品位的老板、一头有权势的狮子，或一座质朴的宫殿。

（6）用户。品牌还能体现购买或使用产品的消费者类型。如果我们看到一位年轻人驾驶一辆昂贵的豪华品牌轿车往往会感到吃惊，而如果是一位事业有成的企业家或高级经理人来驾驶好像就更符合情理一些。

品牌因其在市场中影响力的不同而各有千秋。一个有影响力的品牌往往有很高的品牌价值（Brand Equity）。品牌价值的高低取决于消费者对品牌的忠诚度、品牌知名度、品牌所代表的质量、品牌辐射力的强弱及其他资产，如专利、商标和商业渠道等。

高价值的品牌是企业的宝贵资产，也是企业长期战略资产的积累，很多企业都将品牌看作是一种关键资源和一种与顾客建立牢固关系的有效载体。有观点认为，品牌是企业重要的战略资产，比企业的产品和设备都重要。每个有影响力的品牌都代表了一个忠诚的顾客群，品牌价值的基本资产就是顾客价值。所以市场中营销的重点应该是拓展忠诚顾客的终身价值，而品牌管理则是重要的实现途径。

6.4.2 品牌资产概述

1. 品牌资产及其战略意义

（1）认识品牌资产。

品牌资产指品牌赋予产品和服务的附加价值，该价值可通过消费者对品牌的联想、感知和行动体现，也可从企业的市场份额和利润中体现。品牌资产是企业一项重要的、具有心理和财务双重价值的无形资产。目前关于品牌资产的研究主要是以顾客为基础展开，基于顾客的品牌资产指消费者因拥有的品牌知识不同，对品牌的市场反应也不尽相同。告知顾客品牌与没有告知相比，如果告知后顾客对该产品及其营销活动反应比以往更积极，该品牌就具有积极的基于顾客的品牌资产。反之，如果告知后顾客对该产品的营销活动反应不积极，该品牌就具有消极的基于顾客的品牌资产。

品牌资产具有以下特点：第一，品牌资产来自顾客的不同反应。如果顾客的反应相同，竞争的焦点将很可能集中于价格。第二，这些不同的反应是因顾客对品牌的理解不同导致的。品牌知识指消费者记忆中所有与某品牌相关的想法、感觉、印象、体验和信念等。品牌应使顾客产生强烈、良好、独特的品牌联想，以此带给产品较好的销售绩效。如在汽车消费领域，消费者往往将安全与沃尔沃品牌、超值可信与丰田品牌联系在一起，这种积极正向的品牌联想无疑会带给品牌拥有企业更高的市场价值。第三，由顾客的不同反应所构成的品牌资产，在所有与品牌营销相关的感知、偏好和行为中都有所体现。

（2）品牌资产的战略意义。

品牌并不只是一个名字或是一个象征。品牌表达了消费者对一个产品或服务性能的认知和感受，表达了这个产品或服务在消费者心中的意义。品牌最终会存在于消费者头脑中。因此，建立强势品牌的真正价值在于获得消费者的偏好和忠诚。

品牌在市场上的影响力和价值各不相同。有些品牌，像可口可乐、汰渍、耐克、哈雷-戴维森、迪斯尼等，保持了它们的强势地位已有多年。这些品牌在竞争中获胜并不仅仅是因为它们为顾客创造了一种特殊的利益、可信的服务或新的技术，更为重要的是，它们的成功来自与文化建立的深厚联系。

一个强势品牌往往具有较高的品牌资产。品牌资产是一种积极的差异化结果，这种努力将使得品牌名称影响到消费者选择产品或服务的决策。衡量品牌资产大小的一个方法，是看消费者愿意为某品牌的产品多支付多少。一项研究发现，相对于竞争性的品牌来说，72%的消费者愿意为他们喜欢的品牌多支付20%的溢价；40%的消费者愿意多支付50%的溢价。汰渍和亨氏的偏爱者愿意多支付100%的溢价，忠诚的可口可乐饮用者愿意支付50%的溢价，而沃尔沃的使用者则愿意支付40%的溢价。

高资产的品牌是非常有价值的资产，可以为一个企业提供多方面的竞争优势。一个强势品牌具有很高的品牌知名度和忠诚度。因为消费者期望卖家经营有品牌的商品，所以企业在与经销商谈判时就拥有更大的主动权。因为品牌包含着承诺和信任，企业能够更容易地推出新产品线或者进行品牌扩展。比如可口可乐公司借助品牌声誉成功推广了健怡可乐（Diet Coke），宝洁公司则将象牙牌（Lvory）餐具洗涤剂成功推向了市场。一个强势品牌可以为企业抵御价格竞争提供一定的防御壁垒。

总之，一个强有力的品牌是与顾客建立可获利的牢固关系的基础。因此，品牌资产潜在的意义就是顾客资产——品牌所创造的顾客关系的价值。一个强势品牌非常重要，但是它真正代表的是可获利的顾客忠诚。营销的核心是利用品牌这种有价值的工具创造和提升顾客资产及其价值。

2. 品牌资产的构成要素

品牌资产所带来的价值，有一部分表现为实际财产形式，如专利和商标。除此之外，按照大卫·艾克（David Aaker）的研究，品牌资产包括五个主要部分：品牌知名度、品牌忠诚度、品牌认知度、品牌联想度和其他专有品牌资产，如图6-5所示。

品牌知名度指消费者想到某一类别产品（品类）时，脑海中能想起或辨识某一品牌的程度。品牌知名度与顾客对品牌的熟悉程度和对品牌的依赖程度密切相关。当在熟悉和不熟悉的品牌之间做出选择时，顾客更可能选择自己熟悉的品牌。原因在于他们认为熟悉的品牌更值得信赖而且质量更佳。一般熟悉的品牌会更容易进入顾客购买选择的考虑范围。

消费者能够持续地购买和使用同一品牌，即为品牌忠诚。品牌忠诚度增强了一个品牌的对抗竞争能力。有了较高的品牌忠诚度，企业就可以保住现有的顾客，引来新顾客。由于顾

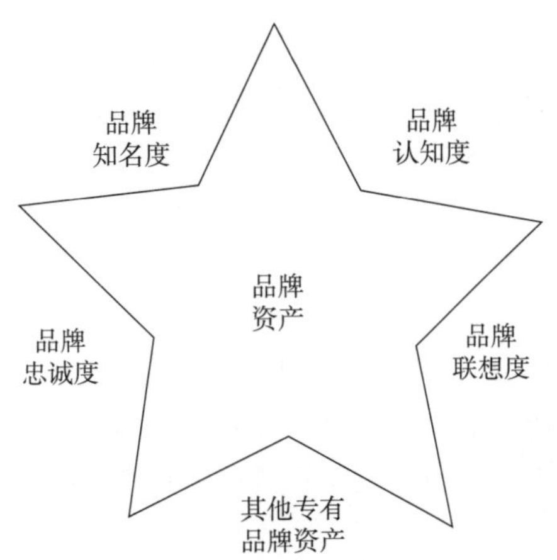

图6－5 大卫·艾克的品牌资产模型（“五星”概念模型）

客希望能随时随地买到他们喜爱的品牌，零售商也会不遗余力地销售这种人气指数高的产品。

品牌认知是消费者对产品客观品质的主观认识，以客观品质为基础但不等同。内容有功能、特点、可信赖度、耐用度、服务、效用、外观等，是差异化定位和品牌延伸的基础。品牌认知度常用以下四个指标来测量：

（1）差异性：代表品牌的不同之处。差异性越大，表明品牌在市场上同质化程度越低，品牌就更有议价能力。差异性不仅表现在产品特色上，也体现在品牌的形象方面。

（2）相关性：代表品牌对消费者的适合程度，关系到市场渗透率。品牌的相关性强，意味着目标人群接受品牌形象和品牌所做出的承诺，主观上愿意尝试，也意味着在相应的渠道建设上有更大的便利。

（3）尊重度：代表消费者如何看待品牌，关系到对品牌的感受。当消费者接触品牌进行尝试性消费后，会印证他们的想象从而形成评价，并进一步影响到重复消费和口碑传播。

（4）理解度：代表消费者对品牌的了解程度，关系到消费者体验的深度，是消费者在长期接受品牌传播并使用该品牌的产品和服务后，逐渐形成的对品牌的认识。

顾客会将某一品牌与某一质量水平相联系。某种品牌名称可能会成为高质量的代名词，顾客借之判断产品的真实质量水平。在很多情况下，顾客自己并不能对某产品的真实质量水平做出判断，这样，他们就会将品牌名称作为判断产品质量的指标。因而，品牌认知度高的产品价格就高，从而使其营销者避免了残酷的价格竞争。同时，某品牌较高的认知度使得营销者易于推出与它有关的延伸产品，因为顾客对该品牌质量的良好印象会转移至与其相关的其他产品上。

品牌联想是消费者品牌知识体系中与品牌相关联的一切信息节点，包含了消费者对特定品牌内涵的认知与理解。有时营销者会努力将某种特定的生活方式（有的情况下是某种个性特征）与某一特定品牌相联系。例如，一提起米其林轮胎，顾客就会联想到要注意保护家人的安全；一提起德比尔斯钻石，人们就会想到直至地老天荒的爱情（“钻石恒久远，一颗永流传”）。积极正向的各种联想会大大增加品牌资产。

其他专有品牌资产是指能够增加品牌价值的内容，比如专利、专有技术、独特性的分销系统等。

对一个企业来说，品牌资产代表了一个品牌的价值，一个企业或一个组织之所以会以溢价购买某公司的某一品牌，是因为购买现成的品牌要比自己从无到有地创立发展一个品牌合算且风险低。品牌资产赋予一个品牌获得并保持一定市场占有率的能力，这样便能保证企业销售收入的稳定。

6.4.3 管理品牌资产

品牌资产管理分为两个层面，在宏观层面就是要分析品牌外部的经济环境、行业环境、政策环境等要素，确定大环境下品牌的发展方向；在微观层面就是通过充分调研分析竞争品牌的动态、客户需求、公司内部环境，制定品牌的发展策略。有效的品牌管理须从长期角度考虑，通过品牌资产管理保持和增加基于顾客价值的品牌资产。通常可以按照以下方法来进行：

（1）建立品牌知名度。

品牌知名度是品牌资产形成的前提，可以弱化竞争品牌的影响。企业力争创建独特且易于记忆的品牌，在营销活动中不断展示品牌标识并扩大影响；运用品牌延伸的手段丰富产品线；注重口碑传播，特别是能够有标新立异的创意、别具一格的口号和恰到好处的标志，并且持续反复地呈现。此外，企业应密切关注品牌知名度的测量，包括消费者知名度的测量、行业知名度的测量和社会知名度的测量。

（2）建立品牌联想度。

品牌联想是消费者在看到某一品牌时所引起的所有印象、联想和意义的总和，比如产品特点、使用场合、品牌个性和形象等。品牌联想利于加深品牌认知、扩大品牌知名度、产生差异化、提供购买理由，是品牌延伸的基础。建立联想的维度包括产品特性、消费者利益、使用方式、使用对象、生活方式与个性等。

（3）建立品牌认知度。

品牌认知可以提供购买理由、产生溢价、提高渠道谈判能力和拓展品牌延伸力。品牌认知是消费者对产品客观品质的主观认识，包括对产品的适应性和其他功能特性适合其使用目的的主观理解或整体反应，包括产品功能与特点、适用性、可信赖度、外观、包装、服务、价格和渠道等。具体实践中品牌认知可以表现为注重对品质的承诺、创造一种对品质追求的文化、注重创新、展示品质认知、利用价格暗示、提供质量认证证书等方式。

（4）维持品牌忠诚度。

品牌忠诚可以降低营销成本、增强渠道谈判力、吸引新消费者并减缓竞争威胁。品牌忠诚等于是一种对偏爱产品和服务的深深承诺，在未来持续重复购买和光顾，由此产生反复购买同一个品牌或一个品牌系列的行为，情境和营销力量的改变不会转换其购买行为。品牌忠诚包括认知忠诚、情感忠诚、意向忠诚和行为忠诚。为实现品牌忠诚，企业应当做到给顾客一个不转换品牌的理由，努力接近消费者、了解市场需求，提高消费者的转移成本，让产品超越消费者期待和加强消费者关系管理等实质性的工作。通常企业也应当同时开展品牌忠诚度的测量，主要指标有消费者重复购买的次数、消费者购买决策所需的时间、消费者对价格的敏感程度、消费者对竞争产品的态度、消费者对产品质量的承受能力、消费者的购买比例以及消费者的口碑传播意愿和次数等。

（5）提高品牌美誉度。

品牌美誉度是指某品牌获得公众信任、支持和赞许的程度。品牌美誉度的资产价值体现在“口碑效应”方面。通常品牌美誉度包括消费者美誉度、行业美誉度、社会美誉度。品牌美誉度的建立可以通过保证卓越的产品质量、提供优质的售后服务、建立良好的企业信誉和加强消费者满意度管理等途径实现。

（6）提升品牌资产。

①提升品牌资产的差异化价值。从质量、性能、规格等方面体现优势或者由服务带来的品牌附加价值，还可以通过建立品牌联想和打造品牌个性来完成。

②提升品牌资产的外延化价值。在进行公司并购或品牌延伸时应当认真考虑对公司本身的自我评估、目标公司评估和可行性分析。

③提升品牌资产叙事化价值。通过娓娓道来、形象生动的品牌叙事，消除目标受众对品牌的陌生感和隔阂感，达到增进与密切目标受众的情感交流，进而实现品牌与目标受众的心灵共鸣，完美地体现品牌的核心价值理念，形象巧妙地传递品牌信息。

（7）评估品牌资产。

对品牌是一种资产大家已经达成了充分的共识，而事关品牌资产评估的方法，还没有形成共识。当今世界上有超过上百种品牌资产评估模型。虽然有众多测评工具，但采用何种工具评估品牌是由公司的发展目标决定的。如果公司在一段时间内更偏重财务目标的实现，企业要加大品牌建设的投入，对公司品牌管理进行强化和更新，则可以采用基于消费者的品牌资产的方式来评估品牌价值；如果企业要进行一项新的投融资计划，或者收购或兼并，则可以用基于财务手段来评估品牌资产的方法。品牌资产评估的方法如表6－11所示。

表6－11　品牌资产评估的方法

评估方法要素	评估方法特点	代表方法
财务要素	品牌资产是公司无形资产的一部分，是会计学意义的概念	历史成本法、重置成本法、市价计量法、收益计量法
财务＋市场要素	品牌资产是品牌未来收益的折现，因此，对传统的财务方法进行调整，加入市场业绩要素	Interbrand 方法 Financial World 方法
财务＋消费者要素	品牌资产是相对于同类无品牌资产或竞争者品牌而言，是消费者愿意为某一品牌所付的额外费用	溢价法 品牌抵补模型（BPTO） 联合分析法（Conjoint Analysis）
消费者＋市场要素	品牌资产是与消费者的关系程度，着眼于品牌资产的运行机制和真正的驱动因素	品牌财产评估（Brand Asset Valuator）电通模型 品牌资产趋势（EquiTrend）模型 品牌资产十要素综合分析法等

（8）保护品牌资产。

保护品牌资产主要有以下途径：

①法律途径保护。主要体现为品牌注册为商标。保护的内容包括商标名称、图形、标志及其组合。

②自我保护。主要手段如下：定期查阅商标公告，及时提出异议；运用高科技的防伪手段；协助有关部门打假；定期向消费者宣传识别真伪的知识；申请专利；严守商业秘密；谢绝技术性参观；争创驰名商标等。

③经营保护。技术保护方面通过保持技术领先、严格技术保密、统一技术标准实现；生产保护方面可按有效需求组织产销、持之以恒的严格质量管理来实现；营销保护方面通过谨慎地开展品牌延伸，坚持以消费者满意为中心的经营理念，保持与消费者沟通的连续性，维持品牌产品的稳定价格，避免恶性竞争等方法来实现。

（9）关注品牌复兴。

顾客品味和偏好的变化，新竞争者、新技术的出现，或营销环境的任何新发展，都将对品牌的发展造成潜在影响。市场上存在一些曾经杰出和令人尊敬的品牌步入低谷甚至匿迹的现象；但也常常出现通过营销策略重新赋予某个品牌以生机，使其得以复兴的局面。扭转衰退品牌的命运，要么使其回归到最初的样子，恢复其已失落的品牌资产来源，要么建立新的品牌资产来源。不论哪种方式，在品牌复兴的过程中，都需要更多的创新性变革。

【案例启迪】 哈雷－戴维森的品牌复兴

哈雷－戴维森于1903年在威斯康星州密尔沃基市成立，曾两次侥幸脱离破产危险，目前是世界上最有名的摩托车品牌。20世纪80年代，由于陷入了可怕的财务危机，它为摆脱困难不顾一切地用“哈雷－戴维森”为其错误的投资命名，例如哈雷－戴维森烟草、哈雷－戴维森红酒冷却器。虽然顾客喜欢这一品牌，但产品质量问题导致销售额下降。哈雷－戴维森于是通过改进生产流程试图恢复原有的辉煌。它还以车主俱乐部的形式成立了强大的品牌社团——哈雷车主会，通过该组织赞助自动车比赛、慈善比赛及其他摩托车赛事。哈雷－戴维森坚持以草根营销方式贴近民众，推动品牌发展，由此取得了令人羡慕的市场业绩——其产品供不应求。

一般情况下，转变品牌命运的第一步是了解品牌资产来源于哪里。正面联想是否正形成优势或独特性？品牌是否有负面联想？然后企业就要决定是保持原来定位不变，还是重新定位。如果重新定位，应如何定位？在某些情况下，原来的定位可能仍然是合适的，而执行的营销策略才是产生问题的根源，因为它未能成功传递品牌承诺。因此，“回到原来”的战略依然有效。很明显，品牌复兴战略过程是一个连续的统一体，一端是纯粹的“回到原来”战略，另一端是纯粹的“再创新”战略，而多数复兴是两种战略的结合。

6.5 品牌决策

1. 品牌化决策

如何打造品牌？虽然企业可通过营销活动刺激品牌创新，但品牌本质上是根植于消费者心中的。品牌实质是根植于现实而又映射出消费者感知的实体。

品牌化是指赋予产品或服务以品牌的力量。品牌化的核心在于创造差异。使一个产品品牌化，企业要通过确定品牌名称和其他品牌因素让消费者知道产品是“什么”，还要让消费者了解产品的功能和值得关注的方面。

为成功地实施品牌化战略并创造品牌价值，企业须使消费者相信不同品牌的产品和服务存在很大差异。品牌化的关键在于，使消费者发现同一类的不同品牌存在差异。品牌差异往往与产品本身的特性或利益密切相关。

品牌化无所不在，有顾客选择的地方就有品牌化。其对象可以是实体商品（如大众汽车、华为手机）、服务（如如家酒店、南方航空）、卖场（如华联超市、SKP）、人物（如体育明星、影视明星）、地区（如北京市、杭州市）、组织（如公益组织、证券交易所）以及理念（如蚂蚁森林、绿色消费）等。

2. 品牌命名决策

（1）品牌命名要求。

一个好的命名可以促进一种产品的成功。然而，选择和确定品牌名称并不是一件容易的事情，需要营销者认真地评价产品及其利益、面对的目标受众等。品牌名称一经选定，就必须得到保护。

（2）品牌命名方法。

企业对产品或服务实施品牌化，常用的有以下四种命名方法，如表6－12所示。

表6－12 常用品牌命名方法

方法	含义
单独命名	比如宝洁公司的海飞丝、潘婷、飘柔等。单独命名的最大优势在于企业没有将其声誉和产品紧密相连。如果某一品牌在市场上遭遇失败，企业形象不会因此遭到破坏。通常对属于同一类但拥有不同特性的产品采用不同的品牌
统一命名	飞利浦公司所有产品均以“Philips”为品牌。统一命名的优势是无须不断研究新的命名并投入高额广告费用创建品牌认知，开发费用也较低。如果制造商的声誉很好，新产品的销售情况一般也比较好。通常消费者习惯于想知道他们购买的产品是由哪家厂商生产的，使得统一命名很有利
分类命名	松下公司将所有的视听产品命名为Panasonic，将普通电器命名为National。如果各种产品区别度较大，一般不适合采用统一命名。企业往往为同一类别不同质量的产品取不同的名称。又如当丰田引进高端豪华汽车时，命名为雷克萨斯
企业名称与单独命名相结合	比如索尼公司的索尼高清液晶平板电视（Sony Bravia）、索尼随身听（Sony Walkman）、索尼笔记本电脑（Sony Vaio）、索尼游戏站（Sony PlayStation）。企业名称赋予新产品嫡系出身的身份，而独立名称则赋予新产品个性

3. 品牌归属决策

根据品牌所有权的归属主体，形成了不同主体类型的品牌归属决策。

（1）制造商品牌。

制造商品牌是由生产商创立的，旨在确保顾客购买时将生产商与它们的产品同等看待。如海尔家电、格力空调等都是制造商品牌。制造商品牌长期以来统治着零售业。创立这种品牌的生产商需要主导分销、促销和定价决策。制造商可以通过促销、质量控制和质量保证等措施提高产品的顾客忠诚度。对于制造商而言，这种品牌是一笔宝贵的财产。制造商要努力刺激产品需求，以激励经销商销售其产品。

（2）商店品牌。

分销者自有品牌也称为商店品牌或经销商品牌，是由经销商（批发商或零售商）创立并拥有的。商店品牌的主要特点是产品与其制造商被分离开来。零售商或批发商可以利用自己的商店品牌进行更为有效的促销、创造更高的毛利并改善商店的形象。利用商店品牌，零售商或批发商可以以最低的成本销售符合一定质量标准的产品而又不会泄露不便公开的与制造商有关的信息。

（3）许可品牌。

大多数制造商要花较长时间和巨大投入才能树立自己的品牌。不过，一些企业通过许可品牌，使用其他制造商已经树立的名称或符号、知名人士的名字、流行读物或者时髦电影中的角色。使用的企业支付一定的费用，便能够很快获得已经被认可的品牌名称。许可经营当中发展最快的就是公司整体品牌许可，越来越多的营利和非营利组织将自己的名称许可经营出去以获取额外的收入，提高品牌知晓度。

许可品牌往往通过品牌授权实现，公司通过授权协议允许其他机构在其产品中使用自己公司的品牌，并为此收取一定的授权费。品牌授权是一种非常盛行的品牌战略。授权费最低可占销售收入的2%，最高可达10%以上。

（4）联合品牌。

联合品牌指在一种产品上使用两个或多个品牌。营销者采用联合品牌策略是为了利用多个品牌的资产。这种策略在食品加工和信用卡行业中应用最普遍。例如，卡夫食品公司的卡夫奶酪品牌与奥斯卡－梅耶午餐肉品牌（卡夫公司的另一个品牌）就进行了合作。进行合作的品牌也可能属于不同的公司。一些信用卡公司（如美国运能、维萨和万事达）与其他一些品牌（如通用汽车、AT&T以及一些航空公司）开展了合作。

成功的联合品牌利用了顾客对进行合作的品牌的信任和信心。如果联合品牌没取得成功，那就意味着进行合作的两个品牌都会受到连累。一般来说，联合品牌中所涉及的两个品牌在顾客看来应该是相辅相成的。联合品牌能帮助一家企业将自己的产品与竞争者区分开来。借助进行品牌联合的合作伙伴的产品开发技术，一家企业可以生产出与众不同的产品。建立联合品牌还可以使合作双方发挥各自的分销能力。

4. 品牌开发决策

在品牌开发方面，企业有四种策略选择，如图6－6所示。第一，产品线延伸策略，将现有品牌名延伸到现有的产品类别中的新样式、新规格和新风格的产品上；第二，品牌延伸策略，把现有的品牌名延伸到新的产品类别上；第三，多品牌策略，在相同的产品类别中引入新品牌；第四，新品牌策略，在新的产品类别中引入新品牌。

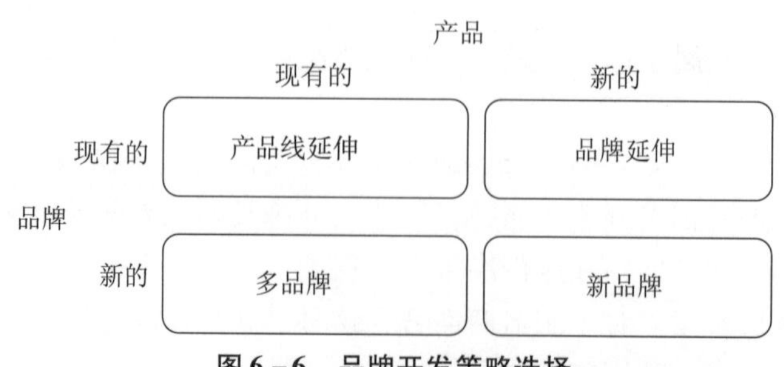

图6－6 品牌开发策略选择

（1）产品线延伸。

产品线延伸就是当企业在一个给定的产品类别中引进新产品的时候，仍然使用原来的品牌，这些新产品包括新口味、新样式、新色彩以及新包装规格等。例如，达能公司（Dannon）推出了几种通过产品线延伸而来的新产品，包括七种新酸奶口味、一种脱脂酸奶以及一种大的经济装酸奶。绝大多数新产品活动都属于产品线延伸的范畴。

企业可以将产品线延伸作为推出新产品的一种低成本、低风险的方法，以满足消费者多样化的需求。通过延伸可以帮助企业利用过剩的生产能力，并从分销商那里争得更多的货架位置。

产品线延伸也有其风险。如果品牌名过度延伸，就会使其失去特定的内涵，也会让消费者混淆或者感到不知所措；延伸新产品销售量的扩大可能会影响产品线上其他产品的销售；增加的产品项目无疑会加大分销和管理的投入和控制难度。

（2）品牌延伸。

品牌是企业最有价值的资产。企业推出一系列以其最强势的品牌名称命名的新产品，以充分利用强势品牌这一资产，这就是品牌延伸策略。据研究统计，大量最成功的新产品往往都是品牌延伸的产物。

品牌延伸的优势表现在能够增加新产品成功的机会。基于对母品牌及与新产品相关程度的了解，顾客会做出推断，对新产品可能的构成和功能产生预期。通过使顾客产生积极的期望，品牌延伸减少了风险。另外，品牌延伸能减少新产品的营销成本，避免推出新品牌面临的诸如知名度低、经费投入等困难和问题，提高分销的效率。延伸品牌采取相似或实际上相同的包装和标签，往往能降低生产成本，还能在零售店创造广告效应，从而获得更多关注。通过品牌延伸，还可使那些因枯燥、厌烦和其他因素影响而渴望变化的顾客，转向企业的不同产品，仍在企业的品牌家族中成为忠诚消费者。

品牌延伸的缺点是品牌稀释（Brand Dilution），即消费者不再将品牌与特定产品或高度相似的产品联系在一起，并减少对该品牌的偏好。定位理论的创始人艾·里斯和杰克·特劳特称之为“线延伸陷阱”。例如，吉百利公司将品牌延伸至主流食品如土豆泥、奶粉、饮料等时，就可能面临失去其作为巧克力和粮果品牌特殊意义的风险。

（3）多品牌。

企业在同一类产品中经常使用新品牌。比如宝洁公司在每个产品项目下都有不同的品牌。多品牌战略可以使企业建立不同的产品特色和迎合顾客不同的购买动机，还能使企业稳固占据销售商的货架，或者帮助企业通过建立侧翼品牌来保护主打品牌。此外，为了适应不同文化或语言的需要，企业可以为不同的地区或国家建立独立的品牌。例如，宝洁公司凭借汰渍品牌控制了美国洗衣粉市场，仅这一种品牌就占了40%强的市场份额。但在北美以外，宝洁公司的碧浪洗衣粉品牌处于主导地位，成为欧洲仅次于可口可乐的第二大包装商品品牌，而在美国，碧浪针对的是西班牙裔顾客市场。

多品牌的缺点是，每种品牌也许只能获得一小部分市场份额，而且每一种利润可能都不高。有时企业应该减少已有的品牌数量，并建立起比较严格的新品牌筛选程序。

（4）新品牌。

企业在进入新的产品类别而公司现有品牌都不适合的情况下，可以建立一个新品牌。比如，本田公司建立讴歌（Acura）品牌以将其豪华车区别于本田其他的车型；丰田专门制造

Scion 汽车，瞄准新生代的顾客，日本松下公司为其不同的产品系列使用不同的名称，如 Technics、Panasonic、National 和 Quasar。设立太多新品牌可能会导致公司资源的分散使用。一些公司如宝洁正在追寻“大品牌”战略，即消除那些较弱的品牌，将营销费用集中在其产品类别中能够占据较高市场份额的少数几个品牌。

本章小结

整体产品观

产品的整体概念包括核心产品、形式产品、期望产品、附加产品和潜在产品。

品类就是消费者心智中储存不同类别信息的空间。品类创新要通过拓宽消费者的心智空间来实现；品类创新还可以从扩大市场端来实现；品类创新一定要有新品类布局。

个别产品决策涉及产品属性、品牌、包装、标签、产品支持服务等。

产品组合

产品组合指一个企业的全部产品结构，是产品线和产品项目的总和。衡量要素包括组合的宽度、长度、深度和关联度。

分析现有产品组合状况，可采用销售额和利润分析、波士顿矩阵等方法。

产品组合决策包括扩大产品组合、缩减产品组合、延伸产品线及实现产品线的现代化和特色化。

产品生命周期

产品生命周期指一个产品从进入市场到退出市场所经历的市场生命循环过程。

导入期可采取快速撇脂、缓慢撇脂、快速渗透、缓慢渗透策略。

成长期可采取改进产品质量、寻找新市场、加大促销、择机降价等策略。

成熟期可以对产品、市场及营销组合策略进行调整。

衰退期策略有收割和剥离、淘汰弱势产品等。

新产品开发

新产品包括全新产品、换代产品、改进产品、仿制产品等。

新产品开发过程包括创意产生、概念开发、商业模式设计、产品实施、商业部署等阶段。

品牌与品牌资产

品牌：由名称、术语、标记、符号、设计或它们的组合构成，用于识别某个或某群销售者的产品或服务，使之与竞争对手的产品和服务相区别。

品牌资产：指品牌赋予产品和服务的附加价值。该价值可基于消费者和企业的不同感知进行评价。包括认知度、联想度、忠诚度、知名度等。

品牌资产管理：建立知名度、联想度、认知度，维持忠诚度，提高美誉度，提升、评估、保护品牌资产，关注品牌复兴。

品牌决策

品牌化：赋予产品或服务以品牌的力量。

命名决策：单独命名；统一命名；分类命名；企业名称加单独命名。

品牌归属决策：主要包括制造商品牌、商店品牌、许可品牌、联合品牌。

开发决策：涉及产品线延伸、品牌延伸、多品牌及新品牌四种决策。

复习思考题

1. 什么是产品整体概念？包括哪些层次？
2. 什么是品类？品类管理有什么意义？
3. 单一产品决策包括哪些内容？
4. 什么是产品组合？如何进行现有产品组合现状的分析？
5. 产品组合决策包括哪些策略？
6. 产品生命周期各阶段的特点及其营销策略是什么？
7. 什么是新产品？有哪些主要类型？
8. 新产品开发的程序及其各阶段的主要任务是什么？
9. 从品牌的归属分析，有哪几种品牌决策？
10. 进行品牌的开发决策涉及哪几种策略？
11. 如何理解品牌资产的概念？其构成要素主要有哪些？
12. 企业进行品牌资产管理应该从哪些方面着手？

营销体验

1. 小组辩论：产品的功能和外观，哪个更重要？

一些营销人员认为，优良的产品性能是营销成功的关键；另有一些营销人员则提出，产品的外观设计，如造型、色彩、包装等才真正能产生差异化效果。

正方观点：产品的功能是品牌获得成功的关键

反方观点：产品的外观设计是品牌获得成功的关键

2. 小组讨论和交流：品牌延伸对企业的价值。

一些专家反对企业进行品牌延伸，因为很多企业因为品牌延伸而失去了企业的核心品牌，使顾客对品牌产生混淆。而另一些专家则认为，品牌延伸对企业是一项关键的发展战略和收入来源。对以下观点进行分析讨论：

（1）品牌延伸对品牌造成危害；

（2）品牌延伸是一项重要的品牌发展战略。

案例讨论

推荐阅读

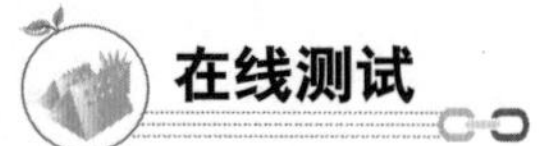

在线测试

第 7 章
价格决策

学习目标

◎ 理解影响企业价格决策的因素；
◎ 掌握企业定价的方法；
◎ 掌握企业价格调整决策方法。

关键术语

◎ 需求价格弹性（Price Elasticity of Demand）
◎ 需求收入弹性（Income Elasticity of Demand）
◎ 需求交叉弹性（Cross Elasticity of Demand）
◎ 随行就市定价（Going－Rate Pricing）
◎ 成本加成定价（Cost－Plus Pricing）
◎ 目标利润率定价（Target Return Pricing）
◎ 市场认可价值定价（Market Perceived－Value Pricing）
◎ 拍卖定价（Auction Pricing）
◎ 需求差异定价法（Demand Difference Pricing Method）
◎ 产品组合定价（Product－Mix Pricing）

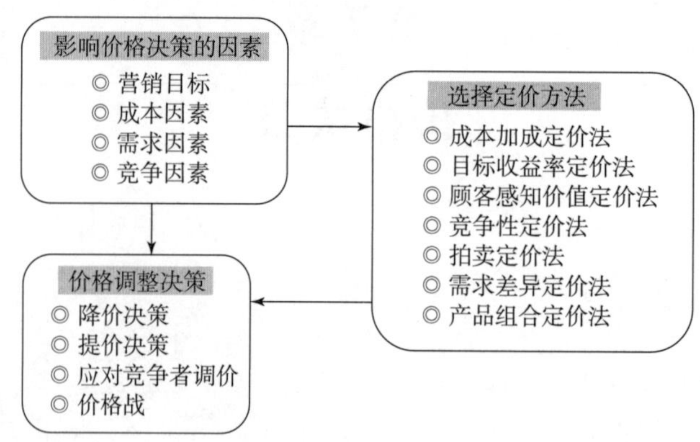

【先思后学】 蜜雪冰城的低价策略

做餐饮，价格决定了利润。而往往价格高没客户，价格低利润就少。如何保证价格低，还能有利可图呢？有一个餐饮品牌做到了，均价5元的奶茶，年赚65亿元，它就是2019茶饮品牌第3名的蜜雪冰城。大家可能对价格没什么感觉，那我们对比一下前2名的奈雪の茶和喜茶。喜茶最便宜的甜筒要9元，最贵的饮品是32元，大部分在20多元；奈雪の茶最便宜的13元，其他产品基本也是在20~30元。而蜜雪冰城单价在9元以下，现在门店已超过万家。蜜雪冰城背后隐藏着什么秘密？

现在蜜雪冰城突破万家门店，相当于一个县会有3~4个蜜雪冰城门店。蜜雪冰城之所以受三四线城市欢迎，主要原因就是价格。

要想以低价站稳脚跟，定价决策时成本是重要决定因素。做餐饮的企业都会学别人如何定价，以此作为参考。但蜜雪冰城不是，其定价原则是不以别人的价格来决定，而是从产品成本倒推定价。例如，最初的2元冰淇淋，一个鸡蛋、细玉米粉、白糖、牛奶，细致倒推，发现就算1元1支利润也是有的。而在2006年同样的“彩虹帽”冰淇淋，在郑州要卖十几元。以产品成本定价的定位策略，无疑是低价取胜至关重要的一点。

品牌传播并不是要打多少广告，而是要增强品牌在消费者心中的印记。低价自然有低价的玩法，蜜雪冰城采取的措施有两类：一是花里胡哨的活动海报，吸引客户的注意。花里胡哨的活动横条和海报，虽说看起来比较土，但对消费者来说很有吸引力，给人一种热闹的感觉。二是无处不在的“小雪人”，打造超级符号。品牌Logo不仅出现在包装、招牌上，而且在卷闸门、周边商城产品也下了功夫，就是为了增强品牌印记。

任何餐饮企业想要盈利都离不开产品和营销传播手段的结合，保持低价的办法就是控制成本。相比连锁品牌，中小餐饮店虽说没有中央厨房专门配备食材，但可以尝试做到标准化。蜜雪冰城实现标准化，降低成本主要采取了口味标准化和食材标准化两种手段。

想要以低价取胜，就需要用足够低的价格来吸引顾客。爆款的选择原则就是成本低、价格低。比如前面提到的蜜雪冰城2元的冰淇淋，成本1元不到，既能保证自己有钱可赚，又能吸引客户，快速打开市场。虽说现在蜜雪冰城的冰淇淋涨到了3元，但价格依旧具有绝对的吸引力，并且搭配4元的柠檬水，巩固了在用户心中“便宜”的形象。

企业常常会遇到一涨价就没客户的情况，这就是因为涨价导致用户对企业失去信任。比如海底捞涨价后降价，对餐厅影响很大，会使顾客对其失去信任。而蜜雪冰城很多爆款产品都是2020年才涨1元，例如冰淇淋，从2006年开始就是2元，现在才卖3元。

去过蜜雪冰城的人都会见到很多人在排队，有人会觉得，十来人的队伍要等好久。不过，你会惊奇，等待的时间不会超过5分钟。这是为什么呢？原因就是菜单上产品分类特别清晰，比如果茶、冰淇淋、奶茶等。此外把主产品做成图片，设置在菜单上方，瞬间抓住顾客眼球，使顾客在最短时间做出决策。

在价格如此低的情况下，促销活动也是比较好做的，因为一点点价格变动都会给人优惠力度很大的错觉。比如蜜雪冰城前段时间推出的App新人注册活动，主要有两个：免费吃冰淇淋、新人优惠券。每张优惠券面额都是1元，每次只能使用一张。不过相比6元的饮品，变成5元，优惠力度看起来确实还可以，同时增加了复购率。此外，蜜雪冰城还有一个独特的营销活动，“消费满2元，领取情侣证”。这种花式促销正是为了迎合年青消费者的心理需求，从而保持新奇感和话题度。

低价对很多商家来说确实不易，其中很难平衡成本和利润。在注重低价引客的大势下，也要明白产品质量才是最为核心的。

创造价值的产品和精准的价格，为企业带来了规模可观的市场机会。为了在市场竞争中取胜，企业需要考虑如何做好产品的定价。为此，需要了解影响定价的各种因素，选择适当的定价方法，并采取积极有效的定价策略。本章主要阐述了影响企业定价的内外部因素，成本、需求、竞争三种不同导向的定价方法，竞争中常见的定价策略以及调价策略。

7.1 影响价格决策的因素

总体上看，影响企业价格决策的因素包括企业的营销目标、成本、需求、竞争、经济、政策法规等内外部环境因素。

7.1.1 营销目标

企业为产品定价时，首先要有明确的目标，也就是明确产品或营销活动到底要达到什么目的。作为一种市场行为和企业参与市场竞争的重要手段，营销活动有着不同的目标。

（1）维持企业的生存。当企业由于经营管理不善或其他原因，造成产品大量积压、资金周转不灵、债务压力大增、濒临破产时，企业的市场营销目标只能是争取维持企业的生存。此时，定价应尽量压低，以便迅速清理存货，回收资金，克服财务困难。有时，为了及时处理积压产品，避免更大损失，或为了不至于错过有利的市场机会，定价可低于成本。但是，靠压低定价的办法维持生存只是权宜之计。从长远来看，企业压低价格必然导致利润的降低，甚至没有利润或亏损，长此以往企业是无法维持下去的。

（2）争取当期利润最大化。企业出于某种考虑，可以将定价的目标确定为取得当期的最大利润，而不顾及未来的长期利润。在这种情况下，企业需要估计和比较不同价格时的产品需求，并结合产品成本来考虑，选择可以得到当期最大利润、最大现金流量和最大投资收益的价格。

（3）争取最大限度的市场占有率。对于企业而言，市场占有率也具有相当重要的意义，尤其是对于生命周期较长、市场竞争较为激烈的产品来说，高的市场占有率可以确立产品在市场上的地位，使企业持久获得利润。为了提高市场占有率，通常应将价格尽可能定低。这种策略是以牺牲短期利润获取长期的效益。

（4）产品质量领先。有时企业的目标是以高质量的产品占领市场，但是高质量的产品不论在其研究开发费用上，还是在生产成本上，都必然高于普通产品。所以，企业应采取高价策略，以使企业的付出得到补偿。例如，吉列公司生产的刮脸刀片，其所用钢材比普通刀片好，加工工艺也较普通刀片精密，质量明显优于普通刀片，所以，它的定价也远高于普通刮脸刀片。这样，一方面通过高售价，使吉列公司的高投入得到了补偿；另一方面，也在市场上确立了吉列刀片高质高价的地位。

（5）其他目标。市场营销活动不是简单地为了回收资金，赚取利润。价格往往是企业实现其生产经营目标的杠杆，所以，企业出于对其市场营销策略的整体考虑，还可利用定价来达到其他目标。如以低价阻止竞争者进入市场；随行就市定价，以稳定市场，缓和竞争，通过适当的价格保住既有的顾客或避免政府干预；用临时性的降价来激发顾客的购买欲；用一种产品的降价来促进产品线中其他产品的销售等。这些目标需要企业在定价时予以必要的考虑和安排。

【案例启迪】 阿玛尼T恤275美元VS盖普的14.9美元

女士的黑色T恤看起来很普通。但在市场上，阿玛尼（Armani）T恤的销售价是275美元，而盖普（Gap）和H&M的T恤却分别只有14.9美元和7.9美元。阿玛尼的T恤含70%尼龙、25%涤纶和5%的蛋白纤维，而盖普和H&M的T恤则是全棉的。阿玛尼的T恤是比较时尚的，还带有一个“产于意大利”的标签，但是这怎么值275美元呢？作为一个奢侈品牌，阿玛尼因其高达数千美元的套装、手袋和晚礼服而出名，在这种情况下它的T恤不可能只卖15美元甚至100美元，而且由于没有很多人会买275美元的T恤，所以阿玛尼生产得少，这又进一步吸引了那些希望拥有限量版T恤以彰显其身份的人。一位经销商对此做出了这样的评价：“价值并不仅仅取决于质量、功能、效用和分销渠道，它还取决于消费者对一个品牌奢侈内涵的认同。”

7.1.2 成本因素

产品成本包括制造成本、营销成本、储运成本等，它是价格构成中一项最基本也是最主要的因素。通常认为成本是产品定价的最低下限，产品价格必须能够补偿产品生产、分销和促销的所有支出，并补偿企业为产品承担风险所付出的代价。

产品成本还可以分为固定成本和变动成本。固定成本指在一定限度内不随产量和销量的增减而增减，具有相对固定性质的各项成本费用，如固定资产折旧费、房地租、办公费用等。变动成本是指随着产量或销量的增减而增减的各项费用，如原材料消耗、储运费用、生产工人的工资等。固定成本和变动成本两者之和为产品总成本，通常产品的售价最低限度是能够收回产品的总成本。

（1）成本与成本函数。

将影响成本的各种因素作为自变量，把成本支出作为因变量，就可以建立成本函数。最常用的一元成本函数把产品的产量作为唯一的自变量，而将投入要素价格、生产技术、管理水平等视为外生变量或参数。

管理学和经济学中对成本函数有短期与长期的划分，这种划分并不是以时间长度为依据，而是以是否所有投入要素的数量能够变动为标准。如果在某段时期，企业投入的各种成本数量都可以变动，那么这个时期就属于长期，如果其中至少有一种成本的数量无法改变，则该时期属于短期。例如，在正常情况下，一家造船或钢铁企业在半年之内可以改变雇佣工人的数量，但无法改变厂房、机器、设备这类重型固定投入的数量，所以半年对于该企业来说属于"短期"。但是半年时间足以让一家小卖铺从店面到货品，从设备到人员都做较大的变动，那么半年对小卖部来说就是"长期"。

图 7－1 反映了短期内总成本、总固定成本和总可变成本之间的关系。横坐标为产量，纵坐标为成本。

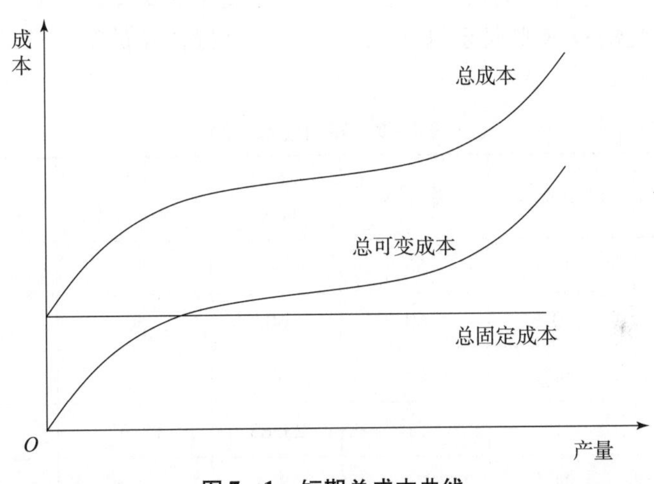

图 7－1　短期总成本曲线

总固定成本是一条平行于横轴的水平线，它表示总固定成本不随产量的变化而变化。

总可变成本曲线是一条从原点向右上方不断上升的曲线。它表明产量为 0 时，不投入生产成本。随着产量的增加，可变成本投入不断增加。从可变成本曲线的形状可以看出总可变成本的增加速度是先递减后递增。这种变化过程与生产中的边际报酬递减规律有关。

总成本＝总固定成本＋总可变成本，举例如表 7－1 所示。

表 7－1　短期成本（1）

产量	固定成本	可变成本	总成本
0	50	0	50
1	50	10	60
2	50	16	66

续表

产量	固定成本	可变成本	总成本
3	50	21	71
4	50	24	74
5	50	25	75
6	50	30	80
7	50	42	92
8	50	56	106
9	50	72	122
10	50	90	140

（2）短期成本函数与价格决策。

在短期内，有些要素投入的数量保持不变，属于固定成本（或不变成本），一般包括厂房、机器、设备和与产量无关的投入，比如不按产量支付的管理人员工资和租金等。那些随着产量的变化而变化的投入则属于可变成本，包括原材料和员工工资等。举例如表 7－2 所示。

表 7－2　短期成本（2）

产量	固定成本	可变成本	总成本	平均成本	平均固定成本	平均可变成本	边际成本
0	50	0	50	—	—	—	—
1	50	10	60	60	50	10	10
2	50	16	66	33	25	8	6
3	50	21	71	23. 67	16. 67	7	5
4	50	24	74	18. 5	12. 5	6	3
5	50	25	75	15	10	5	1
6	50	30	80	13. 33	8. 33	5	5
7	50	42	92	13. 14	7. 14	6	12
8	50	56	106	13. 25	6. 25	7	14
9	50	72	122	13. 56	5. 56	8	16
10	50	90	140	14	5	9	18

在定价决策中，除了使用总收益、总成本等总量指标，还可以使用平均指标、边际指标进行分析。

短期平均成本是指在短期内平均每一单位产量所消耗的成本。它由平均固定成本和平均变动成本构成。即：

$$平均成本 = \frac{总成本}{产量} = \frac{总固定成本 + 总可变成本}{产量} = 平均固定成本 + 平均可变成本$$

短期平均成本曲线如图 7－2 所示。

短期平均固定成本曲线是一条随产量增加而递减的双曲线。

短期平均可变成本曲线的形状呈现“U”形。这表示在产量增加的最初阶段，要素投入的效率得到充分发挥，平均可变成本不断下降；当下降到一定程度之后，由于边际报酬递减规律的作用，平均可变成本转而上升。

短期平均成本曲线由平均固定成本和平均可变成本两条曲线纵向相加而成，其形状也呈“U”形。值得注意的是，虽然平均成本曲线和平均可变成本曲线都呈“U”形，但平均可变成本的整体位置更低，而且更早达到曲线的最低点。

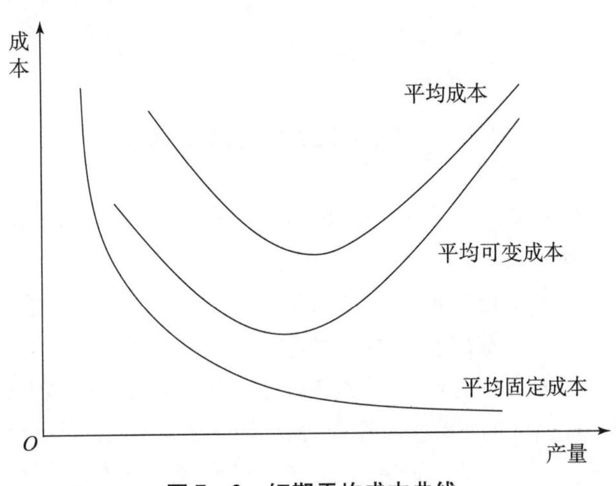

图 7－2　短期平均成本曲线

短期边际成本指企业在短期内每增加一单位产量所增加的成本投入，其计算公式为：

$$短期边际成本 = \frac{短期总成本的增量}{总产量的增量}$$

由于短期内固定成本保持不变，所以产量增减所导致的成本变化只有可变成本的变化。上述公式也可写为：

$$短期边际成本 = \frac{短期可变成本的增量}{总产量的增量}$$

短期边际成本曲线也呈“U”形，其原因也与边际报酬递减规律有关。

短期平均成本、短期平均可变成本与短期边际成本三条短期成本曲线的形状与关系如图 7－3 所示。

短期内，企业的净利润 = 销售总收益 － 总成本 = 销售数量 × 价格 － 固定成本 － 可变成本。其中，销售数量与价格之间的关系在不同类型市场上表现不同，在稍后的市场类型与价格决策部分会详细分析。

当总收益大于总成本时，企业净利润为正，而且当边际成本等于边际收益时，获得的利润最大。当总收益小于总成本时，企业净利润为负，存在亏损。有亏损的时候企业是否应该经营，需要进一步区分两种情况。

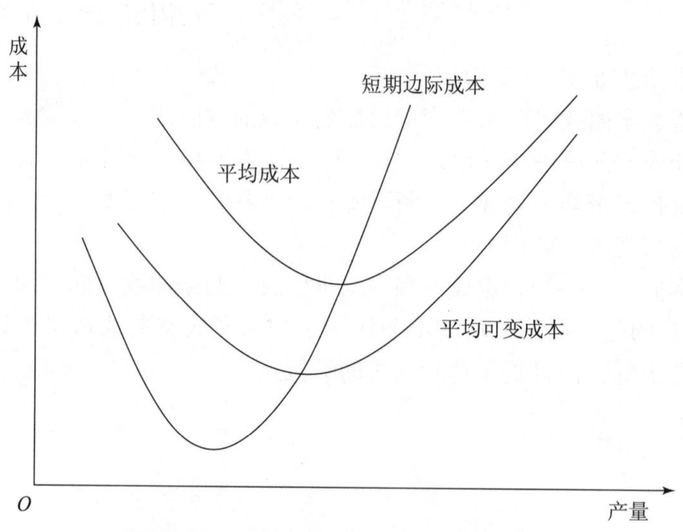

图7－3　短期平均成本与边际成本曲线

第一种情况：虽然总收益小于总成本，但大于总可变成本，此时应该继续经营。因为此时若退出经营，亏损的数额会更大。

第二种情况：总收益小于总成本，而且也小于总可变成本，则此时企业应该停产。若强行继续经营，会出现生产越多亏损越大的后果。

举例如下：以完全竞争市场为例，假定某企业在短期内的总固定成本为1 000元，市场价格为10元。完全竞争市场的边际收益等于价格，即也为10元。满足边际成本等于边际收益的产量水平为200单位。产量为200单位时平均可变成本为8元。此时：

总收益＝10元×200单位＝2 000元。

总成本＝总固定成本＋总可变成本（平均可变成本×产量）＝1 000元＋(8元×200单位)＝1 000元＋1 600元＝2 600元。

明显总收益小于总成本，企业处于亏损状态。

亏损额＝总成本－总收益＝2 600元－2 000元＝600元。

如果企业此时停产，则总可变成本、产量、总收益都变为0，此时：

亏损额＝总成本－总收益＝总固定成本＝1 000元。

面对“继续经营，亏损600元”和“停止经营，亏损1 000元”两种选择，理性的决策者当然应该选择前者。即尽管总体亏损的情形无法扭转，但如果在“少亏损”与“多亏损”之间仍有选择余地的话，应该选择相对亏损更小的方案。

进一步假设，如果在边际收益等于边际成本的200单位产量水平上，平均可变成本为11元。此时如果继续经营，则有：

总成本＝1 000元＋(11元×200单位)＝1 000元＋2 200元＝3 200元。

亏损额＝总成本－总收益＝3 200元－2 000元＝1 200元。

继续经营的亏损额1 200元，已经大于停产的亏损额1 000元。此时，更理性的亏损更小的最优选择是停产。

（3）长期平均成本函数与价格决策。

在长期中，企业可以对全部的要素投入数量进行调整。生产同一个产量，有多种要素组合可以实现，但它们的成本支出并不一定相同。作为理性人，企业会选择成本支出最低即效率最高的那种最优要素组合。因此，长期总成本是企业在长期中调整生产规模、生产各种产量所需的最低成本支出水平。长期总成本函数的自变量仍是产量，因变量是长期中最低的总成本支出量。

短期总成本与长期总成本之间的关系如图 7－4 所示。

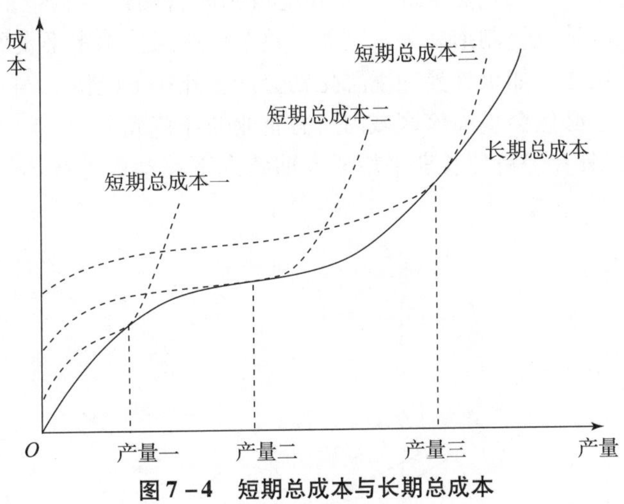

图 7－4　短期总成本与长期总成本

长期平均成本是单位产量所分摊的长期总成本，其公式为：

$$长期平均成本 = \frac{长期总成本}{产量}$$

短期平均成本与长期平均成本之间的关系如图 7－5 所示。

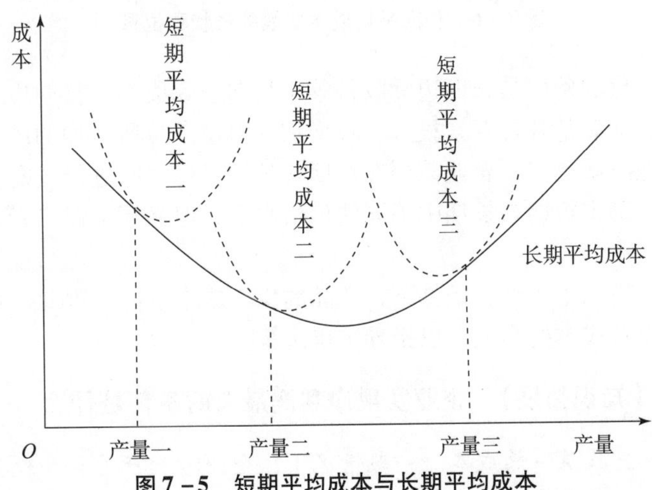

图 7－5　短期平均成本与长期平均成本

长期平均成本曲线呈现先降后升的“U”形特征，这是规模经济作用的结果。一般在企业生产扩张的开始阶段，随着生产规模的扩大，长期平均成本下降，规模收益递增；当生产扩张到一定程度，规模经济逐渐消失，生产处于规模收益不变的阶段，此时长期平均成本在一定范围内保持不变；随着生产规模的进一步扩张，长期平均成本会上升，从而到达规模收益递减即规模不经济的阶段。这种规模经济与规模不经济都是由企业改变生产规模所引起的，所以它们也被称作规模内在经济和规模内在不经济。

如果说长期平均成本曲线的“U”形形状由规模内在经济和规模内在不经济决定，那么长期平均成本曲线的位置高低则是由外在经济与外在不经济所决定。

外在经济由企业生产活动所依赖的外界环境得到改善而产生，包括资源价格、技术变革、政府税收或补贴政策、管制措施等。例如，整个行业的技术水平发展，会降低行业内各个企业的生产成本。反之，如果外界环境恶化则会产生外在不经济。例如，某个区域的公共交通和卫生条件恶化，必然会提高该区域内所有企业的经营成本。

如图7-6所示，外在经济使长期平均成本曲线向下移动，外在不经济使长期平均成本曲线向上移动。

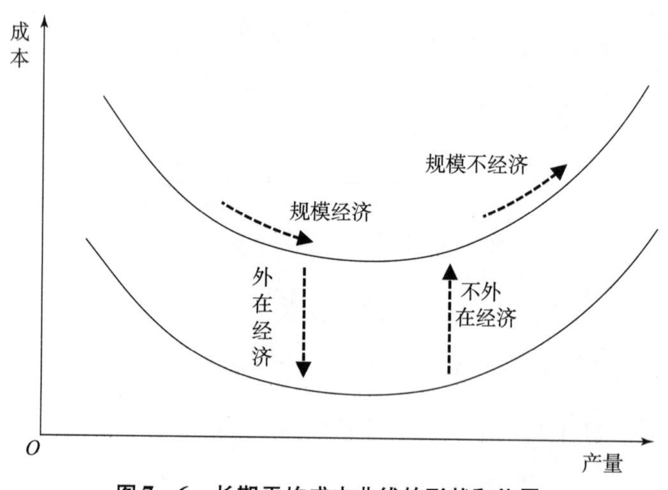

图7-6　长期平均成本曲线的形状和位置

长期中利润最大化的条件是长期边际收益等于长期边际成本。长期边际成本则是指企业在长期中有足够的时间调整各种要素投入，每增加一单位产量所增加的成本。

与营销中的其他决策类似，企业需要在短期与长期目标之间进行权衡。根据所处的短期与长期环境的不同，确定短期与长期中不同的价格水平，但又要确保二者之间保持一定的连贯性。

在不同的生产规模和生产经验条件下，产品的生产成本不同。因此，企业营销管理者必须了解这两方面因素对成本的影响，以指导定价决策。

【知识拓展】　企业实现净利润最大的条件是什么？

企业的净利润=总收益-总成本。一般情况下，企业增加产量会导致其总收益和总成本同时增加，即每增加一单位产量所带来的收益和成本的增量都是正值。每增加一单位新产量带来的总收益变化值称为边际收益（Marginal Revenue，MR），每增加一单位新产量带来的总成本变化值称为边际成本（Marginal Cost，MC）。

产量增加到什么水平会使净利润达到最大呢？假设边际收益与边际成本的变化都是连续

的，我们来考虑三种情况：

①边际收益>边际成本，每增加一单位产量带来的收益大于耗费的成本。此时扩大产量会增加净利润，所以企业为了追求更多净利润，会继续增加产量。

②边际收益<边际成本，每增加一单位产量耗费的成本大于带来的收益。此时生产的越多净利润越少，理性的决策者应该缩减产量，产量减少后反而会增加净利润。

③边际收益=边际成本，在当前产量水平上，最后一单位产量带来的收益与耗费的成本相等。上述①②情形中的企业将产量调整到该种状态时，净利润将达到最大值。若偏离该产量水平，企业则会进入①或②状态，再次进行产量调整，直到重新达到边际收益与边际成本相等为止。

综上所述，边际收益=边际成本（MR=MC）是企业实现净利润最大的条件。

7.1.3　需求因素

1. 需求与价格的关系

需求是指在某一特定时期内，在每一价格水平上，消费者愿意而且能够购买的商品或服务的数量。需求不同于欲望，它必须满足两个条件：一是购买的意愿，二是购买的能力。二者缺一不可。供给是指在某一特定时期，在每一价格水平上，生产者愿意而且能够生产的商品或服务的数量。供给也必须同时满足两个条件：一是有生产的意愿，二是有生产的能力。二者同样缺一不可。正常情况下，大多数商品的需求量与其价格呈反方向变动，即在其他条件不变的情况下，需求量随着商品价格的上升而下降，随着商品价格的下降而上升，如图7-7所示。

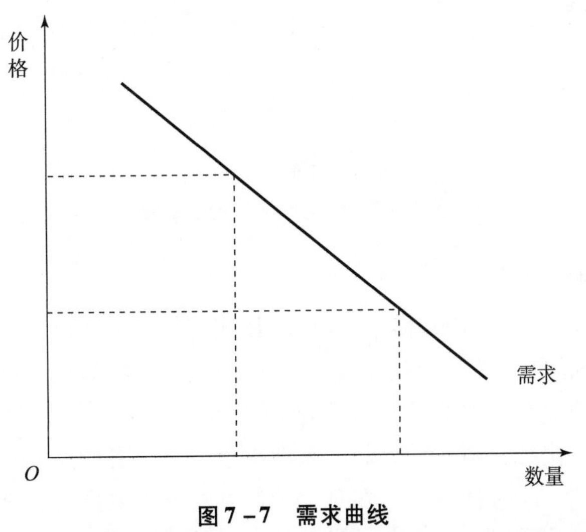

图7-7　需求曲线

商品的供给量与其价格呈同方向变动，即在其他条件不变的情况下，商品的供给量随着商品价格的上升而增加，随着商品价格的下降而减少。如图7-8所示。

在市场上，如果消费者和生产者就某种商品的交易数量与价格达成共识，即双方都愿意而且能够以某一价格购买某一数量的该种商品，则称该市场达到均衡。市场均衡时的供给量等于需求量，称为均衡数量，对应的价格称为均衡价格。如图7-9所示。

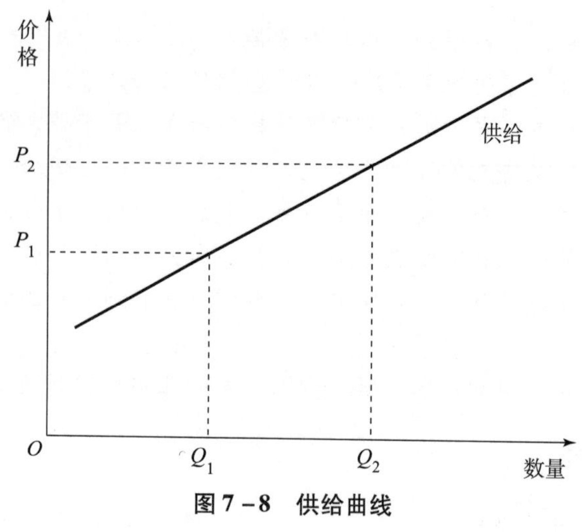

图7－8　供给曲线

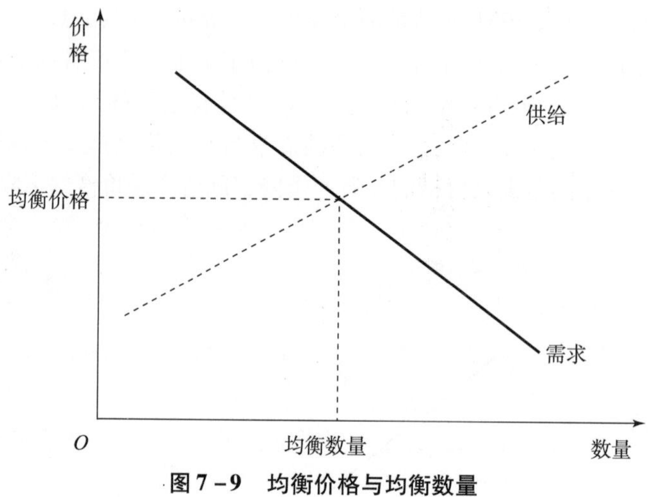

图7－9　均衡价格与均衡数量

2. 需求的价格弹性

在正常情况下，大多数商品的价格与其需求量或销售数量呈反向变动。但作为营销决策者，只依据这一简单的趋势规律并不足以制定具体有效的价格策略。价格与销量之间这种看似简单明确的反向变动关系，因商品的属性与所处环境不同，会表现出不同的力度和影响，进而带来不同的收益变化与营销效果。同样采取提价策略，有的商品销售收益会增加，而有的商品收益却不增反减；同一种商品，在某个地区和时期采取提价会增加销售收入，而换了另一个环境之后却可能效果相反。所以，针对价格对数量影响力度的不同，应当使用专门的工具或指标来描述和分析，这就是需求价格弹性概念。

（1）需求价格弹性公式。

如果在某一对自变量与因变量之间存在可计量的数量映射关系，就可以用弹性系数来考察它们之间的相互变动关系。与导数概念不同，弹性系数虽然考察的也是自变量对因变量的影响，但前者考察的是Δ因变量/Δ自变量，而后者考察的是（Δ因变量/因变量）/（Δ自变量/自变量)。可以看出，弹性系数对变量关系考察的重点是相对变动程度之间的比例关系，而非绝对变动量之间的比例关系（导数）。

$$弹性系数=\frac{因变量的相对变动比例}{自变量的相对变动比例}=\frac{\dfrac{因变量变动量}{因变量}}{\dfrac{自变量变动量}{自变量}}$$

将弹性概念运用到需求价格函数中，可以得到需求价格弹性（Price Elasticity of Demand)，简称需求弹性。需求价格弹性衡量的是商品价格相对变动幅度导致其需求量相对变动幅度的程度，其公式为：

$$E_{dp}=\frac{\dfrac{需求量变动量}{需求量}}{\dfrac{价格变动量}{价格}}=\frac{\dfrac{\Delta Q_d}{Q_d}}{\dfrac{\Delta P}{P}}$$

在大多数正常情况下，需求与价格反向变动，符号相反，弹性系数的数学值为负值。为了简单明了，对弹性系数可以直接取其绝对值或正值，即：

$$E_{dp}=\left|\frac{\dfrac{\Delta Q_d}{Q_d}}{\dfrac{\Delta P}{P}}\right| 或 E_{dp}=-\frac{\dfrac{\Delta Q_d}{Q_d}}{\dfrac{\Delta P}{P}}$$

另外，为了方便起见，对于公式中需求量和价格的数值，可取变化前后数值的中值，即采用弧弹性的中点公式。

例如，假定某种饮料的价格由3.5元/瓶上升到4元/瓶，每周需求数量相应地从550瓶下降到450瓶。需求量和价格的变动量分别为 $450-550=-100$（瓶）和 $4-3.5=0.5$（元），需求量与价格的中点值分别是 $(550+450)/2=500$（瓶），和 $(3.5+4)/2=3.75$（元）。则其需求价格弹性系数为：

$$E_{dp}=\left|\frac{\dfrac{\Delta Q_d}{Q_d}}{\dfrac{\Delta P}{P}}\right|=\left|\frac{\dfrac{450-550}{\frac{550+450}{2}}}{\dfrac{4-3.5}{\frac{3.5+4}{2}}}\right|=\left|\frac{-\dfrac{100}{500}}{\dfrac{0.5}{3.75}}\right|=1.5$$

（2）需求价格弹性大小与分类。

根据需求价格弹性系数的大小，可以把需求价格弹性分为五种类型。

类型1：缺乏弹性（Inelasticity)。当 $0<E_{dp}<1$ 时，需求量相对变动的幅度小于价格相对变动的幅度，即 $\left|\frac{\Delta Q_d}{Q_d}\right|<\left|\frac{\Delta P}{P}\right|$，称为需求缺乏弹性。如图7－10（a）所示，价格—需求量的组合从需求曲线上的 A 点变动到 B 点。在此过程中，需求量的变动幅度明显小于价格变动幅度。

类型2：富有弹性（Elasticity)。当 $1<E_{dp}<\infty$ 时，需求量相对变动的幅度大于价格相对变动的幅度，即 $\left|\frac{\Delta Q_d}{Q_d}\right|>\left|\frac{\Delta P}{P}\right|$，称为需求富有弹性。如图7－10（b）所示，价格—需

求量的组合从需求曲线上的 A 点变动到 B 点。在此过程中，需求量的变动幅度明显大于价格变动幅度。

类型3：单位弹性或单一弹性（Unitarily Elasticity）。当 $E_{dp}=1$ 时，需求量相对变动的幅度等于价格相对变动的幅度，即 $\left|\frac{\Delta Q_d}{Q_d}\right|=\left|\frac{\Delta P}{P}\right|$，称为单一弹性。如图7-10（c）所示，价格—需求量的组合从需求曲线上的 A 点变动到 B 点。在此过程中，需求量的变动幅度等于价格变动幅度。

类型4：完全弹性（Perfectly Elasticity）。当 $E_{dp}=\infty$ 时，价格的任何变动，都会引起需求量极大幅度变动，称为完全弹性。如图7-10（d）所示，需求曲线的形状接近于水平。价格稍微提高一点就会导致需求量缩减为接近于0，而价格稍微降低一点，则会极大幅度地增加需求量。理论上，信息完美、竞争充分、商品与要素自由流动的完全竞争行业比较接近这种情形。

类型5：完全无弹性（Perfectly Inelasticity）。当 $E_{dp}=0$ 时，不管价格如何变动，需求量保持固定不变，称为完全无弹性。如图7-10（e）所示，需求曲线的形状接近于垂直。意味着无论价格如何变化，该种商品的需求量都不变。降价时，消费者没必要增加消费量；而提价时，消费者也无法减少消费量。在某些情形下那些依赖性、重要性特别强的刚性需求，比较接近于这种情形。

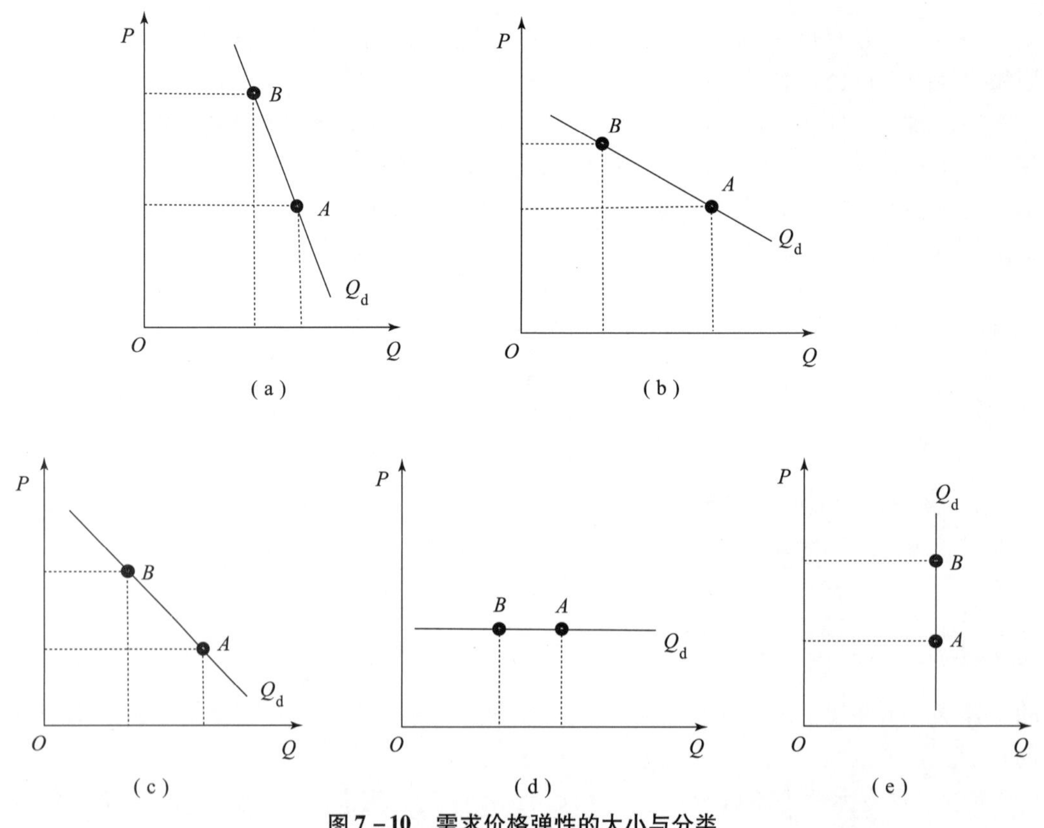

图7-10　需求价格弹性的大小与分类

现实生活中比较常见的是图 7 – 10 中（a）（b）两种情形，（c）（d）（e）三种相对比较特殊或极端的情形在理论上存在，但在现实中比较少见。

（3）弹性与销售收益的关系。

需求价格弹性是价格决策中必须考虑的重要因素，它的影响主要表现在价格变动与销售收益变动之间的关系上。不同弹性的商品，价格变动导致的收益变动方向与幅度也不一样。以现实中最常见的三种情形为例进行说明。

情形 1：富有弹性，即 $1 < E_{dp} < \infty$。

需求价格弹性大于 1 时，需求量变动的幅度大于价格变化的幅度。如果降价，需求数量会增加，而且数量增加的幅度超过价格下降的幅度。由于总收益 = 价格 × 数量，此时总收益会增加。反过来，如果提价，需求数量则会减少，而且数量减少的幅度大于价格上升的幅度，导致总收益减少。

如图 7 – 11 所示，当销售价格与数量组合为 A 点时，价格和数量分别为 P_1 和 Q_1，销售收益为 $P_1 \times Q_1$，即矩形 AQ_1OP_1 的面积。如果价格上升到 P_2，销售数量减少为 B 点对应的 Q_2，销售收益就变为 $P_2 \times Q_2$，即矩形 BQ_2OP_2 的面积。提价后的面积明显小于提价之前的面积，原因在于价格从 P_1 提高到 P_2 的幅度小于销售数量从 Q_1 到 Q_2 下降的幅度，即需求价格弹性系数大于 1。

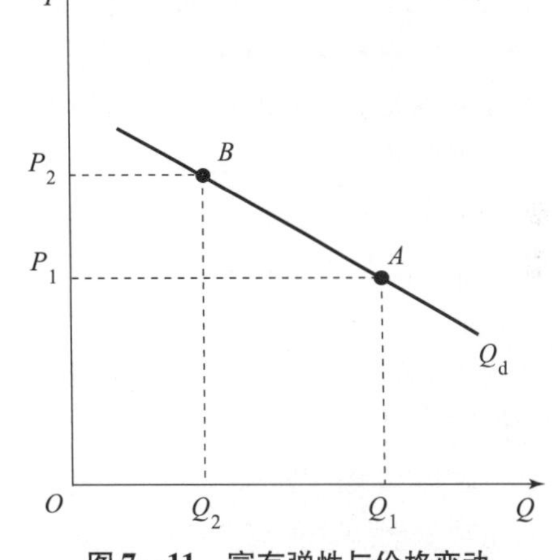

图 7 – 11　富有弹性与价格变动

具有富有弹性的商品若想增加销售收益，应该降价而非提价，它们更适合薄利多销的策略。

情形 2：缺乏弹性，即 $0 < E_{dp} < 1$。

需求价格弹性小于 1 时，需求量变动的幅度小于价格变化的幅度。降价会导致需求数量增加，但数量增加的幅度小于价格下降的幅度。由于总收益 = 价格 × 数量，此时总收益会减少。反过来，如果提价，需求数量会减少，但数量减少的幅度小于价格上升的幅度，导致总收益增加。

如图 7 – 12 所示，当销售价格与数量组合从 A 点变动到 B 点时，价格由 P_1 上升到 P_2，销售数量由 Q_1 减少为 Q_2，销售收益由矩形 AQ_1OP_1 的面积变为矩形 BQ_2OP_2 的面积。提价后的面积明显大于提价之前的面积，原因在于价格从 P_1 提高到 P_2 的幅度大于销售数量从 Q_1 到 Q_2 下降的幅度，即需求价格弹性系数小于 1。

缺乏弹性的商品若想增加销售收益，应该提价而非降价。消费者对价格敏感程度低、依赖和偏好程度强的商品，大多属于此种类型。

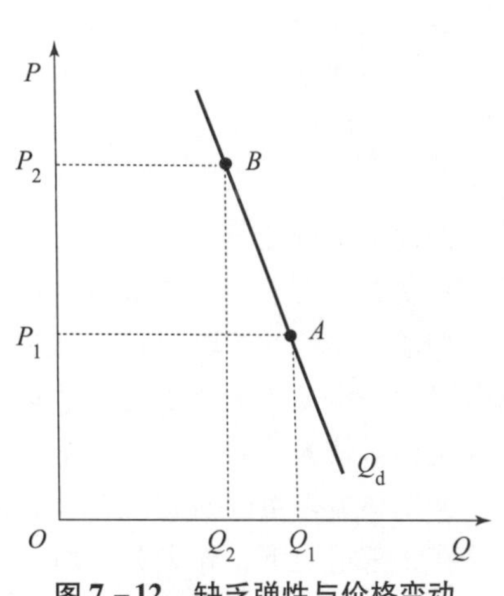

图 7 – 12　缺乏弹性与价格变动

情形 3：单位弹性，即 $E_{dp} = 1$。

有时，在某些特殊的情形和数量范围内，需求价格弹性接近或等于单位弹性，即需求数量与价格的变动幅度相等，方向相反，即 $-\Delta Q_d/Q_d = \Delta P/P$ 。此时，无论价格上升还是下降，销售收益都保持或接近不变。

如图7－13所示，当销售价格与数量组合从 A 点变动到 B 点时，价格由 P_1 上升到 P_2 ，销售数量由 Q_1 减少为 Q_2 ，代表销售收益的矩形 AQ_1OP_1 与矩形 BQ_2OP_2 的面积相等。原因在于价格从 P_1 提高到 P_2 的幅度与销售数量从 Q_1 到 Q_2 下降的幅度恰好相等，即需求价格弹性系数等于1。

对于单位弹性的商品，单纯依靠改变价格无法增加销售收益。此时需要考虑在产品、分销和促销等策略方面采取新的措施，达到增加销售数量和收益的目标。

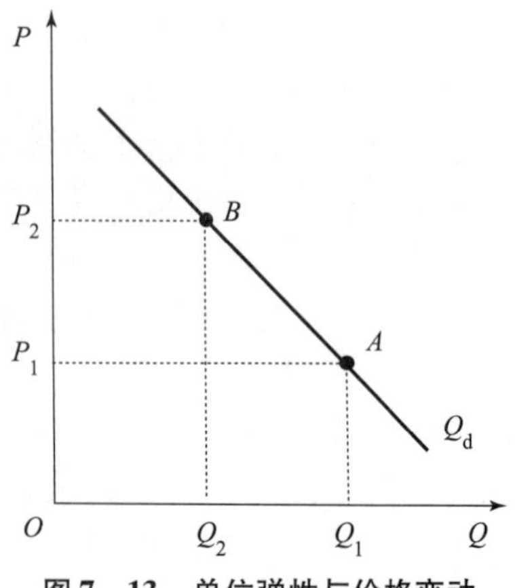

图7－13　单位弹性与价格变动

（4）需求价格弹性的决定因素。

鉴于需求价格弹性在定价中的重要性，有必要对商品的弹性及其决定因素进行衡量和分析。一般来说，决定需求价格弹性的因素有以下几个：

①替代品的可获得性（Availability of Substitutes）。

一种商品的可替代品越多，相近程度越高，那么该商品的需求价格弹性往往就越大。相反，如果商品没有或缺少替代品，则其需求价格弹性就越小。

例如，苹果是一种水果，而桃子、梨、柑橘等在营养口味、购买难度等方面都具有较大的替代性，因此都可以在一定程度上做苹果的替代品。如果苹果售价提高，人们会很容易地将原来购买苹果的支出转移到其他水果上，导致苹果需求量出现明显的大幅下降。

而对于食盐这种商品，几乎没有替代品。所以，食盐价格的变动引起的需求量变动几乎为零，其需求价格弹性就很小。

②对消费者生活的重要程度（Degree of Necessity）。

一般来说，必需品的需求价格弹性较小，非必需品和奢侈品的需求价格弹性较大。例如在非灾害时期，像面粉、大米、食用油、卫生纸等这些生活必需品的需求量并不会随着价格的变动而有太大的变化。与此相反的是，像游艇、高档轿车这类奢侈品价格上升时，其需求量会大幅减少。

③商品支出在总支出中所占的比重（Cost Relative to Income）。

消费者在某种商品上的支出在总预算支出中所占的比重越大，该种商品的需求价格弹性可能越大；反之，其需求价格弹性则可能越小。因为前者的购买量变动对整体财务状态影响更为深远，消费者不得不在决策时密切关注价格变动，伺机谨慎行事。而后者的数量规模很小，即使价格变动导致支出有所变化，对于整体财务状态的影响也几乎是“九牛一毛”。因此，消费者没有必要因其价格变动而明显地改变原先需求数量。

例如，铅笔、牙刷、打火机等商品的需求价格弹性普遍较小。而像高档电器、房地产、汽车等大宗商品所占的支出比重较大，每次购买前都需要消费者进行精打细算，其需求价格弹性也相对较大。

④调整需求量的时间（Adjustment Time）。

在正常情况下，作为分析对象的时间周期越长，需求价格弹性就可能越大。因为，当消费者因价格变动而决定减少或增加对某种商品的购买量之前，需要花费一定时间去寻找和了解潜在替代品的信息。

例如，当汽油价格上升时，在开始的几个月内，汽油的需求量只有轻微的下降。但随着时间的失衡，人们开始购买更节能环保的汽车，采用更廉价的交通方式如公共交通、共享出行等，有些人还会将住所搬迁到距离工作地点更近的位置。所以，更长的时期内，汽油的需求量会更大幅度地下降。

（5）弹性对定价的影响。

综上所述，各类商品由于自身属性和面对的消费者群体特征不同，在特定情境中具有不同的需求价格弹性。需求价格弹性的大小直接决定销售收益和企业盈利，对其他各类营销决策也有间接影响作用。因此，在制定和变动价格决策时，需要尽量考虑到商品在当前市场上的需求价格弹性状况。

①对于富有弹性的商品，可采取适时降价策略。

如前文所述，需求价格弹性系数大于 1 的商品降低价格会增加销售总收益。在现实中降价策略的具体实施需要结合多方面因素综合考虑。

先从产品差异与行业特征来看。一般说来，企业数量多、品牌种类丰富、产品差异程度低、替代性强的行业，比较适合采取适时降价策略。最显著的例子是大型家电与日化用品行业。在这类行业中，不同企业及品牌的产品之间存在着一定产品差异，但这种差别并非巨大的、难以逾越的本质差别。虽然厂家在产品性能、包装、广告、售后服务等方面进行了大量投入，并培育出一定的消费者忠诚度，但由于这几类商品的购买支出比重大，重复购买频率高，相互之间具有较大替代性，因而具有较高的需求价格弹性。所以，当面对价格优惠时，绝大多数消费者都会心动并付诸行动。

从产品生命周期的角度来看。某些定位中高档的商品在上市之初采用撇脂定价策略，将价格定得较高。一方面有利于迅速收回成本，另一方面可树立高质高价的品牌形象。在产品生命周期的后段，若采取降价策略，配合优惠促销措施，一般会大幅度地增加销量和总收益。

②对于缺乏弹性的商品，可采取适时提价策略。

与富有弹性的情形相反，对于需求价格弹性缺乏的生活必需品，比如食盐、食用油等，一般适合采取提价策略。出于对食品卫生安全的考虑，消费者通常对此类产品持有一种习惯性的心理价格预期。如果低于这个价格预期，消费者会担心质量可能存在问题，从而不敢购买。

另外，这类产品价格如果在没有其他信息的情况下凭空提高，超出消费者原有的价格预期，他们则会觉得不值，从而也不会购买。所以提价销售需要配合以相应的产品策略和促销策略，如推出新规格、新功能、新口味或新包装等。这些新举措可帮助提高消费者原先的心理价格，说服他们相信价格提高背后有合理的原因，目前的价格的确物有所值。

现实中上述多种因素经常会叠加在一起，给研究分析增加了复杂性。以房地产市场为例，我们很难简单地断言房地产市场的需求价格弹性是富有的还是缺乏的。一方面，房地产在消费者购买支出中所占比重很大，似乎应该属于富有弹性。但另一方面，对于那些急需成家立业的无房居民来说，买房的重要性和迫切性都极大，从这一角度来说似乎又应该属于缺乏弹性。这两方面的因素，哪个更具决定性的优势呢？

面对房地产这种产品和消费者类型众多、情况复杂的市场，我们不应将其视为单纯的一种产品和一个市场，而应该对产品和客户都进行更详细的细分。在产品和需求更为单一的细分市场上，需求价格弹性分析的作用才能显现出来。比如，购房支出虽然数额巨大，但在不同收入水平的阶层之间仍然是有区别的，这种区别会表现在需求弹性上的差异。再如，无房户的首次购房可算作刚性需求，但已经拥有数套房的家庭的改善性购房的弹性就比较大。此外，年龄、职业、家庭结构、户型、地理位置、政策法规等因素也会影响购房的需求价格弹性。

由此可见，无论是做弹性分析、价格决策还是其他的营销策略分析，都需要实事求是地对产品行业和用户市场进行具体深入的调查细分，不可过于简单粗略地行事。

【案例启迪】 从需求弹性角度思考：均一邮资是否会减少收益？

近代历史上，邮政业在运营初期对信函实行的是按照距离计收费用。这种长途高价短途低价的做法看起来符合成本收益原则，但烦琐的计费工作给邮政部门带来不小的负担。英国的罗兰·希尔等人提出“均一邮资制”，即实行统一的邮资标准，国内信函不论路程远近，每封信均收费一便士。此法案于 1837 年 7 月由议会下院通过，并于同年 8 月 17 日经维多利亚女王批准。

实行均一邮资制后，短途信函的单笔收益提高，但会导致业务需求量减少；长途信函的业务需求量会增加，而单笔的收益会减少。从总体上核算，邮资改革是否能保证总收益不出现净减少呢？

我们从弹性角度来分析。在假定其他条件都相同的前提下，与短途信函相比，长途信函的费用更高，其需求弹性系数更大。当邮资降至相对较低的统一水平后，长途信函的业务需求量将会大幅度增加。短途信函的需求量在改革后会减少，但其减少幅度应当小于长途信函的增加幅度。另外，长途信函的单笔收益金额本来就比短途信函高，即使变动幅度相同，前者的收益增量也会超过后者的收益减量。综合算来，邮资改革不会减少邮政部门的总收益，历史的发展也证实了这一规律。

3. 需求的收入弹性

除了需求价格弹性，影响需求数量的另外一些因素也可以通过弹性系数来分析，最常用到的是需求收入弹性和需求交叉弹性。假设其他条件不变，考察收入变动对需求量变动的影响的弹性是需求收入弹性，即需求量的相对变动对于收入的相对变动的反应程度。其公式是：

$$\text{需求收入弹性}=\frac{\text{需求量的相对变动比例}}{\text{收入的相对变动比例}}=\frac{\text{需求量变动量}}{\text{需求量}}\Big/\frac{\text{收入变动量}}{\text{收入}}$$

用 M 表示收入，需求收入弹性的公式可写成：

$$E_M = \frac{\dfrac{\Delta Q_d}{Q_d}}{\dfrac{\Delta M}{M}}$$

根据需求收入弹性系数的值可将其分为三类，对应三种不同类型的商品。

（1）$E_M > 1$，即商品需求数量随着收入的提高而增加，而且需求量增加的比例高于收入增加比例。这类商品一般属于市场定位比较高的高档品，如游艇和名牌服饰等。

（2）$0 < E_M < 1$，即商品需求数量随着收入的提高而增加，但需求量增加的比例不如收入增加的比例大。这类商品属于生活必需品，如家用电器和粮油食品等。

（3）$E_M < 0$，即商品需求数量与收入呈反向变动，收入水平提高后其需求量反而减少。这类低档品大都市场定位比较低端，成本与价格较低，设计和功能简单，用于满足消费者的最低需求，如家具、家电和数码产品等都有这类细分市场。

我们要注意，具体商品在高档品、必需品、低档品之间的划分并非一直固定不变。随着生活水平提升和科技的发展，原先的高档品会逐渐变成必需品，可能还会成为低档品甚至被淘汰出市场。尤其是在产品更新换代迅速的行业，如汽车、电器、家居和数码产品等行业。

4. 需求的交叉弹性

在市场经济体系中，商品与要素之间有直接或间接的相互影响关系。商品的需求量不仅受自身价格的影响，很多时候还会受到相关商品价格的影响。这种不同商品之间价格对需求数量的影响，可用需求交叉弹性来分析。

需求交叉弹性是指一种商品的需求量相对变动对于它的相关商品的价格相对变动的反应程度。假设考察商品 X 的价格变动对商品 Y 的需求量的影响，其需求交叉弹性系数公式为：

$$\text{需求交叉弹性} = \frac{\text{Y 的需求量的相对变动比例}}{\text{X 的价格的相对变动比例}} = \frac{\text{Y 的需求量的变动量}}{\text{Y 的需求量}} \Big/ \frac{\text{X 的价格的变动量}}{\text{X 的价格}}$$

即：

$$E_{\mathrm{YX}} = \frac{\dfrac{\Delta Q_{\mathrm{Y}}}{Q_{\mathrm{Y}}}}{\dfrac{\Delta P_{\mathrm{X}}}{P_{\mathrm{X}}}}$$

相关商品包括替代品、互补品两种关系，对应不同的需求交叉弹性系数值。

（1）替代品（Substitutes）。当两种商品都可以单独用于满足某种需求时，它们之间就是替代品关系，其需求交叉弹性为正值。例如，当苹果（商品 X）的价格上升 10%，梨（商品 Y）的需求量上升 5%，则两者之间的需求交叉弹性为：

$$E_{\mathrm{YX}} = \frac{5\%}{10\%} = 0.5 > 0$$

（2）互补品（Compliments）。当两种商品必须同时使用才可以满足某种需求时，它们之间就是互补品关系，其需求交叉弹性为负值。例如，羽毛球拍（商品 X）的价格上升 8%，羽毛球（商品 Y）的需求量下降 2%，则两者之间的需求交叉弹性为：

$$E_{\mathrm{YX}} = \frac{-2\%}{8\%} = -0.25 < 0$$

5. 总结

市场需求是影响企业定价的最重要的外部因素，它决定了产品价格的最高上限。也就是说，产品价格不能高到无人购买，当然也不应低到供不应求、市场脱销。因此，企业给产品定价不但要考虑营销目标、生产成本、营销费用等因素，而且还必须考虑市场供求状况和需求弹性。

（1）需求与供给的关系。一般情况下，市场价格以市场供给和需求的关系为转移，供求规律是一切商品经济的客观规律，即商品供过于求时价格下降，供不应求时价格上涨。在完全竞争的市场条件下，价格完全在供求规律的自发调节下形成，企业只能随行就市定价，无所谓定价策略；在不完全竞争的市场条件下，企业才有选择定价方法和策略的必要和可能。

（2）消费者对产品价格与价值的感受。最终评定价格是否合理的是消费者，因此，企业在定价时必须考虑消费者对产品价格和价值的感受及其对购买决策的影响。换言之，定价决策也必须如其他营销组合决策一样，以消费者为中心。消费者在选购时，通常要将产品价格同产品的价值（消费者所感受的价值）相比较，消费者只有在他们感到值得购买时才会决定购买。因此，应了解消费者对产品价值是如何感受的。产品价值可分为实际价值和消费者个人所感受的价值，二者并不总是一致的。有些产品不能只根据其实际价值和成本来定价，而必须考虑市场需求的强度和消费者心理因素。而了解消费者的心理，在很大程度上要依靠营销者的经验和智慧来做出决策。

（3）需求的价格弹性。在价格与需求的关系方面，营销者还要了解需求的价格弹性，即产品价格变动对市场需求量的影响。不同产品的市场需求量对价格变动的反应程度不同，也就是弹性大小不同。

影响需求价格弹性的因素主要有以下几方面：

①产品与生活关系的密切程度。凡与生活密切的必需品，如柴、米、油、盐，价格对其需求量的影响小，即需求的价格弹性较小；反之，需求的价格弹性就大。

②产品本身的独特性和知名度。越是独具特色和知名度高的名牌产品，消费者对价格越不敏感，需求弹性越小；反之，则需求弹性大。

③替代品和竞争产品种类的多少和效果的好坏。凡替代品和竞争产品少并且效果也不好的产品，需求弹性小；反之，弹性就大。

④产品质量和币值的影响。凡消费者认为价格变动是产品质量变动或币值升降的必然结果时，需求弹性小；反之，弹性就大。

由于不同产品的需求价格弹性不同，企业在定价时对弹性大的产品可用降价来刺激需求，扩大销售，如家电产品；对需求弹性小的产品，如某些名、特、优、新产品，当市场需求强劲时，则可适当提价以增加收益。

7.1.4 竞争因素

在不同的市场结构类型中，企业之间的竞争关系以及对价格的反应方式各不相同，因此进行定价决策时需要将市场结构因素考虑进去。根据相关经济学理论，市场结构可划分为四种，如表 7－3 所示。

表 7－3 市场结构类型

市场结构	完全竞争	垄断竞争	寡头垄断	完全垄断
企业数量	非常多	较多	较少	一个

续表

市场结构	完全竞争	垄断竞争	寡头垄断	完全垄断
产品差别	完全无差别	有差别	有差别或同质	唯一产品，无替代品
单个企业对价格的控制程度	对价格无控制力，只能接受市场价格	有一定影响价格的能力	有制定价格的能力，但竞争者之间影响很大	有决定价格的能力，但要受市场需求和政府政策的限制
企业进出市场的难度	自由进出，无障碍	比较容易	比较难	很困难，几乎不可能

（1）完全竞争市场。

现实中严格符合完全竞争标准的市场几乎不存在，只有像农产品这种产量大、产地广、生产者众多而产品差别又不很明显的行业比较接近完全竞争。此类行业中的企业在定价决策方面很少有主动权，大部分只能按照市场通行的现有价格来定价。

企业要想建立竞争优势，一方面是尽量降低成本，争取在现行价格水平下扩大利润空间；另一方面是通过在品牌、渠道、售后服务等非价格因素方面主动打造产品差别，在非价格竞争方面创立竞争优势。

【观点透视】 小麦市场是完全竞争的吗?

对照市场类型划分的标准，小麦市场是个比较接近完全竞争的市场。这个市场有众多买者和卖者，每个买者和卖者都无法影响价格。

每个买者都不能凭借购买量大而以更低价格购买，因为对于个体来说再大的购买量，对于市场规模来说仍然微乎其微。此外，卖者提供的几乎是同质的小麦产品，数量对于市场规模来说也是微乎其微。每个卖者都可以在现行价格水平上卖出他想卖的数量，他没有理由收取较低价格。而如果他收取更高价格的话，买者就会从其他卖者购买，从而失去原有份额。

因此，小麦价格由众多买者的需求和卖者的供给共同决定。他们都是价格的接受者，必须接受市场供求所决定的价格，按照市场价格交易。

对于农户来说，是种植小麦还是玉米，或是改种蔬菜、水果，甚至挖鱼塘养鱼，主要取决于净收益比较，他们的选择基本是自由的，也就是说农户进入或退出小麦种植业的障碍很小。

与完美的理论假定有所不同的是，小麦市场无法满足信息完全的假定条件。单个小生产者无法及时准确地把握决策所需要的所有信息，经常会遭遇价格波动带来的市场风险。小麦等农产品市场经常出现“去年买粮难，今年卖粮难”的现象，就是信息不完全所致。

（2）垄断竞争市场。

如果企业在产品、渠道、促销等非价格领域建立起有自己特色的优势，企业之间的竞争就接近于垄断竞争市场。此类行业企业众多，产品各有特色而又有一定的替代性，比如日用品、服装、快消品、家电等行业。

在垄断竞争市场上，消费者在选购商品时不仅考虑价格，对产品差别也很重视。企业之间的价格差别必须体现出相应的附加价值差别，否则会降低消费者满意度。与另外三种类型的市场结构相比，垄断竞争市场的产品更新、广告策划、品牌宣传、售后服务、价格优惠等方面的竞争最为激烈。所以，价格决策需要和产品、渠道和促销决策密切搭配。例如，产品差异化是垄断竞争市场上的一种常见现象。宝洁公司和联合利华公司一直是洗化用品市场上两个强有力的竞争对手，它们除了价格竞争之外，往往也会采用非价格竞争的策略展开激烈的市场争夺。如广告战：宝洁公司每年的广告费超过50亿美元，联合利华则有60多亿美元。宝洁公司广告宣传突出品牌个性，而联合利华则突出品牌的本土化。再比如研发战：宝洁公司每年将销售额的4%用于研发，在全球范围内宝洁公司拥有24 000多个专利，并以每年3 800个专利的速度增长；联合利华每年研发费用占全年营业额的2%左右。两个公司不仅研发投入巨大，而且在研发速度上竞争，如宝洁的汰渍洗衣粉在美国市场占40%，针对汰渍洗衣粉，联合利华推出“WISK双效片”块状洗衣剂作为应对手段，于是宝洁又迅速推出有类似功效的“汰渍速效片”。

（3）寡头垄断市场。

由于寡头垄断市场上的企业数量较少，相互之间的制约关系也非常明显，不同的博弈行为模式下有不同的价格决策方式。

企业之间若是独立行动，追求各自的利润最大化，那么它们的定价原则是每个企业的边际成本与边际收益相等。如果企业之间达成公开或默契的串谋，它们会追求企业联盟的集团利润最大化，按照集团的边际成本等于边际收益原则进行统一定价，将市场份额和利润在企业之间进行瓜分。这种串谋形式被称作卡特尔，如国际市场上的石油输出国组织（OPEC）。一般情况下，达成串谋的企业联盟所获得的利润比独立行动的企业获得的利润更大。但是很明显，这种串谋会难以避免地对市场的公平秩序带来损害。

【知识拓展】 石油输出国组织（OPEC）

石油输出国组织成立于1960年9月14日，1962年11月6日欧佩克在联合国秘书处备案，成为正式的国际组织，总部设在维也纳。其宗旨是协调和统一成员国的石油政策，维护各自的和共同的利益。现有11个成员国：沙特阿拉伯、伊拉克、伊朗、科威特、阿拉伯联合酋长国、卡塔尔、利比亚、尼日利亚、阿尔及利亚、印度尼西亚和委内瑞拉。

根据《BP世界能源统计2017》中的数据，2016年年底石油输出国组织成员石油总储量为12 205亿桶，约占世界石油储量的71.5%。欧佩克成员国出口的石油占世界石油贸易量的60%。

欧佩克实行石油生产配额制，如果石油需求上升或者某些产油国减少了石油产量，欧佩克将增加其石油产量，以阻止石油价格的飙升。例如，1990年海湾危机期间，欧佩克大幅度增加了石油产量，以弥补伊拉克遭经济制裁后石油市场上出现的每天300万桶的缺口。为阻止石油价格下滑，欧佩克也会减少石油的产量。欧佩克组织在近年曾多次使得石油价格暴涨来抗衡美国等西方发达国家。

欧佩克大会是该组织的最高权力机构，各成员国向大会派出以石油、矿产和能源部长（大臣）为首的代表团。大会每年召开两次，如有需要可召开特别会议。大会奉行全体成员国一致原则，每个成员国均为一票，负责制定组织的大政方针，并决定以何种适当方式加以执行。

（4）完全垄断市场。

在垄断市场上，由于只有一家企业，同时没有相近的替代品，因此企业在市场整体需求和政府相关规制政策的约束内，对价格具有充足的决定权。若以追求利润最大化为目标，企业的定价原则仍然是边际成本等于边际收益。

【案例启迪】 供热公司为何亏损

我国目前供热价格定价机制决定了供热价格是由政府定价，而政府部门在定价时必须考虑到用户的承受能力，因此在一定程度上来说，供热价格在制定时是带有公益性质的，有些地区居民的供热费十几年、几十年都没有变过。但是对供热企业的运营来说，人员工资、煤价、一次热价、设备购置、维修等经营成本价格又是市场价，水涨船高，企业只能自己消化，而企业用水、用电等却享受不到公益性行业的优惠，因此，从政策角度来说，供热企业盈利困难。

此外，供热的成本占比也在逐年攀升，尤其是国家基于环保和安全生产管理的要求，关闭和淘汰了一些小型煤矿，煤炭价格近些年上涨让部分供热企业一直在亏损。另外，在对热源环保排放要求提高的同时，也增加了供热企业相关投入成本。而受收费条件限制和用户配合程度低、用户报停比例较高、供热效果欠佳（前端用户过热、末端用户不热）等因素影响，部分供热企业收费率较低，不能全额收回供热费，这使得单位面积供热成本大于单位面积采暖费收入，供热越多，亏损越大。

【观点透视】垄断企业应该统一定价还是不同定价？

顾客在选购商品时，总要在同类产品中比质、比价。如果采取高价高利策略，就会影响一些竞争者也以高价高利的策略打入市场；但另一些竞争者为了扩大市场，也可能采取低价低利策略。在这种竞争中，一些较弱的竞争者甚至可能被挤出市场。企业为了巩固自己的竞争地位，需要了解每个竞争者所提供产品的价格与质量，可派出专人到市场上去调查比较，也可收集竞争者的价目表或买回竞争者的产品拆开研究，还可征询顾客对各种品牌产品的质量和价格的意见。

企业在定价时应参照竞争者的产品和价格，如果自己的产品与主要竞争者的产品相类似，则必须使价格也近似，若相差悬殊必定会丧失市场；如果比竞争者的产品质量较低，那就应定较低的价格；如果质量高于竞争者的产品，则可定较高价格。企业可用价格为自己的产品定位。同时，还必须估计到竞争者很可能以改变价格作为回应。

【知识拓展】 企业定价应当遵循马克思主义经济学的价值规律

马克思主义经济学的价值规律表明：商品的价值量由生产这种商品的社会必要劳动时间

决定，商品交换要以价值量为基础，实行等价交换。价格由价值决定，供求关系影响价格，价格围绕着价值上下波动。作为商品经济中的客观规律，价值规律也存在于社会主义市场经济中。在价值规律的作用下，生产资料和劳动力等要素向效率更高的环节和部门流动，在社会范围内实现资源的优化配置。同时，市场竞争促使生产者改进生产技术，改善经营管理，提高劳动生产率。

此外，商品经济中难免存在人对物的依赖性和劳动异化等消极因素。不良的商品经济会导致人与社会关系的物化，产生商品拜物教和拜金主义，人的精神价值失落。资本唯利是图的动机常使个别经营者为追求利润进行不正当竞争，通过欺诈、串谋及官商勾结等手段欺压中小生产者，掠夺公众消费者。

我国社会主义公有制的主体地位消除了劳动与资本的对抗性质，确立了总体和谐的利益关系。这有利于克服劳动和人的异化，在制度上根除资本唯利是图、金钱至上的条件。企业在社会主义市场经济中的竞争是公平竞争，它以按劳分配为基础，把共同富裕作为内在的本质要求和价值追求，坚持公平和效率的辩证统一，同时兼顾伦理公平的标准。

继2020年年底中央政治局会议首次提出“反垄断和防止资本无序扩张”后，“加强反垄断和反不正当竞争”再次写入二十大报告。2022年10月16日，习近平总书记代表第十九届中央委员会向党的二十大作报告时指出，“加强反垄断和反不正当竞争，破除地方保护和行政性垄断，依法规范和引导资本健康发展”。二十大报告明确建设社会主义现代化的方向，“首要任务”是高质量发展。公平竞争是市场经济的核心，反垄断是完善社会主义市场经济体制、推动高质量发展的内在要求。

7.2 选择定价方法

7.2.1 成本加成定价法

成本加成定价是指按照单位成本加上一定百分比的加成确定销售价格。加成的含义就是一定比率的利润。计算公式为：单位产品价格 = 单位产品成本（1 + 成本加成率）。例如，假如一件商品的成本是16元，如果加上25%的加成，则零售商的定价就可以确定为20元。示例如图7－14所示。对于建筑公司来说，一般计算出全部工程成本，再确定一个利润加成，就可以提出工程报价。此外，律师、会计师和其他专业人员，一般都是在其成本基础上，加上一个标准加成来定价的。一些销售商明确告诉顾客它们的价格是成本加上一定的加成。例如，航空公司就是用这种方法向政府提出售价的。由此可见，采用成本加成定价法，确定合理的成本利润率是一个关键问题，而成本利润率的确定，必须考虑市场环境、行业特点等多种因素。

加成定价法由于忽略需求和竞争对手的价格而表现出局限性。但这种定价方法仍然受到企业欢迎。这是因为：其一，比起估计需求量，确定成本要容易得多；其二，如果行业中都采用加成定价，价格将趋于相似，价格竞争也将最小；其三，许多人认为成本加成定价法对购买者和销售者都更加公平。成本加成定价法一般在租赁业、建筑业、服务业、科研项目投资以及批发零售企业中得到广泛的应用。

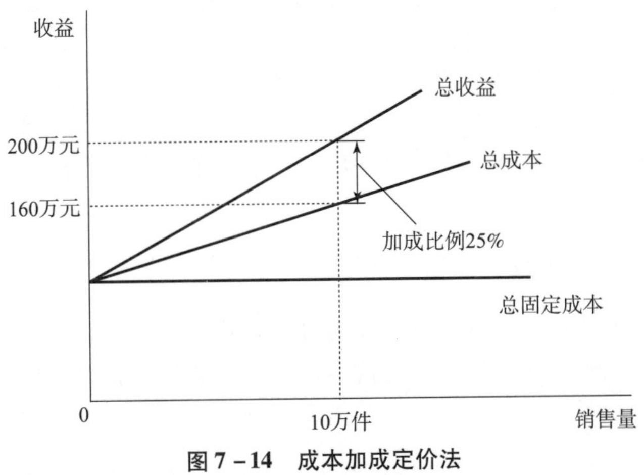

图 7－14　成本加成定价法

7.2.2　目标收益率定价法

这种方法以总成本和目标利润作为定价的基础。首先估计未来可能达到的销售量和总成本，在收支平衡分析的基础上，加上预期的目标利润额，或是加上预期的投资报酬率，然后计算出具体的价格。其计算公式如下：

$$单位产品价格 =（总成本 + 目标利润额）\div 预计销售量$$

$$投资报酬额 = 总投资额 \div 投资回收期$$

例如，某产品预计销售量为 10 万件，总成本 125 万元，该产品的总投资约 140 万元，要求 5 年回收投资，投资收益率目标为 20%，该产品的售价应为：

$$年投资报酬额 = 140 \times 20\% = 28（万元）$$

$$单位产品价格 =（125 + 28）\div 10 = 15.3（元）$$

示例如图 7－15 所示。

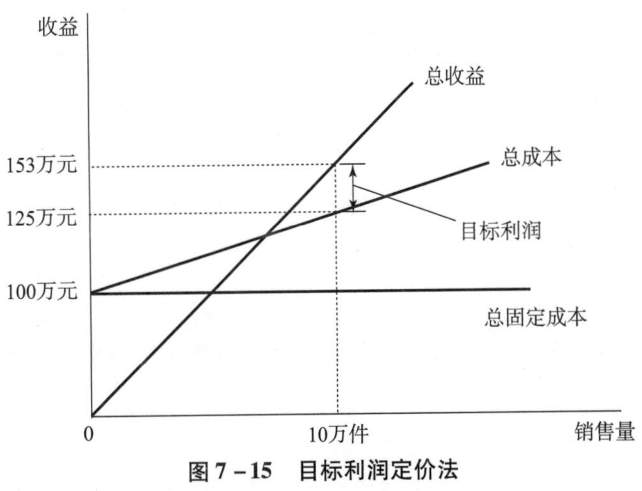

图 7－15　目标利润定价法

这种方法简便易行，可提供获得预期利润时最低可能接受的价格和最低的销售量，通常被一些大型企业和公共事业单位采用。其缺点是以销售量倒推价格，而价格实际是影响销售量的重要因素。

成本导向定价虽然实施简便，但此方法是一种生产者导向的产物，很少考虑到市场竞争和需求的实际情况，只是从保证生产者的利益出发制定价格。此方法最大的缺陷在于只考虑成本对价格的影响而忽略定价对成本的反作用，只考虑企业自身的发展现实而忽略了外部市场环境的实际状况。

7.2.3 顾客感知价值定价法

顾客感知价值定价法就是企业根据购买者对产品的感知价值来制定价格的一种方法。感知价值定价与现代市场观念相一致。认知价值定价的关键在于准确地计算产品所提供的全部市场感知价值。

【案例启迪】 卡特彼勒工程机械公司的产品定价

美国卡特彼勒是世界上最大的土方工程机械和建筑机械的生产商，它的定价方法十分奇特，一般拖拉机的价格均在 20 000 美元左右，然而该公司却卖 24 000 美元，虽然一台价高 4 000 美元，却卖得很火。当顾客上门，询问为何该公司的拖拉机要贵 4 000 美元时，该公司经销人员会给他算以下一笔账：

20 000 美元，是我们与竞争者的同一型号机器持平的价格；3 000 美元，是我们的产品更耐用使您多付的价格；2 000 美元，是我们的产品可靠性更好使您多付的价格；2 000 美元，是我们的公司服务更佳使您多付的价格；1 000 美元，是我们的保修期更长使您多付的价格；28 000 美元，是上述总和的应付价格；4 000 美元，是我们对您的优惠折扣；24 000 美元，最后价格。最终，卡特彼勒公司的经销人员使目瞪口呆的客户相信，他们只要付 24 000 美元，就能买到价值 28 000 美元的拖拉机一台，从长远来看，购买这种拖拉机的成本比一般的成本更低。

为了加深消费者对商品价值的理解程度，从而提高其愿意支付的价格限度，企业首先要做好商品的市场定位，拉开本企业商品与市场上同类商品的差异，突出商品的特征，并综合运用各种营销手段，加深消费者对商品的印象，使消费者感到购买这些商品能获得更多的相对利益，从而提高他们接受价格的限度。

7.2.4 竞争性定价法

在竞争十分激烈的市场上，企业通过研究竞争对手的生产条件、服务状况、价格水平等因素，依据自身的竞争实力，参考成本和供求状况来确定商品价格。竞争导向定价法主要包括随行就市定价法、产品差别定价法。

（1）随行就市定价法。

企业根据市场竞争格局，一般采用行业领导者价格或行业平均价格。参考行业定价是竞争导向定价法中最普遍的一种定价法。采用该定价法主要基于以下考虑：平均价格水平在人们观念中常被认为是“合理价格”，易为消费者接受；企业试图与竞争者和平相处，避免激烈竞争产生的风险；一般能为零售店带来合理、适度的盈利。随行就市定价法适用于竞争激烈的同质商品，如大米、面粉、食油以及某些日常用品的价格确定。但需注意的是，此法要求企业的生产成本与行业平均成本大致接近。

（2）产品差别定价法。

产品差别定价法指企业通过营销努力，依据企业的产品与服务与竞争对手所提供的产品和服务在外观、质量、品牌、售后服务等方面的差别，选取低于或高于竞争者的价格作为本企业产品价格，以便于消费者区分产品，树立企业自身的市场地位和市场形象。因此，产品差别定价法是一种进攻性的定价方法。

7.2.5 拍卖定价法

拍卖定价法（Auction Pricing）是利用在拍卖现场人们竞相求购的心理最终确定成交价格的一种定价形式，可以看作是一种竞争导向的定价方法。拍卖是财产权利转让的最古老方式之一，是人类有了剩余产品之后，为了转让自己的剩余物品而产生的。据有关史料文字记载，拍卖活动产生于公元前 5 世纪。现代文明的拍卖模式始于 18 世纪的英国。1744 年和 1766 年，伦敦先后成立的两家拍卖行“苏富比”和“佳士德”，对以后全球拍卖业产生了巨大影响。中国的拍卖行最早出现于清朝末年，当时的拍卖行多半是拍卖自己收购来的旧货和典当物品。三种拍卖定价程序如下：

（1）英式拍卖（递增出价）有一个卖家和许多买家。例如，在亿贝、亚马逊等网站上，卖家列出商品，竞拍者提高报价直到达到最高价格。出价最高的竞标者拍得该商品。如今，英式拍卖用于出售古董、牲畜、房地产以及二手设备和车辆。柯达和北电（Nortel）通过拍卖出售了数百项无线和数字成像专利，筹集了数亿美元。

（2）荷兰式拍卖（递减出价）的特征是一个卖家和多个买家，或一个买家和多个卖家。在前一种情况下，拍卖师宣布一件产品的高价，然后逐渐降低价格，直到有投标者接受。在后一种情况下，买家公布他想购买的东西，潜在卖家竞相提供最低的价格。钢铁、油脂、姓名徽章、泡菜、塑料瓶、溶剂、纸板，甚至法务和清洁工作都曾采取这种方式。

（3）密封拍卖只允许每一位潜在供应商报出一个价格，且不能知道其他供应商的报价。美国和其他国家的政府经常使用这种方法来采购物资或发放许可证。供应商不会低于其成本出价，但也不会出价太高，因为有丢失生意机会的顾虑。两方作用力权衡下的净效应是出价者的预期利润。许多大宗商品、原材料、成套设备、建筑工程项目的买卖和承包等，往往采用这种方法，由发包人招标、承包人密封投标的方式来选择并确定最终价格。

7.2.6 需求差异定价法

需求差异定价法以不同时间、地点、商品及不同消费者的需求强度差异为定价的基本依据，针对每种差异决定其在基础价格上是加价还是减价，主要有以下几种形式：

（1）因地点而异。如国内机场的商店、餐厅向乘客提供的商品价格普遍要高于市内的商店和餐厅。

（2）因时间而异。如在节假日，很多零售商场会对商品确定较高的折扣比率，吸引更多的顾客光顾。

（3）因商品而异。如在大型体育比赛举行期间，印有赛事会徽或吉祥物的 T 恤等商品的价格，一般会比其他同类商品的价格高。

（4）因顾客而异。如零售商对会员顾客和非会员顾客在一些商品的销售方面给予不同的优惠折扣；在妇女节、重阳节、教师节、父亲节、母亲节等特殊节日，对特定身份人群实行特殊的优惠折扣或馈赠等。

实行差异定价要具备以下条件：市场能够根据需求强度的不同进行细分；细分后的市场在一定时期内相对独立，互不干扰；高价市场中不能有低价竞争者；价格差异适度，不会引起消费者的反感。企业在采用这种定价方法时，首先应注意遵守相关法律法规，同时应使细分市场的依据符合一般的营销规律和消费者对公平性的理解，最后还需防范不同细分市场之间的套利行为以免差异定价失效。

产品价格是否合理最终要由消费者评判。价格只有得到消费者的承认时，消费者才会实施其购买行为。需求导向定价的难点在于如何准确把握市场需求强度、如何准确理解消费者认知价值、如何准确判断消费者对价格的承受能力等，这往往要比估算自己的成本复杂得多。因此，进行市场调研和数据分析是必不可少的环节。

7.2.7 产品组合定价法

当产品作为产品组合的一部分时，营销者必须修改自己的定价逻辑。在产品组合定价法中，公司要寻找一套能使总产品组合利润最大化的价格。这个过程很有挑战性，因为不同的产品都有各自的需求和成本的相互关系，并存在于不同程度的竞争之中。我们可以大致将产品组合定价法分为招徕性定价法（特价商品定价法）、可选特色定价法、附属产品定价法、两部定价法、副产品定价法和捆绑定价法。

（1）招徕性定价法。

公司可以制定特定产品或服务的价格，使其整个产品线的利润率最大化。一个常见的产品线定价方法是招徕性定价法（Loss - Leader Pricing）。超市和百货公司经常降低知名品牌的价格，以刺激额外的商店客流量。如果额外的销售收入能够补偿特价商品的低利润，那么这种方法就是成功的。被零售商作为特价商品出售的品牌制造商通常会出来反对，因为这种做法会弱化品牌形象，并引起以常规标价售卖的其他零售商的抱怨。制造商往往会通过游说来阻止中间商使用招徕性定价法。

（2）可选特色定价法。

许多公司在其主要产品中提供可选产品、功能和服务。可选产品的定价是一个棘手的问题，因为公司必须决定哪些产品要包含在标准价格中，哪些要单独提供。许多餐厅把饮料的价格定得很高，把食物的价格定得很低。食物的收入用于收回成本，而饮料——特别是酒类——则用于产生利润。这就解释了为什么服务员经常努力推荐顾客点饮料。其他的餐厅为了吸引饮酒的人则把酒的价格定得很低，把食物的价格定得很高。

（3）附属产品定价法。

有些产品需要用到辅助产品或附属产品。例如，剃须刀制造商通常在剃须刀上定价较低，但在剃须刀刀片上设定高额加价；电影院和音乐会场馆从租金和商品销售中获得的收入往往高于门票收入；电信运营商可能会向承诺购买两年电话服务的人免费提供一部手机。然而，如果附属产品在售后市场的定价过高，仿冒品和替代品就会侵蚀销量。

（4）两部定价法。

服务业实行两部定价，包括固定费用和可变使用费。手机用户可能需要支付最低月租费，外加超过规定通话时长的费用。游乐园收取入场费和超过某一最低限额的游乐设施费用。服务公司面临的问题与附属产品定价法类似——对基本服务收取多少固定费用，对可变使用部分收取多少费用。固定费用应该足够低，以吸引人们购买，然后利润可以从可变使用费中获取。

（5）副产品定价法。

某些商品，如肉类、石油产品和其他化学品的生产往往会产生副产品，应按其价值定价。如果竞争迫使公司对其主要产品收取较低的价格，那么从副产品上获得的任何收入都将促使公司更容易这样做。成立于 1855 年的澳大利亚 CSR 公司，最初被命名为拓殖糖业炼制公司，并在早期作为一家糖业公司树立了自己的声誉。后来该公司开始销售甘蔗的副产品，并利用废弃的甘蔗纤维制造墙板。如今，通过产品开发和收购，CSR 已经成为澳大利亚销售建筑材料的十大公司之一。

（6）捆绑定价法。

卖家经常将产品和特征捆绑在一起。纯粹捆绑销售（Pure Bundling）是指公司只以捆绑的形式提供产品。汽车售后产品的供应商越来越多地将其产品捆绑在可定制的三合一和四合一产品中，特别是轮胎和车轮保护以及无漆凹痕修复等二级产品。一家经纪公司可能会坚持只有当电影公司也接受该公司所代理的其他人才（如导演或编剧）时才能与一个受欢迎的演员签约。这是一种捆绑销售（Tied – in Sales）的形式。在混合捆绑销售（Mixed Bundling）中，卖方既提供单独的商品，也提供捆绑销售的商品，通常捆绑销售的单件商品价格比单独购买该商品的价格要低。一家剧院会将季票价格定得比单独购买所有演出票的费用要低。顾客可能没有计划购买所有的组成产品，所以捆绑组合价格上的节省必须足以诱使他们购买。一些顾客想要以低于整个捆绑组合的价格来换取商品。这些顾客要求卖家“松绑”或“重新捆绑”其产品。如果供应商通过不提供顾客不想要的送货服务而节省了 100 美元成本，而售价只降低了 80 美元，那么他就能使顾客满意的同时增加 20 美元的利润。

7.3　价格调整决策

企业在产品价格确定后，由于客观环境和市场情况变化，经常会对价格进行调整。由于价格是个极其敏感的因素，其任何调整都可能引起企业、消费者、经销商、竞争对手等各方面的关注。消费者通常把企业价格调整的动机归为不同的原因。价格调整要综合考虑环境因素，根据竞争者和消费者等对价格调整做出的反应，实施相应的调价策略。

7.3.1　降价决策

（1）可能的降价原因。

①企业生产能力过剩，产量过多，库存积压严重，市场供过于求，企业以降价来刺激市场需求。

②面对竞争者的“削价战”，企业若不降价将失去顾客或减少市场份额。

③生产成本下降。科技进步，劳动生产率不断提高，会使生产成本逐步下降，由此产品的市场价格也应下降，以争取企业在市场上居于支配地位。

（2）消费者对降价的反应。

由于购买者对变动价格不理解，可能会产生一些对企业不利的后果。降价本应吸引更多的消费者，但有时对某些消费者却适得其反。这些消费者可能会这样想：产品过时了；有替代产品上市；企业在财务上陷入了困境，难以为继。这会导致消费者观望，希望价格再降一些，出现持币待购现象。为了避免因价格调整出现被动局面，企业的降价也应顺势而为。

（3）降价策略。

①间接降价。间接降价就是暗降，即在价格不变的同时，在产品的数量、包装等方面给予优惠。这有助于维护企业品牌形象，保住已有的市场份额。间接降价的方式有增加商品的附加服务、给予折扣和津贴、实行优惠券制度、予以物品馈赠和退还部分货款等。

②直接降价。直接降价也叫明降，直接降低产品的价格。企业实施降价，目的是占据市场竞争的相对优势地位，提高市场占有率。运用暗降的策略只能小幅度地降价，很难实现快速提高市场占有率的目的。因此一些企业会选择直接降价的策略，但是这很容易引发价格战。

③选择降价时机。不同商品的降价时机不同，如日用品宜选择在节日前后，季节性商品则应选择在季节更替相交之时等。

④决定降价幅度。降价幅度一般不宜过大，同时尽量一次降到位，切不可出现价格不断下降的情况，以免使消费者产生持币待购的心理错觉。尤其是选择明降策略，最好一次降到底，使竞争对手无法跟进，否则达不到预期的促销目的。

7.3.2 提价决策

企业提价能获得较丰厚的利润，但是提价一般会遭到消费者和经销商的反对，甚至会丧失自己的竞争优势。

（1）发动提价的条件。

在许多情况下，企业将面对不得不提高价格的状况。

①通货膨胀。物价普遍上涨，企业的生产成本必然增加，为保证利润，企业不得不提价。

②产品供不应求。一方面买方之间展开激烈竞争，争夺货源，为企业创造了有利条件；另一方面提价也可以抑制需求过快增长，保持供求平衡。

③竞争者提价。市场定位一致或相近的企业，在竞争者提价时，往往会跟随提价，以维护品牌的形象与目标顾客的心理需求。

（2）提价策略。

一般来说，降价容易涨价难，调高产品价格往往会遭到消费者的反对。因此，在使用提价策略时必须慎重，尤其应掌握好提价时机、幅度、方式，并注意与消费者及时进行沟通。

①选择提价时机。企业提价要选择合适时机，如在通货膨胀发生时、季节变换时、竞争对手提价时、淡旺季节转换时进行提价，往往能够得到消费者的理解。

②决定提价幅度。提价的幅度一般不宜过大，也可参照竞争者的价格变化。

③选择提价方式。提价究竟是选择明调还是暗调方式，要根据市场情况来确定。

直接提价，也称为明调，是直接提高价格，而其他条件不发生任何变化。

间接提价，也称为暗调，即企业采取一定方法使产品价格表面保持不变，但实际是隐性上升的。其方式有减少产品包装数量、更换商品型号种类、取消优惠条件等。例如，缩小产品的尺寸、分量，使用便宜的代用原料，减少价格折让等。

④与消费者沟通。企业预计自己不得不提高价格之前，做好沟通工作，尽可能将涨价的原因向客户说明和解释，只要说明是什么理由促使企业调整价格，一般都会得到客户的理解。

7.3.3　应对竞争者调价

任何价格的引入或改变都会引起顾客、竞争者、分销商、供应商甚至政府的反应。当该品类中的公司数量较少、产品同质化且购买者高度知情时，竞争者最有可能做出反应。

一家公司如何预测竞争者的反应？一种方法是假设竞争者以标准方式对价格的设定或改变做出反应，另一种方法是假设竞争者将每一个价格差异或变化当作一个新挑战，并根据当时的自我利益做出反应。公司需要研究竞争者目前的财务状况、近期的销售情况、顾客忠诚度和公司目标。如果竞争者有一个市场份额的目标，它可能会配合价格差异或变化。如果它有一个利润最大化的目标，它可能会做出增加广告预算或提高产品质量的反应。

这个问题很复杂，因为竞争者会为低价或降价做出不同解释：要么认为该公司试图窃取市场份额，要么认为它在经营不善的情况下试图提高销售额，要么认为它希望整个行业降低价格以刺激总需求。当沃尔玛开始在广告中宣称价格低于大众超级市场时，大众超级市场这家区域性连锁超市将大约 500 种必需品的价格降至沃尔玛之下，并发起自己的广告战役作为报复。

公司在应对竞争者降价方面需要考虑以下几点：

（1）竞争者为什么要改变价格？是为了抢占市场，为了利用过剩的产能，为了满足不断变化的成本条件，还是为了引领整个行业的价格变化？

（2）竞争者的价格变动计划是暂时性还是永久性的？

（3）如果公司不做出反应，其市场份额和利润会发生怎样的变化？其他公司是否会做出反应？对产品价格的需求弹性、产品成本和销售量之间的关系等进行具体分析。

（4）对于每一种可能的反应，竞争者和其他公司的可能反应会是怎样的？

当低价攻击发生时，对替代方案进行细致分析未必总是可行。公司可能不得不在数小时或数天时间内果断地做出反应，特别是在价格变化频繁、必须快速反应的行业，如肉类加工、木材或石油行业。预测竞争者可能的价格变化并做好应急反应的准备，才是更合理的做法。

7.3.4　价格战

价格战一般是指企业之间通过竞相降低商品的市场价格展开的一种商业竞争行为，目的是打压竞争对手、占领更多市场份额、消化库存等。

（1）发动价格战的注意点。

①产品质量达到业内较高水平，并得到目标顾客的认同。这样降价就不至于使顾客产生质次价低的印象。这是价格战成功的基础。企业如果没有这方面牢固的基础，就只会吸引那些对价格敏感的和贪图便宜的低端顾客，最终可能得不偿失。如英特尔公司和各大国际电脑厂商都经常降价，但顾客仍然认同他们的质量和技术，因此，他们能一直引领市场的主流。

②价格战通常以新产品上市作为先导和后续手段。利用降价引人注目的时机推出新产品或高档产品，既可以降低推出新产品的广告费用，也可以通过新产品吸引更多的非价格导向的顾客，冲淡价格低、档次低的思维定式，还可以减少因降价而产生的利润损失。没有新产品的推出，价格战很可能失去灵魂，难以产生持久的效果。

③发动价格战的企业要有一定的生产规模。一般认为生产能力达到整个市场容量的10%是一个临界点，达到这一点之后，企业的大幅降价行为就足以对整个市场产生震撼性影响。同时，这一规模也是企业形成规模经济的起点。许多企业为了向这一规模发起冲击而发动价格战，冲击成功会大大改善自己的市场地位，冲击未果可能使企业从市场上销声匿迹。

（2）应对价格战。

如何应对价格战，不同市场地位的企业可采取不用的策略。

处于市场一般地位的企业：

①降价。对于市场主导者的降价行为，中小企业很少有选择的余地，只能被迫应战，随之降价。

②推出更廉价的产品应对竞争者。对于需求价格弹性大的产品，产品的市场占有率下降时，可以实施这一策略。

③维持原价。如果跟随降价会使企业利润损失超过承受能力，而提价会使企业失去很大的市场份额，维持原价可能是明智的策略选择，同时，也可以运用非价格手段进行回击。

处于市场领导者地位的企业：

①价格不变。当企业的顾客忠诚度较高时，竞争者降价难以提升其市场份额，可维持原价不动。

②维持原价，同时运用非价格手段反击。例如，企业改进产品、服务和市场传播，使顾客能买到比竞争者的产品附加值更大的产品。在现实中，企业保持价格不变，但给顾客提供的利益却不断增加，往往比削价和微利经营更经济。

③降价。降低价格但维持产品提供的价值不变。如果不降价会导致企业的市场占有率大幅度下降时，可追随降价。

④涨价。提高原来产品的价格，并推出新的品牌，通过推出新品牌来制约竞争者的降价品牌。

事实上，当竞争者率先做出价格调整时，企业要迅速做出反应，最好事先制定反应预案，届时按预定方案迅速应对，可以提高反应的灵活性和有效性。

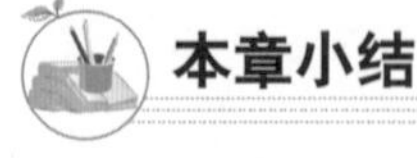

本章小结

定价影响因素

企业定价受诸多内部及外部因素的影响，营销目标、营销组合策略、产品成本及价格决策机制等是重要的内部影响因素，市场需求、竞争、国家经济状况和政策等则是重要的外部影响因素。

定价方法

成本加成定价法、目标收益率定价法、顾客感知价值定价法、竞争性定价法、拍卖定价法、需求差异定价法、产品组合定价法是常用的定价方法。

价格调整

面对动态变化的市场环境，企业会主动对产品价格进行调整，表现为主动降价和发动提价两种形式。在特定的环境下，企业会发动价格战。面对竞争者的价格变动，企业要做出应对反应。价格调整应关注消费者的调价心理和竞争对手的反应，有针对性地选择调价时机、方式、幅度和具体策略。

复习思考题

1. 影响企业定价的因素有哪些？
2. 企业定价的方法有哪些？
3. 企业价格调整决策可采取哪些策略？
4. 企业参与价格战一般应该注意哪些问题？

营销体验

1. 小组辩论：价格应主要反映消费者愿意支付的价值；价格应主要反映产品或服务所包含的成本。

2. 小组交流：选一个熟悉的行业，列出行业中品牌价值位于前五位的品牌，谈谈你对这五个品牌的价值感知和产品售价的评价和看法？

3. 小组作业：对附近一家零售商场或店铺进行现场观察并对相关人员进行访谈，了解它们经营的商品或服务是如何确定价格的，并尝试分析一下它们在定价方法上有什么特点。

案例讨论

推荐阅读

在线测试

第 8 章

渠道管理

学习目标

◎ 理解渠道的概念、职能及其重要性；
◎ 熟悉渠道的主要形态及其特点；
◎ 掌握渠道设计的主要环节及其要求；
◎ 掌握渠道成员管理、冲突管理以及物流管理的基本原理；
◎ 熟悉全渠道零售、新零售以及绿色物流的变革特点及其趋势。

关键术语

◎ 分销渠道（Distribution Channel）
◎ 渠道设计（Channel Design）
◎ 渠道评估（Channel Assessment）
◎ 渠道管理（Channel Management）
◎ 渠道成员（Channel Members）
◎ 中间商（Middleman）
◎ 批发商（Wholesaler）
◎ 零售商（Retailer）
◎ 代理商（Agent）
◎ 冲突管理（Channel Conflict Management）
◎ 物流管理（Logistics Management）
◎ 网络渠道（Network Channel）
◎ 全渠道零售（Omni Channel Retailing）
◎ 新零售（New Retail）
◎ 线上渠道（Online Channel）
◎ 线下渠道（Offline Channel）
◎ 移动渠道（Mobile Channel）
◎ 绿色物流（Green Logistics）

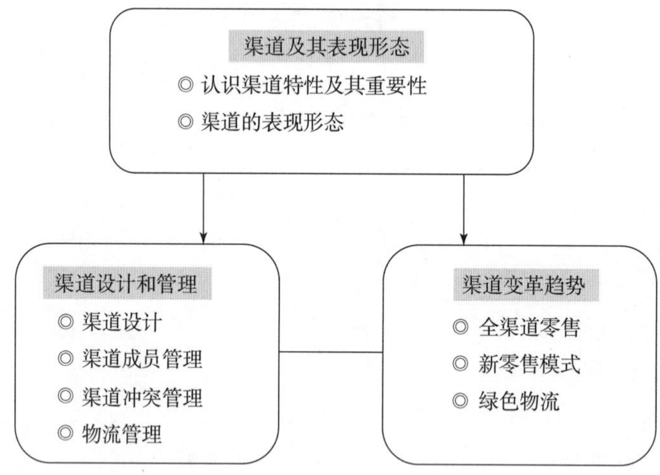

【先思后学】 卡特彼勒公司与代理商的合作成就公司

卡特彼勒公司成立于 1925 年，如今主导着全球重型建筑、采矿和挖掘机械市场，其拖拉机、履带式起重机、装载机、推土机、卡车，牢牢占据着全球重型机械市场的 1/3 份额，是其最大的竞争对手、该行业位列第二的小松制造的 2 倍以上。卡特彼勒公司的核心竞争能力之一，是其分布在 180 多个国家和地区，由 189 位独立经销商构成的高效率的分销渠道网络系统。工程机械行业的产品复杂性高，需要庞大的售后服务体系支撑，而在该行业中，一般是由代理商承担售后服务的工作。企业与代理商的关系是一种竞合关系。很多企业面临的问题是：企业认为代理商较难管理，不够忠诚；代理商则指责企业给予的支持不够。但在工程机械行业甚至整个 B2B 行业中，在对代理商的管理和与代理商共同发展方面，卡特彼勒公司被认为是做得最好的企业。这是因为，卡特彼勒公司的理念是帮助代理商成为更好的公司。卡特彼勒不仅为代理商提供高收益的代理产品，更为重要的是帮助这些公司从家族企业变成现代化管理企业。帮助代理商建立更好的组织管理体系，构建优秀的企业文化，建立信息管理系统，包括库存管理、现金流管理等系统。其精细化的管理和赋能模式，甚至在合作的代理商伙伴中一直延续了代理商的三代接班人。

由此可见，卡特彼勒与代理商的合作不单纯在于渠道管理，本质上是帮助代理商做强、做大，为其赋能，因此造就了卡特彼勒与代理商长久且坚固的合作伙伴关系。打造快速高效运行的分销系统是一个企业的核心竞争能力。企业分销系统的建立、运行及其管理有其背后的科学原理。本章将系统阐述渠道的性质和特点，渠道设计、渠道成员管理、渠道冲突管理以及物流管理的基本理论，并透视和介绍当今时代全渠道零售、新零售模式及其绿色物流的变革新趋势。

8.1　渠道及其表现形态

8.1.1　认识渠道特性及其重要性

（1）渠道的概念及其职能。

企业生产产品或服务并实现向最终消费者的价值传递，不仅需要与消费者建立关系，还需要与企业供应链中关键的供应商和分销商建立关系。供应链包括上下游合作者。企业供应链的下游部分，就是分销渠道。分销渠道是指某种货物和服务从生产者向消费者移动时取得这种货物和服务的所有权或帮助转移其所有权的所有企业和个人。渠道活动的参与者包括成员性参与者与非成员性参与者。成员性参与者如生产企业、批发商、零售商及其他分销商，非成员性参与者如运输机构、市场调研机构、广告代理商、银行、保险公司等。

分销渠道是连接生产厂商、销售商和消费者之间的桥梁，它能有效地调节市场经济条件下生产者、消费者在产品数量、品种、时间、地点、所有权等方面产生的矛盾，并满足市场需要，实现企业的市场营销目标。在将产品和服务传递给消费者的过程中，渠道成员为消除供求双方的差异和矛盾发挥了关键的作用。渠道成员承担着重要职能，由此保障了渠道的正常运行，如表8－1所示。

表8－1　渠道成员承担的主要职能

①分类：对产品的分类、分等、装配、包装等，使商品能符合顾客的需要
②物流：进行产品的运输和储存，以减轻生产企业的压力
③融资与担保：为渠道工作的资金取得和支出以及为企业生产进行担保
④风险承担：承担与渠道工作有关的全部风险以及为企业生产承担部分风险
⑤寻找顾客与促销：寻找尽可能多的顾客以及进行相应的促销活动吸引顾客
⑥市场调查及反馈：利用自己熟悉市场的优势，及时把市场信息反馈给生产企业，使其能生产出满足市场需要的产品
⑦谈判：在价格和其他条款上达成一致，影响所有权或占有权的转移
⑧订货：向制造商下订单

产品和服务与那些需要它们的消费者之间在时间、空间和所有权上存在差距，在将产品和服务递送给消费者的过程中，渠道成员通过发挥上述职能消除这些差距，实现了增值。

（2）渠道流程。

分销渠道在运行中，伴随着各种流程，包括与物流相伴随的产品实体和所有权转移、谈判流、货款流、信息流、促销流、风险流等，如图8－1所示。各种管理流程的方向根据业务的特点，表现为正向、逆向及双向等不同的流向。

（3）分销渠道的重要性。

一般来说，大多数企业通过中间商将产品传递给最终消费者。制造商之所以使用中间商，是因为中间商在为目标市场提供产品方面具有更高的效率。凭借其拥有的关系、经验、专业知识和经营规模等资源，中间商可以完成许多制造商独自无法完成的工作。

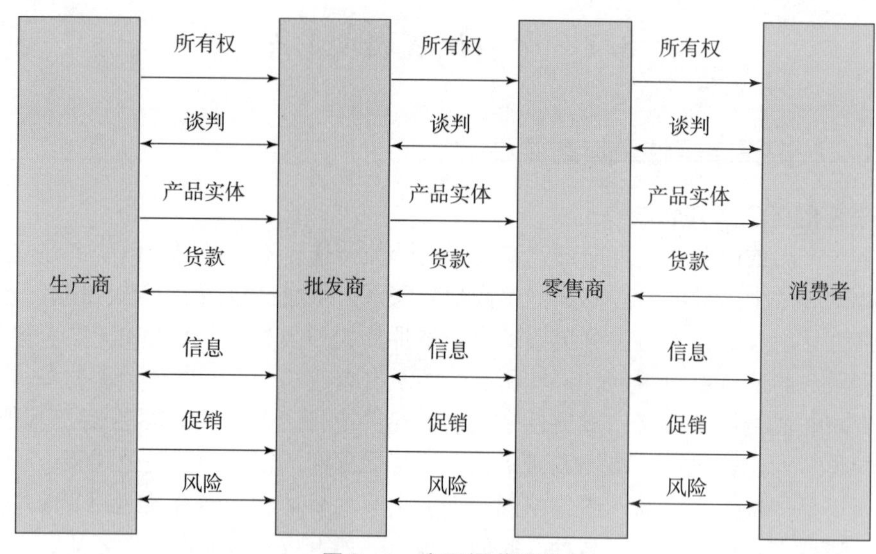

图8－1　主要渠道流程

渠道可以创造时间、地点和所有权效用。分销渠道提供了大量物流或者实体分销功能，提高了货物从生产商到消费者之间的流动效率。在产品从制造商到庞大消费群体的流动过程中，通过减少必要的交易环节，渠道的效率得以提高。这可以通过两种方式实现：一是分装。批发和零售商从制造商处采购大批货物，但通过零售的方式卖给消费者。二是进行产品分类，减少交易环节。在一个地方提供不同种类的产品，消费者可以一次性方便地买到多种物品。

企业创造性地建立分销系统可以获得竞争优势。如顺丰公司通过构建富有创新和庞大的分销系统，在中国快递行业占有了一席之地；当当、京东、阿里巴巴在崛起的互联网经济中把握商机，建立线上和线下整合的分销系统，高效服务于交易客户，成为中国市场引人注目的互联网新兴企业。

企业的渠道决策直接影响其他营销决策。企业的定价决策，取决于采用的分销渠道是实体店还是网上销售，是直接销售还是间接销售等。企业的沟通决策取决于其渠道合作伙伴需要多大力度的说服、培训、支持和激励等。企业的产品研发和服务决策，也在很大程度上受到渠道反馈的市场信息、分销网络基础和能力的影响。

渠道决策可以帮助企业获得合作伙伴的长期支持。渠道决策常常涉及与其他企业订立的长期合同和合作关系的建立和维护，一旦通过合同确立了合作关系，就意味着相对稳定关系的建立。这有利于企业通过关系资源的维护而获得竞争优势。

8.1.2　渠道的表现形态

（1）渠道的长度形态。

渠道的长度形态是指渠道中间层级的多少，由此可以区分出长渠道和短渠道、直接渠道与间接渠道。根据渠道的长短还可以划分出零级渠道、一级渠道、二级渠道、三级渠道等，如图8－2所示。

直接渠道指生产企业不通过中间商环节，直接将产品销售给消费者；间接渠道指使用一

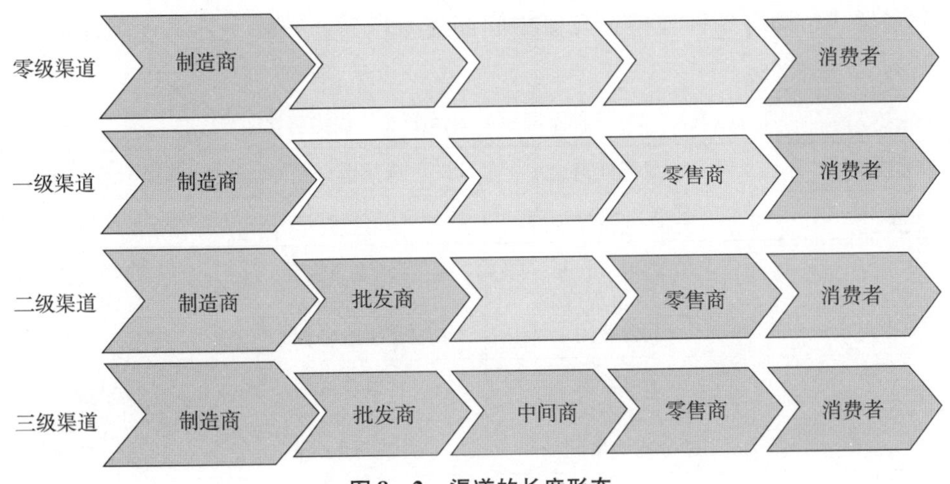

图8-2 渠道的长度形态

个层级以上的中间环节进行分销的渠道。

(2) 渠道的宽度形态。

渠道宽窄取决于渠道的每个环节中使用同种类型中间商数目的多少。通常表现为三种形式，即密集性分销、选择性分销及独家分销，如图8-3所示。

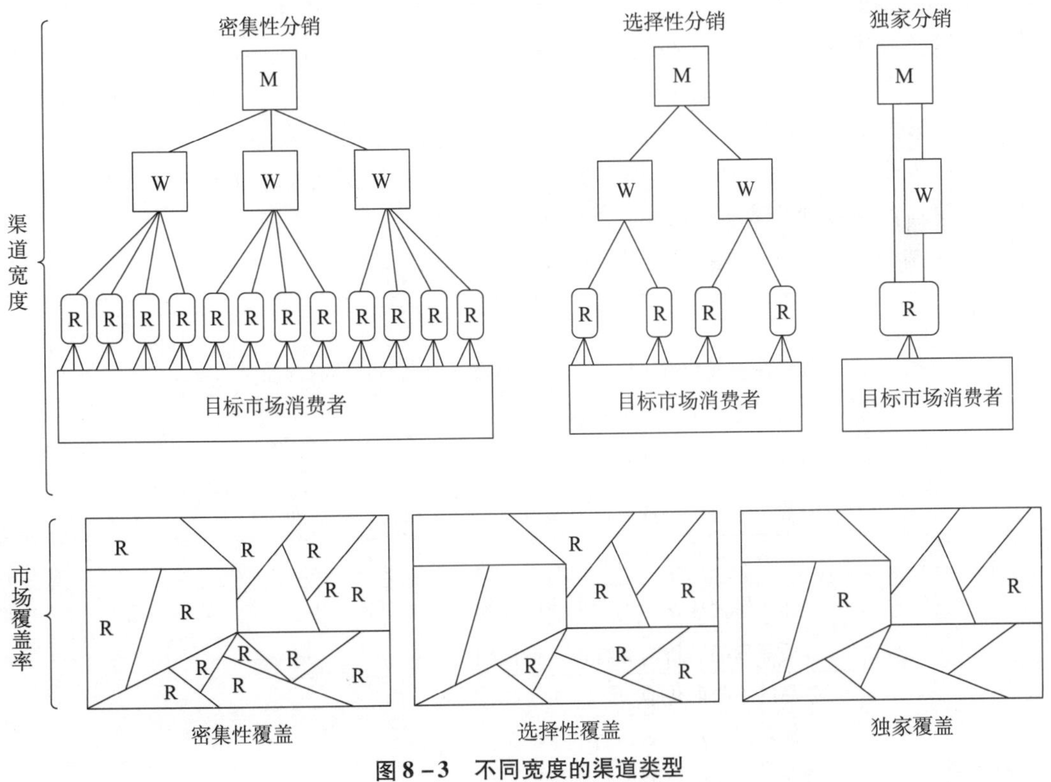

图8-3 不同宽度的渠道类型

密集性分销是指运用尽可能多的中间商分销，使渠道尽可能加宽；独家分销是在一定地区内只选定一家中间商经销或代理，实行独家经营；选择性分销是介于上述两种形式之间的分销形式，即有条件地精选几家中间商进行经营。三种不同宽度渠道形式的优劣势比较如表 8 – 2 所示。

表 8 – 2　三种不同宽度渠道形式的优劣势比较

类型	独家分销	选择性分销	密集性分销
特征	一地区一家分销商	一地区几家分销商	一地区很多分销商
优势	控制渠道容易 分销竞争程度低 节省费用	控制渠道较易 覆盖面较大 顾客接触率较高	市场覆盖面大 顾客接触率高 充分利用中间商
劣势	市场覆盖面小 顾客接触率低 过分依赖中间商	竞争较激烈 选择中间商难 渠道费用较高	控制渠道难 渠道费用高 分销竞争激烈
产品	高价值商品 特殊商品等	高价值商品 选购商品等	快消品

（3）渠道的广度形态。

渠道的广度形态指一个企业使用的渠道类型或形式的多少。当企业全部产品都用一种渠道形式如由自己直接所设门市部销售，或全部交给批发商经销，就称之为单渠道。多渠道则是指采用了多种渠道形式进行分销，如可能在本地区采用直接渠道，在外地采用间接渠道；在有些地区是独家经销，在另一些地区则是密集性分销；对消费品用长渠道，对组织市场采用短渠道等。显然，一个企业如果渠道形式单一，分销成本相对会低，且便于控制和管理；而采用的渠道形式比较多时，不仅分销成本可能会增加，管理和控制的难度也会相应增加。

如今进入全渠道营销时代，企业的渠道主要有线下实体渠道、线上渠道以及移动渠道三大主要渠道，其特点如表 8 – 3 所示。

表 8 – 3　线下、线上及移动渠道的特点

渠道	渠道特征
线下实体渠道	及时性：消费者可以获取商品的直观信息并当场将商品带回家
	可感知性：消费者能够看到、感知、试用商品
	交互性：消费者能够与店员进行互动
	消费者能够试用商品、方便退货、立刻购买、感知性
	零售商只有当消费者在商店里时才能够与消费者进行交流
	实体零售商店使得消费者能够触摸并感知商品，并获得即时满足感
线上渠道	方便对商品、价格和特征进行比较
	商品的不限时供应
	可以获得全球市场，而不需要实体商店的支撑
	方便对商品的价格进行快捷地更改
	具备丰富的商品信息，可以获取消费者的评论信息，能够选择商品，可以便捷且快速地进行支付，能够对商品的价格进行比较并获取促销信息，可以随时随地接入网络获得商品的销售信息

续表

渠道	渠道特征
移动渠道	由于消费者长时间携带个人移动设备，零售商可以通过移动渠道随时与消费者进行互动，例如即时推送促销信息等
	移动商务的个人化特征使得商家可以通过移动渠道进行个性化推广或目标营销
	移动渠道使得消费者能够定位所需服务的位置、随时搜索优惠券和打折券、在竞争对手商店里进行比价等

【案例启迪】　三只松鼠的渠道广度

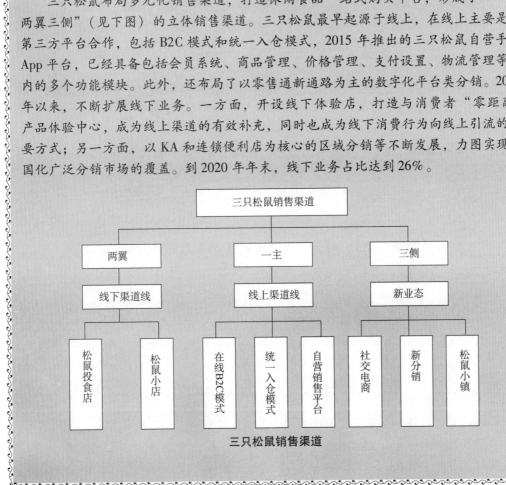

三只松鼠布局多元化销售渠道，打造休闲食品一站式购买平台，形成了“一主两翼三侧”（见下图）的立体销售渠道。三只松鼠最早起源于线上，在线上主要是与第三方平台合作，包括 B2C 模式和统一入仓模式，2015 年推出的三只松鼠自营手机 App 平台，已经具备包括会员系统、商品管理、价格管理、支付设置、物流管理等在内的多个功能模块。此外，还布局了以零售通新通路为主的数字化平台类分销。2018 年以来，不断扩展线下业务。一方面，开设线下体验店，打造与消费者“零距离”产品体验中心，成为线上渠道的有效补充，同时也成为线下消费行为向线上引流的重要方式；另一方面，以 KA 和连锁便利店为核心的区域分销等不断发展，力图实现全国化广泛分销市场的覆盖。到 2020 年年末，线下业务占比达到 26%。

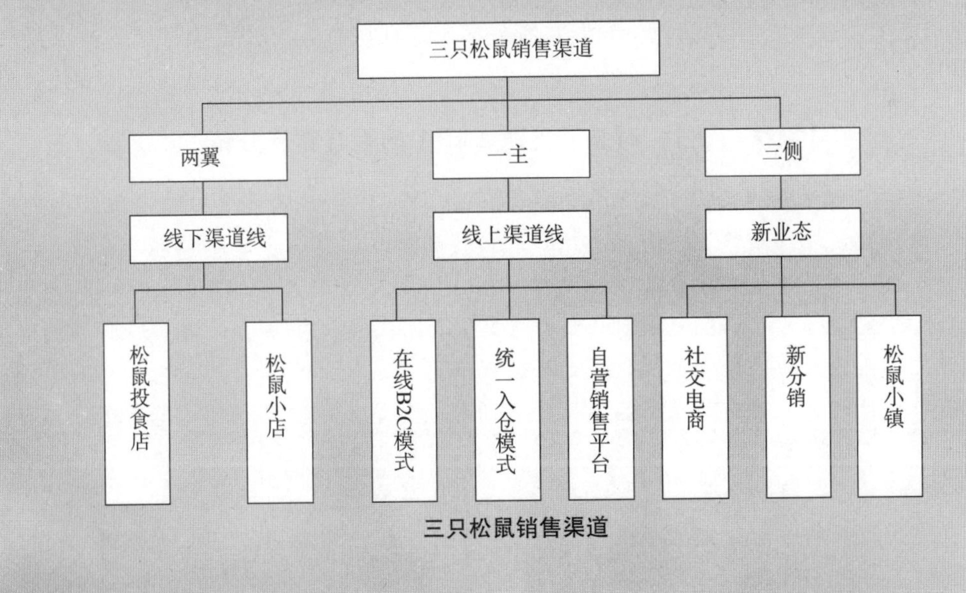

三只松鼠销售渠道

（4）渠道组织系统形态。

①垂直渠道系统。

这是由生产企业、批发商和零售商组成的统一系统。垂直分销渠道的特点是专业化管理、集中计划，销售系统中的各成员为共同的利益目标，都采用不同程度的一体化经营或联合经营。其主要形式如图 8 –4 所示。

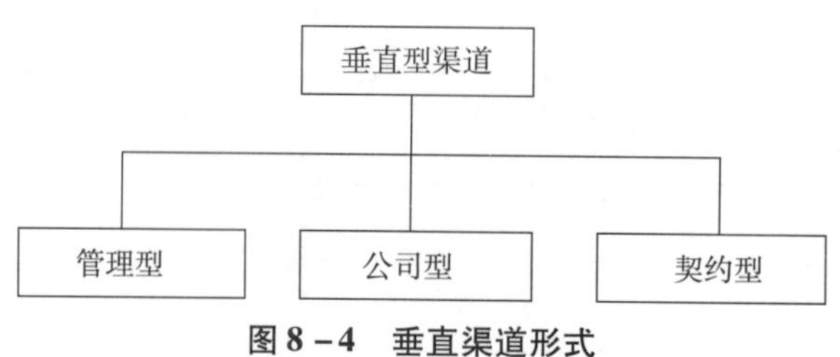

图 8 –4　垂直渠道形式

管理型垂直系统：制造商和零售商共同协商销售管理业务，其业务涉及库存管理、定价、商品陈列、购销活动等，如宝洁公司与其零售商共同商定进行商品采购、商品陈列、定价及开展促销活动等。

公司型垂直系统：指一家公司拥有和统一管理若干工厂、批发机构和零售机构，控制分销渠道的若干层次，甚至整个分销渠道，综合经营生产、批发、零售业务。

契约型垂直系统：指不同层次的独立制造商和经销商为了获得单独经营达不到的经济利益而以契约为基础实行的联合体。分为以下三种形式：

一是制造商主导的零售特许经营或代理商特许经营。零售特许多见于消费品行业，代理商特许多见于生产资料行业。

二是制造商主导的批发商特许经营系统。大多出现在饮食业，如可口可乐、百事可乐与某些瓶装厂商签订合同，授予在某一地区分装的特许权和向零售商发运可口可乐、百事可乐的特许权。

三是服务企业主导的零售商特许经营系统。多出现在快餐业，如肯德基快餐，以及汽车出租行业中。

【案例启迪】　时装零售商 ZARA 的垂直整合分销

西班牙服装连锁品牌 ZARA 是全球成长最快的时装零售商。其奥秘在于其进行了成功的垂直整合分销——从自己设计到生产运营再到通过自己管理的商店进行分销。ZARA 能够吸引大量顾客进入其店中购买“廉价的时尚”——融合了大品牌时装的时尚设计又价格适中的产品，不仅仅是因为时尚的产品设计，更重要的是它卓越的分销系统能够迅速地实现对其时尚产品快速及时的价值传递。得益于垂直整合，ZARA 可以在不到两周的时间内对一个全新的时尚概念服装完成设计、生产并上架销售，而其竞争对手如盖普、贝纳通等往往需要 6 周甚至更长的时间。

迅速的设计和分销使得 ZARA 推出大量的新时装，比竞争对手的速度快两倍。ZARA 的分销系统每周 2 ~3 次为其门店供应小批量的新品，而竞争性的连锁店通常每年只有 4 ~6 次季节性大批量上新品。小批量但频繁地推陈出新使 ZARA 门店中的商品持续翻新，不断吸引顾客惠顾，也为 ZARA 品牌带来了丰厚利润。

②水平渠道系统。

水平渠道系统，又称为共生型渠道，是指由两个或两个以上公司横向联合在一起，共同开发新的营销机会而形成的关系系统。其目的是通过联合，发挥资源的协同作用或规避风险。有两种典型形式：一是生产制造商水平渠道，它是由同一层次的生产企业共同组建和利用的营销渠道，或共同利用的服务及维修网、订货程序系统、物流系统、销售人员和场地等；二是中间商水平渠道系统，组织表现形式为连锁店中的特许连锁和自愿连锁、零售商的合作组织等。

【知识拓展】　连锁商店

连锁商店是指由一家大型商店控制的，许多家经营相同或相似业务的分店共同形成的商业销售网。其主要特征是：总店集中采购，分店联购分销。它出现在 19 世纪末到 20 世纪初的美国，到 1930 年，连锁商店的销售额已占全美销售总额的 30%，50 年代末、60 年代初以来，欧洲、日本也逐渐出现了连锁商店并得到迅速发展，到 70 年代后全面普及，逐步演化为主要的一种商业零售企业的组织形式。连锁商店的典型形式有以下三种类型：

①正规连锁店。正规连锁店同属于某一个总部或总公司，统一经营，所有权、经营权、监督权三权集中，也称联号商店、公司连锁或直营连锁。分店的数目各国规定不一，美国定为 12 个或更多；日本定为 2 个以上；英国定为 10 个以上分店。其共同特点有：所有成员企业必须是单一所有者，归一个公司、一个联合组织或单一个人所有；由总公司或总部集中统一领导，包括人事、采购、计划、广告、会计等的统一管理；成员店铺不具有企业资格，其经理是总部或总店委派的雇员而非所有者；成员店标准经营，商店规模、商店外貌、经营品种、商品档次、陈列位置基本一致。

②自愿连锁。自愿连锁是各店铺保留单个资本所有权的联合经营，多见于中小企业，也称自由连锁、任意连锁。正规连锁是大企业扩张的结果，目的是形成垄断；自愿连锁是小企业的联合，抵制大企业的垄断。自由连锁的最大特点是成员店铺是独立的，成员店经理是该店所有者。

自由连锁总部的职能一般为：确定组织大规模销售计划；共同进货；联合开展广告等促销活动；业务指导、店堂装修、商品陈列；组织物流；教育培训；信息利用；资金融通；开发店铺；财务管理；劳保福利；帮助劳务管理等。

③特许连锁。特许连锁也称合同连锁、契约连锁。它是主导企业把自己开发的商品、服务和营业系统，包括商标商号等企业象征的使用、经营技术、营业场合和区域等，以营业合同的形式给规定区域的加盟店授予统销权和营业权。加盟店则须交纳一定的营业权使用费，并承担规定的义务。其特点是：经营商品必须购买特许经营权；经营管理高度统一化、标准化。这类连锁店一般要求经营店在开业后，每月按销售总额的一定百分比支付特许经营使用费。

③混合渠道系统。

当一个企业为到达一个或多个消费者细分市场而建立两个或多个营销渠道时，就产生了混合渠道，如图 8－5 所示。由图中可见，制造商通过四种渠道类型进行产品销售，构成了一个复杂渠道体系。混合渠道系统为那些面对大规模且复杂的市场的企业带来好处，企业可以利用多种渠道实现对市场的最大限度的覆盖。当然，也增加了管理控制渠道的难度。

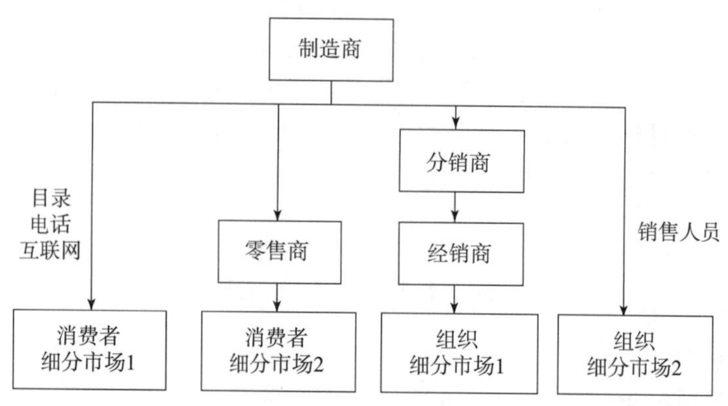

图8－5 混合渠道系统

（5）批发形态。

批发是指供转售、进一步加工或变化商业用途而销售商品的各种交易活动。批发商处于商品流通的起点和中间阶段，交易对象是生产企业和零售商。一方面它向生产企业收购商品，另一方面它又向零售商企业批销商品，并且是按批发价格经营大宗商品。其业务活动结束后，商品仍处于流通领域中，并不直接服务于最终消费者。批发商是商品流通的大动脉，是关键性的环节，它是连接生产企业和商业零售企业的枢纽，是调节商品供求的蓄水池，是沟通产需的重要桥梁，对企业改善经营管理及提高经济效益、满足市场需求、稳定市场具有重要作用。批发商的主要类型及其业务特点如表8－4所示。

表8－4 批发商的主要类型及其业务特点

类型	业务特点
商业批发商	独立经营的企业，对其所经营的商品拥有所有权，是可以提供全套服务或者有限服务的批发商、分销商、工厂供应商。完全服务商业批发商能为客户提供全方位的服务，包括送货、信贷、产品使用援助、维修、广告和其他的促销支持；它们通常有自己的销售人员向企业或组织客户推销产品。一些综合类的批发商批发不同种类的物品，而专门化的批发商则批发单一产品线的各类商品。有限服务商业批发商拥有商品所有权，但只向顾客提供较少的服务
商品代理商或经纪人	它们不拥有商品所有权，主要功能就是促进买卖，获得销售佣金。代理商通常在进行交易的基础上代表买方或卖方。经纪人的主要作用是为买卖双方牵线搭桥，由委托方付给他们佣金。他们不存货、不卷入财务、不承担风险。多见于食品、不动产、保险和证券等行业
制造商和零售商的分支机构或办事处	是制造商自己建立的渠道中间商。它们可以经营独立的商业部门，承担中间商的所有功能，同时对渠道保持完全的控制。有两种形式：一是销售分部和营业所。销售分部备有存货，常见于木材、汽车设备和配件等行业；营业点不存货，主要用于织物和小商品行业。二是采购办事处。一些零售商在主要的销售市场会设立这样的机构行使采购权利及进行相应业务

（6）零售形态。

零售商处于商品流通的最终阶段，直接将商品销售给最终消费者。零售商的基本任务是直接为最终消费者服务，它的职能包括购、销、调、存、加工、拆零、分包、传递信息、提供销售服务等，在地点、时间与服务方面方便消费者购买。它又是联系生产企业、批发商与消费者的桥梁，在商品的价值传递中发挥着重要作用。按经营范围划分，我国的零售业态分为专业店、专卖店、百货店、超级市场、大型综合市场、便利店、仓储式商场、购物中心等。

（7）网络渠道和线上线下双渠道形态。

基于互联网进行产品分销的渠道，可以分为网络直接分销渠道和网络间接分销渠道，如图8－6所示。网络间接分销渠道是指通过网络中间商进行分销的渠道。

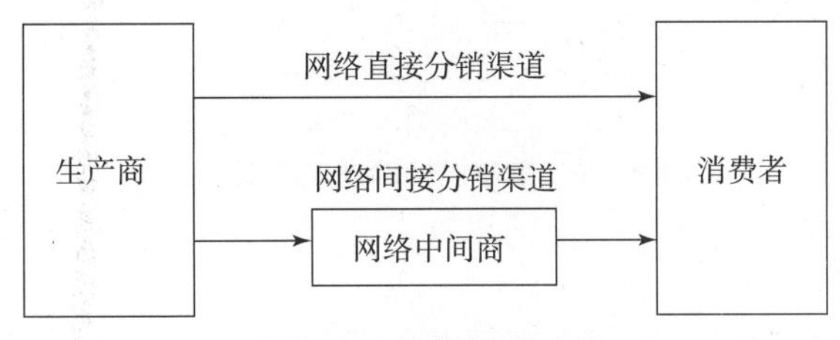

图8－6 网络渠道形式

企业同时通过线下实体渠道和线上网络渠道进行产品的分销，就形成了线上线下双渠道形式，如图8－7所示。

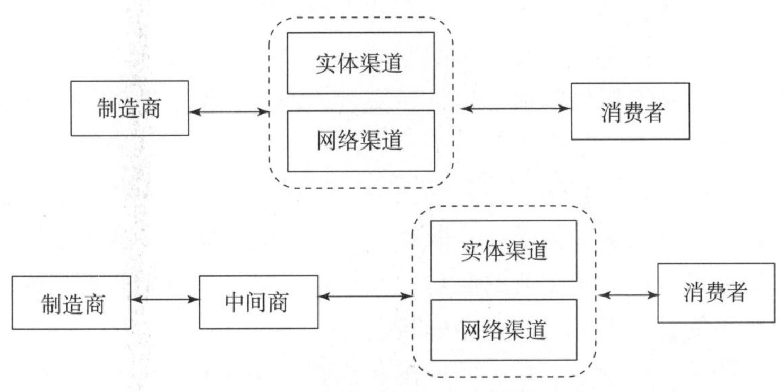

图8－7 “实体＋网络”双渠道形式

无论对于制造企业还是流通企业来说，采用双渠道进行产品的分销、实现线上和线下营销的有机结合，已经成为当今时代大多数企业的选择。这极大地提高了产品面向消费者的渗透和覆盖范围，提高了产品流通的速度和效率，带给了消费者全方位的购买和消费体验，提升了消费者的生活品质和质量。

【知识拓展】中国零售业的演变历程

8.2 渠道设计和管理

8.2.1 渠道设计

进行渠道设计要求分析顾客需求、制定渠道目标、确定主要的渠道方案并对这些方案进行评估，如图8－8所示。

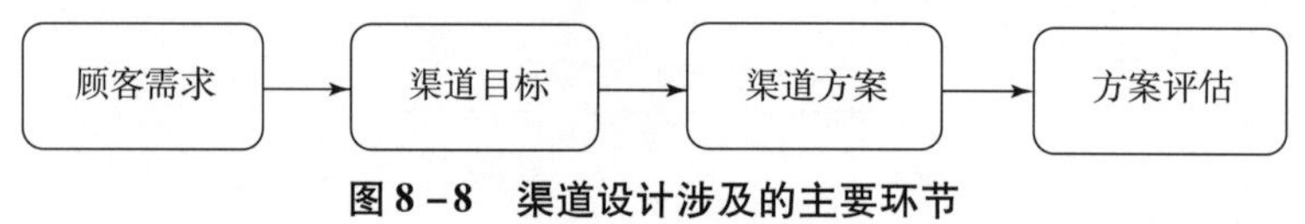

图8－8 渠道设计涉及的主要环节

（1）分析顾客需求。

顾客会从产品种类、价格、便利程度等多方面出发，选择喜欢的购物渠道。顾客关注的主要渠道服务有：

①批量大小：渠道允许顾客一次购买的单位数量；

②等候和交付时间：顾客等待收到货物的平均时间；

③空间便利：渠道为顾客购买产品所提供的方便程度；

④产品多样性：渠道提供的商品品种的宽度；

⑤服务支持：渠道可以提供的诸如信贷、交货、安装、维修等附加服务。

（2）确定渠道目标。

分销目标的设定是在企业整体营销目标架构之下完成的。作为联系生产企业与消费者的通道与纽带，销售渠道可以被认为是一个顾客价值的传递系统，在这个系统里，每一个渠道成员都要为顾客增加价值。一家企业的成功不仅依赖它自己的行动，而且依赖它的整个分销渠道与其他竞争对手的分销渠道进行竞争的状况。

营销者可以用服务产出水平、相关的成本和支持水平来描述渠道目标。在竞争情况下，渠道成员应该对其功能任务进行安排，使得降低费用的同时提供顾客希望达到的服务产出水平。

渠道目标决策会受到经济环境的影响。当经济不景气时，生产者总是要求利用较短的渠道将其产品送入市场，并且会要求减少会提高产品最终交易价格的非必要的服务。

渠道目标因产品特性的不同而不同。体积庞大的产品，要求采用运输距离最短、搬运次数最少的渠道布局；非标准化的产品，可由公司销售代表直接销售；需要安装或长期维护服务的产品，通常由公司或特许经销商销售和维护；单位价值高的商品，一般由公司人员销售，很少通过中间商。

（3）确定渠道方案。

①确定渠道模式。

要决定采取什么类型的分销渠道，决定是派推销人员上门推销或以其他方式自销，还是通过中间商分销。如果决定通过中间商分销，还要进一步决定选用什么类型和规模的中间商。

一般而言，传统常见的渠道模式有经销商模式、合作模式、配送模式以及直销模式。在经销模式下，经销商承担渠道运营和管理的主要工作，也包括零售终端的开发和管控；合作模式则是由企业直接管理零售终端的前线工作，而经销商依然负责客户开发、合同谈判、调配货物和终端收款等渠道运营环节；在配送模式下，企业更进一步直接负责客户开发、合同谈判和终端维护等工作，经销商退化为“配送商”；在直销模式下，企业不仅直接管理零售终端还负责分销配送，不再需要作为中间环节的经销商。以上四种渠道模式各有利弊及适用领域。

②确定渠道的长短和宽度。

确定渠道长短需要考虑产品的价格构成、体积和重量、生命周期、物理性能、技术性能要求等，企业自身的规模、实力、声誉，潜在客户情况，市场面的分布，销量的大小以及市场的季节等因素，都会影响到企业选择渠道的长短。渠道宽度包括采取密集性分销、独家分销以及选择性分销三种不同的策略选择。总之，企业综合考虑各种因素，设计出合理的渠道长度和宽度，以使分销渠道最方便自己开拓市场，最及时将产品送到客户手中，并扩大产品的市场占有率。

③规定渠道成员的权利和责任。

企业还要规定各种类型的中间商所具有的权利和应该承担的责任。如对不同地区、不同类型的中间商和不同的购买量给予不同的价格折扣，提供质量保证和跌价保证，以促使中间商积极进货。还要规定交货和结算条件，以及规定彼此为对方提供哪些服务，如生产方提供零配件、代培技术人员、协助促销，经销方提供市场信息和各种业务统计资料等。

（4）评估渠道方案。

一般可以按照经济性、可控性以及适应性对渠道方案进行评估，如表 8－5 所示。

表 8－5　渠道方案评估标准

指标	要求
经济性	比较每个方案可能达到的销售额及费用水平
可控性	采用中间商可控性小，企业直接销售可控性大；分销渠道长，可控性难度大，渠道短可控性较容易。要全面比较、权衡
适应性	渠道是否具有地区、时间、中间商等适应性，并能够根据环境的变化灵活进行调整

8.2.2　渠道成员管理

（1）选择渠道成员。

在选择中间商的时候，企业应当明确具有哪些特质才是好的合作伙伴。可以参考的选择标准如表 8－6 所示。

表 8－6　渠道成员选择标准

提出者	考察指标
菲利普 · R. 凯特奥特	成本（Cost）、资本（Capital）、控制（Control）、覆盖面（Coverage）、特性（Character）、连续性（Continuity）

续表

提出者	考察指标
罗杰·潘格勒姆	信用和财务、销售能力、产品线、声誉、市场覆盖范围、销售绩效、管理的连续性、管理能力、态度、规模
李飞（清华大学）	产品组合（类别、品牌档次）、销售实力（销售队伍、销售业绩、市场覆盖）、财务实力（财务状况、信用）、管理效率（战略发展、组织绩效、领导稳定性）、公司文化（理念、声誉）

（2）激励渠道成员。

一旦选定渠道成员，企业就需要不断地管理和激励它们发挥最大潜力。大多数企业将中间商视为首要的客户和伙伴。它们通过有效的伙伴关系管理与渠道成员形成长期的伙伴关系，从而建立起可以同时满足企业和营销伙伴需求的价值传递系统。

对渠道成员的激励可以考虑从目标、运行以及工作设计三个视角采取有针对性的激励措施，如图8-9所示。

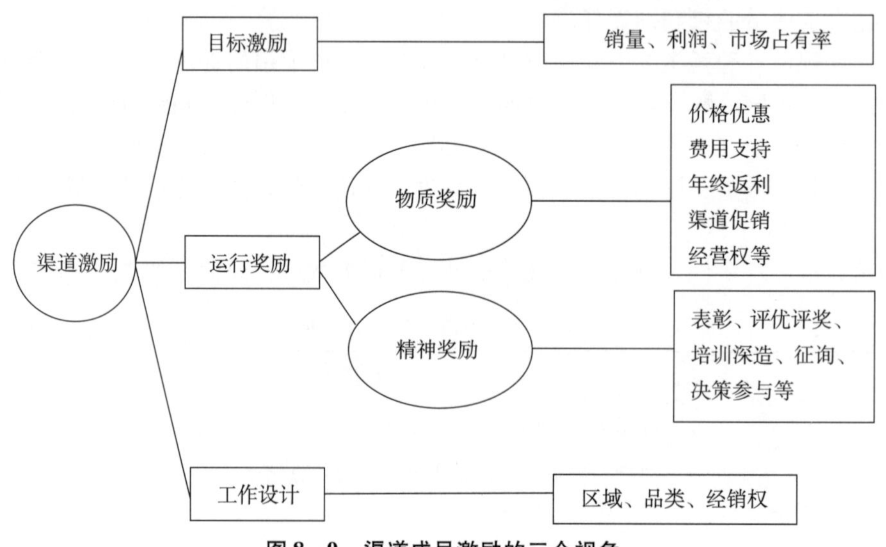

图8-9　渠道成员激励的三个视角

对渠道成员的目标激励，包括帮助其提高分销产品的销售量和市场占有率，以及给予相应促销费用投入的资助等；在渠道运行中，可持续加强对渠道成员的物质奖励和精神奖励；对渠道成员的工作设计激励，包括科学划定分销区域、分销产品的行业领域、产品品类品牌、经销的具体权利等。

（3）评估渠道成员。

生产者必须定期地、客观地评估渠道成员的绩效。常见的评估指标如表8-7所示。

表8-7　渠道成员评估指标

指标	要求
销售绩效	对经销或代理产品的市场销售量、销售范围、市场增长率等进行评估
财务绩效	对经销或代理产品的销售额、利润、资金投入与产出效益等进行评估

续表

指标	要求
竞争能力	评估相对于竞争对手的合作伙伴，渠道成员的差异化竞争优势和能力
合作能力	评估渠道成员的合作态度，工作的主动性、积极性，沟通交流与团队合作精神
应变能力	对环境变化的适应性、应对变化的灵活性以及对工作的创新能力
发展能力	领导者的综合素质与能力、管理的稳定性、公司优秀管理文化的可持续
客户满意	服务客户的满意程度、维系客户关系措施的有效性以及客户关系管理的水平

基于对渠道成员的绩效评估结果，对渠道成员保留、撤换、变动、增减等进行决策，以保证分销商队伍的质量和分销系统的有效运行。

8.2.3 渠道冲突管理

（1）认识渠道冲突的特性。

渠道冲突是指某渠道成员从事的活动阻碍或者不利于本组织实现自身的目标，进而发生的种种矛盾和纠纷。渠道冲突的类型主要有以下三种：①水平渠道冲突，指存在于渠道同一层次的成员之间的冲突；②垂直渠道冲突，指同一渠道中不同层次之间的冲突；③多渠道冲突，指在两种或两种以上渠道形式向同一个市场分销商品时所发生的冲突。

渠道冲突的危害是：各种矛盾和纠纷会造成渠道组织的内耗，增大组织管理和运行的成本；破坏渠道体系的协调性和良性运作，严重的冲突甚至会造成整个渠道体系的崩溃，从而导致产品分销链条的中断。因此，加强对渠道冲突的预防和管理十分重要。

（2）导致渠道冲突的一般原因。

①价格差异。各级批发价的价差常是渠道冲突的诱因。制造者常抱怨分销商的销售价格过高或过低，从而影响其产品形象与定位。而分销商则抱怨给自己的折扣过低而无利可图。

②存货水平。制造商和分销商为了自身的经济效益，都希望把存货水平控制在最低。而存货水平过低可能会导致分销商无法及时向用户提供产品而引起销售损失，甚至使用户转向竞争者；同时，分销商的低存货水平往往会导致制造商的高存货水平，从而影响制造商的经济效益；此外，存货过多还会产生产品过时的风险。因此，存货水平容易导致渠道冲突发生。

③来自大客户的威胁。制造商与分销商之间存在着的持续不断的矛盾的来源，是制造商与最终用户建立直接购销关系，这些直接用户通常是大用户，是厂家宁愿直接交易而把余下的市场领域交给渠道中间商的客户（通常是因为其购买量大或有特殊的服务要求）。由于工业品市场需求的 80/20 规则非常明显，分销商担心其大客户直接向制造商购买而威胁其生存。

④付款和资金占用。制造商希望分销商先付款、再发货，而分销商则希望能先发货、后付款。尤其是在市场需求不确定的情况下，分销商希望采用代销等方式，即货卖出去后再付款。而这种方式增加了制造商的资金占用，加大了其财务费用支出。

⑤技术咨询与服务问题。分销商不能提供良好的技术咨询和服务，常被制造商作为采用直接销售方式的重要理由。对某些用户来说，甚至一些技术标准比较固定的产品，仍需要通

过技术咨询来选择最适合其产品性能的产品以满足生产过程的需要。

⑥经营竞争对手产品。制造商显然不希望他的分销商同时经营竞争企业同样的产品线。尤其在当前的工业品市场上，用户对品牌的忠诚度并不高，经营第二产品线会给制造商带来较大的竞争压力。分销商常常希望经营第二甚至第三产品线，以扩大其经营规模，并免受制造商的控制。

（3）渠道冲突的防范。

①树立共同目标。共同目标的内容包括长期战略、愿景规划以及对渠道生存、市场份额、高品质、客户满意等方面的要求等。以此激励渠道成员，使渠道成员之间通力合作，提高对渠道的整体满意度，最终给厂商以及渠道成员带来效益。这一策略尤其在市场不景气、渠道成员士气低落的情况下会有良好的效果。

②激励。渠道激励和渠道绩效呈现显著正相关，良好的激励会增加渠道成员的满意度，而渠道成员的高满意度将会带来渠道绩效的显著提高。激励的策略包括财务信誉额度、促销支持、折扣、培训支持、扩大权限、终端奖励等。

③利益共享。在一个渠道系统中，如果一部分渠道成员的利益没有被顾及或者受到损害，势必引起不利的渠道冲突。因此，建立一个利益共享机制，使各方利益合理均衡，能够保证渠道系统的稳定性。

④优化渠道。可以采用以下两种方法：一是进行渠道整合。制造商可以通过对自己渠道的模式、关系以及渠道的运作方式进行重新观察、分析和判断，将渠道组织进行再次组合与优化，以带来渠道整体组织运行效率的提高，从而使渠道组织能更好地适应环境，促进合作。二是推进渠道扁平化。通过减少营销渠道的层级、增加渠道宽度来达到使渠道组织优化和提高渠道绩效的目的。

⑤建立合理的价格管理体系。合理的价格管理体系主要是预防窜货行为的发生。价格是影响产品销售的主要因素，是最有效地调节市场、调节分销商关系的杠杆。建立一套灵活有效的销售价格体系不仅有利于产品的销售、激发分销商的积极性，也是防范窜货的有力手段。

⑥建立战略联盟。战略联盟是指两个以上的渠道成员通过签订合作协议组成一个共同承担风险、分享利益的联盟。由于其主要表现在与分销商之间的合作，所以也叫产销联盟。这样的联盟是渠道策略的一种形式。它是一种契约行为，有很强的约束力，它从各方的长远利益出发，使制造商和分销商之间建立起良好的合作与信任关系。

8.2.4 物流管理

物流管理是指社会在生产过程中，根据物质资料实体流动的规律，应用管理的基本原理和科学方法，对物流活动进行计划、组织、指挥、协调、控制和监督，使各项物流活动实现最佳的协调与配合，以降低物流成本，提高物流效率和经济效益。物流管理是保证企业生产经营持续进行的必要条件。企业的生产经营活动，表现为物质资料的流入、转化、流出过程，一旦某一环节不能及时获取所需物资，企业正常的经营活动秩序将被扰乱。企业分销中物流管理主要包括物流模式的选择以及仓储、运输等过程的管理。

（1）物流模式。

①自营物流。自营物流指企业自身经营物流业务，建设全资或是控股物流子公司，完成

企业物流配送业务，即企业自己建立一套物流体系。自营物流有利于企业掌握控制权，可以利用企业原有的资源，降低交易成本，避免商业秘密泄露，提高企业品牌价值，推进客户关系管理。

②第三方物流。第三方物流指企业将一部分或者全部物流活动委托给外部的专业物流公司来完成。采用第三方物流有利于企业集中精力于核心业务；灵活运用新技术，实现“以信息换库存”，降低成本；减少固定资产投资；提供灵活多样的顾客服务。

③物流联盟。物流联盟指物流服务的当事人在物流服务方面选择少数稳定且有较多业务往来物流公司，通过契约形成长期互利互惠、优势互补、要素双向或是多向流动、相互信任、共担风险、共享收益的物流伙伴关系，是一种战略联盟形式。这种物流模式可以降低成本，减少投资，降低风险和不确定性；有利于企业获得一定的物流技术及相应的管理技术；有利于发挥渠道优势，提高利润水平；有利于拓展经营领域，提高服务水平，提升企业形象。

选择物流模式需要考虑企业对物流的管理能力、企业对物流控制力的要求、企业产品自身的物流特点以及企业规模实力等因素，尽可能实现以最低的总成本达到既定的客户服务水平。

【案例启迪】　钱大妈公司的生鲜配送模式

钱大妈公司成立于2012年，以“不卖隔夜肉”作为卖点，开创了全新的“日清”生鲜销售模式和“定时打折”清货机制，发展非常迅速。截至2021年2月，钱大妈已经在全国二十多个城市开设门店3 000多家，经营的商品从水果、蔬菜、肉、蛋、奶类、水产到加工食品、综合标品等生鲜，品类非常丰富。钱大妈的物流配送主要有以下三种模式。

（1）送货上门模式（见图1）。

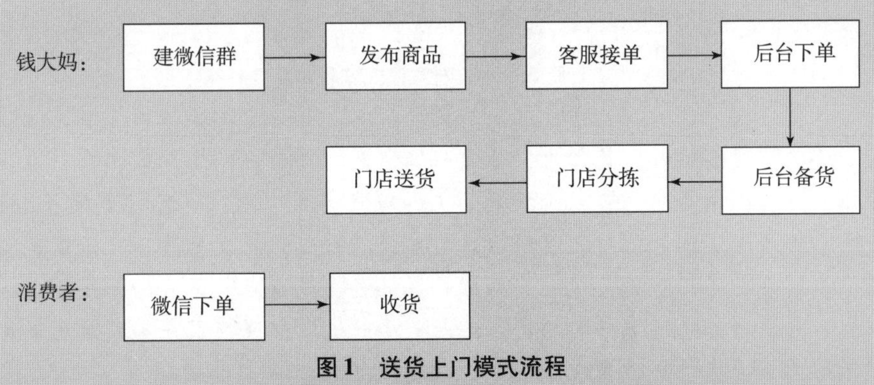

图1　送货上门模式流程

开店初期，为吸引客流，建立忠诚客户群，钱大妈门店会加大人工投入，实行送货上门方式。首先要组建多个客户会员微信群，每个微信群都接近五百人。客户提前一天在微信群下单，注明手机号与地址，客服接单以后，在钱大妈后台进行下单，第二天上午11点前送达客户手中。

（2）门店自提模式（见图2）。

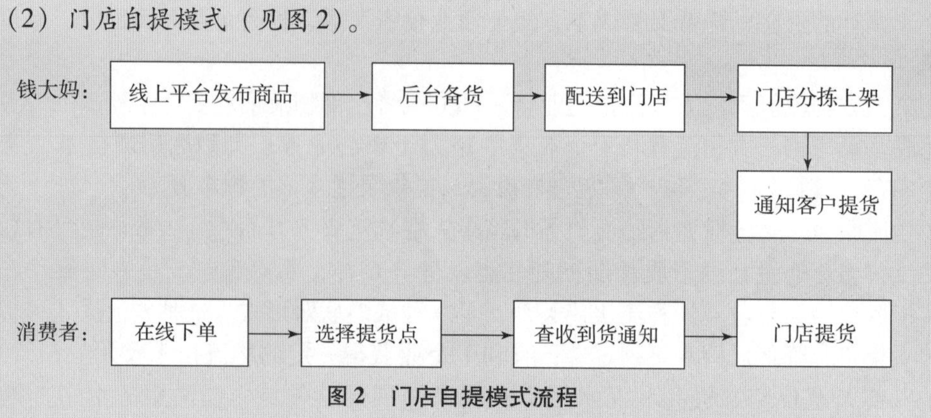

图2　门店自提模式流程

钱大妈在2019年推出微信小程序“钱大妈精选商城”，消费者在商城上提前一天下单，选择离所居住社区最近的门店作为提货地址，然后在第二天14点以后去门店自提。钱大妈精选商城上经常有不同的促销产品，价格非常优惠，对消费者吸引力大，提高了门店的销量。门店在适当位置放置自提货架，一般会把货架摆放在离店门口比较近的位置，方便消费者一进门就能识别并快速取货。店员把消费者预订的货物摆在货架上，当消费者去门店自提时，店员在现场进行分拣出货，对小程序上的订单进行核销完成取货。

（3）外卖到家（1小时达）模式（见图3）。

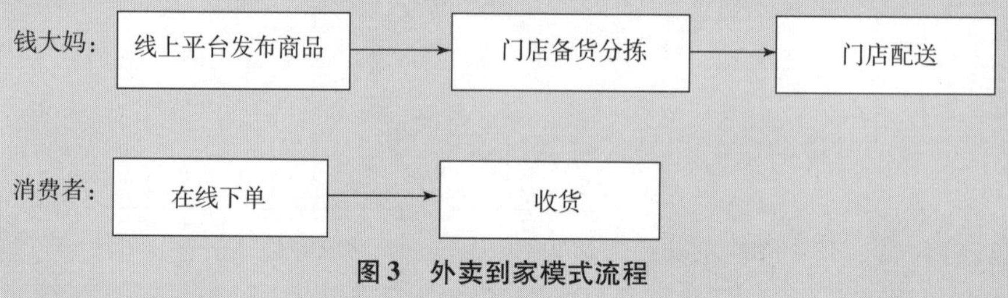

图3　外卖到家模式流程

为了响应消费者临时买菜需求，钱大妈商城之后又推出外卖到家模式，在钱大妈商城推出的外卖到家页面，可以选择页面上的现货商品下单，单笔订单收取运费5.5元，下单后1小时送达家门口。这种模式与前面两种模式的主要区别在于改预订买菜为临时送菜，条件是门店要有现货，所以购买品种比较有限；另外因为每单5.5元运费的收取，并没有很受消费者的欢迎。但是一小时达的配送模式一定程度上满足了部分懒于出门的消费者的临时需求。

（2）仓储决策。

仓储决策必须对每种产品的年销售量、市场需求量以及产品的重量、体积和包装进行分析，仓储决策的目标是实现储存、运输总费用最低且储存质量较高。仓储决策主要包括以下内容：

①仓库类型。是自建仓库还是租用仓库，主要取决于两者的费用比较，需要结合待储存商品的规模和时间，通过损益平衡分析法来选择。

②仓库选址。仓库接近消费地能更好地满足顾客需要，但运输成本会相应提高，同时产品容易过时；接近产地有利于节约运输成本，并可按顾客要求的品种与规格供货，但供货时间难以保证。

③仓库数目。仓库数目多，就意味着能够较快将货物送达顾客处，但是，仓储成本也将增加，因此数目必须在顾客服务水平和分销成本之间取得平衡。

④存货水平。存货水平的高低与顾客的需求量密切相关。存货水平太低，可能造成脱销，不能满足顾客的需求和中断供应；存货水平太高又会增加成本，降低经济效益。因此，为了保持适当的存货水平要确定两个问题：一是进货量，二是进货点。

进货量是指企业每次进货的数量。在任何情况下，企业的进货量都会遇到两个相互矛盾的因素，即进货费用和存储费用。若进货数量少，则进货次数多，进货成本高，而存储成本低；若进货数量多，则进货次数少，订货成本低，而存储成本高。要使总费用最少，需要通过科学的方法计算最佳订货批量。

存货水平随着不断的销售而下降，当降低到一定数量时，就需要再进货，这个需要再进货的存量就称为进货点。进货点的确定要考虑办理进货手续的繁简、运输时间的长短、是否容易发生意外情况等。总的原则是：既要保证企业的销售需求，又不至于因存货增多而导致存储费用加大。实际上，进货点是确定仓库的进货时间，亦即确定采购时间的库存量。据此进货，可保证销售产品的采购不早不晚，供应不中断，库存不积压。

（3）运输决策。

运输的作用是实现商品的空间转移，是物流的核心。服务水平、成本是影响企业运输决策的主要因素。高服务水平必然带来高费用，企业要在权衡好运输成本和用户服务水平之间的相互关系后，才能满足用户的进一步要求。运输决策主要包括运输方式、运输路线的选择。

①运输方式。主要的运输方式有管道、水运、铁路、公路和空运五种。企业根据对送货速度、频率、可靠性、运载能力和成本的考虑及不同运输方式的可用性做出选择。

a）管道。天然气和石油一般使用管道运输，其特点是运量大、速度快、损耗小、连续性强，是一种低成本的运输方式。

b）水运。水运又分为内河驳船运输、近海运输和远洋运输。水运适合于笨重的非易腐商品，如煤、铁矿石、谷物、杂货、机械等。水运的特点是运量大、运费低，但航期较长，并受地理位置影响。

c）铁路。铁路适于运距长、批量大、单位价值较低的笨重货物。铁路运输在世界上大多数国家，特别是幅员辽阔的国家仍承担着主要的货运任务。

d）公路。公路运输的主要优点是灵活、迅速、适应面广。水运和铁路运输最终都要倒装，而公路运输能够实现“门对门”供货，减少了装卸次数和损耗，特别适于中、小批量商品近距离运输。一般来说，公路运输费用较高，要与铁路运输作费用—运距比较后才能确定。不过，高速公路网的发展，为公路运输创造了更多更好的机会。

e）空运。空运是速度最快、费用最高的运输方式。一般来说，只有高价值、易腐产品或精密产品才采用航空运输。不过，航空运输迅速可靠，能为顾客提供良好服务，降低销售地存货，有助于提高企业抢占市场的竞争力。选择运输方式时主要根据用户对运输成本、时间、可靠性、可用性和运输能力几方面的需要确定。

②选择运输路线。选择合理的运输路线对于产品流通范围广、用户分散的企业具有重要意义，在区域内短途、多用户的频繁“配送”业务方面更是一项重要决策。选择运输路线的原则：一是应保证把货物运抵顾客处的时间最短，二是应能减少总的运输里程，三是应首先保证重要用户得到较好的服务。具体确定运输路线时常常运用线性规划等数学方法。

【营销新视野】菜鸟物流实现全链路减碳

8.3 渠道变革趋势

8.3.1 全渠道零售

（1）全渠道零售的内涵。

全渠道零售是从单渠道（Mono－Channel）到多渠道（Multi－Channel），再到跨渠道（Cross－Channel），最后到全渠道的演化结果。总体的大致发展可以概括为五种：2000 年以前的单渠道，是传统实体店铺模式；2001—2009 年的多渠道零售，表现为实体店铺＋互联网电商模式；2010—2013 年的跨渠道零售，表现为实体店铺＋互联网电商＋移动电商模式；2014—2015 年的全渠道零售，表现为多种渠道互通，满足顾客购物的综合体验；而从 2016 年至今发展为新零售，带来了多种渠道的线上服务、线下体验以及现代物流深度融合的综合体验。零售渠道变革的路线如图 8－10 所示。

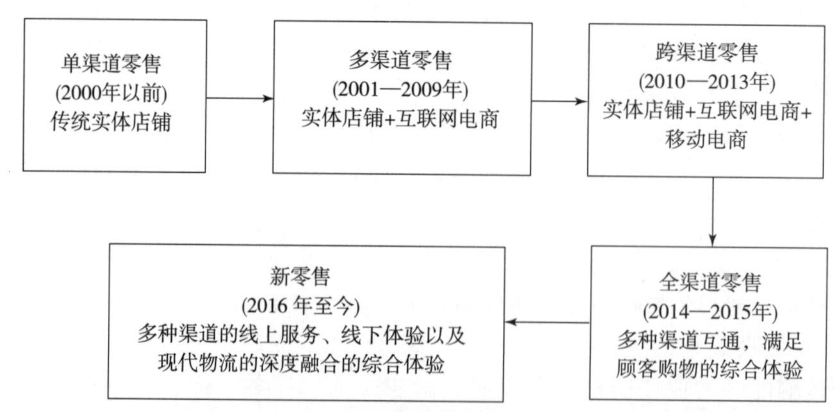

图 8－10　零售渠道变革的路线

具体而言，全渠道零售是指企业采取尽可能多的零售渠道类型进行组合和整合（跨渠道）销售的行为，以满足顾客购物、娱乐和社交的综合体验需求。这些渠道类型包括有形店铺（实体店铺、服务网点）和无形店铺（上门直销、直邮和目录、电话购物、电视商场、网店、手机商店），以及信息媒体（网站、呼叫中心、社交媒体、Email、微博、微信）等。全渠道零售有两个突出特点：第一，全渠道指零售企业采取尽可能多的渠道，而非全部渠道；第二，全渠道模式下各渠道通过共同为消费者提供无缝隙体验，满足消费者个性化的需求。

技术的发展和进步、网络渠道的崛起以及消费者购买习惯的变化是全渠道零售发展的主要推动力量。

【案例启迪】优衣库形成了三大渠道构成的现代分销系统

【知识拓展】　消费者全渠道购物的接触点和决策过程

（1）消费者全渠道零售接触点（见下表）。

所谓的接触点是指组织和最终用户之间的沟通，这些接触点可以是基于交易性或基于关系性的，也可以是实体的或数字的，消费者可在购物过程中与这些接触点进行互动。通信技术的迅速发展极大地增加了消费者在任何时间任何地点选择品牌的机会，消费者使用零售商开发的接触点越来越多，渠道使用能力也在逐步增强，他们更喜欢能够基于他们的预期提供最高价值的接触点，如确定最佳信息、高效率地比价、准确评估产品、最便利地获得订单以及那些最能适应他们特定购物体验要求的接触点，如移动购物、礼品购买等。渠道沟通是消费者全渠道零售选择的首要环节，企业营销的关键在于找准接触点。

消费者全渠道零售接触点选择

类型	具体接触点
间接接触点（个人不可与品牌方面对面交流）	传统广告媒体
	无人店铺
	直接邮寄
	电子邮件
	电话
	商品目录
	网络平台
	社交媒体
	付费搜索
	移动平台

续表

类型	具体接触点
直接接触点（个人可以与品牌方面对面交流）	专业销售团队
	实体店铺
	数字聊天/会议
	会展展览
	实体店退货
	上门服务

（2）消费者全渠道零售接触过程。

在全渠道系统中，消费者可以轻易地从一个销售渠道切换到另一个以往具有购物经历的渠道，产品搜索时在一个渠道中完成（如制造商的网站），通过另一个渠道完成订货（如在线零售商），最后由第三种渠道完成产品交付（如送货上门），这能保证消费者跨渠道决策过程最大的信息可得性、可见性和一致性。全渠道零售打破了消费者品牌接触点的壁垒，渠道决策过程更复杂，如下图所示。

		需求识别 →	信息搜索 →	方案评估 →	购买决策 →	购后行为
线下渠道	实体店铺	√	√	√	√	√
	会展展览	+	+	+	+	+
	上门推销	…	…	…	…	…
	邮寄	□	□	□	□	□
	商品目录	*	*	*	*	*
线上渠道	门户网站	×	×	×	×	×
	网购平台	–	–	–	–	–
	电子邮件	☆	☆	☆	☆	☆
	社交媒体	▽	▽	▽	▽	▽
移动渠道	掌上电脑	#	#	#	#	#
	智能手机	0	0	0	0	0
	POS机	·	·	·	·	·

注：图中箭头线表示一个消费者在产品购买过程中，通过选择不同的销售渠道来满足不同的购买功能需求。

资料来源于相关文献整理。

消费者全渠道零售决策过程的实现

（2）全渠道管理。

全渠道时代，零售商和制造商管理渠道的难度进一步加大。全渠道模式下，消费者可通过先访问实体展厅收集信息然后进行线上购物，或选择先访问网络展厅然后在线下进行购物。其中，虽然充当展厅角色的成员没有直接获得订单，但是却为其他渠道成员的商品流通发挥了作用。对此，零售商和制造商在全渠道管理中要特别关注发挥展厅作用的成员。从制造商角度分析，零售商是否为制造商发挥了展厅作用，如果具有展厅作用，那么制造商应该鼓励零售商继续开展展厅行为。从零售商角度出发，若实体店或线上零售商发挥了展厅的作用，也应给予奖励。零售商和制造商的相互管理如图 8－11 所示。

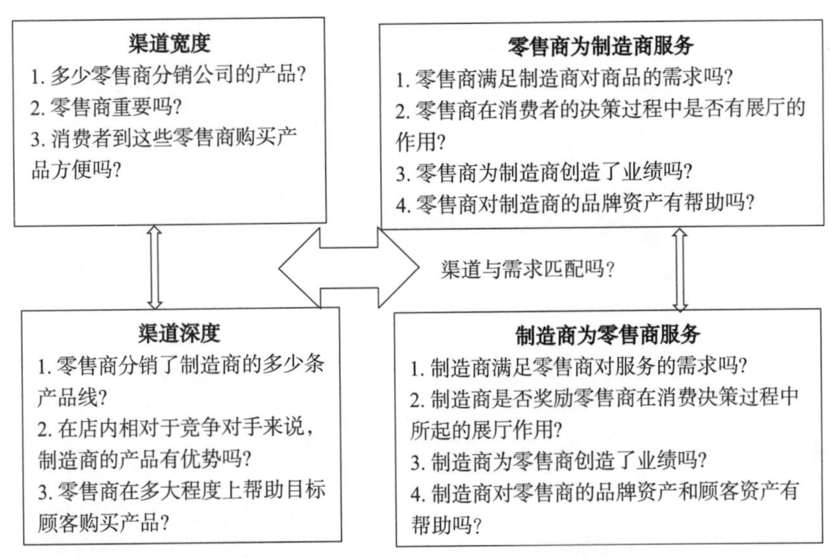

图 8－11　零售商和制造商的相互管理

对于制造商和零售商来说，分销渠道的结构是影响企业绩效的重要因素，但是两者视角存在差异。从制造商角度出发，其更关注自己的品牌，并关注零售商为自己所做的贡献；从零售商角度出发，其会关注自己经营的产品品类，并更关注制造商品牌对利润所做的贡献。因此，由于二者立场不同，则必然会导致利益冲突出现。对此，平衡好制造商和零售商的利益，是全渠道零售运作要重视解决的问题。

【案例启迪】盒马鲜生的全渠道整合

8.3.2　新零售模式

（1）新零售的内涵及其特点。

新零售的基本理念主要包含三个方面：

①以消费者为核心。强调消费者需求在零售业各个环节的重要性，通过技术的革新及数据的联通，实现消费体验升级。

②数据技术驱动。此次新零售的转型升级是数据技术驱动的行业重构，通过技术的创新及对数据的挖掘，实现多渠道、全供应链的优化，提升零售效率。

③全渠道深度融合。通过线上、线下及物流的深度融合，提升物流、客流、资金流效

率，为消费者提供更全面、实时、周到的服务体验。

新零售是零售本质的回归，是以消费者需求为核心的消费体验升级，是通过数据的驱动和技术的革新，以泛零售和全渠道的形态，为消费者提供集购物、娱乐、社交多维一体的综合零售业态。新零售涉及的关键要素如图8－12所示。

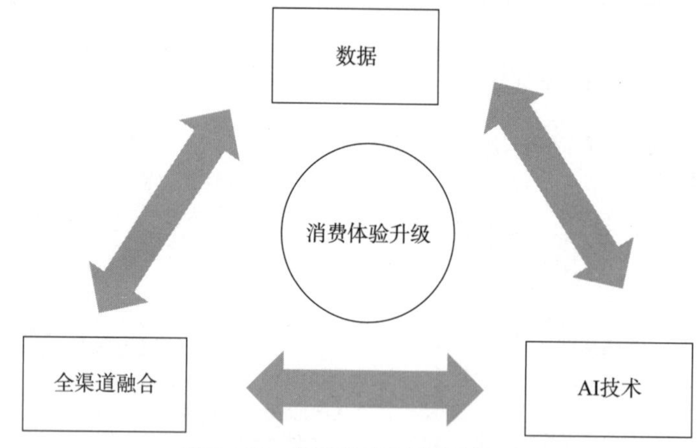

图8－12　新零售涉及的关键要素

新零售是零售行业在发展到一定阶段，与信息技术相结合而产生的新的零售业态，因此，与传统零售在本质上有着许多共同点。

【知识拓展】　新零售与传统零售的关系

新零售是在传统零售基础上发展而来的，实际上是为解决传统零售中的痛点和困境而产生的新的零售业态。二者存在明显的区别（见下表）。

传统零售与新零售的区别

区别项	传统零售	新零售
商业内涵	以产品为本	以消费者需求为本
渠道布局	单一渠道、多渠道	各个渠道协同运营——全渠道
购物场景	单一、同质化	无界化、多样化
消费方式	时间、地点限制，大众化产品	无时间、地点限制，个性化产品
技术作用	提升经营效率的工具	融入商品设计、营销、物流、交易等全过程

首先，传统零售的经营目标是利润最大化，因此，在这一过程中可能会忽略与消费者之间的联系，从而难以形成忠诚的消费群体；而新零售则是从消费者的需求出发，通过产品和购物场景的改进，提升消费者在购前、购中和购后的体验，从而与消费者建立长期稳定的联系。

其次，传统零售系统的物流配送系统大多是生产推动的供应链系统，产业链在应对多元的消费需求方面灵活性不足；而新零售情境下，通过借助云计算、大数据及物联网等技术，极大地促进了物流体系的效率，强调信息流与物流的结合，同时，也使得供应链系统能够对消费者的需求做出更加迅速、及时的反馈。

具体来说，新零售就是要以线上零售带动传统的线下零售，并且将互联网的发展思维融入实体零售的发展中，实现线上和线下的融合，从而使整个零售行业获得新的增长点。

第一，“体验式”将成为新零售时代塑造零售场景的基础。

随着我国居民可支配收入的不断增加和物质产品不断丰富，零售业中消费者的主导权也不断提升，人们的消费观念也从价格消费向价值消费转变。因此，消费者在购物的过程中不再仅仅关注产品本身，还将关注整个购物过程的体验，甚至购物体验将成为影响消费者购买决策的关键因素。在实际的零售场景中，线下渠道是消费者能够获取产品信息的重要渠道，而新零售“体验式”的特点就是将消费者线上购物的便利性与线下购物的体验性有机地融合，通过丰富线上线下渠道的购物场景，提升消费者在购前、购中以及购后的全过程体验。

第二，“智能化”是技术革新背景下零售业态发展的必然趋势。

新零售商业模式产生的原因和存在的基础，是人们对购物要求的提升，消费者希望能够在消费的过程中获得便利化、个性化、互动化和即时化的体验。而满足消费者这一系列需求便需要依赖于零售行业“智能化”的变革，通过人工智能技术的引入，使得消费者购物的场景能够兼具便利性、娱乐性甚至社交性。目前，自主结算、虚拟助理、无人物流、VR试装等技术已经可以达到商用的阶段，可以预见，在未来零售业智能化的改造将进一步深化，为消费者提供更加丰富的消费场景。

第三，“无界化”运营进一步打通线上线下渠道壁垒。

在新零售的背景下，零售企业需要进一步推动线上线下渠道的融合，实现“全渠道”的经营。消费者的购买决策包括信息搜索、选择、购买、购后评价等一系列决策过程，而这一过程的每一个环节消费者都可能在多个渠道间实现渠道的迁移和转换；因此，零售商需要通过多渠道的融合，使消费者在购物的全过程都能获得流畅、便利的体验，从而使消费者能够保留在零售商的渠道当中，增强了消费者与零售企业的联系，同时，也增强了消费者的忠诚度。同时，依托零售商的“全渠道”运营模式，消费者便可以在任何时间、任何地点以最便利的方式进行购物，也将带来购物方式的变革。

【案例启迪】 优衣库联动线上线下形成双线闭环

（1）门店购物，引流线上。

在门店内设有引导POP（售点广告），上面有掌上旗舰店二维码、官方网址及App提示。提示入店顾客可以根据指示在线上购买，在门店内联动线上扫码购，通过扫描商品吊牌的条形码，便可以获得相关库存信息，了解商品详情与搭配，适用于多个场景。例如，用户在选购商品时没有想要的颜色及尺码可直接在线上下单；想了解更多商品信息及时尚搭配时；对选中商品犹豫不决，想看到更多用户评价时；门店选好商品但不想提着回家，可以用此购物方式让商品快递至家中。由此将门店顾客引流至线上消费，顾客可以获得更好的体验。门店员工会引导顾客进行扫码购物，方便快捷，并鼓励顾客加入优衣库会员，领取电子会员卡，将线上线下顾客通过会员制进行整合，有助于大数据统计，可以绘制更精确的顾客画像。

（2）网店下单，导流线下。

优衣库在线上也不断进行新尝试，线上发放仅供门店使用的优惠券，将用户二次引流至线下，线上线下联动导流。通过掌上旗舰店，用户可以实现一键随心购，实现“即看即买、立即下单、选购分享”。在掌上旗舰店中，优衣库不仅打通线上线下库存，也打造了多个实用的场景。

（3）门店自提。

用户在线上购买时点击门店自提开关按钮，系统会默认选择离收货地址最近的门店，也可以选择更多其他门店，提交订单并完成支付，之后会收到门店的取货码。提货时如果不合适也可以现场退换货，还能够在门店挑选其他搭配商品，保证购物过程快捷简便，节省优衣库物流费用的同时也减少用户邮费的支出，使用户获得最好的购物体验。

（4）门店直送。

用户线上购买也可选择附近的门店急送，如顺丰直送，一小时内发货，以最快速度送至家门口，适用于用户的应急场景，让买衣服变成像点外卖一样简单轻松，用户在获得好的消费体验后会再次走进实体门店。

优衣库“双线导流”模式如下图所示。

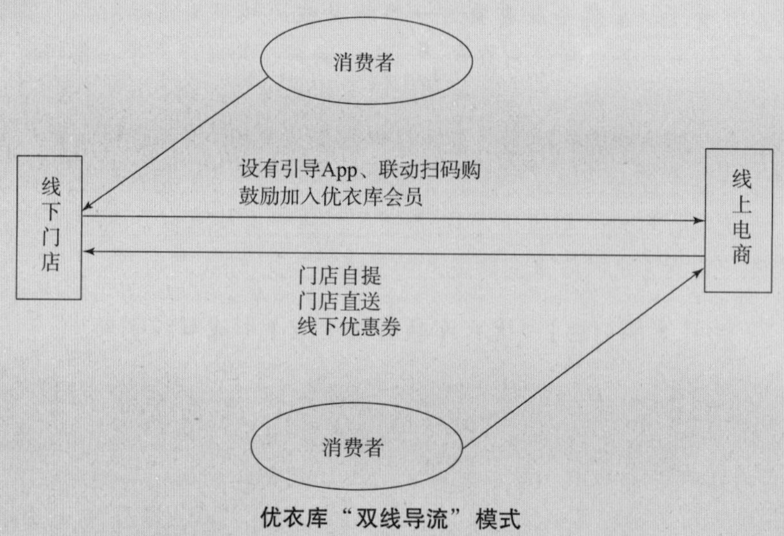

优衣库“双线导流”模式

（5）线上AR虚拟试衣。

用户进入优衣库官方App——“优衣库搭配师”中，可以选择自身体型特征，输入身高、体重、肩宽等身形数据，系统自动生成虚拟模特，用户搭配好心仪的服装，通过虚拟模特便能看到最终效果，还能够进行360°调整。选中的服饰可以直接下单，也可以搭配好后进入门店直接试穿，节省挑衣时间。在天猫旗舰店中也上线试搭间功能，用户可以进行自主搭配，满足不同穿搭需求，于优衣库而言也会提高单价与点数，最终带动营业额的增长。

（2）新零售产生的动因。

从历史演变的视角来看，零售行业的业态一直处于变革、更迭的周期当中。而新零售作为目前零售行业的新兴业态，无论对于原本单纯的线上电子商务平台还是线下实体店铺都是巨大的变革，将原本分离的渠道和供应链体系进行整合，从而构成一种新的零售生态。从现实的发展来看，必然存在推动零售业态不断发展的内部及外部动因。

①外部动因。在经历了多年的高速发展之后，中国由于互联网和移动端用户高速增长带来的传统电商发展的红利已经逐渐萎缩，电子商务发展面临明显的增长瓶颈。全国网络零售额增速放缓、电商类型趋同、获客成本提升等一系列因素驱使零售行业探寻新的出路，而变革的方向也必然回归行业发展的本质，即满足消费者个性化的需求。因此，借助信息技术的发展，以满足消费者多样性、个性化、即时性需求为目标的新零售业态便成为零售行业的发展方向。

②内部动因。虽然中国目前电子商务已经发展较为成熟，但是由于传统线上渠道本身在消费者体验方面的弱势，线上渠道所能实现的行业贡献始终有限。相对于线下渠道能够为消费者提供可触性、可视性、可感性等直观的感官属性，线上电子商务却没有办法为消费者提供良好的购物体验；但同时线下渠道的便利性、即时性方面的短板也是实体店铺所无法克服的。因此，随着零售行业的发展，线上线下深度融合的“全渠道”运营模式必然会取代原本单一、分离的经营模式，从而推动了新零售的发展。

8.3.3　绿色物流

1. 绿色物流的内涵及其特点

（1）绿色物流的概念。

根据中华人民共和国国家标准《物流术语》（GB/T 18354），绿色物流是指通过充分利用物流资源、采用先进的物流技术，合理规划和实施运输、储存、包装、装卸、搬运、流通加工、配送、信息处理等物流活动，降低物流活动对环境影响的过程。由以上界定可以看出，绿色物流概念不仅包含环境保护、资源充分利用的要求，也包含利用先进技术规划物流各环节，进而实现降本增效、高效衔接生产与消费、促进国民经济健康发展的目标。

从物流作业环节来看，绿色物流包括绿色包装、绿色加工、绿色运输、绿色仓储及绿色流通等；从物流管理过程来看，主要是从环境保护和节约资源的目标出发，改进物流体系，既要考虑正向物流环节的绿色化，又要考虑供应链上的逆向物流体系的绿色化。

【知识拓展】　认识逆向物流

逆向物流一般是指产品的废弃物从消费者手上流向生产制造企业的物流。1981 年，Lambert 和 Stock 认为逆向物流是正向物流的反向。美国逆向物流执行委员会主任 Rogers 和 Tibben Lembke 提出，逆向物流是为重新获取产品的价值或使其得到正确处置，产品从其消费地到来源地的移动过程。2001 年，美国物流管理协会认为，逆向物流是对原材料、加工库存品、产成品，从消费地到起始地的相关信息的高效率、低成本的流动而进行规划、实施和控制的过程。我国 2021 版《物流术语》国家标准中，将反向物流称为逆向物流，并指出其是物品从供应链下游向上游的运动所引发的物流活动。

（2）绿色物流的特点。

绿色物流作为新物流概念之一，其在行为主体、活动范围、理论基础和具体目标等方面拥有自身的显著特征。

①行为主体。传统物流的行为主体通常是物流企业自身，而绿色物流的行为主体还包括物流供应链上的供销商以及参与物流管理的政府和行政、监督部门等。

②活动范围。传统物流的活动范围多涉及采购、加工、包装、运输、存储等传统意义上的物流作业环节，而绿色物流的活动范围更加广泛，它还考虑了物流管理过程，并注重作业和管理的绿色化。

③理论基础。由于绿色物流融入了生态效益理念，故其理论基础也与生态经济学理论、可持续发展理论、生态伦理学理论等密切相关。

④具体目标。传统物流企业更关注公司经济利益的实现，往往忽视了对生态环境的保护，但绿色物流弥补了这一理念缺陷，其最终目标是达到经济利益、社会利益与生态利益三者的统一，从而促进企业的可持续发展。

2. 新时代绿色物流发展的意义

（1）增强国际竞争力的需要。

随着经济全球化的深入推进，我国许多物流企业在对外贸易领域发挥的作用越来越大，逐步打造成了国内和国际两个市场的同步发展格局。在经济全球化背景下，很多国家对环境保护的重视程度在不断提高，对物流的标准和要求也在不断变化，尤其是对破坏生态和影响环境的物流商品进行十分严格的控制，甚至是严厉的打击。物流企业应积极转变发展模式，打造符合国际标准的绿色物流模式，增强环境保护的意识和能力，以期在日益激烈的国际市场竞争中立得住、站得稳、走得远。

（2）实现可持续发展的需要。

可持续发展包括生态的可持续性、经济的可持续性和社会的可持续性三个方面。新时代绿色物流就是采取绿色化措施，强化生态效益、经济效益和社会效益的平衡，从而降低物流企业运营成本，提高竞争优势。物流发展只有遵循绿色原则，才能建构科学的物流体系、实现物流企业的稳定利益和强化竞争优势，从而实现可持续发展。

（3）创新物流发展模式的需要。

随着互联网、大数据、云计算、人工智能等新兴科学技术的发展，我国物流领域正在引发一场技术革命。什么样的物流发展模式更符合新时代的需要、更能满足人民群众的需求、更好匹配共享经济的发展目标，它将成为未来物流行业发展的主导模式。物流的本质就是通过集约、优化各种资源，提高流通效率，压缩流通成本。绿色物流之所以强调绿色，就是要实现人与自然的和谐相处这一环境保护观念。只有在兼顾生态效益的前提下，物流企业才能实现更大盈利。

【案例启迪】数智化技术赋能菜鸟实现全链路绿色物流

3. 绿色物流管理内容

物流活动涉及运输与包装、仓储与配送、装卸搬运、流通加工、物流信息处理等诸多活动，因此绿色物流的管理内容也必然包括这些环节的绿色化管理。

（1）绿色供应商管理。

在实施绿色物流的过程当中，供应商是源头，后期运输、仓储、配送等操作的对象都是来自源头的供应商。供应商提供的原材料、半成品、零部件等质量的优劣直接决定了最终产品的性能与环保性，在对供应商进行选择和考核的时候有必要建立严格的环境绩效指标体系。

（2）绿色生产管理。

在生产物流过程中必须杜绝各种污染性原材料，要使用绿色原材料进行生产，并设计好生产过程中产生的废气、废水、废渣的处理流程，确保整个生产及其后续衔接环节的环保性。

（3）绿色运输管理。

在物流运输的过程当中，要尽量采用能源消耗更加环保的交通运输工具，注意控制好运输过程中有害气体的排放和噪音污染，易燃、易爆、放射性等危险原材料的运输必须严加管控，制订合理的运输计划，降低运输货损和不合理运输，提高运输效率和效益。

（4）绿色储存管理。

在物流仓储的过程当中，要进行科学的选址，注意合理的仓库布局和规划，采用现代储存保养技术如气幕隔潮、气调储存和塑料薄膜封闭等实现绿色储存。

（5）绿色包装管理。

选择环保型的包装材料，进行环保型的包装设计，并注意包装物的回收利用，尽量循环利用。目前，普遍认为绿色包装的内涵包括：一是实行包装减量化（Reduce）；二是包装应易于重复利用（Reuse），或易于回收再生（Recycle）；三是包装废弃物可以降解腐化（Degradable）；四是包装材料对人体和生物应无毒无害；五是包装制品从原材料采集、材料加工、制造产品、产品使用、废弃物回收再生，直到其最终处理的生命全过程均不应对人体及环境造成公害。

（6）绿色配送管理。

选择合理配送路线，充分利用车辆，科学配装配载，提高配送效率，降低配送成本和资源消耗，并降低尾气排放。在配送过程中减少对环境造成危害，并达到对配送环境的持续净化，实现整个配送过程环保高效。

（7）绿色装卸搬运管理。

制定严格规范的装卸搬运操作执行标准，提高装卸搬运机械化程度。

（8）绿色流通加工管理。

变零碎分散加工为专业集中加工、规模化运作，提高流通加工效率，同时，注意集中处理各种边角废料，减少环境污染。

（9）绿色逆向物流管理。

在产品退货、换货、维修、回收、废弃物处理等逆向物流环节注重对环境的保护，设计绿色的逆向物流系统。

本章小结

认识渠道

渠道的内涵：渠道是指某种货物和服务从生产者向消费者移动时取得这种货物和服务的所有权或帮助转移其所有权的所有企业和个人。

渠道成员的职能：分类；物流；融资与担保；风险承担；寻找顾客与促销；市场调查及反馈；谈判；订货。

渠道的主要形态：渠道的长度、宽度、广度形态；组织系统中的垂直、水平、混合形态；批发和零售形态；网络渠道中的直接和间接形态以及线上、线下双渠道形态。

批发商：包括商业批发商、商品代理商或经纪人、制造商的分支机构和办事处。

零售商：按经营范围主要有专业店、专卖店、百货店、超级市场、大型综合市场、便利店、仓储式商场、购物中心等形态。

渠道设计和管理

渠道设计要求：分析顾客需求、确定分销目标、确定和评估渠道方案。

渠道成员管理：包括渠道成员的选择、激励、评估及其调整。

渠道冲突管理：渠道冲突指渠道成员之间发生的各种矛盾和纠纷；确立共同目标、激励、利益共享、优化渠道、扁平化、合理的价格体系、战略联盟等是预防冲突的基本措施。

物流管理：在物质资料的流入、转化、流出过程中涉及的计划、组织、指挥、协调、监督、控制等活动。物流活动涉及自营物流、第三方物流及物流联盟等多种模式；仓储决策涉及自建还是租用、选址、确定仓库数目及存货水平等内容；运输是物流的核心，运输方式、路线等是其决策的核心内容。

渠道变革新趋势

全渠道零售：指企业采取尽可能多的零售渠道类型进行组合和整合销售的行为，以满足顾客购物、娱乐和社交的综合体验需求。

新零售模式：以消费者需求为核心的消费体验升级，通过数据驱动和技术革新，以泛零售和全渠道的形态，为消费者提供集购物、娱乐、社交多维一体的综合零售业态。

绿色物流：指通过充分利用物流资源、采用先进的物流技术，合理规划和实施运输、储存、包装、装卸、搬运、流通加工、配送、信息处理等物流活动，降低物流活动对环境影响的过程。

复习思考题

1. 如何理解渠道的内涵、渠道成员的职能以及渠道的重要性?
2. 渠道的主要表现形态及其特点有哪些?
3. 如何进行分销渠道的设计?
4. 如何进行渠道成员的管理?
5. 如何理解渠道冲突的概念、类型、产生原因以及防范措施?
6. 什么是物流管理?涉及的主要决策及其内容是什么?
7. 如何理解全渠道零售的内涵?
8. 如何理解新零售的内涵、特点?
9. 如何理解绿色物流的内涵?

营销体验

1. 小组调研与交流:渠道形态案例研究。

渠道存在的主要形态通过渠道的长度、宽度、广度形态，组织系统形态，批发和零售形态，网络形态以及线上线下双渠道形态等表现出来。分组以某个渠道形态为主题，对相关行业和企业的具体渠道形态进行调研，画图呈现调研行业和企业的渠道形态特点，并在班里进行交流和讨论。

2. 个人作业:渠道变革新趋势最新文献研读。

针对全渠道零售、新零售、绿色物流三个主题，每位同学检索 2 ~ 3 篇最新中外文献进行研读，并在小组中交流阅读收获和体会。

3. 小组调研与交流:渠道变革新趋势案例研究。

针对全渠道零售、新零售、绿色物流三个主题，以小组为单位，选择任意一个主题下一个典型企业案例进行研究，并在班里进行分享和交流。

案例讨论

推荐阅读

在线测试

第 9 章

整合营销沟通

学习目标

◎ 理解营销沟通及其组合，熟悉营销沟通管理过程及要求；
◎ 掌握大众传播方式的特点及其应用；
◎ 掌握数字与直复营销方式的特点及其应用；
◎ 理解营销沟通中的责任与伦理要求。

关键术语

◎ 营销沟通（Marketing Communications）
◎ 整合营销沟通（Integrated Marketing communications，IMC）
◎ 大众传播（Mass Communication）
◎ 广告（Advertising）
◎ 营业推广（Sales Promotion）
◎ 人员销售（Personal Selling）
◎ 公共关系（Public Relations）
◎ 数字营销（Digital Marketing）
◎ 网络营销（Network Marketing）
◎ 社交媒体营销（Social Media Marketing）
◎ 移动营销（Mobile Marketing）
◎ 直复营销（Direct Marketing）
◎ 网络视频（Network Video）
◎ 伦理准则（Ethical Principles）

知识结构

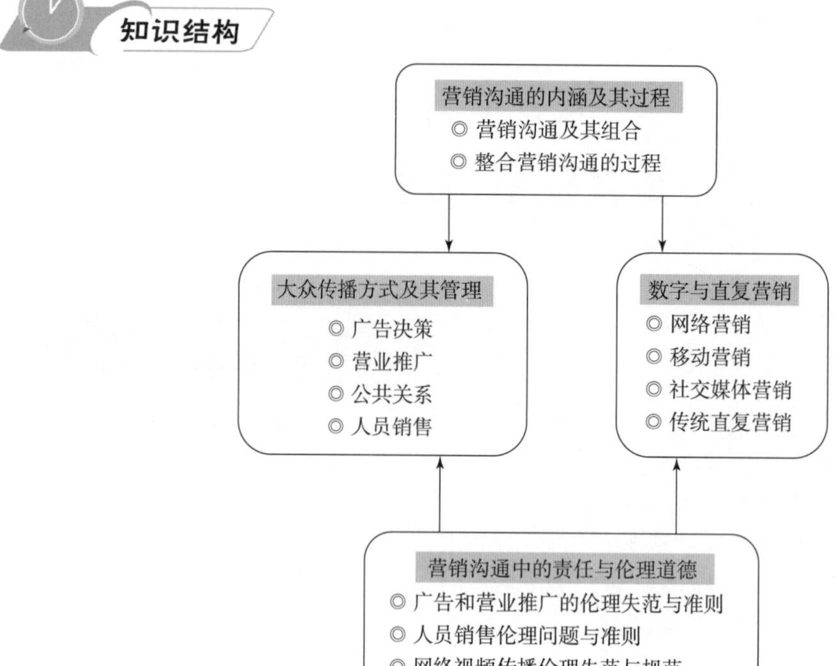

【先思后学】 蜜雪冰城协同运用一切传播方式塑造品牌 IP

1997 年至今，蜜雪冰城一直以新鲜冰激凌、茶饮为核心产品，始终坚持高性价比的经营原则，品牌发展较为迅速，取得了巨大成功。目前蜜雪冰城已经建设并完善了它的产业生产链，实现了闭环式发展，还建立了生产、研发和仓储中心。蜜雪冰城已经开了 1 万多家门店，遍布全国 30 多个省市，在海外市场也有多家店铺。在消费市场日益激烈的竞争下，蜜雪冰城已经成为新式茶饮品牌中的佼佼者。

蜜雪冰城致力于塑造一个大众化的品牌 IP“雪王”，让用户喝茶就想到“雪王”。为此，蜜雪冰城协同运用一切传播要素，从门店到物料系统实行一体化，打造产品包装设计和广告宣传策略，努力强化消费者对“雪王”IP 的认知，让用户在“雪王”形象和蜜雪冰城的品牌之间建立强关联，从而在用户心智中形成了强烈的品牌记忆符号。一方面，搭建统一的视觉传播系统和语言传播系统。对于门店打造来说，街道就是货架，门店形象就是产品包装。蜜雪冰城在改造门店时，在店铺的卷闸门和大门头上铺设大面积的“雪王”形象，将整体视觉彻底变为“雪王”。同时在品牌的视觉识别上，将蜜雪冰城的红色背景铺满门头，让人远远地就能看到并注意到门店，这样的设计方式让蜜雪冰城的门店获得了在街道货架上的“陈列优势”。在门头设计上，对品牌名加大加粗，提高被看见和注意的概率，同时，大幅的红色背景也更容易加深消费者对品牌的印象。另一方面，在广告宣传策略上，保证“雪王”IP 出现在所有的传播要素中。为年青人打造专属的冰激凌音乐节，让全民爱上大雪王；充分利用自媒体，将“雪王”印在奶茶杯、封口膜上，实现高频次传播；设计微信表情包，让“雪王”活跃在聊天场景；定制礼品和小物件，让“雪王”融入日常生活。

蜜雪冰城通过营销沟通组合策略进行品牌形象和产品宣传，在青年消费者群体中获得了广泛认同，成为深受青年人欢迎的品牌。本章阐述营销沟通的基本原理和方法，包括：营销沟通组合设计及其管理过程；大众传播方式，如广告、营业推广、公共关系、人员销售的特点及其运用；数字与直复营销方式，如网络营销、社交媒体营销、移动营销、传统直复营销的特点及其运用；并阐述在营销传播沟通中应遵循的道德与伦理要求。

9.1　营销沟通的内涵及其过程

9.1.1　营销沟通及其组合

（1）营销沟通。

现代市场营销需要的不只是开发一个好产品、制定合适的价格并让产品出现在人们身边，公司还必须与其现有的和潜在的利益相关者及大众进行沟通。因此，对于多数营销者而言，问题不在于是否沟通，而在于说什么、怎么说、何时说、对谁说以及说的频率。消费者面对的是数量众多的有线和卫星电视频道、杂志、报纸、网站、博客、微博及微信公众号。如今，消费者在决定接受何种信息传播以及随时交流自己使用某种产品、购买某种服务的体验和感受方面，具有更多的选择权和自主权，发挥着更为积极主动的作用。为了有效地到达和影响目标市场，营销者需要创造性地采用多种沟通方式。

营销沟通是公司试图向消费者直接或间接地告知、劝说和提醒其销售的产品和品牌信息的活动。在某种意义上，营销沟通代表着公司及其品牌的声音，它们是公司与消费者进行对话和建立关系的桥梁。营销沟通能够通过强化顾客忠诚度提高顾客资产。

营销沟通面向广大的消费大众，可以向他们展示如何、为何要用这一产品，以及谁来用、在哪用、何时用等建议。消费者能够了解谁生产了产品以及公司和品牌的价值主张是什么，还能通过尝试试用或使用获得优惠奖励。营销沟通使公司将自己的品牌与其他的一些人、地点、时间、经历、感觉等联系起来，并且能够通过在消费者记忆中树立品牌和创造品牌形象，提升品牌资产，拉动销售，甚至影响股东价值。

（2）营销沟通组合。

营销沟通组合由广告、营业推广、公共关系、人员销售、数字与直复营销等工具的特定组合构成，用于有说服力地沟通顾客价值和建立顾客关系。

①广告。广告是指特定广告主采用付费形式，通过印刷媒体、广播媒体、网络媒体、电子媒体及户外媒体等对观念、产品或服务进行的非人员展示和促销。

②营业推广。营业推广是多种短期激励工具的组合，用以鼓励消费者试用或购买某一产品或服务，包括消费者促销、贸易促销以及业务和销售人员促销。

③公共关系。公共关系是通过获得有利的活动，建立良好的企业形象，处理和应对不利的谣言、事故和事件，与社会公众建立良好的关系。

④人员销售。人员销售是公司销售人员以展示、答疑和获得订单为目标，与一个或多个潜在购买者之间进行的面对面交流。

⑤数字与直复营销。数字与直复营销是指通过邮寄、电话、网站、网上视频、电子邮件、博客、社交媒体、移动应用和广告等数字化营销工具以及其他数字平台，直接引发顾客

通过电脑、智能手机等数字化设备随时随地参与互动，建立持久的顾客关系。

营销沟通活动通过以上多种方式提升品牌资产和拉动销售，创造品牌知名度，在消费者记忆中建立品牌形象，引发正面的品牌判断或感受，强化消费者的忠诚度。面对多种营销沟通与传播平台，沟通与传播活动必须进行整合才能传递一致的信息，并实现战略定位。整合营销沟通方式如图9－1所示。

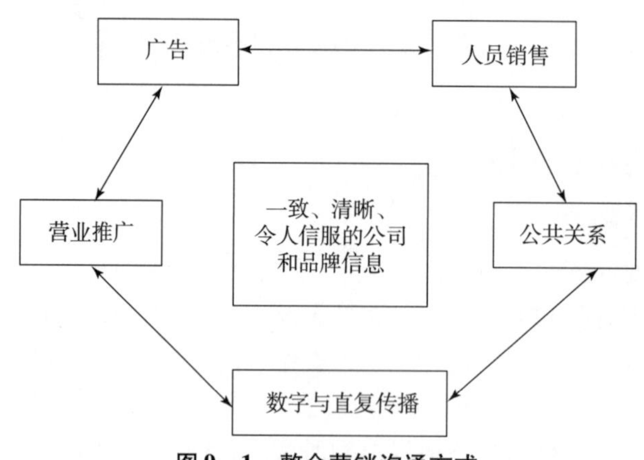

图9－1　整合营销沟通方式

9.1.2　整合营销沟通的过程

美国市场营销协会将整合营销沟通（Integrated Marketing Communications，IMC）定义为“一种用来确保产品、服务、组织的客户或潜在客户所接收的所有品牌接触都与该客户相关，并且保持一致的计划制订过程”。这种计划过程要对大众传播和人际传播等各种沟通方式的战略作用进行评估，并将这些方式巧妙地结合起来，通过信息的无缝整合产生清晰、一致和最大化的影响。有效整合营销沟通的步骤如图9－2所示。

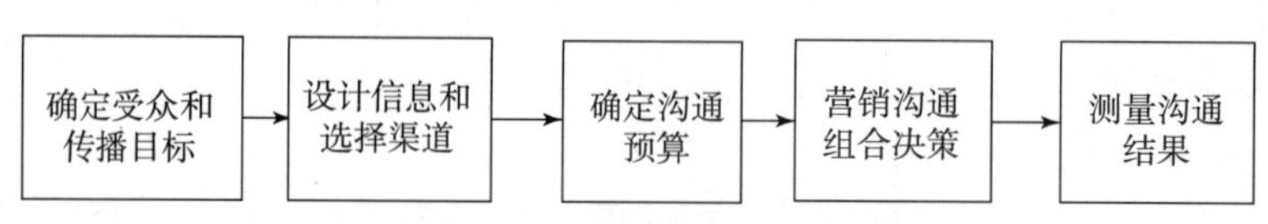

图9－2　有效整合营销沟通的步骤

（1）确定受众和传播目标。

目标受众对传播者的决策，比如说什么、怎么说、何时说、何地说以及对谁说等，具有重要影响。因此，营销沟通活动首先要明确公司产品目标客户的特点，包括产品的现有购买者、潜在购买者、购买决策者和关键影响者，以及个人、团体、特定公众或一般公众等。一般来说，可以根据使用情况和忠诚度进行区分。要识别目标受众是产品类别的潜在用户还是现有用户，目标受众是忠诚于该品牌还是竞争品牌，还是会在品牌之间进行转换，如果是公司品牌用户，那么他是重度使用者还是轻度使用者等。分析和识别目标受众的不同特点，沟通决策会更有针对性并取得好的效果。

沟通目标可以考虑以下四个方面的问题：

①产品类别需求。传播开发的某种产品或服务类别的信息，以消除或满足消费者当前动

机状态和期望动机之间的差距。

②品牌认知度。提高消费者对品牌的认知度，培养消费者在产品类别中识别或回忆起品牌的能力，提供充足的信息引导消费者进行购买。

③品牌态度。帮助消费者建立对品牌的积极态度，使其对品牌可以带给他们的功能和情感利益形成心理认同。

④品牌购买意愿。引导消费者决定购买品牌产品或做出与购买相关的行为。

（2）设计信息和选择渠道。

设计信息需要解决以下三个问题：说什么（信息策略）、如何说（创意策略）以及谁来说（信息源）。

①信息策略。要搜寻符合品牌定位并能帮助建立共同点或差异点的诉求、主题或构想。其中的一些可能会与产品或服务表现，如品牌的质量、经济性或价值直接相关，而其他的可能会是更外在的因素，如与时尚的、流行的或传统的因素相关。

②创意策略。创意是一种创造性的思维活动，通过创意可以解决一则传播信息表达什么以及怎样表达的问题。一个优秀的创意作品，会激发消费者的需求和想象力，促进产品的大量销售。

③信息源。有吸引力或受欢迎的信息来源能够获得更高的关注度和回忆，有效可信的信息来源应该具备专业性、可信性和喜爱度。专业性是传播者所拥有的支持其宣传的专门知识；可信性描述的是信息源的客观性和诚实承诺；喜爱度体现的是信息源的吸引力，直率、幽默、自然等特质会使人们更喜爱传播的信息。

沟通渠道包括人际沟通渠道和非人际沟通渠道。人际沟通渠道是两个或两个以上的人彼此直接沟通。它们的有效性来自个性化的陈述和反馈。人际沟通渠道包括面对面谈话、打电话、通信、电子邮件，甚至是网上聊天。非人际沟通渠道是没有人际接触或反馈的信息传播途径，借助媒介（事件、活动等）对多人进行的传播，包括广告、营业推广、事件和体验以及公共关系等。事件和体验营销近年来有很大发展。尽管人际传播通常比大众传播更有效，但大众媒体仍然是促进信息社会传播的主要方式。

（3）确定沟通预算。

确定沟通预算有以下四种常用的方法：

①量力而行法。量力而行法指公司将沟通传播的预算设定在自己可承受的范围内。量力而行法忽视促销的投资作用和它对销量产生的立竿见影的效果。在这种方法下，公司的传播预算往往都不确定，也会使长期规划的实施变得困难。

②销售比例法。一些公司将沟通和传播预算设定为当前或预期销量或售价的特定比例。该方法的优点是：传播支出会随公司的承受能力而变；激励管理层对传播成本、销售价格和单位利润之间的关系进行思考；能够鼓励相互竞争的公司在传播上按照大致相同的销售比例支出。这种方法存在的问题是：它将销售看作传播的决定者而非结果；它根据可用资金而非市场机会制定预算；它不鼓励企业尝试逆周期或大胆的支出方式；对销售同比波动的依赖会妨碍长期计划；除了以前或竞争者的经验，选择哪个特定比例再没有任何逻辑依据；这种方法无法激励公司根据每种产品和区域的需要来确定预算。

③竞争等价法。一些公司以获得与竞争者相同的媒体占有率为目标制定传播预算。支持竞争等价法的论据有两方面：一是竞争者的支出代表着行业的集体智慧；二是与竞争者保持

一致可以避免传播战。由于公司之间在名声、资源、机会和目标上都不相同，因此也很难将对手的传播预算作为指导。并且，没有证据表明基于竞争等价法制定预算就能够避免传播战。

④目标任务法。目标任务法要求营销者制定沟通传播的预算时遵循以下步骤：确定具体目标、决定实现这些目标必须完成的任务以及估计完成任务所需的成本。这些成本的总和即为沟通传播预算的费用。

（4）营销沟通组合决策。

公司必须将营销沟通传播预算在主要的传播模式上进行分配。此时应考虑以下因素：

①产品市场类别。传播组合的分配对消费者市场和组织市场来说是不同的。消费者市场的营销者倾向于在营业和广告上相对花费更多，而组织市场的营销者则倾向于在人员销售上相对花费更多。

②购买者准备阶段。传播工具对于不同购买者准备阶段的性价比是不同的。在建立知晓度阶段，广告和宣传最重要，消费者的理解主要受到广告和人员销售的影响，消费者的信念受人员销售的影响最大；销售完成则最受人员销售和营业推广的影响；再次购买最受人员销售和营业推广以及提醒性广告的影响。

③产品生命周期阶段。在产品生命周期的引入阶段，广告、事件和体验性价比最高，其次是能够获得渠道覆盖度的人员销售以及引起试用的营业推广和直销；在增长阶段，通过口碑和互动营销，需求会激增；在成熟阶段，广告、事件和体验及人员销售变得更加重要；在衰退阶段，营业推广仍有很大作用，其他工具的作用则有所减弱，而且销售人员给予产品的关注也是最少的。

（5）测量沟通结果。

公司管理者要清楚沟通传播投资能够带来什么样的结果和收益。在执行沟通传播计划之后，必须测量它的效果。要询问目标受众是否能够识别或回忆起这些信息，看到过多少次，能回忆出哪些地方，对信息的感觉如何，以及他们对于产品和公司以前和现在的态度分别是怎样的。传播者还应该收集受众反应行为的测量指标，如有多少人购买了产品、喜欢产品、向别人提及产品。

媒体公司和广告代理公司正在拓展自己的能力，为营销者提供多平台的交易。这些扩展后的能力使营销者更容易将多种媒体属性和相关的营销服务整合到一个传播计划中。在评估一个整合营销沟通传播计划的整体影响时，营销者的主要目标是创造最有效果和最有效率的传播计划。

【知识拓展】 整合营销沟通效果的评估指标

（1）覆盖。覆盖指采用的每一种传播方式到达的受众比例，以及不同的传播方式之间存在多大重叠。换句话说，不同传播方式在多大程度上到达了设定的目标市场，以及这个市场由相同还是不同的消费者组成。

（2）贡献。贡献指一个营销传播从没有暴露在其他传播形式下的消费者处获得期望反应和传播效果的内在能力，即一项传播在影响消费者处理信息和建立知晓度、提升形象、引发反应、促进销售方面有多大作用。

（3）通用性。通用性指共同联想在不同传播形式之间被强化的程度。换句话说，不同传播形式传递的信息在多大程度上有共同的意义。品牌形象的一致性和凝聚力是很重要的，因为它决定了现有联想和反应有多容易被回忆起来，以及附加联想和反应有多容易在记忆中被连接到品牌上。

（4）互补性。当传播形式被串联使用时通常更为有效。互补性是指不同的联想和连接在多大程度上被不同的传播形式强调。利用那些最适合引发特定消费者反应或建立特定品牌联想类型的营销传播形式能够最有效地建立不同的品牌联想。

（5）多用性。在任何一个整合传播计划中，当消费者暴露在一个特定营销传播形式下，他们中的一些人可能已经暴露过在该品牌的其他营销传播形式下，而另一些人此前还没有过类似经历。多用性是指一个营销传播形式在多大程度上是稳健的以及对不同群体的消费者有用。一个营销传播形式在两个层次上（与看过和没看过其他传播形式的消费者有效沟通）都有效是非常重要的。

（6）成本。营销者必须权衡营销传播在所有上述这些标准上的表现和成本，以形成最有效果和效率的传播计划。

综上所述，整合营销沟通是一个动态的管理过程，需要营销者既尊重沟通过程的运作规律，又要结合产品或服务的具体特点，有的放矢地规划和设计好每一个环节。特别要在一个周期的活动完成后，关注这一周期沟通传播效果的测定和反馈，以便动态调整下一个周期的活动安排，实现以最低的资源投入达到最佳的沟通与传播效果。

9.2　大众传播方式及其管理

9.2.1　广告决策

广告是一种有效的信息沟通与传播方式。广告决策需要考虑五个要素（见图9－3），即“5M”：任务（Mission），即广告目标；资金（Money），即广告预算；信息（Message），即广告创意；媒体（Media），即媒体选择；测量（Measurement），即广告效果。

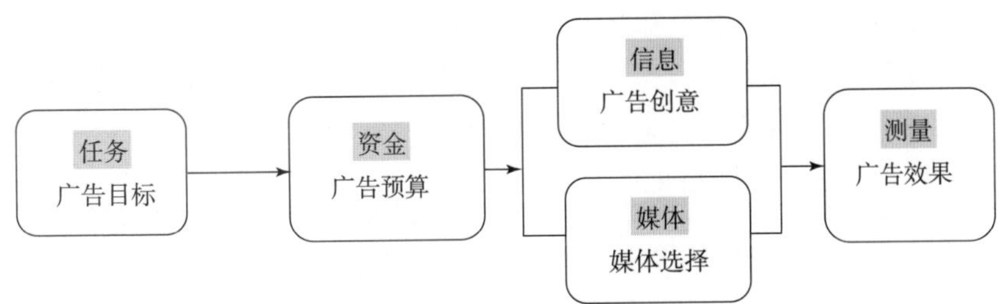

图9－3　广告决策的“5M”要素

（1）广告目标。

广告目标是指在一段特定时间内针对特定受众所要实现的特定传播任务以及要达到的程度。广告目标应该从对现有市场情况的全面分析中产生。如果产品类别处于成熟期，公司是市场领导者，并且品牌使用率低，那么目标应该是促进更多的消费者来使用。如果产品类别是新推出的，公司并非市场领导者，并且品牌比领导者的好，那么目标应该是说服市场相信品牌的优越性。

（2）广告预算。

在决定广告预算时应考虑以下影响因素：

①产品生命周期阶段。新产品一般需要高额的广告预算来建立知晓度，并获得消费者试用。成熟品牌通常需要的广告预算在销售额中所占的比例较低。

②市场份额和消费者基础。当品牌的市场份额较高时，维持份额所需的广告支出占销售额的比例较低；而当品牌要通过扩大市场规模来提高市场份额时，所需要广告支出更多。

③竞争和干扰。在拥有很多竞争者、广告支出高的市场中，一个品牌必须做大量广告。即使干扰仅仅来自同品牌无直接竞争关系的广告，公司也需要更多的广告预算来抵御干扰。

④广告频率。向消费者重复品牌信息的次数对广告预算有明显的影响。

⑤产品可替代性。产品差异度较低或是相似度较高的产品类别，其品牌需要大量广告来建立独特的形象。

（3）广告创意。

制定广告创意策略，就是要确定向顾客传播什么样的信息。广告的目的是用某种方式让消费者对产品或公司有印象或有所反应，顾客只有在觉得自己能受益时才会做出积极的反应。因此，制定有效的创意策略要明确产品或服务能够带给顾客的利益，顾客看重的利益可以作为广告的诉求点。创意策略的陈述应当平实，直截了当地概括出想要强调的定位和利益点。

有了好的创意后，创意团队必须找到最好的方法、风格、格调、文字和样式来执行广告创意。任何创意都可以用不同的执行风格来呈现，包括采用生活片断、生活方式、幻境、情调或形象、音乐、人物象征、专业技术、科学证据、证言或代言等各种表现方式。

（4）媒体选择。

媒体选择是指寻找最有效的媒体来向目标受众传递期望的频次和良好的曝光状况。曝光次数对受众知晓度的影响取决于曝光的到达率、频率和影响力。到达率是在一个特定时间段，某个特定媒体计划向多少数量的不同人或家庭至少曝光一次；频率是在特定时间段内，平均每个人或家庭暴露在信息下的次数；影响力是指通过特定媒体曝光的质量价值。曝光的到达率、频率和影响力越高，受众知晓度就会越高。

主要媒体类型的优势和劣势如表9－1所示。媒体策划者在进行选择时要考虑目标受众的媒体习惯、产品特点、信息要求及成本等因素。

表9－1　主要媒体的优势和劣势

媒体	优势	劣势
报纸	灵活、及时，本地市场覆盖好，接受度广，可信性高	时效性强，印刷质量差，传阅者少
电视	结合图像、声音和动作，感染力强，吸引高度注意，到达程度高	绝对成本高，干扰大，曝光时间短，较低的受众选择性
直邮	对受众有选择性，灵活，在同一媒体内没有广告竞争，个性化强	相对高成本，易形成“垃圾邮件”的印象

续表

媒体	优势	劣势
广播	大众化，在地理和人口统计方面有高度的选择性，成本低	只有声音展示，比电视获得的注意少，曝光时间短
杂志	在地理和人口统计方面有高度的选择性，可信、权威，印刷质量高，保存期长，传阅者相对多	广告购买的提前期长，存在一定的发行浪费
户外	灵活，高度的重复曝光，成本低，竞争小	受众选择性有限，创意受限
黄页	本地覆盖率高，可信度高，到达广，成本低	高度竞争，广告购买的提前期长，创意受限
新闻通讯	高度选择性，控制全面，有互动机会，相对低成本	成本可能会失控
宣传手册	灵活，控制全面，能够使信息戏剧化	过量制作可能导致成本失控
电话	用户多，有接触个人的机会	相对高成本，消费者阻力越来越大
互联网	高度选择性，互动可能性，相对低成本	干扰越来越多

【知识拓展】 新媒体广告的特征

便捷性：新媒体广告是依托信息技术宣传推广的，因此受众群体即便足不出户，也可通过信息技术浏览广告信息，获取广告营销中目标产品的基本数据。相比较传统的广告营销方式而言，新媒体广告营销具有较为明显的便捷性特征。目标客户群体在获取广告信息时，不会再受到时间或空间的约束，这能够降低目标客户群体的广告浏览难度，让新媒体广告营销显得更为方便快捷。

互动性：传统广告是以单向信息输出的方式向目标客户群体进行信息诉求的。广告投放方无法及时获取广告信息的输出效果，也无法及时获取目标客户群体接收广告信息后的反馈。但新媒体广告营销方式的运用让单向的广告信息输出呈现出了双向互动的特征。目标客户群体在浏览某一具体的广告信息时，可随时与产品的生产商家取得联系，就自身在观看广告时产生的疑惑与商家进行交流和讨论。商家甚至可通过在线视频发送的方式，一对一指导消费者使用商品，也可通过与目标客户群体的交流和沟通，及时获取目标客户群体对广告内容的评价。这是传统广告营销模式不具备的功能。

即时性：在信息技术支撑的背景下，产品商家可通过在线广告投放的方式，进行新媒体广告营销。而专门的广告投放集中平台，可通过数字信息获取的方式，即时获知广告投放特定时间段内的点击率和人气流量。这意味着商家可直接通过新媒体广告投放方式的运用，来精准感知广告投放的具体人气情况。

（5）广告效果。

广告主应当定期评估两类广告结果：沟通效果、销售与利润效果。衡量一则广告或一场广告活动的沟通效果，就是判断该广告以及媒体是否很好地沟通了广告信息。广告测试可以在播出前后进行。在广告推出前，广告主可以向消费者展示广告，询问他们的感觉，并且测量信息的回忆程度或态度的前后变化。在广告发布后，广告主可以测试广告如何影响消费者回忆或产品认知、了解和偏好，也可以对整个广告运动进行沟通效果的事前评估和事后评估。

一个将品牌知名度和品牌偏好分别提高了20%和10%的广告带来了多少销售呢？产品特征、价格等其他因素越少或者越可控，越容易测量广告的销售效果。在直销的情况下，销售效果最容易测量，而建立品牌或公司形象的广告最难测量。

可以通过分析历史或实验数据来测量销售影响。历史方法使用高级统计技术计算过去销售与过去广告费用之间的相关性。还有一些公司使用实验设计的方法测量广告的销售效果。越来越多的研究者努力测量广告费用的销售效果，而不是测量传播效果。媒体策划者使用的效果测量方法越来越复杂，并且为了形成最佳的媒体组合往往会使用数学模型。很多广告代理公司会使用软件程序选择初始媒体，并根据主观因素进行改进。

【营销新视野】二次元经济下的虚拟偶像营销

9.2.2 营业推广

营业推广是营销活动中的关键组成部分，主要由各种短期的激励工具构成，用来促进消费者或贸易商对特定产品或服务的更快或更多购买。在采用营业推广促销时，公司必须建立目标，选择工具，制定方案，对方案进行前测、实施和控制，以及评估结果，如图9－4所示。

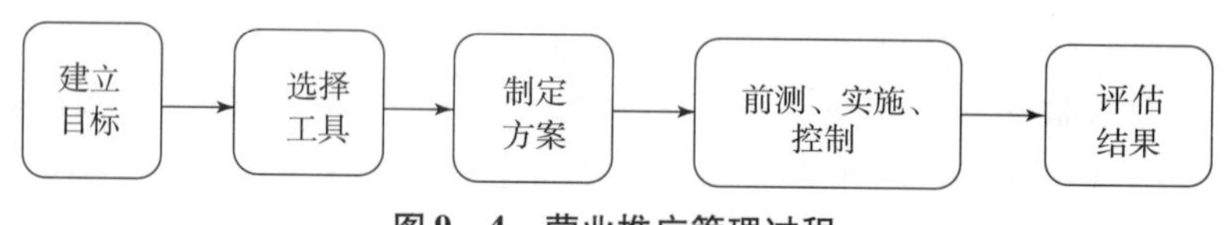

图9－4　营业推广管理过程

（1）建立目标。

营业推广的目标可以是很宽泛的传播目标，但更多是源自更基本的产品营销目标。从消费者角度来说，促销目标包括鼓励购买更大量的产品，使非用户进行试用，以及吸引竞争品牌的购买者。最理想的情况是消费者促销既能够产生短期的销售影响，又能够对长期的品牌资产产生效果。从零售商角度来说，促销目标包括说服零售商购入新产品和更多存货，鼓励淡季购买，鼓励囤积相关产品，抵消竞争促销，建立品牌忠诚，以及进入新的零售店。从销售人员角度来说，促销目标包括鼓励他们支持一款新产品或新型号，鼓励他们产生更高的期望，以及促进淡季销售。

（2）选择工具。

①选择消费者促销工具。

针对消费者的促销工具包括提供样品、优惠券、现金返还（回扣）、降价、赠品、频率计划、奖品（竞赛、抽奖、游戏）、光顾奖励、免费试用、产品保证、搭售促销、交叉促销、购买点陈列和示范等，如表 9-2 所示。

表 9-2　主要消费者促销工具

主要消费者促销工具
样品：通过送货上门，发送邮件、在店内获得、附加在另一产品上或通过广告附赠等方式提供一定数量的免费产品或服务
优惠券：确保持券人在购买特定产品时节省一定数量金钱的凭证；邮寄、附加在其他产品上或插在杂志和报纸广告中
现金返还（回扣）：在购买后而非在零售店提供的减价；消费者将指定的购买证明寄给制造商，后者通过邮件将部分购买金额退给消费者
降价：使消费者以低于产品标签或包装上标价的价格购买新产品。降价包装是以较低价格进行出售（如用同样的钱购买两个），捆绑包装是将两个相关产品捆绑在一起（如牙刷和牙膏）
赠品：将价格相对较低或免费的商品作为购买特定产品的激励。包装内赠品是在产品包装内或包装上的赠品；自偿付赠品是以低于正常零售价的价格销售给消费者的赠品
频率计划：根据消费者购买公司产品或服务的频率和集中程度给予奖励的计划
奖品（竞赛、抽奖、游戏）：奖品是在购买后提供赢得现金、旅行或商品的机会。竞赛要求消费者提交一份购买记录，然后由几位裁判从中选出最佳的；抽奖是让消费者将自己的名字投放在抽奖箱内；参与游戏的消费者每次购买产品，将得到猜奖数字或遗失的字母之类的东西，这些也许使得消费者得奖
光顾奖励：根据对某个卖主或一组卖主的光顾次数，按照比例提供的现金或其他形式的奖励
免费试用：邀请潜在购买者免费试用产品，以希望他们购买
产品保证：销售者明确或暗示地向消费者承诺，产品会具有说明中的性能，在一段特定时间内，销售者会负责修理或将钱退还给客户
搭售促销：两个或以上的品牌或公司合作推出优惠券、现金返还和竞赛，以增加拉动力
交叉促销：用一个品牌为另一个非竞争品牌做宣传
购买点陈列和示范：购买点陈列和示范发生在购买或销售点

②选择贸易促销工具。

制造商贸易促销工具包括价格折扣、折让、提供免费商品等，如表 9-3 所示。

表 9-3　主要贸易促销工具

主要贸易促销工具
价格折扣：在某段时间内，每次购买者在价目表上给予直接折扣
折让：当零售商同意以某种方式突出制造商的产品时，作为回报，零售商所得到的数额。广告折让是对零售商宣传制造商的产品进行的补偿；陈列折让是补偿零售商对产品进行的特别陈列
提供免费商品：向购买一定数量、某种口味或型号产品的中间商提供额外数量的商品

制造商进行贸易促销的目的是：说服零售商或批发商经销制造商的品牌；说服零售商或批发商比平时多采购产品；促使零售商通过特色介绍、陈列、降价等方式宣传品牌；激励零售商及其销售人员推销产品。

③选择业务和销售人员促销工具。

针对业务和销售人员的促销工具包括贸易展览和会展、销售竞赛、纪念品广告等，如

表9－4所示。

表9－4　主要业务和销售人员促销工具

主要业务和销售人员促销工具
贸易展览和会展：行业协会组织的年度贸易展览和会展，参与人数少则几千，多则几万。参加展会的商家期望得到一些好处，其中包括产生新的销售线索，维持与客户的联系，介绍新产品，结识新客户，向现有客户销售更多产品，以及通过出版物、视频和其他视听资料教育消费者
销售竞赛：销售竞赛的目的是促使销售人员或经销商提高在一段特定时期的销售结果，成功的人将得到奖品（现金、旅行、礼品或积分）
纪念品广告：销售人员送给潜在和现有客户的印有公司名称和地址，有时还有广告信息的实用、低成本的物品

（3）制定方案。

在制定营业推广方案时，要注意以下问题：

①必须确定其规模。促销想要成功，一定的规模是必需的。

②必须建立参与条件。激励可以面向每一个人，也可以面向特定的群体。

③决定促销的时间长度。

④选择一个分发途径，如装入产品包装，在店内分发，或在邮件中分发。

⑤确定促销的时机。

⑥确定营业推广的总预算。要考虑管理成本（印刷、邮寄和宣传）、激励成本（奖金或打折的成本，包括兑换成本）等。

（4）前测、实施和控制方案。

营销经理必须准备好实施和控制计划，考虑到每个促销的提前期和促销的延续时间。提前期是在实施方案前进行准备所需的时间。促销的时间长短也很重要。如果促销时间过短，许多潜在顾客将错过机会；而如果促销时间过长，顾客又可能会认为是长期性的降价推销，使活动达不到促进马上购买的目的。

制造商可以使用销售数据、消费者调查和实验来评估方案。销售数据可以帮助分析购买的消费者类型，了解促销之前他们购买哪些产品，以及之后他们对该品牌和其他品牌采取怎样的购买行为。当营业推广活动吸引了竞争者的客户并使他们转移到自己的品牌上时，表明活动是最成功的。消费者调查可以揭示有多少消费者能够回忆起促销，他们对促销的看法如何，有多少人参与了促销活动，以及促销对后来的品牌选择行为产生了何种影响。实验可以随激励价值、促销时间长度和分发媒体等属性的不同而改变。例如，可以将优惠券发给消费者样本中的一半家庭，统计数据可以追踪优惠券是否以及何时使更多的人购买了产品。

（5）评估结果。

进行结果的评估，营销人员要思考这些问题：促销是否吸引了新顾客或使原有顾客购买更多？企业是否能留住这些新顾客并使他们持续购买？长期顾客关系以及从促销中获得销售额是否能证明所投入的成本具有合理性？

【案例启迪】 喜茶：线上+线下的市场推广

2012年，喜茶诞生于广东江门江边里，通过使用真奶、真茶首创芝士茶，开创了新茶饮品类。喜茶新式茶饮在近几年因为自身的优质产品、年轻化的品牌形象、多方位的营销传播，成为时下最受年轻人喜爱的茶饮品类。喜茶的品牌推广方法策略很多，并且这些推广方式并不是单独运用，而是综合运用了各种推广传播手段，为同一个传播目标服务，推广过程也包含了横向整合。

线上推广：喜茶在线上注重与消费者的互动。喜茶的“两微一抖”（微博、微信和抖音）平台每天都会保持更新，及时与粉丝分享信息，创造话题与粉丝进行互动。最常见的互动方式是抽奖送礼。在推出新品或是节假日时期，喜茶都会让粉丝转发、点赞文章来参与抽奖。一方面可以用粉丝的传播来宣传产品和品牌，提高品牌的曝光度。另一方面可以维持好与现在粉丝的关系，提高粉丝的忠诚度和对品牌的喜爱度，大大调动了消费者的热情。比如喜茶在微博发起“新年见喜”话题活动，与高端文艺的猫王收音机推出的新年礼盒限量赠送、只送不卖，激发了消费者的激情与好奇。

线下体验：喜茶在线下不仅有实体门店，还有各种快闪店。在线下喜茶注重消费者的体验，以产品和服务为中心，拉近消费者与品牌的距离。喜茶注重口碑和消费者的感受，在新产品上线的前几天，先不对产品进行宣传推广，只是在线下门店摆放海报，让消费者自己去选择，如果消费者对这一产品的评价很高，才对产品进行线上社交平台的宣传和推广。这一行为，可以不断优化产品，也可以保持和提升喜茶的口碑。

9.2.3 公共关系

企业不但要与顾客、供应商、经销商保持良好的关系，还要与大量的公共利益群体建立广泛联系。公众是指对公司实现其目标的能力有实际或潜在的兴趣或影响的任何群体。公共关系是企业为宣传或者保护企业形象或单个产品而设计的各种活动。

公关关系部一般承担的职能是：建立与新闻界的关系，以正面的方式呈现关于公司的新闻和信息；为宣传特定产品拉赞助；通过内外部传播促进对公司的了解；与立法者和政府官员打交道，从而促进或废除立法和规定；在顺境和逆境中就公共事项、公司定位和形象向管理层提出建议。很多公司开始通过营销公共关系（Marketing Public Relations，MPR）来支持公司或产品的宣传及形象塑造。使用营销公共关系时可参考以下步骤：

（1）建立营销目标。

营销公共关系可以通过在媒体中植入故事来吸引人们关注产品、服务、个人、组织或想法，从而建立品牌知名度；还可以通过使用新闻报道传播信息来建立可信度；也可以在推出新产品前用该产品的故事来帮助销售人员和经销商提高热情。由于营销公共关系的成本低于直邮和媒体广告，因此，它可以降低促销成本。公共关系从业者通过大众媒体到达目标公众，而营销公共关系越来越多地借用直接反应营销的技术，一对一地到达目标受众。

（2）选择信息和载具。

营销公共关系的主要工具包括出版物、事件、赞助、新闻、演讲、公共服务活动、身份媒体等，如表9－5所示。每种工具都为针对不同受众开发各种故事提供了机会，一个好的公共关系活动可以吸引方方面面的公众。

表9－5 营销公共关系的主要工具

出版物：公司广泛地依靠出版物接触和影响目标市场，包括年报、宣传册、文章、公司新闻通讯和杂志、视听资料
事件：公司通过安排和宣传新闻发布会、讲座、户外活动、贸易展、展览、竞赛和竞争以及周年庆等能够到达目标公众的特别事件来吸引人们对新产品或公司其他活动的关注
赞助：公司通过赞助和宣传体育、文化事件和很受重视的公益活动宣传自己的品牌和公司名称
新闻：公共关系专业人员的一个主要任务就是发现和创造关于公司及其产品和人员的积极的新闻，并使媒体接受新闻稿和参加新闻发布会
演讲：越来越多的公司主管必须在贸易展会或销售会议上回答媒体提问或进行演讲，这些曝光可以帮助建立公司形象
公共服务活动：公司通过将资金和时间贡献给一项好的公益活动建立商誉
身份媒体：公司需要一个公众能够立刻识别的可视化身份。可视化身份可以附着在公司标识、宣传册、广告牌、名片、建筑、制服及着装规范上

（3）实施计划和评估效果。

营销公共关系的贡献很难测量，因为它常与其他促销工具一起使用。营销公共关系效果最简单的测量标准是它在媒体上的曝光次数；此外还可以测量营销公共关系导致的产品知晓、理解或态度的改变（排除其他促销工具的影响之后）。例如，有多少人能够回忆起听到的新闻、多少人把它告诉给了其他人（口碑的测量）、多少人在听到之后改变了想法等。

【案例启迪】鸿星尔克的借势营销

9.2.4 人员销售

1. 销售人员的管理

销售人员是公司同客户联系的桥梁。对销售人员的管理包括招聘、选拔、培训、监督、激励和评价等多个环节，如图9－5所示。

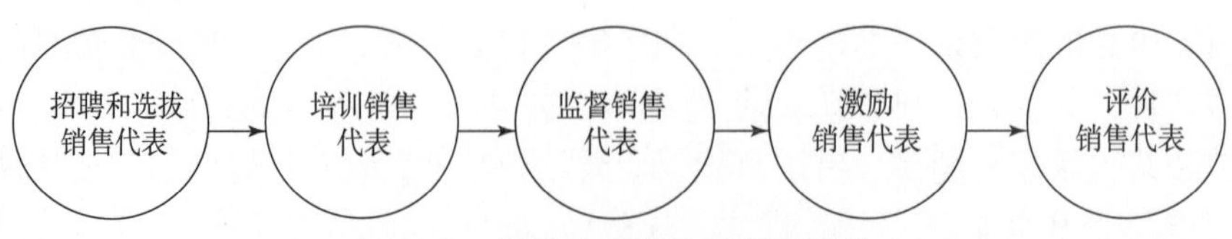

图9－5 销售人员管理的关键环节

（1）招聘和选拔销售代表。

组建成功销售团队的核心之处就在于选拔优秀销售代表的方法。一项调查显示，排名前 25% 的销售代表会为公司带来 52% 的收入。如果雇用了不合适的人员，将会造成巨大的浪费。在管理层确定了选拔标准之后，招聘就要开始了。人力资源部门可以让现有的销售代表推荐，或者使用就业中介，发布工作广告，以及接触大学毕业生。选拔过程可以是一场简单的非正式面试，也可以是一次长时间的考试加面试的选拔。

【知识拓展】 销售代表的类型

配送人员：这类销售人员的主要任务就是配送货物。

订单人员：包括内部订单人员（在柜台后工作）和外部订单人员（同超市经理打交道）。

传播人员：这类人员并不需要去争取订单，而是帮助公司建立良好形象、教育现有的和潜在的客户。

技术人员：具有高技术水平的销售人员（工程销售人员主要就是客户的咨询顾问）。

需求制造者：依靠使用创意销售方法销售有形产品或无形产品的销售人员。

解决方案的提供者：这类销售人员的专长是利用公司产品和服务系统（例如计算机和沟通系统）为客户解决问题。

需要注意的是销售代表的流失往往会导致销售额的流失、重新招聘和培训的成本增加，与此同时，也会给其他销售代表增加工作负担。

（2）培训和监督销售代表。

消费者希望销售人员有深入全面的产品知识；公司则希望销售人员能够创造性地完成产品的推介，帮助公司成功达成交易。许多企业都非常重视对销售人员的培训工作。

新销售代表可能会花费几周到数月的时间参加培训。有调查表明，在产业用品行业，平均的培训周期是 28 周，服务类公司为 12 周，而消费品公司是 4 周。培训时间因销售任务的复杂程度和招聘类型的不同而不同。对于所有的销售工作来说，从新手完全成长为熟练的销售人员，需要的时间往往比较长。

如今，新的培训方法不断涌现，例如使用音频和视频录像、手机端播放、软件学习、远程教育、电影短片等。一些公司还会使用角色扮演的方法和敏感性、移情训练的方法来帮助销售人员熟悉同客户打交道的状态和感觉。

以佣金形式得到报酬的销售代表通常受到的监督会较小，而那些接受固定薪水并且有固定数量客户的销售代表则会受到更多的监管。对于采用多层次销售的公司，如雅芳、莎莉、维珍等，独立分销商会管理其自有的销售团队来帮助公司销售产品。这些独立的契约商或销售代表不仅仅通过自身的销售业绩获得佣金，还有一部分佣金来自他们自己招聘和培训的销售人员的业绩。

（3）激励销售代表。

大多数销售代表都需要鼓励和特别奖励，尤其是那些每天都面临工作挑战的销售代表。大多数营销者都认为销售人员的工作积极性越高，他们付出的努力越多，业绩、奖励和满意度也越好——反过来所有的这些都会进一步提升销售人员的积极性。

①内在和外在的奖励。一项研究表明，给员工最大价值的奖励形式包括升职、个人成长和成就感。而价值最小的奖励形式是被人尊重、安全感和认可。换句话说，销售人员对于那些能促成自身进步和满足内在需求的奖励和机会最为认可，而对称赞和安全感这类回报的认可较小。一些公司还利用销售竞赛来提高销售人员的努力程度。

②销售配额。许多公司根据年度营销计划制定年销售额度，包括金额、总数、毛利、工作量和活动以及产品类别。薪酬通常是和配额完成的程度联系在一起的。公司首先进行销售预测，它是确定生产计划、职员规模和资金需求的基准。管理层接下来为不同的地区和范围分配销售份额，这一份额通常比此前的计划要高，这是为了鼓励经理人员和销售人员尽其所能地开展工作。即使他们没能达成配额的要求，公司也有可能完成年初制定的销售预期目标。

每一地区的销售经理将销售配额分配给销售代表。有时一位销售代表的配额会较高，这是为了鼓励他全力以赴地工作，有时候则会较低，这是为了帮他树立信心。一个普遍的观点认为，一位销售人员的配额至少要等于上一年的销售额，再加上特定地区销售潜力和上一年销售差异的浮动部分。销售人员的抗压能力越强，这一浮动部分的比例就应该越高。

完成配额的明智之举是将销售代表的精力集中在那些更加重要、利润更高的产品上。当公司推出几种新产品时，销售代表就很难在旧产品上实现他们的销售配额。公司需要在新产品发布时扩充它的销售团队。

（4）评价销售代表。

对销售代表的业绩进行评价，首先要有评价的信息来源。最重要的关于销售代表的信息来源就是销售报告。此外还可以通过其他途径获取一些额外的信息，如个人观察、销售人员自我报告、客户来信和抱怨、客户调查以及同其他销售代表交谈。

销售报告分为行动计划和行动结果总结。销售人员的工作计划是其行动的指南。销售代表要提前提交计划，描述自己计划拜访的数量和路线，管理者据此了解销售代表的行踪，并为比较他们的计划和实际成果提供基础，或者说检验他们计划工作和执行计划的能力。

许多公司要求销售代表提交年度地区营销计划，包括他们需要在现有客户的基础上开发新客户和新业务的计划。销售经理会分析这些计划，给出建议，并且据此制定销售配额。销售代表将已经完成的活动写入访问报告中。销售代表还会提交费用支出报告、新业务报告、业务损失报告以及对于当地业务和经济形势的研究报告。

这些报告为销售经理制定关键的销售业绩指标提供了初始数据：

①平均每位销售人员每天访问次数；

②平均每次访问的时间；

③平均每次访问带来的收入；

④平均每次访问的成本；

⑤平均每次访问的招待费用；

⑥每百次访问中获得订单的百分比；

⑦平均每个时期新客户的数量；

⑧平均每个时期客户流失的数量；

⑨销售团队成本在总销售额中所占比重。

销售团队报告以及其他的观察一起为评价提供原始材料。评价时可以将当前的表现同过去的表现进行比较，得出评价结果。

2. 人员销售的步骤

有效销售的步骤包括寻找和界定、事先调查、展示和介绍、消除异议、完成交易、跟踪和维护，如图9－6所示。

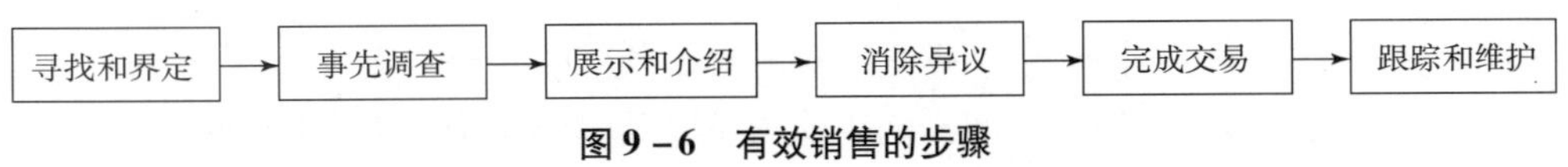

图9－6 有效销售的步骤

（1）寻找和界定。

发现和确定目标客户是销售的第一步。准确接近潜在顾客对成功推销至关重要。销售人员要具备发现潜在顾客的能力。发现潜在顾客的途径很多，包括熟人推荐，通过现有顾客推荐，通过供应商、经销企业以及社交网络取得联系，以及在工商名录或网上寻找等。通过查看潜在顾客的财力、营业额、特殊需求、所在位置以及增长潜力等，确定潜在顾客是否合格。

（2）事先调查。

销售人员需要尽可能多地了解目标公司和采购决策组织的特点。要了解公司是如何管理采购程序的、购买活动是如何组织的。许多大公司中的采购部门都被划分到了专业经验更丰富的战略供应部门。中心集中采购的好处在于能够使用更大规模的供应商，这样更容易满足公司的所有需求。

销售代表要大体上知道客户购买决策的过程，包括“谁购买，何时购买，在哪儿购买，怎样购买和为何购买”，只有这样才能制定访问的目标：确定客户，收集信息，或者是促成即时销售。销售代表还要选择最佳的接触方式，选择是采用个人拜访、电话访问还是信件沟通等；同时还要考虑选择最佳的拜访时机。最后，销售代表需要针对客户制定一个总体的销售策略。

（3）展示和介绍。

销售人员可以从特性、优点、利益以及价值四个要素出发向客户推介产品。特性是指描述产品的物理特性，例如一个芯片的处理速度和记忆容量；优点讲述的是为什么产品特性能够给客户带来好处；利益描述的是产品带给客户的经济、技术、服务和社会效益；价值描述的则是产品的利益（通常是以金钱的形式衡量）。在向客户推介时，应该兼顾从特性、优点、利益、价值这四个要素的不同视角强化客户的印象和好感。

（4）消除异议。

通常在倾听销售人员讲解产品或被要求下订单时，顾客会提出异议。这些异议有些是合理的，有些完全是出于顾客个人心理的。销售人员需要采取积极的态度，把异议清晰化，逐一解答顾客提出的异议，并要善于巧妙地把异议转化为购买动机。虽然讨价还价还是最常见的，尤其是在经济危机时期。但很多顾客也相当关心购买合同的其他方面，比如质保期限，产品和服务质量，购买数量，公司在财务、风险承担、促销方面的权利和义务以及产品安全性等。

（5）完成交易。

在处理顾客异议之后，销售人员应该设法达成交易。要注意客户表现出的一些想要达成交易的暗示行为，如顾客的动作、语言和评论以及提出的问题等。销售代表可以询问是否要下订单，概括复述达成购买协议的要点，主动帮助顾客填写订单，询问客户想要购买产品的具体型号、款式等，尽量缩小顾客做出选择的产品范围。销售人员还可以提供一些优惠条件来促成交易，如附加服务、额外赠送或者成交后的礼品等。

（6）跟踪和维护。

跟踪和维护是保证客户满意度和重复购买的必要条件。在交易完成后，销售人员应该立即落实任何必要的细节，如发货时间、购买的物品以及其他对于客户重要的事项。销售人员还应该制订一个客户跟踪电话计划，以确保客户在收货后得到了正确的安装、说明和其他服务，并且在电话中询问客户是否遇到了任何问题，确保客户得到应得的利益，从而带给客户满意的客户体验。

9.3　数字与直复营销

数字与直复营销是指直接与精心挑选的单个消费者和顾客社群互动，以期获得顾客的即时响应，提高销售并建立持久的顾客关系。传统的直复营销工具包括面对面销售、直邮营销、目录营销、电话营销、电视直销、信息亭营销。近年来，新型的数字化直复营销工具大量应用于营销领域，产生了新型的数字化直复营销模式，包括网络营销、社交媒体营销以及移动营销。如今，数字化营销成为增长最快的直复营销形式。数字与直复营销形式如图 9－7 所示。

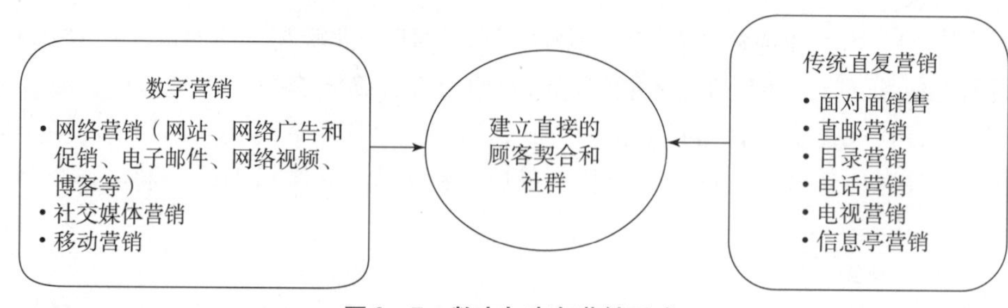

图 9－7　数字与直复营销形式

9.3.1　网络营销

如今，世界上的大部分交易已经可以在联系着个人和企业的数字网络中进行。人们借助网络随时随地接触信息、了解品牌、建立联系。著名网络营销研究专家戴夫·查菲指出，网络营销是“通过使用数字技术使营销目标得以实现”。这些数字技术通常包括台式电脑、移动通信、门户及其他数字平台。具体而言，网络营销就是直接通过网站、搜索广告、陈列式广告、电子邮件等形式，吸引顾客，直接或间接提升产品或服务的知名度、形象或销售的在线活动或计划。互联网从根本上改变了顾客对于便利、速度、价格、产品信息、服务和品牌互动的看法，由此给营销者提供了一种为顾客创造价值、吸引顾客参与并建立顾客关系的全新方式。

（1）网站和品牌网上社群。

当今时代，企业必须能设计出包含或表达它们的目标、历史、产品和愿景的网站，这些网站要让人过目不忘并能吸引重复的访问者。网站访问者一般会根据易用性和吸引力来判断网站的优劣。易用性表现为：网站载入速度快；首页通俗易懂；链接到其他页面方便快捷。而吸引力则体现在：各个页面干净整洁而不是被各种内容填满；字体和字号适宜，可读性强；网站颜色（及声音）使用恰当。

品牌社群网站不销售任何东西，其主要目的是展现品牌内容、吸引消费者和建设顾客—品牌社群。这类网站提供种类丰富的品牌信息、视频、博客、活动和其他一些有利于建立紧密的顾客联系以及促进顾客—品牌互动的特色内容。

【案例启迪】　B站：构建具有归属感的社群

社群营销是指在对目标用户进行深度开发的基础之上，以社群用户为中心，通过对目标社群进行精准定位，针对性地投放营销信息。在社群为王的时代，企业要着重利用多元社群互动的方式，构建具有归属感的社群，针对具有鲜明特征的用户群体进行精准化营销。

与其他的视频平台不同，B站的用户准入机制比较严格，通过手机号注册只能成为“注册会员”，享有的权利也较少，只有成为“正式会员”才能拥有更多的权利，才能被认同是B站真正的成员。要成为正式会员，主要的方法就是答完B站的题目并且得分超过60分。这种答题机制B站一开始设置得比较难，而随着B站体量的不断扩大，问题的难度也越来越低，大部分题目和“弹幕礼仪”相关而不是较为小众的二次元类题目。尽管如此，B站通过这一答题筛选机制还是能够过滤掉一部分低质量用户，让用户和平台的联系更为紧密。通过答题的B站用户有较强的归属感，他们彼此的互动较为良性，为形成不同趣缘社群提供了良好的条件。

在移动互联的背景下，时间和空间的藩篱不断被打破。不同地域的社会个体通过兴趣爱好连结，成为基于趣缘的想象共同体。纵观B站的发展历程，B站一直注重构建亚文化社群。从“哔哩哔哩干杯”到“你感兴趣的视频都在B站”，B站口号的改变印证社群营销内容的深化。二次元亚文化是B站的立站之本，基于二次元的社群经济是B站重要的收入来源。对此，B站推出“大会员”这一付费机制，成为“大会员”可以提前观看B站引进的动漫。不仅如此，“会员购”和“魔力赏”等针对二次元社群的营销手段相继推出，优化了B站的盈收结构。

除了二次元社群，B站还通过一系列破圈的营销手段吸纳不同的亚文化社群。比如针对知识类分区，B站开展“知识光年·青少年科普计划”，邀请三位诺贝尔奖获得者入驻B站，打造科普文化爱好者的狂欢节。这次活动加速了知识区社群的构建，同时提高了B站的内容品位，受到年轻用户的追捧。截至2021年，B站已经设立番剧、漫画、游戏、音乐、舞蹈、科技、生活等32个分区，实现了针对年轻人兴趣的全方面覆盖。B站通过针对不同趣缘人群的精准营销传播，吸引更多趣缘群体慕名而来，成功构建一个个具有归属感的社群。可以说，B站的社群构建在同类视频平台中处于领先地位，基于不同社群的精准营销取得了良好的效果。

（2）网络广告。

由于消费者用于网络的时间越来越多，许多企业正将更多的营销支出投向网络广告。网络广告正成为一种新的主流媒体。网络广告的主要表现形式包括展示广告和搜索内容关联广告。

网络展示广告可能出现在上网者的屏幕的任何位置，并且与其正在浏览的网站内容相关。如今的富媒体广告融合了动画、视频、音乐效果和互动，吸引顾客的眼球和关注。搜索内容关联广告几乎占据了整个互联网广告的半壁江山。在付费搜索中，营销者对搜索关键词进行竞价，这些关键词代表着消费者想要的产品或消费兴趣。当一个消费者通过网络搜索任何关键词时，营销者的广告往往就会出现在搜索结果的上方或下方。

广告商只有在人们点击链接时才付费，但营销者认为那些主动进行搜索的人已经表现出了购买兴趣，因而他们就是主要的目标客户。每次点击的成本取决于链接的排名以及搜索词的流行程度。付费搜索前所未有的流行引发了关键词竞价者之间的激烈竞争，这大大提高了搜索的价格。如果公司能够选择最佳关键词，策略性地对它们竞价并时刻监测它们的有效性和经济性，公司将获益匪浅。

（3）电子邮件。

电子邮件使得营销者能够同客户进行交流和沟通，而其成本却只有直邮营销的几分之一。根据直复营销协会（DMA）的报告，电子邮件具有很高的营销投资回报，营销者在电子邮件上每花1美元，可以获得44.25美元的回报。许多一流的营销商经常使用电子邮件营销，并取得积极效果。电子邮件让营销者将具有高度针对性、个性化和有利于建立关系的信息传递给顾客。当然，消费者往往被大量的邮件包围着，许多人都选择使用垃圾邮件过滤器。

【观点透视】 电子邮件的营销价值

（1）给消费者一个回复的理由。使用多种有效的方法吸引消费者，如问答游戏、寻宝游戏和即时抽奖等。

（2）个性化定制邮件内容。那些同意接受IBM每周信件的消费者曾经选择了他们感兴趣的话题。

（3）提供一些消费者从直邮信件中无法得到的好处。电子邮件广告活动时效性很强，可以提供一些即时的信息。Travelocity会向消费者发送最新的打折机票信息，而地中海俱乐部会向消费者发送最新的未售出的旅行团名额信息。

（4）让消费者很容易就能退订邮件。网络消费者都期望能够便捷地退订邮件，如果他们对某一次的退订体验不满意，很可能将这种不满意告诉他人。

（5）同其他传播方式结合，如社交媒体。西南航空公司发现如果在邮件广告活动之后紧随一个社交媒体的广告宣传，那么公司就会获得最大的机票订单数量。

为了提高电子邮件营销的效率，一些研究人员使用“网站点击热图”，他们通过安置在计算机上的照相机跟踪消费者的眼睛移动，来测量人们在计算机屏幕上阅读了哪些内容。研究表明，可点击的图形式的符号或按钮比单纯的一个网址会多吸引60%的点击率，点击后消费者会看到更加详细的营销活动内容。

（4）网络视频。

网络视频是目前快速发展并广泛应用于营销的沟通传播方式。其传播形式就是在品牌网站主页或者诸如 YouTube、脸书、快手等社交媒体上发布数字视频。

一些视频是专门为网站和社交媒体制作的，包括指导操作的视频和公共关系视频，旨在进行品牌促销和与品牌相关的娱乐活动。其他的多是公司为电视和其他媒体制作但在广告活动之前或之后上传到网络上的视频，以提高广告活动的到达率和影响。优秀的网络视频可以吸引数以百万的消费者，实现巨大的传播和营销效应。

【营销新视野】网络直播的崛起

（5）博客和网上论坛。

博客是时常更新的网络日志，在这里个人或者公司可以写出他们的想法和其他内容。博客已经成为口碑的重要阵地。目前，存在数以百万计的博客，它们多种多样，有些是比较私人化的，针对亲密的朋友和家人，而有些则是为了接触和影响更为广泛的受众。博客的一个显著作用是能够将具有相同兴趣的人聚集在一起。全球的许多公司都已经创立了大量自有博客，并认真地监控其他博客。博客搜索引擎提供对上百万博客的可精确到分钟的分析，以发现人们的最新想法。流行的博客造就了意见领袖的产生。

在线社区和网上论坛成功的关键是能够创造将社区成员紧密联系在一起的个人和群组活动。网络社区和论坛中的信息流是双向的，能够为公司提供有用且难以获得的消费者信息和见解。

9.3.2 移动营销

移动营销是指向移动中的消费者通过他们的移动设备递送营销信息、促销和其他营销内容的活动。随着手机的普及，营销者能根据人口统计信息和其他消费者行为特征定制个性化信息，推动移动营销迅速发展。营销者能够运用移动营销在购买和关系建立的过程中随时随地到达顾客，并与顾客互动。

对于消费者来说，一部智能手机或平板电脑就相当于一位便利的购物伙伴，随时可以获得最新的产品信息、价格对比、来自其他消费者的意见和评论，以及便利的电子优惠券。移动设备为营销者提供了一个有效的平台，借助从移动广告、优惠券、短信到移动应用和移动网站等工具，吸引消费者深度参与和迅速购买。

移动已经成为今天市场营销的新前沿，尤其是对依赖年轻消费者群体的品牌而言。移动设备具有非常个人化、持续呈现和随时运作等特点，这使得它们成为取得快速反应的理想媒介，尤其对时间紧迫、个性化强的产品而言，更是如此。成功的移动营销不仅仅可以给人们提供电子优惠券和购买链接，更重要的是它可以强化品牌互动，创造一种无缝隙的购物体验。消费者只需要在智能手机上简单搜索或浏览，点击按钮即可完成全部购买交易。企业快速发展的移动能力，从定位技术到移动支付系统的高效支持，使得各行各业越来越多的企业在移动营销中获得更多的商业利益。

【案例启迪】 塔可钟运用移动广告在“移动重要时刻”联系顾客

为了推广早餐，塔可钟（Taco Bell）运用移动广告瞄准精心选择的目标受众，在顾客开始新的一天时影响他们。根据诸如清晨消费者首先会用哪些移动应用程序、最喜欢什么新闻应用程序或者他们什么时候会查看早餐食谱等特定行为，它们的移动广告可以做到有的放矢。塔可钟还根据地理位置投放移动广告，运用谷歌 Waze 的导航和交通应用程序甄别特定顾客的位置，甚至提供到达附近门店的详细指引。通过这些方法，塔可钟可以根据每位顾客的行为、经历和环境定制移动广告。可见，移动营销让塔可钟实现了有的顾客描述的情境：塔可钟“当顾客早晨醒来开始考虑早餐时就及时出现”。

9.3.3 社交媒体营销

互联网的普及、数字技术和设备的迅猛发展催生了网络社交媒体的产生和广泛应用。无数独立的商业化社交网络的出现，可以为消费者提供一个彼此聚集并交换想法和信息的网络虚拟空间。通过社交媒体，消费者之间或消费者同公司之间可以分享信息、图片、音频和视频信息。社交媒体营销是指企业利用现有的或创建新的社交网络平台，通过开展信息交流、互动分享、社群联系、产品或服务推介、促销宣传等活动，建立紧密的顾客关系并使企业长期获益。社交媒体允许营销者在网络上建立公共形象并发布公共信息，以及强化其他传播活动的效果。由于社交媒体具有即时性，这就要求公司必须始终保持更新状态、发布最恰当的信息。

社交媒体针对性强且高度个性化，这使得市场营销者可以与个体消费者和顾客社群创造和分享定制化的品牌内容。社交媒体的互动性使之成为企业发起顾客对话和倾听顾客反馈的理想平台，社交媒体能够比其他任何一种营销沟通渠道更有效地吸引顾客，提供和分享品牌内容、体验、信息和创意。

【案例启迪】 抖音的短视频营销传播

抖音是一款专注于年轻人的可以拍摄60秒以内视频的音乐创意类短视频社交软件。自2016年9月上线以来，迅速成为中国短视频行业用户及作品数量增长最快的平台。抖音强大的流量聚集力是企业实行短视频营销传播的温床。在抖音上，用户随时随地拍摄短视频“记录美好生活”，浏览其他用户作品结交有共同兴趣的朋友，个性化推送机制使用户能精准快速地获取信息。

抖音自上线以来给予的媒体定位是面向互联网大众、帮助用户表达自我、记录美好生活的短视频分享平台，鼓励用户在平台上自主生产内容。用户可以利用抖音自带的拍摄、剪辑、特效和背景音乐配置等功能完成一条视频的制作，这种开放性使得任何用户都可以自主生产内容，变成品牌方的发声器。品牌方通过设置奖励机制，鼓励抖音上的用户参与品牌发起的短视频活动，众筹与品牌相关的短视频广告，形成用户观看—互动—参与的循环机制，增强短视频广告的趣味性和丰富性，降低消费者的防范心理。

抖音与品牌方合作，能发起话题挑战赛，定制专属品牌贴纸。有特色的趣味作品和实用内容更容易获得高关注度，使“一夜爆红不是梦”；将话题与卖点深度结合，既直接巧妙又不生硬。根据马斯洛在《人类激励理论》中的需求层次模型，用户在拍摄短视频时能够满足最高层次的自我实现需求，同时增强品牌认同感。这种传播方式满足了品牌方和消费者双方的利益需求。从目前来看，抖音上短视频营销广告包含了三种形式：第一种是用户自主拍摄与品牌相关的短视频，即用户生成短视频广告，用户主动参与的原因主要是参加品牌方发起的话题挑战赛；第二种是品牌方找到网络红人合作，通过他们发布产品植入的短视频；第三种是品牌方自行拍摄的短视频广告，这类广告以展现产品为主，品牌方和用户即时互动获取信息反馈。

9.3.4　传统直复营销

直复营销是使用邮件、电话、电子邮件、互联网等与特定或潜在顾客进行直接传播，寻求回应和对话的活动。传统的直复营销有以下几种形式：

（1）直邮营销。

直邮营销意味着向个体消费者发送一份报价、一则产品信息、一个商品动态提示或是其他产品内容。通过使用经过高度筛选的邮件列表，直邮营销者往往每年会向外发出数百万封邮件，包括信件、传单、插页广告和其他营销宣传材料。

直邮要对目标市场进行筛选，具备个性化、灵活性强的特点，并且能够轻而易举地检测市场的反应。尽管直邮的千人成本比大众媒体广告高，但直邮到达的人群却是更好的目标群体。然而，直邮的优势也可能成为一种劣势：有太多的营销者向消费者发送直邮广告，以至于邮箱被塞满，导致一些消费者对他们收到的广告视而不见。为了有效进行直邮广告活动，直邮营销者必须确认他们的目标、目标市场、促销内容、测试广告活动效果的方法以及衡量活动是否成功的标准。

（2）目录营销。

在产品目录营销中，公司通常以印刷品或网络目录的方式向消费者邮寄或展示完备的产品目录、专业消费者目录或业务目录。随着互联网的迅猛发展，越来越多的购物目录逐渐数字化。大多数的传统目录印刷商已经将网络目录和移动目录购物移动应用程序加入自己的营销组合之中。

产品目录销售的成功依赖对客户名录进行认真的管理，从而避免重复或者坏账，控制库存，提供高品质产品，进而降低退货率，维护公司和产品的独特形象。一些公司还创造有特色的文字或信息，向客户赠送原材料样本，运营一个提供特别服务的在线或热线电话进行答疑，给它们最好的客户发送礼品，以及将利润中的一部分作为慈善捐助。

数字目录消除了印刷和邮寄成本，还能够实时进行商品配置，根据需要随时增加或删减产品及其特性，并适应市场需求变化及时调整价格。传统的印刷目录受到版面的限制，容量有限，网上目录可以提供的商品数量则不受限制，还可以采取更丰富的展示形式。顾客可以随时获得电子目录，甚至是在实体商店购物时。电子目录还可以提供更丰富的展示形式，包括搜索和视频，并具有互动功能。

（3）电话营销。

电话营销是通过使用电话和呼叫中心吸引目标客户，向已有客户销售产品，提供订单和答疑等服务。这种营销方式帮助公司增加收入、降低销售成本并提升客户满意度。公司通过使用呼叫中心接受消费者的来电或主动呼叫目标客户。电话营销可以用于企业和消费者市场。随着视频电话的应用，电话营销将会不断削弱较昂贵的现场销售的份额，尽管不会完全取代。

（4）电视营销。

电视营销有两种主要形式：直接答复的电视广告和互动电视广告。

①直接答复的电视广告。直复营销者运用直接答复的电视广告节目播放广告，通常60～120秒，带有劝说性地介绍一种产品并向顾客提供一个免费电话或网址进行订购。电视直销也包括关于某个产品的30分钟或更长时间的广告节目或商业信息片。

②互动电视广告。借助互动电视系统、连接网络的智能电视和智能手机、平板电脑等技术，消费者可以通过电视终端、手机或其他设备获取更多的信息或直接从电视广告推荐的渠道进行购买。

如今随着电视屏幕与其他屏幕之间的界限日益模糊，互动电视和商业信息片不仅出现在电视上，而且可以在移动、网络和社交媒体平台播放，增加了更多类似互动电视的直复营销方式。

（5）信息亭营销。

由于消费者正越来越习惯于数字和触摸屏技术，许多企业把信息和获取这些信息的机器称作信息亭（Kiosk），安放在商店、机场、旅馆、大学校园等处。如今，信息亭正出现在许多角落，从自助服务的酒店和航空公司的值机设备，到购物中心的自助产品信息亭，甚至到允许顾客订购缺货商品的店内订购设备。消费者可以使用富士、惠普的店内信息亭上传存储卡、手机和其他存储器中的图片，自行编辑和完成高清彩色冲印。安装在超市、药店、大型商场等处的咖啡自动售货机，可以随时为路过的消费者研磨新鲜的咖啡豆和提供一杯美味的咖啡。信息亭营销极大地方便了人们的生活，提高了人们的生活质量。

【案例启迪】 OPPO智能手机的传播策略

（1）广告投放渠道广泛。OPPO品牌一直都非常注重广告的投放，前期OPPO大多邀请当红明星来拍摄广告进行宣传。在广告投入方面，OPPO手机在赞助热门综艺及邀请当红明星作为产品代言人上投入了大量的资金成本和人力成本。OPPO手机长期以来都在坚持每年用多达几十亿的高额广告费来邀请明星做代言。通过此方式提高品牌知名度和认知度，从而挖掘潜在消费者，实现品牌影响力的大范围扩张。此外，OPPO通过冠名热门综艺也大大提升了品牌知名度，通过主持人和嘉宾见缝插针式的手机功能和外形宣传，使OPPO的广告信息深入人心。

(2) 多平台开放直播间。OPPO 手机一直以来都注重科技创新，截至目前已经拥有了数万项专利。OPPO 通过线上与线下的整合营销策略促进品牌的推广和产品的销售，取得了卓越的成绩。营销在很大程度上影响着消费者决策，而消费者决策是一个从问题认识到购买决策的复杂过程。OPPO 通过广告、促销、直复营销和社交媒体等触及消费者的感知神经，培养消费者的消费习惯，加深品牌在消费群体中的认知度、美誉度和忠诚度等，不仅让消费者在购买的过程中感到舒服，同时也注重消费者的购后体验。

(3) 宣传黑科技创新技术。目前，OPPO 手机的销售渠道分为线上和线下两种，线上主要是通过淘宝、京东等网络销售平台进行售卖，并通过品牌直播间介绍、优惠券发放及优惠套餐绑定等营销手段促进市场销售。线下实体门店分布广泛，在一、二线城市已经有较为高端的产品体验店，主要突出售后服务和购买前的使用体验，可以针对人们的需求给出合理化购买建议。OPPO 品牌通过科学合理地规划销售渠道和相关的营销手段，逐步提升了手机的营销利润。即便是在当前国产手机市场竞争激烈的趋势下，OPPO 品牌仍然可以依靠强大的销售渠道来获得稳定的市场份额。

9.4 营销沟通中的责任与伦理道德

在营销沟通与传播过程中，必须对存在的许多法律和道德问题加以关注。尽管大多数营销者能够与经销商和消费者开诚布公地进行沟通和交流，但一些违规现象仍然可能发生。社会需要通过法律和道德宣传，加强对营销沟通中的行为监管和规范。

9.4.1 广告和营业推广的伦理失范与准则

(1) 广告伦理失范表现。

①虚假广告。虚假广告指在广告中对产品或服务的内容进行不真实宣传，对商品或服务的性能、功效、质量等表述不清，使用数据、资料不真实、不准确，以欺骗误导消费者购买的侵权行为。

②信息的虚假。信息的虚假主要表现为：利用消费者信息不对称的弱点，刻意隐瞒产品或服务的缺陷；有意夸大产品或服务的优点和功能；做出无法兑现的承诺；对消费者进行内容和观念的误导等。

③歧视性广告。歧视性广告指广告信息中对某一群体或某类成员有偏见或贬低的广告，包括种族歧视、性别歧视、宗教歧视、文化歧视、社会地位歧视等。

④媚俗低劣广告。媚俗低劣广告倡导不健康的价值观念和生活观念，宣扬陈腐落后、低级庸俗的社会文化等，对人们的价值观、消费观、行为规范产生误导，严重污染精神文化环境。

⑤不利于儿童成长的广告。儿童广告是指针对儿童使用的产品的广告或有儿童参加演示内容的广告。儿童电视广告中的伦理失范现象主要表现为：利用儿童的认知能力和辨别能力较低的特点，诱导儿童进行直接消费；广告商推崇的消费主义和时尚至上的价值观念，对儿

童的价值观产生误导；儿童广告成人化，包括形象成人化、语言成人化、动作成人化等，误导儿童的心理、生理早熟；儿童广告中出现淡化甚至曲解中国传统优良伦理规范的内容等。

⑥不当或不实的比较广告。在我国，一般认为，比较言行是将广告中所要宣传的产品和同一竞争领域内的其他产品并列比较，但不言及特定竞争对手的企业名称的广告。由于比较广告是采用对比产品的方式运作的，因此广告中可能会存在自觉不自觉地、或多或少地攻击对手、抬高自身的内容。根据现行对广告标准的有关规定，在认定比较广告时，必须同时具备两个条件：一是比较广告不可以指明竞争对手的名称，二是比较广告不可以将产品进行直接比较而只能进行间接比较。要通过加强监管，抑制不当比较广告或不实比较广告的产生和发展，以维护比较广告的良好社会效果。

（2）广告应遵循的伦理准则。

①遵守法律规范。广告主体，包括广告主、广告经营者和广告媒体，在从事商业广告宣传过程中，必须要按法律、行政法规、规章的要求规范所有活动和行为，这是广告运作中最为基本的伦理准则。社会主义市场经济既是法制型经济，也是伦理型经济，法律作为道德的基本底线，任何单位和个人都必须严格遵守。

②坚守诚信原则。广告作为一种沟通传播手段，本质是一种信息传播活动。在一定程度上，可以说广告具有一定的社会意识形态的功能。其借助各种媒体面向大众进行的信息传播，对大众的人生观和价值观、消费观念、生活方式乃至社会风气等，都会产生潜移默化的影响。因此，坚持信息传播中的诚实和守信，是广告信息赢得大众接受和认同的基础。

③坚持公平合理。广告的公平准则要求在广告活动中，一是要做到平等自愿。广告主、广告经营者以及广告媒体，其法律地位是完全平等的。二是要做到等价有偿。广告主、广告经营者以及广告发布者之间实际上是一种交换关系，广告经营者和广告发布者按照广告主的要求制作和发布高质量的商品或服务广告，广告主要按照事先的约定向对方支付价值相等的费用，这样广告活动才能顺利完成。三是广告活动的手段要正当，包括获取广告的手段正当以及广告的内容和方式正当。

（3）对营业推广的伦理要求。

如前所述，营业推广是一种适合短期采用的促销传播方式，旨在刺激消费者、经销商等迅速大量购买企业营销的产品，具体可采取的手段包括陈列、展览会、赠送、价格折扣、赠券、奖品、免费试用等。在营业推广活动中，为避免出现伦理问题，应该注意以下几点：

①活动力度量力而行。营业推广在一定程度上可以说就是企业把自己的一部分利益让渡给消费者，因此，推广的工具及其利益让渡的程度，要根据本企业的盈利状况和财力基础确定。一旦活动的费用超出企业的承受能力，对消费者已经承诺的利益就可能会以各种理由不予以兑现，最终导致失信，也会损害企业的声誉。

②以回报之心开展活动。营业推广活动的动机不仅是为了促进销售，还应该有回馈消费者之心。只有深怀感恩与回报之心，才能真正贯彻好“顾客至上”的营销理念，正确使用好营业推广的工具。如果只是将扩大销量、促进销售作为唯一目的，就有可能导致只注重物质刺激和引诱，甚至出现一些违背伦理规范的行为。忽视与消费者在精神和情感上的深度沟通和连接，会失去消费者的品牌忠诚，不利于与消费者友好关系的持续维系。

③不能强压或欺骗消费者。免费品尝、赠品和奖品发放、捆绑销售、打折让利等利益引

诱较强的营业推广活动，易激发消费者的参与意识，消费者的关注和参与程度会比较高，加入人数也会较多。为此，企业更应注意把握分寸，做好完备策划和设计。充分尊重消费者，不强迫更不能欺骗消费者。真正让活动既能促进销售，又拉近与消费者的距离，增进与消费者的情感连接，展示企业和品牌的良好形象。

④适度合理利用宣传和赞助。企业开展的营业推广活动，往往需要通过各种媒介进行宣传报道。做好宣传报道，对最大限度提高活动效果、提高消费者对企业的信任度和知名度，是十分重要的。正当的宣传，一是要以企业现有的工作成效为基础，采访、报道真实，有理有据；二是不搞有偿新闻，杜绝贿赂等违法行为。在进行的各类赞助活动中，企业要处理好责任与义务、投资与回馈、合作与共赢、社会声誉与商业价值、当前利益与长远发展等多方面的关系，树立在消费者、合作伙伴及社会公众中的良好声誉和形象。

9.4.2 人员销售伦理问题与准则

（1）与顾客关系的伦理问题。

①高压劝说及诱导顾客。这一问题表现为推销人员通过一定的方式向顾客施压，迫使顾客购买他们不需要的或价格与自身价值并不相符的产品或服务。

②顾客歧视。企业按照获取的信息将消费者进行分类，对不同级别或类型的消费者提供不同的服务，甚至于就同一服务面向不同的消费者收取不同的费用。

③误导宣传。企业利用买卖双方信息不对称的情况误导消费者进行消费。在一些行业或针对特定的产品，推销人员可能会利用消费者的信任或信息的匮乏向消费者推介偏离其购买意愿或实际承受能力的产品。

（2）与竞争者关系的伦理问题。

①排他行为。经营同类产品或服务的经营者之间，构成了市场中的竞争关系，导致有的企业可能采取一定的手段排挤对手，从而在市场上形成一定的独占优势。

②无端污蔑竞争对手。通过向消费者传递不利于竞争对手的信息，甚至是虚假信息，使顾客放弃选择竞争对手的产品。

③以不正当手段获取对手商业信息。将以不正当手段获取的对手信息用于商业目的，损害竞争者的利益。

在市场营销活动中，营销人员应意识到企业与竞争者应该是“竞合”关系，既竞争又合作，才能真正实现双赢甚至多赢的局面。以合法的方式竞争，才能形成一个有利于共同发展的健康有序的市场环境。

（3）人员销售的伦理准则。

①遵守职业操守。作为以销售为职业发展方向的专业人员，遵守营销和销售工作的职业操守是基本的要求。每个行业、每种职业类型，都有其相应的道德观念和伦理基础。成功的职业经理人，必须将正确的商业伦理价值观置于个人成长与业务发展的首位，予以坚持和坚守。

②遵守公平竞争原则。大多数国家和地区都制定了反欺骗性销售法案，明确规定了哪些销售行为是不被允许的。例如，销售人员不能夸大购买产品的好处，对消费者说谎或误导消费者。为避免诱导销售等行为，销售人员所说的必须与广告声明一致。

③在组织间的交易中坚守道德，不触及法律底线。在向企业销售产品时，销售人员不得

向采购代理或其他对采购有影响的人行贿；不得通过贿赂、使用商业间谍等手段获取或使用竞争对手的技术秘密或商业秘密；销售人员也不能捏造事实去贬损竞争对手的产品。

9.4.3 网络视频传播伦理失范与规范

（1）网络视频传播伦理失范主要表现。

①制作或传播虚假视频影像。网络视频在生产、制作、传播过程中如果存在人为的或者技术性失实与遮蔽，使得影像呈现与事实偏离，“有图有视频但无真相”，这实际上是对事实的歪曲和主观建构。尤其是在网络新闻视频的传播中，虚假影像、虚假视频问题值得特别关注。

②个人隐私画面和影像缺乏保护。在海量的网络视频内容中，一些影像曝光了个人肖像、身份或不愿公开的内容，因而个人隐私的保护成为当前网络视频传播的焦点问题。

③传播低俗、暴力、悲剧画面等不适当视频影像。在网络视频平台尤其是短视频平台上，存在传播色情、低俗、暴力、悲剧等视频影像的问题。

④未成年人视频影像的呈现与保护。在短视频和网络直播中，往往出现未成年人的个人隐私、肖像等人格权未被充分保护的情况。在未成年人参与的网络视听节目中，有的为了流量和利益，过度消费未成年人，甚至侵犯未成年人的合法权益。

【知识拓展】直播带货的相关主体及责任承担

（2）网络视频传播行为伦理规范。

①遵守社会公德和数字伦理。视频制作者、发布者、传播者作为传播活动中的主体，要坚守良善、诚实、正直与负责的态度，注意保护个人的隐私，维护人格尊严和权利，秉持诚实、正义、谦虚、非暴力等传播美德，持续弘扬传播美德和社会公德。同时，网络视频行业要通过建立具有普遍意义的视频传播伦理规范，树立数字伦理原则并加以推广和实施，形成对行业群体行为的规范和引导。

②坚守职业伦理和平台伦理。从职业伦理出发，传播者要坚持真实性原则，回到“再现真实”的基本要求，认真核实影像来源和准确性。网络视频平台要承担伦理责任，完善平台内容的准入、审核、发布等监管机制，制定并维护视频传播的伦理公约，加强用户、平台与专业媒体之间的连接，使信息可溯源、内容可交互验证，及时处理违反法律法规和媒介伦理的视频影像。

③遵守道德自律和交往伦理。在网络视频的内容生产和传播中，伦理主体要主动承担社会责任，使内容符合主流社会价值观的要求，杜绝虚假、低俗、暴力、色情、侵犯个人隐私等视频影像的传播。另外我们要看到，新的传播技术和传播方式的出现，深刻地改变了人们的交往观念和行为，由此需要形成与互联网社会发展相适应的交往伦理规范，包括坚持对话沟通的真诚性、真实性、正当性、互惠性，促进公共利益和公共之善等。

本章小结

营销沟通的设计和管理

营销沟通是公司试图向消费者直接或间接地告知、劝说和提醒其销售的产品和品牌信息的活动，是公司与消费者进行对话和建立关系的纽带。

营销沟通的主要方式：广告、营业推广、公共关系、人员销售、网络营销、社交媒体营销、移动营销、直复营销。

有效整合营销沟通过程的步骤：确定受众和传播目标、设计信息和选择渠道、确定沟通预算、营销沟通组合决策、测量沟通结果。

大众传播方式

广告是特定广告主采用付费形式，通过各种媒体对观念、产品、服务等进行的非人员展示和促销。

营业推广是运用多种短期促销工具以鼓励消费者试用或购买某一产品或服务。

公共关系是通过获得有利的宣传，与公众建立良好关系并树立良好形象。

人员销售是以沟通和获得订单为目标，与一个或多个潜在购买者进行面对面的交流的过程。

数字与直复营销方式

网络营销包括网站、搜索广告、陈列式广告、电子邮件等形式。

移动营销是指通过移动设备递送营销信息的活动。

社交媒体营销是指企业利用现有的或创建新的社交网络平台，进行分享、社群联系、产品或服务推介、促销等活动。

直复营销是使用邮件、电话、电子邮件、互联网等与特定或潜在顾客进行直接沟通，寻求回应和对话。

营销沟通的责任与伦理

广告伦理失范的表现包括虚假广告、信息的虚假、歧视性广告、媚俗低劣广告、不利于儿童成长的广告、不当或不实的比较广告等。企业要遵守法律规范、坚守诚信和公平合理的伦理原则。

营业推广方面，为避免出现伦理失范问题，要注意坚持活动力度量力而行、以回报之心开展活动、不能强压或欺骗消费者以及适度合理利用宣传和赞助等原则。

人员销售方面，与顾客关系的伦理问题包括高压劝说及诱导顾客、顾客歧视、误导宣传等。与竞争者关系的伦理问题包括排他行为、无端污蔑竞争对手、以不正当手段获取对手商业信息等。企业要遵守职业操守和公平竞争原则，不触及法律底线。

网络视频传播失范表现在制作或传播虚假视频影像，个人隐私画面和影像缺乏保护，传播低俗、暴力、悲剧画面等不适当视频影像，以及对未成年人视频影像缺乏保护等方面。企业应当遵守社会公德和数字伦理、坚守职业伦理和平台伦理以及遵守道德自律和交往伦理等。

复习思考题

1. 什么是营销沟通？营销沟通组合主要包括哪些方式？
2. 如何理解整合营销沟通？整合营销沟通的过程是如何实现的？
3. 什么是广告？广告传播各阶段的特点是什么？
4. 什么是营业推广？针对不同的推广对象主要有哪些工具？
5. 如何理解营销公共关系？有哪些主要的工具？
6. 销售人员管理的主要内容是什么？人员销售的工作步骤是怎样的？
7. 如何理解网络营销、移动营销以及社交媒体营销传播的特点及其应用？
8. 如何理解直复营销的主要沟通方式及其特点？
9. 广告、营销推广以及人员销售应遵循的基本伦理准则有哪些？
10. 对网络视频传播行为伦理规范的基本要求是什么？

营销体验

1. 小组辩论：优秀的销售人员是与生俱来的还是后天培养的？

对于销售人员的培养有一个争论是：后天培训和先天素质在决定优秀销售人员中哪个更为重要？有人认为，最优秀的销售人员是与生俱来的，他们的成功取决于良好的性格和良好的人际沟通能力；而另一些人认为，前沿销售技术的应用可以使人人都成为销售明星。

正方观点：建立有效的销售团队的关键是挑选销售人员

反方观点：建立有效的销售团队的关键是培训

2. 小组调研与交流：代表性公司数字营销传播的特色调研。

将班级同学分成小组，从网络营销、社交媒体营销、移动营销三种沟通方式中，每个小组选择其中一种，并针对这种沟通方式选择一家代表性公司，对这家公司近 1 ~ 2 年的具体运作模式进行调查研究，完成调查分析报告，然后在班里进行交流和讨论。

3. 小组调研与讨论：行业网络视频传播中的伦理问题与规范。

分小组，每个小组选择一个行业，对该行业当前在网络视频传播中存在的问题进行调研，并对解决问题的对策进行讨论。

案例讨论

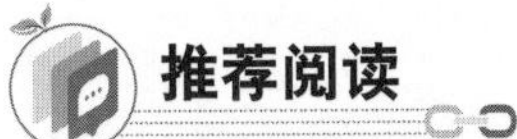
推荐阅读

在线测试

第 10 章
服务营销

学习目标

◎ 知悉服务的特征；
◎ 理解服务营销的特殊性；
◎ 具备服务营销分析与策划能力；
◎ 掌握服务质量管理的方法。

关键术语

◎ 服务（Service）
◎ 服务业（Service Industry）
◎ 服务营销（Service Marketing）
◎ 服务营销组合（Service Marketing Mix）
◎ 人员（Personnel）
◎ 过程（Process）
◎ 有形展示（ Physical Evidence）
◎ 服务满意度（Service Satisfaction）
◎ 服务质量差距模型（ Service Quality Gap Model）
◎ 服务承诺（Service Commitment）
◎ 服务补救（Service Recovery）

知识结构

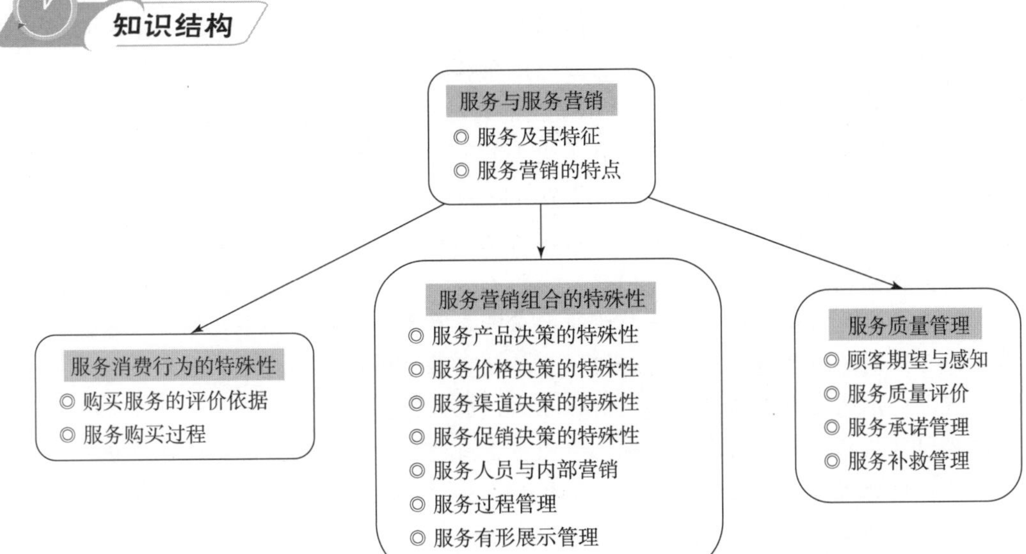

【先思后学】 宜家是家不错的餐厅，它顺便卖卖家具

宜家真的开餐厅了，从卖家具的宜家变成开餐馆的宜家了。宜家开餐厅的初衷，只是为了让那些逛家具城的消费者累了有个歇脚的地方，最初只是家居业务的一个辅助，正如宜家创始人 Ingvar Kamprad 说的，宜家的肉丸子才是“最好的沙发销售员”，毕竟当一个人饥肠辘辘的时候，谁也没心思来考虑客厅的沙发究竟是布艺的好，还是真皮的好。只有把他们都喂饱了，他们才有力气继续逛，并决定买什么。可能当初谁也没有想到，宜家的餐厅会成为宜家另一个收入增长的引擎。在过去几年里，宜家餐厅已经证明，它不仅只是一个营销工具，紧随着当下消费者追求健康的饮食潮流，宜家已经把餐饮变成了它增长最快的业务之一。现在宜家已经开始认真地考虑，把餐饮作为未来的收入来源之一，如果有可能的话，甚至还会把触角延伸到市中心的一些独立咖啡馆。

说起来惭愧，宜家一直认为自己是卖家具的，完全没有意识到自己还有餐饮这么一块业务发展得还挺好的。如果看一下宜家庞大的业务，也不难理解为什么长期以来，餐饮业务被忽略了：2016 年宜家的家具业务收入为 365 亿美元，相比起来，卖咖啡、三明治的收入根本不值得一提。但是当宜家把自己的餐饮数据放到整个餐饮行业一比较，发现不比不知道，一比吓一跳，原来自己的餐饮业务还真不小——2013 年宜家餐饮年销售额为 15 亿美元。

在这个惊人的发现之后，宜家秉持着做家具的精神开始做餐饮。管理部门开始检验宜家餐饮业务的每一个环节，简化供应链，并与挪威的一家可持续鲑鱼渔场以及咖啡和巧克力供应商建立合作关系。宜家餐厅还致力于减少浪费，在一些餐厅，利用大数据分析来判断每天应该准备多少食材，从而减少浪费。在一些试运营的餐厅，已经减少了 30% 的浪费。同时，在菜单的设计上，也把宜家做家具的理念搬了过来，菜单不仅设计优雅，讲究高品质和可持续，同时价格也十分低廉。例如，菜单中的菜品，尤其是 2015 年推出的鸡肉和瑞典肉丸子，都是响应消费者对健康饮食的要求而推出的，这些菜品的推出，把宜家“肉丸子家族”的销量提升了30%。宜家的菜单中有一半斯堪的纳维亚菜系，另一半则根据具体的市场推出本土化的食品。而宜家最吸引人的地方，是它的价格。在宜家餐厅，一家四口人可以花不到20美元解决一顿饭，就价格来说，宜家几乎找不到对手了。

宜家美国的餐厅设计，体现出宜家在美食上的一些新的想法。这些大多能同时容纳超过600人的餐厅，被划分成不同的区域，以满足不同家具采购者的需求。到宜家买家具的，有的是家长带着孩子，有的是年轻的夫妇，打算为他们人生中第一套公寓采购家具，他们采购的心情不同，在吃饭的时候，也有不同的需求。例如，餐厅有一个区域摆着长椅和舒适的沙发，这个区域主要是为那些坐下来喝杯咖啡的采购者准备的；还有一个儿童的游乐区，游乐区连着餐饮区，孩子在这边玩耍，父母可以在餐饮区边吃饭边照顾孩子。餐厅有各种大小的桌子，还有一些小的相对私密的区域，可以供不同的人休息。

根据不同区域的设计，所有的顾客都可以根据自己的需求找到适合自己的区域。这种新的设计思维，给宜家餐厅带来了每年8%的收入增长。宜家现在每年在45个国家为6.5亿顾客提供餐饮，2016年为宜家带来了18亿美元的销售。值得一提的是，有3%的顾客是专门到宜家去吃饭的，这也让宜家看到了餐饮这块业务的机会，现在宜家真的开始考虑把餐饮当作一个主营业务来发展，而不再是家具店里一个供人休息的角落。“希望将来我们的消费者会说，宜家是一家不错的餐厅。对了，那里还卖家居用品。”

加快传统产业转型升级，促进现代服务业发展壮大和转型与升级已经上升为国家战略。对于制造服务型企业和服务业企业来说，如何应对环境变化并实施营销创新，增强企业竞争优势具有重要的理论和现实意义。本章从服务的特征、服务营销组合和服务质量管理等方面阐述企业开展服务营销的具体方法和步骤。

10.1 服务与服务营销

10.1.1 服务及其特征

通常说到的服务是指为他人做事，并使他人从中受益的一种有偿或无偿的活动。服务一般不以实物形式满足他人某种特殊需要，实物往往作为载体或辅助工具出现。国内多数学者认为可将服务定义为：服务是具有无形特征却可给人带来某种利益或满足感的可供有偿转让的一种或一系列活动。日常生活中服务无处不在，例如互联网的各种应用，入住宾馆的客房，投资股票、债券和基金等有价证券，在银行存款或贷款，乘飞机旅行，理发，请人修理汽车，观看体育比赛，去洗衣店洗衣服，到学校学习，向律师提供咨询等，所有这些内容均涉及服务的购买与消费。

一般认为服务具有五种特征，对这些特征的描述如图10-1所示。

（1）不可感知性。

服务的不可感知性是服务的最基本特征，通常也称为服务的无形性。与有形的消费品或工业品比较，服务的特质及组成服务的元素很多都是无形无质，让人不能触摸或观察到其存在。不仅服务的特质是无形无质，甚至使用服务后的利益也很难被立即察觉，或是要等一段

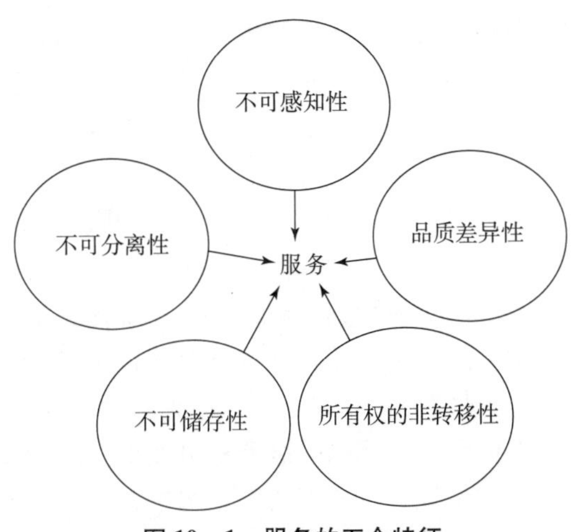

图 10－1　服务的五个特征

时间后，消费服务的人才能感觉到服务所提供利益的存在。

当然，服务的不可感知性也不是绝对的。相反，在现实生活中，大多数服务都具有某种有形的特点。例如，餐饮业的服务中，不仅有厨师的烹饪过程，还有菜肴的物质加工过程。另外，随着企业服务水平的日益提高，很多消费品和工业品是与附加的顾客服务一起出售的，而且在多数情况下，顾客之所以购买某些有形商品如手机、电脑等，只不过因为它们是一些有效载体，对顾客来说，更重要的是这些载体所承载的服务或效用。此外，“不可感知性”也不是说所有的服务都完完全全是不可感知的，它的意义在于提供了一个视角将服务同有形的商品区分开来。学者曾提出“可感知性—不可感知性差异序列图”，如图 10－2 所示。

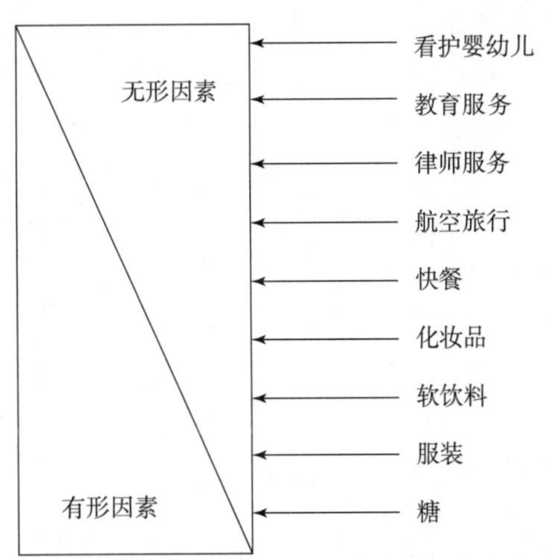

图 10－2　可感知性—不可感知性差异序列图

（2）不可分离性。

有形商品在从生产、流通到最终消费的过程中，往往要经过一系列的中间环节，生产与消费的过程具有一定的时间间隔。而服务则与之不同，它具有不可分离性的特征，即服务的生产过程与消费过程同时进行，也就是说服务人员提供服务给顾客时，也正是顾客消费服务的时刻，二者在时间上不可分离。由于服务本身不是一个具体的物品，而是一系列的活动或过程，因此在服务的过程中消费者和生产者必须直接发生联系，从而生产的过程也就是消费的过程。服务的这种特性表明，在某些情况下，顾客只有而且必须加入到服务的生产过程中才能最终消费到服务。例如，在游乐园，顾客只有亲自参与某游乐项目才算接受游乐园提供的服务；又如，只有在顾客在场时，理发师才能完成理发的服务过程。

（3）品质差异性。

服务的品质差异性是指服务的构成及其质量水平经常变化、难以统一认定的特性。服务的主体和对象均是人，人是服务的中心，而人又具有个性，包括服务方的人员和接受服务的顾客两个方面。服务品质的差异性既由服务人员素质的差异所决定，也受顾客本身的个性特色的影响。不同素质的服务人员会产生不同的服务质量效果，同一服务人员为不同素质的顾客服务，也会产生不同的服务质量效果。顾客的知识水平、道德修养、处世经验、社会阅历等基本素质，也直接影响服务质量效果。服务品质的差异性容易导致企业形象混淆。生活中可能有过一个有趣的现象：对于连锁或者特许经营的企业来说，如果是销售有形产品，由于统一了企业形象，那么在它的某一家分店，顾客一般觉得差异不是很大；但是如果它提供的是无形的服务，顾客可能就会觉得各分店服务质量存在着优劣不等的差异性。由于这种差异性的存在，提供劣质服务的分店对整个企业带来的负面影响将大大盖过大多数优质服务分店所形成的良好企业形象而产生负面效应。

服务品质差异性加大了消费者对服务质量评价的风险。这就要求服务营销者通过分解服务步骤、简化服务过程来提高质量预见性；通过使用高职业化的人员提供个性化服务，变可变性为机遇；通过对人员的筛选、培训和激励进行投资，开展内部营销；通过用设备代替人工、控制生产过程等手段来克服和减少风险。

（4）不可储存性。

服务的不可储存性是由其不可感知性和不可分离性决定的。服务的不可储存性也为加速服务的生产、扩大服务的规模提出了难题。不可储存性使得服务不可能像有形商品一样被储存起来，以备未来出售；而且消费者在大多数情况下，亦不能将服务携带回家存放。当然，提供服务的各种设备可能会提前准备好，但生产出来的服务如果不在当时消费掉，就会造成损失，例如，理发、外科手术、酒店住宿、旅游、现场文艺晚会等服务，都无法在某个时期生产并储存，然后在下一时期进行销售或消费。不过，这种损失不像有形商品损失那样明显，它仅表现为机会的丧失和折旧的发生。

服务的不可储存性也是比较有趣的一个特点，一项服务若不在生产的同时销售出去，生产者就会失去服务收益，而消费者对此并不关心；消费者在购买结束的同时，服务的概念已留在消费者记忆中；往往在服务供不应求时消费者才会马上意识到服务没有库存的特点，被迫排队等候。

服务的不可储存性的特征要求服务企业必须解决由缺乏库存所导致的产品供求不平衡问题，即如何制定分销策略来选择分销渠道和分销商，如何设计生产过程和有效地弹性处理被动的服务需求等。通常采用的预定系统、自助服务或者引导消费时间结构等方式就是基于这一特点所采取的措施。

（5）所有权的非转移性。

服务所有权的非转移性是指在服务的生产和消费过程中几乎不涉及任何服务的所有权转

移。既然服务是无形的又不可储存，服务在交易完成后便消失了，消费者并没有实质性地拥有服务。以顾客理发为例，通过理发师的服务，顾客的头发得到了一定修剪和整理，但这并没有引起任何所有权的转移，只不过顾客的感受有了一些变化而已。再比如，消费者到某景点观光旅游，经过游览，消费者或者游客手里除了握着门票或者其他边缘展示物以外，得到的就是留在印象中的景色，即使是手中的门票也是游客在游览前就买好了或者电子化了的，他们没再拥有任何东西，同时旅游景点也没有把任何东西的所有权转让给游客。

服务所有权的非转移性会使消费者在购买服务时感受到较大的风险，如何克服此种消费心理，促进服务销售，是营销管理人员所要面对的问题。目前，很多服务企业逐渐采用"会员制"的方法维持企业与顾客的关系。当顾客成为企业的会员后，他们可享受某些特殊优惠，让他们从心理上感觉到就某种意义而言他们确实拥有企业提供的服务的所有权。

在上述五种特征中，不可感知性是最基本的特征，其他的特征都是由这一基本特征派生出来的。服务的这五个特征从各个侧面表现了服务与有形商品的本质区别。

从表面上看，服务企业为顾客提供的是服务而不是有形的产品。虽然服务具有不可感知性、不可分离性、品质差异性、不可储存性、所有权的非转移性等特征，但细究一下，提供服务所涉及的许多因素，例如酒店的设施、交通运输工具、金融服务设备等，又似乎具有有形产品的特征。其实在现实经济生活中纯粹的有形商品或无形服务都是很少见的。服务与有形产品必须得联系起来，如果我们把企业生产的产品看作企业为用户提供某一方面服务的媒介，我们又可将普通行业看作服务业。也就是说，服务业与普通行业并没有本质的不同，其区别仅仅在于服务业用于为用户提供服务的媒介是无形的、或虽有形但与他人共用的。因此，任何一个以赢利为目标的企业都可归属为服务企业，而任何产品都可视为企业向用户提供服务的媒介。所以我们在学习服务营销的时候，没有必要完全把服务和有形产品割裂开来。

10.1.2 服务营销的特点

服务营销是企业在充分认识顾客需求的前提下，为满足顾客对服务的需求而采取的创造和传递服务价值并管理顾客关系的一系列活动。同传统的营销方式相比较，服务营销更像是一种营销理念的运用。企业关心的不仅是服务的成功售出，更注重的是消费者在享受企业提供服务的全过程感受。服务营销学是从市场营销学中派生的，从理论基础到结构框架都脱胎于市场营销学。但服务营销作为一门独立的学科，与市场营销相比仍存在着自身的特点。

（1）营销组合范围更广。

服务营销组合由市场营销组合的"4P"（Product，Price，Promotion，Place）发展为"7P"，即加上了人（People）、服务过程（Process）和有形展示（Physical Evidence）。"7P"的核心在于揭示了员工的参与对整个营销活动的重要意义；企业应关注在为用户提供服务时的全过程，通过互动沟通了解客户在此过程中的感受，使客户成为服务过程的参与者，从而及时改进自己的服务来满足客户的期望；有形展示作为服务企业实现其产品有形化、具体化的一种手段，在服务营销过程中占有重要地位。

（2）分销渠道的特殊性。

有形产品在市场可以多次转手，经批发、零售多个环节才使产品到达消费者手中。服务营销则由于生产与消费同时进行，决定其主要采取直接渠道方式，中间商的介入难度大，储存待售不易实现。服务渠道的单一性、直接性，在一定程度上限制了服务市场规模的扩大，也限制了服务企业在许多市场上出售自己的服务，这给服务营销带来了困难。当然，随着科技的日新月异，服务营销渠道也在不断创新，目前服务营销间接渠道已经开始在一些行业广泛应用。

（3）服务需求弹性较大。

服务市场的购买者是多元的、广泛的、复杂的。服务消费者的购买动机和目的各异，某一服务的购买者可能牵涉社会各行业各种不同类型的消费者或者组织，即使购买同一服务，有的用于生活消费，有的却用于生产消费。根据需求层次原理，人们的基本物质需求是一种原发性需求，这类需求人们易产生共性，而人们对精神文化消费的需求属继发性需求，需求者会因各自所处的社会环境和各自具备的条件不同而形成较大的需求弹性。服务需求受外界条件影响大，如季节的变化、气候的变化、科技发展的日新月异等对信息服务、环保服务、旅游服务、航运服务的需求造成重大影响。

（4）对人员的要求更高。

服务者的技术、技能、技艺直接关系着服务质量。消费者对各种服务的质量要求最终会转化为对服务人员的技术、技能、技艺的要求。服务者的服务质量不可能有唯一的、统一的衡量标准，而只能有相对的标准和凭购买者的感觉体会，这就对服务企业的员工提出了更高的要求。由于服务企业的多数员工总是直接或间接地与顾客接触，而且服务的生产与消费同时进行，员工在服务递送过程中扮演了一个非常重要的角色，既要向顾客推销服务又要亲自参与服务的提供过程，这就对其素质提出了更高的要求。

（5）营销过程的互动性。

服务的生产和消费是同时进行的，顾客直接参与服务的生产过程，服务的生产者和销售者在这一过程中需要与顾客沟通和互动，这一点与有形产品的营销是不同的。在有形产品的营销中，顾客被排除在生产过程之外，而在服务营销中则不然，顾客参与服务过程的事实则迫使服务企业的管理人员正视如何有效引导顾客正确扮演他们的角色，如何鼓励和支持他们参与生产过程，如何确保他们获得足够的服务知识达成生产和消费过程的和谐。

服务业的市场营销活动虽有许多与产品营销相同之处，但也有自己的特色，这些特色是产品营销中难以囊括的。关于营销理念、营销战略选择、营销环境分析等问题，有形产品营销与服务营销是相通的，但在市场分析的侧重点，营销规划的着眼点、制定营销策略组合等方面，服务营销有其独特的考虑和要求。

10.2 服务消费行为的特殊性

10.2.1 购买服务的评价依据

消费者购买服务一般是理智行为，即购买前要对有关信息进行收集、评价、比较和选择。这个全过程与购买有形产品没有什么明显区别，但二者在评价依据条件和具体评价流程上存在着明显的差异。总的说来，对服务的评价较之对有形产品的评估更复杂而困难，这是由服务产品的不可感知性决定的。区分消费者对服务过程和有形产品评价过程的不同，主要依据以下三个特征（见表10-1）。

表 10－1　购买服务的评价依据

可寻找特征	可寻找特征指消费者在购买前就能够确认的产品或服务的特征，比如价格、颜色、款式、硬度和气味等。像服装、家具和珠宝等产品有形有质，具有较强的可寻找特征。而像网络服务、度假、理发、医疗、餐饮则不具备较强的或明显的可寻找特征
经验特征	经验特征是指在购买前不能了解或评估，而在购买后通过消费该产品或服务以后才可以体会到的特征，如产品的味道、耐用程度和满意程度等。饮食只有品尝后才知其味，理过发后才知理发师的技术和服务水平
可信任特征	可信任特征是指消费者购买之前很难评价，只能相信服务人员的介绍，并认为这种服务确实能为自己带来期望所获得的技术性、专业性好处。比如，寻找律师时，消费者无法判断律师的服务水平，只能听信律师的分析。其他专业性服务如家电维修、汽车修理、保健等都具有这类特征

消费者对有形产品到无形服务评价过程有一个从易到难的变化序列，这个变化序列表现如图 10－3 所示。

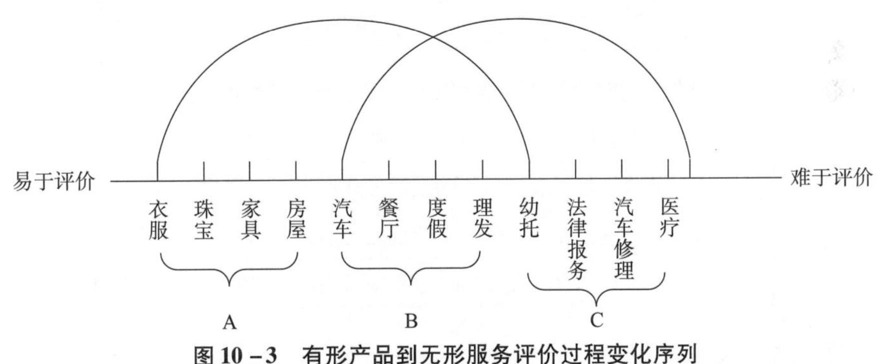

图 10－3　有形产品到无形服务评价过程变化序列

从图 10－3 可见，从有形产品到无形服务，是一个从易于评价到难于评价的序列。

图中 A 段是易于评价的有形产品，有较多的可寻找性特征，消费者易于对这类产品进行评价。

图中 B 段属于部分有形产品和无形服务交织在一起，其感知性逐步降低，不具备明显可寻找特征，消费者购买时只能按照经验特征估计产品的质量。

图中 C 段则是不可感知性的服务，消费者评价此类产品时需要依赖其可信任特征才能辨别产品的优势。

对于服务来说，服务消费其实是一种过程消费，而不是结果消费。有形产品的生产与消费是分开的，在消费者进行购买前有形产品已被事先生产出来，因此有形产品是作为生产过程的结果被消费的，是一种完全的结果消费。而对于生产与消费同时进行的大多数服务来说，服务产品不可能事先被生产出来，因而对服务产品的消费不可能是完全的结果消费，而是增加了过程消费。由于无形产品具有生产与消费的同时性，不能提前生产出来，只有消费者参与之后，服务才能开始生产，因此服务的生产过程是一个开放的过程。

服务营销的核心是如何将服务的生产过程与服务的消费过程有机地结合起来，如何使消费者在消费时感知到良好的服务质量，并愿意建立长期的关系。尽管服务产品的结果对消费者是重要的，但由于经营单位之间所提供的服务结果正逐渐趋同，在很多情况下仅仅利用服务结果是无法与竞争对手区分开的，所以消费者对于服务过程的感知更加重要。

【知识拓展】 服务消费有哪些风险？

风险承担理论研究者用风险认知概念来解释购买行为。该理论认为，顾客在购买服务时，感觉到比购买实体产品要承担更大的风险。由于服务具有无形性和不可存储性等特征，可感知特性较少，顾客无法在购买前评估服务，而服务过程大多不可逆转，也不可能更换。不成功的服务过程，可能造成顾客所不希望的后果、不愉快的经历，甚至是严重的不可挽回的损失，而且这种风险往往是由顾客自己来承担的。购买服务时可能遇到的风险类型如下表所示。

购买服务时可能遇到的风险类型

风险	可能产生的效应
财务风险	服务定价过高或因服务质量问题等招致经济上蒙受损失所产生的风险
功能风险	服务不具备消费者所期望的功能或功能比竞争者的服务差所带来的风险
物质风险	服务可能对自己或他人的健康与安全产生危害的风险
社会风险	因购买决策失误而受到他人嘲笑、疏远等影响社会声誉的风险
心理风险	因决策失误而使顾客自我情感受到伤害的风险
生活方式风险	购买某项服务是否会对自己的生活方式产生不良影响
时间风险	购买前的信息搜寻或服务失误造成的时间浪费而带来的风险
环境风险	消费者对服务本身或服务传递过程中可能对环境造成破坏的担忧

所以，消费者购买服务时，一要有承担风险的心理素质，二要有规避风险的意识。消费者规避风险或减少、降低风险主要通过实现品牌忠诚、广泛收集相关信息、以正面舆论为导向等方法实现。风险承担论一方面客观地正视了消费者购买服务的风险性的事实，另一方面明确地为消费者规避、减少、降低风险提供了依据。这一理论对密切服务企业与消费者的关系，化解在服务购买过程中可能出现的矛盾具有指导意义。

10.2.2 服务购买过程

消费者购买服务的过程同我们在市场营销中学习的消费者购买有形产品的过程没有实质性差别。但是由于服务同有形产品相比具有的典型特征，一般在分析时把消费者的购买过程分为购前、互动和购后三个阶段，如图10-4所示。

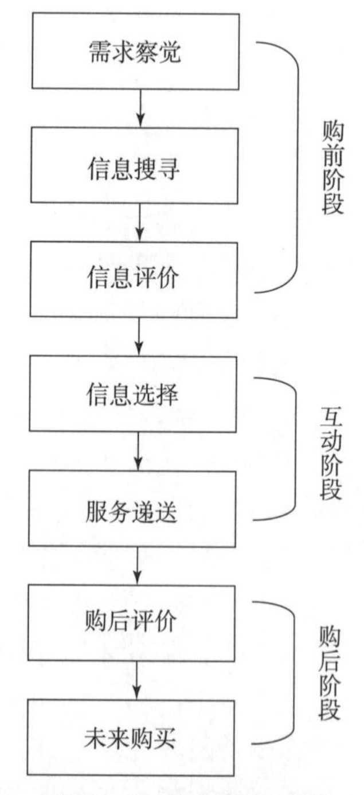

图10-4 服务购买过程

（1）购前阶段。

购前阶段是指消费者购买服务之前的一系列活动。当消费者意识到有某种服务需求时，这一阶段就开始了，随着这种需求不断增强，促使消费者着手准备购买。这时消费者开始从各种渠道收集有关信息，他们首先会回忆以往所了解或者体验到的有关知识，试图从中找到解决办法，同时向亲戚、朋友和邻居等相关群体征求意见和建议，或者上网搜索或翻阅各种电子口碑、向专家咨询等，最后将确定出最佳的选择方案。

在信息搜寻阶段，消费者购买有形产品和服务的评价过程的差异性主要表现为：消费者购买有形产品通常从两类渠道获取信息，一是人际渠道，二是非人际渠道，即产品本身、广告、新闻媒介等。消费者购买服务产品则更依赖人际来源。因为大众媒体更适合传递有关有形产品可寻找特征方面的信息，服务产品多为经验特征和可信任特征，只适合消费者向社会相关群体获取。另外，消费者在购买服务之前很难了解到服务的特征，为了避免购买的风险，更乐意接受相关群体的口头传播的信息，如各种点评网站的评论，认为这样的信息可靠性强。当然，服务信息的收集并不完全排斥非人际来源，如影视剧等文化服务，广告及其他新闻媒体的宣传往往也是消费者采取购买行动的重要原因。

（2）互动阶段。

经过购买前的一系列准备，消费者的购买过程进入实际购买和消费阶段。对于有形产品而言，消费过程通常包括购买、使用和废物处理等不同过程。由于服务具有生产和消费同时进行的特点，消费者购买服务的过程也就是其消费服务的过程。在这一过程中，顾客除了与其消费客体打交道，还要与服务提供人员及其设备发生相互作用。有形产品的使用是完全独立于卖方影响的，至于消费者何时使用、怎样使用以及在哪里使用都是他们自己的事，与产品的提供者没有任何关系。对于服务来讲，则有着不同的情形。

服务生产与消费同时进行的特征意味着服务企业在顾客享用服务的过程中将起着重要作用。离开服务提供者，服务的消费过程是无法进行的，因为服务提供者与顾客一道构成了消费过程两大主体。同时各种服务设施的作用也不容忽视，这些设施是服务人员向顾客提供服务的工具，它们给顾客的印象还将直接影响到顾客对企业服务质量的判断。此外，由于服务传递过程的延长，顾客对服务的评价不只是在购买之后，而在消费过程中就已经发生。

（3）购后阶段。

让顾客满意是企业营销过程的最终目的，而顾客的满意度则来自他们对服务质量的评价。在提高服务质量一章中，我们将研究影响顾客评价服务质量的各种因素，顾客对服务质量的判断取决于体验质量和预期质量的对比，而预期质量受市场沟通、企业形象、顾客口碑及其需求的影响。

从购买过程的层面上看，服务的消费过程有别于有形产品的消费过程，因为后者一般包括购买、使用和处理三个环节，而且这三个环节的发生遵循一定的顺序并有明确的界限。比如，顾客从超级市场购买一瓶洗涤剂，在洗衣服时使用，当所有的洗涤剂用光之后就把空瓶子扔掉。而服务的消费过程则有些不同。一方面，在服务交易过程中并不涉及产品所有权的转移，因此，服务的消费过程也就没有明显的环节区分，这些所谓的环节都融合为顾客与服务人员互动的过程；另一方面，服务不可感知的特点，使得废物处理的过程同整个消费过程没有明显或者直接的关系。

所以说服务的购后评价是一个比较复杂的过程。它可能在顾客做出购买决策的一刹那间就开始了，并延续至整个消费过程。顾客的评价还会受到一些来自社会和环境方面因素的影响。从某种意义上，顾客的评价如何将取决于企业能否善于管理顾客与顾客、顾客与员工、顾客与企业内部环境以及员工与内部环境之间的关系。

【观点透视】 在冲突中寻找平衡

在服务消费中存在三方当事人——顾客、服务人员和公司，一般情况下，这中间没有任何一方可能有完全控制，三者相互依存、相互制约，所有的服务交流都可以被看作是这三方当事人企图克服冲突的一个妥协。下图表示的就是这三方斗争的关系。

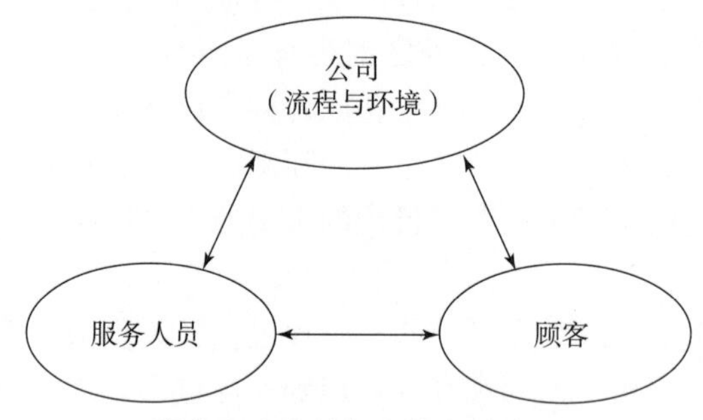

服务交流中的行为控制感冲突

在三方当事人中，任何一方有太多的权利都可能出现消极的结果。

服务提供企业如果有太多权利，其结果就会出现类似霸王条款、公式化服务等特点。例如银行的金融服务，从管理的角度来看，各种规则和程序是必要的，但是却会让顾客处于被动地位并感觉到不满；而对于服务人员来说，这些规则同样让他们面临被动地位，因为他们无法按照顾客要求提供便捷的服务，从而成为顾客抱怨和发泄不满的对象。

如果顾客具备优势的话，就会获得强烈控制感并感觉满意。但是如果公司完全满足顾客的各种要求和期望，就有可能造成公司整体服务效率低下并带来运营成本的增加，服务人员也会因丧失控制感而情绪低落。

如果服务人员占优势，他们将会试图让服务交流符合他们的意愿，而不是满足顾客的意愿，这会让顾客感觉处于被动和劣势。

所以，理想的服务交流应该是最高限度地使三方当事人的目标协调一致，使顾客和服务人员的控制需求及公司对运营效率的需求达到平衡。

资料来源：黎开莉主编．服务市场营销．东北财经大学出版社．有删改

10.3 服务营销组合的特殊性

1. 服务产品决策的特殊性

（1）“服务包”概念的提出。

在服务营销理论中，常常会谈到“服务包”的概念，服务包有时也称为顾客价值包，它是指企业提供给顾客的有形产品和无形服务的总和。服务包是顾客可以从服务中获得的最终利益和满足感，从顾客角度主要表现服务的结果质量。

克里斯蒂安·格罗鲁斯（Christian Gronroos）认为服务包由核心服务（Core Service）、便利服务（Facilitating Service）和支持服务（Supporting Service）构成。

①核心服务是企业的服务产品为市场所接受的关键，它是服务产品最基本的功能，满足

顾客对这类服务最基本的需要，例如，电商平台提供网购、酒店提供住宿、航空公司提供运输等。一个企业可以有多个核心服务。

②便利服务是方便核心服务使用的附加服务。为了让顾客能够获得核心服务，必须有便利服务来配合。比如电商平台要有 App 或网站，酒店、餐饮、航空公司要有预订服务，离开了这些服务，顾客可能无法使用核心服务。在有些情况下，便利性服务是实现核心服务必不可少的服务，没有便利服务，核心服务就不可能实现或者不能顺利实现。

③支持服务也是一种附加服务，但与便利服务的功能不同，它不是方便核心服务的消费和使用，而是用来提高服务价值，或者使企业的服务与其竞争对手的服务之间产生差异性，以取得服务产品在竞争中的差异化优势。

有时候，便利性服务和支持服务是不易被区分的，一些服务在某个时间或某个场景是便利性服务，而在另外的时间或场景却可能是支持性服务。例如，娱乐服务设施对于高级商务酒店是便利服务，而对于经济型旅馆则是支持服务；机内饮食服务对于长途航班是便利服务，对于短程航班则是支持服务。

（2）服务创新难度高。

现代服务业是高度竞争型的行业，任何服务企业要想保持竞争优势就需要不断开发新服务产品。进行服务开发的过程本身就是一个不断与顾客沟通的过程，可以使企业对于顾客的需求更加了解，做到真正以顾客为导向，并提高顾客忠诚度，树立企业及品牌形象。

企业的持续发展主要通过两条途径来实现：一是不断开发新服务产品，二是持续开拓新市场。这两条途径对于服务企业来说也同样适用，由于服务企业资源有限、服务产品的创新难以有形产品等原因，服务产品的开发已经日益引起企业的关注。

服务企业主要通过两种途径引入新服务：一是通过购买或特许经营的方式从外部获得，二是企业自主进行新服务产品的开发。通常新服务产品的开发过程分为导向、设计、试验和引入四个阶段，这四个阶段又可划分为若干细化的步骤，如表 10－2 所示。

表 10－2　新服务产品的开发过程

阶段	步骤
导向阶段	制定新服务目标、产生构思、构思筛选
设计阶段	概念的开发、概念的测试、商业分析、新服务设计
试验阶段	实验室测试、内部测试、市场测试
引入阶段	确定上市时间和地点，制定推广策略

【案例启迪】睡眠的诱惑

2. 服务价格决策的特殊性

（1）服务价格的表现形式。

由于服务有其独有的特征，所以服务的价格表现形式与有形产品有很大不同。在服务业，定价很少用到“单价”或“价格”这个词；服务企业采用了不同的价格表现形式，如保险金、租金、路费、导游费等。各种常见的服务产品价格表现形式如表10－3所示。

表10－3 服务产品价格的表现形式

服务行业	价格名称
广告业	佣金
咨询业	酬金
教育业	学费
金融服务业	利息、费用、佣金
健身、保健	会费
法律	酬金
酒店住宿	房费、租金
道路使用	通行费
房地产	佣金、中介费
证券服务	中介费、手续费、佣金
娱乐服务	门票、入场费
交通	车票、船票、机票

（2）服务需求弹性的特殊性。

产品或服务的最低价格取决于该产品的成本费用，最高价格则取决于产品的市场需求。因此，服务公司在为产品制定价格时，除考虑服务成本外，还需考虑需求因素的影响。服务企业在制定价格目标时，一般会充分考虑需求因素的影响，因此，基于服务需求的服务定价通常使用价格需求弹性来分析。需求的价格弹性是指因价格变动而相应引起的需求变动的比率，它反映了需求变动对价格变动的敏感程度。通常用弹性系数来表示，该系数是服务需求量（因变量）变化的百分比同其价格（自变量）变化百分比之比值。用公式表示为：

$$需求弹性系数=\frac{需求量变动的百分率}{价格变动的百分率}$$

在正常情况下，市场需求会按照与价格相反的方向变动，即价格与需求成反比例关系。所以，一般来说，需求价格弹性为负值。为便于分析，通常取其绝对值。当弹性系数<1时，表示缺乏弹性，即价格变化时，需求变化不明显。弹性系数>1时，表示富有弹性，意味着产品价格变动一点，需求就会发生较大变化。价格弹性对企业收益有着重要影响。通常企业销售量的增加会产生边际收益，而边际收益的高低又取决于价格弹性的大小。在现实生活中，不同服务产品的需求是不尽相同的，如果服务的需求是有弹性的，那么其定价水平就特别重要。例如，在某些市场上，需求受到价格变动的影响很大，像公共交通服务、旅游、娱乐等，而有些市场则影响较小，像医疗服务、中小学教育等。

现代市场营销学的寻找理论（Search Theory）有助于进一步解释需求的价格弹性。该理论认为，顾客对价格的敏感度取决于购买时选择余地的大小。可选择余地越小则需求越缺乏弹性；反之，如果顾客可选择余地越大则需求弹性也越大。选择余地的大小来自顾客对服务产品有关信息和知识的获得程度以及他们对服务产品特征的认知，这些特征包括可寻找特征、经验特征和可信任特征。如果顾客能够根据可寻找特征评价产品，顾客选择的余地就比较大，产品需求就有较高的弹性。当然，对于大多数服务产品而言，它们更多地是拥有经验特征和可信任特征，不过，价格本身就是一种可寻找特征。所以，在缺乏服务产品信息的情况下，顾客往往把价格高低作为衡量产品质量的一个指标，他们对价格的敏感性也就比较高。当价格作为顾客唯一可以判断服务产品价值的指标时，需求与价格的关系已经改变。服务的需求曲线如图 10－5 所示。价格过低，人们怀疑其质量，价格过高，人们无力承受，只有适中的价格才能有最大的需求。

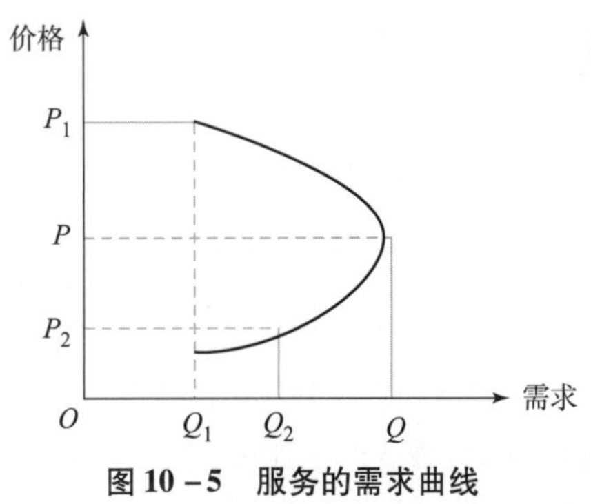

图 10－5　服务的需求曲线

（3）参考价格难以确定。

参考价格是存在于记忆中的良好服务的价位，包括上一次所付的价格、经常付出的价格或顾客对所有类似服务所付价格的平均价格。如果顾客能根据记忆回答出服务的大致价格，那么这个价格就是顾客对某项服务的参考价格。服务参考价格难以确定的原因有很多，首先是由于服务是无形的，而且不是从工厂的组装线上生产出来的，服务企业在所提供的服务形态上具有很大的灵活性。企业可以想方设法提供多种不同组合及变化而导致复杂的定价结构。其次，对于大多数商品，零售店按其种类陈列，以便顾客能比较不同品牌、不同包装尺寸的商品的价格。很少有店铺有类似的服务的陈列。如果顾客希望比较价格，他们必须光顾每个单独的店铺，或一个一个地咨询。因此，价格在服务广告中没有像在商品广告中那样占主要位置，但有时在广告中标明价格，有助于帮顾客打消顾虑。

3. 服务渠道决策的特殊性

（1）服务业以直接渠道为主。

直接渠道是服务企业（生产者）不经过任何中间环节，将服务直接销售给最终消费者或用户的分销渠道，也就是通常所说的直销。服务企业选择直销最主要的是基于三个方面的考虑：一是对服务的供应与表现可以保持较好的控制，若经由中介机构处理，往往造成失去控制的问题；二是以真正个性化服务方式，能在其他标准化、一致化以外的市场，产生有特色服务产品的差异化；三是可以从顾客接触时直接反馈关于目前需要的信息。

（2）服务业不排斥间接渠道。

服务企业在市场上可供选择的销售渠道按照有无中间商参与交换活动来分，除了直接渠道外，也存在间接渠道，如图 10－6 所示。服务的间接渠道是服务从提供者流向消费者转移过程中，经过中介的渠道。同直接渠道相比，间接渠道通常是一个环节以上的渠道。大多数有形商品从生产者流向最后消费者的过程中都要经过若干中间商转手。服务业也不排斥这种模式，外卖服务等业态其实就是服务渠道创新的成功案例。

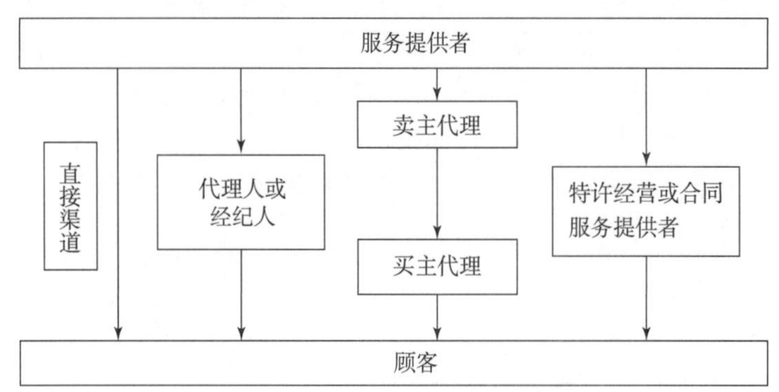

图 10－6　服务企业的渠道类型

4. 服务促销决策的特殊性

（1）服务促销的目的是有形化。

同有形商品的促销类似，服务促销就是指以合适的时间、在合适的地点、用合适的方式和力度加强与消费者的沟通，促进消费者购买服务的行为。它的使命是配合分销渠道，运用一些特殊手段大力促进服务销售。服务促销有助于描绘出特定的服务特色，对于服务企业而言，有效沟通能够展示出顾客看不到的后台活动，显现出企业无形的优势和资源，从而使企业服务有形化。

（2）营销沟通信息来源。

营销沟通目的是吸引客户、维系客户、扩大客户规模，最终为企业创造收益。营销沟通活动是由一系列具体的活动构成的，企业根据促销的需要对各种沟通方式进行的适当选择和组合。开展整合营销沟通首先要对各种利益相关者、品牌、竞争状况和内外因素进行全面的了解，然后选择专门的营销沟通工具来实现企业的沟通目标。在正式实施以后，要对实际效益进行测试以做出必要的调整，最后评估结果。整合营销沟通的信息来源有四类：

①计划性信息：促销活动所传播的信息，一般来说最不可信，因为人们知道它们是营销人员专门用来说服现有顾客和潜在顾客的工具。

②产品/服务信息：产品或服务的功能以及如何使用该产品和服务，来源于包装、标签、说明书等。

③服务过程信息：服务过程中产生的信息。例如：服务过程中的互动，包括服务人员的仪表、系统、技术、服务场景；制造业中的隐性服务、抱怨处理等。顾客与服务人员的互动包含了沟通的核心部分。顾客从这些接触中得到大量信息，形成对企业的信任。这类信息更可信，因为顾客知道管理这一类信息比管理计划性信息以及产品和服务信息更加困难。

④非计划性信息：由服务过程中其他顾客或传递口碑的其他人传播的口碑、新闻报道等。

通常可以这么理解，企业所言一般归为计划性信息，企业所为体现出的属于产品信息、服务信息，其他人所言所为可以算作是非计划性信息。

【营销新视野】　整合营销沟通传播三角形（见下图）

企业所言：计划性信息
☆ 现场销售
☆ 广告
☆ 直接反馈
☆ 销售促进
☆ 网站

企业所为：产品/服务信息
☆ 送货
☆ 生产过程
☆ 服务过程
☆ 售前、售后

其他：非计划信息
☆ 公共关系
☆ 新闻报道
☆ 口碑传播
☆ 顾客参与的影响

整合营销沟通传播三角形

一个严重的问题是，最不可信的信息来源——计划性信息，在营销传播中被正式规划，而最可信的来源——服务信息、非计划性信息被忽视了，它们难以计划，但它们的影响大。企业花更多的钱来开发计划性信息，但沟通的效果无法保证，所以应整合所有的信息来源。

资料来源：韩冀东．服务营销［M］．北京：中国人民大学出版社，2011.

5. 服务人员与内部营销

（1）服务营销中的人员。

在提供服务的过程中，服务企业的员工是一个不可或缺的因素，尽管有些服务产品是由机器设备来提供的，如自助设备服务等，但大多数服务业，比如零售企业和银行的员工在这些服务的提供过程中仍起着十分重要的作用。对于那些要依靠员工直接提供的服务，如餐饮服务、医疗服务等来说，员工因素就显得更为重要。一方面，高素质、符合有关要求的员工的参与是提供服务的一个必不可少的条件；另一方面，员工服务的态度和水平也是决定顾客对服务满意程度的关键因素之一。

一个高素质的员工能够弥补由于物质条件的不足可能使消费者产生的缺憾感，而素质较差的员工则不仅不能充分发挥企业拥有的物质设施上的优势，还可能成为顾客拒绝再消费企业服务的主要缘由。考虑到人的因素在服务营销中的重要性，克里斯蒂安·格罗鲁斯提出，服务业的营销实际上由三个部分组成，如图 10－7 所示。

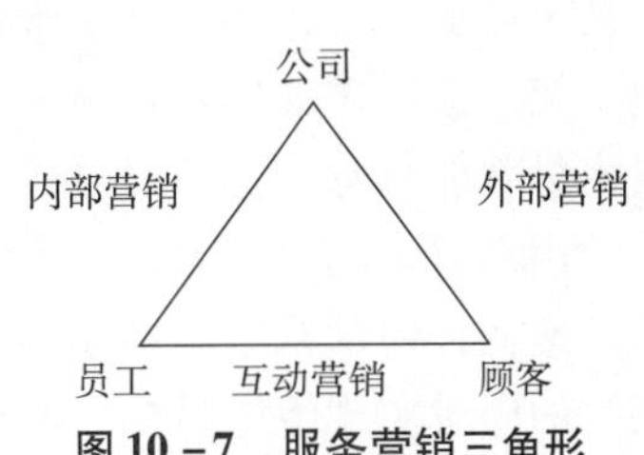

图 10－7　服务营销三角形

其中，外部营销包括企业服务提供的服务准备、服务定价、促销、分销等内容；内部营销则指企业培训员工及为促使员工更好地向顾客提供服务所进行的其他各项工作；互动营销则主要强调员工向顾客提供服务的技能。三角形清楚地显示了员工因素在服务营销中的重要地位。通常按照参与营销组合的程度和与顾客接触的频率将服务人员分为四类，如表 10－4 所示。

表 10－4 服务人员的分类

类型	参与常规营销组合	不直接参与营销组合
频繁或定期地与顾客接触	接触者	改善者
不频繁或没有与顾客接触	影响者	隔离者

接触者：即一线的服务生产和销售人员。

改善者：即一线的辅助服务人员，如接待或登记人员、电话总机话务员等。

影响者：即二线的营销策划人员，如服务研发设计开发、市场研究人员等。

隔离者：即二线的非营销策划人员，如采购部门、人事部门的人员。

（2）服务人员与服务利润链。

服务利润链（Service－Profit Chain）是表明利润、顾客、员工、企业四者之间关系并由若干链环组成的链，其各环节的逻辑内涵如图 10－8 所示。

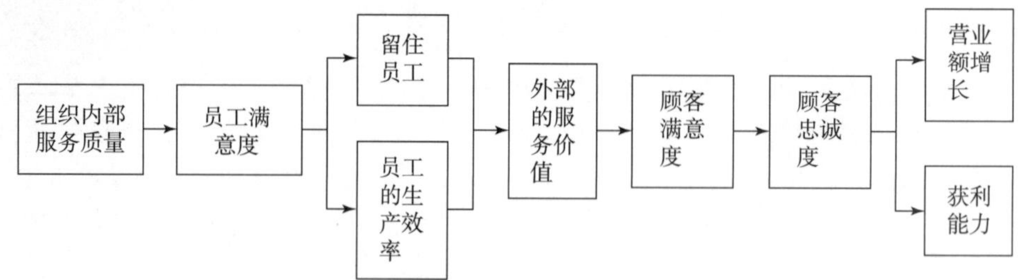

图 10－8 服务利润链各环节的逻辑内涵

从图 10－8 可以清晰地看出，整个服务利润链可以分解成若干个传递过程：企业的内部服务质量影响员工满意度；员工满意度影响员工忠诚度（留住员工）；员工忠诚度影响员工工作效率；员工工作效率影响其提供的外部服务价值即顾客所获价值；顾客所获价值影响顾客满意度；顾客满意度影响顾客忠诚度；顾客忠诚度影响企业获利能力。

（3）服务业必须开展内部营销。

内部营销（Internal Marketing）是与外部营销（External Marketing）相对应的概念，如果某个员工对公司的品牌或服务毫无兴趣，那么他对工作也就失去兴趣，对顾客服务也会兴趣索然。这样糟糕的顾客服务会让公司关门。相反，如果某个员工激情四溢，他身边的同事很容易就能感觉到他热爱自己的公司，而且顾客也会受其影响。

内部营销的提出假设：满意的员工产生满意的顾客，要想赢得顾客满意，首先让员工满意。最初，内部营销被描述为：将雇员当作顾客，将工作当作产品或服务，在满足内部顾客需要的同时实现组织目标。通过创造满足雇员需要的工作来吸引、发展、激励和保持高质量的雇员，是将雇员当作顾客的哲学，是一种使工作符合雇员需要的战略。内部营销的目的是激励雇员，使其具有顾客导向观念，强调在企业内部管理活动中使用类营销方法以使员工具有主动的营销意识，从而使得内部营销成为整合企业不同职能部门、促进企业战略有效实施的一种工具

服务企业内部营销要围绕着了解员工的情感和需求，吸引、培训、激励、沟通、授权及保留员工而努力。实施过程如图 10 –9 所示。

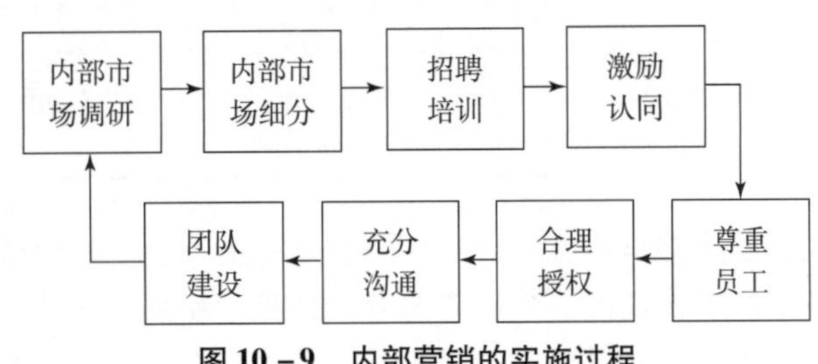

图 10 –9 内部营销的实施过程

6. 服务过程管理

（1）服务过程的含义。

服务过程也可以理解为服务流程，从本质上来说，就是活动的先后次序。流程又有不同的层次。在企业中，流程要运行得有效率和效果，一定要有与流程相适应的制度和绩效评估标准，否则，流程没有存在的意义。在企业管理中，流程对于企业不同层次的人，意义是不同的：对于企业高层管理人员来说，流程是一种营利模式；对于企业中层管理人员来说，流程是一种管理的思路和方式；对于企业低层操作人员来说，流程是一种操作规范和手册。

（2）服务过程的互动性。

对大多数服务来说，其生产过程与消费过程同时进行，这就使得服务过程始终处于一种互动状态，这种互动包括顾客之间的互动、顾客与员工之间的互动、员工之间的互动。

①顾客之间的互动。顾客之间的互动是指顾客在服务消费过程中，因为共享人员服务、服务环境或服务设施等，顾客直接通过各种方式产生的相互联系和相互影响。顾客之间的互动可能是直接或间接方式、面对面或以通信网络技术为媒介；可能是主动或被动的，在服务场所内或服务场所外；也可能是在两个或更多的顾客之间语言或非语言的沟通。研究表明，在服务过程中，顾客之间的相互影响相当普遍，特别是互联网时代，电子口碑其实就是顾客互动的一种特殊形式，这种互动既有积极的正面影响，也有消极的负面影响。所以服务企业必须对顾客之间的互动给予充分的考虑，可以对整个服务过程进行监测，通过科学实施互动管理来提升顾客满意度。

②顾客和员工之间的互动。服务的一大特征是服务提供者与顾客密不可分。在众多服务中，顾客必须与服务提供者发生有序的相互作用，以保证服务的有效发生。顾客与员工之间的互动包括三类，如表 10 –5 所示。

表 10 –5 顾客与员工之间的互动类型

类型	内容
友好的互动	友好互动可以使服务组织达到最佳状态。在服务过程中，顾客既是服务的接受者，也是服务生产的重要协作者，友好地对待服务人员，能为这些涉及该服务过程的服务人员留下美好的服务经历，从而使服务人员更加积极地为顾客提供优质服务

续表

类型	内容
不友好的互动	任何不友好互动事件的发生都会危及服务企业的经营绩效及未来的发展。顾客与服务人员之间的错误理解常常是引发不友好互动的原因。例如，顾客对服务人员的工作做出了不恰当的评论，服务人员工作中的消极情绪等，都能引起不友好的互动
过于友好的互动	过于友好的互动可能会影响服务提供的质量。例如，乘坐飞机的乘客与空乘人员聊个不停、就餐者想与服务人员成为密切的朋友等，这些行为的发生，会使服务人员分心，进而推迟其为其他顾客服务的时间。企业管理过于友好的互动非常困难，只能通过培训服务人员应对过于友好顾客的技巧和方法来完善

③员工之间的互动。员工之间的互动体现在服务过程中各环节的衔接与配合之中。在顾客接受服务的过程中，一个员工在任何一个环节的失误或者对顾客的怠慢，都将使其他员工的努力毁于一旦。企业规范员工之间的互动首先要让员工了解企业的服务流程；其次是强调服务过程各个环节的互相支持、互相补救与及时沟通；最后是大力提倡对顾客实施“首负制”，当顾客提出问题并寻求帮助时，第一个接触此问题的服务人员要给顾客一个满意的解决方案。

（3）服务流程设计。

一般用服务蓝图法进行服务流程设计。绘制服务蓝图的程序并非一成不变，因此所有的特殊符号、蓝图中分界线的数量，以及蓝图中每一组成部分的名称都可以因其内容和复杂程度而有所不同，特别是随着各种软件的应用，绘制方法也日益多样化。通常一个完整的服务流程是基于顾客视角，通过逆向思维和全局观念完成整体设计。流程应当包括五项内容：实施过程、服务接触点、顾客角色、员工角色、服务中的可见要素。流程应当有四个构成要素：顾客行为、前台员工行为、后台员工行为、支持过程。流程至少具备三条分界线：外部相互影响线（外部互动分界线）、可视线、内部相互影响线（内部互动分界线）。有时还需要根据实际情况画出管理实施线，来明确管理者的行为。基本的服务流程框架如图 10－10 所示。

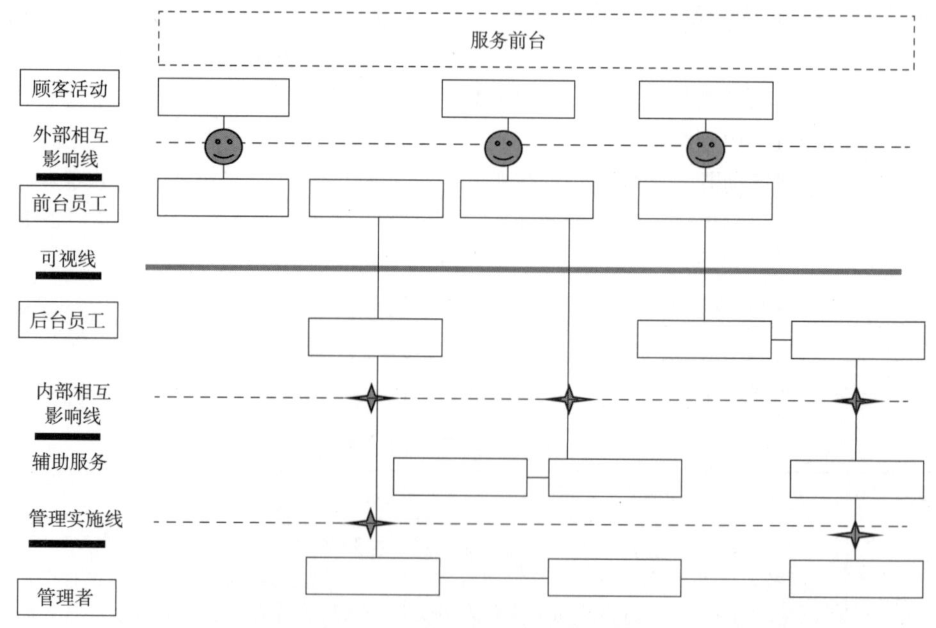

图 10－10　基本的服务流程设计框架

服务流程中的顾客行为包括顾客在购买、消费和评价服务过程中的步骤、选择、行动和互动。这一部分紧紧围绕着顾客在购买、消费和评价服务过程中展开。与顾客行为平行的部分是服务人员行为。那些顾客能看到的服务人员表现出的行为和步骤是前台员工行为。这部分则紧紧围绕前台员工与顾客的相互关系展开。那些发生在幕后、支持前台行为的雇员行为称作后台员工行为，它围绕支持前台员工的活动展开。支持过程部分包括内部服务以及支持服务人员履行服务步骤和互动行为。这一部分覆盖了在传递服务过程中所发生的支持接触员工的各种内部服务、步骤和各种相互作用。

服务蓝图与其他流程图最为显著的区别是包括了顾客及其看待服务过程的观点。实际上，在设计有效的服务蓝图时，值得借鉴的一点是从顾客对过程的观点出发，逆向工作导入实施系统。每个行为部分中的方框图表示出相应水平上执行服务的人员执行或经历服务的步骤。服务蓝图举例如图 10－11 所示。

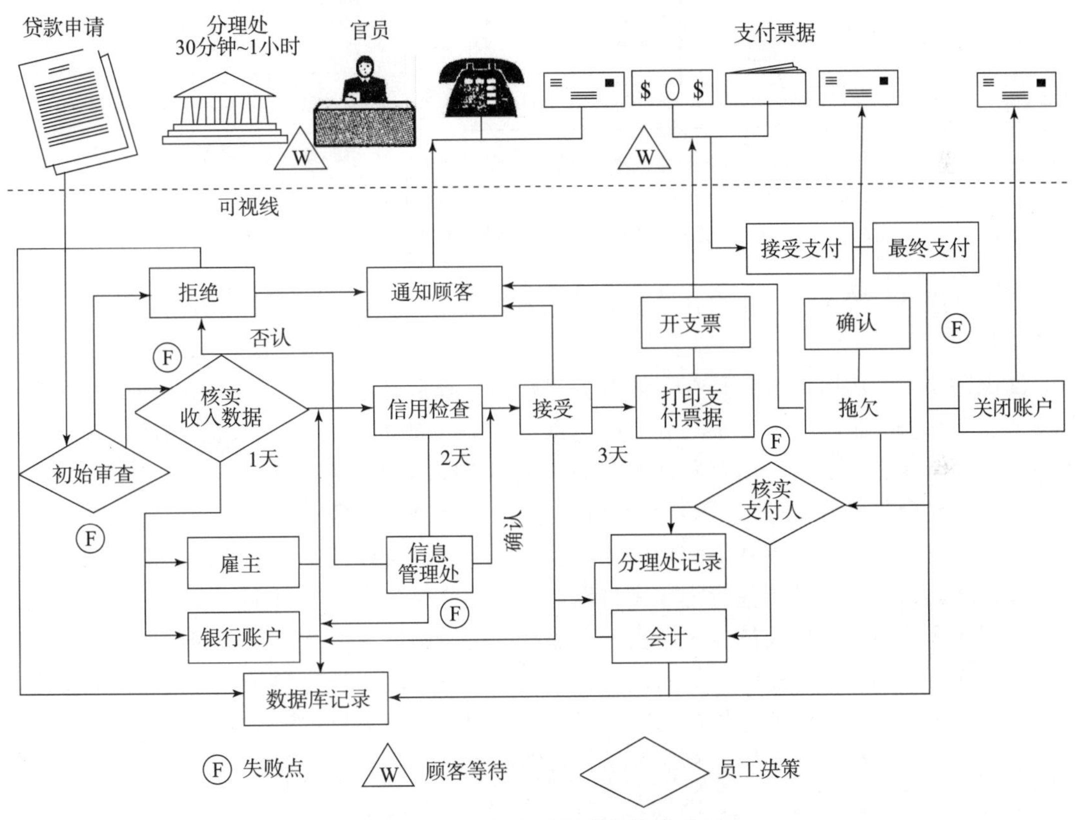

图 10－11　银行分期贷款作业蓝图

资料来源：李晓．服务营销［M］．武汉：武汉大学出版社，2004.

图中虚线为可视线（互动线），上面代表顾客行为和前台员工行为，属于顾客看得见和直接接触的作业活动。在这条线的上面，顾客可以看到银行的前台服务，即可以看到银行的有形展示，包括接待人员的态度、仪容仪表，实物设备、室内陈列及感受到的办事效率等。虚线下面代表后台员工行为和支持过程，属于顾客看不见的部分。虽然顾客看不到，但是前台和后台的工作又是紧密关联的。设计高效率的服务过程就是要保证前后台工作的协调与配合，每一个环节都不能出现失误，否则就会影响整个服务过程。另外，通过这个图，管理人员会比较容易找到可能的失误点（图10－11中的F点），也容易采取措施防止这种失误发生，以便保证服务的有效传递。图中三角形表示顾客可能要等待的环节，在顾客等待的时间里，企业应该给顾客提供一个愉快的氛围和坐的地方，最好能够提供一些茶水、咖啡和报纸之类，让顾客可以自在地打发时间。图10－11具有多种用途，它几乎包括了服务传递过程的全部环节，其中一些活动是银行的信息处理，有一些是与顾客直接接触，还有一些是很重要的关键点，用菱形来表示。对一些特别关键的步骤还可以用备忘录来避免失误。分析服务过程图也可以找出许多能够进一步完善的步骤，这样就可以明确服务中程序的详细细节。

通常绘制服务蓝图的基本步骤如图10－12所示。

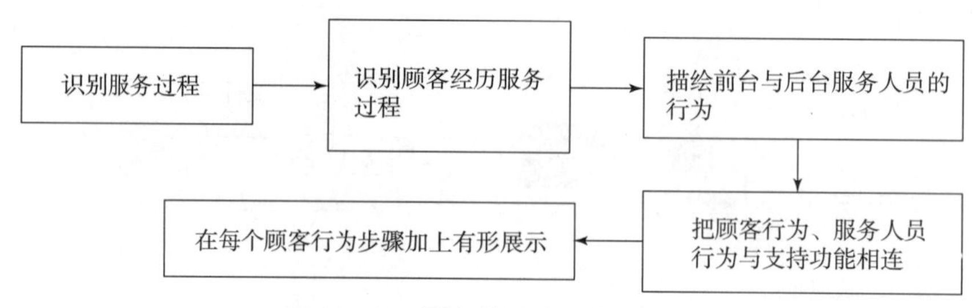

图10－12　服务蓝图绘制基本步骤

①识别服务过程主要是要求在绘制蓝图之前对企业的服务进行详细的调研，理解服务流程的全过程。

②识别顾客经历服务过程是在了解服务流程的基础上站在顾客角度进行分析，一般采用观察法、实验法等手段对顾客参与服务的过程进行记录和分析，作为绘制蓝图的依据。这一步骤包括描绘顾客在购买、消费和评价服务中执行或经历的选择和行为。

③描绘前台与后台服务人员的行为时首先要画上互动线和可视线，然后从顾客和服务人员的观点出发绘制过程、辨别出前台服务和后台服务。对于现有服务的描绘，可以向一线服务人员询问其行为，以及哪些行为顾客可以看到，哪些行为在幕后发生。

④把顾客行为、服务人员行为与支持功能相连可以画出内部互动线，随后即可识别出服务人员行为与内部支持职能部门的联系。在这一过程中，内部行为对顾客的直接或间接影响方才显现出来。从内部服务过程与顾客关联的角度出发，它会呈现出更大的重要性。

⑤在每个顾客行为步骤加上有形展示，说明顾客看到的东西以及顾客经历中每个步骤所得到的有形物质。包括服务过程的照片、幻灯片或录像在内的形象蓝图在该阶段也非常有用，它能够帮助分析有形物质的影响及其整体战略、服务定位的一致性。

（4）服务流程再造。

服务流程再造属于企业再造理论范畴，是20世纪90年代开始在美国出现的关于企业经营管理方式的一种新的理论和方法。所谓再造就是以工作流程为中心，重新设计企业的经营、管理及运作方式，也就是从头改变、重新设计。服务流程再造就是重新设计和安排企业的整个生产、服务和经营过程，使之合理化。通过对企业原来生产经营过程的各个方面、每个环节进行全面的调查研究和细致分析，对其中不合理、不必要的环节进行彻底的变革。在具体实施过程中，可以按表10－6所示步骤进行。

表10－6　服务流程再造一般步骤

步骤	内容
第一步，对原有流程进行全面的功能和效率分析，发现存在的问题	根据企业现行的服务流程，绘制详细的流程图。原来的作业流程是与过去的市场需求、技术条件相适应的。当市场需求、技术条件发生的变化使现有作业流程难以适应时，效率就会降低。因此，分析现行作业流程是否存在功能障碍、效率低下或其他可能引起顾客不满意的问题，并分清问题的轻重缓急，找出流程再造的切入点是非常重要的
第二步，设计新的流程改进方案，并进行评估	在设计新的流程改进方案时，可以考虑将现在的数项业务或工作组合进行合并，给予员工参与决策的权力，为同一种工作流程设置若干种进行方式等多种方法。对于提出的多个流程改进方案，还要从成本、效益、技术条件和风险程度等方面进行评估，选取可行性强的方案
第三步，制订相应的保障规划	制订与流程改进方案相配套的组织结构、人力资源配置和业务规范等方面的改进规划，形成系统的企业再造方案。只有以流程改进为核心形成系统的企业再造方案，才能达到预期的目的
第四步，组织实施与持续改善	实施流程再造方案，可能会触及原有的利益格局。因此，必须精心组织，谨慎推进。既要态度坚定、克服阻力，又要积极宣传、形成共识，以保证企业再造的顺利进行

7. 服务有形展示管理

（1）有形展示的含义。

所谓“有形展示”是指在服务市场营销管理的范畴内，一切可传达服务特色及优点的有形组成部分。在产品营销中，有形展示基本上就是产品本身，而在服务营销中，有形展示的范围就较广泛。事实上，服务营销学者不仅将环境视为支持及反映服务产品质量的有力实证，而且将有形展示的内容由环境扩展至包含所有用以帮助生产服务和包装服务的一切实体产品和设施。这些有形展示，若善于管理和利用，则可帮助顾客感觉服务产品的特点以及提高享用服务时所获得的利益，有助于建立服务产品和服务企业的形象，支持有关营销策略的推行；反之，若不善于管理和运用，则它们可能会传达错误的信息给顾客，影响顾客对产品的期望和判断，进而破坏服务产品及企业的形象。

由于服务产品具有不可感知性的特征，所以不能用一些抽象的概念来推广服务产品。不过，可以使用一些有形的手段来使服务产品尽可能实体化，能让顾客感知到并获得一个初步印象。

【营销实践】　有形展示的构成要素

在服务营销的范畴内，一切可传达服务特色及优点、暗示企业提供服务的能力、可让顾客产生期待或记忆的有形组成部分都是有形展示研究的范畴。一般而言，有形展示的构成可以从服务场所的有形物和服务过程的其他有形物来分析，表1、表2分别列出了有形展示的构成要素和部分行业的举例。

表1　有形展示的构成要素举例

服务场景		其他有形物
外部设施	内部设施	
建筑设计 标志 停车场地 景观设计 周围环境	内部装潢 配套设施 指示标志 形态布局 内部环境	名片 门票 收费单 员工着装 宣传册、网页

表2　不同行业的有形展示举例

服务类型	有形展示	
	服务场景	其他有形物
医院	建筑外观、停车场、指示标志、候诊区、护理室、医疗设备	制服、检验报告单、收费单、处方单、病历本
保险	业务大厅、办公设备	保险单、收费单、宣传册、名片
旅馆	建筑外观、停车场、大厅、前台、走廊、电梯、房间	登记表、钥匙、菜单、制服、留言簿
快递公司	营业厅、办公设备	包裹包装、运输车辆、制服、运输单据、网站
学校	教学楼、体育馆、足球场、教室、食堂、宿舍	课本、作业本、黑板、粉笔、课件、电脑

当然，有形展示的应用范围除了在服务业有所体现以外，在其他领域的应用也非常成功，比如北京奥运会的吉祥物“福娃”，通过五个小动物形象展示了中国古老的文化和现代文明的结合；而北京冬奥会则又是通过“冰墩墩”和“雪融融”来体现另外一层的含义。

（2）有形展示的构成。

按照有形展示的构成要素划分，服务企业的有形展示可分为实体环境、信息沟通和价格展示三种要素类型，如图10－13所示，详细内容如表10－7所示。

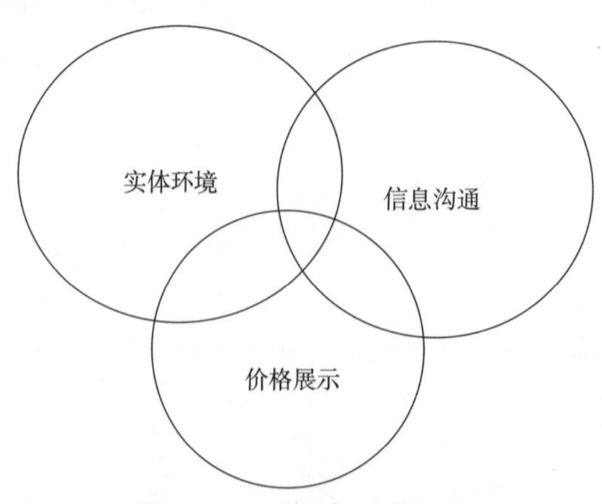

图10－13　有形展示的分类

表 10－7　有形展示的构成要素

构成要素	内容
实体环境	周围因素：指消费者不会立即意识到的环境因素，如气温、湿度、通风、气味、声音、整洁等因素。如果服务环境中缺乏消费者需要的某种背景因素，或某种背景因素使消费者觉得不舒服，他们才会意识到服务环境中的问题
	设计因素：指刺激消费者视觉的环境因素。与背景因素相比，设计因素对消费者感觉的影响就比较明显。设计精美的服务环境更能促使消费者购买。设计因素又可分为美学设计因素（例如建筑物式样、风格、颜色、规模、材料、格局等）和功能设计因素（布局、舒适程度等）两类。服务设施内外设计状况都可能会对消费者的感觉产生重大影响
	社会因素：指服务环境中的顾客和服务人员。服务环境中的顾客和服务人员的人数、外表和行为都会影响消费者的购买决策。服务人员代表服务企业，服务人员的仪态仪表是服务企业极为重要的实体环境。服务人员衣着整洁、训练有素、令人愉快，消费者才会相信他们能够提供优质服务
信息沟通	信息沟通是另一种服务展示形式，这些沟通信息来自企业本身以及其他引人注意的地方。从赞扬性的评论到广告，从顾客口头传播到企业标记，这些不同形式的信息沟通都传播了有关服务的线索，使服务和信息更具有有形性。有效的信息沟通有助于强化企业的市场营销战略。信息沟通一般通过服务有形化和信息有形化来实现
价格展示	价格可以为消费者提供产品质量和服务质量的信息，增强或降低消费者对产品或服务质量的信任感，提高或降低消费者对产品和服务质量的期望。消费者往往会根据服务的价格判断服务档次和服务质量。因此，对服务企业来说，制定合理的价格尤其重要。价格过低，会使消费者怀疑服务企业的专业知识和技能，降低消费者感觉中的服务价值；价格过高，会使消费者怀疑服务的价值，认为购买有风险

（3）服务环境设计。

服务环境是指企业向顾客提供服务的场所，它不仅包括影响服务过程的各种设施，还包括许多无形的要素。因此，凡是会影响服务表现水准和沟通的任何设施都包括在内。例如，就旅馆业而言，环境意味着建筑物、土地和装备，包括所有内部装潢、家具和供应品。因此，像一些较不起眼的东西如茶盘、一张记事纸或一只冰桶等，在传统的设计观念中，或许会被忽略掉，但对于服务营销人员来说，也必须与其他明显物品一样都包括在内。

服务企业所要塑造的形象，受很多因素的影响。营销组合的所有构成要素，如价格、服务本身、广告、促销活动和公开活动，既影响顾客与当事人的观感，也成为服务的实物要素。影响服务环境形成的关键性因素主要有实物属性、气氛和非实物属性，如表 10－8 所示。

表 10－8　服务环境设计的关键因素

构成	内容
实物属性	外部：建筑物的规模大小、建筑造型、建筑门面、外部照明、使用的建筑材料、大门式样、企业标识、载货车辆及停车场设施 内部：陈设布局、色彩调配、设施装备、材料和附属物品、照明、标记、货架、空调、暖气与通风设施、安全及消防通道

续表

构成	内容
气氛（氛围）	视觉："视觉商品化"与形象的建立和服务推广有关。照明、陈设布局、颜色等都是"视觉商品化"的一部分，此外，服务人员的外观和着装也是 气味：咖啡店、面包店、花店和香水店，都可使用香味来推销其产品。面包店可巧妙地使用风扇将刚出炉的面包香味吹散到街道上；餐馆、牛排馆、鱼店等，也都可以利用香味达到良好的效果；至于那些服务业的办公室，皮件的气味和皮件亮光蜡或木制地板打蜡后的气味，往往可以发散一种特殊的豪华气派 声音：声音往往是气氛营造的背景。流行服装店的背景音乐，所营造出的气氛当然与大型百货店升降梯中听到的莫扎特的音乐气氛大不相同，也和航空公司在起飞之前播放给乘客们听的令人舒畅的旋律的气氛全然迥异 触觉：厚重质料铺盖的座位的厚实感、地毯的厚度、壁纸的手感、咖啡店桌子的木材感和大理石地板的冰凉感，都会带来不同的感觉，营造出独特的气氛
非实物属性（社会因素）	非实物属性是服务环境的软件构成，主要包括对服务员工的外观、行为、态度、谈吐及处理顾客要求的反应等。企业应当在社交因素的建设方面加大投入力度，保持外观和行为的一致性，加强态度管理

10.4 服务质量管理

10.4.1 顾客期望与感知

1. 管理顾客期望

顾客对服务的期望是指顾客希望企业提供的服务能满足其需要的水平，达到了这一期望，顾客会感到满意，否则顾客就会不满。由于服务期望是顾客在服务消费之前对于服务的一种期待，所以服务期望有着不同的类型。影响顾客期望的因素通常包括市场沟通、企业形象、顾客口碑和顾客需求等。

美国学者 Parasuraman、Zeithaml 和 Berry（以下简称 PZB）早在 1991 年就发现顾客对于服务持有两种不同层次的期望：第一种叫做理想的服务，被定义为顾客所相信的企业应该能提供的服务；第二种叫做适当的服务，被定义为顾客愿意接受的最低水平的服务。PZB 的研究结果将顾客的期望由一个点扩展成为一个区域，即两种期望水平构成了顾客对服务整体期望的上下限，而在两种期望水平之间的区域被称为容忍区。如果企业传递的服务落到了区域内部，顾客就会满意；如果服务落到容忍区以下，顾客就会感到厌倦，并寻找其他服务，如图 10－14 所示。一般而言，同一顾客的容忍区域可大可小，不同顾客的容忍区域不同，不同服务维度的容忍区域不同，服务补救时的容忍区域比初次服务时的容忍区域小，如图 10－15 所示。

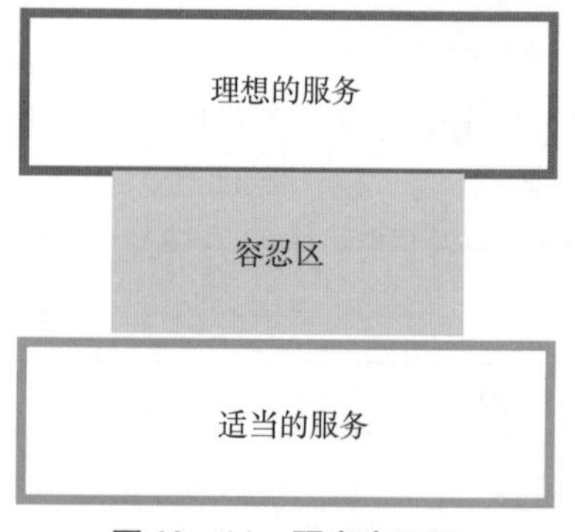

图 10－14　顾客容忍区

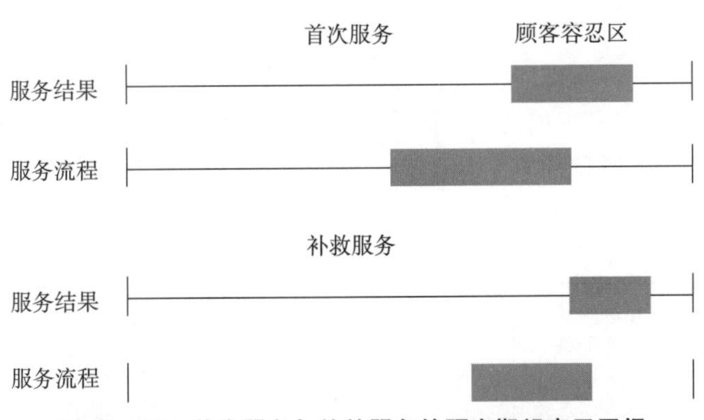

图 10－15　首次服务与补救服务的顾客期望容忍区间

2. 分析顾客对服务的感知

在顾客接受服务的过程中，对服务的感知是指顾客对服务企业提供的服务实际感受到的水平高低。如果顾客对服务的预期水平高于感知水平，顾客则很有可能认为企业提供的服务质量偏低；反之，则会认为服务质量较高，从而满意。影响服务感知质量的因素可划分为技术质量、职能质量、形象质量和真实瞬间四部分。

（1）技术质量。

技术质量是指服务过程的产出，即顾客从服务过程中所得到的东西，有时也称其为结果质量。

（2）职能质量。

职能质量说明的是服务提供者是如何工作的，也就是服务过程中与人有关的表现。当企业利用机器、设备取代人力的时候，职能质量依然存在。

（3）形象质量。

形象质量是指企业在消费者心目中的总体形象。顾客可以从企业的资源、组织结构、市场运作、企业行为等多个侧面认识企业的形象。如果企业的形象良好，顾客通常会对在企业提供服务的过程中产生的过错持谅解的态度，即容忍区较宽，不会对服务质量的感知产生较低的评价。但是，如果企业的形象不好，顾客对服务质量的感知通常会受影响。

（4）真实瞬间。

真实瞬间是在一个特定的时间、地点，企业向顾客展示自己服务质量，和顾客进行服务接触的过程。有形产品质量并不包括此项内容，它是属于服务质量的特殊构成因素。例如，乘客坐飞机航班，从抵达机场开始到取回行李离开机场为止，他们会经历众多“真实瞬间”，一旦出现失控的状况，顾客感知的服务质量也就大打折扣。

结合上述内容，顾客对服务的期望和感知概括如图 10－16 所示。

10.4.2　服务质量评价

1. 服务质量差距模型

1988 年，美国学者 Parasuraman、Zeithaml 和 Berry（PZB）提出了一种用于服务质量管理的服务质量差据分析模型，其目的是分析服务质量问题产生的原因并帮助服务企业的管理者改进服务质量，如图 10－17 所示。

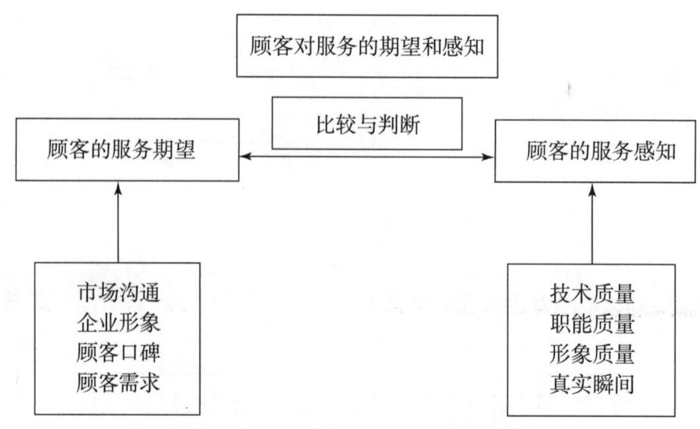

图 10－16　顾客对服务的期望和感知

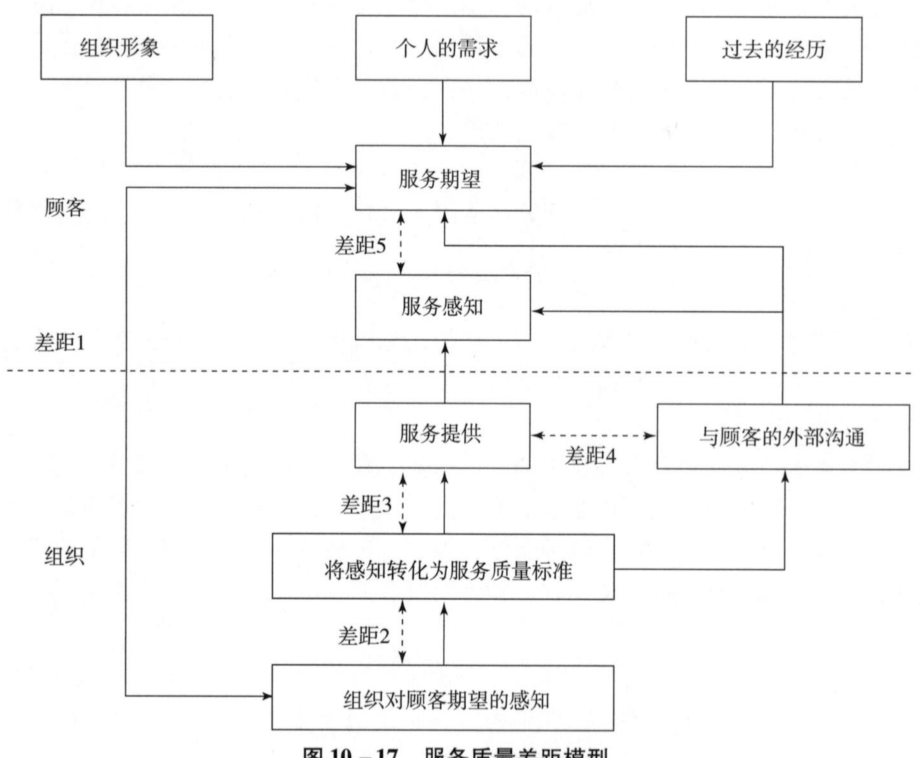

图 10－17　服务质量差距模型

资料来源：V A Zeithaml，L L Berry，A Parasuraman. Communication and Control Processes in the Delivery of Service Quality ［J］. Journal of Marketing，1988，4：36.

模型以水平线为界分为两部分，上半部分包括了与顾客期望和感知有关的内容，下半部分展示了与服务提供有关的内容，差距 1～差距 4 是差距 5 产生的原因。顾客期望的服务是过去的经历、个人的需求以及口碑传播共同作用的结果，当然，它还受到服务商营销传播活动的影响。服务组织利用服务质量差距模型，将千头万绪的质量管理工作简化为跟踪、调整这五个差距。因此，了解这些差距是如何产生、如何影响服务结果以及如何管理控制是十分必要的。五个差距以及产生原因、对服务结果的影响分述如表 10－9 所示。

表 10－9　服务质量差距分析

差距	含义	产生原因	解决对策
差距 1	管理者认识的差距，表明管理者对期望质量理解不够准确	来自市场调研和需求分析的信息不准确或者组织内部缺少向上的沟通	通过顾客访谈、投诉系统以及小组座谈等形式准确把握需求；精简组织层次，使得信息可以迅速地在组织中传递
差距 2	服务标准差距，是服务提供者所制定的服务标准与管理层认知的顾客服务预期不一致而产生的差距	缺乏以顾客需求为目标的过程管理，缺乏设定服务质量目标的正式规范或者服务质量标准未充分得到最高管理层的支持	质量标准同时得到提供者和管理者的共识，并具有一定的柔性，使得在应急情况下采取灵活的行为和措施
差距 3	服务交易差距，是指服务生产与传递过程没有按照企业所设定的标准来进行，没有达到管理者制定的要求	服务质量标准过于复杂或苛刻，员工在接触服务质量标准时出现理解上的问题；顾客没有履行其角色	企业应重新修正服务质量标准，通过内部营销让员工消除所有模棱两可的理解；正确指导顾客接受服务
差距 4	营销沟通差距，是指服务企业在营销沟通过程中做出的承诺与自身实际提供的服务不一致	服务提供部门与市场部门没有很好地沟通协调，过度承诺、夸大宣传；服务组织未能管理顾客的期望	理顺内部沟通机制，设计合理的服务承诺，避免过分夸大宣传；管理好所有与顾客沟通的方式
差距 5	感知服务质量差距，是指顾客经历或者是感知的服务与期望的不一致	是前四个差距共同的作用，其产生的原因是本部分阐述的众多差距产生原因中的一个或者是它们的组合	提供合理预期质量，树立企业良好的形象，利用良好的口碑进行宣传，正确把握顾客的需求

2. Servqual 模型的应用

Servqual 为英文“Service Quality”（服务质量）的缩写，该词最早出现在 1988 年由美国市场营销学家 Parasuraman、Zwrthaml 和 Berry（PZB）三人合写的一篇题目为《Servqual：一种多变量的顾客感知的服务质量度量方法》的文章中。Servqual 理论是依据全面质量管理（Total Quality Management，TQM）理论在服务行业中提出的一种新的服务质量评价体系，其理论核心是服务质量差距模型，即服务质量取决于用户所感知的服务水平与用户所期望的服务水平之间的差别程度（又称为期望—感知模型），用户的期望是开展优质服务的先决条件，提供优质服务的关键就是要超过用户的期望值。

服务企业所面临的一个困难问题就是不清楚到底从哪些方面来评价服务质量。服务质量差距模型为服务质量的有关研究奠定了基础，但是它没有确切说明顾客期望的含义，而是比较宽泛地对其进行说明。PZB 通过研究，初步确定了服务质量的 10 个维度，它们分别是：

（1）有形性：服务的实体证据以及其他服务设施等。

（2）可靠性：一致性的绩效、表现，并重视对消费者承诺。

（3）响应性：员工提供服务之意愿和立即性。

（4）礼仪性：服务人员服务顾客或电话接听，都要能殷勤有礼貌、尊重、体贴和友善。

（5）可信性：以顾客利益优先，带给消费者信赖感、信任和诚实感受。

（6）安全性：消费者能免于担心危险、风险和疑虑等状况。

（7）可进入性：容易接触或联络。

（8）沟通性：以消费者能“听得懂”的语言沟通并且倾听。

（9）理解性：对顾客需要的理解。

（10）胜任性：服务人员是否拥有执行服务的专业知识和技巧。

10个维度中有9个与职能质量相关联，而只有1个与技术质量相关。可以看出，Servqual模型研究主要对象是服务的过程，而不是服务的结果。为了研究方便，在后来的研究中学者们又将这10个维度进一步压缩为5个，如表10－10所示。

表10－10　Servqual模型的5个维度

维度	内容
有形性	包括服务设施、人员的面貌等，属于服务环境因素
可靠性	准确而可靠地提供服务的能力。例如遵守约定、按时完成服务，也包括企业的声誉
响应性	帮助顾客并迅速提高服务水平的强烈愿望，体现的是员工满足顾客特殊需要的能力，如顾客对服务流程的要求等
保证性	包括员工所具有的知识和能力、可信程度和服务的安全性
移情性	关心并为顾客提供个性服务。包括服务时间、场所设置等考虑顾客的需求，真正了解顾客，强化和顾客之间的沟通等

Servqual模型广泛运用于服务业，用以理解目标顾客的服务质量和感知，并为企业提供了一套管理和度量服务质量的方法。其中，服务质量的5个维度被细分为若干个问题，通过调查问卷的方式让用户对每个问题的期望值（应当怎样）、实际服务体验（实际怎样）进行评分。应用模型时具体步骤如下：

第一步，进行问卷调查，顾客进行评分。

根据服务质量5个维度的组成项目设计出具体问题，并针对每个问题要求顾客对服务质量的期望值（E_i）和在接受服务之后服务质量的体验值（P_i）按照李克特5级量表打分。（每个项目分值在1～5之间，分别代表“完全同意”至“完全不同意”）

第二步，计算服务质量分数。

评估服务质量实际就是对所得到的分数进行计算。顾客的实际感受与期望往往都不同。将每张问卷上各个项目的 P_i 与 E_i 的差值（这一差值代表该项目服务质量的分数）相加，便得到了单个顾客对服务质量的总评分值。用公式表示如下：

$$SQ = \sum_{i=1}^{n}(P_i - E_i)$$

式中　SQ——Servqual模型中的总感知服务质量；

P_i——第 i 个问题在顾客感受方面的分数；

E_i——第 i 个问题在顾客期望方面的分数。

公式表示的是单个顾客的总感知质量，把所得的总分数再除以 R（问题的个数）就得到了单个顾客的 Servqual 分数。然后把调查中所有顾客的 SQ 分数加总再除以顾客的数目就得到企业的平均 Servqual 分数。

但是这个公式的前提条件是在顾客心中，这5个服务质量维度的重要性是相同的，不存在哪个更重要。而在实际生活中，这5个维度的重要性通常是不同的。例如，服装店服务的可靠性对于顾客来说却不一定是最重要的，倒是有形性和移情性显得比较重要。因此要根据行业的特点将服务质量的5个维度进行加权平均。在上面公式基础上，得出加权计算公式：

$$SQ = \sum_{j=1}^{5} W_j \sum_{i=1}^{R} (P_i - E_i)$$

式中　SQ——Servqual 模型中的总感知服务质量；

P_i——第 i 个问题在顾客感受方面的分数；

E_i——第 i 个问题在顾客期望方面的分数；

W_j——每个属性的权重；

R——每个属性的问题数目。

Servqual 模型较为科学地对服务质量进行评估，但是也存在一些局限性。

首先，Servqual 模型的开发者对服务行业的划分是按照服务接触水平将服务分为高接触度服务、中接触度服务和低接触度服务。对于一些行业来说，这样的划分过分牵强。

其次，Servqual 模型是在5个维度中开展调查分析的。很多研究表明，这5个维度对于某些服务企业是有意义的，但对于另外一些服务企业可能意义不大。

最后，研究是基于3个行业（电话维修、银行零售和保险业）中的5家公司调查的样本基础上进行的。现如今，对于复杂的法律服务或者医疗手术项目以及日新月异的互联网服务行业，应用过程需要进一步完善。

10.4.3　服务承诺管理

服务承诺是企业建立规范的服务体系，高度重视消费者权益，保证企业的服务质量的措施。服务承诺是对顾客的保证，是对员工的激励，是企业扩大市场占有率、促进利润持续增长的重要途径。服务承诺是一种以顾客满意为目标，在服务销售之前对顾客承诺全部或部分项目从而引起顾客的好感和兴趣，招徕顾客积极购买服务并在服务活动中忠实履行承诺的制度和营销策略。

1. 服务承诺的作用

（1）降低服务过程中的风险。

由于服务的无形性，服务交易的结果不像有形商品交易，使得消费者在购买之前很难判断其质量如何。人的因素在服务中尤为重要，此外，消费者、服务提供者、周边环境都会影响服务，这意味着消费者会感到购买服务的不确定性增加、风险性增强。服务承诺有助于降低消费者的认知风险，因此风险密集型行业将比其他行业从承诺中获益更多。承诺使服务更加“可感知”，因而成为重要的沟通工具，有助于消费者产生服务可信赖的感知，减少了消费者在购买中的认知风险，从而使购买过程更加顺利。

（2）促使企业成为顾客导向组织。

企业为设计一个有效服务承诺并加以实施，首先要求企业把目光聚集于顾客的期望，这样才能确定对顾客而言有价值的服务属性，并形成计划去满足顾客的需要。通常与顾客直接接触的一线员工可能不愿意与他们的主管共享顾客抱怨信息，因为在传统组织结构下，这可能会影响对他们的业绩表现评价。而服务承诺的实施则要求在组织内共享这些信息，因为顾客抱怨本身就是了解顾客期望的最佳途径。这样服务承诺就会促使企业在组织内形成一个收集和传播市场信息的机制，从而形成以顾客为中心的组织管理氛围。

（3）有助于有效的服务补救。

服务承诺设计可以使抽象的服务理念成为具体可衡量的绩效指标，有助于企业采取及时有效的服务补救行动，从而持续改进服务质量，进行流程再造。

2. 服务承诺的设计与实施

有效的服务承诺需要精心设计和实施，其过程如图10－18所示。

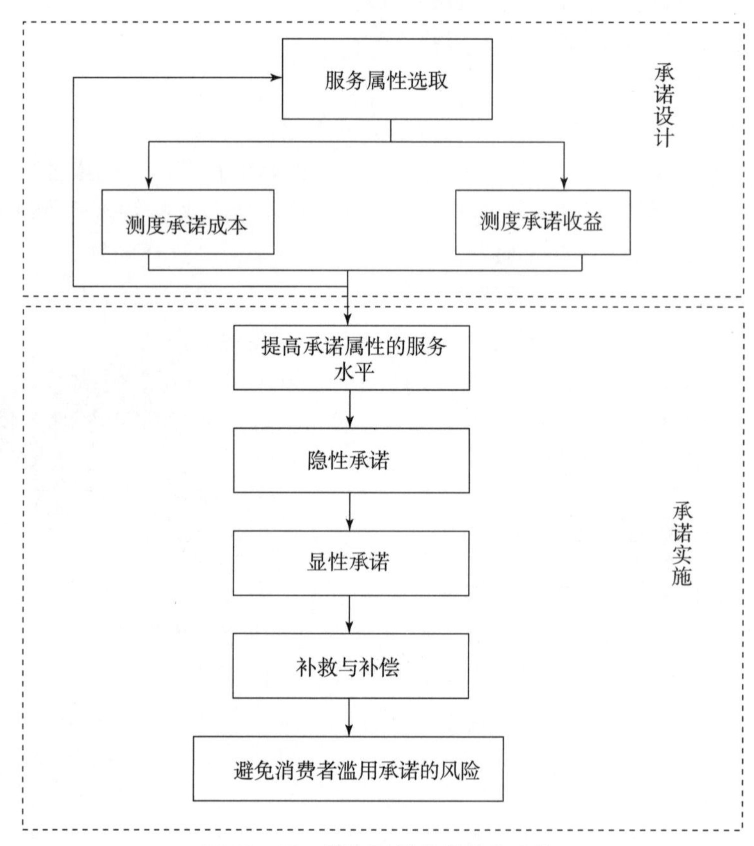

图10－18　服务承诺的设计和实施

（1）服务承诺的类型选取。

一般来讲，服务承诺的类型包括完全承诺与具体承诺，完全承诺是指消费者被承诺获得全面满意，如假日酒店承诺“如果有任何让您不满意的事情，请毫不犹豫地告诉我们，因为您不希望为不满意的服务付费”，这就是一种完全承诺。然而，采用完全承诺所要冒的风险较大，主要原因一是服务提供者担心这种承诺会被消费者滥用；二是由于服务质量本身存在许多不确定性因素，当传递服务的质量在很大程度上受服务提供者不可控因素的影响时承诺的代价过于高昂而不经济。因此，常用的服务承诺为具体承诺，即将焦点置于一个或多个服务属性上，将消费者最重视的特定的服务属性抽取出来加以承诺。

（2）服务属性的选取。

如果企业采取具体承诺模式，即对关键的服务属性进行承诺，那么，选取哪些服务属性，对于承诺实际取得的效果至关重要。消费者、竞争对手、定标比超的对象、企业员工均是选取服务属性时应当关注的。

（3）测度承诺成本。

承诺成本包括预期的承诺赔偿额、承诺的宣传成本和员工培训成本等。承诺条款中的赔偿额度乘以目前发生服务缺陷的数量，并将实施承诺后绩效的改进等因素考虑进去，可以计算出一定时期内承诺预期的总赔偿额。在计算当前发生服务缺陷的数量时，需要分析发生服务承诺属性不合格的概率，如果认为可能会出现一个过高的概率，那表明推行服务承诺在当前是不可能的，需要制订一个可执行的改进计划，将服务的质量提高到可以使承诺变为可行的水平。

（4）测度承诺收益。

承诺收益一般包括因减少风险而吸引了新的消费者、因获得赔付而减少的消费者流失、明确的服务标准而导致的服务质量的提高或缺陷发生的减少，以及因此而增加的消费者忠诚度。这些收益的精确计算是很难的，甚至有些研究者认为推行一个服务承诺更是信念问题而不是事实和数据。

（5）在实施服务承诺前提高服务水平。

当服务部门运行不好时，承诺不可能产生期望的结果。因此，在实施承诺之前必须先提高服务水平，以避免过多赔偿、商誉的损失，以及负面信息传播影响。

（6）选择显性承诺或隐性承诺。

显性承诺是企业明确向消费者传达的承诺，隐性承诺则是企业内部执行的承诺，而没有向消费者明确传达。从承诺的营销效果看，显性承诺可能会将消费者从竞争对手那里吸引过来，而隐性承诺则不能。在达不到承诺标准时，并不是全部消费者都会投诉，隐性承诺的赔偿额也较少，而较少的服务抱怨和赔偿对于改进服务的激励也会较小。隐性承诺被企业运用的原因多数是用于检验某项服务承诺的实际成本，以避免过大赔付损失，并确定是否进一步作为显性承诺向消费者正式公布，同时也可以防止消费者滥用承诺。

（7）服务补救与补偿。

服务承诺公布后，就会出现因承诺没有实现而应当给予顾客的赔偿。当服务失误发生时，企业可以试图通过服务补救来对顾客的评价产生影响。假如服务承诺包含太多的免责条款，或顾客必须经过繁杂的程序才能索赔，承诺就不能行之有效。因此，真诚有效的服务承诺应当是援引方便、索赔简单快捷的。

（8）避免消费者滥用承诺的风险。

与对实物产品的承诺相比，对服务的承诺风险由于消费者滥用而更大。例如，企业可能对其实物产品实行“如果质量不符合标准保退换”的承诺，消费者用原来买的产品才能换到新产品。而服务发生了不能收回，如果客人对酒店的服务不满而拒绝付款，谁也不能要他“返还”服务。针对这个问题，企业通常采用的是通过建立“消费者黑名单”制度，减轻消费者滥用承诺带来的损失。

10.4.4 服务补救管理

1. 服务补救的意义

服务补救是指企业在对顾客提供服务出现失败和错误的情况下，对顾客的不满和抱怨当即做出的主动性补救性反应。其目的是通过这种反应，重新建立顾客满意和维持顾客忠诚。有关学者在早期研究中认为，对顾客抱怨的处理就是服务补救。随着研究的深入，明确指出服务补救有着更广泛的内涵，它面向处于服务失败和错误情况下的所有顾客而不是只有抱怨的顾客，并且是主动地进行补救。服务补救的意义如表 10 - 11 所示。

表 10 - 11　服务补救的意义

对服务本身的意义	服务补救在展开工作时会研究顾客需求偏好，加深员工对顾客的了解，可以在服务错误处理、分析、原因总结以及预防、服务标准制定、服务保证设计时充分考虑顾客期望。同时服务补救要求服务企业对服务系统进行不断改善，通过补救的实施提高质量
对顾客的意义	顾客在服务出现错误之后产生的不满情绪或者是失望心理如果不能被即时处理，他们就会转向其他服务提供者。而服务补救可以最大限度地缓解顾客的不满心理，并且使顾客得到原本该得到的利益，有时甚至会超出预期的利益
对企业的意义	虽然采取服务补救措施会有一定的成本，但也可能带来更多收益。服务补救可以使顾客再次满意，从而进行积极的口碑传播，提高企业的知名度和美誉度。对企业员工来说，通过服务补救，可以提高员工的素质，增强员工的使命感和成就感

2. 服务补救的实施

企业对顾客实施服务补救主要是两个方面的补救，即心理方面（如道歉、善待顾客、解释等，以消除顾客不满）与物质方面（物质补偿）。当服务失误发生后，顾客不管提出抱怨与否，实际都非常期待企业能有所响应，并能妥善处理。因此，对于企业来说，应当认识到服务失误发生时，不管失误的原因是来自顾客或是企业，企业都要有承担责任的态度，并且尽量实施主动或超前型补救措施。对企业来说，一定要掌握好这个向顾客提供服务补救的机会，以挽回顾客的忠诚度。

（1）第一次就把事情做对。

与有形产品不同，许多服务是不可以重新生产的，所有的服务补救所能做的只是尽量给顾客从精神和物质上的补偿。因此，服务质量的第一条规则就是避免工作失误，可靠性是所有行业关于服务质量的最重要的指标。大多数公司通常会采用类似“全面质量管理”“零缺陷”行动，但仅仅这些是不够的，提高服务质量涉及服务文化层次、内部营销及企业服务流程管理等多个方面。

（2）建立服务失误识别系统。

企业需要建立一个跟踪并识别服务失误的系统，使其成为挽救和保持顾客与企业关系的重要工具。有效的服务补救策略需要企业通过听取顾客的意见来确定企业服务失误之所在。这不仅仅是被动地听取顾客的抱怨，还要主动地查找那些潜在的服务失误。营销调研是一种非常有效的方法，并且由于网络的推广普及，使得这种方法变得更加便捷。企业也可以鼓励员工挑毛病，但不是挑自己企业的问题，而是找出同类企业的服务失误，以此来对照自己企业是否做得很到位。

（3）开辟顾客沟通渠道。

服务失误发生后，实际上大多数不满的顾客不直接向企业抱怨，而是宁愿向朋友、亲戚及同事传播关于企业的负面信息，不再购买本企业的服务或产品，默默转向竞争品牌。许多顾客不愿意投诉是因为他们不知道跟谁投诉，过程是什么，或者嫌投诉太麻烦，耗费时间、精力和金钱。因此，企业不仅要及时妥善地处理顾客投诉，而且更重要的是鼓励顾客投诉，简化投诉过程，为顾客的投诉提供方便之门。

（4）对员工进行授权。

一旦顾客对企业服务表示不满或员工发现服务失败，企业就必须即时做出相应的反应。有关统计数据表明，企业受理的投诉中 65% 是直接为顾客提供商品或服务的一线员工接到的，因此对员工授权可以保证对顾客所投诉的问题能够即时解决或反馈，从而避免了顾客因不满投诉程序烦琐或没有即时反馈而产生的一系列不利影响。那些获得企业授权的员工，可以充当服务失败不利影响的缓冲器。作为服务过程的直接参与者，他们能够发现问题、安抚顾客并立即采取行动解决问题，争取立刻赢回顾客的好感。鉴于对员工进行授权在服务补救中所起的重要作用，企业对员工的补救培训是十分必要的。因为顾客都希望服务补救在现场即时进行，员工需要掌握的有效的补救技巧包括倾听顾客的问题、采取初始行动、辨别解决方法、即兴发挥以及变通规则。企业应特别制定相应的激励政策、措施以鼓励员工积极主动行使其补救权力。

（5）建立服务补救数据库。

服务补救不仅仅是企业对其失误进行补救，提高顾客满意度，对企业来说，这也是一次学习的机会。通过处理顾客投诉，企业可以发现经营过程中潜伏的危机及问题的根源，及时地解决问题，提高管理水平。现代企业应当有相关的数据分析和处理功能，企业将相关信息输入顾客数据库，以分析是否有些模式或系统性的问题需要改进。另外，将信息输入顾客的个人数据档案，以避免类似情况的发生。

本章小结

服务与服务营销

服务的特征：不可感知性、不可分离性、品质差异性、不可储存性、所有权的非转移性。

服务营销的特点：营销组合范围更广、分销渠道特殊、服务需求弹性较大、对人员的要求更高、营销过程的互动性。

服务消费行为的特殊性

购买服务的评价主要依据以下三个特征：可寻找特征、经验特征、可信任特征。

服务购买过程分为购前阶段、互动阶段、购后阶段。

服务营销组合的特殊性

服务营销组合由市场营销组合的“4P”发展为“7P”，所以服务营销组合的特殊性包括服务产品决策的特殊性、服务价格决策的特殊性、服务渠道决策的特殊性、服务促销决策的特殊性、服务人员与内部营销、服务过程管理、服务有形展示管理 7 个方面的内容。

服务质量管理

顾客对服务的期望是指顾客希望企业提供的服务能满足其需要的水平。顾客对服务的感知是指顾客对服务企业提供的服务实际感受到的水平高低。

Servqual 模型广泛应用于服务业，用以理解目标顾客的服务质量和感知，并为企业提供了一套管理和度量服务质量的方法。

服务承诺的作用是降低服务过程中的风险，促使企业成为顾客导向组织。

服务补救是指企业在对顾客提供服务出现失败和错误的情况下，对顾客的不满和抱怨当即做出的主动性补救性反应。

复习思考题

1. 如何理解服务营销的特点？
2. 服务营销组合有哪些特殊性？
3. 如何管理顾客期望与感知？
4. 服务承诺设计的内容有哪些？
5. 服务补救措施有哪些？

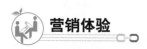

营销体验

1. 请你组建一个调研小组，设计调研问卷针对某 App 服务中用户满意度和忠诚度展开调研，通过数据分析提出若干建议。

2. 餐饮服务是典型的服务业，请你给某“无人餐厅”完成一份简单的营销策划。

3. 优秀的服务企业离不开成功的营销策划，选择一款提供优质知识产品服务平台（如得到、知乎等）近年来发展有特色的案例。请你查阅相关资料，从服务营销角度分析该公司成功的秘诀是什么？

案例讨论

推荐阅读

在线测试

第 11 章

全球市场营销

学习目标

◎ 理解全球营销环境的主要要素及其特点;
◎ 掌握进入全球市场的主要方式;
◎ 具备全球营销组合决策能力;
◎ 熟悉全球性营销组织的类型。

关键术语

◎ 全球性企业 (Global Firm)
◎ 全球营销 (Global Marketing)
◎ 国际贸易 (International Trade)
◎ 直接出口 (Direct Export)
◎ 间接出口 (Indirect Export)
◎ 合资企业 (Joint Venture)
◎ 合同生产 (Contract Production)
◎ 许可经营 (Licensing)
◎ 直接投资 (Direct Investment)
◎ 全球营销组合 (Global Marketing Integration)
◎ 国际分支机构 (International Affiliates)
◎ 区域管理中心 (Regional Centre of Management)
◎ 全球性组织 (Global Organization)

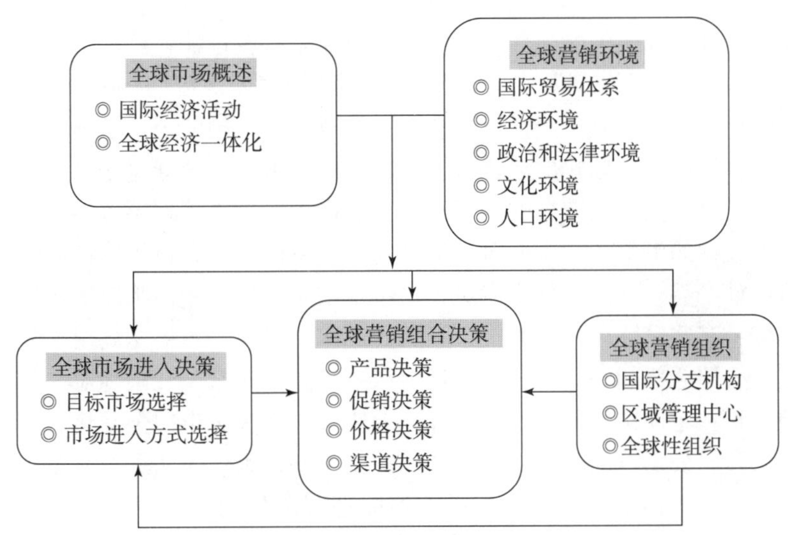

【先思后学】　英国航空公司的全球营销

全球营销是指以全球为目标市场，将公司的资产、经验及产品集中于全球市场。全球营销是以全球文化的共同性及差异性为前提的，主要侧重于文化的共同性，实行统一的营销战略，同时也注意各国需求的差异性而实行地方化营销策略。全球营销实行以地理为中心的导向。

1991 年 4 月 13 日，人们打开报纸时，吃惊地注意到在“全球最大的馈赠”广告栏下，有一段醒目的文字：“英国航空公司将向全世界免费赠送 5 万张机票。”世界各大报纸都用通栏标题报道了英航这场令人不可思议的大馈赠活动。

英国、澳大利亚、美国的电台和电视台也在黄金时间里报道了这一新闻。这场酬宾促销活动共耗资 9 000 万美元，甚至连许多英国人也认为航空公司简直是疯了。

继这场酬宾活动之后，英航还别出心裁地用了一连串的促销手段，其中包括伦敦著名的哈德商店有奖购物、免费地铁观光、赠送剧场入场券、去苏格兰古堡游览等富有诱惑力的节目，来吸引旅客乘坐英航的班机到英国旅游。这一策略使得全世界约有 1 000 多家旅行社为之动心，几乎包销了一大半的英航机票。

全球营销在很大程度上更像是一种经营哲学，它要求企业在开展营销活动时，将世界市场视为一个整体（而非若干个独立的国别市场的叠加），统一规划与协调，以便获得全球性竞争优势。全球营销的核心在于“全球协调”与“全球一体化”，也就是说，开展全球营销的企业在评估营销优势与劣势、机会与威胁及制定营销策略时，不以国界为限，而是立足于全球。开展全球营销要求企业更好地理解和应对不同国家和地区的文化、消费习惯、法律法规等方面的差异，从而制定出更精准和有效的营销策略。本章将从全球营销环境分析、全球市场进入方式、全球市场营销组合和全球营销组织建立等方面，全面阐述企业开展全球营销的方法和途径。

11.1　全球市场概述

随着科技的发展，高效的物流和全球间的资金流动日益快捷，跨国市场的距离和贸易时间迅速地缩短。在一个国家或地区开发的产品在其他国家或地区同样能够受到热烈的欢迎，一个全球购买的市场日新月异。全球市场的形成使得世界各国的公司必须从全球角度考虑问题。企业必须对世界经济全球化的趋势有清醒的认识，以免在全球竞争中处于不利的境地。

如果国内市场足够大，大部分的公司宁愿留在国内。这样管理层就不用学习新的语言和法规，不用处理波动的汇率，不用面对政治和立法的不确定性，也不用针对不同顾客的需求和期待来重新设计产品。在国内做生意更容易也更安全。但是当面临以下几种情况时公司会去开拓国际市场：有些国际市场比国内市场的盈利机会更大；为了达到规模经济，公司需要更大的客户群；公司希望削弱对于单一市场的依赖性；公司希望在国际对手的本土市场对其进行打击；顾客正在走向国外因而要求国际化的服务。在决定走向全球化之前，公司必须认识并评估以下风险：公司可能不能理解国外用户的偏好，因而无法提供有竞争力的产品；公司可能不能理解国外的商业文化；公司可能不能理解国外的法规，因而发生预期之外的费用；公司可能缺乏具有国际化管理的人才；在国外可能需要面对改变的商业法规、汇率贬值，甚至政变和财产被没收的情况。

11.1.1　国际经济活动

当一个企业在其所在国以外的市场里进行经济活动时，我们说该企业进行了国际经济活动。国际经济活动形成了国际市场，当国际市场日益扩大就形成了全球市场。国际经济活动一般包括国际贸易、国际技术转让和国际投资三个层面的活动。

（1）国际贸易。

国际贸易活动是指企业在国内制造产品，在国际市场上销售产品的一种国际经济活动。根据企业涉足国际市场的程度和承担的风险大小，可以分为外贸收购、外贸代理、委托出口管理公司代理、联营出口、直接出售给国外客户、直接出售给国外中间商和在国外设办事处等多种形式。

（2）国际技术转让。

国际技术转让是企业通过转让技术的方法在国外制造产品，并在当地销售或销售返回的一种国际经济活动。国际技术转让的方向总是由技术相对发达的企业向技术相对落后的企业转让。通过国际技术转让，技术先进方可以避开被转让国的关税壁垒，可以利用被转让方的资金实力；而技术落后的一方则可以获得更为先进的技术，提高自己的生产水平。因此，这种对双方均有利的经济活动在国际市场上被广泛应用。

（3）国际投资。

国际投资是企业涉足全球市场更为广泛深入的一种国际经济活动的方式，它往往包括在国外设置制造企业和向国外进行金融投资等方式。在传统制造业中以投资在国外建立制造厂为主要投资方式，其中，又可分为合资和独资两种方式。随着制造企业的规模不断扩大，许多大企业集团手中掌握了大批的流动资金，为了获得更多的收益，这些企业集团纷纷投入了国际金融市场寻找投资机会，通过金融市场进行国际投资活动已日益成为制造企业的另一种主要国际投资方式。

11.1.2　全球经济一体化

全球经济一体化是指世界经济活动超出了国界，使世界各国和地区之间的经济活动相互依存、相互关联，形成世界范围内的有机整体；或者说是指世界各国均参与全面的经济合作，其中任何一国经济领域的变动均会引起世界经济整体的变动。在国际经济活动不断深入、国际市场不断变化的过程中，跨国公司的影响非常大。现在世界前 500 强大公司内几乎找不出一家企业是完全在国内生产和在国内销售的，几乎都是拥有遍及全球网点的超级企业。这些大公司的年销售额和年产值又都几乎可以和一个小国家，甚至一个中等国家的年国民生产总值相提并论。而这些大公司为谋求自身的发展正在进一步调整自己的经营方向和组织结构，希望把自己建设成为一个在组织内部进行国际化分工的公司。另外，信息技术的发展和其在经济领域的广泛应用，为世界经济一体化提供了物质技术基础。特别是互联网技术的发展，为各国企业进行全球信息沟通和操作提供了极大的方便。

经济全球化的发展趋势同样为全球企业的诞生创造了条件。跨国企业为了实现在全球范围内资源的最佳配置，对自身进行了改造，并逐渐面向以全球为市场、以全球为生产基地的全球企业转变。全球企业是一种新型的、打破国与国界线的联合企业。它要求领导层国际化，领导成员和经理人员可以由不同国家的人员担任。虽然我们说全球企业是在跨国企业的基础上发展起来的，但是它与跨国企业有很大的区别。

（1）研发中心全球化。

跨国企业的经营特点是把整条生产线或一部分工序转移到拥有大量非熟练劳动力的低工资地区，以避开关税壁垒进入当地市场，而企业的设计、科研以及技术密集部分等关键部门仍留在本土。这样海外子公司不过是总公司的延伸和附属品，有义务将产品和利润上缴总公司。而全球企业在注册所在国外开办的合营企业，多数把科研部门和实验室也搬入，与当地的合营企业共享科技成果，以提高生产效率和产品质量。

（2）范围经济性的实现。

在一般的企业中，经常会谈到规模的经济性和学习的经济性。规模的经济性是指随着企业产品产量增加而使生产成本降低所带来的经济效益。学习的经济性则是指企业通过组织高效的、连续的生产经营活动，积累生产和销售经验，使企业降低生产和销售成本而带来的经济效益。

（3）强强联手的战略。

全球企业在清晰认识到现有市场只容共享、不容垄断的现实后，还积极地以多国合营企业的新面貌出现在全球市场上，以增强企业的竞争力。特别是与互相竞争的制造企业进行联合的行动，跨国企业是难以做到的。

全球性企业是将整个世界视为目标市场，使产品的设计、功能或款式均保持适应性，并在这些产品的价格、质量和交货等方面最佳组合的基础上展开竞争。但在进行具体的全球性营销时，会遭遇到许多国内营销没有或较少碰到的问题和风险，诸如不同的语言、风俗习惯，不同的计量单位，不同的贸易方式、支付方式，不同的法律，利率变化、汇率变化、政治风险等。由于这些变化的存在，使得全球营销远远复杂于国内营销和通常所说的国际营销，这也迫使企业不断改变其经营观念，树立全球营销观念。

11.2 全球营销环境

企业的营销活动从国内扩展到国际市场、全球市场，其基本功能和原则并未发生本质的变化，企业可控制的基本因素也未发生变化。关键的变化在于由不可控制因素组成的外部营销环境发生了变化，而且完全不同于国内营销环境。这种变化导致全球营销决策更加复杂化。因此，企业在进行全球营销之前，必须清楚地了解它们所面临的全球营销环境的特殊性。

11.2.1 国际贸易体系

（1）世界贸易组织。

国际贸易由进口贸易和出口贸易两部分组成，有时也称为进出口贸易。从一个国家的角度看，国际贸易就是对外贸易。世界贸易组织是全球性的、独立于联合国的永久性国际组织。它的前身是关税与贸易总协定。关税与贸易总协定于1947年10月30日在日内瓦签订，并于1948年1月1日开始临时适用，世界贸易组织（WTO）与国际货币基金组织（IMF）、世界银行（WB）一起被称为世界经济发展的三大支柱。

由于工作连续性的需要，作为国际组织的关税与贸易总协定于1995年与世界贸易组织共存一年，以完成过渡期的工作。关税与贸易总协定有两重含义，第一重含义是指一个旨在推行国际自由贸易的临时国际组织；第二重含义是指一部由各缔约方签署并实施的、旨在实现国际贸易自由化的国际条约性质的法律文件。世界贸易组织的诞生，只是在关税与贸易总协定的第一重含义上，取代了关税与贸易总协定。而第二重含义上的关税与贸易总协定，不仅没有、也不可能由世界贸易组织所取代，而且它事实上已经构成世界贸易组织法律制度的基础和核心部分。世界贸易组织成员更具广泛性。世界贸易组织成员分四类：发达成员、发展中成员、转轨经济体成员和最不发达成员。

（2）自由贸易区。

自由贸易区不是指在国内某个城市划出一块土地，建立起的类似于出口加工区、保税区的实行特殊经贸政策的园区，而是指两个或两个以上国家或地区通过签署协定，在WTO最惠国待遇基础上，相互进一步开放市场，分阶段取消绝大部分货物的关税和非关税壁垒，在服务业领域改善市场准入条件，实现贸易和投资的自由化。自由贸易区内允许外国船舶自由进出，外国货物免税进口，取消对进口货物的配额管制，同时也是自由港的进一步延伸，是一个国家对外开放的一种特殊的功能区域。

自由贸易区除了具有自由港的大部分特点外，还可以吸引外资设厂，发展出口加工企业，允许和鼓励外资设立大的商业企业、金融机构等促进区内经济综合、全面地发展。自由贸易区的局限在于，它会导致商品流向的扭曲和避税。如果没有其他措施作为补充，第三国很可能将货物先运进一体化组织中实行较低关税或贸易壁垒的成员国，然后再将货物转运到实行高贸易壁垒的成员国。为了避免出现这种商品流向的扭曲，自由贸易区组织均制定“原产地原则”，规定只有自由贸易区成员国的“原产地产品”才享受成员国之间给予的自由贸易待遇。理论上，凡是制成品在成员国境内生产的价值额占到产品价值总额的50%以上时，该产品应视为原产地产品。原产地原则的含义表明了自由贸易区对非成员国的某种排他性。现实中比较典型的自由贸易区有北美自由贸易区（NAFTA）、中日韩自由贸易区、美洲自由贸易区（FTAA，包括美洲 34 国）、中欧自由贸易区（CEFTA）、东盟自由贸易区（AFTA）、欧盟与墨西哥自由贸易区。

11.2.2　经济环境

全球营销的开展必须研究每一个目标国的经济，一国市场的吸引力受到该国的产业结构影响。常见的四种主要的产业结构如下：

（1）自给自足型经济。

自给自足型经济是封闭的农业国的典型形态，如东南亚、非洲、拉美一些国家及太平洋一些岛屿国，经济落后且发展缓慢，经济结构存在不同程度的畸形。大部分产出品都被自己消费，剩余部分用来交换一些简单的产品和服务。这些国家市场狭小、购买力有限、进出口能力差、产品在全球市场缺乏竞争力；但这类国家市场潜力大，发展前景广阔。

（2）原料输出型经济。

原料输出型经济以出口原料为主，其中某一种或几种原料是国民经济的基础和支柱，经济结构单一，工业比较落后，经济发展具有很大的局限性，但消费者的收入水平、购买力不一定低。比如中东的经济命脉是石油，工业发展和进出口贸易主要与石油有关，这些国家的人均收入水平一直居世界前列。它们是石油开采、加工设备及零配件、交通运输设备、日用消费品和一般工业品的良好市场，当然这里也将会成为奢侈品的大好市场。

（3）工业化进程经济。

工业化进程中的经济类型的国家和地区，制造业贡献了国民经济的 10%~20%，比如埃及、菲律宾、印度和巴西等国。随着制造业的增长，这些国家会更多地进口纺织原料半成品、钢材和重型机械，而较少进口纺织制成品、纸制品和汽车。工业化进程通常会创造一个新兴的富有阶层和一个很小但迅速增长的中产阶级，他们都对进口新产品有需求，特别是对中高档消费品的需求量大。

（4）工业化经济。

工业化经济是工业制成品和资本的主要输出国。这些国家之间相互贸易，同时也出口到其他类型经济国家以换取原材料和半成品。这些国家有各种不同类型的制造活动以及大规模的中产阶级，对于所有种类的产品而言都是一个极为富有的市场。比如美国、西欧各国、日本和澳大利亚等国，经济发达，进出口基础雄厚，购买力强，需求旺盛，大量输出工业品和资本，输入大量原材料和半成品。这类国家市场容量大、经济体系完善、消费水平高，是中高档商品的最佳市场，但竞争激烈。

11.2.3　政治和法律环境

全球营销的一个关键性因素是在目标国开展业务的批准权握在该国政府手中，同时也要考虑该国的法律限制。分析目标国的政治和法律环境时，绝不能忽视这个基本点，即每一个独立国家都拥有允许或者禁止外国公司在其境内开展营销业务的正当权力。法律环境主要是指各国对外贸易政策和其他的政策法令对市场的左右和影响。一般政治和法律环境相关的主要因素包括以下方面：

（1）政府的执政风格。

对于外国公司至关重要的是要学会分析和判断现行政府是保守的还是激进的，现在的商业氛围是否有利于自由企业制度。对于这些问题的回答，可以在分析政党的执政纲领中得出。

（2）政党体制。

一个国家的政党体制可以分为四类：两党制、多党制、一党制和一党控制制。常见的两党制包括两个强大的政党，一般是由两党互相交替控制政府。两党纲领不同，它们之间的交替对外国企业的影响往往比对本国企业的影响更大。

（3）政府政策的持续性。

对于外国企业而言，目标国政府政策的稳定与否关系重大，因为这种稳定直接影响到对企业适用的各项政策的持续性。外国公司主要关心的是政策是否会突然发生剧变，从而造成不稳局势。

（4）民族主义。

席卷全球的经济民族主义浪潮是对国际贸易影响最大的政治因素。如果不能很好地处理这种因素的影响，无论其根源于工业化国家还是欠发达国家，都会对全球营销产生巨大的障碍。

（5）外汇管制。

一个国家实行外汇管制的原因可能是由于该国外汇短缺。当面临外汇短缺时会限制所有资本流动，或者有选择地对那些最易受到攻击的公司资本的流动加以限制，以便保持一定数量的外汇，供应最基本的需要。

（6）进口限制。

对原料、机器和零部件的进口有选择地实行限制是政府迫使设在本国的外国公司去购买本国产品，从而为本国工业开辟市场的一种最为常用的策略。

（7）税收管制。

作为控制外国投资的一种手段，有时东道国政府会突然提高税率，向外国投资征收高额的利税。在那些经常为资金短缺而发愁的欠发达国家里，对经营成功的外国企业征收重税似乎是为这些国家经济发展筹措资金的一种最有效的办法。

（8）价格管制。

一些关系到公众利益的必需品，如医药、食品、汽车等经常受到价格管制。在通货膨胀时期，利用价格管制可以控制生活费用的上涨。

【观点透视】 中国为全球经济治理指明方向

近些年来，经济全球化遭遇逆流，零和博弈、单边主义等严重干扰全球化进程，给全球经济治理带来严峻挑战。党的二十大报告旗帜鲜明地宣示，中国致力于推动构建人类命运共同体，坚持经济全球化正确方向，共同营造有利于发展的国际环境。中国聚焦解决全球发展赤字、治理赤字，支撑多边主义经贸体系，推动全球经济治理更加公正、合理，顺应了世界人民的广泛期待。

人类命运共同体围绕亟待解决的时代问题，为人类走向共同繁荣、继续享受全球化红利提供新路。近代以来，凭借工业革命而占据优势地位的西方国家，搭建了资本主义世界“中心市场”，并让多数发展中国家沦为提供原材料的“附庸市场”，造成世界发展极不均衡。近年来，一些国家以单边主义代替国际合作，迷信零和博弈、鼓吹“筑墙设垒”、操弄

"脱钩断链"，严重阻挠经济全球化健康发展，国际供应链大范围受阻，更加剧了部分脆弱发展中国家的增长困境。

党的二十大报告指出："万物并育而不相害，道并行而不相悖。只有各国行天下之大道，和睦相处、合作共赢，繁荣才能持久，安全才有保障。"中国着眼于国际社会面临的发展短板、治理缺失等，提出一系列倡议和主张，推动共建"一带一路"，提出全球安全倡议、全球发展倡议，积极为长期被忽视的发展中国家利益"鼓与呼"，在各个国际场合倡导对话协商、共建共享、合作共赢、交流互鉴、绿色低碳等原则，旨在让经济全球化继续促进产业链、价值链、供应链延伸和拓展，带动生产要素全球流动的同时，让更多国家、更多地区、更多人民畅享全球化红利。

中国积极参与全球治理体系改革和建设，坚持真正的多边主义，推动世界贸易组织、亚太经合组织等多边机制更好发挥作用，增强新兴市场国家和发展中国家在全球事务中的代表性和发言权，凸显了中国支持多边主义、改善全球治理政策的"连续性"，向世界发出推动全球治理朝着更加公正合理的方向发展的信号，为世界人民在应对危机挑战的迷雾中提供了一盏指引前路的明灯。

资料来源：经济日报，作者：郭言

11.2.4　文化环境

消费者的行为受到文化的深刻影响，在相同的收入条件下，不同的文化环境下生活的消费者其消费行为并不一样。要了解文化对行为究竟有多大的支配力，就需要了解文化构成的各个方面。

（1）物质文化。

物质文化是指人们所创造的物质产品和用来生产产品的方式、技术和工艺。全球营销中企业将面临不同的物质文化环境，物质文化对生活方式和消费方式具有强烈的影响。

（2）语言文字。

对大多数人来说，从事全球营销最直接的障碍来自语言，而接触异国文化的主要通道又正是语言。要充分理解一种外国语言的真正含义绝非易事，语言里包含着丰富的历史、知识、情感和态度。不过语言不是人们交流沟通的唯一渠道。眼神、手势、脸部表情等也是表达思想与情感的重要渠道。但非语言渠道的交流所表达的含义在不同的国家里会有很大不同，必须十分小心。

（3）审美观。

审美观是一种与美、高雅、舒适有关的文化概念，包括对音乐、艺术、色彩、建筑、式样、形状等的鉴赏与评判。审美观念的差异更大程度上是区域性的，而不是国家性的。如西方国家的人们比较喜欢古典音乐和流行音乐；东南亚的建筑与中国、日本的建筑风格比较接近。对全球企业而言，了解不同地区的审美观的差异对更好地把握产品的外观、包装和广告有着非常重要的意义。

（4）教育。

社会教育水平的高低与消费结构、购买行为有密切关系。一般来讲，受教育程度高的消费者对新产品的鉴别能力较强，购买时的理性程度也较高，容易接受文字宣传的影响；而受教育程度低者则相反。受教育水平对全球营销的直接影响体现在影响人们的消费行为、制约着某些营销活动。企业在制定目标市场的策略时，也必须参照当地的教育水平，以使人们易于接受。

（5）传统习惯。

传统习惯是最能体现文化不同而造成人们行为差异的因素之一。实行全球营销的企业必须了解世界各地的传统习惯，并加以仔细地分析，以达到有的放矢进行营销活动的目的。

（6）宗教。

宗教和宗教团体都有各自的教规，影响宗教信徒们的生活方式、价值观念、审美观和行为准则，甚至日常生活的每一个细节。从全球营销的角度来看，宗教不仅仅是一种信仰，更重要的是它反映了有关消费者的生活理想、消费愿望和追求的目标。

（7）态度和价值观。

态度和价值观是指人们对于事物的评判标准，如对时间的态度、对成就的态度、对变革创新的态度等。价值观念是消费者追求利益的性质，不同文化背景下的人们的价值观有相当大的差异。价值观念的形成往往与消费者所处的社会地位、心理状态、教育水平有密切的关系。

（8）社会组织结构。

社会中人与人之间联系的方式就是社会组织结构，如家庭、宗教组织、学校、各自工作单位、社会阶层、社区组织等。人类实行团体生活才得以形成社会。社会组织结构有些是有形的，有些是无形的。不同的文化体系中，社会组织对营销有不同的影响。

11.2.5 人口环境

人口环境是指人口的规模、分布、结构和流动等情况。人口环境是企业全球营销活动必须分析的条件，是企业营销的重要外部环境。

（1）人口规模。

人口规模决定潜在购买者规模，从而决定了市场规模。世界人口总量即将突破80亿大关，随着人们观念的转变，世界人口的增长率将减慢。世界上人口增长速度最快的地方在不发达国家与欠发达国家，尤其是在亚洲和非洲。而欧洲很多地方的人口呈负增长，人口总量在下降。

（2）人口分布。

世界各国以及各地区的人口密度悬殊。20世纪初大部分人口居住在农村，随着各地工业革命的完成，在发达的国家农村人口开始少于城市人口。人口分布状况对产品需求、促销方式、分销渠道都会产生不同的影响。

（3）人口结构。

人口结构也对产品结构、消费结构和产品需求类型产生影响。人口的结构主要表现为年龄结构、性别结构、家庭结构和家庭规模。开展全球营销企业需要了解目标市场的人口结构。

（4）人口流动。

世界上人口流动呈两大趋势：在国家之间，发展中国家的人口（高级人才）向发达国家迁移；在一个国家内部，同时存在着人口从农村流向城市和从城市流向郊区和乡村的现象。农村与城市人口的双向流动一方面是工业化和城市化发展的结果。人口集中的城市使城市居民需求和城市市场迅速扩大，在城市，繁华商业区、百货商店、专业商店、超级市场等星罗棋布。而且由于城市人口结构更趋复杂，城市居民的购买动机和购买行为呈现出多层次性。另一方面，工业化国家由于城市交通拥挤、污染严重和居住集中、密集，再加上土地价格昂贵，因此，许多富裕人群向郊区进发，追求生活与大自然的统一。由于交通发达，从郊区到市区上班、购物都不存在问题。

11.3　全球市场进入决策

11.3.1　目标市场选择

不是所有的公司都必须开展全球营销才能获得成功，大部分企业在本国运营更加容易和安全，不必面对政治和法律的不确定性，也无须改动产品设计去迎合不同顾客的需求与期望。然而，全球竞争者可能会用更好的产品或者更低的价格来进攻本土市场，公司必须进行应对；又或是本土市场停滞不前或萎缩，而外国市场则有更高的销售额和更多的机会。此时，公司就必须面对来自全球的竞争。

（1）选择目标市场的原则。

全球市场细分是企业选择目标市场的重要前提和基础。企业在进行全球市场细分后，也面临着从若干个细分市场中选择一个或多个细分市场作为自己的目标市场的问题。选择目标市场的总体标准是要能充分地利用企业的资源以满足该子市场上消费者的需求。具体有以下四个标准：

①可测量性。企业可以通过各种市场调查手段和销售预测方法来测量目标市场现在的销售状况和未来的销售趋势。

②需求足量性。企业所选择的目标市场应当有较大的市场潜量，有较强的消费需求、购买力和发展潜力，企业进入后有望获得足够的收入和经济效益。

③可进入性。企业所选择的目标市场未被垄断，企业的资源条件、营销能力以及所提供的产品和服务在所选择的目标市场上具有较强的竞争力。

④易反应性。企业选择的目标市场能使企业有效地制订全球营销计划、营销战略和策略，并能有效地付诸实施。

（2）目标市场选择过程。

企业在选择全球营销的目标市场时，首先要对各个国家（地区）进行初步选择，确认选取哪些国家（地区）的市场。其目的在于缩小选择的范围，降低进一步评估的成本。

①分析消费者与用户的特征。

对消费者特征的分析包括消费者的年龄、性别、收入水平、消费结构、消费者所处的社会阶层及其生活方式的特点等。对工业品用户特征的分析包括使用本产品的行业的特征，典型客户的规模和组织结构，本企业所生产的产品或提供的服务在客户的价值链中处于哪一环节、起什么作用等。

②估计市场规模。

估计市场规模的主要方法是从企业所能够获得的统计资料入手，找出影响产品市场前景的各项因素，并通过统计学分析方法找出各项因素对产品市场前景影响的具体程度。然后依据企业对各项影响因素的预测，推算出未来一定时间内产品在目标国市场的销售前景。

③做出接受或放弃决策。

在对前述资料有了较全面的掌握和较系统的分析后，企业就可以初步做出接受或放弃该市场的决策。

④评估市场潜力。

经过初步筛选，已经选择出为数较少的国家或地区。对于这些国家或地区市场，企业需要进一步地对其市场潜力做出较深入的评估。这一评估主要是预测在特定时期、特定国家或地区，某个行业在未来相当长的时间内行业最大的销售量。

11.3.2　市场进入方式选择

公司一旦决定在全球市场进行营销活动，则必须考虑最佳进入方式。选择何种方式进入市场也是一个涉及广泛的决策，需对各方面有关因素作综合分析、全面评估后，才能决定正确的进入方式。全球市场的进入方式有出口、许可经营、合同生产、合资企业和直接投资等几大类，每一大类又可分为若干方式，如图 11－1 所示。

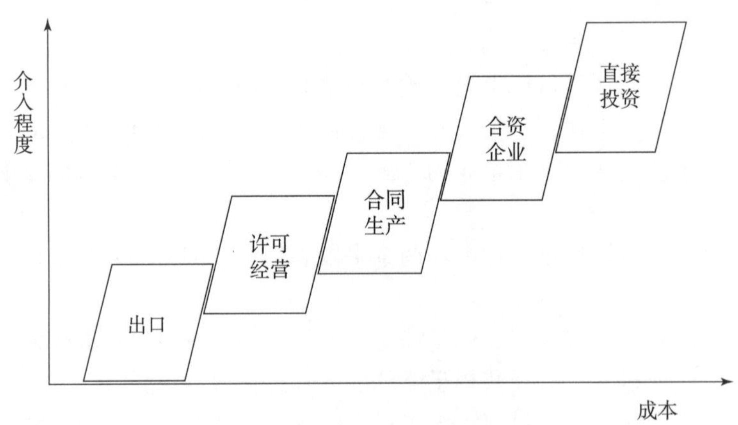

图 11－1　进入全球市场的方式

（1）出口。

很多出口都从间接出口开始，企业将其产品卖给本国的中间商，由其负责出口。产品以间接出口方式进入国际市场的优点有：首先是进入国际市场快；其次是费用节省，既不需要承担出口贸易资金上的负担，又不需要亲自去海外做市场调研、建立专门的销售网点以及配备专门的人员；再次是风险小，不必承担外汇风险以及各种信贷风险；最后是灵活性大，长短期业务均可管理。然而间接出口使企业不能获得全球营销的直接经验，对海外市场缺乏控制，所获市场信息反馈有限，利润也会受影响。

直接出口是指企业把产品直接卖给其他国家的中间商或最终用户。选择直接出口方式进入全球市场可以使企业摆脱对中间商渠道的依赖与业务范围的限制，可以对拟进入的海外市场进行选择；企业可以获得较快的市场信息反馈，据以制定更加切实可行的营销策略；企业拥有较大的海外营销控制权，可以建立自己的渠道网络；也有助于提高企业的全球营销水平。当然这种方式也有其局限性，如成本比间接出口要高，需要大量的最初投资与持续的间接费用；需要增加专门人才；在海外建立自己的销售网络需要付出艰苦努力。

(2) 许可经营。

许可经营指企业与目标国企业签订许可协议，授权该国企业使用许可企业的专利、商标、服务标记、商品名称、原产地名、专有技术等在一定条件下生产和销售某种产品，并向目标企业收取许可费用。运用这一方式不需要大量海外投资即可快速进入全球目标市场，而且可以避开关税、配额、交通运输费等不利因素，又易受当地政府欢迎，风险较小，不存在被没收、征用、国有化的风险。同时，产品在当地销售后，若需修改，不必支付修改费用。这种方式的不足是对被授权企业控制力有限，特别是在产品质量、管理水准、营销努力等方面，当许可协议终止后，被许可方可能会成为许可方企业潜在的竞争对手。

(3) 合同生产。

合同生产指全球营销企业与目标国企业签订某种产品的制造合同，当目标国企业按合同要求生产出成品后，再交由全球营销企业销售。这种方式的优点在于全球营销企业的资源优势可能在于技术、工艺和营销，而不在于制造；国外投资少、风险小；产品仍由全球营销企业负责销售，市场控制权仍掌握在全球营销企业手中；产品在当地制造，有利于搞好与目标国的公共关系。但它也有局限，主要是难以找到有资格的制造商；质量难以控制；利润需与制造商分享；一旦制造合同终止，目标国制造商可能成为全球营销企业在当地的竞争者。

(4) 合资企业。

选择出口方式进入全球市场可能由于成本高、受关税与贸易配额限制等而使效益低下，同时他国政府可能限制某些产品的成品进口，而对外国企业在当地制造却持鼓励态度。所以如果当地市场潜力大，资源的比较优势大，可以选择与国外企业合资生产方式，这也可以使产品设计、制造、销售与售后服务更能符合当地消费者要求。

(5) 直接投资。

最大规模地参与全球市场的方式就是直接投资，设立以全球市场为基础的组装或制造厂。如果公司从出口中获得了足够的经验并且目标国的市场足够大，直接投资可以获得很大优势。直接投资通常可以选择海外组装或海外投资生产。

【营销实践】 海尔的全球营销

1. 海尔在美国

1999年4月30日，海尔美国工业园在美国南卡来罗纳州开姆顿市破土动工。园区占地700亩，年产能力50万台。2000年3月，海尔美国电冰箱工厂正式投产，拥有当地员工约180人，并通过高质量和个性化设计逐渐打开市场。这意味着第一个“三位一体本土化”的海外海尔的成立，即设计中心在洛杉矶、营销中心在纽约、生产中心在南卡来罗纳州。2002年3月5日，海尔买下纽约中城格林尼治银行大厦作为北美的总部。这对海尔来说是一个质的飞跃，代表着海尔对美国市场的承诺，即海尔要在美国扎根下去。海尔美国建厂前，在美国的年销售额不到3 000万美元，由于该建厂项目的带动，海尔在美国的年销售额3年内提高到2.5亿美元，增长了8倍。冰箱销售量突破100万台，占美国市场份额的11%，列第五位；冷柜份额为9%，列第三位；空调份额为12%，列第三位。

建立独资企业的方式包括并购和创建两种。创建是指国际化经营企业通过购买厂房设备、设立组织机构、招聘人员等工作建立一个全新的企业。海尔在美国市场投资建立了美国海尔工业园，在本地生产家电产品，并且聘有当地员工约180人。所以，海尔美国公司是属于海尔集团在美国建立的独资企业。

2. 海尔在欧洲市场

欧洲是世界家电业的发祥地，拥有许多世界一流的家电品牌，海尔冰箱技术就是来自德国。自从1990年海尔首次出口德国2万台冰箱，海尔吹响了向欧洲家电市场进军的号角。2001年6月19日，海尔集团以800万美元收购意大利迈尼盖蒂冰箱工厂。海尔选择了更划算的收购而不是投资建厂方式，这是欧洲当地市场的历史、文化、法律、经济等诸多方面特点决定的。加之海尔在法国里昂和荷兰阿姆斯特丹的设计中心、在意大利米兰的营销中心，海尔在欧洲真正实现了“三位一体”的本土化经营。海尔不但拥有欧洲的白色家电生产基地，而且具备了参与当地制造商组织并获取信息的条件，从而为实现在欧洲的“三融一创”（即融资、融智、融文化，创世界名牌）奠定了坚实的基础。

并购是指全球营销企业通过在资本市场上购买某企业的股票或在产业市场上购买股权，取得该公司的所有权与经营权。海尔集团在欧洲市场上，以800万美元收购意大利迈尼盖蒂冰箱工厂，在欧洲本地生产并出售，这是海尔集团通过并购海外市场上的其他公司而在国外建立独资企业。

3. 海尔在非洲市场

2000年，海尔与突尼斯Hachicha集团在突尼斯合资成立工厂HHW，并于2001年11月开始建设，2002年10月投产。工厂占地面积10 000平方米，建筑面积6 000平方米，厂区距离突尼斯市市区约47千米路程。工厂每年可组装空调器3万台、冰箱2.5万台、洗衣机5万台。经过7年的发展，海尔在这个美丽的北非地中海国家的消费者心中已经树立起了良好的品牌形象，市场份额不断提高，以海尔空调、洗衣机、冰箱为主的系列白色家电以高品质赢得了消费者的赞誉。2000年，海尔与英国PZ集团签订合资协议，在尼日利亚成立合资工厂，进行联合品牌Haier - Thermocool冰箱、冷柜、空调的组装以及销售。自合资公司成立以来，HPZ在尼日利亚市场取得了长足的发展，冰箱、冷柜产品市场份额连续保持第一位，成为尼日利亚当之无愧的第一制冷品牌。近年来，尼日利亚公司推进发展空调、电视、洗衣机、热水器以及小家电产品。目前，海尔尼日利亚公司年营业额超过1亿美元。

合资企业是两个或多个组织在一个较长的时间内共同出资、共同经营、共享资源、共担风险、同享利润的企业。海尔集团在非洲市场上，与突尼斯Hachicha集团在突尼斯合资成立工厂HHW，在本地生产经营；还与英国PZ集团签订合资协议，在尼日利亚成立合资工厂，进行联合品牌Haier - Thermocool冰箱、冷柜、空调的组装以及销售。这都是海尔集团通过合资的方式在国外建立的合资企业。

投资进入国际市场模式是指生产企业将资本连同本企业的管理技术、销售、财务以及其他技能转移到目标国家或地区，建立受本企业控制的分公司或子公司，在当地生产产品，并在国际市场销售。综合来看，无论是采取投资建厂、并购厂房、合资建厂的哪一种形式，海尔集团进入海外市场采取的都是投资进入国际市场的模式。

11.4　全球营销组合决策

实施全球营销的公司，必须研究对原来的营销组合进行调整，才能适应目标市场状况。一种极端的情况是，公司在全球范围内使用标准化的营销组合，产品、促销、分销渠道和价格等要素都标准化，由于这样不需要进行重大的更动，成本也就可以降至最低限度。另一种极端的情况是，制定特定的营销组合，生产企业根据各个目标市场的特点调整营销组合，从而获得较大的报酬。通常这两种极端情况非常罕见。

11.4.1　产品决策

传统的产品决策根据产品和促销是否改变，可以组合出几种向全球市场提供产品或服务的方式，如表11－1所示。

表11－1　进入全球市场产品和促销的组合

产品 促销	不改变产品	改变产品	产品创新
不改变促销	直接延伸	产品适应	
改变促销	传播适应	双重适应	

（1）直接延伸。

直接延伸就是把产品直接推入全球市场，不加任何改动。营销人员接到的指令就是："产品就是这样，去找适合的客户吧。"此时最重要的是弄清楚外国消费者是否使用这种产品或服务。

（2）产品适应。

产品适应是指改变产品的设计以适应目标市场的需求特点。一个公司可以生产地区型式产品，或者生产某一国家型式产品，还可以生产一个城市型式的产品，甚至可以生产不同零售商型式的产品。一般产品适应主要体现在功能、外观、包装、商标、厂牌和标签及服务等方面的改进，如表11－2所示。

表11－2　产品适应的五个方面

功能的更改	外观的更改	包装的更改	商标、厂牌和标签的更改	服务的更改
能给消费者提供更多利益的产品更改内容	主要是对式样或颜色进行更改。更改的原因是产品使用国的条件特殊和文化环境不同	包装的更改与销售地的自然状况和产销两地的运输距离有直接关系，消费国的风俗习惯和消费水平也更为重要	在这方面的更改，除有不同的文化要求以外，消费国的法律也有这方面的规定。如加拿大要求商标必须用英、法两国文字书写其内容等。从营销学的角度来说，商标画面的设计必须要有艺术性和吸引力，要与个性化的包装及产品相呼应	好产品的服务工作对保证产品的销售十分重要。作为整体产品的一部分，良好的服务可以增强用户的购买信心，提高产品的声誉，打开市场，扩大销路

（3）产品创新。

产品创新是指生产某种新产品，可能是对老产品的翻新，也可能是为满足另一个国家或地区的需求而创造一种全新的产品或服务。这种策略主要有五种形式，如图11－2所示。

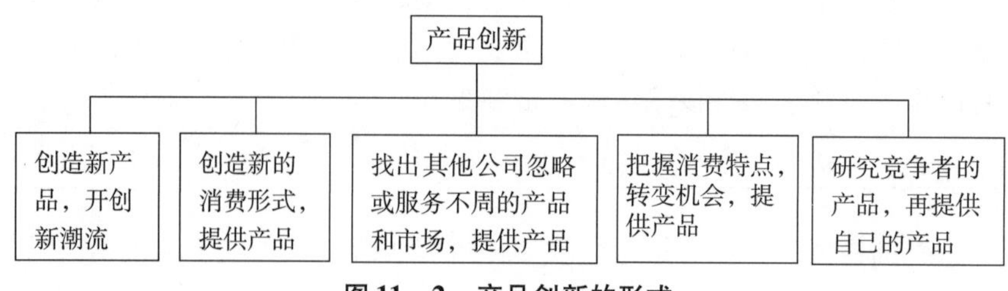

图 11－2　产品创新的形式

（4）传播适应。

传播适应是指不改变产品的设计而只调整促销策略，以适应当地的营销环境及消费者与客户的爱好。

（5）双重适应。

这种策略是对进入国际市场的产品和促销方式根据国际市场的需求特点做相应的改变，既改变产品的某些方面又改变促销策略。

在全球竞争的形势下，全球公司不应立足于一地市场的做法和消费者偏好，或依国别来寻求全球市场，而必须运用一种系统化方式来同时探索和协调发达国家、欠发达国家和发展中国家的消费者需求，然后根据企业具体情况选择产品策略。

11.4.2　促销决策

全球市场营销要求企业不仅要开发适合全球市场消费者需求的优良产品，制定适当的价格，以适宜的分销渠道提供产品给消费者，还要通过传媒，让消费者及时、充分地了解本企业及其产品的情况，从而对本企业产品产生购买动机和购买行为，这种营销活动就是全球市场促销。

（1）广告。

广告是指为了配合全球营销活动，在产品出口目标国或地区所做的广告。通常是以本国的广告发展为母体，再进入全球市场的广告宣传，使出口产品或服务能迅速地进入全球市场并赢得声誉，扩大销售。

全球营销广告通常有一体化策略和本土化策略。所谓一体化策略，就是以统一的广告主题和内容、统一的创意和表现，在各目标市场的国家和地区实行一体化的信息传播。尽管各国的文化差异是显著的，但人性是共通的，人人都具有对美、健康、安全等的需要。世界正趋向于一体化，使人们也拥有了更多的共同需要和喜好，广告的一体化正顺应了这一历史潮流。成功案例有万宝路、可口可乐、麦当劳等。所谓本土化策略，就是根据目标市场的国家和地区的特点，采用有针对性的广告策略，制作具有不同广告诉求、广告创意和广告表现手法的广告作品。它是基于各国文化的差异性，认为广告活动只有遵从各目标市场区域的文化、国民心理等方面的特异性，才能使广告所传达的信息更易于为目标受众所接受。本土化策略实施的杰出代表有美国的宝洁公司、日本的松下电器等。

在全球营销实施过程中，如果过分强调本土化，则将造成广告信息的分散和损耗，不利于建立统一的品牌形象；而过分强调一体化，广告信息又会难以被各目标市场所接受。一体化策略有利于建立全球性的产品形象、品牌形象、企业形象，而且便于执行。但实施国际广告一体化策略是有前提条件的，那就是广告的产品自身的特点，即它必须具备世界性的共同主题，能符合各地消费者较一致的需求和期望。如万宝路、可口可乐、麦当劳这些产品本身就具备了实施一体化广告策略的先决条件。在具体实施过程中，由于各目标市场实际存在的差异性，广告一体化更多地是广告主题和广告基本模式的一体化，就是广告总部统一提出广告信息传播的主题和原则，确定广告的基本模式，由各市场分部根据当地的具体情况来执行和实施。这实际上是一体化策略和本土化策略的融合与变通。

（2）人员推销。

人员推销又称人员销售和直接推销，是一种古老但很重要的促销形式。它是指企业派出或委托销售人员、销售服务人员亲自向全球市场顾客（包括中间商和用户）介绍、宣传、推销产品或服务。现代全球市场人员推销的主要任务是：

①能够发现市场机会，发掘市场潜在需求，培养全球市场新客户；

②善于接近顾客，推荐商品，说服顾客，接受订货，洽谈交易；

③搞好销售服务，主要包括免费送货上门安装，提供咨询服务，开展技术协助，及时办理交货事宜，必要时帮助用户和中间商解决财务问题，搞好产品维修等；

④传递产品信息，让现有顾客和潜在顾客了解企业的产品和服务，树立企业形象，提高企业信誉；

⑤进行市场研究，收集情报信息，反馈市场信息，制定营销策略。

全球营销企业在建立全球销售队伍时有三种人员来源选择，其优劣势如表 11－3 所示。

表 11－3　全球销售队伍的人员来源选择

人员来源	优势	劣势
驻外人员	掌握更多的产品知识，表现出致力于高标准客户服务，有促销训练，总部有较大控制	成本最高；变动率较高； 语言和跨文化培训成本高
东道国（地区）国民	经济；熟知市场、文化情况；语言技能强；采取行动迅速	需要产品培训、忠诚度低；可能不受尊重
第三国（地区）公民	文化敏感、语言技能强；经济；可做覆盖地区销售	面临认同、促销受阻；需要产品培训和公司培训；忠诚度无保障

（3）营业推广。

营业推广就是在一个比较大的目标市场上，企业为了刺激需求、扩大销售而采取的能迅速产生激励作用的促销措施。广告对消费者购买行为的影响往往是间接的，营业推广的目的通常是诱发消费者尝试一种新产品或新牌子，尤其是刚进入全球市场的产品；另外就是刺激现有产品销量增加或库存减少。营业推广一般可分为三类：直接对消费者或用户的营业推广；直接对出口商、进口商和境外中间商的营业推广；鼓励全球市场推销人员的营销推广。营业推广不宜经常使用，否则会引起顾客的观望和怀疑，反而影响产品销售。

【知识拓展】 几个国家关于赠券促销的法规（见下表）

国家	邮寄赠券	上门投递赠券	外包装赠券	内附赠券
英国	合法	合法	合法	合法
法国	同一产品打折合法，不得交叉发放赠券	同一产品打折合法，不得交叉发放赠券	同一产品打折合法，不得交叉发放赠券	同一产品打折合法，不得交叉发放赠券
德国	仅用于赠样合法，不允许折价赠券	仅用于赠样合法，不允许折价赠券	不得由零售商减价，消费者将外包装编码直接邮寄给制造商	多数情况下禁用
瑞典	对年满16岁合法，限制寄给新生婴儿父母	对年满16岁合法，限制寄给新生婴儿父母	合法	合法
美国	合法，限制用于酒类、烟类和药品	合法，限制用于酒类、烟类和药品	合法，所有条件必须公开，兑现期不得少于6个月	合法，所有条件必须公开，兑现期不得少于6个月

（4）公共关系。

公共关系主要指企业或其他经济组织，为了取得全球公众和顾客的了解和信赖、促进销售、建立企业与公众之间的良好关系而进行的各种活动的总称。企业在全球营销中，随时可能出现一些例外情况，可能和企业的目标或利益产生冲突。遇到这种情况，企业就要善用公共关系，加强与东道国政府官员的联系，了解他们的意图，懂得他们的法律，处理好突发事件，协调与东道国以及目标市场消费者的关系，以求得企业经营活动的长期发展。

建立公共关系，比较典型的形式是通过第三方（主要是新闻媒介）对本企业及产品进行宣传报导，通过多种形式沟通企业与公众、顾客的关系，融洽感情。公共关系已成为影响企业开展全球化经营成败的重要因素。

11.4.3 价格决策

价格是全球营销组合的一个重要因素。产品价格的高低，直接决定着企业的收益水平，也影响到产品在全球市场上的竞争力。定价原本就很复杂，当产品销往全球市场时，运费、关税、汇率波动、政治形势等因素更增加了定价的难度。所以，企业必须花大力气研究确定全球营销组合中的定价策略。

全球营销的企业在全球推销商品或服务时，由于受到全球竞争的压力往往会采用低价策略或一种所谓的价格创新策略，使全球公司确定的全球市场价格既面向当地市场，又顾及全球竞争。但在实际的操作中，全球企业会面临几种特殊的价格决策问题。企业必须处理价格升级、转移价格、倾销和灰色市场等问题。

（1）价格升级。

销售中面临价格升级问题，这主要是因为产品在出厂价的基础上又加上了运输成本、关税、进口商差价、批发商差价和零售商差价。成本的增加，再加上货币波动风险，制造商利润不变，产品在国外往往要卖到原产国市场价格的 2 ~5 倍，过高的价格容易使公司失去市场。

（2）转移价格。

产品运往其国外的子公司时，总公司应如何确定内部转移价格？如果总公司向子公司索价太高，结果就要支付更高的关税，尽管它可能在外国支付的所得税较少；如果售价太低，公司就会被指控倾销。

（3）倾销。

公司用低于国内市场价格在国外市场销售同一产品的做法称为倾销。如果倾销指控成立，就将被征收反倾销税。各国政府都在严防舞弊现象发生，常常迫使公司以正常交易价格，即与其他竞争者相同或相似的产品价格销售。

（4）灰色市场。

公司往往发现一些经销商的购买量超过他们在本国的销售量。他们为了利用差价从中获利，将商品转运到其他国家，与那里已有的批发商竞争。全球企业试图通过控制批发商，或者向成本较低的批发商提高价格等办法以防止出现灰色市场。

11.4.4　渠道决策

全球企业对于将产品送至最终消费者的渠道问题，必须有一个整体渠道的观点。从卖方至最终买方之间有三个主要环节：第一个环节是卖方的总部机构，它管理整个渠道，也是渠道的一个组成部分；第二个环节是国（地区）与国（地区）之间的渠道，它负责将货物运至境外市场边境；第三个环节是境外市场内部的渠道，它负责将进口货物从入境处送达最终消费者手中。全球市场分销系统的结构如图 11 -3 所示。

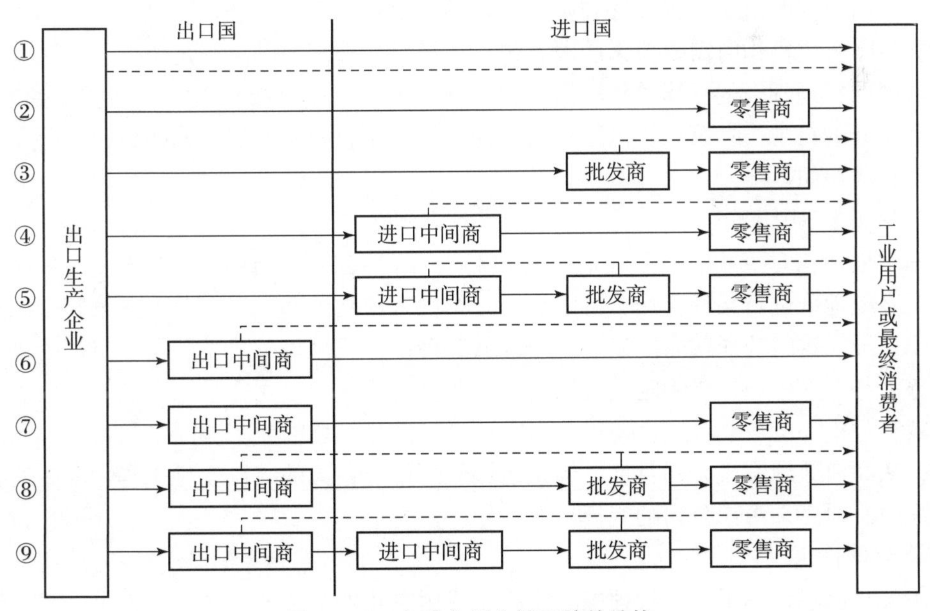

图 11 -3　全球市场分销系统的结构

然而有许多厂商认为，只要把产品运离工厂，全部工作即告完毕。其实他们应当更多地关心其产品在国外市场内部是如何流转的。各个国家国内的分销渠道状况是很不相同的，各国市场里经营进口商品所涉及的中间商数目和类型也有显著的差异。日本的销售渠道是全世界最复杂的分销系统，而非洲的某些国家的渠道则相对比较简单。

在美国，大规模的连锁商店占主要地位，但在其他国家（地区），大多数情况是众多的、各自独立的小零售商店经营着商品的零售。虽然大规模连锁能大大降低成本，但由于消费水平尚待提高，故在许多国家（地区），尤其是发展中国家，批发商和小零售商除了买卖商品外，还承担着将大包装商品拆零销售的重要职能。

【营销实践】奔驰在中国

11.5 全球营销组织

营销组织在规模大小、目标市场的潜量和市场管理能力方面有所不同。影响全球营销的因素来自产品和技术知识、适应环境的能力、企业自身的资源、所在地区的法律等，因此不可能形成完全相同的组织管理模式。全球营销活动的组织方式常见的有国际分支结构、区域管理中心和全球性组织。

（1）国际分支机构。

随着国外市场扩大和本企业国际业务的增长，公司就会产生设立一个国际分支机构的想法，由这个新成立的组织承担指导和协调公司不断增长的全球业务。

设立国际分支机构时需要考虑的因素包括：第一，管理层的决心足够大，大到有理由组建一个由高层经理领衔的下属单位；第二，国际业务的复杂性要求有一个单独的组织单位，管理者有充分的自主权；第三，国际分支机构的设立是公司发展战略的构成，是公司参与全球竞争的必要组织。

（2）区域管理中心。

当一个公司在对某一个国家（地区）出口产品的同时，以许可证的方式或其他方式与另一个国家或地区进行某种合作，可能在第三个国家或地区办合资企业，在第四个国家或地区设立子公司。这时公司就需要设立一个区域管理中心或另设一个子公司，专门处理公司的国际业务活动。该中心负责制定其营销目标与预算，并负责公司在全球市场上的业务发展。

区域管理中心的设立可能会使得公司在地理、产品和职能分工等因素的考虑方面达到最佳平衡，从而有效地实现公司目标。但是区域管理中心最大的缺点就是成本太高，所以设立区域管理中心时必须考虑公司的规模。

（3）全球性组织。

有的公司已经跨越了区域管理中心阶段，成为真正的全球公司。它们不再把自己看作是国内市场营销企业在国外从事经营活动，而开始把自己看作是全球营销者。公司的最高管理当局和职员从事对世界性的生产设施、营销战略、财务收支和后勤供给系统的计划工作。全球经营单位对公司最高负责人和执行委员会负责，而不再是对事业部的主管负责。经理们受过全球经营方面的训练。经理人可从其他国家聘任，零部件及其他供应商可以到任何价格最低或方案最优的地方去采购，投资在预期能获得最大收益的地方。

为了实现总公司决策的集权化，全球企业的最佳选择是矩阵型组织或网络型组织。该组织并没有形成严格的阶层结构，而是将组织的各组成部分松散地结合在一起，可以说它实现了组织的动态化和灵活性，适应了市场动态化的发展。

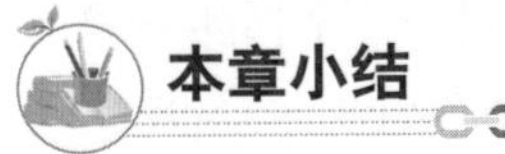

本章小结

全球营销环境

在全球经济一体化时代，企业面临复杂的营销环境，需要综合考虑国际贸易体系，经济、政治、文化、人口、法律等各种环境因素的特点及其影响。

全球市场进入

选择目标市场是一个分析消费者和客户特点、预测市场规模、评估市场潜力的过程。进入国际市场可选择的方式包括出口、许可经营、合同生产、合资企业、直接投资等。

全球营销组合决策

国际市场的产品策略根据产品和促销是否改变，可采取直接延伸、产品适应、产品创新、传播适应及双重适应等策略。

国际市场上可采取广告、人员推销、营业推广、公共关系等促销策略。

进行国际市场的价格决策，必须处理价格升级、转移价格、倾销及灰色市场等问题。

国际市场的渠道包括三个重要环节，即卖方的总部机构、国家之间的渠道以及国外市场内部渠道，科学进行国际渠道决策能够大大降低营销成本。

全球营销组织

设立国际分支机构、区域管理中心、全球性组织是常见的营销组织形式。

复习思考题

1. 全球性经济活动和全球市场是如何形成的？有何特点？
2. 如何理解全球营销环境的构成要素及其特点？
3. 全球市场的进入方式有哪些？各有什么特点？
4. 全球市场的营销组合策略有什么特点？
5. 全球性营销组织的类型有哪几种？

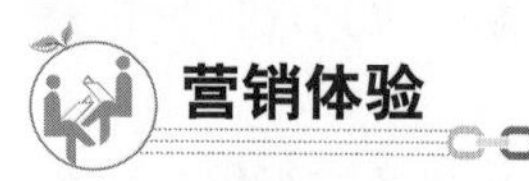

营销体验

1. 小组辩论：全球营销中是标准化还是差异化?

由于经济全球化趋势、互联网的发展与应用以及一些大众化商品的规模化生产等，一些人认为全球营销中应该推行标准化；而由于文化的差异、法律法规的限制以及个性化需求的突显等，一些人认为全球营销中应该坚持差异化。因此，“标准化还是适应性?”“全球化还是当地化?”“全球整合还是本土响应?”等，成为一直以来争论的话题。

正方：全球营销组合决策应该推行标准化

反方：全球营销组合决策应该推行差异化

2. 小组讨论：文化差异对企业全球营销的影响。

文化差异是企业进行全球市场营销必须重点考虑应对的因素。以小组为单位，对某一国家或地区的文化特点及其对企业营销活动可能造成的影响进行分析和归纳，并相互进行交流。

案例讨论

推荐阅读

在线测试

第12章

客户关系管理

学习目标

◎ 理解管理客户的重要性；
◎ 具备建立客户关系的能力；
◎ 拥有维护客户关系的基本技能；
◎ 掌握实现和管理客户忠诚的方法；
◎ 能够进行客户流失与赢回管理。

关键术语

◎ 客户关系管理（Customer Relationship Management）
◎ 客户生命周期（Customer Life Cycle）
◎ 客户终身价值（Customer Lifetime Value）
◎ 客户资产（Customer Equity）
◎ 公域流量（Public Domain Traffic）
◎ 私域流量（Private Domain Traffic）
◎ 内容营销（Content Marketing）
◎ 用户媒介（User Media）
◎ 客户体验（Customer Experience）
◎ 客户忠诚（Customer Loyalty）
◎ 社群营销（Social Marketing）
◎ 客户流失（Customer Drain）

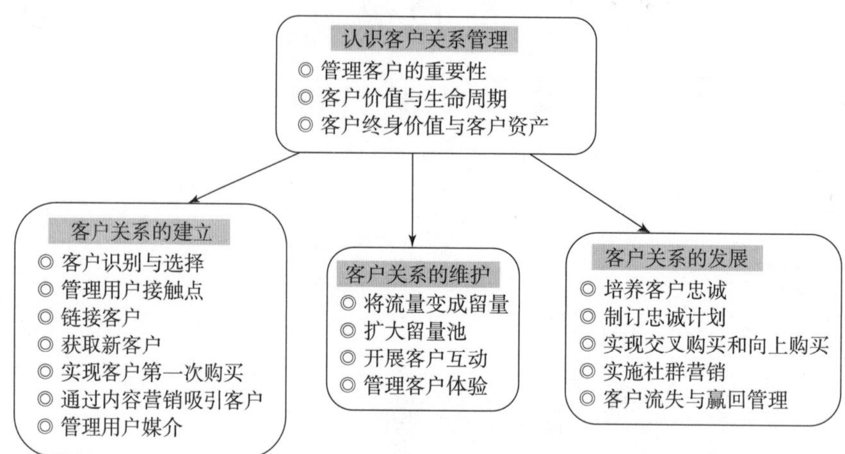

【先思后学】 华为公司——以客户为中心

全球通信行业一直是资本重度青睐、人才大批涌入的热门领域，也是长期以来欧美商业巨头的必争之地。尽管行业环境恶劣，但华为依靠其优秀的技术创新能力以及亮眼的海外市场经营绩效，跃居全球通信行业的技术和市场最高点，成为参与领跑的龙头企业。一家成立仅仅30余年的中国民营企业，是如何在竞争激烈的红海市场中顽强生存并不断成长的呢？

华为总裁任正非曾经公开表示："华为走到今天，就是靠着对客户需求宗教般的信仰和敬畏，坚持把对客户的诚信做到极致。"在华为的发展中，其一直坚持"以客户为中心"的核心价值观，并将"为客户服务"作为华为存在的唯一理由。

在初创时期，华为致力于成就客户的传奇故事广为流传。在中国偏远的农村地区，电信线路被老鼠咬断致使客户网络中断的情况时有发生。而当时提供服务的跨国电信公司都认为这不是他们应该负责的问题，因此偏远地区的客户长期被此问题所困扰。华为发现这一问题之后，积极研发相应的解决方案，不仅解决了客户的难题，强化了客户关系，还让公司在开发防啃咬路线等坚固、结实的设备和材料方面积累了丰富的经验。除此之外，针对客户提出的问题，华为制定了24小时随时响应制度；针对早期华为设备经常出现问题，华为的技术人员总是等到客户晚上不使用设备的时间段才进入客户的机房中维修设备。这与西方公司只提供优质的技术和产品、忽略服务的经营模式大不相同。这一改变不但帮助华为赢得了"真正关心客户需求"的美誉，而且促使其构建起自身的企业竞争优势。

在"以客户为中心"的核心理念指导下，华为将企业文化定位于高绩效文化。究其原因，公司要持续不断地满足客户对低价、优质和完善服务的需求，就必须具有强大的价值创造能力，而这种能力在企业内部的体现就是高绩效。与此同时，基于客户需求导向，华为确立并持续优化其研发、创新和服务策略、人力资源管理模式以及组织变革方向和进程。以研发策略为例，2010年，华为的技术研发能力已基本可以同西方企业媲美，进入从"以技术为中心"向"以客户为中心"的转型阶段。为矫正研发体系中工程师"技术至上"而忽略市场需求的片面思想，华为出台硬性规定，每年必须有5%的研发人员转做市场，同时也有一定比例的市场人员转做研发以提升研发部门对市场的敏感性。除此之外，在人力资源管理体系中，客户满意度作为从总裁到各级干部的重要考核指标之一。华为建立了满意度的调查、处理、监督解决、落实的一整套闭环体系，每年都按时分别开展分层级的第三方、业务、项目满意度调查、评估，并在此基础上解决问题，持续整改。

华为秉承“以客户为中心”的核心理念，于2021年上半年已经取得销售收入3 204亿元人民币，净利润率9.8%的优秀成绩。同时华为轮值董事长徐直军明确表示，通过为客户及伙伴创造价值，有质量地活下来是公司未来五年的战略目标。

客户对于企业非常重要，优秀的企业必须具备建立客户关系的能力、拥有维护客户关系的基本技能、掌握实现和管理客户忠诚的方法并能够进行客户流失与赢回管理。本章将从客户关系建立、维护、发展等维度阐述企业客户关系管理的基本内容。

12.1　认识客户关系管理

客户关系是指客户与企业之间的相互影响与作用，或客户与企业之间的某种性质的联系，或客户与企业之间的关联。根据美国数据库营销协会（American Database Marketing Association）的定义，客户关系管理就是协助企业与客户建立关系，使得双方都互利的管理模式。

12.1.1　管理客户的重要性

现代管理学之父彼得·德鲁克曾说过：“顾客是企业存在的理由，企业的目的就在于创造顾客，顾客是企业营收与获利的唯一来源。”管理客户的重要性可见一斑。

客户关系管理使企业与老客户保持一种良好而稳定的关系，这就为企业节省了一大笔向老客户进行促销活动的费用。此外，好的客户关系会使老客户主动为企业进行有利的传播，通过老客户的口碑效应，企业能更有效地吸引新客户加入，同时减少企业为吸引新客户所需支出的费用，从而降低开发新客户的成本。

客户关系管理还使企业和客户之间较易形成稳定的伙伴关系和信用关系，这样交易就容易实现，并且由过去逐次逐项的谈判交易发展成为例行的程序化交易，从而大大降低了搜寻成本、谈判成本和履约成本，最终降低了企业与客户的整体交易成本。

客户关系管理可以增加客户对企业的信任度，因而客户增量购买（即客户增加购买产品的金额）的可能性就会增大，反之，客户就可能缩减其购买量。

传统的管理理念乃至现行的财务制度一开始只把厂房、设备、资金、股票、债券等视为资产，后来又把技术、人才也视为企业的资产。如今，人们逐渐认识到，虽然“客户”及“客户关系”不具备实物形态，但也是企业的重要资产，它能为企业带来实实在在的利润。

客户关系管理的重要性不言而喻，现实生活中随处可见。例如，当用户购买小米手机时，他就会被邀请进入小米社区。在线上社区里，他不仅可以看到小米插线板、小米打印机、小米空气净化器等一系列产品的使用者交流与评测，还能优先了解企业新品的各项资讯。同时，为方便用户购置相关产品，社区中还设有小米商城的入口。除此之外，小米的生态链产品都可以用小米手机轻松操控，满足了用户实时掌握家中电器状态的需求。由此，小米公司通过线上社区极大地降低了客户管理成本，增强了客户黏性，与客户建立了良好关系，从而促进客户的增量购买。

12.1.2 客户价值与生命周期

（1）客户价值。

客户会基于自身价值最大化做出购买决策，我们就必须深刻理解什么是客户价值。从客户视角定义，客户价值是客户获得的全部利益与其在获得利益的同时而要付出的全部成本之间的比值。具体而言又可以将利益分成产品层面带来的理性利益，交付过程的体验利益以及客户情感层面的感性利益，而将成本对应划分为产品支付的货币成本，交付和使用过程付出的努力所带来的时间、精力等成本，以及产品或服务在情感层面的负面情绪，如图12－1所示。

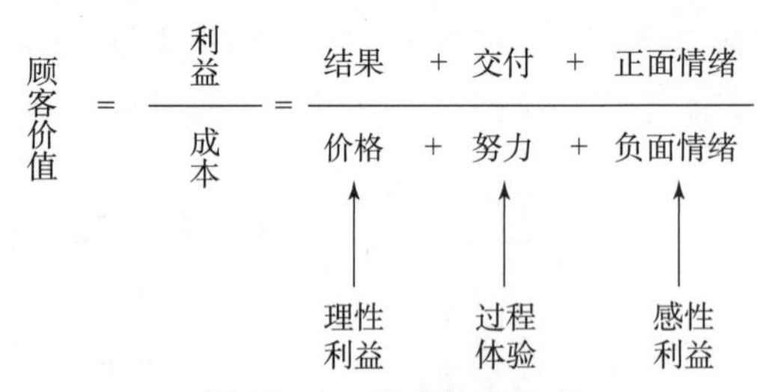

图12－1　客户价值公式

客户理性利益指那些给客户提供的物质层面的功能性利益，即产品的功效、性能、质量等为客户带来的利益（如手表可以看时间）；感性利益是客户在购买和使用产品的过程中产生某种情感利益，例如自我的情感满足以及对于外界的自我展示（如名牌手表可以让你更有面子）。只是企业需要结合自己的目标客户及产品定位来凸显自己的优势，比竞争对手带给客户更多的利益；客户在获得这些利益的同时还要付出成本，最直接的成本就是按照价格支付的货币成本，当然还可能会有时间成本、学习成本，例如，很多苹果手机用户都反映说也考虑过换成其他品牌手机，但考虑到还要适应新的操作界面与系统，就放弃了。实际上无非是转换会给客户带来成本，而并不是其他手机在利益层面做得不够好。

（2）客户生命周期。

客户有一个从诞生到流失的过程，具有明显的生命周期的特点。从一个客户开始对企业进行了解或企业欲对某一客户进行开发开始，直到客户与企业的业务关系完全终止所经历的时间称为客户生命周期。作为管理客户的主体，企业应当认识到客户生命周期过程的重要性及不同阶段的特征，使其针对生命周期不同阶段的客户管理策略更有效。通常情况下，客户生命周期可以划分为潜客期、考察期、形成期、成熟期和衰退期五个阶段，如图12－2所示。

①在潜客期，客户在形式上主要是以“潜在客户”出现的。企业所能够做的工作主要是关注这些潜在客户的行为和态度。潜在客户一般会出现在企业的各种促销活动和接触点中，也许他们对企业的产品仅仅局限于感兴趣，还没有产生真正的购买意图。但这种感兴趣的心理状态极有可能向着真实购买行为转变，因此，企业必须在这一时期投入足够的时间和精力来研究潜在客户的兴趣点。

②在考察期，客户与企业刚建立联系，需要花费大量成本和精力来寻求信息并做出决策，企业则需要花费大量人力和物力投入来获取客户，此阶段中的客户价值较小。

③在形成期，客户与企业之间已经建立了一定的信任，与企业之间的交易或互动逐渐增

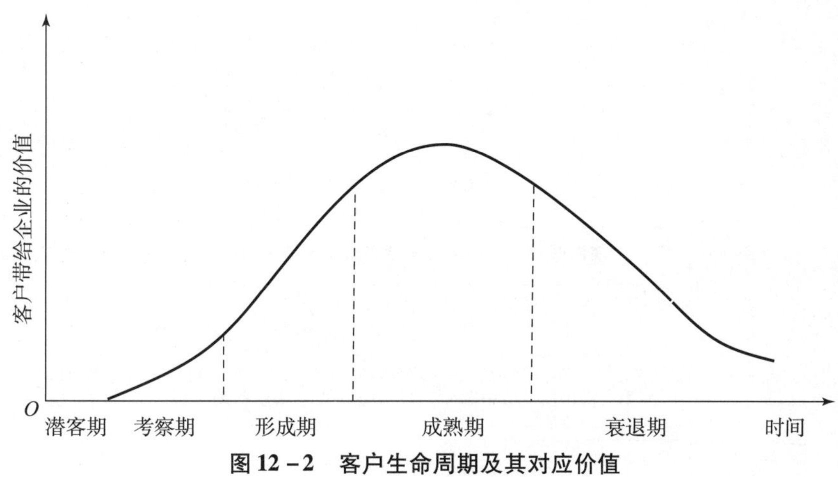

图 12－2　客户生命周期及其对应价值

加，企业从客户身上获得的收入逐渐大于投入，客户带给企业的价值逐渐增加。

④在成熟期，客户和企业之间已经建立了长期的关系，客户对企业的产品/服务需求稳定，并愿意购买企业其他的产品/服务，为企业带来的价值达到最大。

⑤在衰退期，客户的交易或与企业的互动水平下降，带给企业的价值逐渐减少。衰退期并不总是出现在成熟期之后，在任何一个阶段都可能衰退。

随着互联网技术的普及与推广，客户生命周期缩短是互联网时代背景下的一个普遍现象。企业产品供应与客户需求等信息在网络上全天候呈现，以及网上信息检索接近“零成本”，使交易中供求双方沟通与对接变得更加直接、快捷和便利。同时，线上、线下销售渠道的多元化选择，导致客户可以在不同供应商或网站平台间“飞来飞去”，顾客忠诚度与专注力快速下降。新技术总是把客户的需求和消费期望从一个高水平推向另一个更高的水平。企业必须紧跟客户消费需求的变化趋势，尽快地调整产品种类，以跟上整个市场变化的节拍。

【知识拓展】　企业的价值主张

由于顾客的购买决策都是基于自身感知价值最大化，那么对于企业而言，为顾客创造价值永远是恒定不变的主题，无论处于何种行业何种类型的企业都要想办法向顾客创造并传递独特的高价值。而在创造价值的过程中企业都要力争实现独特的价值主张（Value Proposition），即为顾客提供一系列的利益集合和利益系列来实现相对于竞争对手的顾客价值的提升。企业的每个价值主张都应该包含可选系列的产品或服务，以迎合特定细分市场顾客的消费诉求。

顾客价值可以是定量的（价格、服务速度），也可以是定性的（设计、用户体验），下图中列出的 11 项价值主张的简要要素将有助于帮助企业梳理如何能够更好地为顾客创造价值。总体来说，这 11 方面提升顾客价值的途径要么是为顾客提供利益，要么是降低顾客的成本。

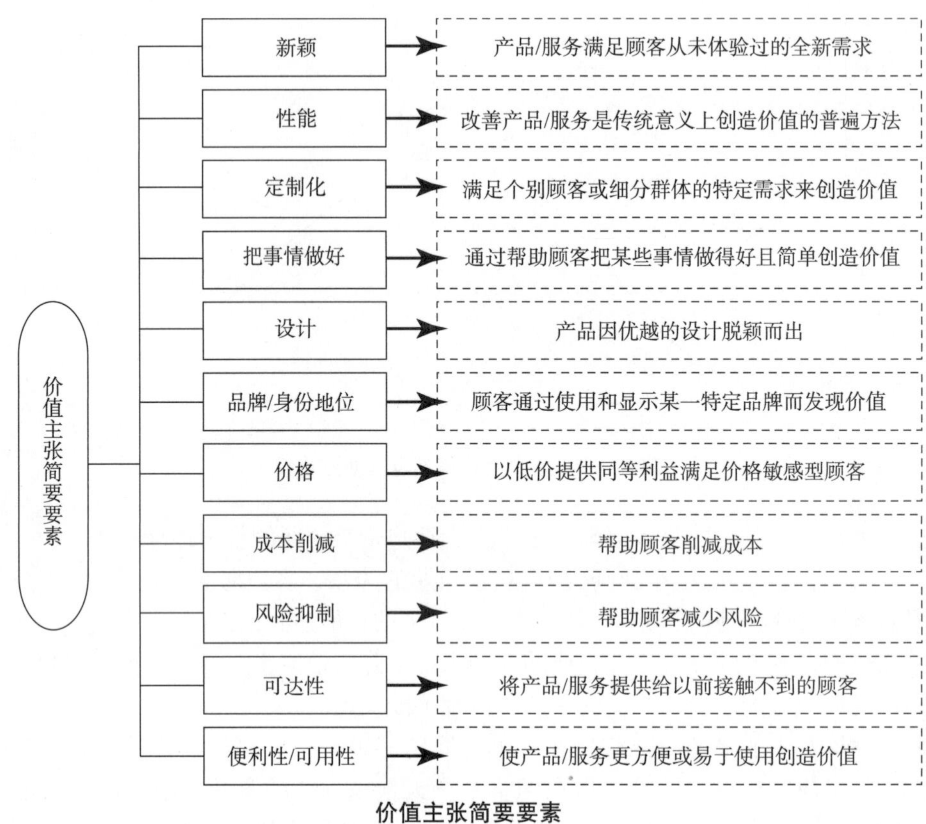
价值主张简要要素
新颖
产品/服务满足顾客从未体验过的全新需求
性能
改善产品/服务是传统意义上创造价值的普遍方法
定制化
满足个别顾客或细分群体的特定需求来创造价值
把事情做好
通过帮助顾客把某些事情做得好且简单创造价值
设计
产品因优越的设计脱颖而出
品牌/身份地位
顾客通过使用和显示某一特定品牌而发现价值
价格
以低价提供同等利益满足价格敏感型顾客
成本削减
帮助顾客削减成本
风险抑制
帮助顾客减少风险
可达性
将产品/服务提供给以前接触不到的顾客
便利性/可用性
使产品/服务更方便或易于使用创造价值

价值主张简要要素

12.1.3 客户终身价值与客户资产

（1）客户终身价值的含义。

一个客户的真正价值是什么？这是每个企业都在思考的问题。客户终身价值（Customer Lifetime Value，CLV）可以帮助企业从定量的角度为企业客户管理的具体措施和努力方向提供参考。

客户终身价值是指一位客户在未来所有周期内对企业利润的贡献总和，即来自某个客户的所有未来收益的净现值总和。如果不考虑货币的时间价值，客户终身价值就等于客户在其生命周期内各个时期客户盈利的简单加总。通常来讲，客户带来的收益包括客户初期购买给企业带来的收益、客户重复购买给企业带来的收益、客户增量购买及交叉购买给企业带来的收益、由于获取与保持客户的成本降低及营销效率提高给企业带来的收益、客户向朋友或家人推荐企业的产品或服务给企业带来的收益、客户对价格的敏感性降低给企业带来的收益等。例如，可口可乐公司预测其一位忠诚客户50年能给公司带来的收益是1万美元，万宝路公司预测其一个忠诚客户30年能给公司带来的收益是2.5万美元，AT&T预测其一位忠诚客户30年能给公司带来的收益是7.2万美元，等等。

客户终身价值有助于企业对不同客户进行比较。企业可以为那些终身价值更高的客户提供独特的产品和更好的服务；对那些价值不大的客户，可以采取一些更有利于回收营销成本的产品供给和服务方式。

（2）客户终身价值的测算。

我们将客户在其生命周期各阶段为企业带来的价值加总后就得到了客户生命周期价值，用以衡量单个客户为企业提供的所有价值，通常可以用下面的公式进行计算：

$$\text{CLV} = \sum_{t=1}^{T} \frac{R_t}{(1+i)^{t-1}} \times r^{t-1} - \text{AC}$$

式中　T—— 客户与企业关系的持续时间；

R_t—— 客户在第 t 期为企业创造的利润；

r—— 客户保留率（r^{t-1}是第 t 期的客户保留率）；

i—— 贴现率；

AC——获取客户的成本。

客户生命周期价值就是一个客户能够给企业带来的全部利润的净现值。由于单个客户的生命周期价值是未来的经济活动，我们无法准确预知，只能进行预测，然后根据贴现率计算客户的生命周期价值在当期的价值。此外，企业在获取客户后，在客户生命周期的每一个时期都存在客户流失的可能，只有那些没有流失即保留下来的客户才能继续为企业创造价值，所以在计算客户生命周期价值时，还要考虑到客户保留率。我们假设在每一时期客户都有 r 的概率保留下来，那么客户在第 t 期继续为企业创造价值的概率就是 r^{t-1}，将客户在第 t 期为企业带来利润的净现值乘以客户保留率，才是客户在第 t 期为企业带来的总价值。最后将客户生命周期各阶段的价值进行加总，再减去企业最初获取该客户的成本（Acquire Cost，AC），就得到了单个客户的生命周期价值。

（3）客户关系管理的终极目标就是提升客户资产。

对企业来说，想要持续地获得价值，实现自身的资产增值，就必须关注客户资产增值，因为企业价值获取的源点是客户。客户也像企业的资金、设备等资产一样，如果能够被企业拥有或控制，就能给企业带来经济利益，而客户关系管理策略的最终目的就是提升企业的客户资产。

在数字经济时代，客户资产价值成为衡量和影响企业市场价值和品牌价值的最重要的因素之一，很多企业通过运营客户资产实现了企业的快速增长。例如，滴滴打车在创业初期烧钱 15 亿元，双向补贴司机和乘客，为滴滴积累了海量的用户（包括司机和乘客），这些用户对滴滴而言是非常重要的资源，后期滴滴可以通过向这些用户匹配不同的产品或服务实现未来收益。这样看来，顾客就像企业的资金、设备等资产一样，由企业拥有或控制、未来能给企业带来经济利益。因此，企业通常应该将客户作为一项资产来管理。

将客户作为企业核心资产的另一个原因是，客户资产能够为企业带来难以模仿的独特竞争优势。企业的其他资产（如厂房、土地、机器设备等资产）带来的优势，竞争者可以通过购买、兼并、模仿等手段在短时间内获得，甚至超越。但是，如果企业能够拥有庞大的顾客资产，也就是将大量顾客锁定在企业内部，让顾客对企业形成强烈的认同感和归属感，那么，这种竞争力就是独一无二的，竞争者无法模仿和超越。这也是为什么很多企业在评估企业及竞争者的发展前景时，不再依靠传统的市场份额（反映企业过去做得怎么样），而是采用客户资产（反映企业未来将会怎么样）指标。

如图 12 - 3 所示，市场份额并不能完整地评估企业的发展前景，有的企业拥有很高的市场份额、客户资产却很低（左上角的象限），此类企业的客户正在不断流失，企业逐渐走向衰落。如果企业的市场份额低、顾客资产份额也低（左下角的象限），显然这类企业没有任何发展前途。但是如果企业的市场份额很低、顾客资产很高（右下角的象限），这样的企业一定能够发展壮大，因为它拥有了最能够营利的资产。任何企业的目标都是想达到令人羡慕的状况，即顾客资产份额和市场份额都很高（右上角的象限）。

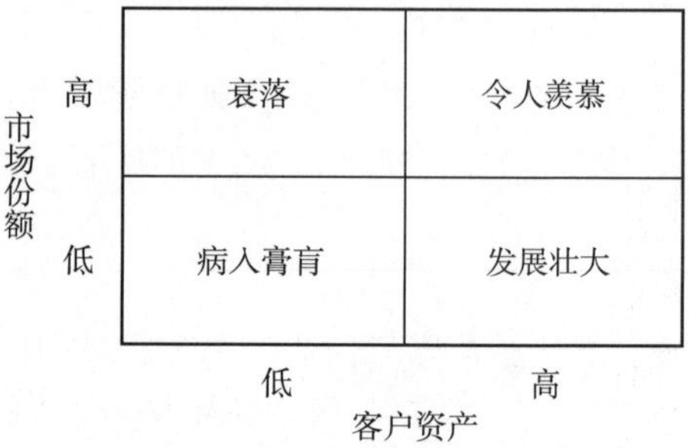

市场份额 \ 客户资产	低	高
高	衰落	令人羡慕
低	病入膏肓	发展壮大

图 12－3　企业发展前景评估

（4）客户资产组成及衡量。

客户资产（Customer Equity，CE）是指在某一时点上企业所有客户的生命周期价值的总和。在客户生命周期价值计算公式的基础上，可以采用如图 12－4 的公式来计算企业的客户资产，并由此得到客户资产的提升途径。

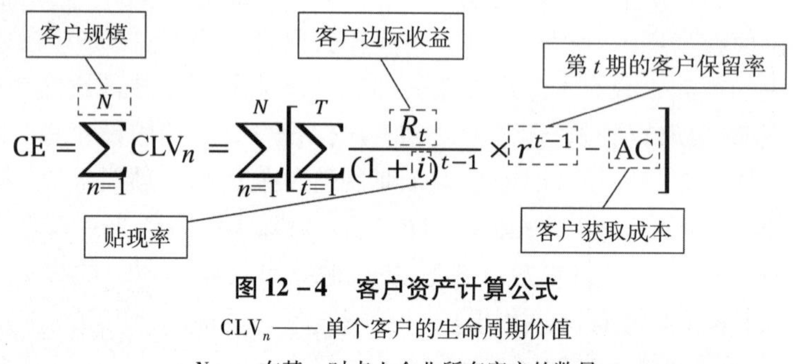

图 12－4　客户资产计算公式

CLV_n—— 单个客户的生命周期价值

N—— 在某一时点上企业所有客户的数量

通常，客户资产可以看作是由价值资产、品牌资产和维系资产三部分组成，如图 12－5 所示。

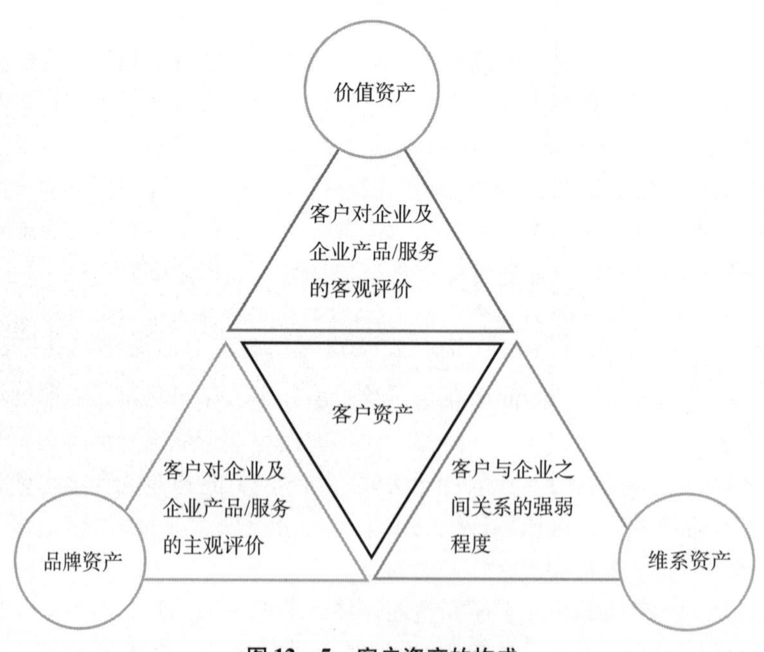

图 12－5　客户资产的构成

这样的划分方式可以帮助我们更加深入地理解客户资产的维度及内涵。价值资产、品牌资产和维系资产单独或者共同决定客户生命周期价值的动态变化，将所有客户的这三种资产加总起来，就得到了企业的客户资产。

【营销实践】——客户资产的提升

12.2　客户关系的建立

12.2.1　客户识别与选择

客户关系管理是企业以客户为中心的战略经营，但“以客户为中心”并不代表要以所有的客户为中心。企业的资源是有限的，在资源有限的条件下，企业要想获得最大的产出，就必须把有限的资源投入到能产生最大价值的客户身上，这就是客户识别与选择的思想。所谓客户识别与选择，是指通过一系列技术手段，根据大量客户的特征、购买记录等可得数据，找出企业的潜在客户，分析潜在客户的需求及蕴含价值，并把潜在价值较高的客户作为企业客户关系管理的实施对象的过程。

（1）识别客户。

正确选择客户是企业与客户建立关系的第一步，企业如果选错了客户，那么，开发客户的难度将会比较大，开发成本也会比较高，开发成功后维持客户关系的难度也就比较大。美国《财富》杂志 2019 年公布的数据显示，企业的增长率与正确识别客户有明显的联系，如表 12 - 1 所示。可以看出那些更懂得选择客户的企业具有更高的增长率，这说明了正确选择客户对于企业快速发展具有重要意义。

表 12 - 1　企业增长率与客户识别的关系

指标属性	高增长率公司	低增长率公司
极清楚哪些客户具有价值/%	38	22
从前 10 位客户中所获得年收入/%	46	32
强化客户识别的表现指数（1 ~ 10）	7.0	5.7

识别哪些客户是重要的、哪些客户是具有潜力的，能够为企业获取新客户和管理老客户带来事半功倍的效果。对企业来说，与其耗费大量精力和成本去追逐每一个客户，不如预先正确识别客户，低成本、高效率地挖掘高价值、高潜力的优质客户。例如，某科技型企业以直销的方式销售公共广播软硬件交流产品，这些产品适用于酒店、学校、军队、卡拉 OK 等场所。张强是该公司新聘的业务员，他通过“扫街”的方式开始在市内开发客户。两个月内他联络了近 500 家客户，但只有 9 家客户有初步意向。他几乎每天都在电话联系，但仍然

业绩不佳，这是为什么呢？原因在于张强没有正确地挖掘高价值、高潜力的客户，而是盲目地耗费全部精力去追逐每一个客户。这个例子也说明了正确选择客户是成功与客户建立关系的前提，具体原因如下：

①不是所有的购买者都是企业的有效客户；

②不是所有的客户都能给企业带来利益；

③正确选择客户是成功开发客户的前提；

④目标客户的选择有助于企业的准确定位。

（2）选择“好客户”。

企业是以营利为目的从事生产经营活动，向社会提供商品或服务的经济组织。对于营利性的企业而言，最终的目的都是通过向消费者提供产品或服务来换取利润，以实现投资人、客户、员工、社会大众等利益相关者利益最大化。也就是说，获取利润是一切企业存在和活动的基本动机和目的之一，也是企业经营活动的出发点和归属点，而获取“好客户”则是企业获取利润的前提。

“好客户”指的是客户本身的“素质”好，对企业贡献大的客户，至少是给企业带来的收入要比企业为其提供产品或者服务所花费的成本高，这样才基本上算是个“好客户”。也就是说，“好客户”最起码的条件是能够给企业带来盈利。“好客户”的特征属性包括：

①能够保证企业盈利；

②买得多、买得勤；

③服务成本低；

④经营风险小，有良好的发展前景；

⑤愿意与企业建立长期的伙伴关系；

⑥有市场号召力、影响力。

【观点透视】 所有的客户都是“好客户”吗？

并不是所有的客户都是“好客户”。可以将客户分为基本的四类，针对性地采取相应的客户获取策略。如下图所示，横坐标反映了客户获取成本的回收期，即客户为企业带来的利润弥补原始投资所需要的时间；纵坐标反映了客户为企业带来的未来收益，可以用客户生命周期价值（CLV）来衡量。

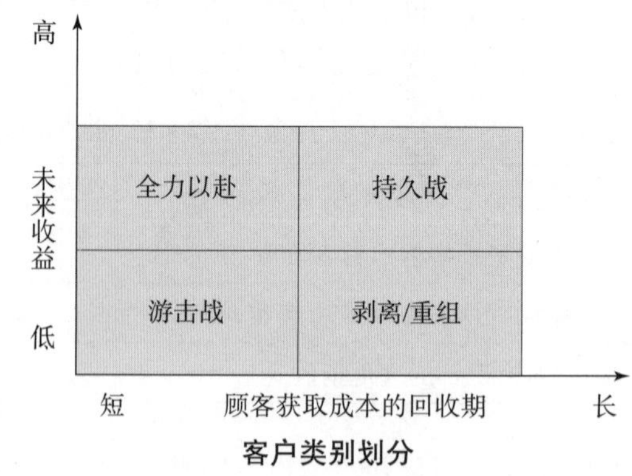

客户类别划分

全力以赴（Full Throttle）：这一象限中的客户在未来能带来很高的收益，而且客户获取成本的回收期很短，也就是说，对这些客户的投资风险很小但是收益很高。这些客户是企业应尽全力获取的。

持久战（Slingshot）：这一象限中客户的获取成本在短时间内无法收回，但是客户在未来能够为企业带来很高的利润。这需要企业在客户获取方面投入很多成本，相应的，这样的投资风险很高。对于这些客户，企业需要做好打持久战的准备，延长客户的生命周期，避免因客户流失导致前期投资无法收回的损失。

游击战（Pay as You Go）：对于未来收益低，但是投资回收期短的客户，企业可以采取灵活、放任的态度，不需要进行大规模的获取活动，根据市场和企业竞争的需要适当出击，获取成本不宜太高。

剥离/重组（Divest/Restructure）：在这种情形下，企业需要重新调整其营销体系，因为此时最初的客户获取成本很难得到弥补，并且客户最初的利润、保留期间的利润都很低。长期来看，企业不会盈利。

12.2.2　管理用户接触点

用户在接触组织、产品及服务时都会产生特定的感受，这些就是接触点。接触点上会产生"关键时刻"，接触质量会对消费者的情绪产生影响，这直接决定了消费者是否愿意与企业建立关系。

（1）理解用户接触点。

用户接触点是指用户在接触企业及其产品时遇到的特定对象或者介质。一般而言，它是指企业为了吸引用户而做出的具有一定目的性的陈设、活动或者安排，如人员、场所、材料、产品、工艺、流程、形象、图案、声音、味道等都可以成为接触对象，这些也成为接触点或接触点的构成元素。例如，当消费者进入一家餐馆就餐时，餐馆内的装修布置、气味、服务员都是接触点。可能的用户接触点如图 12－6 所示。

品牌	线上	微博	用户
		微信	
	线下	场所	
		产品	
	交互	活动	
		合作	

图 12－6　可能的用户接触点

企业与客户之间往往存在多个接触点，这些接触点汇总在一起会形成客户对企业或产品的总体印象。企业在连接和接触客户的过程中，应该让客户自始至终感受到积极的体验，增加客户对企业的好印象。然而，大量的接触点让这一过程变得极其复杂，因此，企业应当谨慎对待并处理好每一个接触点上的问题。同时，企业需要注意的是，各接触点之间并不是分割的，众多接触点必须紧密联系、协同配合，以确保客户在每个接触点上都能够有一致的体验。

（2）合理利用用户接触点。

客户旅程（寻找、评价、购买、购买后行为）四个阶段过程中的客户接触点元素如表 12－2 所示，企业应当针对不同阶段的接触点采取针对性策略与客户建立关系。

表 12－2　客户接触点元素

元素	含义
环境元素	客户在与品牌的任意部分互动时所观察到的物理特征和环境

续表

元素	含义
技术元素	客户在面对品牌时进行互动所接触到的任何形式的技术
沟通元素	从品牌到客户的单向沟通方式
过程元素	客户从品牌那里获得特定结果所需采取的行动步骤
员工—客户互动	在客户与品牌的任意一部分相互作用时，与员工进行的接触
客户—客户互动	互动过程中客户之间的互动行为
产品互动元素	与核心的有形、无形产品之间的接触

12.2.3 链接客户

客户关系管理真正迈出的第一步就是成功地链接客户，如此才能有后续的保留、开发和维系等活动。传统的客户关系管理是基于失联环境下的一套寻找用户的手段：产品、品牌、渠道、促销。数字化时代消费者与企业的关系在发生重大变化，由“失联关系”变成了“实时在线的链接关系”，企业链接客户的两大载体就是公域流量和私域流量。

（1）认识公域流量和私域流量。

关于公域流量和私域流量的概念，可以用经典的“鱼塘理论”来比喻。以前大家都在海里捕鱼，最初捕鱼的人很少，捕鱼很容易，成本也非常低。但是当越来越多的人到大海捕鱼的时候，每个人能够捕到的鱼就越来越少，成本也越来越高。于是有人思考：为什么不在自家搞一个鱼塘养鱼，这样就不需要再和别人去大海竞争，直接在鱼塘捕鱼，鱼越养越多，成本也越来越低。大海就是所谓的公域流量，不属于企业自身拥有的资源，例如贴吧平台流量、抖音平台、快手等视频平台流量都是属于公共的流量。私域流量是企业自己的“鱼塘”，是企业自身可以自由支配的流量，例如企业自建微信群、微信公众号上粉丝，都属于私域流量。

（2）开发公域流量。

公域流量是属于各个平台的，商家入驻后通过搜索优化、参加活动、花费推广费以及使用促销活动等方式来获得客户和成交。公域流量运营的核心是要熟练掌握平台规则，根据平台的发展规律顺势运营。

（3）开发私域流量。

私域流量可以拉近品牌和用户之间的距离，通过产品和服务把同类人群聚集在一起。不管商户大小，掌握私域思维能有效地促进与用户的沟通，增加用户黏性和忠诚度。

企业可以根据公域流量与私域流量的特点（见表12－3），制定有针对性的客户开发策略。

表12－3 公域流量与私域流量的特点

公域流量	获取相对容易：受众面广，可快速宣传到各受众人群，形成广告效应 持续性：持久化冲击消费者记忆，有助于塑造品牌形象 活跃性：保持品牌活跃度和竞争规模，提高品牌存活时间 量级优势：5G、新零售等促进了线下流量的触点增多，有更多线下流量可通过新一代IT技术进行触达 低成本：线上流量资产容易利用，人群定向准，触达精准容易转化

续表

私域流量	获客成本高、留存难：获客成本越来越高，用户留存难度日益增大 效率低、服务差：无法达到高效的快捷回复管理，人力成本高且效率低 个人号易封号：微信个人号的安全性不高，操作不当容易导致封号，辛苦沉淀的私域客源容易消失 无法有效监管员工：聊天记录无法追踪，飞单、走私单很难准确监管 电商平台数据割裂：无法实现各大电商平台数据互通，推送受限于平台之间烦琐的跳转流程 缺乏背书，难以打造品牌信任感：缺乏官方身份认证背书，营销推广缺乏品牌公信力，用户信任感不足

12.2.4　获取新客户

（1）获取新客户的方法。

企业获取新客户的方式或者方法也被称为客户获取途径。随着互联网的快速发展，交互式营销渠道的出现使客户获取途径变得更为复杂。根据企业实践中客户的来源途径，可以将客户获取的方法主要分为以下三种：线上客户获取、线下客户获取和口碑客户获取。

①线上客户获取。线上客户获取是指企业通过线上渠道，如搜索引擎、购物网站、网络广告和在线直播等方式获取新客户。大数据技术的发展与应用，逐渐解决了线上获客不精准、投放成本高的问题，使线上客户获取成为企业获取新客户的一种重要途径。

②线下客户获取。线下客户获取是指企业通过线下渠道，如门店、展位、传单、户外广告等方式获取新客户。这种获取途径，需要企业投入更高的成本，容易受时间和空间的制约，客户转化购买率较低，而且线下交易记录成本较高，难以实时追踪和评估客户的轨迹特征。

③口碑客户获取：口碑客户获取是指企业通过口碑传播的途径获取新客户，即通过对企业的老客户进行口碑营销，让老客户从企业的消费者转化为消费商，为企业带来新客户。

（2）新客户获取的流程。

新客户获取的流程可以划分成选择目标客户、让客户知晓产品定位、让客户获取定价、让客户试用、让客户体验和满意、维系定价六个关键要素，企业可以基于这六个关键要素更高效地管理其客户获取流程，如表 12－4 所示。

表 12－4　新客户获取的流程

流程	任务
选择目标客户	企业应瞄准两类客户：一是那些本身对企业的产品/服务有需求的客户，二是对企业的产品/服务还没有明确需求、但可以从企业的产品/服务中获益的客户
让客户知晓产品定位	在确定了目标客户之后，企业应该想方设法让目标客户知晓企业的产品/服务，如采用广告宣传等方式，让目标客户知晓和了解企业的产品/服务，进而产生兴趣。在新客户开发过程中，让企业的产品/服务在客户心目中占据一个有意义的、独特的位置（产品定位）至关重要
让客户获取定价	当客户开始收集企业的产品/服务的相关信息、评估可能的替代选择时，价格就成为一个很重要的因素。在获取新客户阶段，很多企业采取渗透定价的策略，在某一限定的时间内，企业将新产品的价格维持在较低水平，降低客户的购买风险，从而使该产品得到客户的认可和接受

续表

流程	任务
让客户试用	试用是客户从情感向实际购买行为的转化。在这一阶段，企业应以推动战略为主，通过劝导性的广告配合渠道的推动销售。在试用阶段，除了获取利润之外，企业还需要提升客户对产品/服务的体验感知，为后续的重复购买做出铺垫
让客户体验和满意	产品/服务带给客户的价值及售后服务也会影响客户的满意和使用体验。这就涉及企业众多部门，而且任何一个部门职责的疏漏缺失都会降低客户的体验和满意，也将会直接影响客户的重复购买行为
维系定价	客户获取定价相当于一个参考点，这会影响客户对维系价格的期望。如果维系价格相对于获取价格太高，客户很难接受这样的差异，难以做出重复购买行为。所以企业需要平衡获取价格和维系价格之间的差异

12.2.5 实现客户第一次购买

（1）理解客户决策过程。

对营销人员而言，预测客户对企业的营销策略有什么样的反应是最核心的问题，也就是要理解客户是如何做出购买决策的。客户决策过程（Decision - Making Process，DMP）描述了客户做出购买决策前所经历的一系列具有代表性的步骤，即认知→考虑→态度→试用→重复，如图12－7所示。这几个步骤反映了客户从形成对产品的初始认知到产生积极情感，到最后发生购买行为的整个过程。

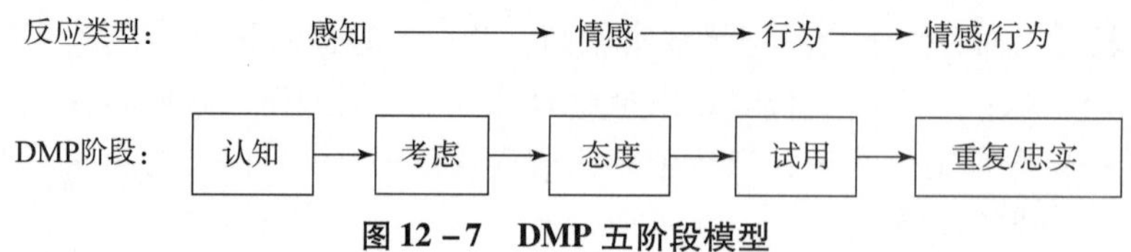

图12－7　DMP五阶段模型

①感知阶段。客户知道了产品的存在，进而考虑这个产品。

②情感阶段。客户以自身的情绪和情感为判断基础，改变对产品的态度。

③行为阶段。客户产生强烈的购买意愿，进行产品试用。

④情感/行为阶段。客户不仅试用和购买了产品，还重复购买产品，最终发展成为企业的忠实用户。

客户决策过程随着消费场景的不同而不同，并没有一个完全通用的模式。由于客户每个阶段所需传递的信息不同，因此，了解客户进行考虑、感知和行动的顺序对于营销传播的管理具有重要意义。对于某一具体的产品类别，客户（或整个群体）在做购买决策时的决策步骤可能不同，或者相同的客户根据环境的变换选择不同的产品，这是营销人员需要面对的挑战。一般来说，DMP的前两个阶段——认知和考虑是普遍存在的，后续阶段可能会随着产品、客户和场景的不同而改变，因此企业需要针对性地研究目标客户群体的DMP。这就好比人们在找伴侣的过程，基本上要经历先认识、再考虑、之后依据形成的态度决定是否在一起（行为）的过程，但又不能排除“一见钟情”这些走不同步骤的“客户”出现。

（2）数字化时代客户决策过程的变化。

顾客购买行为具有动态性、互动性、多样性、易变性、冲动性、交易性等特点。严格地说，顾客购买行为由一系列环节组成，即顾客购买行为来源于系统的购买决策过程，并受到内外多种因素的影响，如文化、社会、家庭、个人、心理等因素。顾客购买行为的复杂多变，对销售人员提出了更多、更大的挑战。掌握顾客购买决策过程及了解影响顾客做出购买决策的方方面面的因素，是赢得客户第一次购买的关键。信息技术的迅猛发展为客户带来了许多便利，主要体现在信息搜索和体验分享两方面，导致客户购买决策过程发生了变化，如图 12－8 所示。

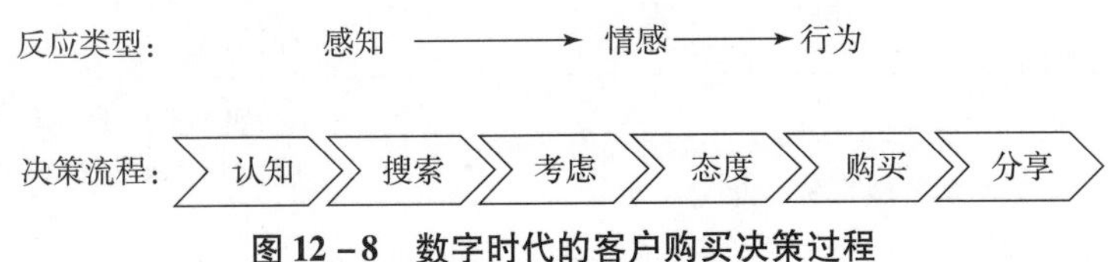

图 12－8　数字时代的客户购买决策过程

那么，如何在这一过程中获得客户认可，从而赢得客户的第一次购买呢？其关键是帮客户创造价值。

①解决问题。及时了解客户的需求和困难，帮客户解决问题，是获得客户认可的第一步。

②共创业绩。结合实际、客观分析、配置资源，和客户一起行动，在行动中创造成绩，建立信任。

③引领成长。很多时候，我们可以利用自己的专业性以及信息的不对称，前瞻性和开放性地为客户提供发展建议和专业咨询，这就是引领客户成长。一般而言，客户都非常愿意倾听和接受。

12.2.6　通过内容营销吸引客户

数字媒体时代，内容营销已经成为企业与客户建立关系的有效手段之一。如何吸引客户的眼球，将有价值的信息准确、快速、生动地传递给客户，这就需要企业进行科学的内容营销和管理。

内容营销协会（Content Marketing Institute）对内容营销这一新兴领域给出了精辟定义：内容营销（Content Marketing）是一种以驱动潜在客户行动为目标，通过创造和传播相关有价值的内容来吸引、获取、保留有明确界定和理解的目标受众的市场营销手段。通俗来讲，内容营销就是以内容为中心的营销策略，它借由图片、文字、动画等介质向客户传达企业的有关内容，通过合理的内容创建、发布及传播，向客户传递有价值的信息，进而增进其对企业的了解，培养好感，促进销售。内容营销所依附的载体可以是企业的 Logo、画册、网站、广告，甚至是 T 恤、纸杯、手提袋等，根据不同的载体，传递的介质各有不同，但是内容的核心必须是一致的。内容营销与传统营销的区别如表 12－5 所示。通常内容营销的实施框架如表 12－6 所示。

表12-5 内容营销与传统营销的区别

企业行为导向	传统营销（推送）	内容营销（吸引）
消费者心理反应	厌恶、躲避、警惕	愿意尝试和体验
可控性	媒体掌控发布时间、形式甚至内容	企业自己掌控
精准性	广泛发布，没有针对性	根据目标客户需求组织和创造内容，具有很强的针对性
长期性	广告费花完，传播结束	可以长效传播
分享性	消费者较难主动分享	好的内容，消费者愿意主动推荐和传播
优势	只要有广告费，就能有市场覆盖率；技术难度较低；效果立竿见影	营销成本低；传播内容不受时长、版面等的限制；容易被回放和分享；精准传播
劣势	营销费用高；传播内容难以流通和分享；内容传达不精准	需较长时间的积累才能吸引消费者关注；技术难度较高；市场反应和效果不能立竿见影

表12-6 内容营销的实施框架

框架	含义
热点性内容	某段时间内搜索量迅速提高，人气关注度节节攀升的内容通常会吸引大量而集中的媒体报道。恰当地利用热点性内容能够在短时间内为企业获得媒体曝光，吸引顾客，重塑品牌，促进销售，获得出其不意的效果
时效性内容	时效性内容是指在特定的某段时间内具有最高价值的内容。所发生的事和物在特定的时间段拥有一定的人气关注度，营销者必须合理把握以及利用该时间段，创造丰富的主题内容
即时性内容	即时性内容是指内容充分展现当下所发生的物和事，必须第一时间完成内容写作。软文投稿类的即时性内容审核通过率也有所提高，比较容易得到认可与支持
持续性内容	持续性内容是指内容含金量不受时间变化而变化，无论在哪个时间段内容都不受时效性限制。持续性内容作为内容策略中的中流砥柱，带来的价值是连续持久性的
方案性内容	方案性内容即具有一定逻辑符合营销策略的方案内容。方案性内容的价值非常大，对于用户来说，内容中含金量非常高，用户能够从中学习经验，充实自我，提升自身行业综合竞争力。缺点是方案性内容写作上存在难点，有丰富经验的营销者才能够很好把握
实战性内容	实战性内容是指通过不断实践在实战过程中积累的丰富经验而产生的内容。创造需要营销者具有一定的实战经历，只有具备丰富经验的营销人员才能够做到内容真实，才能够充分展现实践过程中遇到的问题，让读者从中获得有价值的信息，间接得到学习锻炼的机会
促销性内容	促销性内容是在特定时间内进行促销活动产生的营销内容，主要是营销者利用人们需求心理而制定的内容，通过传递产品销售信息，诱发或激发消费者某一方面的需求

12. 2. 7　管理用户媒介

（1）用户媒介构成。

在当今信息逐渐碎片化的时代，企业依靠单一的渠道与消费者建立联系变得非常困难。所以，企业需要综合利用广播、电视、报刊等传统媒体以及论坛、贴吧、微博、门户网站、微信等新媒体来触达用户，建立一个良好的“媒体矩阵”来实现“1 + 1≥2”的效果。从形式视角定义，用户媒介矩阵借用“矩阵”概念，指的是在新媒体和传统媒体环境下，以不同身份在单个媒体平台运营（如服务号、订阅号等），或在多个媒体平台分别运营，并与用户端相链接，从而形成对用户触点的立体覆盖，如图 12 - 9 所示。从内容视角定义，用户媒介矩阵是指根据不同人群形成的不同媒介类型所构成的“分渠道媒介集群”，在内容上聚焦于目标用户，既具有独立性，又在一定程度上相互呼应。通常来讲，用户媒介矩阵有横向矩阵和纵向矩阵两种类型。

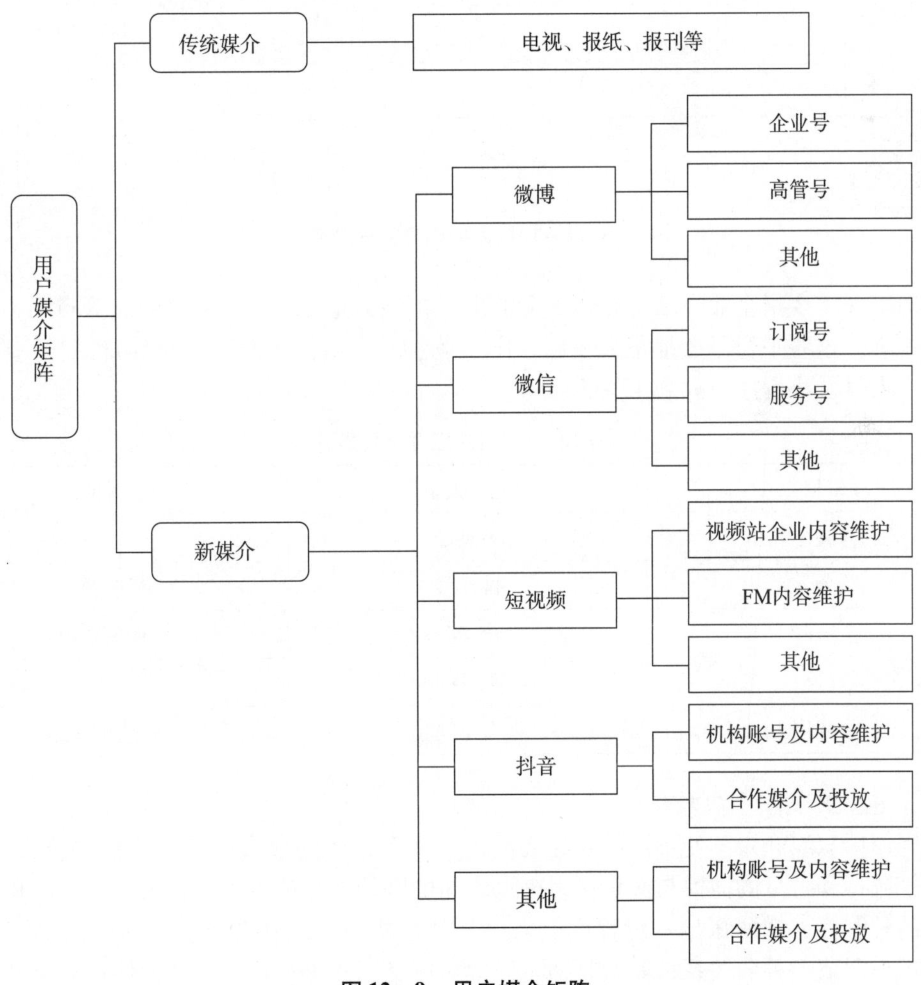

图 12 - 9　用户媒介矩阵

横向矩阵指企业在全媒体平台的布局，包括自有 App、网站和各类新媒体平台如微信、微博、今日头条、一点资讯、企鹅号等，也可以称为外矩阵，如图 12－10 所示。

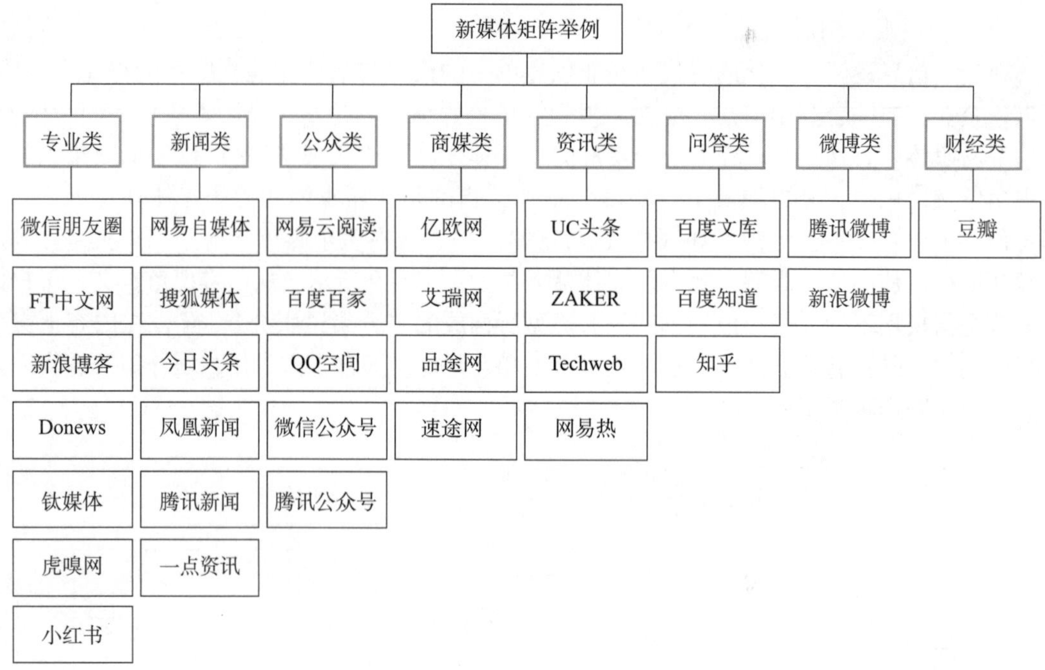

图 12－10　用户媒介横向矩阵

纵向矩阵主要指企业在某个媒体平台的生态布局，是其各个产品线的纵深布局，也可以称为内矩阵。这些平台一般都是大平台，比如微信。在微信平台可以布局订阅号、服务号、社群、个人号及小程序，如表 12－7 所示。

表 12－7　用户媒介纵向矩阵

微信	今日头条	微博
订阅号	头条号	状态
服务号	抖音号	新浪看点
个人号	悟空问答	秒拍视频
社群	西瓜视频	一直播
小程序	火山小视频	爱动小视频

（2）建立并利用用户媒介。

①利用用户媒介矩阵使不同的媒介之间进行联动，协同放大连接消费者的效果。例如，当前比较流行和常见的微博与微信两大渠道之间的联动。具体可以分析为：首先，相对于微信账号的私密性，微博账号一定程度上来说是开放式的，能够更大程度地吸引更多潜在用户，与用户形成一种弱关系；其次，通过微博对广泛用户进行诱导，从而使用户有效地进入微信平台的公众订阅号，则订阅号即是与用户形成一种次强关系；最后，通过微信服务号对精准粉丝及用户进行维护，将其定位成微信账号的忠诚读者、粉丝或用户，提升粉丝的精准度，最终实现强关系的转化。

②降低内容创作的成本。同样的信息根据不同媒介平台的特点进行包装或加工，真正实现同一媒介的不同子集之间互动与整合，将有效信息进行一物多用，从而进一步实现信息创作与传播过程中的成本降低，也在提高信息传播速度的同时，扩大了信息传播市场，为更好地获得收益奠定良好的市场基础，更使得交互媒体的品牌效应在具体地域内得到了最大强化。

③传播内容与形式可以多元化。每种传播媒介都有独特的内容风格，例如，视频广告可以是明星代言，微信公众号以图文为主，微博以 140 字内的短状态加照片为主，而抖音以 15 秒~1 分钟的视频为主。建立用户媒介矩阵可以使企业将传播内容多元化的方式传递给消费者。

④分散风险。建立媒介矩阵是企业在遇到波动和不确定性的情况下一种可靠的分散风险的方法。如果企业只在一种媒介上运营，如果不幸出现“黑天鹅事件”，企业所有的宣传努力都会前功尽弃。

此外，对于消费者和企业来说，用户媒介矩阵把企业和受众的互动性提升到了新的高度，并且对于传播结果和反馈有了一定量级的数据支撑，如播放量、点赞量和留言量等。在各大新媒体平台发布企业相关征集信息，使经销商与用户为企业的发展提出更多、更全面的建设意见，经过长期积累，用户的网络互动稳步提升，推动企业发展得更好，同时也提升了企业的影响力与口碑。

【案例启迪】樊登读书的用户关系经营

12.3　客户关系的维护

成功的客户关系管理的第一步是与客户建立起关系，第二步就是维护好与客户的关系。在营销实践中，很多企业只关注吸引新客户，忽视了对客户留存环节的运营，缺乏对现有客户关系的维护和管理，陷入了努力吸引客户又不断流失客户的怪圈中。企业在成功地与客户建立关系后，维护与客户的关系，就显得非常重要。

12.3.1　将流量变成留量

（1）流量思维。

在传统的线下营销中，一段时间内进出店铺的客户数量被称为客流。随着互联网营销的兴起和发展，一个平台或者 App 的浏览量被称为流量。流量的概念与电流和水流相似，是某一时点上客户的点击、浏览、注册等行为形成数据流，本质上是客户行为构建的一串数字，通常可以按照日、月、年度来计算。在实际企业应用中，企业 App 的下载量、注册用户量、每日活跃用户数量等都是代表客户规模的流量指标。

移动互联时代，以“流量为王”“掌控入口”“粉丝经济”为口号的“流量思维”非常盛行。所谓流量思维，是指在企业运营管理各个环节中都要以“流量多少”去考虑问题，本质上是企业以产品为主导，运用多渠道、多方法不断吸引新客户的运营思维。在客户关系维护中，流量思维是指企业关注吸引新用户、扩大用户规模的客户关系管理思路。例如，抖音在发展初期，主要依靠节奏动感、画面精美、特效酷炫的竖屏短视频，吸引了大城市很多年轻人的加入，流量获得增加。随着流量的稳定，陆续有个人或企业尝试通过短视频模式进行电商营销，抖音的流量增长迅猛。在随后的发展中，抖音通过吸引其他平台的关键意见领袖（Key Opinion Leader，KOL）加入及开通企业号吸引了众多知名企业入驻，获得了更大的流量。2020 年，抖音一跃成为继微信之后的又一超级 App，目前已成为很多企业广告投放的平台首选。

在企业初创期应用流量思维有助于企业获得大量客户，能够带来客户规模的持续增长，客户的单次交易使企业能在短期内以较低的成本获益。但从长期来说，流量思维的重点在于扩大客户群体，但忽视了对客户留存的深度运营和维护，难以维持稳定的客户关系，实现长期价值创造。比如，2014 年风靡一时的 ofo 共享单车，在成立初期，用户可以免费或者支付很少的费用使用小黄车。创立几年的时间里，ofo 官方宣布已进驻 33 座城市，每座城市的单车投放量均以万辆为单位，迅速积累了大批的流量。但是 ofo 在积累了相当规模的客户流量之后，没有及时维护客户关系、将流量转变成能持续带来现金流的客户，也无法从流量客户身上盈利，这导致了其后期资金链的断裂，最终导致失败。

（2）留量思维。

留量思维简单来说就是将客户留住的思维。其与流量思维的差别在于：流量思维以产品为主导，以吸引流量为目的；而留量思维则是以客户为中心，以塑造品牌、服务客户和维持客户关系为目标。具体来说，留量思维就是在流量思维的基础上，通过做好产品和服务，给用户提供独特体验，提升品牌美誉度，同时注重与客户的交流，维持良好的客户关系，进而提高用户黏度和忠诚度的思维。总之，留量思维是现代企业进行客户关系维护的系统指导思想。企业借助留量思维进行客户关系维护与运营，方法如下：

①利用好如百度、抖音等公域流量平台和微信群、个人号、公众号和朋友圈等私域流量扩大客户流量池；

②利用分层思想对客户进行标签化、分群管理等精细化管理；

③为客户提供独特、超越期待的内容和服务，提升用户体验价值，增强客户黏性；

④适当地激励和引导，促成客户交易、重购，扩展出更多的客户。

（3）从流量思维到留量思维。

企业客户关系管理的核心是与客户建立起长期关系，实现客户留存。企业仅有流量是不够的，因为流量与企业的关系比较松散，流失率很高。只有对流量客户进行培育和关系维护，将客户长久地留存下来，增加客户重购和忠诚，才能创造更大的客户价值。

一般来说，企业的新客户和老客户可以互相促进，新客户能创造新价值，但容易流失导致价值创造不能持续；老客户虽然没办法重复利用，但对企业认可甚至忠诚，可以帮助拓展新客户和实现价值再创造。因此企业新客户开发最好依托老客户扩展，才能增加新客户黏性。吸引到的新客户只有进行营销培育和关系维护才能沉淀为老客户，为企业创造更大的价值。这两类客户的关系转化不仅需要企业管理者有流量思维，努力吸引新客户，更需要企业具有留量思维，将现有的客户进行培育，转变为老客户。

留量思维与传统客户关系管理思路一脉相承，注重将现存用户作为企业资产进行运营。在客户关系维护方面不仅要重视新客户吸引的细节，还要重视老客户关系维护，重视客户需求及其体验价值，努力提高客户留存率，培养客户对企业、品牌的信任与忠诚，塑造长期稳定关系，最大限度地利用客户创造价值。

12.3.2　扩大留量池

对企业而言，在成功获取了流量后，如何高效地运营留量、进一步扩大留量池是客户关系维护的工作重点。美国 500Startups 的创始人 Dave McClure 于 2007 年提出了客户关系维护的 AARRR 模型，即 Acquisition，Activation，Retention，Revenue，Refer，因为体现为掠夺式增长，所以也称为海盗模型。这五个单词分别对应客户生命周期的五个阶段：客户获取、客户促活、客户留存、客户转化、传播裂变。AARRR 模型如图 12－11 所示。

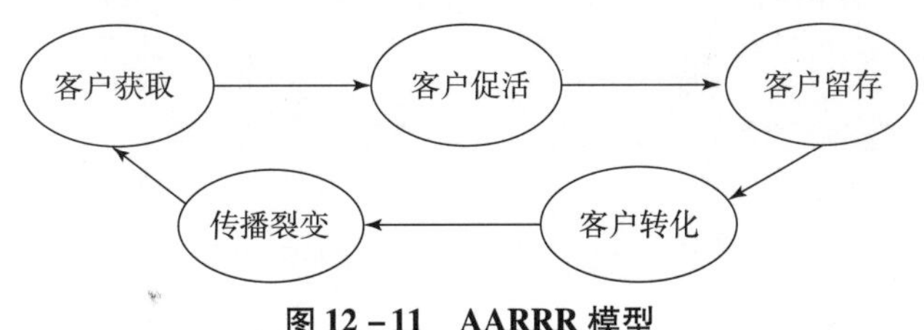

图 12－11　AARRR 模型

AARRR 模型强调企业的客户关系管理应当以客户为核心，重视客户体验，注重与客户发展长期关系，因此在客户获取、促活、留存、转化和裂变的各个环节都要重视客户需求，以此培育良好的客户关系。上节已详细介绍了客户获取的内容，本节重点对客户关系维护的促活、留存、转化、裂变等内容进行介绍。

（1）促活。

企业通过各种渠道获取的新客户很多处于沉默期或者不活跃状态，这就需要企业利用各种客户关系维护策略来提升客户的活跃度，这一过程被称为客户促活。客户活跃状态通常表现为客户经常登录企业网站、浏览产品信息、购买产品、评论和转发产品或者品牌信息等行为，这是衡量企业客户关系管理状态的重要指标。客户活跃度越高，表明客户对企业的产品或服务越感兴趣，这有助于企业随时追踪客户需求，及时促成客户交易。

一般情况下，企业促活客户面临着两种情景：一是在产品推广初期，有很多客户在沉默观察中，此时激发客户的参与，提升客户活跃度是核心；二是产品已经有了大量的客户，但随着时间的推移，客户逐步对产品失去兴趣，变得不活跃，此时刺激客户再活跃成为要点。企业可以借助以下方法促活客户，如表 12－8 所示。

表 12－8　常用客户促活的方法

方法	含义
利用从众心理，激活沉默用户	从众是客户的普遍心理，当客户观察到其他客户的关注、领券、转发、下单等行为，能激起客户的参与兴趣
推出新产品或服务时，及时告知客户	当企业推出新产品或者更新产品功能时，企业可以给客户发送消息，告知客户新产品的特征、用法，增加客户对企业的关联，激发客户的尝新动机，让客户变得再活跃

续表

方法	含义
不断推出新体验，培养客户忠诚	促活不仅要关注客户的当前体验感受，还需要不断升级产品，让客户不断体验新产品价值，培养客户忠诚
推送有价值的信息，增加客户黏性	对客户进行消息推送容易引导客户关注，增加客户的点击、阅读等行为，增加用户活跃度。但需要注意的是，消息推送过于频繁也会引起不良后果，当客户接受信息的程度超过阈值，客户会变得麻木无感，甚至产生厌烦心理，直接放弃使用产品
建立激励机制，促进客户活跃	物质激励、精神激励和功能激励。例如淘宝每日签到可获得 5 个淘金币，客户下单时，淘金币可以使用抵扣，就是典型的物质激励形式。乐词 App 以教育阶段的名称为头衔，完成规定动作获得经验值，将会获得对应的头衔，如幼儿园、小学生、中学生等荣誉，这就是一种精神激励。对于功能激励，是指客户完成了特定行为后，即可享受更高级的功能，如某知名论坛的低级用户只能在论坛里学习知识，没有发帖的功能，客户只有不断地参与才能升级为高级客户，或者邀请更多的新客户才有发帖权限

（2）留存。

企业利用客户关系维护策略将客户留下来，让其继续使用产品或者服务的过程就是客户留存。客户留存率可以用留存客户占新增客户的比例来衡量。客户留存率越高，说明流失的客户越少，客户规模增长就越快，这有利于以后的客户转化和裂变，帮助企业实现价值增长。

想要将客户留存下来，就需要为客户提供超预期的产品价值和服务体验，这是促进客户转变为留存客户的关键动力。尽量延长客户对产品的使用时间和使用频率是客户留存的基本思路。在企业的客户关系管理实践中，客户留存一般遵循以下步骤：

①客户分层，进行个性化推荐。

所谓个性化推荐是指根据每个客户的独特需求或兴趣持续提供他们喜欢的内容和产品。在实践中，掌握和满足每个客户的个性化需求无法实现，但是企业可以通过客户分层找出相近客户群的个性化需求。客户分层就是企业将客户按照某一维度划分为不同层次，比如按照客户行为时间、行为频率等参与程度指标，把客户划分为新客户、兴趣客户、付费客户、忠诚客户等，企业对每层客户群进行差异化的管理，努力发现并满足客户群的个性化诉求。

②设计任务体系，促进持续使用。

设计任务体系就是企业将产品使用或者服务体验过程拆分为多个任务，每当客户完成一个小任务就可以获得积分或者奖励，这样的任务激励机制能促进客户持续参与，提升客户使用产品或者服务的时间与频率。利用任务体系留存客户，一定要注意在每个任务上给客户提供有价值的产品或者信息，才能真正地留住客户。

③组建社区、凝聚客户。

当企业借助一系列的产品推荐、任务体系将客户留存下来以后，客户对企业有了较高的认可度。此时，将客户发展成为忠诚客户是客户留存的关键路径。首先，企业可通过组建社区将大量客户凝聚一起，分享产品信息和体验感受，增强客户互动，满足客户的关联需求；其次，通过必要的客户专享优惠、成长反馈等让客户感受到企业的特别关注，满足客户归属需求；再次，企业重视客户对产品、服务、品牌等各方面的反馈意见，切实给予回应，能增加客户对企业的信任和信心；最后，邀请客户参与价值共创如征集活动主题等，让客户主动参与，进一步提升客户对企业的黏性和忠诚度，有利于实现客户长期留存。

客户留存是客户关系维护中最为关键的一环。企业吸引、促活的客户只有被企业有效地留存，才能完成后续的客户转化和裂变。根据哈佛商学院的研究，每提升 5% 的客户留存率，企业利润会增加 25%~95%。因此，企业必须重视客户留存。

（3）转化。

在经历了客户关系维护中的促活、留存环节以后，留存下来的客户成为稳定的客户资源。这些客户对企业和产品有了一定的了解，也建立起了对企业的基本信任。接下来，只有客户购买产品或者为服务付费，才能真正为企业创造价值。因此，促进客户完成交易，这一过程被称为转化。获得流量是企业实现客户转化的基本前提，但流量多不代表着客户转化率高。客户转化的关键是留量，即客户转化需要依靠稳定的客户资源。

客户转化的前提是对产品的明确定位和对客户群体的精准细分。只有了解了客户群体的需求和偏好，才能制定出合理的客户体验方案。在促进客户转化过程中，还需要不断修正转化路径，才能真正地提高转化效率。促进留存客户或者目标客户转化的核心在于促进客户下单购买，高客户转化率有利于增加企业利润。但客户转化是一个复杂过程，在促进客户转化过程中，企业可以借助适当的策略来提升客户转化率。常见客户转化策略如表 12－9 所示。

表 12－9　常见客户转化策略

转化策略	含义
突出产品特色	客户能不能成功转化，不完全取决于产品的功能，因为当产品的功能满足客户需求时，客户还没有体验到惊喜，不足以刺激客户直接下单购买。反而，客户在寻找令他满意、欣喜的产品或者服务特色。在促进客户转化中，企业提供独特的产品或者服务体验，能增加对客户的吸引，促进客户转化
制造紧张感	制造紧张感能有效地引导客户进行转化，因为客户会有错过购买就是损失的心理预设。但制造紧张感营销也要运用得当，尤其是留给客户决策的时间要足够但不过长
组合使用优惠形式	企业常用的优惠形式有代金券、红包、满减优惠、折扣券等。由于各类客户对企业的认识不一样，和企业的关系强度有所不同。在促进客户转化中，可以按照客户的分层结果实施不同的优惠
设置参照物	客户转化中往往有很强的对比心理。企业可以利用客户从众和对比心理，展示下单客户数量，让客户感知到购买的产品是值得信任的。另外企业可以给出不同产品的对比价格，让客户参考选择，促进下单
精简选项	当面对过多的选项时，消费者反而不太可能进行转化决策。企业可以将产品按类别展示或者分块展示，限制其他无关选项的干扰。同时客户在转化中，精简决策路径，能加速客户进行转化
巧用口碑与例证	口碑是最好的产品宣传信息，同类客户的体验感受更有助于提升客户的信任，帮助进行购买决策。企业在促进客户下单转化时，可以展示客户的真实评论信息或者体验案例，以增加客户对企业和产品的信任

（4）裂变。

裂变是指企业的老客户拓展新客户的过程。裂变不仅仅是客户关系维护的最后一个环节，还是下一阶段客户拉新的开始。裂变决定了客户留量池的循环增长，是评估老客户价值的标准之一，同时也是企业客户关系管理的延伸目标。裂变是一种客户关系管理的思维，企业利用裂变传播的力量，可实现客户几何级增长的效果，是成本最低、效价最高的获客方式。通常企业可以应用的裂变策略如表12－10所示。

表12－10　客户裂变策略

裂变方式	含义
口碑裂变	当客户体验或者使用某种产品后感觉体验非常好时，客户就会产生推荐给亲朋好友使用的想法，在客户的社交圈形成口碑。这无疑是非常好的传播方式，几乎零成本就能获取非常多的用户。口碑传播的前提是企业的产品足够好、足够吸引用户
拼团裂变	拼团裂变顾名思义就是两个或两个以上的人一起拼团，客户发起拼团，通过社交的方式分享给好友，好友参与拼团，共同以低于单品价购买某种商品或服务，邀请者和受邀者都可以获取拼团价
邀请裂变	邀请裂变的逻辑是利用老用户的资源获取新用户，方式为通过一定的奖励，吸引老用户拉新，在给予新用户奖励的同时，也会给予老用户奖励，邀请者和受邀者都能够获利
助力裂变	言外之意就是利用好友来帮助自己获取利益，实现的方式是通过分享好友，让好友通过一定的操作，使自己得到收益
分享裂变	分享裂变就是客户在分享后可获取产品或者服务。这种产品或服务是可以复制的，资源是免费的

12.3.3　开展客户互动

客户关系管理是一个持续的过程，它需要客户和企业双方都深入参与其中，并且互相了解对方。互动是客户关系最基本的特征，通过互动，企业可以更好地理解并发现客户需求、创造客户议题、吸引客户接触、融入甚至引领客户潮流，而客户也能在与企业的深度交流中更加了解和信任企业，进而在客户与企业之间建立起良好的关系纽带。

（1）客户互动的内涵。

客户互动的概念十分广泛，客户与企业的任何接触，都可以视为互动。从了解客户需求、传播产品理念、宣传服务政策到达成交易、提供售后服务、调研服务满意度等内容都包含于其中。尤其是在当下移动互联网时代，客户与企业间的互动从以前的线下向线上延伸，即从传统的直接邮寄、广告、销售沟通逐渐延伸到当下的门户网站、企业的App、电商平台以及社交平台等。

（2）客户互动渠道。

按照互动依赖的渠道不同，客户互动可以分为邮件互动、电话互动、虚拟社区互动、企业公众号互动、微信群互动、会议互动等。各种互动方式的特征如表12－11所示。

表 12－11　常用客户互动方式的特征

互动方式	成本	速度	传递信息丰富性	互动性
邮件	低	快	较丰富	低
电话	高	很快	不丰富	高
网站	低	较慢	较丰富	低
虚拟社区	低	慢	很丰富	低
企业公众号	低	较快	很丰富	较高
活动群或者朋友圈	低	很快	很丰富	很高
会议互动	较低	很快	较丰富	很高

值得注意的是，在互联网时代，信息技术使得客户互动克服时空上的障碍，社交媒体互动成为低成本、高效互动的主要模式，在客户互动中发挥着不可忽视的作用。在我国，以微博、微信为主的社交媒体成为企业客户互动管理的主要工具，诸如企业的官方微博、产品微博、企业公众号、社群等以不同的业务功能达到与客户的互动交流。例如，京东 CEO 刘强东、小米 CEO 雷军都开通了微博，以个人形象、个人魅力拉近企业与消费者的距离，进而打造品牌魅力。

（3）客户互动流程。

为了确保客户互动的有效性，企业开展客户互动管理应当遵守客户互动管理的基本流程，如图 12－12 所示。

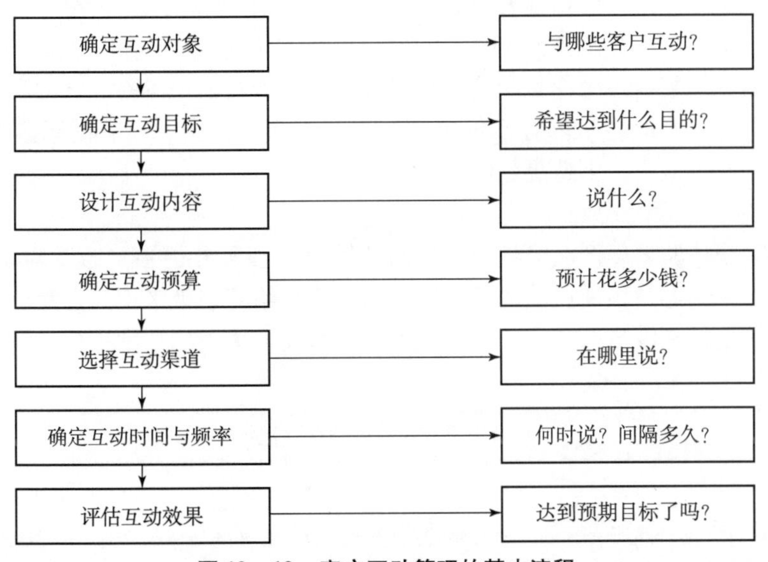

图 12－12　客户互动管理的基本流程

在互动过程中，客户服务人员的互动能力与技巧对互动效果有很大的影响，客服人员应当具备如表 12－12 所示的互动能力。

表12－12　客服人员应具备的客户互动能力

能力	内容
服务理念	与客户建立和发展关系，关注客户期望，培养与客户的合作能力
良好沟通	专业、清晰的沟通能降低信息不畅，提升客户的信任
及时响应	收到客户请求后，尽快地反馈并告知客户有关的信息
理解客户需求	尽可能多地了解客户信息，以客户为中心提供服务或者建议
洞察客户心理	通过与客户接触，充分洞察心理，及时促进交易和建立关系
积极倾听	积极倾听客户的心声，理解客户
正直坦诚	不要刻意对客户隐瞒必要的信息，不跨越界限和自己的角色
态度有礼	礼貌、态度良好的互动；对竞争对手表达敬意，赢得客户尊重
宽慰客户	了解客户无法满足的需求，安慰客户，但不要做自己无法履行的承诺
终结关系	无法建立信任关系时，可以用对双方都没有伤害的方式结束客户关系

12.3.4　管理客户体验

（1）客户体验的内涵。

客户体验定义为客户接触或者使用了某种产品或者服务后内心最直接的精神和心理感受。当人们购买一种服务时，他购买的是一组按照自己的要求实施的非物质形态的活动。但当他们购买一种体验时，相当于在花钱享受一系列值得记忆的事件。例如，当咖啡被当成货物贩卖时，一磅卖300元；当咖啡被包装成商品时，一杯可以卖上25元；当加入服务，在星巴克咖啡店售卖时，一杯至少要35～100元，就是让客户体验咖啡的香醇与生活方式。企业为客户提供的一切东西，无论是产品还是服务，都会涉及客户体验。好的客户体验能给客户带来独特的记忆，好的体验内容不仅决定客户的满意和去留，还有助于企业不断汲取建议，完善产品和改进服务，创造更好的客户关系。

（2）设计客户体验模式。

企业创造客户体验要以产品为核心，借助营销展示和服务引导，通过调动客户的形体、情绪、知识参与来为客户传递产品的核心内涵和价值，给客户带来切实感受。因此，客户体验模式选择就是要站在客户的感官、情感、思考、行动、关联的角度去重新定义、设计营销思考方式，如表12－13所示。

表12－13　客户体验模式选择

模式	内容
感官体验	感官是产品所表达的内容和用户所感觉的情感之间的桥梁，企业的产品设计和营销实践越来越多地追求通过感官激发人的愉悦精神。当产品融合了视觉、听觉、味觉、嗅觉和触觉的设计，能为客户带来真切的惊喜和满足，让产品更有吸引力
情感体验	情感体验是消费者的需求在满足或者不满足情况下产生的对产品或服务的态度和内心感受。客户接触产品或者服务的过程中，对于符合心意的产品或者服务会产生积极的情绪和情感，如愉悦、欣喜等，它能增加顾客的购买欲望，甚至赢得客户忠诚。创造情感体验需要激活客户的情感联系，如亲情、友情、恋情

续表

模式	内容
思考体验	思考体验是在企业产品设计或者营销中以独特的方式引发客户的关注、好奇、兴趣，引起客户对问题集中或分散的思考，引发客户创造认知和解决问题的体验。通过思考体验，可以让客户对产品或者服务有深入和独特的认知和理解，在创新类和科技类产品营销中运用普遍
行动体验	行动体验是指增加客户的身体体验。可以通过偶像、代言人（如影视歌星、著名运动明星）等的行为来激发客户的身体体验
关联体验	关联体验诉求的是消费者个人广泛的联想、对自我改进和融入群体的渴望。关联体验是更高层次的体验类型，它在为顾客创造感官、情感、思考和行动等体验层面之外，还需要为顾客创造一种丰富的、升华的联想式体验，从而让消费者能和更广泛的社会系统产生关联

数字化时代给消费者更高的赋权，消费者希望企业能提供更多的产品选择、更满足需求的服务。消费者每一次点击、互动都能增强体验感受。好的客户体验能帮助企业赢得客户，如果客户体验感很差，企业不仅会失去客户，客户还可能进行负面口碑传播。体验成为数字化时代企业竞争的核心。

12.4　客户关系的发展

12.4.1　培养客户忠诚

（1）客户忠诚的内涵。

客户忠诚是指客户高度承诺在未来一贯地重复购买偏好的产品或服务，并因此产生对同一品牌或同一品牌系列产品或服务的重复购买行为，而且不会因为市场态势的变化和竞争性产品营销努力的吸引而产生转移行为。例如，苹果的“果粉”就是其忠诚的客户，苹果社区内存在众多的“果粉”，他们从第一次购买苹果手机后通过长期与苹果手机的接触，把这种对苹果手机热爱的感情也带到了苹果公司的其他产品上，就像 iPad，Apple Watch 等，每次出新产品“果粉”都会购买或者置换。

【知识拓展】　客户忠诚的四个维度

通常把客户忠诚划分为认知忠诚、情感忠诚、意向忠诚和行为忠诚四个关键维度（见下图）。

认知忠诚是客户忠诚的第一个阶段，建立在客户先前对某个品牌的认知或者最近购买所获信息的基础之上；情感忠诚是客户在累积性满意而非交易性满意的消费体验基础上形成的对特定品牌的偏好；意向忠诚产生于客户对特定品牌产生持续的好印象之后，是客户对某个特定品牌的产品或服务的购买意向；行为忠诚反映的是客户的实际消费行为，会反复购买某个品牌的产品或服务，进而形成的一种习惯性消费。对于企业来说，如果只有认知忠诚、情感忠诚、意向忠诚，却没有行为忠诚，那么对企业就不存在直接意义，企业从中所获取的利

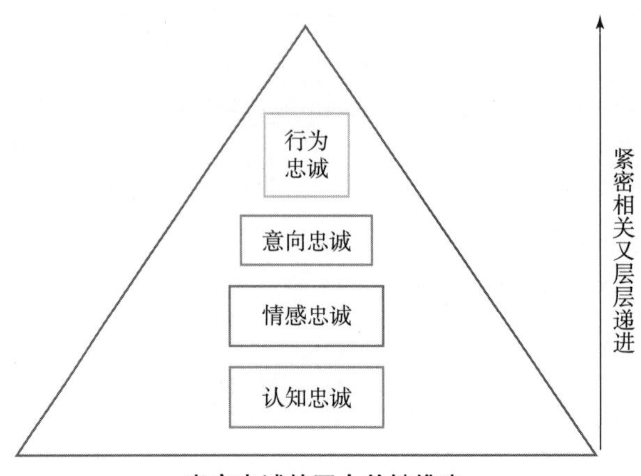

客户忠诚的四个关键维度

益也就存在不确定性。

因此，企业不会排斥虽然认知不忠诚、情感不忠诚、意向不忠诚、却行为忠诚的客户，因为这种客户可以实实在在、持续不断购买企业的产品和服务，帮助企业实现利润。但是，从持续性来说，认知不忠诚、情感不忠诚、意向不忠诚的客户是难以做到长期的行为忠诚的。理想的客户忠诚应该是认知忠诚、情感忠诚、意向忠诚和行为忠诚四者合一的产物。

例如，海底捞火锅因其独特、细致、周到的服务组合吸引和培养了众多的忠诚客户。当顾客在海底捞吃过一次火锅后，会对海底捞实际的服务组合以及套餐制度有了更清楚的了解与认知，建立了对海底捞的认知忠诚；而海底捞独特而完善的服务体系以及超出客户预期的服务组合，大大增加了客户的体验感和满意程度，通过不断的体验积累，客户对海底捞火锅的偏好与喜爱会不断增加，建立了客户对海底捞的情感忠诚；而随着客户对海底捞认知和情感的偏好，客户在选择就餐或者火锅店时会优先考虑海底捞，并随之产生更多的消费行为，也就是建立对海底捞的意向忠诚和行为忠诚。由此看来，客户忠诚的四种类型是紧密相关而又层层递进的。

（2）客户忠诚的形成。

客户忠诚的形成是一个动态过程，从阶段上来说，客户忠诚可分为认知过程、认可过程、产生偏好以及最终建立忠诚四个阶段，如图 12－13 所示。以近两年兴起的方便速食品牌自嗨锅为例。首先，自嗨锅通过电视剧中的植入宣传激发了电视观众对自嗨锅食品的认知与了解，这是客户对自嗨锅食品的认知过程；其次，客户基于自嗨锅食品的便捷性、口味丰富、低价格等因素对自嗨锅食品进行了初次购买，这是客户对自嗨锅食品的认可过程；在购后阶段，客户会根据自身的购买体验（如口感、便携性）对自嗨锅食品进行评估，如果表示满意，客户会形成对自嗨锅食品的依恋与偏好；当客户再次具有购买方便食品的需求时，会将对自嗨锅食品的偏好转化为重复性购买行为，此时，客户忠诚也随之建立。值得注意的是，购买后价值评估、决定重复购买以及产生重复购买行为之间是循环往复的过程，这种循环也构成了重复购买曲线。

（3）管理忠诚客户。

管理忠诚客户的具体方法如表 12－14 所示。

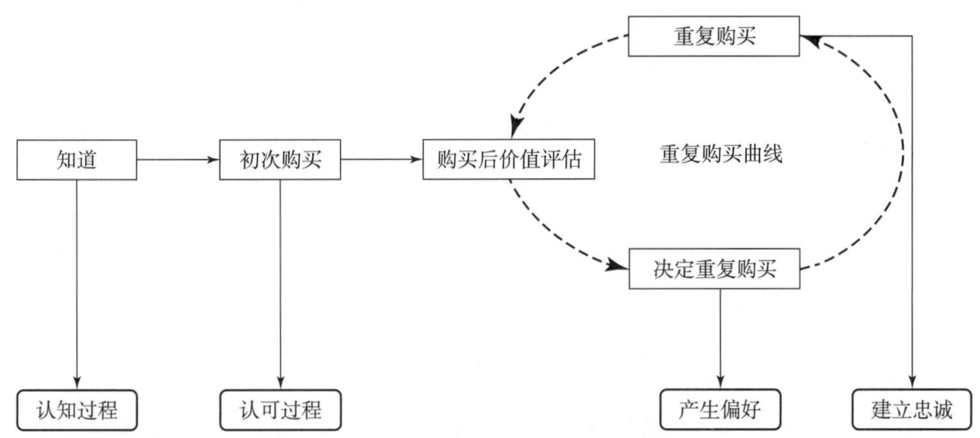

图 12－13　客户忠诚形成的动态过程

表 12－14　管理忠诚客户的方法

管理方法	内容
努力实现客户满意	通过数据追踪或者采集画像等方式细分用户或分组管理，提供更独立、细致的服务，进而实现客户满意
奖励客户的忠诚行为	企业要想赢得客户忠诚，就要对忠诚客户进行奖励，使客户在利益驱动下维护客户忠诚
增强客户的信任与感情	注重社交平台的搭建，提升网页的设计，特别是利用网站与用户站点之间的互动关系，建立起用户之间、用户与网站之间的感情纽带，充分利用互动性和即时性并体现情感因素的社区，粉丝群是最佳选择
建立客户组织	建立客户组织可使企业与客户的关系更加正式化、稳固化，使客户感受到自身的价值，从而使客户产生归属感，并帮助企业与客户建立超出交易关系之外的情感关系
提高客户的转换成本	客户在更换品牌时感到转换成本太高，或者会面临新的风险和负担，可以促进客户的认知锁定，加强客户的忠诚

12.4.2　制订忠诚计划

忠诚计划是企业和组织为了促进长期经营目标的实现鼓励客户持续购买和长期互动而构建的一系列市场营销策略和服务计划。这是一种关系营销手段，其目的是通过为优质客户提供更好的客户价值和满意来建立更高水平的客户保持状态。忠诚计划在航空业、电信业、金融业以及零售业均有广泛的应用，其表现形式包括俱乐部、会员积分制等。

（1）明确客户忠诚计划的主要目标。

每一个忠诚计划的终极目标都是增加利润收入或市场份额，从而使企业得以生存和发展。但这些目标通常是长期目标，只有先达到其他主要中间目标后，这些终极目标才能实现。客户忠诚计划的主要目标如图 12－14 所示。

（2）确立顾客忠诚计划的次要目标。

①通过顾客忠诚计划及其活动的积极作用，提高产品、品牌及企业的形象；

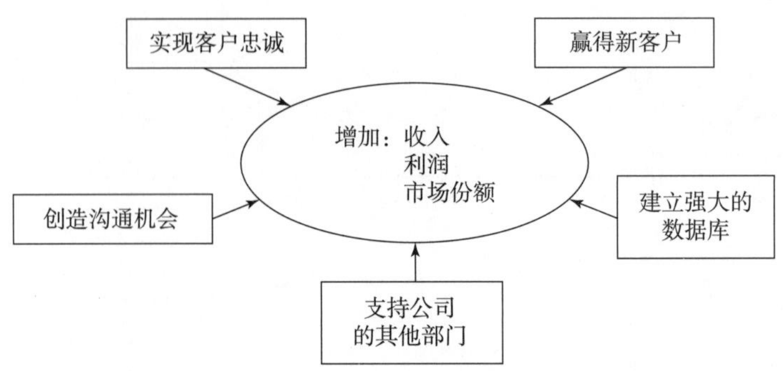

图12－14　客户忠诚计划的主要目标

②通过特别的促销或其他活动将顾客吸引到零售网点，从而增加他们光顾的次数；

③通过让顾客将产品及服务铭记在心来增加顾客使用产品的频率；

④针对顾客提出的问题，形成解决问题的方案；

⑤通过在媒体上报道忠诚计划组织的活动来支持企业的公关活动；

⑥增加顾客支持能力，这种能力从质量上说要优于顾客从经销商那里得到的支持，特别是针对那些复杂的或需要更多说明的产品，如高科技产品；

⑦通过协助当地的促销活动以及举办特别的展示会，来支持经销商的营销网络（如果顾客忠诚计划是由生产商发起的）；

⑧其他特殊的目标。

（3）建立忠诚计划联盟。

传统独立的忠诚计划中顾客往往需要累积足够的计划货币（如积分、里程等），才能获得相应的回报，且对产品和服务类型的局限性较强；由于各个公司之间都采取了类似的方式，因此单纯的积累计划货币的独立忠诚计划不能有效地吸引更多的顾客。为了弥补上述缺陷，许多公司开始探索新的忠诚计划经营模式。美国联合航空公司的做法最为成功。该公司突破了单一的送免费里程的模式，建立了包括酒店、超市、健身房、餐馆、咖啡店等1 000多家联盟企业在内的计划联盟，美联航的顾客乘机旅行所获得的积分可以随时在这1 000多家联盟企业中消费。由于成功地建立了庞大的计划联盟网络，为顾客提供了多样化的选择机会，使美联航的顾客忠诚度大为提高，并吸引了大批的新顾客，有效地提高了企业的经营业绩。同时，各联盟企业也从中得到了很大好处。

忠诚计划联盟也叫积分联盟或多商家忠诚计划联盟，是指两家或两家以上的企业通过一定的合作方式或实施共同的忠诚计划，形成计划货币（如积分、累计里程等）互换机制，达到共享顾客、共享利益而形成的一种独特的关系营销手段，其最终目的是希望实现“1＋1＞2”的效应。忠诚计划联盟是以企业联盟和顾客加盟为基础，以计划货币互换、累计和兑换作为顾客利益驱动的一种营销模式。忠诚计划联盟在中国的许多行业出现，由最初的航空业、电信业、金融业及零售业逐渐延伸到各行各业，其中最具代表性的有中国国际航空公司所参与的累积里程互认的“星空联盟”。在酒店业，较为著名的是凯悦集团和全球奢华精品酒店（SLH联盟）共同建立的忠诚旅客计划战略联盟。凯悦天地会员在通过凯悦官方渠道预定参与的SLH旗下酒店，在入住时即可获得和兑换凯悦天地会员积分。

在忠诚计划联盟中，往往存在一个或多个发起企业，即联盟主体企业。联盟主体企业为了吸引更多的顾客，往往会不断扩大加盟企业的数量，同更多的企业签订合作协议，使之成为联盟中的长期伙伴，逐渐形成一个跨地区、跨行业的营销网络，这一网络的形成又吸引更多的顾客加入忠诚计划联盟。因此，在某些方面忠诚计划联盟与传统的独立忠诚计划相比具有一定的优势。

忠诚计划联盟已成为广受欢迎的关系营销手段。同时，由于其在某些层面还具备企业联盟的特性，因此也成为众多企业参与行业竞争的一种战略工具。此外，由于忠诚计划将会充分应用智能卡、无线识别等新技术在企业间相互渗透并普遍存在，这也给忠诚计划联盟带来了较好的发展空间和前景。

12.4.3　实现交叉购买和向上购买

（1）客户交叉购买。

交叉购买是指消费者在企业购买了产品或者服务后再次购买这家企业其他的产品或者服务。例如，现在家电市场上存在的“套购”政策，将电视、洗衣机、冰箱等家电以不同形式组合，通过提供组合优惠进行销售。而顾客通过套购满足了多种家电需求，即形成交叉购买。一般而言，根据产品维度和时间维度的不同划分标准，交叉购买也可以具体细化为多种类型，具体如表12－15所示。

表12－15　基于不同维度的交叉购买的类型划分

划分维度	划分标准			交叉购买类型
产品维度	同类产品	相同品牌	相同型号、样式、颜色等	非交叉购买
			不同型号、样式、颜色等	
		不同品牌	相同型号、样式、颜色等	线内交叉购买
			不同型号、样式、颜色等	
	异类产品	相同品牌	相同型号、样式、颜色等	线外交叉购买
			不同型号、样式、颜色等	
		不同品牌	相同型号、样式、颜色等	
			不同型号、样式、颜色等	
时间维度	一次购物			即时交叉购买
	多次购买			跨期交叉购买

交叉购买可以被视为关系深化、关系发展、关系延伸和关系广度的表征。然而，让顾客交叉购买并非易事，因为并不是所有的顾客都愿意与企业建立关系并拓展这些关系。顾客可能会拒绝企业交叉销售的产品，因为他们不想长期只与一家企业保持关系。即使有些顾客想与某家企业保持联系，他们可能也未必希望只由这家企业为他们提供所有的产品。因此，客户交叉购买受到多个层面的影响。

客户交叉购买关系到企业交叉销售以及诸多利益的实现。交叉购买的顾客生命周期更长。交叉购买对顾客生命周期价值的这种正向影响表明，交叉购买影响购买频率，并最终影响顾客生命周期价值。交叉购买能够减少企业获取新顾客的费用，从而形成企业的价格竞争优势。因为已经获得了顾客信息，所以企业面临的风险和责任较低，而且顾客购买的产品和服务越多，他们与企业保持的关系可能越持久。在顾客交叉购买过程中，随着与顾客互动满意度的提高，企业能够更好地了解顾客的需要和欲望，增强发展顾客忠诚和抵御竞争者的能力，并最终提高赢利能力。

（2）客户向上购买。

向上购买是指消费者在一家企业购买更高等级的产品或者服务，是企业挖掘消费者更深层次消费潜力的结果。例如，消费者购买某一手机后，又购买了这一品牌里更高性能、高配置的手机，消费者的这种消费行为就是向上购买。企业可通过向上销售等形式的增量销售来最大化客户资产。与客户向上购买相对应的，向上销售是指根据既有客户过去的消费喜好，提供更高价值的产品或服务，刺激客户做更多的消费。如向客户销售某一特定产品或服务的升级品、附加品，或者其他用以加强其原有功能或者用途的产品或服务。向上销售也称为增量销售。

无论是交叉销售还是向上销售，均是企业创造规模化营收、提高单个用户的平均订单价值，并促进销售业绩的主要方法。由于交叉购买与向上购买在产品纵横方向上的不同，交叉销售和向上销售在目标产品类别上也存在一定差异，具体如表12－16所示。

表12－16　交叉销售与向上销售的区别

销售方式	产品类型	举例
向上销售	购买其同类产品或者服务的升级品，性价比更高，用户感知价值更高	①6 688元的64 G的iPhone12→7 988元的256 G的iPhone12 ②半年VIP会员1 999元→全年VIP会员2 999元
交叉销售	满足客户多种同期购买需求，销售多种相关服务和产品：如互补性产品、同品牌产品、配件产品、同期多需求类产品等	①互补性产品：钟表→钟表＋电池 ②同品牌产品：小米手机→小米手机＋小米充电宝 ③配件类产品：相机→相机＋相机镜头 ④同期多需求类产品：啤酒＋纸尿裤

无论是顾客的交叉购买还是向上购买，其本质都产生超出自身预期的额外购买，因此，企业在每一个顾客身上所获取的利润都会随之增加，即增加了客户的边际收益。而根据客户资产的计算公式，客户边际收益增加会推动顾客资产的提升。由此可见，交叉购买和向上购买均是通过促进客户边际收益的增加进而推动企业客户资产的提升。因此，交叉销售和向上销售都是实现客户关系管理的最终目标——客户资产最大化的有效途径。

12.4.4　实施社群营销

广义上讲，社群（Community）是指在某些边界线、地区或领域内发生作用的一切社会关系。伴随着互联网和大众媒体的崛起，社群的含义也逐渐外延化，那些拥有共同利益或者认同同一事物的人组成的群体，亦可称为社群。狭义上来说，社群由一群有共同爱好和需求的人通过有内容、有互动的多种活动形式组成。随着移动互联网技术的快速发展，基于社交关系的群连接和推广成为新的媒介方式，以移动App为载体，细分社群逐渐大量涌现。

(1) 社群的构成要素。

总体而言，社群有五大构成要素，分别是同好（Interest）、结构（Structure）、输出（Output）、运营（Operate）、复制（Copy），简称“ISOOC原则”，如表12－17所示。

表12－17 社群的构成要素及内容

要素	含义
同好	指人们对某种事物的共同认可或行为
结构	①组成成员：最初的一批成员会对以后的社群产生巨大影响 ②交流平台：是同好日常交流的大本营和聚集地，如QQ、微信等 ③加入原则：对外部成员的进入设定一定的筛选机制 ④管理规范：设立社群管理员完善群规，对大量的广告和灌水活动进行屏蔽
输出	持续输出有价值的内容是考验社群生命力的重要指标之一
运营	①仪式感：加群要通过申请、入群要接受群规，以此保证社群规范 ②参与感：如有组织的讨论、分享等，保证群内信息的获取质量 ③组织感：如通过对某主题事物的分工、协作、执行等，以此保证社群战斗力 ④归属感：如通过线上线下的互助活动保证社群的凝聚力
复制	每个社群都有一定的成长周期，不同的阶段要用不同的节奏进行控制。复制并不是一蹴而就的事情，而是人力、财力、物力、精力等多角度综合考量之后的结果，社群规模的扩大要与自身的实力进行匹配

(2) 社群营销的突破点。

想要做好社群营销，企业需要找准社群营销的突破点。一般而言，社群营销的突破点体现在以下五个方面：

①选好意见领袖。每个社群都需要意见领袖。意见领袖是在团队中构成信息和影响的重要来源，并能左右多数人态度倾向的少数人。这个领袖必须是某一领域的专家或权威人士，其作用是推动群内成员之间的互动和交流，树立起群成员对企业的信任感。

②受社群成员欢迎的产品。所有营销的关键点是产品，如果没有一个有创意、有卖点的产品，再好的营销也得不到消费者青睐。所以，社群营销另一个有效的突破点是创造受社群成员欢迎的产品。

③向社群成员提供优质的额外服务。企业通过社群营销可以提供实体产品或某种服务，来满足社群个体的需求。比较常见的是：进入群可得到资料或者专家的咨询服务，成为会员可以享受群专属会员福利等。

④有效的宣传。有了好的产品，再通过社群进行有效的宣传，这也是做好社群营销的关键。社群成员之间的口碑传播更容易获得客户的信任，而且也容易扩散。

⑤多样化的方式。一般而言，企业社群活动的开展方式包括：企业自己建立社群，做线上、线下的交流活动；与目标客户合作，支持或赞助社群进行活动；与部分社群领袖合作开展活动等。

12.4.5 客户流失与赢回管理

(1) 客户流失原因分析。

流失顾客的识别可以根据顾客购买周期来确定。如果顾客在正常的生命周期中没有购买产品，这名顾客就很有可能陷入了“休眠”状态，超过2~3个平均购买周期没有购买企业的产品，那么这名顾客很有可能已经流失。例如，顾客平均2个月购买一次某品牌牙膏，如果顾客在第3~4个月还没有购买企业的牙膏，那可以判定这名顾客陷入了“休眠”状态，超过5~6个月还没有购买企业的牙膏，那么可以判断这名顾客已经流失。

客户流失是指企业原来的客户中止继续购买该企业的产品和服务，转而接受竞争对手的商品或服务。由于“互联网+”时代的来临，顾客获取信息能力大幅度加强且转移成本降低，这也使得顾客在供应商之间的转移变得更加容易和普遍。要赢回流失客户，首先需要对流失客户进行识别，并对客户流失的原因进行分析。顾客流失原因是多种多样的，就一般情况而言，顾客流失的原因主要体现在企业本身、顾客以及市场竞争三个方面，如表12-18所示。

表12-18　客户流失原因

原因类别	内容
企业原因	产品/服务缺陷、企业诚信问题、顾客管理疏忽、企业形象问题、企业人员流动导致顾客流失
顾客原因	竞争者的吸引、社会因素、客观原因导致的顾客流失
竞争原因	出现新的替代品对企业客户的吸引；价格与感知价值竞争吸引走企业的一部分客户；员工流失，带走一部分老客户

有一种看法认为，客户一旦流失，便会一去不复返，再也没有挽回的可能。这种看法是片面的。研究显示，向流失客户进行销售，每4个中会有1个可能成功，向潜在客户和目标客户销售，每16个才有1个成功。这主要是因为：一方面，企业拥有流失客户的信息，流失客户的购买记录会指导企业如何下功夫将其挽回。而面对潜在客户和目标客户，企业对他们的了解很缺乏，所以会不知所措。另一方面，流失客户对企业存在一定的了解和认知，只要企业及时纠正引起他们流失的失误，那么流失客户还是有被挽回的可能的。可见，争取流失客户的回归比争取新客户容易得多。此外，当流失客户被挽回之后，他们就会继续为企业介绍新客户。对客户而言，转化到其他企业或者品牌也需要承担一定的风险，比如产品是否真的符合自己的需求、价格风险等，因此客户流失也可能只是暂时的，只要企业做好挽留措施，加上客户对企业的关系和承诺，客户有很大的可能会被挽回。

【案例启迪】　SY公司之惑：为何满意的客户在离开？

贵州SY汽车销售服务有限公司于1998年6月创办，最初是一汽在贵州成立的仓储式汽车交易中心，从事汽车整车销售、汽车运输、汽车仓储、汽车配件销售、售后服务等。公司旗下拥有多家4S门店。公司日常设六个部门：销售部、售后服务部、客户关爱部、财务部、行政部、技术部。销售部主要负责了解汽车市场动态，控制销售流程并确保企业制定的销售目标能够实现；售后服务部主要负责策划、执行SY的售后服务策略，保证SY售后服务标准和服务核心流程的实现；客户关爱部工作职责是客户维修后三天内完成电话回访，维修保养到期提醒，流失客户回访和劝导。多年的经营与发展，SY 公司的汽车维修与保养售后服务获得了当地客户的认可，建立了良好的口碑。

2019 年，按照客户关爱部调查的结果，企业不同月份的客户满意度呈现稳中有升的趋势，2019 年的客户满意度达到了 97.9 分。然而，售后服务部的调查报告却反应在过去一年里客户流失率明显上升，一年未到店的客户完全流失率自 2019 年年初的 19.20% 增加到了 2019 年 12 月份的 29.20%。客户满意度数据与客户流失率数据"跑到了一起"，从不断提高的客户满意度数据来看，说明客户对 SY 的汽车维修与保养流程及质量应该是认可的，但是客户流失率始终在提高，为什么满意的客户在离开呢？

SY 公司分析了出现上述状况的可能原因，发现其客户满意度是通过电话调查获得的，时间是客户保养维修结束后的大约三天，只能够反映客户此时的看法，这个满意度距离客户下次消费时间太长，和客户之后的行为忠诚存在不一致。因此，不可以只通过客户满意度来评估维修及保养情况，而是应该强化客户忠诚度，才能留住客户。另外，目前 SY 企业客户流失现象存在以下特点：

（1）新车至 2 万 km 的流失客户占比 47.2%，许多客户来到 4S 店体验服务后，没有建立信任关系便离开了。企业与新车客户的关系信任有待提高。行驶超过 2 万 km 后，客户流失率却逐渐减少，也就是说客户享受超过四次服务后，对 SY 较为认可，初步产生了信任。

（2）SY 现在的质保期是 3 年 10 万 km，超过质保期的客户总体流失率不高，流失的客户中质保期未结束就离开的占比 56.7%，说明这部分客户感知价值没有得到很好的满足。

（3）SY 流失客户的主要流向是快修店，应当进一步探究宏观环境以及竞争对手的特征，进而发现优劣势以采取相应的对策。

根据对已有情况的分析，SY 总经理夏总似乎觉得问题越来越清晰了，但又好像越来越复杂了。随着经济的发展，汽车售后市场容量越来越大，可是竞争也越来越激烈，经营了二十年的 SY 如何降低客户流失？如何让客户不仅满意还忠诚呢？看着会议室里陈列的各种荣誉证书，夏总下定决心誓要"拨开疑云见太阳"。

（2）挽回流失客户的重要性。

假设公司有 1 000 位客户，每年的客户忠诚度是 80%，第二年还留下来的客户就是 800 位，第三年就是 640 位，第四年就是 512 位。由此看出，仅需要四年的时间，企业的忠诚客户仅留存 50%。另外，根据美国市场营销协会（AMA）顾客满意度手册显示：每收到一个顾客投诉，还意味着有 20 名有同感的顾客；争取一个新顾客比维护一个老顾客多 6 ~ 10 倍工作量。因此，在客户流失前，企业要防范客户的流失，极力维护客户的忠诚；而当客户关系发生分裂、客户流失成为事实的时候，企业不应该坐视不管、轻易放弃，而应当重视并积极对待，尽力争取挽回流失客户并尽快恢复与流失客户的关系，促使流失客户重新购买企业的产品或服务，与企业继续建立稳固的合作关系。

（3）区别对待不同的流失客户。

由于不是每一位流失客户都是企业的重要客户，所以，如果企业花费了大量时间、精力和费用，留住的只是使企业无法盈利的客户，那就不值得了。在资源有限的情况下，企业应该根据客户的重要性来分配投入挽回客户的资源。重点应该是那些最能盈利的流失客户，这样才能实现挽回效益的最大化。企业对待不同流失客户的态度如表 12－19 所示。

表 12－19　企业对待不同流失客户的态度

客户类别	态度参考
关键客户要极力挽回	能够给企业创造较大价值的客户被称为关键客户，这部分客户占客户群体的总体比重不大，但能为企业创造很高的价值。当关键客户发生流失时，企业要不遗余力地在第一时间挽回，而不能任其流向竞争对手，这是企业必须做的事情
普通客户要尽力挽回	普通用户单个创造价值有限，但普通客户数量众多，总体创造的价值很高，因此普通客户的重要性仅次于关键客户。当普通客户流失时，企业应尽量了解流失的原因，努力提出挽回建议和措施，尽力挽回普通客户的流失，使其继续为企业创造价值
小客户见机行事	小客户由于缺乏和企业的关系融合，常常对企业提出苛刻要求，数量多且较为零散。企业针对这类客户的流失，需要采取冷处理的态度，顺其自然，让客户自行选择去留。如果挽回这类型客户不费太多的成本或精力，则可以尝试将其挽回
劣质客户彻底放弃	信誉很差、吹毛求疵、阻碍员工正常工作的客户常常被称为是劣质客户。劣质客户往往不可能再带来利润，还可能无法履行合同或者无理取闹、损害员工士气

（4）客户赢回。

赢回客户是把中断和“休眠”的交易关系重新建立和激活。通常情况下，流失客户的赢回管理可以分为如图 12－15 所示的五个步骤。其中，识别流失顾客、分析流失原因两个步骤已经在前面进行了阐述。本节学习赢回顾客的计划与策略、有效控制与过程优化、预防顾客流失三个步骤。

图 12－15　客户赢回的过程

企业在客户赢回实践中应用的赢回策略形式繁多，有的企业采取价格相关的赢回策略，例如，向“休眠”客户的账户中放入现金红包，以激发客户的购买欲望；有的采取服务相关的赢回策略，如服务升级，使客户享有更多的特权和更高的地位感知从而挽回客户。可以将赢回策略分为三大类：价格导向的赢回策略（如红包、价格折扣、积分奖励等）、服务导向的赢回策略（如相同价格享受更高的服务、特殊待遇利益等）以及捆绑式赢回策略（价格与服务相结合）。

在受到赢回策略的刺激后，客户很有可能会“试探”企业，与企业不断接触来确定是否应该转回到企业中。这需要企业在实施赢回策略的过程中灵活处理这种情况，并按照客户的反馈不断调整优化。

企业还需要防止已赢回客户的再次流失。将客户赢回之后并不是赢回管理的结束，如何预防这些客户再次流失成为企业面临的问题。通常可通过提供出色的客户服务和支持、提供超越购买的价值及个性化客户体验等方式来预防。

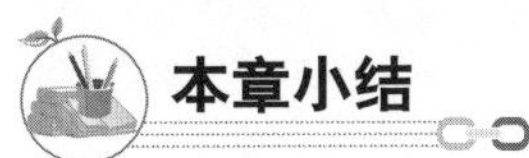

本章小结

认识客户关系管理

客户关系管理就是协助企业与客户建立关系，使得双方都互利的管理模式。

客户价值是客户获得的全部利益与其在获得利益的同时而要付出的全部成本之间的比值。

客户生命周期是从客户开始对企业进行了解或企业开始开发客户，直到客户与企业的业务关系完全终止所经历的时间。

客户终身价值是指一位客户在未来所有周期内对企业利润的贡献总和。

客户资产是指在某一时点上企业所有客户的生命周期价值的总和，包括价值资产、品牌资产和维系资产三部分。

客户关系的建立

要识别与选择客户，特别是明确“好客户”的标准。

用户在接触组织、产品及服务时产生的特定感受就是接触点，接触质量会对消费者的情绪产生影响，直接决定消费者是否愿意与企业建立关系。

客户关系管理需要成功地链接客户，链接客户的两大载体就是公域流量和私域流量。

企业应当尽可能快速地获取新客户并实现客户第一次购买。

数字媒体时代，通过内容营销是企业与客户建立关系的有效手段之一。

用户媒介矩阵把企业和受众的互动性提升到了新的高度。

客户关系的维护

从流量思维到留量思维的转变是实现客户留存的关键。

扩大留量池包括获取、促活、留存、转化、裂变五个环节。

与客户互动可以更好地理解并发现客户需求，客户可以更加了解和信任企业。

好的客户体验能帮助企业赢得客户，体验成为数字化时代企业营销的核心。

客户关系的发展

培养客户忠诚是发展客户关系的重要手段。

制订忠诚计划，建立忠诚计划联盟、实施社群营销是实现客户忠诚的途径。

实现交叉购买和向上购买是发展客户关系的目标。

客户流失与赢回管理是客户关系发展不能忽视的内容。

复习思考题

1. 如何理解客户关系管理的重要性？
2. 企业如何与客户建立关系？
3. 客户关系维护有哪些方法？
4. 发展客户关系的途径有哪些？

营销体验

1. 收集资料，了解中国目前中小企业开展客户关系管理的现状，分析中小企业在实施CRM中存在哪些不足？

2. 优秀企业离不开成功的CRM。三只松鼠自2012年2月创立以来，以不到一年的时间，在当年的11月11日拿下了零食特产类销售第一名，其成长速度不得不让人惊叹。请你查阅相关资料，从客户关系管理角度分析三只松鼠成功的秘诀。

3. 了解目前提供客户关系管理系统的厂家且各自的特点。

案例讨论

推荐阅读

在线测试

参 考 文 献

[1] (美) 菲利普·科特勒，凯文·莱恩·凯勒，亚历山大·切尔内夫．营销管理 [M]．陆雄文，蒋青云，赵伟韬，徐倩，许梦然，译．16 版．北京：中信出版集团，2022.

[2] 郭立新，胡志刚．服务经济时代，再谈服务的价值 [J]．销售与市场（营销版），2022 (02)：38 -41.

[3] 朱静．服务经济时代还有多远？[J]．新理财（政府理财），2019 (09)：43 -44.

[4] 熊开容，刘超．低碳营销传播创新：理念、策略与方法 [J]．新闻与传播评论，2018，71 (02)：42 -51.

[5] 陈瑶，王江容．碳中和碳达峰战略下传统企业转型策略研究 [J]．河南科技，2022，41 (03)：150 -153.

[6] 张兵，于育新．客户关系管理实务 [M]．合肥：中国科学技术大学出版社，2019.

[7] 苏朝晖．客户关系管理建立维护与挽救 [M]．北京：人民邮电出版社，2016.

[8] 王永贵．客户关系管理（精要版）[M]．北京：高等教育出版社，2018.

[9] 赵宏田．用户画像方法论与工程化解决方案 [M]．北京：机械工业出版社．2021.

[10] 史雁军．数字化客户管理：数据智能时代如何洞察、连接、转化和赢得价值客户 [M]．北京：清华大学出版社，2018.

[11] 马宝龙，王高．认识营销 [M]．北京：机械工业出版社，2020.

[12] 王永贵，马双．客户关系管理 [M]．2 版．北京：清华大学出版社，2020.

[13] 马宝龙，姚卿．客户关系管理 [M]．北京：中国人民大学出版社，2014.

[14] 苗月新．客户关系管理 [M]．北京：清华大学出版社，2020.

[15] 王伟立．任正非：以客户为中心 [M]．深圳：海天出版社，2018.

[16] 戴国良．图解顾客关系管理 [M]．北京：企业管理出版社，2019.

[17] 苏朝晖．客户关系管理建立、维护与挽救 [M]．2 版．北京：人民邮电出版社，2020.

[18] 王广宇．客户关系管理 [M]．3 版．北京：清华大学出版社，2019.

[19] 苏朝晖．客户关系管理：理念、技术与策略 [M]．3 版．北京：机械工业出版社，2020.

[20] 史雁军．数字化客户管理 [M]．北京：清华大学出版社，2021.

[21] 秋叶，秦阳，陈慧敏．社群营销：方法、技巧与实践 [M]．北京：机械工业出版社，2021.

[22] 黄天文．引爆用户增长［M］．北京：机械工业出版社，2020.
[23] 王永贵，马双．客户关系管理："ABCDE 新时代"动态竞争制胜之道［M］．2 版．北京：清华大学出版社，2021.
[24]（美）阿尔文．伯恩斯，安．维克．营销调研［M］．于洪彦，金钰，译．9 版．北京：中国人民大学出版社，2021.
[25]（美）小卡尔．麦克丹尼尔，罗杰．盖茨．当代市场调研［M］．李桂华，等译．北京：机械工业出版社，2018.
[26] 元明顺，等．市场调查与预测［M］．3 版．北京：清华大学出版社，2020.
[27] 曾伏娥，池韵佳．市场营销调研［M］．北京：高等教育出版社，2021.
[28] 张子昂，黄震方，曹芳东．OTA 旅游目的地营销广告的识别与认知：来自眼动实验的证据［J］．地理与地理信息科学，2020. 36（5）：65－71＋79.
[29] 张玉利，杨俊．创业管理［M］．北京：机械工业出版社，2017.
[30] 刁生富．新零售实践：智能技术驱动下的零售业转型之路［M］．北京：电子工业出版社，2021.
[31] 秦勇．网络营销：理论、工具与方法［M］．北京：中国工信出版集团．2017.
[32] 吴超，等．营销数字化：一路向西，构建企业级营销与增长体系［M］．北京：机械工业出版社，2022.
[33]（美）阿加·博伊科．眼动追踪：用户体验优化操作指南［M］．葛缨，何吉波，译．北京：人民邮电出版社，2019.
[34] 刘玉凤．AB 实验：科学归因于增长的利器［M］．北京：机械工业出版社，2022.
[35] 王赛．首席增长官：从 CMO 到 CGO［M］．北京：清华大学出版社，2017.
[36] 黎万强．参与感［M］．北京：中信出版社，2018.
[37]（英）伯纳德．马尔．数据战略：如何从大数据、数据分析和万物互联中获利［M］．鲍栋，译．北京：机械工业出版社，2020.
[38]（美）克莱顿．克里斯坦森，等．你要如何衡量你的人生［M］．丁晓辉，译．北京：北京联合出版公司，2018.
[39]（美）纳雷希·马尔霍特拉．营销调研：应用导向［M］．熊伟，郭晓凌，译．6 版．北京：中国人民大学出版社，2020.
[40] 于勇毅．大数据营销［M］．北京：电子工业出版社，2021.
[41]（美）菲利普·科特勒，等．市场营销原理与实践［M］．楼尊，等译．17 版．北京：中国人民大学出版社，2020.
[42]（美）菲利普·科特勒，等．市场营销［M］．王永贵，等译．6 版．北京：中国人民大学出版社，2020.
[43]（英）戴夫·查菲，等．数字营销战略、实施与实践［M］．王峰，等译．7 版．北京：清华大学出版社，2022.
[44]（美）利昂·希夫曼，等．消费者行为学［M］．江林，等译．12 版．北京：中国人民大学出版社，2021.
[45]（美）肯尼思·克洛，等．广告、促销与整合营销传播［M］．王艳，等译．8 版．北京：中国人民大学出版社，2021.

[46] (美) 菲利普·科特勒，等. 营销革命5.0 [M]. 曹虎，等译. 北京：机械工业出版社，2022.
[47] (美) 菲利普·科特勒，等. 营销革命4.0：从传统到数字 [M]. 王赛，译. 北京：机械工业出版社，2017.
[48] (美) 唐·舒尔茨，等. 整合营销传播：创造企业价值的五大关键步骤 [M]. 王茁，等译. 北京：清华大学出版社，2013.
[49] 卢泰宏，等. 消费者行为学：洞察中国消费者 [M]. 北京：中国人民大学出版社，2021.
[50] 李先国，等. 渠道管理（数字教材版）[M]. 北京：中国人民大学出版社，2021.
[51] 郭国庆. 营销伦理 [M]. 北京：中国人民大学出版社，2012.
[52] 庄贵军. 营销渠道管理 [M]. 3版. 北京：北京大学出版社，2018.
[53] 范小军. 全渠道营销 [M]. 北京：清华大学出版社，2022.
[54] 王军英. 整合营销传播理论与实务 [M]. 5版. 北京：首都经济贸易大学出版社，2021.
[55] 周秀兰. 企业营销道德研究现状及展望 [J]. 广西财经学院学报，2016 (12)：70-79.
[56] 吴健安. 汲取儒家伦理精华　建立现代营销道德 [J]. 云南财经大学学报，2013 (12)：155-160.
[57] 周洁红，等. 居民绿色消费研究综述 [J]. 浙江大学学报（人文社会科学版），2022 (9)：57-68.
[58] 敖芬芬，等. 绿色发展理念下消费者绿色消费行为的培育路径 [J]. 市场周刊，2021 (11)：21-24+65.
[59] 张吉，等. 绿色消费行为研究进展与展望 [J]. 中国集体经济，2020 (6)：30-34.
[60] 庄贵阳. 低碳消费的概念辨识及政策框架 [J]. 人民论坛，2019 (1)：47-53.
[61] 陈烨. 新阶段、新理念、新格局视域中的绿色消费研究 [J]. 马克思主义哲学，2021 (12)：68-75.
[62] 李创，等. 我国绿色消费发展现状及实现路径研究 [J]. 中国集体经济，2021 (7)：28-29.
[63] 郭宁宁. “双碳”目标下低碳消费的作用机制及路径研究 [J]. 宁波工程学院学报，2022 (12)：90-95.
[64] 于思奇. 绿色消费理论及其实践意义探析 [J]. 山西农经，2020 (6)：4-6.
[65] 陈吟. 新媒体时代网络视频营销对消费者行为的影响研究 [J]. 商业观察，2021 (5)：20-22+28.
[66] 阮晓文. “面子消费”对中国汽车消费者的影响研究 [J]. 老字号品牌营销，2022 (4)：81-83.
[67] 刘照龙. 中国消费者从文化自信走向品牌自信 [J]. 国际品牌观察. 2021 (5)：46-48.
[68] 陈沐纯. 二次元文化盛行背景下的品牌营销 [J]. 现代营销（下旬刊）. 2023 (1)：41-43.

[69] 李虞杰，黄泳．以中美消费者行为的差别为基础浅谈优步败走中国的原因［J］．公关世界，2020（02）：43 - 44.
[70] 姚学润，等．基于大数据分析的新媒体用户画像构建及应用：以第一财经为例［J］．现代电视技术，2020（3）：97 - 99.
[71] 王斐．大数据环境下基于用户画像的精准营销策略研究［J］．市场周刊，2020（3）：76 - 77 + 83.
[72] 郝书雅．大数据营销背景下的消费者画像分析［J］．全国流通经济，2019（3）：8 - 9.
[73]（美）尼古拉斯·梅克勒，等．从“接触点”到“客户旅程”：如何从顾客的角度看世界［J］．上海质量，2016（12）：41 - 45.
[74] 李西文，等．5G 背景下智慧物流现实透视与方向探索：基于京东物流、申通快递和顺丰控股的多案例研究［J］．物流工程与管理，2022（7）：42 - 46.
[75] 杨雨晨，等．新零售背景下 O2O 模式分析：以优衣库为例［J］．经营与管理，2021（8）：12 - 15.
[76] 林芳．新零售下社区生鲜物流配送模式研究：以钱大妈为例［J］．物流工程与管理，2022（1）：12 - 14.
[77] 吕泳璇，等．新零售全渠道整合策略探析：以盒马鲜生为例［J］．现代商业，2022（1）：3 - 5.
[78] 李荣庆．全渠道营销策略分析：以良品铺子为例［J］．时代经贸，2021（3）：84 - 87.
[79] 把翠芳，等．“一物一码”防窜货管理系统方案研究［J］．网络安全和信息化，2022（6）：100 - 103.
[80] 段玲玲．麦当劳线上线下渠道冲突管理研究［J］．现代营销（学苑版），2021（5）：158 - 159.
[81] 周琪．小米集团境内外新零售战略商业模式实践［J］．现代企业，2021（10）：43 - 44.
[82] 李飞．全渠道零售的含义、成因及对策：再论迎接中国多渠道零售革命风暴［J］．北京工商大学学报（社会科学版），2013（3）：1 - 11.
[83] 李飞．全渠道零售理论研究的发展进程［J］．北京工商大学学报（社会科学版），2018（9）：33 - 40.
[84] 张超然．数字化赋能新零售商业模式优化研究：以三只松鼠为例［J］．商场现代化，2021（11）：1 - 3.
[85] 郭国庆．“新零售”研究综述：消费体验升级［J］．未来与发展，2019（5）：60 - 64.
[86] 邓雅帅．盒马鲜生运营模式对新零售的启示［J］．合作经济与科技，2021（7）：90 - 91.
[87] 杨海丽，等．开市客与中国新零售代表企业的竞争力比较［J］．贵州商学院学报，2021（3）：31 - 39.
[88] 王淑翠．我国“新零售”的研究综述与展望［J］．科学学与科学技术管理，2020（6）：91 - 107.
[89] 陈菲菲．有关新零售时代的文献综述［J］．区域治理，2020（1）：94 - 96.

[90] 周勇，等．新零售从 1.0 走向 3.0 [J]. 上海商学院学报，2022（2）：83-95.
[91] 廖颖川，等．消费者全渠道零售选择行为研究综述与展望 [J]. 中国流通经济，2019（8）：118-128.
[92] 张沛然，等．互联网环境下的多渠道管理研究综述 [J]. 经济管理，2017（1）：134-146.
[93] 康海燕，等．全渠道零售文献综述 [J]. 商业经济研究，2020（4）：24-27.
[94] 王栖．全渠道零售的驱动因素、优势及挑战的国外研究综述 [J]. 中国市场，2020（7）：137-138+149.
[95] 李弢，等．我国绿色物流发展趋势、重点方向及对策建议 [J]. 新经济导刊，2022（9）：65-68.
[96] 姜晓茹．我国绿色物流的发展路径与对策研究 [J]. 物流工程与管理，2021（11）：16-18.
[97] 夏馥．绿色物流理论及其发展路径探讨 [J]. 中国物流与采购，2022（1）：116.
[98] 朴银玥，等．论新时代绿色物流的发展 [J]. 内蒙古科技与经济，2022（8）：16-17+32.
[99] 汪洋．“双碳”目标背景下数智化技术赋能菜鸟全链路绿色物流应用研究 [J]. 物流科技，2022（9）：52-55.
[100] 姚驰，等．中国 ECR 委员会践行绿色可持续发展：绿色物流浅谈 [J]. 条码与信息科技系统，2020（10）：26-30.
[101] 王青燕．苏宁易购绿色物流发展现状及对策研究 [J]. 中国储运，2021（7）：90-91.
[102] 高思远．绿色物流包装的应用策略研究 [J]. 物流科技，2022（8）：24-26+30.
[103] 刘宇．直播带货中的责任划分及消费者权益保护 [J]. 中国质量万里行，2022（11）：72-74.
[104] 涂凌波．网络视频传播再反思：伦理主体、伦理失范与传播伦理的重构 [J]. 新闻与写作，2019（12）：30-37.
[105] 夏雨．基于 4C 理论的整合营销传播及其应用：以蜜雪冰城为例 [J]. 商展经济 2022（10）：42-44.
[106] 周珑珑．整合营销传播理论在农夫山泉发展过程中的运用探究 [J]. 上海商业，2021（8）：58-61.
[107] （日）武田绫香．探究新媒体传播中精准广告的营销策略 [J]. 新闻传播，2023（6）：115-117.
[108] 刘一锐，等．Z 世代二次元消费的表现形式与心理机制 [J]. 深圳信息职业技术学院学报，2023（2）：73-80.
[109] 陈蔚．新式茶饮的垂直整合营销传播分析：以喜茶为例 [J]. 农村经济与科技 2019（8）：83-84.
[110] 刘依妮．网络时代借势营销在品牌传播中的应用：以鸿星尔克为例 [J]. 现代营销（学苑版），2021（10）：36-38.
[111] 郑鹏翔．社群为王：“新 4C 法则”下 B 站营销传播策略解读 [J]. 新媒体研究，

2022（8）：66－68.

［112］单文盛，等．基于4C 理论的小红书品牌传播及营销策略研究［J］．长沙大学学报，2021（11）：46－51.

［113］张静，等．新媒体时代下的短视频营销传播：以抖音为例［J］．杭州师范大学学报（社科版），2020（7）：113－120.

［114］徐立萍，等．基于用户画像的智能推荐研究：以抖音 APP 为例［J］．传媒，2022（6）：53－56.

［115］姜瑞雪．智能手机行业线上线下整合营销传播策略分析及启示：以 OPPO 品牌为例［J］．商展经济，2023（9）：49－51.

［116］王朗．整合营销传播视角下白酒类企业广告策略：以江小白广告为例［J］．北京印刷学院学报，2022（5）：49－51.

［117］王文暄，等．整合营销传播视阈下乐高品牌媒体策略［J］．营销界，2021（12）：65－67.

［118］孙叶青，等．基于 AISAS 模型的直播电商运营分析：以东方甄选为例［J］．中小企业管理与科技，2022（12）：101－103.

［119］潘建林，等．基于 SICAS 消费者行为模型的社交电商模式及比较研究［J］．企业经济，2020（10）：37－43.

［120］梁喜，等．“直播＋电商”营销模式危与机［J］．企业管理，2022（7）：50－54.

［121］吴茜．菜鸟物流实现全链路减碳［J］．中国物流与采购，2022（7）：16－17.

［122］张婷．网络时代混合营销渠道冲突及管理［J］．成功营销，2018（11）：84.

［123］周秀兰．营销伦理［M］．成都：西南交通大学出版社，2017.

［124］魏江，邬爱其，等．战略管理［M］．2 版．北京：机械工业出版社，2021.

［125］余成洁．企业使命陈述研究综述［J］，商讯，2021（6）：102－103.

［126］康俊，等．新一代信息技术对营销战略的影响：述评与展望［J］．经济管理，2021（12）：187－202.

［127］张子峰．探究新经济背景下企业市场营销战略新思路［J］．营销界，2023（5）：77－79.

［128］魏江，等．数智时代营销战略理论重构的思考［J］．营销科学学报，2021（7）：114－126.

［129］魏清晨．目标市场细分理论综述及案例分析［J］．现代商贸工业，2021（7）：36－37.

［130］张倩．小熊电器差异化战略分析［J］．商场现代化，2023（8）：111－113.

［131］吴清萍，等．大数据时代下的个性化定制发展浅析［J］．江苏商论，2021（11）：41－44.

［132］孙洁，等．特斯拉战略布局研究［J］．时代汽车，2022（9）：121－123.

［133］李树文，等．从定位双星到布局寰宇：专精特新企业如何借助关键核心技术突破实现价值共创［J］．南开管理评论，2023（8）：1－19.

［134］成琼文，等．后发企业智能制造技术标准竞争的动态过程机制：基于三一重工的纵向案例研究［J］．管理世界，2023（4）：119－139＋191＋140.